日本人のための

MBA

ベストスクールガイド

株式会社インターフェイス／著・訳

SHOEISHA

日本人のための
MBA
ベストスクールガイド

本書内容に関するお問い合わせについて

このたびは翔泳社の書籍をお買い上げいただき、誠にありがとうございます。弊社では、読者の皆様からのお問い合わせに適切に対応させていただくため、以下のガイドラインへのご協力をお願い致しております。下記項目をお読みいただき、手順に従ってお問い合わせください。

●ご質問される前に

弊社Webサイトの「正誤表」や「出版物Q&A」をご確認ください。これまでに判明した正誤や追加情報、過去のお問い合わせへの回答（FAQ）、的確なお問い合わせ方法などが掲載されています。

　　　正誤表　　　　http://www.seshop.com/book/errata/

　　　出版物Q&A　　http://www.seshop.com/book/qa/

●ご質問方法

弊社Webサイトの書籍専用質問フォーム（http://www.seshop.com/book/qa/）をご利用ください
（お電話や電子メールによるお問い合わせについては、原則としてお受けしておりません）。

※質問専用シートのお取り寄せについて

Webサイトにアクセスする手段をお持ちでない方は、ご氏名、ご送付先（ご住所／郵便番号／電話番号またはFAX番号／電子メールアドレス）および「質問専用シート送付希望」と明記のうえ、電子メール（qaform@shoeisha.com）、FAX、郵便（80円切手をご同封願います）のいずれかにて"編集部読者サポート係"までお申し込みください。お申し込みの手段によって、折り返し質問シートをお送りいたします。シートに必要事項を漏れなく記入し、"編集部読者サポート係"までFAXまたは郵便にてご返送ください。

●回答について

回答は、ご質問いただいた手段によってご返事申し上げます。ご質問の内容によっては、回答に数日ないしはそれ以上の期間を要する場合があります。

●ご質問に際してのご注意

本書の対象を越えるもの、記述個所を特定されないもの、また読者固有の環境に起因するご質問等にはお答えできませんので、予めご了承ください。

●郵便物送付先およびFAX番号

　　　送付先住所　　〒160-0006　東京都新宿区舟町5

　　　FAX番号　　　03-5362-3818

　　　宛先　　　　　（株）翔泳社出版局 編集部読者サポート係

※本書に記載されたURL等は予告なく変更される場合があります。
※本書の出版にあたっては正確な記述につとめましたが、著者や出版社などのいずれも、本書の内容に対してなんらかの保証をするものではなく、内容やサンプルに基づくいかなる運用結果に関してもいっさいの責任を負いません。

※本書に記載されている会社名、製品名はそれぞれ各社の商標および登録商標です。

本書の使い方

本書は、2002〜2003年時の取材と、『ビジネスウィーク』『USニューズ＆ワールドレポート』などのデータをもとに執筆した。特にPart3の各種データは、可能な限り各校のホームページの情報、または直接問い合わせに対する学校からの回答をもとに最新の情報を掲載した。ただし、調査時期および各統計が示す情報の定義の相違により、Part1、2、4で紹介するデータとは必ずしも一致しないことがある。なおChapter9の日本人学生数については、主に各校の在校生から寄せられた情報を掲載している。

‥‥各データの読み方‥‥

【基本情報】

設立年‥‥‥基本的に、各校が示すMBAプログラム開始の年。
卒業生数‥‥‥各校が卒業生数として公表している数字を採用。
ただし、プログラムにより定義は異なり、
フルタイムMBAの卒業生のみの場合と、
その他のプログラムなどを含む場合とがある。
留学生の割合、アジア人学生の割合‥‥‥入学クラスを対象とした数字。
授業料‥‥‥留学生を対象とした金額。2年制プログラムの場合は
1年目の授業料または2年分の授業料の1年分に相当する金額
（一部プログラムは諸経費を含む）。

【略語】

n.a.‥‥‥対象外、もしくは回答がなかったもの
PBT‥‥‥Paper-Based Testingの略
CBT‥‥‥Computer-Based Testingの略

【為替相場】

1ドル（米）‥‥‥107円
1ドル（カナダ）‥‥‥79円
1ポンド‥‥‥197円
1スイス・フラン‥‥‥84円
1ユーロ‥‥‥130円

※2004年4月時点（小数点以下四捨五入）

著者・訳者まえがき

　　　本書をインターフェイスの卒業生・在校生すべての方々に捧げます。
　　　インターフェイスの今日があるのも皆様のサポートのおかげです。

　本書の出版にあたり実に多くの方々からご支援とご協力をいただきました。心から感謝申しあげます。とりわけ次の方々には、この場をお借りし改めてお礼申し上げます。

・翔泳社出版局編集長の中村理さんと編集の鈴木敦子さん
・インタビューをさせていただいたビジネススクールの入学審査事務局長やキャリアセンターのご担当者、コミュニケーション・ディレクター、学部長、そして大学職員の皆様
・キャンパスでの体験を綴ってくださった現役の日本人学生、そして卒業生の皆様
・ヘッドハンターやMBAホルダーの採用を行なっている企業幹部の皆様
・インターフェイスのスタッフおよび翻訳・校正チームの面々

　特に、本書の執筆・翻訳にあたっては、羅さん、今泉さん、ロアさん、小林さん、小貫さん、井島さん、金崎さん、松木さんに多大なご協力をいただきました。柴田さんには、日本語のチェックにご協力いただきました。心から感謝の意を表します。

　このほかにも大勢の方々に、本書の製作に当たり、たいへん貴重な情報をいただきましたことを、ここに改めてお礼申し上げます。

2004年4月20日

株式会社インターフェイス
代表取締役
ウォーレン J.デバリエ
（メイン執筆担当）

本書は、MBAに関する情報を
さまざまな角度からカバーしています。

　本書では、米国のフルタイムMBA（経営学修士号）プログラム30校と米国以外の8校の特徴を紹介しています。各校について校風、学習・生活環境、カリキュラム、就職支援など、日本人志願者が興味のある情報を収録しています。ほとんどのプログラムにおいて、日本人卒業生が自らのMBA体験記をご提供してくださいました。

　このほか、エグゼクティブMBAプログラムへの参加を考えている人、日本国内においてフルタイムでのMBA取得や、パートタイム・プログラム、遠隔学習などに関心がある人にとっても有益な情報を収録しています。

　MBAプログラムでは、ヘルス・ケア、不動産、ソーシャル・アントレプレナーシップ、ベンチャー・キャピタル、バイオ・テクノロジーなどを学ぶことができます。このように、今後のキャリアに役立つスキルを身につけるための選択肢についても解説しています。

　最終的なキャリア・ゴールは異なるとしても、MBAプログラムにおいて多様な文化環境の中で集中的かつシステマティックな学習を行なうことで、専門的知識とリーダーシップが養われ、キャリアの向上や転職への道が開かれ、そして、仕事上のネットワークが広がります。MBAプログラムにおける経験は、単なるオン・ザ・ジョブ・トレーニングなどとは比較にならないほど有益なものなのです。

　それぞれの学校には独自の特色があります。筆者はビジネススクールを年代物のワインにたとえることがあります。すべてが上質ではあるけれど、人によって嗜好もさまざまです。本書を活用してビジネススクールを分析し、あなたのニーズに最適の学校を見つけることをおすすめします。どこかのランキング調査で高くランクされているなどの理由だけで、十分な時間もかけずに出願先を選んではいけません。情報を収集し、他人の意見にも耳を傾け、分析し、そして最も重要なことですが、自分の目で確認しましょう。最も興味のあるプログラムならそこを訪れることをおすすめします。あなた自身の人生です。「あなた自身」のMBA経験を選びましょう。

日本人のための

MBA
ベストスクールガイド

も・く・じ

●Chapter 10　海外のエグゼクティブMBAプログラム……596

Part4　**MBA取得を検討する際の、そのほかの観点**……749

Part 1
戦略的な計画と 出願校の選定

Chapter 1

理想的な出願計画

本章では、MBA留学の方向性について、段階を踏んで示し、
留学における重要な点について戦略的なアドバイスをする。
また、志願者が陥りやすい間違いについても説明する。

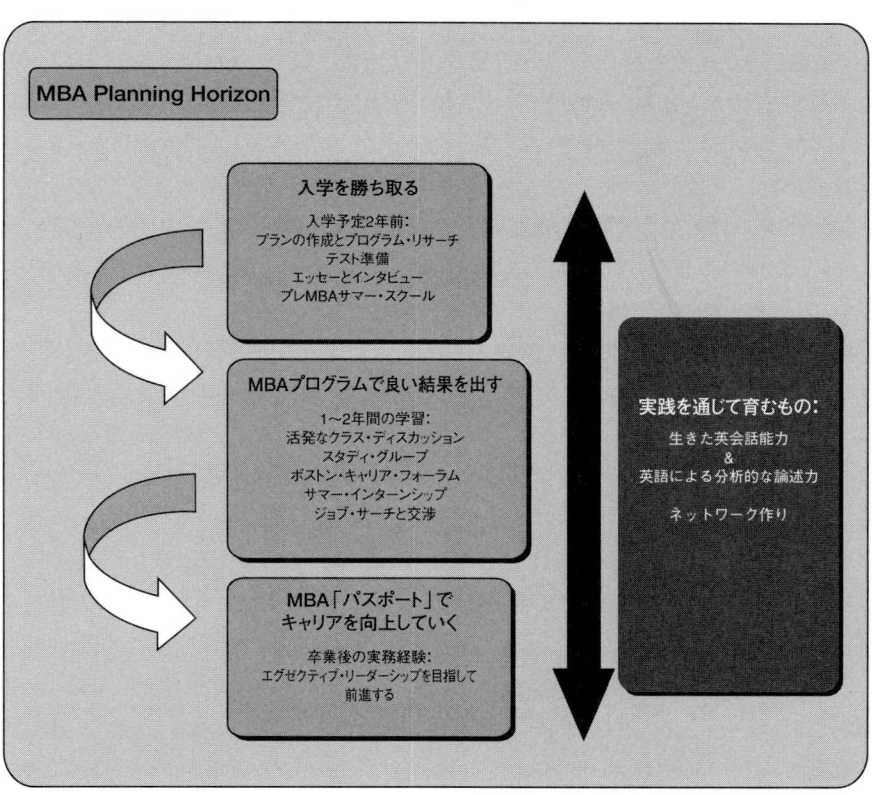

Chance favors only the prepared mind.
— Louis Pasteur 1854

イントロダクション
～ MBA取得の目的、MBA取得の価値

　MBAへの出願を検討し始めたばかりの人もいれば、すでに出願準備を始めている人もいるだろう。また、企業派遣留学に選抜された人もいれば、私費でのMBA取得を決意した人もいるかもしれない。社費であれ私費であれ、最も大切なことは、あなたがどのようなキャリアを築きたいのか、何をゴールとするのか、そしてMBAでの学習がどのように目標の達成に関わってくるのかをしっかりと考えることである。トップ・スクールの入学許可を勝ち取るためには、明確で、具体的で、現実的なキャリア・ゴールを定めることが非常に重要である。

　MBAでの具体的な学習目標が何であれ、MBAでの学習は確実にキャリアの向上にかかわってくる。前職に復帰しても、ほかの企業に転職しても、あるいは自身の会社を立ち上げるにしても、MBAは自らのキャリアに大きな効果をもたらすだろう。

　社費で留学する学生は知識とノウハウを学び、自らが所属する組織の成功に貢献するとともに、キャリア向上を加速させることを目指す。日本の年功序列制度は、徐々にではあるが確実に成果主義へと移行しつつある。成果主義においては、優れた能力をもち、大きな実績をあげる人材ほど昇進が早く、ボーナスなどを含め個々の業績に応じた給与が支払われることになる。

　私費留学の学生がMBA取得を目指す目的は多くの場合、転職である。新たな会社でよりよいポジションにつくとか、現在とは違う分野に転職するための資格を手にするなどが目標であろう。

　ベンチャー・ビジネスの起業家となるためにMBA取得を目標とする学生もいる。また、投資銀行に勤める日本人がMBAを取得しなければ社内で昇進できないと悟ったとき、不動産会社に勤める日本人が経営コンサルティング会社に新たなキャリアを見出したいと考えているとき、2人の希望を実現するパスポートがMBAとなり得る。

　さらに、起業家となることを夢見る日本人が、たとえばバイオテクノロジー、インターネット教育、アパレル、プライベート・エクイティなどの分野で会社を設立するとき、MBAプログラムで学ぶことで、起業家としてのマネジメントを身につけられ、ファイナンス、マーケティング、Eコマース、テクノロジーなどの専門分野で、知識も深めることができるのである。

　MBA取得の具体的な目的が何であるかにかかわらず、MBAはキャリアに影響を与え、その価値が衰えることはないだろう。MBAに時間とお金を投資することは、あなた自身、さら

にはあなたの将来への投資なのだ。

総合ストラテジー

戦略的アドバイス

MBA出願計画は長期計画として捉え、自身のニーズに最適なMBAプログラムへの入学を目指すべきである。短期での目標に集中しつつも、決して「全体」を見失ってはならない。「キャリア向上」という最終的な目標を心にとどめておくことが大切である。

早めに準備を開始することをおすすめする。日本人志願者なら、少なくとも入学の2年前に準備を開始するのが賢いやり方といえよう。2005年9月の秋学期の入学を計画しているのなら、2003年の10月には準備を始めるべきだ。ビジネススクールやそれぞれの大学での学習オプションについて情報を収集し、TOEFL、GMATなどの試験勉強も始めなければならない。時間を見つけてMBAホルダーとの交流の機会を作り、彼らの意見を参考にするのだ。また、地域活動に参加して、仕事と課外活動のバランスを維持しよう。

著者は陸上競技をし、マラソンにも参加する。これまで、フルマラソンはニューヨーク、サンフランシスコ、河口湖、サンティアゴと、4回参加していずれも完走している。私がマラソンを好むのは、それが心身両面のスタミナ、決意、「目標に基づくマネジメント」を試す究極のテストだからだ。もちろん、私はワールド・クラスのマラソン選手ではない。私にとってのランニングは、運動する1つの機会であり、走りながら興味深い景色を眺める機会であり、また、健康な生活を送り、同じように健康な生活を送っている人たちとそうした経験を共有する機会でもある。

マラソンなどの健脚を競う競技を観戦したり参加したりすれば、ここでもMBAを目指すためのプランニングと準備に関連する2つの不可欠なポイントに気づくであろう。

第1に、マラソンに勝つのは必ずしも最初にスタートを切った選手ではないということ。勝者は、最後に笑う者である。

MBAを目指すのなら、テスト・スコアがほかの人より低いなど、出願の準備で遅れをとっていることに落胆してはいけない。夢を追い続けていけば、追いつき、自分自身のレースで勝利を収めることができるだろう。

マラソンのレースの終盤に、選手を動かすのは意志の力である。筋肉中に蓄えていたグリコーゲンを使い果たし、選手は体のエネルギーが徐々になくなる中、「燃料を使い果たした」という感覚に陥る。マラソン中に起こるこのような状態は「壁にぶつかる(hitting the wall)」状態として知られ、どんなに優れた選手でも経験するものである。この「壁」を打ち破れるのかどうかが、意志の力と勇気の試金石なのである。

MBAプログラムの合格を勝ち取るまでの準備プロセスでは、順調に進まず落胆することもあるだろう。そんなときこそ、日本文化の長所である忍耐と強い意志を発揮して壁を突き破ってほしい。

第2に、マラソン選手をはじめとするアスリートたちは、コースの各段階で自己ベストに焦点をあわせるということ。選手たちは、システマティックに最終的な目標を達成しようと考えるものである。賞を得る方法はプロセスの中に見い出せることを選手たちは理解しているのだ。

何年も前のことだが、筆者は代々木の陸上競技場で行なわれた世界陸上選手権大会を観戦する機会を得た。この大会で、カール・ルイスが世界記録を樹立した。ゴール・ライン近くの席にいた私は、トラックで世界最速の人間がウォーミング・アップする様子をじっくりと観察していた。当然、選手たちは互いを知る仲である。しかし、ウォーミング・アップ中に互いの横を通り過ぎる間、選手たちはできる限り速く走ることに集中しているため、それぞれの存在に気づかない。選手たちの頭の中にあるのは、勝利を収める戦略と方法だけなのだ。

着実なプランニング・システム

MBAプログラムへの出願もこれとよく似ている。自分に最もふさわしい方法を作り上げ、それを1つひとつこなす。実証されたシステムにしたがって行動するのは日本人のもう1つの得意分野である。慎重にプランを作成し、集中力をもって着実に実現していこう。優先順位を考え、少しずつ、しかし、最終目標に向けて着実に取り組むのだ。ゴールは、自分にベストなビジネススクールで学び、自身のキャリアを豊かなものにすることである。

では、一歩一歩ゴールに近づく方法とはどのようなものなのだろうか。MBA計画を3つの大きな段階にわけて、考えてみよう。

第1段階:ビジネススクールへの入学準備
第2段階:MBAプログラムでの学習
第3段階:MBAプログラム卒業後のキャリアの向上

さらに、各段階を細かい分野に分けよう。

●ビジネススクールへの入学準備：入学の1～2年前

・テストの準備（TOEFL、GMAT）

・人生経験を豊かにする（職務経験、コミュニティ活動）

・キャリア・マネジメント（MBAホルダーとのネットワーキングなどを含む）

・エッセーの準備

・インタビューの準備

・Pre-MBAサマー・スクールへの参加（または自己学習）

　テスト対策、エッセーとインタビューの準備に加えて、英語での双方向的なコミュニケーション能力、分析的／組織的なライティング・スキルを磨いておく必要がある。MBAホルダーとのネットワークを築き、自身のMBA学習プランを語り合うのもよいだろう。MBAプログラム入学前には、米国や英国のビジネススクールでサマー・スクールに参加したり、自己学習によって会計学、統計学、微積分学、ファイナンスなどの知識を深めておくことも考えられる。

●MBAプログラムでの学習：1～2年間のMBA学習

・1年生のオリエンテーション

・コア科目履修

・キャリア・マネジメント

　　ネットワーキング、ボストン・キャリア・フォーラムへの参加、就職情報収集、目標設定

・専攻分野での選択科目履修

・サマー・インターンシップ

・ジョブ・インタビュー

・ジョブ・オファーの交渉

　コア科目や専攻分野の学習に加え、例年秋に開催されるボストン・キャリア・フォーラムに参加し、就職先として考えている企業とコンタクトを取ったり、サマー・インターンシップに備えてネットワークを築いておくべきである。そういった活動は卒業後の就職のための重要なステップとなる。MBAでの学習と同時に課外活動を楽しみ、私費学生の場合は、さらにインターン先を確保して就職先を探す必要もある。タイム・マネジメント能力に磨きがかかることだろう。

●MBAプログラムを卒業後：MBAを活かしてキャリアの向上を図る

・英語での双方向的なコミュニケーション能力を発揮する

・キャリア・マネジメントを行なう（ネットワーキングなどを含む）

・リーダーシップを発揮する

　　所属する組織で／あるいは新たに参加する組織で

　あるいは

・自身の会社を立ち上げる

英語でのコミュニケーション

　MBAプログラムへの出願、在学中の成功、そして国際的なビジネス・リーダーへの成長を実現するには、ある共通の能力が必要とされる。それは、英語でのコミュニケーション能力である。

戦略的アドバイス

英語でのコミュニケーション能力、交渉能力、そして分析的・組織的なライティング・スキルの向上を目指し、絶えず努力すること。

　日本企業を退職して転職する場合には、おそらく銀行やコンサルティング分野の外資系大手企業、以前よりも小規模な日系企業、自分で立ち上げた会社、誰かが立ち上げたばかりの会社などで働くことになるだろう。そして、MBA取得後に現在の職場にとどまる人も転職する人も、経済がグローバル化する中にあっては、職場や日常生活において卒業後に英語を使うよう求められる機会が多くなるはずである。日本国内でグローバルな外資系企業で働くのであれば、同僚や上司、そして部下と英語を話す機会は格段に増えるだろう。日本の会社に戻るのであれば、ビジネス上の交渉で英語を使う相手とコンタクトを取る機会が増えるかもしれないし、国際的な戦略的提携に加わることもあるかもしれない。

　日本人は、それぞれの段階が統合されていない個別のものであるかのように物事に取り

組みがちである。たとえば、日本人の多くはMBAプログラムに入学する直前の夏になって初めて、入学後に「乗り切る」ことについて心配し始め、入学前に米国で英語の準備コースに出席する。準備の第一段階からそれぞれの事柄に対して「別々に」対応しているのだ。エッセーのことをあまり考えることなくテスト対策をし、エッセー対策に進んでからは直前までインタビュー対策に取り掛からないという具合である。インタビューを翌日に控えた前日の夜になってその準備について考え始める日本人も中にはいる。

このような人は、TOEFLやGMATのための勉強においても同様に「別々に」取り組む傾向がある。TOEFLのスコアが目標に達するまではGMATの勉強に取りかからないといった具合にだ。

しかしながら、効率良くプランニングできる人は、この3つの段階、すなわち、出願準備、プログラムでの学習、そして卒業後の人生の成功にはベースとなる共通要素があることを理解し、準備を開始する当初からそれを組み込んでいる。共通要素とは、「実用的な英語によるコミュニケーション」である。海外でMBAを取得したいと考えるのであれば、書いたり話したりといった、英語によるコミュニケーションの準備を始めるのが早いほど、より多くの「リアル」な練習をすることができ、TOEFL、GMATなどのテスト、エッセー、インタビュー、MBAプログラム、そして卒業後の国際的なキャリアにおいて成功を収めることが容易になるのだ。

TOEFLやGMATの準備と並んで、実用的な英語のコミュニケーション能力を身につける重要性は強調してもし過ぎることはないだろう。日本語でTOEFL（Test Of English as a Foreign Language）の学習をするのでは意味がない。短期的に見れば、日本語で勉強するほうが楽だろう。しかし、あなたは「マラソンというレースで完走すること」を目指しているということを思い出してほしい。TOEFLのための勉強を英語ですることがスコアの向上につながるばかりでなく、あなたの実用的な英語力を伸ばしてくれるのである。

英語で行なわれるGMAT対策の授業を通してリスニングやリーディングの能力を向上させれば、同時にテストのスコアを最大限まで上げることができる。インタビューに関しては、集中的に練習して準備するほかに、英語でのコミュニケーションが必要なコミュニティ活動を通してスピーキングの能力を伸ばすのも1つの手である。また、『インターナショナル・ヘラルド・トリビューン（International Herald Tribune）』などの、優れた英語の出版物を読めば、英語での分析力が身につく。同時に、MBAプログラムでクラスメイトと討論することになるであろうトピックについても精通できるのである。

足元だけを見た進め方をするのか、長期にわたる戦略的なアプローチをするのかは、あなた次第だ。確実にいえるのは、長期的かつ戦略的なプランを立てる人のほうが、ビジネススクール卒業後のすべての段階で成功する可能性がより高いということである。

キャリア・マネジメント

あなたがMBA取得を目指す目的は、国際的なビジネス・パーソンとしての能力を高めることと、所属する組織で成功を収め日本社会に影響を与えるリーダーシップを養うことである。経験を積むことが、次のステップへの挑戦へと駆立てる。つまり、困難が成長を促すのだ。新たな挑戦の数々があなたを停滞から最高の水準へといざなってくれる。そこからさらなる成功へと邁進することで、充実感を味わうことができるのだ。

出願の準備段階の初期に出張や休みを利用してビジネススクールを訪問することをおすすめする。米国やヨーロッパへの渡航費は高い。しかし、これにかかる費用も、あなたの人生の中で最も重要な決断の1つであるMBA取得のための総費用に含めて考えるようにしよう。あなたの将来をよりよいものとするために。

それぞれのビジネススクールには独自の校風、得意分野、生活環境があり、人によってベストなスクールは異なる。ランキングのレポートを熱心に読むよりも、自ら直接キャンパスを訪問するほうが、「学校の鼓動」を感じることができるはずだ。訪問時にキャンパスを見てまわったり、授業や説明会に参加したりして、日本人や外国人の現役学生に話しかけてみよう。

もう1つ、日本人に強くすすめたいことがある。それは、合格した後に学校を再度訪問したうえで、最終的にどのビジネススクールを選ぶかを決める際の情報を得てほしいのだ。この

時点では、ビジネススクール側はすでにあなたに入学してほしいという意志表示、すなわち入学許可を与えている。進学先について最終的な決断がまだできていないのであれば、入学審査事務局や指導教官などとプログラムについてさらに話をし、推薦のテキストやそのほかの資料のリストをもらうこともできる。質問があれば些細なことでもたずね、また、住むところについても調べておこう。

　可能であれば、この旅行には配偶者やフィアンセを伴って行こう。留学期間の1、2年をともに過ごす新たな生活場所を、パートナーに直接見てもらうことは重要だ。滞在期間中に時間があれば、マンション探しに取り掛かることもできる。子どもがいるのであれば、通うことになりそうな学校を訪問するのもよい。パートナーも、現役の日本人学生の家族と話をすることができるかもしれない。最初の段階からパートナーとMBAの経験を共有することで、心も落ち着き、家族全員にとって一生に一度のまたとない経験に対する胸の高鳴りも大きなものとなるだろう。

　しかしながら、きちんと準備ができていないうちに、キャンパスを訪問するからといってインタビューを手配するのは大きな誤りである。流暢に英語を話せる日本人志願者が十分な準備をせずに入試事務局の担当者とのインタビューを行ない、不合格になってしまった例もある。こういった人たちは、英語が流暢だからといってインタビューがうまくいくとは限らないということを理解していないのだ。

　エッセーもインタビューも、英語によるコミュニケーション能力のテストである。その中では、欧米の学習環境で重視されるプレゼンテーション・スキルが中心となっている。ビジネススクールでのインタビューに臨む前に、レジュメを作り上げ、目標を明確に定め、MBA取得を目指す理由をはっきりさせることが最低限必要である。同時に、あなたには、MBAプログラムに貢献できるだけの潜在力があることを示す実績を述べられるよう、準備しておくべきである。

戦略的アドバイス

就職について考えはじめる時期、それは「今すぐ」である。

　MBAの出願準備をするとき、実際にMBAプログラムで学ぶとき、そして就職活動をするとき、多くはA〜Zといった具合に順番通りにこなすことを考え、直前に迫った事柄に集中しがちである。たとえば、現時点であなたはTOEFLやGMATといった試験の準備に集中しているかもしれない。確かに、それらは次のステップに進むために必要なテストであり、高得点を獲得すべく可能な限りの時間と労力を集中するというのは、あなたにとって至極当然のことだ

ろう。しかし、MBAでの経験を活かして将来のキャリア向上を図るという究極の目標は決して見失ってはいけない。

A〜Zといったステップは、全体的なプランの中の戦略的な一要素にすぎない。全体的なプランとは、私費学生にとっては転職をするための、社費留学生にとってはより大きなやりがいのある仕事を担当させてもらえる資質を養うことである。1つひとつの行動が、キャリア向上という目標達成のための計画全体に組込まれるように取組むべきである。

求められる人材

MBA入学審査事務局担当者、就職斡旋業者、企業採用担当者は、候補者の総合的なスキルを評価する。

あなたは今、出願準備の行程をキャリアでの成功の鍵を握る全体的な戦略プランの一部として組み込むために何ができるだろう、と思いを巡らしているかもしれない。だが、結局のところ、MBAプログラムに入学し、大学が提供する就職支援サービスに参加するまでは、本格的に職探しをすることはないだろう。

まず認識すべきは、入学審査事務局の担当者がMBA出願者を評価する際の資質と、ヘッドハンターや企業採用担当者が就職希望者を評価する際の資質は同じものであるということだ。

彼らがともに理想としているのは、チームで作業する能力やコミュニケーション能力に長け、かつ意欲旺盛で自ら進んで行動を起こすタイプの人間である。また、優先順位づけの判断力と時間管理能力が高く、責任感とプロ意識をもって行動することができるうえに、リーダーとしての資質を備えた人材である。

「MBAハイウェイ」のあらゆる段階において、出願準備のただ中にあっても、あるいは入学後に勉強や就職活動に身を投じている間でも、上記の能力を身につける努力を惜しまぬことが肝心だ。たとえば、机上でのテスト勉強で修得できる英語には限界がある。だが、職場や課外活動などの実生活の場では、英語によるコミュニケーション能力を磨く機会や、双方向で議論を交わす機会がある。こうした「生きた学習機会」を利用して、「使える」英語力を身につけよう。また、仕事に没頭するばかりで、コミュニティに参加することを忘れてはいけな

い。勤務先で、もし英語によるコミュニケーション能力を高めたり、あるいはリーダーとしての統率力を磨く機会が得られそうな任務があれば、進んで参加しよう。キャンパスでもリーダーの役割や、文化横断的マネジメントが経験できそうな課外活動に参加しよう。

国際的な傾向に備える

　MBAプログラムの使命とは顧客、すなわち国際経済で活躍するあまたの企業の需要に応えることである。

　入学審査官や企業採用担当者が、上記のような国際社会で活躍するための能力やリーダーとしての資質を備えた人材を求めているのも当然のことといえる。ビジネススクールにとって学生は消費者であり、企業は顧客、クライアントである。学生は就職先を求めており、採用担当者はMBA教育を通じて身につけたさまざまな素養を活かして、自社を国際社会での成功へと導いてくれる人材を求めているのだ。では、現在国際経済ではどのような傾向が見られるのか以下に挙げてみよう。

多国籍間の提携関係

　いかなるかたちであれ、MBA取得者は必ず多国籍チームとともに、もしくはその一員として仕事をすることになるだろう。その際は多くの場合、英語を用いて交渉することになるだろう。

ビジネス・スタンダードの一元化

　世界のビジネスで常識とされている数々の規範を理解し、それに沿って行動する必要がある。もし、自身の帰属する地域で行なおうとしているビジネス活動が国際的に波紋を投げかけるものであれば、その地域の文化に基づいた判断だけでなく、国際的見地から見て倫理的に適っていることを確かめて行動する必要がある。

継続する自由化

　自由化、そしてグローバリゼーションの傾向は今後も継続するだろう。経済資源を最大限に活用しない非効率的な、規制の多い市場がいかなる運命をたどったか、歴史上の多くの

例を見れば明らかである。あのフィデル・カストロでさえ、自国、キューバの経済的成長を促すため、市場改革の導入方法を学びに中国を訪れたほどなのだから。

　規制の自由化が続くということは同時に次のことも意味している。すなわち、競争が激化し、矢継ぎ早に技術革新が行なわれ、効率性が増し、消費者の選択肢が増え、コストが下がる、ということだ。グローバリゼーションの速度が増すことによって、すべての企業は競争に勝つため、よく使われる言い回しをすればより「引き締まった（lean and mean）」組織を目指して合理化を進め、決断のスピードを上げることを余儀なくされる。従来のピラミッド型階級組織は崩壊するだろう。業務報告やさまざまな提案に目を通す「中間管理職」は減らされ、提案を行なう者と経営判断を下す者とがより多くの場で直に接することのできる、フラットな組織が主流になるだろう。

雇用の流動化

　アメリカ人にとって勤め先を変えるのはごく一般的な行為である。一企業への終身雇用を望む人間はごく稀だし、仮にその願望があったとしてもその望みがかなうとはまず考えにくい。リストラは、下り坂経済にあって、従来型の大企業が業務を縮小するための手段として定着した。これは、一般に従業員解雇と同義である。ハイテク・ブームの際、一部の従業員はまるで転職することが常識であるかのように振るまい、1つの職場から次の職場へと飛び回っていた。こうした「技術者達（Techies）」は、企業ごとのごく短い就業期間を、音楽用語を借りて、「ギグ（Gig:その場限りの演奏）」と呼ばれることもあったほどだ。

　こうした従業員達はハイテク・バブルの崩壊で思い知らされる結果となった。一方、企業も、短期的な収入の減少に軽率に反応し、従業員を大量解雇したことが、将来的には高くつくかもしれないことに気づき始めた。

　日本でも雇用の流動化は進んでいる。グローバリゼーションが進む中、競争力を維持しようと多くの産業が決行した大規模なリストラがこれを反映している。日本企業は終身雇用を維持しようと努力してきたが、その数も希望退職制度の導入や契約社員の増加、採用削減による雇用の自然減などを通じて、徐々に削られつつある。

戦略的アドバイス

目の前の目標実現に専念しつつ、長期的に計画すること。

　優先順位を判断する能力と、時間管理能力を磨く努力は常に怠らないようにしよう。目の前の課題をこなすことに集中して一歩ずつ進むべきだが、テスト対策やエッセー、インタビュー対策、仕事上の目標や課題は1つひとつをこなすことで全体での相乗効果も上がるよう設定することをおすすめする。よりよいキャリアとより豊かな人生を築くという最終目標に着実に近づけるよう、全体を通して一貫性のある計画を立てよう。MBAに向けた準備を開始したばかりであれば、テストで成果を出すことに集中し、仕事以外の時間とエネルギーの大半はそこに費やしているべきである。

　ただし、「全体を見わたす視点」を失ってはいけない。ビジネススクールでは「GMAT AWAエッセー」などというものを書いたりしない。学生のもっぱらの関心は三角形の面積を割り出すこと以外にある。ビジネススクールの現実では、学生はテンポの早い英語でイディオムを連発して自らのビジネス経験について語り合い、積極的に交流する。企業の採用担当者は、候補者に自社のためになるどのような職務上の能力を有するのかを問うことはあっても、TOEFLのスコアやGMATの数学セクションの理解度を試すことはないだろう。

MBA：理想のキャリアへの掛け橋

　将来のキャリアに向けた計画を練る際には、自分自身について深く考え、かつ普段とは異なる視点から自らを見つめ直すよう迫られるだろう。他人の描く成功像に捕らわれてはいないだろうか。

　もちろん、他者の助言に耳を貸すことは大切であり、これらはネットワーク作りの中で得られる。そうすることで、自らのキャリア計画を通常と異なる視点からも検討してみよう。次のような質問を自分自身に投げかけ、深く検討し、真剣に答えを導き出すよう努めるとよいだろう。

- どのような時に幸せを感じるか。好きなのはどのような仕事か。
- 目指す仕事で成功するために必要な能力を、自分がどの程度備えているか。
- その仕事に携わるために、MBAでの勉強以外ですでにどのような経験をしているか、もしくはする見込みがあるか。
- 雇用主にどのような価値を提供できるのか。これまで仕事で示してきた能力のうち、自らの中心

的強みといえるのはどれか。測定しやすい数量的能力だけでなく、より測定しにくい「勤勉さ」などの能力についても考えよう。それぞれについて実体験上の具体例を挙げるようにしよう。

・今から30年後、自分への表彰状を書く機会に恵まれたとしよう。職場や社会へ対するどのような貢献が、表彰の主な理由であってほしいだろうか。

仕事とは、個人にとって人生の多くの時間を占め、生産したいという人間の根本的欲求を満たす。それだけでなく、自分自身や家族の生活を支えるものである。仕事のある日はほかの何よりも、通勤や勤務、あるいはその準備に時間を費やしていることだろう。満足の得られない仕事に従事していると、たとえいかに高収入を得ていても、不健康なストレスを蓄積することになる。それは自分自身の精神を蝕むだけでなく、周りの人々にも悪影響を及ぼす。他者が何をもって「輝かしいキャリア」とするかはさておき、自身がどのような職種で最も充実感を得られるのか、真剣に検討することの価値は大きい。

MBAの学位は、目指す将来への掛け橋となってくれるはずである。これを機に自分という人間が必要とし、望み、できることについて深く考えてみよう。

戦略的アドバイス

出願校のリスク・マネジメント・ポートフォリオを作成すること（出願校のレベルには幅をもたせよう）。

本書では38のトップMBAプログラムを取り上げて紹介しているが、ビジネススクールはこれだけではない。多くのプログラムに出願することが望ましいが、出願先は厳選しよう。ターゲットを正しく絞れば合格の可能性も高くなるものである。

プランニングの段階では、自分の希望に合うビジネススクールの中でも難しいところを目標とすべきだ。志望校に「微調整」を加えることは後でもできる。最初の段階では、12校をリストアップすることをおすすめする。実際はそれほど多くは出願しないかもしれないが、トップ校の競争率を考慮すれば、この程度の出願先は考えておきたい。ターゲットの数が多いほど、合格の確率は高くなるのだ。

この12校のリストアップのための指針は次のとおり。

1. 志望校のビジネススクールを「憧れの難関校」「実力相応校」「安全圏」のグループに分類してみよう

　この時点で「どのプログラムを選択すべきか」と考え過ぎるのは典型的な間違いである。まだ、どのプログラムからも入学許可は届いていないのだ。トップ・スクール合格のための出願書類を準備することに全力を注ぐのが得策である。

　「安全圏」とは合格の可能性が非常に高いと考えられるビジネススクールである。真ん中の「実力相応校」の合格の見通しは当然はっきりしない。「憧れの難関校」のビジネススクールは最も競争が激しい。たとえばスタンフォード大学経営大学院などのように非常に選考が厳しい学校だ。

2. 出願を計画するための表を準備しよう

　この点については、学校名、締切時期、エッセー課題をまとめたリストを活用すると効果的だろう。

　ビジネススクールの多くが3、4回のラウンドを設けて出願締切日を設定している。このようなラウンド・システムでは、出願書類は各ラウンドの締め切り後にまとめて審査され、結果についても同じ時期にまとめて発表される。そのほかにも、いわゆる「ローリング・アドミッション・システム」を採用しているビジネススクールがある。このシステムでは、出願書類は「ロール（Roll）」が始まると受け取った順に審査され、合否もこの順番に決定される。これに対しラウンド・システムでは、同じラウンド内であれば最初に出願した人が後に出願した人より有利になるということはない。

　ダートマス大学タック経営大学院やコロンビア・ビジネススクールなどのように、自校を第一志望と考えている出願者のために「早期出願者対象ラウンド（Early Decision Round）」を設けているところもある。早期出願者対象ラウンドで出願するときには合否結果を早く受け取ることができる。この場合、合格したら、入学者として保証してもらうためにかなりの金額を前払いすることになる。

3. 状況に応じてポートフォリオを変更しよう

　さまざまな状況がプランニングに影響を与えるだろう。たとえば、第一志望校のいずれかに合格したとしよう。その場合、出願し終えていない残りの出願先のうち、まずは競争が厳しいビジネススクールに集中しよう。スコアが劇的に上がるかもしれない。そうなればポートフォリオにも変更が出てくるだろう。現実的に計画し、必要に応じて変更しよう。人生に変化はつきもの。出願のプロセスに起こりうるさまざまな変化には柔軟な戦略をもって対応すべき

である。

4. 夢をあきらめないこと

　スタンフォード大学経営大学院に進学したいと思っているのなら、ぜひとも出願校のリストに入れておこう。実現のため努力する前にあきらめてしまえば、かなう夢だったかどうかさえわからないではないか。

5. 現実的になること

　4.とは反対のことだが、「現実的」でいることも必要である。仮にGMATのスコアが580、TOEFLが230だとしよう。このスコアでは最も競争が厳しいとされるビジネススクールに入学できる可能性はかなり低いだろう。憧れのプログラムを出願校に入れておくのはいいが、合格の可能性がより高いところへの出願に力を注ぐという現実的な対応をとるべきであろう。ちなみに、スタンフォードに出願する場合、エッセーは2つ提出する必要があるが、そのうちの1つ「What matters most to you? Why?」は独自のものであり、語数制限はない。

入学をめぐる競争

　トップ・ビジネススクールに入学するための競争はここ15年間、一貫してその厳しさを増してきた。競争がピークに達したのが2000年頃である。特に日本人に対する状況が激化したと考え、景気低迷が続く日本からの出願者に対しビジネススクール側の関心が低下した結果だと見る向きもあった。

　しかしながら、この見方は事実と異なるというのが筆者の見解である。また、本書の執筆にあたって筆者がインタビューをしたビジネススクールの入学審査官、教授、そしてMBAプログラムのその他の担当官のいずれからも、高い能力をもつ日本人学生に関心がないとする内容の話は出なかった。それどころか、日本人の出願を歓迎し、自らのプログラムで日本人学生が果たしている役割に対する賞賛の言葉を耳にすることもあった。

　考えてみればこれは当然といえる。もしプログラム側が日本経済低迷を理由に日本人出願者に対する関心をなくしてしまうならば、1997〜1998年のアジア経済危機で大きな打撃を受

けた東南アジア諸国からの出願者に対しても関心があるとは考えられない。

　ブラジル、メキシコ、アルゼンチンなどの経済的に不安定な国や経済の崩壊を経験した国からの出願者に対し大きな関心があるとも考えられない。ところが、これらの国々からの出願者に対する関心は高い。筆者は、世界でも学問的レベルが最も高いMBAプログラムの1つに数えられるシカゴ大学経営大学院において、優秀な成績を修めた日本人留学生を知っている。ほかのMBAプログラムにおいても優れたリーダーシップを発揮した日本人学生が頭に浮かんでくる。今、この原稿を執筆している際にもコロンビア・ビジネススクール、コーネル大学ジョンソン経営大学院、ペンシルベニア大学ウォートン校のジャパン・クラブの代表たちが思い出されてくるのだ。さらに、MBAプログラムの一環である、日本への研修ツアーを計画するのを助けたり、実際ツアーを率いたりした日本人学生もいる。その中にはノースウェスタン大学ケロッグ経営大学院の教育の要ともいえるGIM（Global Initiatives in Management：グローバルイニシアチブ・イン・マネジメント）も含まれる。ちなみにこのツアーは、学生が企画し、教授の指導を受けながら行なう海外実地研修プログラムである。さらに、「社会的起業」（Social Entrepreneurship）といったMBAのカリキュラム分野の急速な発展に貢献した日本人学生もいる。

　英語力の不足を知性と強い決意でカバーし、マサチューセッツ工科大学スローン経営大学院に入学したある日本人学生によると、クラスメイトたちは英語力が決して高くはない自分の話に熱心に耳を傾けてくれ、自らもまた、どの授業においても発言することに特に力を入れたと語っていた。ハーバード・ビジネススクールで学んだある女性は、授業中、教授の質問への対応ではどうしてもクラスメイトたちの機先を制することができなかった。そのため、授業の後に担当教授に相談したところ、授業中に彼女を指名し発言の機会を与えてくれるようになったという。

なぜ競争が激化したのか

　日本におけるバブル経済のピークと終焉の時期にあたる1980年代後半から1990年代初めを振り返ってみると、当時の日本はMBAプログラムに対する最大の支援国であったことがわかる。支援を行なっていたのは主に大手銀行、保険、商社、電力、ガス、石油、建設、輸送、エレクトロニクスなどの産業分野の企業である。これらの企業は、日本の官庁と同様に、社費で社員のMBA留学を賄っていた。当時は、MBAプログラムに入学する中国人留学生の数は現在と比べはるかに少なく、その多くは中国政府による資金的な援助を受けていた。

現在では、中国本土、香港、台湾、シンガポール、韓国、インド、さらに東南アジアの国々など、アジア地域からの出願者数も大幅に増加している。また、メキシコや中南米などからの出願も年を追って増加している。このような地域からの出願者が増加することでMBAプログラム入学への門が狭くなったのである。10年前、たとえばシカゴ大学経営大学院の入学審査官は、海外在住の出願希望者を対象とした説明会はアジアの1か所、東京でのみ開催していたが、現在では世界中を飛び回り30回あまりにわたって説明会を開催している。

　MBAプログラムはますます双方向型の指導方法に力を入れている。ケース・スタディ・ディスカッション、チームによるプロジェクト・プレゼンテーション、正規の授業以外の活動の中での意見交換などが取り入れられている。このような学習環境のもと、大学側は入学してくる学生の多様性をますます重視する。MBAプログラムに多様性をもたせるために最もふさわしい学生を選抜し、プログラムの中で彼らが所属していた組織や地域社会における問題解決の方法や経験を示してくれることを期待しているのである。

　結局のところ、大学側が求めているのは、経済のグローバル化、労働力の国際化、そして瞬時のコミュニケーションが可能になった情報化社会の発展などといった、グローバルな現実のビジネス世界を反映したクラス作りをすることなのである。

　出願者数が増加したことで、プログラム側はより多様化したクラス構成を目指すようになり、そのために最適な学生を選抜するようになった。とはいえ、特定の国ごとに明確な受け入れ人数を定めているビジネススクールはほとんど存在しない。ペンシルベニア大学ウォートン校入学審査事務局のジュディス・シルバーマン氏も、そのような割り当てはないとしている。同女史によると、ウォートン校では海外からの出願者すべてを検討し、その出身国にかかわらず、もっともふさわしい学生を選抜しているということだ。

　競争激化のその他の要因は、経済学の第一原則、すなわち「需要と供給の関係」である。世界的な景気減速の中、2001年、2002年のビジネススクールへの出願者は大幅に増加した。その多くは海外からの出願者であった。しかしほとんどのプログラムでは定員数を増やしていない。景気の低迷時には、レイオフにあったビジネスマンたちが雇用状況の厳しさからMBA取得を目指すケースが増える。彼らは「安全な避難所」を求め、そこで自らのスキルの向上を果たしつつ景気の回復を待つのである。

　2、3年前のバブル・ピーク時に比べれば海外からの出願が減ったとはいえ、依然競争は厳しく、需要が供給をはるかに上回っている。しかしながら、ここにきて競争激化の流れは一段落したように見える。その理由の1つは、米国における就労ビザ取得が難しくなったことである。インドからの留学生によく見られるが、海外からの留学生は卒業後米国内で就労するためにビザを取得し、情報産業分野の企業に就職する例が多い。一方、MBA取得を目指

す日本人の多くは卒業後米国内で就職することは考えておらず、また、留学先国で学費ローンを受ける必要性も少ない。このように、他国の学生達とは違う卒業後の進路のため、日本人学生は、H-1Bなどの就労ビザの取得が以前より厳しくなったことにもさほど影響されないのである。

　事実、シカゴGSBをはじめとする一流MBAプログラムでは、海外からの出願者数が再び増加すると予測している。ただ、これから数年間の競争環境は、出願者が大幅に増加したハイテク・バブル期もしくはバブル直後より前の傾向に戻ると思われるが、今後もしMBA出願者が減少するとしても、競争の激しさは変わらないだろう。なぜなら、MBAプログラムに対しては依然定員をはるかに超える出願者がおり、出願数が若干減少しても選考レベルの高さは現状のまま維持されることになるからである。

全米で最も競争の厳しいMBAプログラム トップ15

	プログラム名	合格率(%)		プログラム名	合格率(%)
1	スタンフォード	8%	8	ダートマス（タック）	14%
2	コロンビア	11%	10	NYU（スターン）	15%
2	UCバークレー（ハース）	11%	10	UCLA（アンダーソン）	15%
4	ハーバード	12%	10	シカゴ	15%
4	IMD	12%	13	バージニア（ダーデン）	18%
6	ノースウェスタン（ケロッグ）	13%	13	デューク（フクア）	18%
6	ペンシルベニア（ウォートン）	13%	13	イェール	18%
8	MIT（スローン）	14%			

　これらはMBAプログラムへの世界各国からの出願者全体を示すものであって、日本人に限定した数字ではない。日本人出願者に限定すれば競争はさらに厳しい。たとえば2002年、カリフォルニア大学バークレー校ハース経営大学院にはおよそ250人の日本人が出願したが、まず50人まで絞られ、そのうち、8～10人が合格となった。合格率はわずかに3.2～4.0パーセントである。

　MBAプログラムにおける1クラス、すなわち1学年の規模は多少の増加はあるもののほとんど変化していない。ただ、一部のビジネススクールではクラス人数を増やしている。たとえば、ダートマス大学タック経営大学院は最近その規模を倍にし、より多くの日本人学生の入学を認めた。バージニア大学ダーデン経営管理大学院やケンブリッジ大学ジャッジ経営学研究所ではMBAプログラムの規模を拡大する計画が進行中である。ビジネススクールへの出願プランを立てる際には、これらの傾向も掴んでおくとよい。

致命的な間違いを避ける

　文化的背景の違いから、日本人出願者の多くが「欧米のMBAプログラムへの出願プロセスは日本の大学入試と大差ない」という間違った認識を抱いてしまうことがある。もちろん、共通点もあるのだが、重要な違いを見過ごすと非効率的な戦略を立ててしまう危険性もある。学習上の要求が欧米の大学と日本の大学とで大きく異なるのと同様、両者の出願プロセスもまた大きく異なるのである。次に、日本人が欧米のMBAプログラムに出願する際に犯しがちな間違いをいくつか挙げよう。これらの間違いを避けることで、致命的な失敗も避けることができるだろう。

1. テスト・スコアに対して必要以上にこだわる

　欧米のMBAプログラムへの合格を勝ち取るためには、TOEFLやGMATで充分なスコアを獲得し、すべてのセクションでバランスの取れた能力を示す必要があるが、高いスコアが合格を保証してくれるわけではない。入学審査のプロセスを野球のゲームに例えるといいだろう。高いテスト・スコアを得ることにより、「打席に立つ」資格は得られるが、かといって「アウト」になる可能性は残っている。効果的なエッセーの書き方や、インタビューの受け方こそが「ヒット」を打ち、「ベース」に返るチャンスなのである。トップMBAプログラムへの出願者の多くは、テストスコアが高いにも関わらず、エッセーやインタビューといった、英語の文章作成や会話によるコミュニケーション能力を示すことができずに不合格となっている。

2. 「リアル」な英語能力向上に向けての対策が遅れる

　実践的な英語の練習を早くに始めるほど入学後も早くから授業に貢献することができる。サマー・スクールで追いつこうと考えても「時すでに遅し」である。ビジネススクールに出願しようと決意した瞬間から実社会で英語を学ぶ努力を開始して、英語の鍛錬を出願準備に欠かせない一部とするべきである。英語の日刊紙や雑誌を読み、日本に滞在する欧米人と英語を話す機会があればそれを逃さないようにしよう。別の言い方をすれば、「TOEFL」語などという言語は存在しない、ということである。実際のMBA学生達は、テンポの早い、イディオムを多用した英語を用いて会話するのだ。

3. 仕事とコミュニティ・ライフのバランスがとれない

仕事は成人となってからの生活の中心であるが、それを唯一の中心とするのは避けるべきである。MBAプログラムは、出願者に「バランスの良い」人生を生きるよう求めている。日本人出願者についても、幅広い事柄に興味をもち、さまざまな活動に参加する出願者のほうが合格する可能性は高い。大学時代ラグビー部のキャプテンを務めたというこは賞賛に値するが、社会に出てから仕事以外に打ち込んできた何かがあるだろうか。適当な組織に参加して、ボランティアとしてコミュニティへ貢献したり、英語でのコミュニケーションの練習をしてみてはどうだろう。

もっとも、コミュニティに参加する方法はボランティアだけではない。コミュニティへの「参加」とは、そこでの活動すべてを対象としており、中にはボランティア、専門職組織での活動、趣味やスポーツに打ち込むことも含まれるのである。

定期的にスポーツで汗を流し、健康を維持しよう。仕事以外の活動に打ち込むことで、ビジネススクールにとってより魅力的な出願者となるだけでなく、仕事の能率も上がることだろう。日本人の「ワーカホリック」には「燃え尽き」症候群が目立つ。中にはストレスのためノイローゼになってしまうケースもある。余暇を設けて楽しむことで、ストレスのレベルを調整しよう。仕事外での活動を自らの「充電」にあてると同時に、地域社会に貢献する機会としよう。

4. 「貢献」の真の意味を理解しない

ビジネススクールで同期の学生から学べることは、教科書やケース・スタディを通して学ぶことと同じくらい重要である。学生は、自らの経験から得た視点をほかの学生と分かち合うよう求められる。学生各自の文化的背景が反映されたこうした視点は、しばしば問題解決の重要な糸口となる。いくら実務経験を積んでいようとも、大学の成績がすばらしくても、クラスでのディスカッションやスタディ・グループの集まり、そしてそのほかのさまざまな活動に参加できない、あるいはその意欲がないようではとても「貢献している」とはいえない。日本の大学に参加型の授業が少ないということや、日本人が直接的表現を好まないということは、授業で押し黙っている口実にはならない。また、欧米のMBAプログラムにおける学業上の要求を変えることも不可能である。それまでとは異なる学習環境での基準を満たし、授業に貢献することができないのなら、プログラムへの参加自体、おすすめできない。

5. 準備が整わないのに早期に出願する

早期の出願が戦略上の得策であることは誰もが認めるところである。特に日本ではそう信じられている。しかし、早い出願が効果的なのは期限までに出願書類がしっかり整っている

場合に限られる。出願者の多くにとってMBA出願は、自らの人生を深く深く掘り下げ、人生の目標について考える初めての機会となる。したがって、焦りは禁物である。充分な時間とエネルギーを費やし、プログラムの求める水準の出願書類を準備するよう努力しよう。準備の甘い書類を無理矢理締切りに間に合わせても、不合格通知を受け取るのが早まるだけのことである。充分に準備のできた時点でエッセーを提出することにより、早いラウンドに出願して早めに挫折を味わうという苦い経験も避けられるのである。

6. 一流校に記念出願する

テスト・スコアや、実務経験年数といった要求を満たしておらず、自身でも不合格をほぼ確信しているにもかかわらず、トップMBAプログラムに実験的に出願することはやめるべきである。もし私費留学を考えているのであれば、出願を1年先送りにしてでも、より強力な出願条件を整えるほうがよい。出願先から不合格通知を受け取るのは実にやる気の萎える経験である。出願準備は早めに開始し、学校にとってできるだけ多くの面で魅力的な出願者となるように、綿密な計画を立てよう。時間を遡って大学時代の成績を上げるのは無理でも、テスト・スコアを上げ、仕事やコミュニティで価値ある経験を積んで、説得力のある出願条件で書類を提出することは可能なのだから。

7. テスト準備のために退職する

日本では、高校卒業後の1年間を、大学入試の準備にあてることが功を奏したかもしれないが、TOEFLやGMATの受験、そしてエッセーの作成やインタビュー準備のために仕事を辞めることは、おすすめできない。トップMBAプログラムが職務経験のない出願者をまず受け入れないことからも分かるように、出願審査において職務経験は重要なポイントである。したがって、私費／社費いずれの立場でも、所属する会社は最も価値ある「財産」の1つなのである。「浪人」を決意する前に、収入が途絶えても困らない程度の資金を確保しているのか、フルタイムの仕事を維持しながらのテスト勉強が本当に不可能なのか熟慮しよう。

8. 「年内」の出願にこだわる

日本における元旦は、1年で最も重要な祝日であり、それまでに事業活動や家の掃除、そして借金の返済に至るまですべてを済ませておくのが習わしである。しかし、ビジネススクールへの出願まで年内に終わらせなければならないというのは誤解である。多くのプログラムは年明け後も出願ラウンドを設けており、日本人の多くがこれらのラウンドで合格を勝ち取っている。準備が整ったところで出願するという良識的な判断に従い、「年内」に間に合わないこ

とがMBAの入学審査プロセスに悪く影響するのではないかという強迫観念は捨てよう。ほとんどの大学はこの時期クリスマスから新年にかけての休暇に入っており、1月に入ってもすぐには出願書類に目を通すこともない。

9.「その他大勢」に従う

　重要なのは単に他人を真似るのではなく、自分にとって最も効果的な戦略を作成し実行することである。これは、出願校の絞り込みに関してだけでなく、キャリアの転向を計画する際にも留意すべき点である。自身が幸せになれない仕事であれば、同じ仕事をしている人がいくらその職業に満足していても、その仕事を選ぶ意義は少ない。あくまでも、自分にとって最良の計画を練り、決断をするべきである。

　出願校を絞り込む際はランキングや、日本国内でどの程度「ブランド」として通用するかなどの点も考慮する必要がある。しかし、総合ランキングにこだわりすぎずに、プログラムごとの強みを把握し、どのプログラムが自分のニーズを満たしてくれるのか知っておくことが重要である。一流ビジネススクールはそれぞれに独自の文化があり、すべての学校が自分の好みと一致するとは限らない。

10. 推薦人を選ぶにあたって、肩書きの高い人物を、自身の仕事ぶりをよく知る人物より優先してしまう

　理想的な推薦状は、出願者の長所を強調し、すべての賞賛を具体例で裏付けるものである。だからこそ推薦人には自分の仕事の内容や仕事ぶり、組織への貢献度をよく知る人物を選ぶようにしよう。単に社内での肩書きが優れているというだけで選ぶことは避けるべきである。実際、勤務する会社の社長が出願者をよく知っており、推薦状の執筆を引き受けてもらえたのならすばらしいことだが、出願者をよく知らないのであれば、せっかく書いてもらった推薦状も入学審査事務局にとっては価値の低いものとなってしまう。

11. 文法上の正確さに固執する

　日本の学校教育は、英語のカリキュラムでは文法の修得を重視している。文法はコミュニケーション上の道具の1つではあるが、言いたいことを効果的に伝えるにはそれ以上のものが必要となってくる。効果的なエッセーやインタビューとは、文法、構成、プレゼンテーション、そして内容（アイディア）という4つの面で優れているものだ。

　中でも出願者にとって何よりも重要なのが、明確で焦点のはっきりした質の高いアイディア（知的内容）を通して、それまでの経験やキャリア上の目標、MBAで学びたい理由などを伝

える能力である。別の言い方をしよう。MBAへの出願では、エッセーや口頭でのプレゼンテーションが文法上は完璧であったとしても、内容を欠いていれば効果的とはいえないのである。

　入学審査のインタビューでも、文法上正確な文で答えることよりも、自分がどのような人間で、なぜビジネススクールで学びたいと考えているのかを相手に伝えることに専念しよう。そして、インタビューの質問に対して丸暗記した機械的な応答をするのは避けるべきである。インタビューは「尋問」ではなく「会話」である。それは、インタビュー担当者が出願者をよりよく知るための機会であると同時に、出願者が学校を知る機会でもあるのだ。

12. 共通のエッセーを「切り張り」して異なる出願先に提出する

　それぞれの出願校がどのような点で自身のニーズを満たすのかを把握し、出願を決意した具体的な要因に言及するよう心掛けよう。まず各校の案内パンフレットを熟読し、ホームページをチェックし、本書のような書籍を読んでプログラムを理解しよう。その後、出願エッセーを作成する際は、課題に対し的確に答えるよう努力しよう。他校の出願に使ったエッセーを切り張りして使うと、本気の出願ではないと判断され、出願書類はすぐさま「不合格書類の山」行きとなりかねない。どの学校も出願者が複数のプログラムに出願することは心得ている。しかし同時に学校側は、出願者が出願先を慎重に選択し、そのプログラムがなぜ自分に適しているのか分析した理由を、よく練られたエッセーを通して述べるよう求めているのである。

13. 説明が「何を」に偏り、「誰が」と「なぜ」がおろそかになる

　入学審査官が知りたがっているのは出願者の人物、そして出願者が人生においてさまざまな決断を下すに至った理由である。自身の成し遂げた崇高な功績について述べ、「クラクションを鳴らして」気を引こうとするあまり、自分をまるで「スーパーマン」であるかのように誇張して描写すると、学校側はこの出願者はなぜ教職に応募しないのだろうと首をかしげることになる。たとえば、彼らが知りたがっているのは出願者の他者との関わり方、つまり出願者がチームでの仕事でいかに実力を発揮できるのかといったことである。また、失敗から学ぶということも、成功経験を元にさらなる発展を目指すのと同じくらい重要なことである。自身の人間らしい側面を「建前」という仮面の下に隠すことはないのだ。

14. レジュメやエッセーで、業務の内容ばかりを強調して功績に言及しない

　職務内容ももちろん大切だが、入学審査事務局が同じくらい関心をもっているのが、組織

の中でどのような功績を果たしたのかという点であり、それを具体的に描写する必要がある。レジュメとは、最良の自分を演出すべきものであり、自らが過去に成し遂げた功績を示す地図のようなものである。職業上の発展の行程は現職から過去へ遡って示そう。履歴書と同じ感覚でレジュメを作成し、入社以来任されてきた仕事を逐一報告するのは避けるべきである。重要な点のみを挙げて、特にマネジメント能力や、チームワーク、そしてリーダーとしての素質を示す仕事上の業績について述べるようにしよう。

15. 曖昧なキャリア・プランを示す

　日本人が不合格となり、学校側から結果説明のフィードバックを受ける際、理由として最も多いのが、(a)テスト・スコアが充分でなく、英語能力または数量的能力が不足していること、(b)最終出願ラウンドの終了間際、もしくは締切りを過ぎて出願したために遅すぎたこと、(c)キャリア・プランの説明が不十分であったこと、である。理想的なキャリア・プランは明確、具体的、簡潔、そして現実的であるべきだ。その中では出願者がプランを実行するために必要とするスキルや素質と、プログラム側の提供する教育が一致しているものである。

16. エッセーの中で自らのチームワーク能力について充分に触れない

　日本人の出願者はときに、アグレッシブなところを示さなければ欧米の入学審査官の目にはとまらないと信じるあまり、自らの功績を必要以上に誇張し、まるで自分1人でそれを成し遂げたかのような印象を与えてしまうことがある。現実には、大勢の人の手助けやチームでの努力なしに大きな成果をものにする人物は非常に稀である。自身の果たした役割は正確に示すべきである。また、「孤独な一匹狼」は入学審査官や企業の採用担当者が求める理想の人材には当てはまらない。

17. エッセーで、実現不可能な学習計画を示す

　MBA留学は、新たな分野について学び、人生の目標を捉え直し、日々新鮮な経験をしながら多くの友人を作るまたとない機会を提供している。しかし、その主要な目的はキャリアの向上である。学業計画を作成する際にもこの目標を実現することに重点を置き、1年や2年の勉強ですべてを学ぶのは不可能だということに留意しよう。集中して勉強する分野は、卒業後携わりたいと考えている仕事に最も関連性のあるものに絞るべきであり、履修分野を分散させすぎないよう努めよう。企業の採用担当者も、候補者が過去の職務で示してきたスキルとMBAプログラムで身につけた知識が、募集職種においていかに役立つか、という観点に立って採用を判断するものである。

18. 自らのニーズと学校の得意分野を一致させない

各校が提供する教育が自らのキャリア上の関心とどう結びつくのか把握しよう。ヘルスケア・マネジメント分野に興味があるのに出願先プログラムにその分野の授業がなければ、同分野について学ぶことを学習上の目標としても合格が近づくことはないだろう。

19. 冗長なエッセーを書く

エッセーを書くうえでの最終目標は、単語数を勘定し、スペースを埋めて出願校が提示する語数制限に到達することではない。自身の考えを簡潔に、かつ説得力を持たせて述べることである。エッセーの「スペース」は、自分自身を売り込むための「広告スペース」と心得よう。言いたいこと、そして言うべきことをすべて書き終えたらそこで筆を置き、編集にとりかかるべきである。入学審査事務局は読むべきエッセーを何千と抱えている。構成も甘く、むだの多い冗長なエッセーで余計な負担を増やすことは避けたい。

20. 準備不足でキャンパス・インタビューに臨む

キャンパス訪問は、出願校の校風を直に感じる重要な機会である。キャンパス訪問では、学校主催のキャンパス・ツアーに参加したり、自ら校内を散策したり、授業を聴講したり、説明会に参加したり、在学生と話すことができる。学校側も出願者にキャンパス訪問をすすめている。ただし、キャンパスへ足を運んだだけで合格を勝ち取ることができるなどと考えてはいけない。インタビューを受けるのは、自身のキャリア・ゴールや勉強の目的が明確になってからにしたほうがよい。理想のタイミングは、出願書類の準備がすべて完了し、インタビューを受ける準備が整ってからである。優れたエッセーに完璧な文法以上のものが要求されるように、効果的なインタビューを行なうには、単に流暢な英語を操るのみでは不十分である。最も重要なのは、優れたアイディアを効果的に示すことなのである。

Chapter 2

出願校の選択基準

1年プログラムにすべきか、2年プログラムにすべきか。
北米にあるプログラムか、欧州のプログラムか。
通常のMBAプログラムで学ぶべきか、それとも
エグゼクティブMBAプログラムで学ぶべきか。
あるいは、日本でMBAを取得すべきか。

そのほかにも、ビジネススクールのブランド価値、
学習環境、生活環境、費用についても
考えなければならない。

本章では、日本人志願者が出願校の決定にあたって
考慮すべき点を簡潔に述べる。
そして、その中でも特に気をつけるべき点を取り上げる。

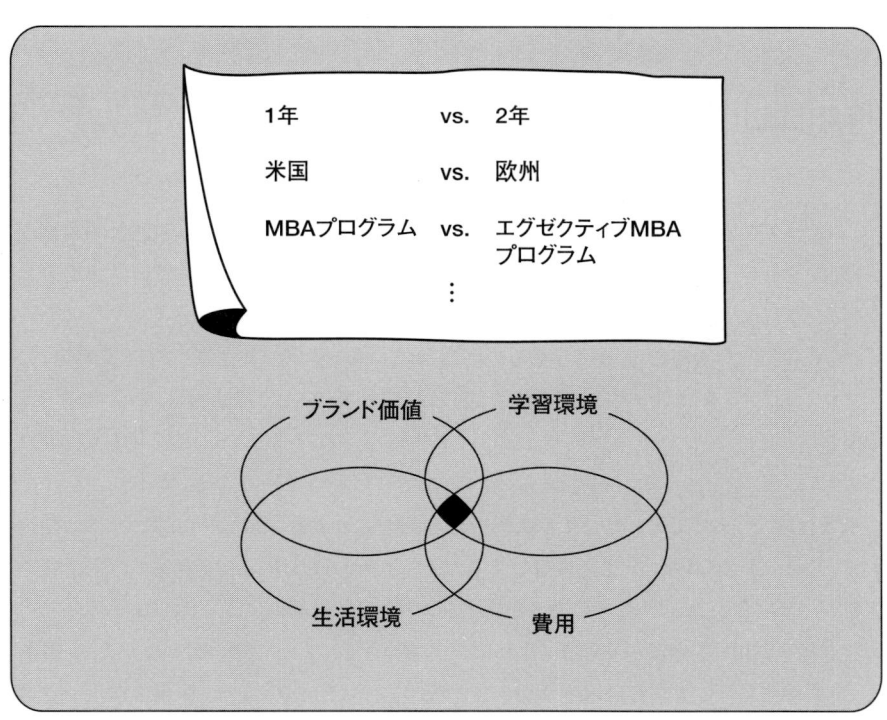

To be fond of learning is to be near to knowledge.
— Tze-sze, The Doctrine of the Mean, 5th Century B.C.

はじめに考えるべきこと

　まず、MBAプログラムへの入学を検討する際、最初に考えるべき事項について説明する。
どこで、どのような環境で、何を重視して学ぶのかを考えよう。

1年プログラム VS. 2年プログラム

　1年プログラムで学ぶ場合は、仕事から離れる期間はそう長くはない。集中的に学ぶ期間
は1年かそれ以下だ。その後、企業派遣の場合は勤務先の会社に戻り、私費留学の場合は
転職先で新たなキャリアに挑むことになる。

　留学期間が1年なので、かかる学費も1年分だけということになる。注意してほしいのは、「1
年プログラム」(実際は10ヶ月間)の雄である2校、IMDとINSEADの授業料は、2年プログラム
の中で最も高いハーバードの1年分と比較してもかなり高額であるということだ。IMDは2年プ
ログラムと同じ量を10ヶ月で提供するのだから、授業料は妥当だとしている。

　私費留学をするのであれば、生活費が1年分よけいにかかることは決定的なマイナス要因
とはならないかもしれない。生活費はいずれにしてもかかるわけだし、留学先での生活費や
旅費が予算と食い違ったとしても、ある程度までは調整可能な範囲に入っているだろう。一方、
留学費用を負担する企業の立場からすれば、1年プログラムはコスト削減につながる。一般的
に、企業が支給する留学費用は生活費を含んでいるからだ。このことは、社費留学生の立場
からいえば、この追加の学費援助を手にできないことを意味する。

　2年プログラムには大きな利点がある。MBAプログラムでは多忙を極めるため、新しい生活
に慣れる頃には1年が過ぎている。自費で留学する場合は、勉強と就職活動を両立しなけれ
ばならない。そのため、1年プログラムの場合は非常にきつくなる。就職活動の鍵を握るサマ
ー・インターンシップへの参加は、1年プログラムではほぼ不可能である。米国で1年プログラ
ムを実施しているビジネススクールのほとんどが、転職を考えている志願者を特別に歓迎して
いるとはいえないのは、この就職活動に必要な「時間」を考えてのことである。

　ビジネススクールへの留学は、自らの人生、キャリア、目標について思いをめぐらせ、将来に
備える時間である。留学したプログラムで芽生える新たな友情の中には、生涯にわたる友情

へとつながるものもあるだろう。異なる文化を経験し、ネットワークを築き、国際的なビジネス・パーソンとなる機会があなたを待っている。じっくりと腰をすえてみてもいいのではなかろうか。

米国のプログラム VS. 欧州のプログラム

　米国のMBAプログラムこそがMBA業界の先駆者であり、長きにわたって業界の先端を走っている。一方、欧州のプログラムもまたすばらしいものになってきている。その中でも最高峰のINSEAD、IMD、LBSは、米国のプログラムに決してひけを取らないプログラムを提供している。これら欧州のビジネススクールの多くは米国のビジネススクールとの交換留学制度を設け、大陸を越えた学習オプションをカリキュラムに組込んでいる。これも内容が向上した要因の1つだろう。欧州のビジネススクールの特徴として挙げられるのは、その多様性だ。INSEADをはじめとする欧州のプログラムでは、通常、1つの文化がクラスの大多数を占めることはない。

　米国のビジネススクールでは、学生の大多数は米国人であり、米国のビジネスに重点をおいて教えている。そのため、米国ビジネスの最先端の流れに身を置くことができる。これは、物理的にも、学習内容の面においても大きな長所といえる。米国は多くの革新を発信しているからだ。

　欧州のプログラムには、比較的期間の短いものが多い。これは、長所でも短所でもある。2年間も会社から離れることは望まないという人にとって、欧州のトップ・スクールが提供する1年プログラムは魅力的である。一方、それらの1年プログラムでは、通常の2年プログラムで教える内容をできる限り1年という期間に押し込もうとする。そのため、人間関係の構築や課外活動に費やす授業外の時間は制限されることになる。

通常のMBAプログラム VS. エグゼクティブMBAプログラム

　エグゼクティブMBAプログラムは、すでに中間管理職に就いている職業人のビジネス・スキルをさらに磨くことを目的としている。このため、エグゼクティブ以外の通常のプログラムと比べて年令が高く、経験豊富な学生が多い。豊富なビジネス経験と、それを対話型の授業の中で共有する能力を重視するため、入学審査の際、GMATのスコアは通常のMBAプログラムほど重要ではない。ノースウェスタン大学ケロッグ経営大学院のように、出願者にGMATスコアの

提出を要求していないプログラムもある。一部の大学では、優れた出願者に対しては、企業からの正式なスポンサーシップなしに入学を許可している。しかし、これは例外的なケースである。多くの場合、所属企業からのスポンサーシップは出願条件となっており、所属企業の支援を明確に示す書類を提出する必要がある。

　米国では、就職希望者を年令という基準でふるいにかけることを法律で禁止している。大学は年令の上限を明示することはなく、実際、幅広い年令の出願者に入学を許可している。たとえば、シカゴ大学経営大学院では40歳を超えた日本人出願者に、通常のMBAプログラムへの入学を許可している。

　通常のMBAプログラムに通う日本人学生の平均年令は、米国人よりも高い場合が多い。30歳になったからといって、通常のMBAプログラムには遅いなどという誤解は避けるべきである。ただ、12年以上の職務経験があり、企業派遣という場合は、エグゼクティブMBAプログラムという選択肢を考慮してみるのもいいだろう。エグゼクティブMBAプログラムでは、ともに学ぶ学生は同様に豊富な職務経験を有し、そこから得たものを共有する学習環境が整っているのだ。

日本国内のMBAプログラムでの学習

　MBAを日本で取得する人もいるだろう。国内には、フルタイム、パートタイムともに、多くのプログラムが存在する。日本語で授業が行なわれるプログラムもあれば、英語で行なわれるプログラムもある。エグゼクティブMBAプログラムを提供しているテンプル大学のように、MBAプログラムを日本で提供する米国の大学や、国際大学のように米国の大学と提携している大学も存在する。

　こういった日本国内のMBAプログラムでは、米国や欧州のトップ・スクールにみられるような多様性に富んだ国際的な学習環境は生まれにくいという問題がある。また、世界で通用するコミュニケーションや交渉のスキルを養うのもより困難である。日本人がそのほとんど、あるいはすべてを占める学生の構成では、異なった文化やバックグラウンドをもつ多様な学生との交流は期待できないからだ。また、国際的なネットワークを構築する機会はあまり期待できない。いずれも、日本のMBAプログラムが課題として認識し、真摯に取り組んでいる点である。

4つの選択基準

　ビジネススクールを選ぶ際、総合的ランキングの順位以外で、最も考慮すべきであると筆者が考えるのは次の4点である。

ブランド価値
学習環境
生活環境
費用

ブランド価値

　自分にとってベストなMBAプログラムを選択する際は、多くの要素が関係してくる。各スクールのブランド価値はもちろん重要である。各校の過去の業績は、企業による採用を左右する重要な要素である。どのブランドが最も認知されているのかを探るには、まず数々のランキングを参考にすることができる。もっとも、後に説明するようにランキングごとに弱み、すなわち盲点があることは知っておくべきだし、欧米ではブランド価値の高いプログラムが日本ではそれほどではない、ということもある。

　日本で従来ブランドと見なされてきたMBAプログラムの多くは、スタンフォード、UCバークレー、UCLAなど西海岸の有名校と東海岸のアイビー・リーグ校、すなわち、コロンビア、ハーバード、ペンシルベニア大学のウォートンなどである。一部の日本人の間では、これらに比べると知名度の低いダートマスやイェールといったプログラムは、それほど入学が困難でなく、いわゆる「安全圏」にあると考えられているようだ。シカゴは学術面での功績があることからよく知られている。実際、同校にはノーベル賞を受賞した経済学者が多く、ニュースでも頻繁に取り上げられている。NYUも有名である。

　とはいうものの、アメリカのMBA業界ではすでに長きにわたりその実力が評価されてきたケロッグ、ミシガン、そしてデューク大学のフクアといったすばらしいMBAプログラムが、日本人出願者の間で人気が高まるには90年代を待たねばならなかった。

各校が発表する就職実績は、そのまま鵜呑みにすべきではない。これらは日本人学生の就職状況に限定したものではなく、全世界での成績を反映したものであるからだ。日本企業の多くはブランド価値のあるランキング上位校の卒業生を好んで採用するが、そうではない企業もある。ソニーなどでは日本人を採用するにあたって大学名すら問わないし、シティバンクやエクソンモービルなどでは、日本ではまだブランド価値が確立していないサンダーバードのMBA卒業生を採用している。

　卒業後、一流企業のCEOへと躍進を遂げた日本人の中には、HBSのローソンの新並剛史氏や楽天の三木谷浩史氏、あるいはウォートンの富士ゼロックス小林陽太郎氏といったトップ校の出身者もいるが、ユニクロの玉塚元一氏などのように、日本ではアメリカほどブランド価値が認められていないケース・ウェスタンやサンダーバードの卒業生もいる。

学習環境

　各校の学習環境は複数の要素で決定される。中でも重要なのが、学校の得意分野が自身のキャリア上の関心と一致していること、そして目指すキャリアにとって最も効果的な学習カリキュラムを組むために必要な柔軟性が備わっていることである。もう1つの重要な点は、教授陣が優れた指導を行ない、かつ学生がアクセスしやすいことである。有名な教科書を執筆したり学問上の賞を受賞して名声を得た教授であっても、博士課程の学生の指導や、コンサルティング、そして研究などに没頭してMBA学生との関わりが薄かったり、授業の人気が高すぎて常に教室が溢れ返っているようであれば、その教授のネーム・バリューから得られるものは少ないといえる。

　学生の質は、学習環境の中でもとりわけ重要な要素である。在学中の大半は、授業、スタディ・グループでの学習、実地プロジェクト、そして課外活動などで他の学生たちと過ごすことになるからだ。ではビジネススクールにおける学生の多様性とはいかほどのものであろうか。自分とキャリア上の関心が近い学生とは親しくしておきたいが、自分とは全く異なるバックグラウンドや興味をもつ学生とも交流をもつようにしたい。こうした多様性から新たな強みを得ることができるからだ。たとえば、投資銀行への転職を望む商業銀行員であれば、製造業の企業財務に進もうと考えているクラスメイトと親しくなっておくとよいだろう。彼らとは、将来交渉の場でテーブルを挟んで向き合うことになるかもしれないのだから。

　自身で事業を立ち上げたいとお考えだろうか。それなら将来的な顧客の絶好のサンプルがクラスで自分の隣の席に座っていることに気づいてほしい。提供しようと考えている商品や

サービスを、彼らを通して試すことができるかもしれない。

　質の高い学生が集まるMBAプログラムは、優れた学生を選び取ることにかけても、すばらしく長けている。学生の雰囲気は、キャンパスを訪問して授業を聴講したり、学生用ラウンジで時間を過ごしたりすることで大体分かる。この好機を見逃さないようにしよう。学校側も出願者がプログラムを評価するためにキャンパスを訪問するよう、強くすすめている。出願者が自分を学校に売り込みたいのと同じく、学校側も自らのプログラムの魅力を出願者に印象づけたいのである。

　ともに学ぶ学生の質は、MBAプログラムで得られる体験の豊かさを左右する重要なポイントである。同期生同士で、MBA入学前に培った経験や視点を分かち合うことで、教科書や教授からと同じくらい多くのことを学ぶことができるのだ。在学中は、自らのもてる知識を他の学生たちに伝授するよう求められるだろうし、それに対し、他の学生たちは頼りがいのあるサポート・グループとして自らの弱点を補強してもくれるはずである。

　スタディ・チームとは、MBAにおける人間関係の中核であり、プログラムが進行するにつれてこれをベースに他の同期生へも人間関係を拡大していくことになる。ともにプロジェクトを進めるのも、就職関連の情報をもたらしてくれるのも同期生である。彼らこそがMBAで築く人的ネットワークの根本なのである。

　それだけではない。将来自分が所属することになる卒業生グループを構成するのも同期生である。大学時代の友人達がそうであったように、MBAで知り合った最も近い友人達とは、生涯を通じて連絡を取り合うことになるだろう。さらに、かつての同期生の全員とは出身校の卒業生組織を通じてコンタクトを取ることができるのだ。出願校を選択する過程では、机を並べることになる学生の質について注意深く検討することをおすすめする。関心のあるプログラムの在学生と直接、もしくは電子メールを通じて個人的に交流するのも方法の1つである。また、ビジネススクールの多くはコンタクトできる在学生のリストを公開している。

　そのほかにも、知人のMBAホルダーのネットワークを元にネットワークを広げよう。キャンパスを訪問した際は、MBAプログラムの在学生に話しかけ、彼らをクラスメイトにしたいかどうかを検討してみよう。

　何を学びたいのか。そして、どのMBAプログラムがその分野に強いのか。どのプログラムの学習環境に強い魅力を感じるのか。たとえば、アントレプレナーシップを学びたいのならカリフォルニアにあるビジネススクールがすばらしい。カリフォルニアでは新たな企業が毎日産声を上げ、起業家精神が息づいているのだ。もちろん、ほかにもアントレプレナーシップ、ファイナンス、マーケティングなどの分野に優れたプログラムを有するビジネススクールはある。

　総合ランキングから一歩踏み込んで、どのビジネススクールのカリキュラムが自分の希望す

るスキルを伸ばし、必要なカリキュラムを備え、リクルーターに対する最高のアピールに結びつくのかを考慮しなければならない。トップ校は「指導内容を、自らも実践」し、絶えず改善を続け競争上の優位を維持し、繁栄を続けようと務めている。MBAプログラムを皆さんが知っている20～30年前の典型的なイメージから判断するのはやめるべきだ。それぞれのビジネススクールが現在もっている優れた点に目を向けてみよう。たとえば、シカゴ大学経営大学院（GSB）はファイナンスでその名をとどろかせているが、2003年度には13分野で専攻が可能である。もちろんGSBでファイナンスを学べば最先端の教育を受けられるだろうが、ゼネラル・マネジメント能力を磨くこともできる。

生活環境

　生活環境としての学校の所在地にも、考慮すべきである。学校の所在地にも気を配ったほうがよい。在学期間の大半は勉強に費やすことになるが、やはり滞在地では生活を満喫し、自身や同伴した家族が安全に暮らすことのできる場所のほうが好ましいだろう。滞在先ではどのような娯楽や文化的な催しが提供されているのか、それらが自分にとってどの程度価値のあるものかを検討することをおすすめしたい。

　皆さんは人生の1、2年間をMBA留学に費やすことになる。1年目、中でも新しい環境に慣れながら過ごす1学期目はコア・カリキュラムの中でも最も大変な期間である。大学の図書館と住まいの間を行き来し、スタディ・チームと一緒にいる以外に自分の時間といえるものはほとんどないだろう。自費留学で転職を考えているのであれば、勉強と就職活動のためのプランニングなどに追われ、レジャーを楽しんだり、家族やクラスメイトと楽しむ「自由に使える時間」など極端に制限されてしまうにちがいない。「光陰矢のごとし」という言葉を実感することになるだろう。

　にもかかわらず、勉強の呪縛から逃れ一息入れたいと思うことがある。ときに休憩が必要なのは誰しも同じ。そこで、ビジネススクールの所在地が重要な要素になってくる。こじんまりとした大学町を好む人もいれば、大都市がよいという人もいる。どちらにもそれぞれ良い点がある。どちらを選ぶかは、好みの問題である。

　筆者は東京に長年住んでいるが、ほかにも学生時代や社会時代、7カ国、15の都市で生活した。そのうち2つを除いて、すべてかなりの大都市であった。筆者自身は大都市の環境のほうが好きであるが、読者の皆さんにはあてはまらないかもしれない。東京や大阪、名古屋のような大都市での生活が人生のほとんどを占めているならば、あなたやあなたの家族が小

さな町での生活、いわゆる「大学町」での生活を体験してみたいと思うかもしれない。

ネットワーク作りの機会という視点からも、大学の所在地を考慮する必要がある。もし、リクルーターが大学まで来てくれないなら、キャンパスを飛び出して訪問しに行かなければならないのはあなた自身なのだから。

費用

資金を気にする必要のある私費学生であれば、学校選びの段階で最後に考慮せざるを得ないのが、必要経費である。また、同時に負担を軽減するためにどのようなローンや奨学金などの金銭的援助が得られるかという点も検討する必要がある。MBAの取得を自分自身への投資と考え、留学に向けての資金計画は、さまざまな方策をもって計画的に進めたい。

ブランド価値、学習環境、生活環境、費用という4つの選択基準については、Chapter 3〜6でさらにくわしく解説する。

優先順位を間違えない

戦略的アドバイス

本末転倒になるべからず。

留学先を決定する前に、自らが関心のある分野と目指すキャリアにおいて何を学ぶ必要があるかについて十分に考えておくべきである。この点については、本書で繰り返し述べることにする。なぜなら、多くの日本人が、ビジネススクール自体が人生の目標を示してくれる場だという大きな誤解をしているからである。確かに、MBAプログラムに参加することは新たな世界へといざなってくれる「一生に一度」のチャンスであり、そこでは多様な文化をもつチームに参

加し、ほかでは得られない成長を遂げることができる。しかしながら、人生の目標を明らかにすることこそ、まずためすべきことである。MBA取得はその目標を現実のものとするための手段なのだ。はっきりとした目標をもつことは、ビジネススクールが入学者を選考する際の強力なアピール・ポイントとなるだけでなく、自らのニーズに適したプログラムを選択することを可能にするのである。

　本書の執筆に関連してウォートンを訪問した際、国籍や在籍する大学に関係なく参加できるウォートンの公式なクラブである日本協会（Japan Association）の当時の日本人リーダー、前田氏にインタビューさせていただいた。この組織の活動には、ウォートンの新任の就職部長も参加することがある。その目的は就職活動に関して密接な連携を取るためである。ちなみに彼は、日本で働いた経験もある元投資銀行員である。ウォートンの日本クラブにはもう1つ非公式のものがあり、こちらは主に日本人学生を対象とした支援とスタディ・グループとして設立されている。

　前田氏はこの2つの組織を統合し、スケール・メリットを引き出して日本人コミュニティのさらなる統合を進めようとしていた。同氏は、ウォートン内にいる多くのアジア出身の学友たちが入学前からキャリア・プランを入念に立てていることが強く印象に残ったと話してくれた。彼らは、入学前にはウォートンへの出願者の中でも入学に有利になるような業務についており、入学後には米国や母国で就職する際に企業が最も関心を示す分野を専攻する。これこそが実践すべき戦略的アプローチを体現しているものといえるだろう。

　金融工学やITに興味があるの人の出願校選びと、エンターテインメントやスポーツ・マネジメント、ヘルス・ケア、バイオテクノロジーに関心のある人のそれとでは当然違いが出てくるはずである。

ネットワーク作り

　MBA留学の下調べを行なったり、計画を立案するときに威力を発揮するのが、日本人の多くが得意とするネットワーク作りである。MBAホルダーの友人や同僚と話すことにより、彼らの視点から学ぶことができる。彼らは、後に出願のための推薦者となってくれるかもしれない。ネットワークは大切に育もう。これぞ正に「命綱」なのだから。

　MBAプログラムについての情報を収集する最も効果的なネットワーク作りの場がMBAツアーをはじめとした、ビジネススクールの各種プロモーション・イベントである。参加するプログラムによってはインタビューも実施しているこれらのイベントは、日本その他の厳選された都市で開催されている。最も規模が大きいのが「ワールドMBAツアー（World MBA Tour）」、「MBAツアー（MBA Tour）」である。これらのイベントには多くのMBAプログラムから入学審査官や担当者が参加する。なかには、来日のこの機会に別途独自に学校説明会を開催するところもある。各MBAプログラムのホームページは頻繁にチェックし、プロモーション活動に関する最新の情報を仕入れるようにしよう。ちなみに、「ワールドMBAツアー」は通常、11月上旬の週末に東京で開催される。

　2002年まではGMAC主催の「MBAフォーラム」が、2003年からは民間団体主催の「ワールドMBAツアー」が開催されている。同ツアーには多くの一流MBAプログラムが参加しており、一度に大量の情報を仕入れ、入学審査事務局の担当者やMBA卒業生、そして入学希望者とのネットワーク作りを行なう絶好の機会となっている。参加校の一部は次のとおり。

コロンビア・ビジネススクール、コーネル（ジョンソン）、ダートマス（タック）、デューク（フクア）、IMD、INSEAD、LBS、NYU（スターン）、ウォートン、UCB、UCLA、ミシガン

ツアーへは、以下のサイトから申し込むことができる。

```
http://www.topmba.com
```

　ワールドMBAツアーに加え、MBAツアーもMBA留学についての情報を収集し、ネットワーク作りを行なうよい機会である。こちらは、9月と1月の下旬の年2回、やはり東京で開催されている。

　MBAツアーへは、以下のサイトから申し込むことができる。

```
http://www.thembatour.com
```

　各種MBAツアーをはじめとするMBAプログラムのプロモーション・イベントへの出席の際は、次のガイドラインに従おう。

1.会場には職場に向かうのと同じ服装で出席しよう。スーツやネクタイなどを着用し、上品ないでたちで行くようおすすめする。女性の場合はビジネス・スーツなどがよいだろう。

2.会場は混雑するので、早めに到着するようにしよう。事前に一番興味のあるビジネススクールを選び、最初にそのブースを訪れよう。到着が遅くなると、人気校には長蛇の列ができているだろう。

3.可能なら、学校のパンフレットと出願書類を入手しよう。

4.ブースはインタビューの会場ではない。出願するかどうかを決めるにあたり必要な情報を手に入れる場所である。質問事項は事前に用意し、「長居して嫌がられる」ことのないようにしよう。ほとんどの場合、話をできるのは5分程度だと思おう。学校側は、出願の可能性のある人にできるだけ多く会いたいと考えているのだから。

5.ビジネススクールの担当者と名刺交換をしよう。出願手続きの課程で以前に会ったことがあると伝える場合もあるだろう。そのために、会場で会った人が誰であるかを知っておくことは有益である。レジュメを用意しているのなら持参しよう。もっとも、レジュメを用意することは通常求められていない。担当者も会場からレジュメを抱えて帰ることなど考えていないのだ。

6.一部のビジネススクールはイベントの期間中に別途入学審査インタビューを実施している。誤解しないでほしいが、こうしたイベントの機会を利用したものであろうと、それ以外の機会に実施されるものであろうと、きちんと準備ができるまではインタビューを受けてはいけない。

7.イベント参加のビジネススクールには、来日のその機会に「学校説明会」を開催するところがある。どのプログラムが説明会を開催するかをチェックしておこう。これらの説明会でMBAホルダーや将来の学生とのネットワークを広げれば広げるほど、またプレゼンテーションをたくさん聞けば聞くほど、MBAのことがわかり「ナレッジ・パワー」を増すことになる。

Chapter3

ブランド価値という選択基準

本章では、ビジネススクールの代表的なランキング調査と、
それぞれの調査の評価基準について解説する。
また、それらを統合したトップMBAプログラムのランキングも掲載する。

MBAプログラムの「ブランド」を形成する要素には、
さまざまなものがある。
特定の「ブランド」について思い浮かぶのは、
具体的な特徴ばかりではない。
コロンビア大学には「魅惑のビッグ・アップル」という言葉が
思い浮かぶかもしれないし、
HBSであれば「力とネットワーク」という連想が一般的かもしれない。
「シカゴ大学を一言で表現すると?」とたずねれば、
「アカデミック」と答える人が多いことだろう。

ここでは、各校のブランド価値を左右する3つの重要な要素を取り上げる。
すなわち、「メディアで刊行されている各種ランキングにおける評価」
「卒業生の就職状況」「卒業生ネットワーク」である。

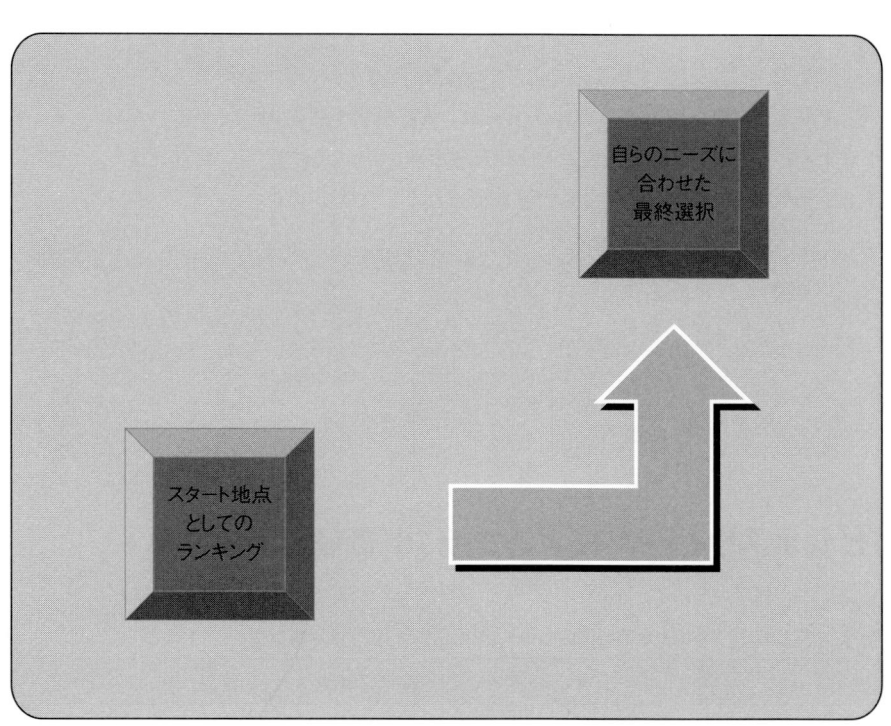

Nothing is more dreadful than ignorance in action.
— Goethe, Proverbs in Prose, 1832

総合ランキングとブランド価値

　一流校とされるビジネススクールについて、大体のイメージを把握するのに役立つのがランキングである。これらは、主要なMBAプログラムのブランド価値を知る目安ともなる。とはいえ、すべてのランキングが平等な視点に立っているなどと考えないほうがよい。もちろん、ランキングの主催者は、調査が正確に実施されるよう、統計学者を雇っているかもしれない。しかし、本来ランキングとは一連の「仮定」をもとに結果を導き出したものであり、統計分析といえど、こうした「仮定」の正確さや加重の妥当性が問われることはないのだ。

戦略上のアドバイス

ランキングは、出願校を絞り込むうえで最初の目安とはしても、判断の決定打とはしないほうがよい。各校のブランド価値についてさまざまな見解を示してはくれるが、ランキングごとの見解が異なるからだ。さらに、どのランキングにも日本国内におけるブランド価値は反映されていない。

『ビジネスウィーク』によるブランド価値評価

『ビジネスウィーク』（BusinessWeek）2002年米国内ランキング

『ビジネスウィーク』米国トップ30校	
1. ノースウェスタン（ケロッグ）	16. UCLA（アンダーソン）
2. シカゴ	17. USC（マーシャル）
3. ハーバード	18. UNC（ケナン・フラグラー）
4. スタンフォード	19. カーネギー・メロン（テッパー）
5. ペンシルベニア（ウォートン）	20. インディアナ（ケリー）
6. MIT（スローン）	21. テキサス（マコームズ）
7. コロンビア	22. エモリー（ゴイズエタ）
8. ミシガン	23. ミシガン州立大学（ブロード）
9. デューク（フクア）	24. ワシントン（オーリン）
10. ダートマス（タック）	25. メリーランド（スミス）
11. コーネル（ジョンソン）	26. パデュー（クラナート）
12. バージニア（ダーデン）	27. ロチェスター（サイモン）
13. UCバークレー（ハース）	28. ヴァンダービルト（オーエン）
14. イェール（SOM）	29. ノートルダム（メンドザ）
15. NYU（スターン）	30. ジョージタウン（マクドノー）

『ビジネスウィーク』は2年ごとに調査を実施し、ランキングを更新している。ランキングの決定は、学生と企業のリクルーターに対する調査（それぞれ45パーセントのウエイト）と、ビジネススクールの知的分野における影響力と名声を評価する「知的資本」（10パーセントのウエイト）に基づいている。ビジネススクールの知的分野における影響力と名声に関する評価は、MBAの教授陣が雑誌や学会誌やビジネス関連書籍において執筆した内容、もしくはこれらのメディアで彼らについて言及された記事をもとに判断される。

『ビジネスウィーク』の評価基準

ランキングの構成要素	ウエイト
プログラムの質 ― 学生の評価	45%
プログラムの質 ― 企業採用担当者の評価	45%
知的資本（出版・掲載された論文数）	10%

『ビジネスウィーク』は、その最新の調査（2002年）において、46項目からなるアンケートに対し、北米、欧州、中南米のMBAプログラム88校の卒業生1万1,518人から回答を得た。卒業生からの回答が学生による評価の半分の割合を占めることになる。そして残りの半分は、以前の調査で得た卒業生の評価に基づいている。

企業のリクルーターからの評価において、『ビジネスウィーク』が対象としている企業は219社にのぼる。

「知的資本」分野の調査は、各ビジネススクールの教授陣によって書かれ、『ビジネスウィーク』を含む18の出版物に掲載された論文数をもとにしている。

『USニューズ＆ワールドレポート』によるブランド価値評価

『USニューズ＆ワールドレポート』(U.S. News＆World Report) 2004年米国内ランキング

『USニューズ＆ワールドレポート』トップ50校	
1. ハーバード	26. ミネソタ（カールソン）
2. スタンフォード（GSB）	27. ライス（ジョーンズ）
2. ペンシルベニア（ウォートン）	27. フロリダ（ウォリントン）
4. MIT（スローン）	29. ブリガム・ヤング（マリオット）
5. ノースウェスタン（ケロッグ）	29. アイオワ（ティッピー）
6. コロンビア	29. ノートルダム（メンドザ）
7. デューク（フクア）	29. ワシントン
7. UCバークレー（ハース）	（Washington University：オーリン）
9. シカゴ	33. ペンシルベニア州立大学（スミール）
10. ダートマス（タック）	33. イリノイ大学アーバナ・シャンペーン校
11. バージニア（ダーデン）	35. UCデービス
12. NYU（スターン）	35. ワシントン大学(University of Washington)
13. ミシガン大学	37. アリゾナ州立大学（ケアリー）
14. UCLA（アンダーソン）	37. ミシガン大学
14. イェール（SOM）	37. ロチェスター（サイモン）(NY)
16. コーネル（ジョンソン）	37. ウェーク・フォレスト（バブコック）
17. カーネギー・メロン（テッパー）	41. ボストン・カレッジ（キャロル）
17. テキサス（マコームズ）	42. テュレーン（フリーマン）
19. オハイオウ州立大学（フィッシャー）	42. ジョージア（テリー）
20. USC（マーシャル）	42. メリーランド（スミス）
21. エモリー（ゴイズエタ）	45. ヴァンダービルト（オーエン）
21. UNC（ケナン・フラグラー）	46. UCアーバイン
23. インディアナ（ケリー）	46. ウィスコンシン大学マディソン校
24. ジョージタウン（マクドノー）	48. バブソン（オーリン）
24. パデュー（クラナート）	49. アリゾナ（エラー）
	50. ピッツバーグ（カッツ）

『USニューズ＆ワールドレポート』のランキングは、全米経営大学院認定協会（AACSB）によって認証を受けているすべてのフルタイムおよびパートタイムのビジネススクールを評価対象としている。調査項目とそれぞれが占めるウエイトは次に示すとおり。

『USニューズ＆ワールドレポート』の評価基準

ランキングの構成要素	ウエイト
プログラムの質 ― 研究者の評価	25.0%
プログラムの質 ― 企業採用担当者の評価	15.0%
就職状況（卒業時）	7.0%
就職状況（卒業後3ヶ月）	14.0%
卒業直後の平均給与（賞与を含む）	14.0%
学生の平均GMATスコア	16.25%
学生の大学時代のGPA平均	7.5%
出願における不合格の割合	1.25%

『フィナンシャル・タイムズ』によるブランド価値評価

『フィナンシャル・タイムズ』(Financial Times) 2004年グローバル・ランキング

世界のトップ100校	
1. ペンシルベニア（ウォートン）	51. ミシガン州立大学（ブロード）
2. ハーバード	52. クイーンズ・スクール・オブ・ビジネス
3. コロンビア	— カナダ
4. シカゴ GSB	53. オーストラリアGSM — オーストラリア
4. INSEAD — フランス	53. HEC — フランス
4. LBS — 英国	53. CEIBS — 中国
7. スタンフォード	56. ウィスコンシン・マディソン
8. NYU（スターン）	56. インディアナ（ケリー）
9. MIT（スローン）	56. ピッツバーグ（カッツ）
10. ダートマス（タック）	59. サザン・メソジスト（コックス）
11. ノースウェスタン（ケロッグ）	60. UCアーバイン
12. IMD — スイス	60. ミネソタ（カールソン）
13. イェール（SOM）	60. アリゾナ州立大学
13. IESE — スペイン	63. ボストン・ユニバーシティ
15. インスティテュート・デ・エンプレサ	63. バブソン（オーリン）
— スペイン	63. バージニア工科大学（パンプリン）
16. コーネル（ジョンソン）	63. グランフィールド — 英国
17. UNC（ケナン・フラグラー）	67. ブリティッシュコロンビア大学 — カナダ
17. ジョージタウン（マクドノー）	67. ニエンロード — オランダ
19. バージニア（ダーデン）	69. 香港科学技術大学 — 中国
20. デューク（フクア）	69. ランカスター — 英国
21. トロント（ロットマン） — カナダ	71. ESADE — スペイン
22. エモリー（ゴイズエタ）	72. メルボルン — オーストラリア
22. UCバークレー（ハース）	73. チュレーン（フリーマン）
22. ヨーク（シューリック） — カナダ	73. サンダーバード（ガーヴィン）
22. ロッテルダム（RSM） — オランダ	75. ノートルダム（メンドーザ）
26. オックスフォード（サイード） — 英国	75. ブリガム・ヤング（マリオット）
27. メリーランド（スミス）	75. インペリアル・カレッジ — 英国
28. カーネギー・メロン（テッパー）	78. Ipada — メキシコ
29. ウェスタン・オンタリオ（アイヴィー）	79. テキサス A&M
30. ミシガン	80. ウェイク・フォレスト（バブコック）
30. SDAボッコーニ — イタリア	80. ジョージア大学（テリー）
32. UCLA（アンダーソン）	82. ブリスベンQUT — オーストラリア
32. ウォーウィック — 英国	82. ダラム — 英国
34. ケンブリッジ（ジャッジ） — 英国	84. ケース・ウェスタン・リザーブ（ウェザーヘッド）
35. ロチェスター（サイモン）	84. ダブリン大学（スマーフィット） — アイルランド
36. サウス・カロライナ（ムーア）	86. ブラッドフォードSOM／ニンバス — 英国
37. マンチェスター — 英国	86. トリニティ・カレッジ・ダブリン — アイルランド
38. USC（マーシャル）	86. INCAE — コスタ・リカ
39. マギル — カナダ	89. テネシー
40. オハイオ州立大学（フィッシャー）	90. アリゾナ（エラー）
40. イリノイ大学アーバナ・シャンペーン校	91. UCデイビス
42. ワシントン（オーリン）	92. IAE — アルゼンチン
42. シティ（カース） — 英国	93. エジンバラ — 英国
44. ペンシルベニア州立大学（スミール）	94. ジョージア工科大学（デュプリー）
44. ヴァンダービルト（オーエン）	95. アシュリッジ — 英国
46. テキサス（オースティン）	95. バース大学 — 英国
46. パデュー（クラナート）	97. アルベルタ — カナダ
48. ライス（ジョーンズ）	98. ESCP-EAP — フランス
49. アイオワ（ティッピー）	98. テセウス国際経営研究所 — フランス
49. ウィリアム・アンド・メアリー	100. ENPC — フランス

『フィナンシャル・タイムズ』のランキングは、2通りのアンケート調査に基づいている。1つは卒業生、もう1つは学校を対象としている。アンケートの評価項目数は20にのぼり、そのうち8項目は収入、9項目は教授陣、評議委員会、および学生の入学前の体験の多様性、そして3つ目は研究成果（学術誌における掲載論文の数など）についての質問となっている。

『フィナンシャル・タイムズ』の評価基準

ランキングの構成要素	ウエイト
卒業生の給与	55%
教授陣の多様性、教育委員会の顔ぶれ、学生の意見	25%
研究成果	20%

『フォーブス』によるブランド価値評価

『フォーブス』（Forbes）2003年米国内ランキング

『フォーブス』2003年米国内トップ50MBAプログラム	
1. ハーバード	26. ヴァンダービルト（オーエン）
2. コロンビア	27. ライス（ジョーンズ）
3. シカゴ	28. ウェイク・フォレスト（バブコック）
4. ダートマス（タック）	29. ジョージア工科大学（デュプリー）
5. イェール（SOM）	30. ミネソタ（カールソン）
6. ペンシルベニア（ウォートン）	31. USC（マーシャル）
7. スタンフォード	32. テキサスA&M（メイズ）
8. UNC（ケナン・フラグラー）	33. テュレーン（フリーマン）
9. ノースウェスタン（ケロッグ）	34. インディアナ（ケリー）
10. バージニア（ダーデン）	35. ペンシルベニア（スミール）
11. コーネル（ジョンソン）	36. SMU（コックス）
12. NYU（スターン）	37. パデュー（クラナート）
13. ワシントン（オーリン）	38. ウィスコンシン・マディソン
14. MIT（スローン）	39. イリノイ大学アーバナ・シャンペーン校
15. UCLA（アンダーソン）	40. ノートルダム（メンドザ）
16. テキサス（マコームズ）	41. ロチェスター（サイモン）
17. ブリガム・ヤング（マリオット）	42. アリゾナ州立大学（ケアリー）
18. カーネギー・メロン（テッパー）	43. ミシガン州立大学（ブロード）
19. エモリー（ゴイズエタ）	44. サウス・キャロライナ（ムーア）
20. ミシガン大学	45. アリゾナ（エラー）
21. デューク（フクア）	46. アラバマ（マンダーソン）
22. UCバークレー（ハース）	47. ジョージア（テリー）
23. ウィリアム・アンド・メアリー	48. コネチカット
24. ジョージタウン（マクドノー）	49. ワシントン大学（University of Washington）
25. アイオワ（ティッピー）	50. フロリダ（ウォリントン）

『フォーブス』は最新の調査で、米国およびその他の国の99のMBAプログラムの卒業生1万8,000人に対してアンケートを実施し、そのうち28パーセントから回答を得た。これらの

MBAホルダーの給与（ストック・オプションを含む）を、ビジネススクール入学前（1998）、および卒業直後の5年間のうち3年間について集計し、この結果をMBAを取得せずに仕事を続けていた場合を想定した収入と比較している。つまり、フォーブスはMBAプログラムのランキングを出すにあたり、「収入」を唯一の基準としているのだ。

『ウォール・ストリート・ジャーナル』によるブランド価値評価

『ウォール・ストリート・ジャーナル』2003年グローバルランキング

『ウォール・ストリート・ジャーナル』トップ50MBAプログラム	
1. ペンシルベニア（ウォートン）	26. ブリガム・ヤング（マリオット）
2. ダートマス（タック）	27. ウェーク・フォレスト（バブコック）
3. ミシガン大学	28. ワシントン（オーリン）
4. ノースウェスタン（ケロッグ）	29. バージニア（ダーデン）
5. シカゴ	30. スタンフォード
6. カーネギー・メロン（テッパー）	31. ノートルダム（メンドザ）
7. コロンビア	32. サザン・メソジスト（コックス）
8. ハーバード	33. ピッツバーグ（カッツ）
9. イェール（SOM）	34. サンダーバード
10. UNC（ケナン・フラグラー）	35. フロリダ（ウォリントン）
11. パデュー（クラナート）	36. インスティテュート・デ・エンプレサ
12. インディアナ（ケリー）	― スペイン
13. テキサス（マコームズ）	37. NYU（スターン）
14. UCバークレー（ハース）	38. UCLA（アンダーソン）
15. ヴァンダービルト（オーエン）	39. LBS
16. ITESM ― メキシコ	40. USC（マーシャル）
17. デューク（フクア）	41. ウィリアム・アンド・メアリー
18. ロチェスター（サイモン）	42. アメリカン（コゴッド）
19. メリーランド（スミス）	43. SUNYバッファロー校
20. コーネル（ジョンソン）	44. デンバー（ダニエルズ）
21. ミシガン州立大学（ブロード）	45. ボストン（Boston University）
22. MIT（スローン）	46. ESADE ― Spain
23. エモリー（ゴイズエタ）	47. テキサスA＆M（メイズ）
24. IPADE ― メキシコ	48. HEC ― フランス
25. オハイオ州立大学（フィッシャー）	49. ミネソタ（カールソン）
	50. イリノイ大学アーバナ・シャンペーン校

　『ウォール・ストリート・ジャーナル』のランキングが唯一拠り所にしているのは、2,191名のMBA採用担当者達の意見である。彼ら自身の「視点」による評価を80パーセントのウエイトとし、学校の「人気度」を20パーセントのウエイトとして、さらにアンケートに答えた採用担当者のうち、各校で採用活動を行なった者の数も評価の対象としている。

　同紙のアンケートは、24項目の評価基準を設けている。MBAプログラムの総合的評価として取り上げたのは、「プログラムに対する総合的な満足度」と「今後2年間にわたり、同校で採

用を行なう可能性」の2項目であった。このように、同紙の調査は企業の採用担当者側にとっての「投資回収率」、あるいは「費用対効果」に偏り、MBA学生にとっての「回収（利益）率」を充分に考慮しないものとなっている。最も軽視した評価項目が「教授陣の質」と「分野ごとの強み」である。また採用担当者たちは、学生が国際的な視野を身につけているかどうかには重きを置いていない。

総合ランキングが抱える問題点

　MBA取得を考える際にランキングからスタートしたとしても、最終的な出願校の決定については、このランキングに依存すべきではない。完璧なランキングなどあり得ないし、それぞれに偏りがあるからだ。総合ランキングにおいては、次の問題点を考慮すべきである。

1. 就職に関する調査がその代表的なものであるが、日本に関する調査をランキングの決定基準として独立させているものは存在しない。

2. ほとんどのランキング調査においては、その対象となるビジネススクールは事前にある程度限定されているが、その選択基準は明らかにされていない。

3. MBAプログラムの現役学生や卒業生は、自ら学んだビジネススクール以外のプログラムについては限定的な知識しかもっておらず、出身校に関する知識が豊富なため、母校を過大評価するなど、あきらかな先入観をもっていることもある。一方で、一部の学生はMBA（という商品）に対して厳しい目をもち、過大な期待を抱くため、ビジネススクールに対する評価が厳しすぎることもある。どちらの場合にも、調査結果の正当性がねじ曲げられることになる。

4. 『ウォール・ストリート・ジャーナル』のランキングは、採用担当者の「投資回収率評価」をもとに作成されたもので、ビジネススクールの質を部分的にしか評価していない。たとえば、カリフォルニアに所在するビジネススクールの学生は、卒業後カリフォルニアで就職すること

を好む傾向にある。したがって、1950年にミシガン州カラマズーで設立されたビープサイン ズ（Beep Signs：広告看板会社）の採用担当者にとって、スタンフォード大学出身の学生を 数多く就職させるのは難しいだろう。このような場合、同社担当者は「スタンフォード大学は 投資回収率の低い学校」という評価を下すことになる。世界のMBAプログラム・トップ50 位のランキングにおいて、スタンフォードのMBAプログラムが30位、UCLA（アンダーソン）が 38位、MIT（スローン）が22位、そしてINSEADやIMDに至っては50位内にすら入らないと いうのが、『ウォール・ストリート・ジャーナル』の評価である。このような結果を真に受けるの は一部の採用担当者達くらいのものではないだろうか。また、採用担当者が、キャンパス訪 問時に自身が受けた待遇を、評価に反映させていることも考えられる。プログラムそのもの の質を評価せず、インタビュー・ブースの広さ、採用担当者のために駐車スペースが前もっ て確保されているかどうか、昼食がふるまわれるかどうか、などに左右された評価を行なっ ている可能性もある。さらに、求人が多数あっても断る割合の多いビジネススクールは、総 合ランキングにおいてリクルーターからの評価が下げられがちである。

5. 就職支援サービスの質は重要な評価項目であるが、就職活動のさまざまなネットワークが 充実しており、学生の多くがそのようなネットワークを利用するビジネススクールにおいては、 就職支援サービスの重要性は低下する。そのため、ハーバード・ビジネススクールの学生の 就職は非常にうまくいっているが、同スクールの就職支援サービスに対する評価は高くない。

6. 『フォーブス』のアンケートは学生の卒業後の収入のみに基づいているが、はたしてこれで 各ビジネススクールの実力について全体像を表しているといえるのだろうか。MBAプログ ラムの唯一の目的が、学生を裕福にすることだという認識は正しいものだろうか。

7. あるMBAプログラムのディレクターの言葉にあるように、「教授陣が発表し、出版物に掲載 された論文」にウエイトを与えるというのは、「論文を書く数が多い」ということを評価して いるのか、それともビジネススクールの「知的資産」や教授法の質を評価しているのか判 断しにくい。

8. 「新入生の大学時代のGPA」や、「フルタイム・プログラム出願者中の不合格者の割合」な どを評価項目に入れた場合、ランキングに「ゆがみ」が生じる可能性がある。日本の大学 では学生のランク付けもないし、米国の大学と同じGPAの測定方法は採用していない。ま た、もしMBAプログラムのランキング決定に際し、不合格者の割合（「合格率」に基づく評

価)が反映されるとしたら、大学側が志願者数を増やすことのみを目的として度を超えた努力をするおそれも出てくる。

　総合ランキングでは、たとえば「アントレプレナーシップ」や「国際ビジネス」などといった、各ビジネススクールがもつ特定の優れた分野が見落とされてしまう。日本人出願者は、総合ランキングだけに目を奪われるのではなく、MBAプログラムにおいて自分にとって重要で、かつ自らのニーズに関連した分野で優れたものを探すよう心がける必要がある。実際、いくつかのランキングでは分野ごとの強みについても評価している。

　学生の収入のみを重視した一面的な『フォーブス』の調査や、プログラム自体の総合的評価を中心とせずに、プログラムに対する採用担当者自身の満足度を重視する、焦点のずれた『ウォール・ストリート・ジャーナル』のランキング調査の実体を知る日本人のほとんどは、これらのランキングをそれほど気にかけていない。これは懸命な判断だといえよう。

複合的MBAランキングで検討する

　「みんなが納得できる」トップ・ビジネススクール・ランキングに近づくための1つの方法が、有名なランキング調査の順位の平均をとり、数字にしてランクを出すことである。もちろん、この方法自体も完全とはいえないが、採用担当者の満足度や卒業生の収入などを唯一の根拠とした調査を意図的に省くことで、一流MBAプログラムの総合的なブランド価値をより包括的に表すことができる。

　平均値は各ビジネススクールの右側の欄に太字で示してある。このランキングは、米国内の主要MBAプログラム30校と、ヨーロッパおよびカナダの有力校8校を示している。

米国のビジネススクールの複合的ランキング

スクール名	平均ランキング	ビジネスウィーク (2002)	USニューズ (2004)	フィナンシャル・タイムズ*1 (2004)
ハーバード	2.0	3	1	2
ペンシルベニア（ウォートン）	2.7	5	2	1
スタンフォード	3.7	4	2	5
ノースウェスタン（ケロッグ）	4.7	1	4	9
シカゴ	5.0	2	9	4
コロンビア	5.3	7	6	3
MIT（スローン）	5.7	6	4	7
ダートマス（タック）	9.3	10	10	8
デューク（フクア）	10.3	9	7	15
NYU（スターン）	11.0	15	12	6
UCバークレー（ハース）	12.0	13	7	16
バージニア（ダーデン）	12.3	12	11	14
イェール（SOM）	12.7	14	14	10
コーネル（ジョンソン）	12.7	11	16	11
ミシガン大学	13.7	8	13	20
UCLA（アンダーソン）	17.0	16	14	21
UNC（ケナン・フラグラー）	17.0	18	21	12
カーネギー・メロン（テッパー）	18.3	19	17	19
エモリー（ゴイズエタ）	19.7	22	21	16
USC（マーシャル）	20.3	17	20	24
ジョージタウン（マクドノー）	22.0	30	24	12
テキサス（マコームズ）	22.7	21	17	30
インディアナ（ケリー）	26.3	20	23	36
パデュー（クラナート）	26.7	26	24	30
ワシントン（オーリン）	26.7	24	29	27
オハイオ州立大学*2	28.0	40	19	25
メリーランド（スミス）	28.3	25	42	18
ロチェスター（サイモン）	28.7	27	37	22
ヴァンダービルト（オーウェン）	33.7	28	45	28
ノートルダム（メンドザ）	35.3	29	29	48

*1 米国以外のプログラムを除いたため、順位が移動している
*2 『ビジネスウィーク』の「中堅校（31位から50位）」の評価」では、中堅校がアルファベット順の掲載で、ランク付けが行なわれていないため、正確なランキングは不明。したがって、『ビジネスウィーク』のランキングとしては、中堅校の順位の中央値にあたる「40」を採用した

米国以外のMBAプログラム8校の複合的ランキング

スクール名	国	平均ランキング	ビジネスウィーク(2002)	フィナンシャルタイムズ(2003)
INSEAD	フランス	1.0	1	1
LBS	英国	2.5	4	1
IMD	スイス	3.0	3	3
トロント（ロットマン）	カナダ	5.5	5	6
IESE	スペイン	6.0	8	4
ウェスタン・オンタリオ（アイビー）	カナダ	7.0	7	7
ロッテルダムSOM	オランダ	8.0	6	10
ケンブリッジ（ジャッジ）	英国	13.0	n.a.	13

C3

ブランド価値という選択基準

就職状況

　MBAプログラムのブランド価値をさらに高めるのが、卒業生の就職状況である。MBAプログラムに参加する学生のほとんどが学位を取得する第1の理由としているのが、それまでとは異なる、よりよい条件の仕事へのキャリア転向である。このような考えの志願者にとって、就職状況は出願校を選択する際の最も重要な基準となる。しかし、就職状況は長期的な視点で判断するよう注意したい。2001年と2002年は就職難が続いたが、これはテクノロジー・バブル崩壊の後遺症と、経済全体の不調を反映してのことであった。しかし、トップ・スクールではその最中も比較的高い就職率を保ち続けた。

　景気は常に上昇と下降を繰り返してきたし、この点はこれからも変わらないだろう。したがって、1年前の結果などには固執せず、長い目で判断することが大切である。MBAの学位には時を経ても色あせない価値がある。バブル最盛期に比べれば、今日の世界経済はふるわないかもしれない。しかし、今までもそうであったように徐々に回復している。もし、自分自身の人生で今こそMBAを取得すべきだと感じているのであれば、すぐにでも出願することをおすすめしたい。経済のサイクルに自身の教育を振り回されないほうがよい。

　現在失業中、もしくは現職で壁にぶつかっているならば、今こそMBAでの学習を経験してより豊かな人生を送るチャンスかもしれない。新たな分野への転向や起業を目指す者にとって、MBAこそ将来へのパスポートとなってくれるはずである。

　大学は、学生の国籍別の就職率は発表していない。しかし全体的な就職状況については、卒業年度クラス全体の結果を参考に推測することができる。

卒業時点または卒業直後に内定を得たMBA卒業生（学年全体に対する割合）[%]

スクール名	'97～'02 平均	2002	2001	2000	1999	1998	1997
バージニア（ダーデン）	97	90	95	97	99	99	100
ペンシルベニア（ウォートン）	97	90	91	99	100	100	99
デューク（フクア）	97	89	97	97	100	98	99
ハーバード	97	89	95	99	99	99	99
ノースウェスタン（ケロッグ）	96	88	89	100	100	100	98
コロンビア	96	84	94	100	97	100	98
スタンフォード	95	82	94	99	96	99	99
イェール（SOM）	95	76	99	99	99	100	96
NYU（スターン）	95	83	93	97	99	98	97
MIT（スローン）	94	83	90	95	99	98	98
ダートマス（タック）	94	76	92	96	98	99	100
シカゴ	94	78	94	96	97	99	99
UCバークレー（ハース）	93	89	87	99	100	88	96
ミシガン大学	92	70	89	95	100	100	100
UCLA（アンダーソン）	92	74	90	95	96	100	99

出典：『U.S.ニューズ＆ワールドレポート』

　表に登場する主要MBAプログラムのすべてに関して、2002年からの過去6年間の内定率を平均すると、卒業生の92パーセント以上が卒業時もしくは直後に内定を勝ち取っていることがわかる。これは、「底抜け」の就職難であった2002年も含めた結果である。

　しかし、このデータは就職状況の概要を述べるにとどまっており、出願校を決定するための磨きあげられたツールではないことをことわっておきたい。それは、次に示す理由によるものである。

　第1に、表に登場するトップ・スクール間に見られる数字の差は、現実の数にあてはめてとらえる必要がある。たとえば、表で見られる就職率1パーセントの差は、卒業生の合計が500名の場合、わずか5名にすぎない。

　第2に、反映されているのは世界各国の出身者を含む、卒業生全員のデータであり、日本人をはじめ、特定国出身者に限った就職率ではない。

　第3に、卒業生の一部には、意図的に卒業直後には就職せずに、しばらくしてから就職する者もいる。理由は個人によってさまざまだが、ボランティア活動を通してコミュニティに奉仕することで社会への「恩返し」をしたいと考える学生もいれば、旅行を楽しんだり、よりよい仕事を求めて就職活動を続行する学生もいるだろう。

　第4に、米国の中でも特定地域出身の学生の一部は、卒業後も同地域にとどまりたいという強い願望をもっている。この場合、就職機会は必然的に狭められる。たとえば、カリフォルニア出身の学生は州外へ移動して働くよりも州内で就職することを好む傾向がある。カリフォルニア州の経済が思わしくなければ、同州での就職機会に関しても状況は同じである。

　最後に、表で取り上げた数校以外にも優れた就職実績をもつブランド価値の高いプログラ

ムがあるので、ここで挙げておきたい。USC（マーシャル）、エモリー（ゴイズエタ）、カーネギー・メロン（テッパー）、パデュー（クラナート）、ロチェスター（サイモン）、テキサス・オースチン（マコームズ）、コーネル（ジョンソン）、そしてUNC（ケナン・フラグラー）などである。

卒業生ネットワーク

　MBAプログラムでともに学ぶ学生たちこそが、その後の人生を通じたネットワークとなる。これは、日本の大学でともに学んだ同窓生とその後も連絡を取り続けるのと同じである。日本国内で顔を合わせることもあれば、定期的に開かれる同窓会で会うこともあるだろう。MBA取得後に何度か転職をする人も出てくるだろう。転職についての情報など同窓生のネットワークがものをいうのはそんなときだ。トップMBAプログラムの出身者がビジネス・ミーティングの席などで、母校の卒業生と会えばすぐに意気投合するだろう。日本の一流大学出身者の場合と同様なのだ。

　ビジネススクールを検討する際には、数だけでなく、サポートや活動内容、所属業界、役職といった点から卒業生ネットワークの質を検討すべきである。ハーバード・ビジネススクールの2002年卒業生が所属する業界を例にとってみよう。23パーセントがコンサルティング業界に所属し、15パーセントが投資銀行や商社、12パーセントがベンチャー・キャピタルやプライベート・エクイティとなっている。製造業では、8パーセントがハイテク分野や情報通信に所属し、5パーセントがヘルス・ケアやバイオテクノロジーの分野に進んでいる。

　企業のCEOの出身校として最多を誇るのがハーバード・ビジネススクールである。まさに優れた卒業生ネットワークがあるといえる。シティバンクの伝説的元会長ジョン・リード（John Reed）が学んだのは、マサチューセッツ工科大学スローン経営大学院であった。最近、マサチューセッツ工科大学の創立50周年記念でスピーチをしたコフィー・アナン（Kofi Anan）国連事務総長も、同校の1年プログラムの出身である。

　ミシガン大学ビジネススクールの卒業生には、ゼネラル・モーターズ前会長兼CEOのロジャー・スミス（Roger Smith）、クライスラーの前社長ハロルド・スパーリック（Harold Sperlich）、アップジョン（Upjohn Company）会長のレイ・パルフェ・ジュニア（Ray Parfet, Jr.）、ゼネラル・フード（General Food Corporation）のフィリップ・スミス（Phillip Smith）などがいる。

同ビジネススクールは製造業の分野に優れたプログラムがあり、多くのCEOを輩出している。

ほかにも、カーネギー・メロン大学デイビット・Aテッパー・ビジネススクールの卒業生であり、エクソン・モービルの財務統括部長のフランク・リッシュ（Frank Risch）などが挙げられる。

日本の実業界のビジネス・リーダーの中からも、MBAプログラム出身者を挙げてみよう。ペンシルベニア大学ウォートン校出身には、富士ゼロックス代表取締役会長小林陽太郎氏や、旧経済企画庁長官の寺沢芳男氏、ハーバード・ビジネススクール出身には、楽天の創業者である三木谷浩史氏などがいる。このようなネットワークの効果は利用すべきである。

MBA卒業生が世界各国、特に日本でどのように活動しているのかを見てみよう。ハーバードの世界的な卒業生ネットワークは、100以上のクラブで構成されており、ウォートンやケロッグには80以上、シカゴには60以上のクラブがある。こうしたクラブによって、卒業生は世界各地にコンタクト拠点を確保したも同然である。日本国内で活動する卒業生達は、母校の代表が出願希望者向けの説明会でプレゼンテーションを行なう手助けをして、母校のプロモーションに一役買い、その名をさらに知らしめている。

Chapter 4

学習環境という選択基準

本章では、一流の学習環境を形成する諸要素について解説する。

MBAでの学習を考えている日本人は、
キャリアでの成功のために最適な学校を選択すべきである。
出願校を決定する際は、総合ランキングだけでなく、
自身のキャリアとの関連性を考慮し、
自分に合ったプログラムを見つけるようにしよう。

ランキングで上位に位置するというだけで出願先を選ぶと、
早まった選択をしてしまう。
キャリアの目的を明確にし、
その目的を達成するためには何が必要かを見きわめ、
どのプログラムが何を提供しているのかを把握する必要がある。

その中には、自身の興味に関連した優れた分野、
指導の質、学生の質なども含まれる。
これらは、いずれもMBAプログラムの学習環境を左右するものなのだ。

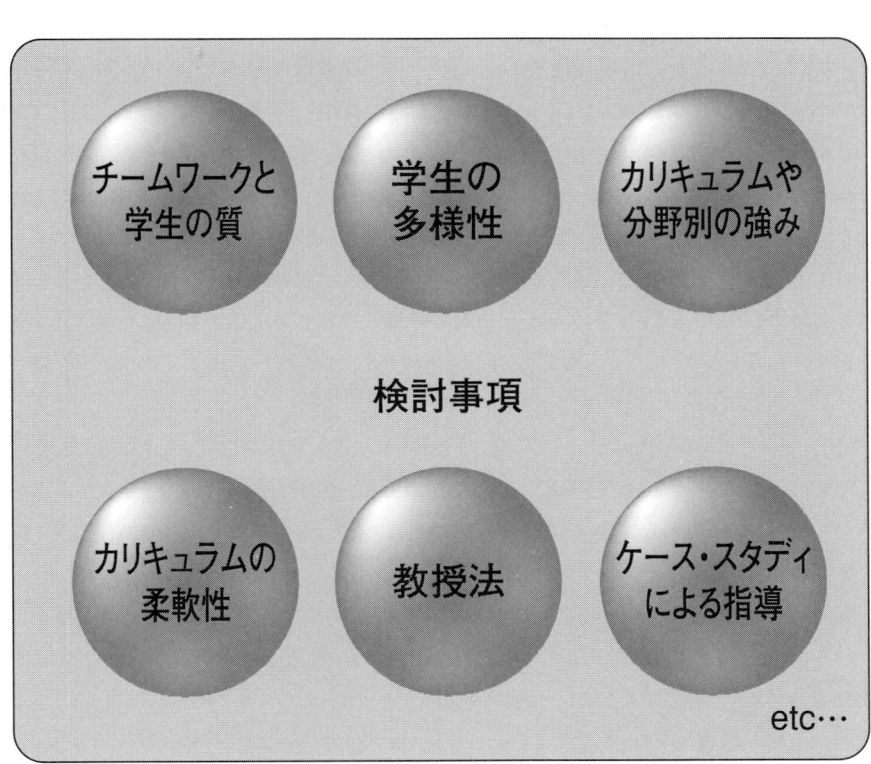

検討事項

- チームワークと学生の質
- 学生の多様性
- カリキュラムや分野別の強み
- カリキュラムの柔軟性
- 教授法
- ケース・スタディによる指導

etc…

Wisdom and virtue are like the two wheels of a cart.
— Japanese Proverb

学生の質とチームワーク

　ビジネススクールの出願先を選ぶにあたり、ともに学ぶ学生の質は極めて重要である。2年のMBAプログラムにおいては、1年目のいわゆる「コア科目」はクラスメイトと一緒に学ぶことになる。スタディ・グループを作り、授業が終了した後も数時間をともに過ごし、グループ学習、プロジェクト、ケース・スタディなどの課題に共同で取り組むことになる。

　クラブ活動や課外活動などもともに行なうことになるが、それもMBAプログラムの欠かせない一部である。彼らとは、教室で指導教官と接する時間よりも多くの時間を過ごすことになる。ときには、配偶者よりも多くの時間をともに過ごすことになるのだ。

　MBAプログラムにおいて不可欠なのは、特定のビジネス課題について異なる視点から意見を交換することである。クラスメイトが優秀で経験が豊富であればあるほど、さまざまな角度からの意見を聞き、そこから得た知識を活用することで優れた意思決定のスキルを身につけることができる。

　MBAプログラムの学生についてよく調べ、MBAを学ぶ1、2年の期間をともに過ごしたい人たちがいるかどうかを自問自答してみるとよいだろう。優秀な学生とは、さまざまな視点を分かち合い、相手の考えに異論を投げかけることでスタディ・グループの学習に貢献してくれる学生なのである。

　協調的で、親しみやすく、さらに、MBA取得の動機が明確な学生とともに助け合いながら学べるならば、ビジネススクールでの学習は実り多いものとなるだろう。このような環境でMBAプログラムに参加することは、世界各国のリクルーターに対するアピール・ポイントともなる。なぜなら、協調性をもった学生こそがビジネスマンとしてチームワークを実践できるからである。

　日本の文化では、集団における「和」が重んじられている。固い団結のもと協力することが集団における奨励や賞賛の対象となる。これは、学問の場だけでなく、企業や地域社会でも同様である。MBAプログラムでともに学ぶ学生は、出身国も、民族も、文化もさまざまであるため、国際的レベルのチームワークを体験することができる。

　日本人が留学し、MBAを取得する大きなメリットの1つが、コミュニケーション・スキルと交渉スキルを高めることにある。これらは、国際化が進むビジネス・シーンにおいて、リーダーシップを発揮し、プロとしての自信をもち、成功を手にするための必要条件といえる。規制緩和、

市場開放、経済のグローバル化、労働力の流動性の増加などは、国際化が確実に進行していることを反映しているのだ。

スタンフォード大学経営大学院やノースウェスタン大学ケロッグ経営大学院など、いくつかのMBAプログラムは、以前から協力関係やチームワークをカリキュラムに不可欠なものとして位置づけてきた。

スタンフォードには、学生が自らの視野を広げ、優れたリーダーとなるための土台を築くことができるような協力的な学習環境がある。大学側は成績の掲示などはせず、学生間の競争意識を最小限にとどめ、学生が難しい学問分野に積極的に取り組むリスクをとるよう奨励しているのである。

一方、ケロッグ経営大学院が学生の自発性、チームによる学習、そして協調的環境をその学風とするビジネススクールであることは以前からよく知られている。

これら2校に加えて、ダートマス大学タック経営大学院、デューク大学フクア経営大学院、インディアナ大学ケリー経営大学院、ミシガン大学ビジネススクール、カリフォルニア大学バークレー校ハース経営大学院、カリフォルニア大学ロサンゼルス校ジョン・E・アンダーソン経営大学院、バージニア大学ダーデン経営大学院なども、チームワーク重視校として知られている。

学生の多様性

ビジネススクールを選択する際は、学生の多様性、すなわち学生の構成が国際色豊かであるかどうかを考慮すべきである。各校の留学生の割合を次の表に示す。米国以外のビジネススクールにおいては、大学が所在する国以外からの学生の割合を公表している。

米国MBAプログラムの留学生の割合

スクール名	割合（%）
ロチェスター（サイモン）	46
メリーランド（スミス）	40
パデュー（クラナート）	40
UCバークレー（ハース）	35
ジョージタウン（マクドノー）	35
MIT（スローン）	35
イェール（SOM）	24
デューク（フクア）	34
ハーバード	33
NYU（スターン）	32
ペンシルベニア（ウォートン）	31
ワシントン（オーリン）	31
カーネギー・メロン（GSIM）	28
ノースウェスタン（ケロッグ）	28
コロンビア	34

米国以外のMBAプログラムの留学生の割合

スクール名	割合（%）
IMD — スイス	95
エラスムス(ロッテルダム) — オランダ	94
INSEAD — フランス	91
LBS（英国）	88
ケンブリッジ（ジャッジ） — 英国	82
IESE — スペイン	70
マギル — カナダ	51
トロント(ロットマン) — カナダ	47
ウェスタン・オンタリオ(アイビー) — カナダ	43
HEC — フランス	35

アジア系の学生を多く受け入れているビジネススクールについて見てみよう。トロント大学ジョセフ・L・ロットマン経営大学院、ケンブリッジ大学ジャッジ経営研究所、マギル大学経営学部、ウェスタン・オンタリオ大学リチャード・アイビー経営大学院、エラスムス大学経営大学院などのビジネススクールでは、日本を含むアジア各国からの留学生が4分の1以上を占めている。

太平洋側に位置しているうえに、大きなアジア人コミュニティがあるにもかかわらず、スタンフォード大学経営大学院、カリフォルニア大学バークレー校ハース経営大学院やロサンゼルス校のジョン・E・アンダーソン経営大学院などのアジアの留学生数は、前出の大学と比較して低くなっている。

MBAプログラム内のアジア（日本を含む）出身学生と北米出身学生の割合

スクール名	アジア出身の学生の割合（%）	北米出身の学生の割合（%）
アジア北米トロント（ロットマン）— カナダ	40	57
ケンブリッジ（ジャッジ）— 英国	28	11
ウェスタン・オンタリオ（アイビー）— カナダ	9	73
カーネギー・メロン（GSIM）	17	72
ロッテルダム — オランダ	30	7
インディアナ（ケリー）	24	70
ミシガン大学	12	73
ロチェスター（サイモン）	22	66
INSEAD — フランス	23	13
LBS — 英国	19	25
MIT	18	58
USC（マーシャル）	18	80
コーネル（ジョンソン）	18	75
ジョージタウン（マクドノー）	12	65
IMD — スイス	13	10
シカゴ	17	70
デューク（フクア）	15	70
ペンシルベニア（ウォートン）	8	59
ノースウェスタン（ケロッグ）	13	69
UNC（ケナン・フラグラー）	17	65
テキサス（マコームズ）	14	76
UCバークレー（ハース）	15	66
バージニア（ダーデン）	11	80
ダートマス（タック）	15	70
NYU（スターン）	8	72
スタンフォード	8	70
コロンビア	n.a.	74
UCLA（アンダーソン）	8	80

　スイスのローザンヌにあるIMD（International Institute for Management Development）こと国際経営開発研究所は、学生数90名の1年プログラムだが、特定の出身国に偏らないクラス作りを目指している。西ヨーロッパ出身の学生が約半数を占めてはいるが、その出身国はベルギー、フィンランド、フランス、ドイツ、アイスランド、アイルランド、イタリア、オランダ、ノルウェー、スペイン、そしてもちろん大学のあるスイスと多彩である。

　職歴や学歴に加え、卒業後の進路の違いによって生まれてくるクラスの多様性にも注目すべきである。現在は財務のスペシャリストとして働いているが、いずれは組織の経営に参画したいと考えているならば、マーケティング、オペレーション、IT、人材管理といった分野を横断的に学ぶのが有益である。MBA取得後も財務関連の分野で仕事を続けることになったとしても、他部門と協力しながら業務を遂行することになる。財務関連の決断は会計、税、そして支出が検討されているプロジェクトへの投資といった問題が関係してくる。さらに、あらゆる決断には人事がからんでくるものだ。MBAプログラムにおいてコア科目を学びながら専門分野以外の知識が増えていく。しかし、同時にクラスメイトがもつさまざまな分野の業務経

験から学ぶことも、授業に勝るとも劣らない価値があるのだ。

IMDの学生の職歴は次のとおり（2002年時点）。

IMD ― 職歴

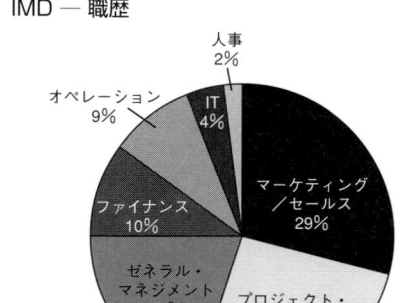

コロンビア ― 分野別就職先

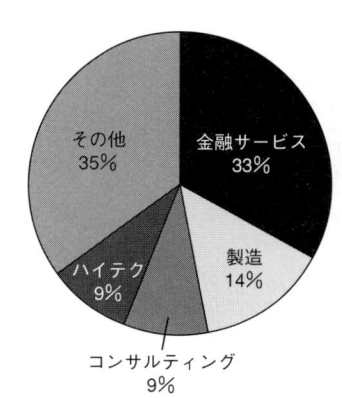

注意：「その他」に含まれるのは、会計、広告、ヘルス・ケア医療、法律、非営利団体、不動産である

　コロンビア大学経営大学院やペンシルベニア大学ウォートン校を「ファイナンス・スクール」と決めつける場合があるようだ。確かに、この2校の学生の多くがファイナンスに高い関心をもっているが、コロンビアの2001年卒業生の卒業後の勤務先や、ウォートンの学生（2004年卒業クラス）の大学時代の専攻は多岐にわたっている点にも注目したい（上の表を参照）。

　ビジネススクールの検討を行なう際には、女子学生の割合も参考にするとよい。大学側は人口に占める女性の割合にあわせて、学生の男女比のバランスを取ろうとするからである。多くの大学では女性出願者数の増加を目指し、女性を支援するプログラムを設置したり、働く女性を対象とした学生組織を作ったりしている。日本の女性がMBAの取得を目指す場合は、出願校選択の際にアジア出身の学生や女子学生の割合などを参考にしてみるのもいいだろう。学生の多様性を目指して女性を積極的に募集しているビジネススクールを検討対象に加えるのも1つの方法かもしれない。

主なMBAプログラムの女子学生の割合は次のとおり。

MBAスクール女子学生の割合

スクール名	割合(%)	スクール名	割合(%)
NYU（スターン）	38	ノースウェスタン（ケロッグ）	31
スタンフォード	37	UCバークレー（ハース）	30
ハーバード	35	UNC（ケナン・フラグラー）	30
コロンビア	34	ミシガン大学	28
デューク（フクア）	34	UCLA（アンダーソン）	27
ペンシルベニア（ウォートン）	34	コーネル（ジョンソン）	26
USC（マーシャル）	34	LBS―英国	26
ダートマス（タック）	32	ロッテルダム―オランダ	26
ケンブリッジ（ジャッジ）―英国	31	テキサス（マコームズ）	26
シカゴ	31	バージニア（ダーデン）	26

カリキュラムや分野別の強み

　一般的には、総合力のあるビジネススクールは複数の分野にわたって優れているが、分野別にみた場合、相対的なランクには差がある。『ビジネスウィーク(B.W.)』と『USニューズ&ワールドレポート(U.S.N.)』は総合ランキングに加え、さまざまな分野ごとのランキングも発表している。

『ビジネスウィーク』の分野別ランキング（2002年）

	ファイナンス	マーケティング	グローバル・スコープ	テクノロジー	ゼネラル・マネジメント
1	シカゴ	ノースウェスタン（ケロッグ）	ハーバード	MIT	ハーバード
2	ペンシルベニア（ウォートン）	ハーバード	ペンシルベニア（ウォートン）	カーネギー・メロン（GSIM）	ノースウェスタン（ケロッグ）
3	コロンビア	ミシガン大学	シカゴ	デューク（フクア）	ミシガン大学
4	ハーバード	デューク（フクア）	ノースウェスタン（ケロッグ）	シカゴ	ペンシルベニア（ウォートン）
5	ミシガン大学	ペンシルベニア（ウォートン）	ミシガン大学	ミシガン大学	デューク（フクア）
6	デューク（フクア）	インディアナ（ケリー）	コロンビア	スタンフォード	バージニア（ダーデン）
7	ノースウェスタン（ケロッグ）	バージニア（ダーデン）	デューク（フクア）	ペンシルベニア（ウォートン）	ダートマス（タック）
8	NYU（スターン）	コロンビア	バージニア（ダーデン）	ノースウェスタン（ケロッグ）	インディアナ（ケリー）
9	バージニア（ダーデン）	シカゴ	MIT（スローン）	ハーバード	シカゴ
10	インディアナ（ケリー）	スタンフォード	サンダーバード	バージニア（ダーデン）	スタンフォード

『USニューズ＆ワールドレポート』の分野別ランキング①（2003年）

	ファイナンス	マーケティング	国際ビジネス	経営情報システム	ゼネラル・マネジメント
1	ペンシルベニア（ウォートン）	ノースウェスタン（ケロッグ）	サンダーバード	MIT（スローン）	ハーバード
2	シカゴ	ペンシルベニア（ウォートン）	サウス・キャロライナ	カーネギー・メロン（GSIM）	スタンフォード
3	NYU（スターン）	ハーバード	コロンビア	テキサス（マコームズ）	ノースウェスタン（ケロッグ）
4	スタンフォード	デューク（フクア）	ペンシルベニア（ウォートン）	アリゾナ	ミシガン大学
5	MIT（スローン）	ミシガン大学	NYU（スターン）	ミネソタ	ペンシルベニア（ウォートン）
6	コロンビア	コロンビア	ミシガン大学	ペンシルベニア（ウォートン）	ダートマス（タック）
7	UCLA（アンダーソン）	スタンフォード	ハーバード	スタンフォード	バージニア（ダーデン）
8	ノースウェスタン（ケロッグ）	UCバークレー（ハース）	デューク（フクア）	メリーランド（マクドノー）	デューク（フクア）
9	ハーバード	UCLA（アンダーソン）	UCバークレー（ハース）	NYU（スターン）	コロンビア
10	UCバークレー（ハース）	シカゴ	UCLA（アンダーソン）	ジョージア州立大学	UCバークレー（ハース）

『USニュース＆ワールドレポート』の分野別ランキング②（2003年）

	会計	数量分析	アントレプレナーシップ	製造／オペレーションズ・マネジメント	非営利組織
1	ペンシルベニア（ウォートン）	MIT	バブソン	MIT（スローン）	イェール
2	イリノイ	カーネギー・メロン（GSIM）	ペンシルベニア（ウォートン）	パデュー（クラナート）	スタンフォード
3	テキサス（マコームズ）	シカゴ	スタンフォード	カーネギー・メロン（GSIM）	ハーバード
4	シカゴ	スタンフォード	ハーバード	ペンシルベニア（ウォートン）	ノースウェスタン（ケロッグ）
5	スタンフォード	ペンシルベニア（ウォートン）	USC（マーシャル）	スタンフォード	UCバークレー（ハース）
6	ミシガン大学	UCバークレー（ハース）	MIT（スローン）	ミシガン大学	ミシガン大学
7	NYU（スターン）	ミシガン大学	テキサス（マコームズ）	ハーバード	ケース・ウェスタン
8	USC（マーシャル）	パデュー（クラナート）	UCLA（アンダーソン）	ノースウェスタン（ケロッグ）	コロンビア
9	UNC（ケナン・フラグラー）	コロンビア	UCバークレー（ハース）	UCLA（アンダーソン）	デューク（フクア）
10	ノースウェスタン（ケロッグ）ペンシル	デューク（フクア）	ミシガン大学バブソン	ジョージア工科大学	ペンシルベニア（ウォートン）

　『ビジネスウィーク（B.W.）』と『USニューズ＆ワールドレポート（U.S.N.）』の分野別ランキングをファイナンス、マーケティング、ゼネラル・マネジメントの3分野について比較してみよう。このように比較することでそれぞれの調査の基準の差が、分野別ランキングに反映されている実状がわかる。

ファイナンス分野のランキング比較

スクール名	B.W.	U.S.N.
シカゴ	1	2
ペンシルベニア（ウォートン）	2	1
コロンビア	3	6
ハーバード	4	9
ミシガン大学	5	11
デューク（フクア）	6	12
ノースウェスタン（ケロッグ）	7	7
NYU（スターン）	8	3
バージニア（ダーデン）	9	19
インディアナ（ケリー）	10	19

マーケティング分野のランキング比較

スクール名	B.W.	U.S.N.
ノースウェスタン（ケロッグ）	1	1
ハーバード	2	3
ミシガン大学	3	5
デューク（フクア）	4	4
ペンシルベニア	5	2
インディアナ（ケリー）	6	16
バージニア（ダーデン）	7	18
コロンビア	8	6
シカゴ	9	10
スタンフォード	10	7

ゼネラル・マネジメント分野のランキング比較

スクール名	B.W.	U.S.N.
ハーバード	1	1
ノースウェスタン（ケロッグ）	2	3
ミシガン大学	3	4
ペンシルベニア（ウォートン）	4	5
デューク（フクア）	5	8
バージニア（ダーデン）	6	7
ダートマス（タック）	7	6
インディアナ（ケリー）	8	14
シカゴ	9	14
スタンフォード	10	2

　『ビジネスウィーク』と『USニューズ＆ワールドレポート』の各分野にランクされているビジネススクールについて加重平均スコアを出すことにより比較してみよう（次頁の表）。こうすることで、調査で評価されたさまざまな分野を総合したプログラムの力を比較することができる。ただし、スコアが厳密な統計的処理に基づくものではないことは断っておきたい。

　『ビジネスウィーク』では、対象としている分野全般にわたりハーバード・ビジネススクールが高い評価を得ている。ファイナンス（4位）、マーケティング（2位）、グローバル・スコープ（1位）、テクノロジー（9位）、ゼネラル・マネジメント（1位）などから、値は7.6となる。これと比較して、ダートマス大学タック経営大学院は『ビジネスウィーク』の総合ランキングで10位にランクされているが、分野別ではゼネラル・マネジメントで強みを見せている以外は10位以内に入っていない。

MBAプログラム分野別の加重平均
『ビジネスウィーク』総合ランキング(2002年)

スクール名	分野別の加重平均	B.W.総合ランキング(2002年)
ハーバード	7.6	3
ペンシルベニア(ウォートン)	7.0	5
ミシガン大学	6.8	8
ノースウェスタン(ケロッグ)	6.4	1
デューク(フクア)	6.0	9
シカゴ	6.0	2
コロンビア	3.2	7
MIT(スローン)	2.4	6
スタンフォード	1.4	4
ダートマス(タック)	0.8	10

　『USニューズ&ワールドレポート』は8分野すべてにおいて、ペンシルベニア大学ウォートン校とスタンフォード大学経営大学院を特に高く評価している。したがって、この2校の加重平均スコアは高くなっている。これらの大学に続くのがミシガン大学ミシガン・ビジネススクール、ハーバード・ビジネススクール、ノースウェスタン大学ケロッグ経営大学院、マサチューセッツ工科大学スローン経営大学院などである。

MBAスクール優れた分野の加重平均
『USニューズ&ワールドレポート』総合ランキング(2002)

スクール名	優れた分野加重平均	U.S.N.総合ランキング(2002年)
ペンシルベニア(ウォートン)	15.8	3
スタンフォード	15.4	1
ミシガン大学	12.1	10
ハーバード	11.4	2
ノースウェスタン(ケロッグ)	11.3	5
MIT(スローン)	11.0	4
コロンビア	10.5	8
シカゴ	7.8	6
デューク(フクア)	6.5	6
ダートマス(タック)	3.1	9

カリキュラムの柔軟性

　程度の差こそあれ、MBAプログラムでは、学習するプログラムを学生自身が選択できる柔軟性を与えている。多くのビジネススクールではMajor（専攻：Concentration「専門分野」と呼ばれることもある。マサチューセッツ工科大学スローン経営大学院ではTrack「トラック」と呼ばれている）を決める必要はない。インディアナ大学ケリー経営大学院では、従来の分野の中で「専攻」「副専攻」の選択が可能であるが、それに加えて、学生自身が「独自の専攻」を作ることもできる。さらに、投資銀行業、消費者マーケティング、ヘルス・ケアあるいはスポーツやエンターテインメントのような、さまざまな分野の「アカデミー（Academy）」で学ぶ機会もある。

　柔軟なプログラムにおいては、すでに十分な知識があるコア科目に関して「免除」試験に通れば履習しないで済ますことができる。たとえば、近頃では米国公認会計士の資格をもつ日本人が増えているが、このような人たちにとってMBAプログラムのコア科目に含まれる財務会計のレベルは難しいものではない。試験に通れば必修科目が免除され、会計の上級コースを受講したり、関連分野で受講したい科目を受講することができるのだ。

　大学の他学部で選択科目を受講することができる場合や、ときには他大学に行って受講できる場合もある。たとえば、ハーバード・ビジネススクールでは、2年次に学内の他の学部（たとえばジョン・F・ケネディ行政大学院、マサチューセッツ工科大学スローン経営大学院、タフツ大学フレッチャー法律外交大学院（Fletcher School of Law and Diplomacy））などで2科目まで受講することができる。

　すべてのMBAプログラムの中で最も柔軟性があるのがシカゴ大学経営大学院（GSB）である。必修科目はただ1つ「リーダーシップ：その効果と能力の開発（Leadership：Effectiveness and Development（LEAD））」だけである。このプログラムでは1年生が「コホート（Cohort）」と呼ばれる50名程度からなるグループに分かれ、1年間さまざまな活動に取り組みながらチームを構築し、リーダーシップを養っていく。同プログラムには2年生の代表者が「世話役」として参加する。GSBがトップ・ビジネススクールの中で先陣を切ってこのようなリーダーシップ養成プログラムを実験的に導入したのは1989年のことである。

シカゴ大学経営大学院のカリキュラム

　学生は11科目の選択科目のうち6科目までを世界的に有名な経済学部やロー・スクールなどを含むシカゴ大学内のどこででも受講することができる。

　柔軟性という点において同校と好対照なのがハーバード・ビジネススクールである。1年目には例外なくすべての学生が11科目の必修コースを受講しなければならない。

　MBAプログラムの柔軟性は、うまく活用することでメリットにもなる。柔軟な選択が許されている場合には、学生自らが正しい選択をする責任を負うことになる。ビジネススクールで学ぶには時間もお金もかかる。学生はMBAプログラムで学ぶことにより、現在の生活から離れて自己変革を行なうための貴重な時間を手にすることができるのだ。企業派遣で留学しているのであれば、帰国してから会社に貢献できるようなスキルを身につける時間となり、転職を目指しているのであれば、企業採用担当者の眼鏡にかなう人材になるための時間となるのである。

　柔軟なプログラムの良さが期待できるのは、あくまで魅力的なオプションが用意されている場合である。柔軟で、そのうえ多くの選択肢が提供されているのは、さまざまな分野にわたって名声を得ている優れた学部や学科を擁した世界レベルの大学のMBAプログラムである。たとえば次のとおり。

ジョン・E・アンダーソン経営大学院 、シカゴ大学経営大学院、コロンビア・ビジネススクール、ダーデン経営大学院、フクア経営大学院、GSIA、ハース経営大学院、ハーバード・ビジネススクール、ジョンソン経営大学院、ミシガン大学ビジネススクール、ウォートン校、スタンフォード大学経営大学院、イェール大学経営大学院

　たとえば、コロンビア大学経営大学院では、学生は150の選択科目から選ぶことができる。その中には「起業入門」「新規事業立ち上げ」「経営交渉」「経営再建のためのマネジメント」などが含まれる。「経営再建のためのマネジメント」は、会計、企業財務、キャッシュ・フロー、バランスシート見積もり、債務の再編と決算予想、債権者への対応などをゼネラル・マネジャーの視点から統合した内容となっている。

　さらに12の他学部に設置されている4,000以上の大学院レベルの科目から受講することもできる。SIPA（School of International and Public Affairs：国際関係行政学大学院）は、ビジネススクールと緊密な連携のもと、国際舞台で活躍するビジネス・リーダーを招き、講義を依頼している。筆者が2002年の秋に同校を訪れたときには、「ミスター円」こと榊原英資氏

がゲスト・スピーカーとして招聘されることになっていた。また、コロンビア大学経営大学院出身であるウォーレン・バフェット（Warren Buffet）自身も講義を行なっていた。

　カリフォルニア大学バークレー校ハース経営大学院では、学位の取得に必要とされる科目の60パーセントが選択科目である。コア科目を終了後、学生は自由に選択科目を取ることになる。ハース経営大学院だけでなく、大学内の他学部で履修し、2つの学位取得を目指すこともできる。MBAの学位取得とともに企業環境管理、アントレプレナーシップ、グローバル経済、ヘルス・マネジメント、テクノロジー・マネジメントなどの専門分野を学んで修了証書を得たり、パブリック・マネジメント、不動産、社会的責任のある企業ビジネスなどの分野をあわせて学ぶこともできる。

　ハース経営大学院で学ぶ学生は、教授の指導のもと、特定のテーマや業界に絞ったコースに取り組むことができる。学生自身が設定する学習コースには、「マクロ経済学」「テクノロジー・トレンド」「個人向け金融」「投資ファンド・マネジメント」「社会的起業」「企業の社会的責任」「コンサルティング」「アジアにおけるグローバル・マネジメント」加えて「ゴルフ・ビジネス」などというものまである。

　コーネル大学ジョンソン経営大学院では、特定の分野を1学期間集中して学ぶ「イマージョン・ラーニング」が行なわれる。ブランド・マネジメント、製造・投資銀行業務、リサーチ、セールスとトレーディング、経営財務、eビジネス、アントレプレナーシップとプライベート・エクイティなどのビジネス分野から構成されている。ジョンソン経営大学院の選択科目は80あり、さらに産業、労使関係学部やロー・スクール、世界でも指折りのホテル経営学部など、他学部の科目を受講することができる。

　スタンフォード大学経営大学院では、学生は特定分野を専攻する必要はない。また、卒業に必要な100単位のうち、16単位までを経営大学院以外の学部で取得することができる。選択科目を選べる分野はパブリックおよびグローバル・マネジメント、アントレプレナーシップ、リーダーシップをはじめ10分野ある。このほかにも学生は、1人で、またはクラスメイトとともに、独自の研究プロジェクトを行なうことが許されている。

　ミシガン大学ビジネススクールは、学生が試験に通るか、過去の履修や実務経験に基づき申請すれば、必修科目のほとんどが受講免除される。また、学生に専攻や専門分野を決めることを求めてはいない。学生は125の選択科目の中から選ぶか、学内の16の他学部から受講することができる。「アジア研究プログラム」に参加したり、製造マネジメントの分野において有名なタウバー製造研究所（Tauber Manufacturing Institute：TMI）で学ぶことができる。

　ペンシルベニア大学ウォートン校を「ファイナンスの学校」として捉えてはいけない。同校で

は、ゼネラル・マネジメントの中の2次専攻を含め、19の専攻分野がある。さらに、選択科目は200以上用意している。

　経営と国際関係論に関心があるのであれば、ペンシルベニア大学ウォートン校とジョセフH.ローダー経営学・国際関係学研究所（Joseph H. Lauder Institute of Management and International Studies）との間で実施されている2年間の複合学位プログラム（MBAとMAが取得できる）を検討してみてはどうだろう（www.lauder.wharton.upenn.edu/home/）。このプログラムは4月下旬から始まり、ウォートンで授業が開始される前の夏期には実地学習プログラムが実施される。

　学生は8つの外国語の中から集中して学ぶ言語を選択することになる。残念なことに、ローダー研究所では選択できる言語から英語が削除されてしまったので、日本人学生は英語以外の中国（北京）語、フランス語、ドイツ語、ロシア語、ポルトガル語、スペイン語、アラビア語から第三言語を選択しなければならない。

　筆者の知る、あるウォートンとローダーの複合学位プログラムの学生は、このプログラムをたいへん気に入っていた。入学を許されるのは約50名で、学生が世界中から集まってくる。このグループはウォートンの大人数のクラスの中で特に固い団結を誇っている。

　イェール大学経営大学院は学生に大学全体から科目を選択することを奨励している。国際関係学および地域研究センター（Center for International and Area Studies）、工学部、森林・環境学部、ロー・スクール、演劇学科学部などもその対象である。

教授法

　ビジネススクールの教授法を評価する際に検討すべき点としては、次のような要素が考えられる。

・**コア科目と選択科目の教授法の質**
・**研究や学識レベル**
・**教授陣、および彼らへのアクセスのしやすさ**
・**教授間の協力体制**
・**カリキュラムが統合的に教えられているかどうか**

　2年制MBAプログラムの1年目では、同期の学生とともにクラス単位でコア科目を受講することになる（1年目から専門分野で学べる大学も増えつつあるが）。2年目に入り、選択科目中心の履修となる。

　キャリア開発や就職活動などは、年間を通して組み込まれている。次に示すカリフォルニア大学バークレー校ハース経営大学院のカリキュラム概略を参考にしてほしい。

　MBAのカリキュラムは、1年目、特に1学期目が最も厳しい。課題の山をこなし、異なる文化に慣れ、キャリア開発ワークショップやキャリア・トレーニングといった就職活動と勉強とを両立していかなければならない。良い師に恵まれれば新しい生活に慣れるのもそれほど難しくないかもしれない。ビジネススクールの研究水準や、教授陣が指導する内容のレベルによって、MBAプログラムの名声も学習環境の質もその価値が増すのだ。

ハース経営大学院のカリキュラム：コア科目、選択科目＋オプション

1年目

プレ入学

数量的手法ワークショップ（Quantitative Methods Workshop：オプション、晩夏に2週間の開催）
コミュニケーション・ワークショップ（Communications Workshop：オプション、晩夏に2週間の開催）
MBAオリエンテーション（MBA Orientation：2週間、必修）

秋学期

コア科目
　1.経営のためのデータ分析（Data Analysis for Management）
　2.マクロ経済学（Microeconomics）
　3.組織行動（Organizational Behavior）
イントラセッション（Intrasession）
　キャリア・マネジメント・カンファレンス（Career Management Conference：2日間）
コア科目
　4.財務会計（Financial Accounting）
　5.ファイナンス（Finance）
　6.マーケティング（Marketing）
　7.マネジメント・コミュニケーション（Management Communications：ミニ・コース）
キャリア・イベント
　キャリア開発ワークショップ（Career Development Workshops）：インタビュー、レジュメ・カバーレター作成
　ファーム・ナイト（Firm Nights）：さまざまな産業の企業とのネットワーク機会

冬学期

海外スタディ・ツアー（オプション）

春学期

コア科目
　8.オペレーションズ・マネジメント（Operations Management）
　9.グローバル経済におけるマクロ経済学（Macroeconomics in the Global Economy）
　10.世界状況における戦略（Strategy in the Global Context）
　11.グローバル経済におけるビジネス倫理管理（Managing Business Ethics in a Global Economy）
2つまたは3つの選択科目
　キャリア・デベロップメント
　サマー・インターンのインタビュー開始（1月）
　各自就職活動の開始
　ファーム・ナイト（Firm Nights）

夏学期（オプション）

インターンおよびサマー・ジョブ
　国際ビジネス開発コンサルティング・プロジェクト（International Business Development Consulting Projects）
ワシントン・キャンパス（The Washington Campus：ワシントンD.C.での学習）

2年目

秋学期

4つまたは5つの選択科目

冬学期

スタディ・ツアー（Study Tour：オプション）

春学期

4つまたは5つの選択科目

研究 vs. 指導

　研究者として優れているからといって必ずしも教えるのがうまいというわけではない。また、教え上手が優れた研究成果を上げられるかというとこれもケース・バイ・ケースになる。

　故マートン・ミラー（Merton Miller）シカゴ大学経営大学院教授（ノーベル経済学賞を受賞）は、フランコ・モジリアニ（Franco Modigliani）教授とともにコーポレート・ファイナンス分野において不朽の貢献をしたが、彼は著名な学者であるとともに指導教授としても優れていた（2人は当時カーネギー・メロン大学産業経営大学院の教授であった）。自由市場経済の筋金入りともいえる提唱者であった故ミラー教授は、日銀のアドバイザーにもなっていた。日本人学生にとって大学で同教授の講義を受ける機会に恵まれたことは大きな喜びであっただろう。日本の株式市場が上昇を続け多くの投資を集めていたバブルの最中、ミラー教授は「暴落」を予言していたのである。

　ハーバード大学経営管理大学院のマイケル・ポーター（Michael Porter）教授も、研究者としても、指導者としても優れた人物の1人である。同教授は、最近設立された分野横断的な戦略競争力研究所（Institute for Strategy and Competitiveness）における主導的役割も担っている。これまでにポーター教授は、戦略や産業競争力に関する16冊の書籍を執筆した（共著を含む）。その中には『国の競争優位』（原著：The Competitive Advantage of Nations　1998）や、『日本の競争戦略』（共著者：竹内弘高、榊原磨理子）（原著：Can Japan Compete? 2000）なども含む。同教授の「競争力のミクロ経済（Microeconomics of Competitiveness）」の授業は、ハーバード大学の学生だけでなく、インターネットを利用することで、他の大学の大学院生や教授も受講することができる。

　このような教育のグローバル化の中、ペンシルベニア大学ウォートン校はINSEADと戦略的提携を結ぶに至っている。ちなみにINSEADは、フランスのフォンテンブローとシンガポールに合わせて2つのキャンパスをもつ。シカゴ大学経営大学院は、シンガポールとバルセロナに海外キャンパスがあり、EMBA（エグゼクティブMBA）プログラムを実施している。ロンドン・ビジネススクールとコロンビア・ビジネススクールは、ロンドンとニューヨークを相互に結ぶEMBAプログラムを実施している。

　しかしながら、研究者として著名な教授に対する期待をあまり安易にもたないようにするべきだろう。読者のみなさんの大学での経験を思い起こしてみれば、有名とはいえないがすばらしいと感じた教授を思い起こすことができるはずだ。記憶の中にあるのは、熱意とひたむきさ。教室中に知的好奇心をわかせる指導方法により、生徒の集中力が途切れることがな

かったに違いない。優れた指導教官は、最新のテーマを掲載している専門誌に目を通し、最新の理論に精通している。また、トップ校で使用されているテキストやケースの多くは共通している場合が多い。

さらに、出願校決定に際しては、スター教授の授業を自分が実際に受けることができるのかについてもきちんと確認しておくべきである。ゼミや博士課程に限定されているとか、定員オーバーで教室での受講もままならないようであれば、いかにスター教授であるとはいえ、それらの教官から実質的な恩恵を受けられない可能性が高い。人気のあるコースを受講するために、多くの大学が採用している「入札制度（Bidding System）」で多くのポイントを使うという方法もある（このポイントは学生個々人に割り当てられるもので、選択科目の受講を決める際の優先権を得るために使われたりする）。

学生と教官の比率、非常勤教官数

MBAプログラムにおける学生と教官の比率もみてみよう。フルタイム学生と実際に指導にあたっている教官の推定数で計算した結果を参考にするとよいだろう。

MBAプログラムにおける常勤教官推定数、および学生と教官の比率

スクール名	フルタイム教官数（人）	総学生数[*1]（人）	学生／教官比率（%）
IMD	44	163	4
ケンブリッジ（ジャッジ）	50	276	6
INSEAD	141	900	6
ジョージタウン（マクドノー）	77	630	8
エモリー（ゴイズエタ）	83	647	8
IESE	80	610	8
テキサス（マコームズ）	154	1,236	8
カーネギー・メロン（GSIM）	102	876	9
パデュー（クラナート）	90	802	9
スタンフォード	99	857	9
ダートマス（タック）	47	463	10
ハーバード	190	1,900	10
イェール	51	503	10
インディアナ（ケリー）	175	1,843	10
ペンシルベニア（ウォートン）	207	2,137	10
ヴァンダービルト（オーウェン）	49	593	12
LBS	93	1,200	13
コーネル（ジョンソン）	56	703	13
コロンビア	122	1,856	15
UCバークレー（ハース）	70	1,033	15

*1　パートタイムおよびフルタイムMBA、EMBA、博士課程の学生数

MBAプログラムの非常勤教官数は次のとおり。

MBAプログラムの非常勤教官数

スクール名	人数(人)
コロンビア	93
NYU(スターン)	86
ノースウェスタン(ケロッグ)	81
UCバークレー(ハース)	72
テキサス(マコームズ)	69
ミシガン大学	65
ウォートン	62
インディアナ(ケリー)	62
ハーバード	52
IESE	50

　教室にビジネスの現場の風邪を吹き込んでくれる非常勤講師の存在価値を過小評価してはいけない。ニューヨーク大学レナード・N・スターン・ビジネススクールやコロンビア・ビジネススクールなどには、ウォール街出身で、コンサルタントとしての仕事もこなしながら、投資銀行における取引や企業財務についての講義を行なう非常勤もしくはフルタイムの教授がいる。

　優秀な非常勤講師の例を挙げよう。カリフォルニア大学ロサンゼルス校・E・アンダーソン経営大学院のウィリアム・コックラム(William Cockrum)教授は、10年間以上にわたって担当したケース・スタディ方式の起業ファイナンスの講義により、同校の伝説となっている。教科書こそ世に出してはいないものの、投資銀行における25年の経験に裏打ちされたコックラム教授の指導で、学生は新規事業の資金計画立案について裏も表も知ることができたのである。彼こそ米国を代表する「起業家教授」と呼ぶにふさわしい人物の1人である。

　ダートマス大学タック経営大学院のジョン・オーエンス教授は、アジア・新興経済センター(Center for Asia and the Emerging Economies)のディレクター兼非常勤教授である。経営学の非常勤講師であり、インド、ネパール、メキシコ、ベトナム、ポーランドなどを含む新興国を対象としたタック・グローバル・コンサルタンシー・プロジェクト(Tuck Global Consultancy Projects)のアドバイザーも兼ねている。タックの卒業生でもある同教授は、2002年に同校に戻るまでは、中央アジア・アメリカ企業ファンド(Central Asian-American Enterprise Fund)の社長兼CEOであり、また、オーエンス・パートナーシップ(Owens Partnership)および関連プライベート・エクイティのゼネラル・パートナーでもあった。アジアの新興市場におけるプライベート・エクイティの分野で最も活発な活動をしているオーエンス教授のような非常勤教授が、投資リスクやマネジメントといった分野で、実際のビジネス経験を教室やフィールド・プロジェクトに持ち込んだことの価値は大きい。

指導教官へのアクセスのしやすさ

　指導教官にアクセスしやすいかどうかについても調べておくようにしよう。これは日本国内の大学においても重要な点である。教授たちは指導教官としての立場に加え、多くの場合、コンサルタントとしての仕事を抱えている。そのようなコンサルティングの仕事は、MBAプログラムやそこで学ぶ学生にとって重要な意味がある。というのも、このような立場にいる教授は理論をビジネスの現場において実践し、その妥当性について検証しているからである。

　教授たちが多忙であるのは想像に難くないが、個人的に指導教官と話をしたいとか、プロジェクトに関する助言を求めたいと思うものである。教授のほとんどが学生のためにオフィス・アワー（訪問時間）を定めているので、それらを有効に活用し、直接会って親しくなるべきである。

　普通、ビジネススクールでは教授やクラスメイトと親しくなるための定期的な機会も用意されている。夕方の時間帯に「消費関数について」の授業、別の言葉を使うなら「パーティー」がセッティングされていることもあり、MBAプログラムの関係者全員が顔をそろえる場となることもある。マサチューセッツ工科大学スローン経営大学院では、木曜日の夜に、その「消費関数」の授業（内容は食事、飲み、ざっくばらんな話し合い）が催される。大学によっては、朝食の時間をミーティングにあて、堅苦しくない雰囲気の中で学生と教授たちのネットワーク作りを促している。ときには、学部長がこうした集まりを主催することもある。

　学生や教授が一緒に昼食をとるのは、小さな大学でよく見られる光景だ。もちろんこれは大規模な大学にも見られることで、ハーバード・ビジネススクールでは2001年の1月にスパングラー・ホールと呼ばれる多目的設備を完成させ、その中にはグルメのためのカフェテリアを設けた（中華の点心やギネスの生ビールなどもメニューに並んでいる）。

教授陣の協力体制による統合されたカリキュラムでの指導

　すばらしい教授陣がいるビジネススクールでは、教授陣は一致団結して指導にあたる。使用する教材、ディスカッションで取り上げるトピック、学生への課題、進行中のプロジェクトなどについて互いに共有している。このような配慮により、教材間の無駄な重複や、レポート提出日が重なったり、プレゼンテーションが重なったりするのを避けることができる。

　カリキュラムの統合化は、学習面において重要である。日本人の多くがMBAプログラムで

学びたいと考えているのがゼネラル・マネジメントや起業マネジメントだ。所属する組織内で経営に参画する地位を目指したり、企業内で新規事業を立ち上げたり、起業を目指したりなどといった目的をもっているからだ。そのため、ここではゼネラル・マネジメントの分野がカバーする内容や、どのように相互に関連しているのか、そしてなぜ統合されたカリキュラムがマネジャーとしての意思決定能力を最もよく養うことができるのかについて述べる。

ゼネラル・マネジメントについて優れたプログラムを提供するビジネススクールは多い。実際、すべてのビジネススクールがゼネラル・マネジメントをコア・カリキュラムや専門分野、専攻などに組み込んでいる。

現実のビジネス界においては、財務でもマーケティングでもいずれの分野においても、いったん経営陣に加わるとその関心はゼネラル・マネジメント上の諸問題に向けられることとなり、自らの専門分野以外の問題も意識するようになる。投資を検討しているプロジェクト・マネジャーについて考えてみよう。マネジャーとしてあるプロジェクトを計画するのであれば、さまざまな部門の問題について基本的な知識がないと業務を遂行することは難しい。ロボットやコンピュータが従業員の代わりをすべてできるわけではない現状では、人的資源が常に関係してくる。同様に、コーポレート・ファイナンスの専門家は、資金計画を立案する際、税金や会計などの関連分野についても考慮する必要がある。このように、問題をあらゆる角度から検討することで、決断を下すために必要なさまざまな部門の情報を得ることができるのだ。

このような認識、すなわちビジネスにおける意思決定は通常、さまざまな視点を考慮した大局的見地からなされるものであるという認識により、ビジネススクール側は分野を越え、統合された指導方法や、ときにはチーム・ティーチングを取り入れることになったのである。この流れの先駆者がペンシルベニア大学ウォートン校である。1990年代半ばに、ウィリアム・C・ゲリティ（William C. Gerity）前学部長が導入した新たなカリキュラムが功を奏し、ウォートンのランクは上がり、その地位は揺るぎないものとなった。

少人数のスタディ・チームの中で、ウォートン校の学生は、同級生がこれまでの経歴から得た経験から学び、個々の得意分野や不得意分野を統合してバランスを取りながら共通の目標を達成したのである。スタディ・チームは学生にとって、リーダーシップを養い、さまざまな科目で学んだ内容を統合して活用するための通過儀礼と呼べるものであった。統合的な指導は、コインのもう一方の側面だといえる。当時、「緊急出動態」の異名を取ったウォートン校のティーチング・チームは、異なる学問分野にまたがって関連のあるケースを使うことで、経営者が現実に直面する状況を反映した、分野横断的な学習を学生に経験させていたのだ。

このような分野横断的指導方法の採用は、以降多くのビジネススクールで進められた。デューク大学フクア経営大学院はILE（Integrated Learning Experience）と呼ばれるプログ

ラムを導入した。バージニア大学ダーデン経営管理大学院では、教授陣が協力して1つのビジネス・コンセプトをさまざまな角度から指導し、ケース・スタディによる指導をより効果的なものとしている。

ケース・スタディによる指導

　すべてのMBAプログラムで共通して高い割合でカリキュラムに高い割合で含まれているのが、ケース・スタディである。

　ケース・スタディを初めて教授法に取り入れたのがハーバード・ビジネススクールである。同校のプログラムでケース・スタディは広く使われている。ハーバード・ビジネススクールをモデルに創立された、スペインのバルセロナにあるIESE（イエセ）や、バージニア大学ダーデン経営管理大学院でもその傾向は同様だ。これと対照的なのが、シカゴ大学経営大学院である。同校は理論に重きを置く講義中心のプログラムを提供している。

　ケース・スタディは企業の管理職が直面する現実のビジネス課題に基づくもので、扱う課題は、数ページのものから25ページ以上に及ぶものまであり、内容もファイナンス、マーケティング、戦略、グローバル・ビジネス、アントレプレナーシップ、人的資源、組織行動、リーダーシップ論、倫理、サービス・マネジメントなど多彩である。

　ケース・スタディでは、学生のクラスへの貢献度が記録され、成績の50パーセント以上の比重を占めることになる。教授がコーディネーター役となり徹底的に質問をすることで、各ケースの根底にある最も重要な原理についてのディスカッションを活発なものへと導く。教授自ら各ケースの背景を説明する場合もあれば、学生を指名して行なわせる場合もある。

ケース・スタディが含まれるカリキュラムの割合

プログラム名	割合(%)	プログラム名	割合(%)
ハーバード	80%	コーネル(ジョンソン)	40%
IESE(スペイン)	70%	ダートマス(タック)	40%
バージニア(ダーデン)	70%	デューク(フクア)	40%
IMD(スイス)	65%	ニューヨーク(スターン)	37%
スタンフォード	55%	INSEAD(フランス)	35%
パデュー(クラナート)	50%	ノースウェスタン(ケロッグ)	33%
カリフォルニア大学(ハース)	50%	LBS(ロンドンビジネススクール)(英国)	33%
ジョージタウン(マクドノー)	48%	UCLA(アンダーソン)	30%
マサチューセッツ工科大学(スローン)	45%	ペンシルベニア(ウォートン)	30%
コロンビア	40%	シカゴ	25%

ケース・スタディの意義

　第1に、ケース・スタディにおいては現実のビジネスの世界で起きている出来事を効率良くシミュレーションすることができる。違いはケース・スタディが教室の中で行なわれているということだけだ。ケース・スタディでは、多くの情報が示され、分析され、いくつかの可能性に分類される。そして、望ましい行動の方向が決定される。現実の世界ではほとんどの場合、手に入れられる情報は不完全かつ不確実なものである。ケース・スタディに参加する学生は、限られた情報をもとに決断をしなければならない「意思決定者」の立場に立つことになる。

　第2に、留学したうえでMBAを取得する大きなメリットとして、多様な環境の下で学習する機会がある。グローバル経済の特徴といえる多様な異文化環境の中で、世界中からやってきた学生が意見の交換を行なうのである。

　ほぼ単一の文化的環境においては通常、人間は共通の前提をもとに物事を進めるものだ。多くの文化が存在する状況、つまり、日本人のMBA取得者のほとんどがその後のキャリアを送る環境では、前提がより多様である。ケース・スタディではさまざまなアプローチが導き出されるが、これらは、参加する学生たちのこれまでの経験をはじめ、自らの分析の中に取り入れて統合したさまざまな要素をもとに提案されるものである。

　第3に、学生の専門の業務分野や関心のある分野にかかわらず、MBAが目指しているのは管理職としての手腕を磨くことである。ケース・スタディでは、広範囲にわたる、多角的な枠組みを提供しているが、これは、企業の管理職が決断を下す際の枠組みを再現したものである。たとえば、企画部の責任者が工場建設のためにオペレーション部門に投資を検討する際には、その工場の建設と運営のための人的、物的資源を無視して決定を下すことはできない。また、資本市場で社債の発行を検討している財務担当者は、税や会計の問題を

無視することはできない。自らが専門とする業務分野で昇進するに従い、問題をよりゼネラル・マネジャーの立場から捉えるようになるのである。

第4に、ケース・スタディは学生が自分で考えるよう訓練する。ビジネスの現場では、時間と戦いながら状況に即した決断を下すことが求められる。また、そのような場合、経験から身につけた意思決定の手段以外に手本となる先例が存在しないかもしれない。ケース・スタディでは、そのような意思決定のためのツールを実践を通じて洗練し、さらに、分析と経営に対する洞察力という新たなスキルを身につけるのである。

クラス・サイズ、設備

規模の大きな大学の利点は、設備やカリキュラムの豊富さにある。これに対し、規模の小さな大学は、そのサイズから生まれる密接な結びつきが特徴だ。小さな町に住む人たちが知り合いになるのが容易であるのと同じように、規模の小さな大学の学生たちは結束するのもすぐである。

多くの学生を抱えるビジネススクールは、学生を小さなユニットに分けることで、チームワークの実践を図っている。このようなユニット単位で、学生は通常、コア科目をともに受講することになる。さらにユニットを分割してスタディ・グループが構成され、特定のプロジェクトに取り組むことになる。一般的に、大学側はそれぞれのスタディ・グループの参加者が最も多彩になるように学生を振り分ける。IMDの1年プログラムでは、10ヶ月の集中学習の期間中、およそ80名の学生全員が毎日一緒に授業を受ける。その中で大学側は、学生が十分に交流をし、お互いの理解を深めることを期待しているのだ。

授業に使用する校舎や、多くの時間を過ごすことになる図書館などの「設備」についても考慮する必要がある。豊富な蔵書を誇り、快適に学習でき、利用可能なコンピュータが数多くあるなどといった要素は必要不可欠である。卒業後に新たに就職を希望するのであれば、企業関連の資料や就職情報が利用できる就職センターが必要だと思うのもうなずける。

近年、ビジネススクールの多くが新たな設備の建設に多額の投資を行なっている。カリフォルニア大学バークレー校ハース経営大学院やカリフォルニア大学ロサンゼルス校 E・アンダーソン経営大学院は、数年前に最新設備の整った複合ビルを建設した。インディアナ大学

ケリー経営大学院やノース・カロライナ大学ケナン・フラグラー経営大学院も、そしてペンシルベニア大学ウォートン校も最近、新校舎を建設した。

国内MBAという選択肢

　近年のMBAブーム再来に見られる新たな要素の1つは、本格的な和製MBAの増加である。2000年に専門大学院の設置が認可されて以来、国内の多くの教育機関が世界的基準に適ったビジネススクールの設立に乗り出している。依然主流である欧米のビジネススクールに加え、国内MBAという選択肢が芽生えつつあるのだ。

　しかし、残念ながら日本のMBAプログラムは欧米と比較するまでもなく歴史は浅く、また設立の意図自体、欧米のそれとは若干異なることも念頭に置く必要がある。アメリカではMBA教育の制度が始まってほぼ200年、ヨーロッパのMBAはようやく軌道に乗ったところだが、それでもトップ・スクールはほとんどが設立30年を超えている。したがって、今、あえて日本でのプログラムを選択するのであれば、新しさゆえの弱点と、それを補う特性や利点について充分に考慮したうえで、進学やキャリアのプランを練る必要がある。

国内MBAの特徴

　国内MBAの特徴は次のとおり。

1. 比較的安価である

　欧米に留学すると少なくとも1,000万円はかかるところ、200〜400万円程度の費用で修了できる。

2. パートタイムで学べる

　パートタイムであれば、仕事との両立も可能である。

3. 少人数制

ほとんどが1学年50人程度のプログラムで、2年目からは日本の大学式のゼミ制度を採用するところが多い。

4. 日本のビジネスの実情に沿った知識とノウハウを学ぶことができる

国内MBAの教授には現役の在日外資系企業や日系企業のトップや、これら企業での実務経験者が多い。したがって、日本の実業界のニーズや現状を熟知しており、有力なネットワークも提供してくれる。就職活動にあたっては心強い支援が得られる。

5. 学んだ内容をすぐに仕事にフィードバックできる

特にパートタイムのプログラムでは、現職で実際に直面しているビジネス上の課題を研究課題として提供するよう求めるところが多い。課題解決により、その結果を自らのキャリアに直接役立てることもできる。また、異業種の課題についても最先端の知識を得ることができる。

6. 国内企業出身者の間で密接なネットワーク作りを行なうことができる

日本のMBAプログラムを最も効果的に利用するには、開講科目の内容、生徒の能力や出身分野、教授の研究分野に加えて、大学の提携企業や教授の出身企業などもくわしく把握し、具体的な目標の実現に役立てる必要がある。

国内のフルタイム・プログラム

国内のフルタイムMBAの大半は欧米の場合と同様に、大学本体からは独立した組織として運営されている。また、近年では青山学院大学のように、従来パートタイムであったプログラムが基盤を拡張し、フルタイムへの転向をはかるケースもみられる。これらのフルタイムMBAは、いずれ世界各国から優秀な学生を獲得することを目標に掲げており、大半が全授業を英語で開講している。

一方、創立間もない日本のMBAプログラムにおいては、実務と専門教育の両方を経験している教員が不足しており、欧米と同じレベルで幅広い実務分野を統合した経営教育を行なうには体制が心もとない。したがって、地域性や特定分野での強みが各校に大きく表れて

いる。この点を踏まえ、学校ごとに差のある提供科目や卒業生の進路を把握し、自らのキャリア目標と当該プログラムが合致するよう十分検討する必要がある。

慶應ビジネススクールを例に考えてみよう。同校の強みは日本語で授業を行ない、言語面での障害を取り除くことで内容的にレベルの高いプログラムを提供している点にある。日本語で開講されていることを除けば、同校のカリキュラムは海外MBAプログラムにも引けをとらないとされる。設立は1978年、国内で最も歴史の長いビジネススクールとして、卒業生も幅広い分野で活躍している。ただし、外国人学生はほぼ皆無である。

1998年設立の早稲田ビジネススクール。同校の大きな特徴は英語のカリキュラムと日本語のカリキュラムのいずれかを選択できること、早稲田大学内の他学部や学科で開講されている授業も受講できること、そして起業を志す学生に対する支援が充実していることである。同校には、学内インキュベーション・センターがあり、教授陣が在校生や卒業生の起業を支援するベンチャー・キャピタルを運営している。

1988年設立の国際大学はIT分野での教育が優れている。世界60ヵ国以上から学生を集め、全寮制のキャンパスで英語による全日制プログラムを展開している。このように、国内のフルタイム・プログラムは指導言語、設立年、カリキュラム構成などの点で学校ごとの差が著しい。自らが興味をもつ産業分野と、大学と関係の深い産業との一致も念頭に置くといいだろう。

国内のパートタイムMBA

元来日本では、オン・ザ・ジョブ・トレーニングこそが最高のビジネス・パーソン育成法であって、フルタイムの大学院とは学究的な研究のために存在し、実務に直接役立つものではないという考えが強かった。したがって、日本のパートタイムMBAは、知識やノウハウが実務の効率化に直結することを重んじ、専門的かつ実務的な内容の教育に力を入れてきた。さらに、そうした実務的ノウハウや知識を提供するプログラムに集う学生も、実務経験により培われた経験的知識を体系的に整理したいとする30代半ばの中間管理職層が多くなった。

現職者を対象としたパートタイム・プログラムで最も魅力的な授業の1つが、チーム・プロジェクトである。パートタイムMBAの多くは優秀な現職者が集っている利点を活かし、過去のケースの代わりに受講者が実際に所属先で直面している課題を授業で取り上げ、解決法を模索するという指導方法を採っている。そのため、さまざまな分野の日本の産業が実際に抱えている課題をリアルタイムで把握し、授業で考案した解決法をすぐさま実戦で試すこと

ができる。MBAという学位それ自体よりも、国内の異業種の第一線で活躍する人々と交流することで仕事上の問題解決のヒントを得るという意味で利用価値があるといえよう。

　一方、パートタイムMBAの多くは、転職希望者を対象としていないため、就職支援システムを設けていない。修了後、もしくは在学中に転職した学生もいるが、その場合も転職を意図して入学したというよりも結果的にそうなったというケースが多い。転職そのものをMBA取得の大きな目標と考えている人には向かないといえよう。

MOTプログラムの設立ラッシュ

　近年の特筆すべき傾向として、MOT（Management of Technology：技術経営学）プログラムの増加について挙げておきたい。これまで国内で起業が伸び悩んできた理由の1つとして、技術と経営双方の知識をもち、最先端の研究成果とビジネス・チャンスを結びつけて商品化できる人材の不足が指摘されてきた。先端技術は従来、日本が得意としてきた分野であることから、その研究成果を適切に事業化することによって大きな経済効果が得られると期待されている。これらのプログラムは、経済産業省の後援を受けて開発が進められているが、その多くは主要な国公立・私立大学の理工系研究科、もしくは経営学研究科で開講されている。ただし、これらのプログラムは理工系分野の専門家を対象としているため、大学院もしくは民間の専門家レベルの知識なしに受講するのは困難といえる。

　日本におけるMOT教育制度はまだ開発段階にあり、大学や民間団体（グロービス、河合塾など）においてさまざまな形式で開講されている。たとえば東京大学のように、大学の理工系講座が専門分野別にそれぞれ独自のMOTコースを開講していることも多い。しかし、発展段階の制度であることや、広報活動も十分でないプログラムも多いため、MOTプログラムに関心がある場合は、興味のある研究室に直接問い合わせることをおすすめしたい。

　早急な経済効果が期待されるMOTプログラムは、国家予算を投入して開発が進められている。今後もプログラムの増加が見込まれるため、理工系出身者にとっては大いに検討する余地がある。

Chapter 5

生活環境という選択基準

所在地を最優先にして進学先を選択することはあまりないかもしれないが、
無視してよいわけではない。
ビジネススクールで過ごす1、2年の期間は、
人生のターニング・ポイントとなるはずである。

生活環境に満足していれば、学習環境も快適に感じることだろう。
どこに住みたいかという好みは、人それぞれである。
都会での博物館や娯楽施設へのアクセスを求める人もいれば、
アウトドアで味わえる静寂を好み、
演劇などにはそれほど興味がないという人もいる。

決めるのはあなただ。
選択肢はたくさんある。

米国のトップ・ビジネススクールは、東海岸、西海岸、
そして中西部に集中している。
欧州のトップ校がある国は、フランス、オランダ、
スペイン、スイス、イギリスなどである。

本章では、学校の所在地について考慮すべきいくつかの点を紹介する。

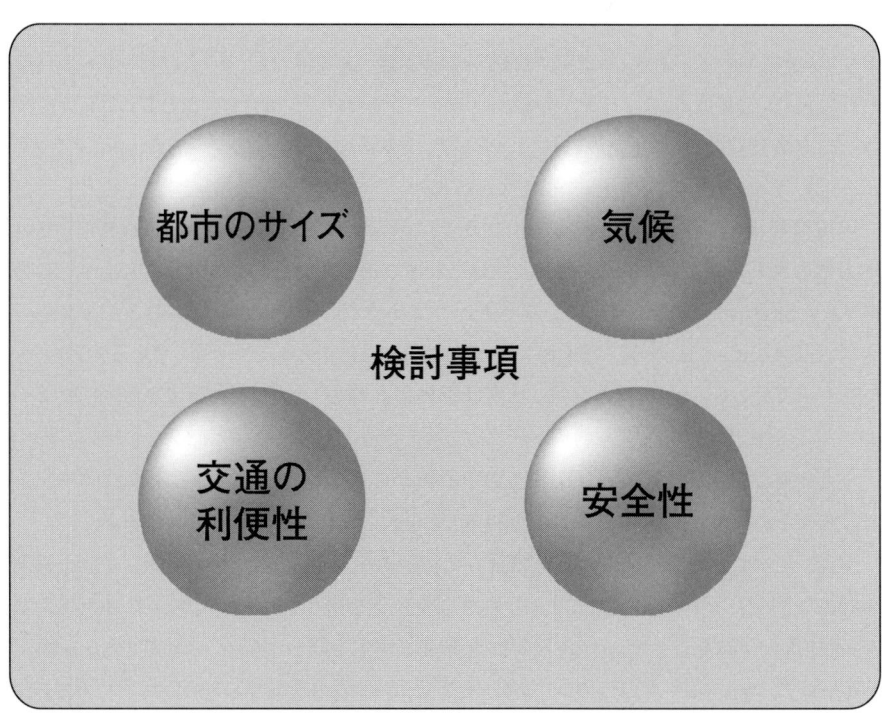

Such is the constitution of the human mind, that any kind of knowledge,
if it is really such, is its own reward.
— John Henry Newman, The Idea of a University, 1853

大都市と中・小都市

　大都市の中心部を好む人もいれば、中規模の都市や小さな町を好む人もいる。ニューヨークにはブロードウェイ、ニューヨーク・ヤンキース、メトロポリタンオペラ、近代美術館、メトロポリタン美術館などがある。ロンドンにはテート美術館、大英博物館、ナショナル・ギャラリー、バッキンガム宮殿、ビッグ・ベン、コベント・ガーデンがあり、シカゴにはR＆Bミュージック、数々の有名建築物、ミシガン湖、ネイビー・ピア、シカゴ・カブス、シカゴ・ベアーズ、ブラックホークス、ブルズ、さらにホワイト・ソックスがある。

　中規模都市にも娯楽や見るべき場所はたくさんある。サンフランシスコを訪れれば、その魅力に心奪われることだろう。シアトルには、米国で最も古い公設市場として有名で、名物のアメリカイチョウガニも売られているパイク・プレース・マーケットがある。ほかにもスペース・ニードル、ピュジェット湾、パイオニア・スクエア、さらにイチローが所属しているシアトル・マリナーズがある。ニューオリンズの料理は世界最高峰の1つだが、加えてフレンチ・クォーター、ニューオリンズ・ジャズ＆ヘリテージ・フェスティバル、さらにマルディ・グラもある。

　小さな町にも魅力があるものだ。パリの中心街から列車で約40分のフォンテンブロー。そこは森やそのほとんどが13世紀に建設されたルネサンス期のシャトーで有名である。

　実際、すべての場所にはその土地独自の文物があり、どの土地に魅力を感じるかは個人の好みの問題だ。アウトドア派で小さな町で学生生活を送りたいと思うなら、ダートマス大学タック経営大学院をおすすめする。反対に大都市で学生生活を送りたいと考えているのなら、バルセロナ、ニューヨーク、ロンドン、ロサンゼルス、シカゴ、またはフィラデルフィアにあるビジネススクールを検討対象に加えるのもいいだろう。都会でもあり、自然にも恵まれたほどよい規模の都市がいいのであれば、次に示す中規模都市の表を参考にしてほしい。その中には、皆さんの希望に合う大学の所在地もあるはずだ。たとえば、ボストンなどは文化や娯楽施設での魅力にあふれているが、人口は比較的少ない。

　アメリカ国勢調査局の2000年の調査データを次に示す（人口10万人以上の都市が対象）。

大都市

MBAプログラム	人口(人)
コロンビア／NYU（ニューヨーク, NY）	8,008,278
LBS（ロンドン, UK）	7,150,000
UCLA／USC（ロサンゼルス, CA）	3,694,820
シカゴ GBS（シカゴ, IL）	2,896,016
IESE（バルセロナ, スペイン）	1,752,657
ウォートン（フィラデルフィア, PA）	1,517,550
サザン・メソジスト（ダラス, TX）	1,188,580

中規模都市

MBAプログラム	人口(人)
テキサス（オースチン, TX）	656,562
ハーバード／MIT（ボストン, MA）	589,141
ロッテルダム（ロッテルダム, オランダ）	575,000
ジョージタウン（ワシントン, D.C）　・	572,059
ヴァンダービルト（ナッシュビル, TN）	569,891
U.ワシントン（シアトル, WA）	563,374
テュレーン（ニューオリンズ, LA）	484,674
エモリー（アトランタ, GA）	416,474
ワシントン-オーリン（セントルイス, MO）	348,189
カーネギー・メロン（ピッツバーグ, PA）	331,285

小さな町

MBAプログラム	人口(人)
ロチェスター（ロチェスター, NY）	219,773
デューク（ダラム, NC）	136,611
IMD（ローザンヌ, スイス）	125,000
イェール（ニューヘイブン, CO）	123,626
ミシガン（アナーバー, MI）	114,024
イリノイ（アーバナ・シャンペーン, IL）	110,000
インディアナ（ブルーミントン, IN）	86,335
ノースウェスタン（エバンストン, IL）	74,239
スタンフォード（パロアルト, CA）	59,098
ノース・キャロライナ（チャペルヒル, NC）	48,175
ミシガン州立大学（イーストランシング, MI）	46,525
バージニア（シャーロッツビル, VA）	45,049
コーネル（イサカ, NY）	29,287
パデュー（ウェストラファイエット, IN）	25,600
INSEAD（フォンテンブロー, フランス）	15,942
ダートマス（ハノーバー, NH）	10,850

　この情報の意味を正しく理解するために、2002年9月時点の日本の大都市上位13位まで
と比較してみよう(横浜市企画局・統計解析課のデータによる)。比較の対象はビジネススク
ールのある米国、欧州の大都市の中から上位13位までである。東京が特に顕著であるが、
日本の都市は人口密度が高い(混雑の度合いが激しい)という点は頭に入れておきたい。

次に示す表を見てほしい。都市の規模を比較する場合に、東京とニューヨーク、大阪とシカゴがよく比べられる理由が理解できるだろう。

各都市の規模

都市（日本）	人口（人）	都市（海外）	人口（人）
東京	12,279,419	ニューヨーク	8,008,278
横浜	3,496,927	ロンドン	7,150,000
大阪	2,619,335	ロサンゼルス	3,694,820
名古屋	2,186,075	シカゴ	2,896,016
札幌	1,846,035	フィラデルフィア	1,517,550
神戸	1,510,468	ダラス	1,188,580
京都	1,466,978	サンフランシスコ	776,733
福岡	1,368,450	オースチン	656,562
川崎	1,281,706	ボストン	589,141
広島	1,134,648	ロッテルダム	575,000
仙台	1,019,124	ジョージタウン	572,059
北九州	1,006,458	ナッシュビル	569,891
千葉	904,629	シアトル	563,374

気候

筆者自身を含め、気候にさほど敏感ではない人もいるだろうし、生活する地域の気候はとても重要だと考える人もいるだろう。筆者が以前住んでいたフロリダ州のコーラルゲーブルスという町は、暑すぎず寒すぎず、1年中天候が良かった。雨が降っても短時間でやむので、すぐにまたフロリダのまぶしい太陽がその姿を見せてくれるといった具合である。

個人的には、1年中天候が安定しているのも良し悪しだと思った。東京のように四季がはっきりしているほうが筆者にとって好ましい。湿度は高いが、夏の暑さも冬の寒さも比較的おだやかなのが過ごしやすい。

東海岸や中西部のビジネススクールに留学するのであれば、「寒さ」は覚悟しておいたほうがよいだろう。もちろん、ウィンター・スポーツを観戦したり体験したりする楽しみもある。スポーツをする学生がたくさんいるから、学内で一緒にホッケーをしたりスキー・ツアーに行ったりする機会もあるはずだ。

シカゴの冬は確かに厳しい。しかし、「風の街（Windy City）」とよばれるシカゴがその名のとおり全米で最も風が強いと言ったら、ニューハンプシャー州のマウント・ワシントンからク

レームがつくかもしれない。実は、シカゴにこのニックネームがつけられたのはある政治家が行なった長ったらしい演説が原因だったのである（Windyには「口先ばかりの」という意味もある）。

　一般的に、東海岸は西海岸より湿度が高い。これはカリブ海からカナダにかけて流れる温度が高く湿ったメキシコ湾流のせいである。

　寒いところを避け、明るい太陽のもと勉学にいそしみたいのであれば、太陽の降り注ぐロサンゼルスなどがおすすめである。1年中ちょうどよい気温の中で過ごせるだろう。

米国・ヨーロッパ主要都市の気候

都市	平均気温（摂氏）		平均降雨量（mm）	1日の平均日照時間（時間）
	1月	年間	年間	年間
ロサンゼルス	13	17	327	9.2
ニューヨーク	0	13	1,129	7.3
アトランタ	23	17	515	7.3
シカゴ	-4	11	904	8.0
マイアミ	20	24	1,192	7.0
シアトル	7	12	926	5.7
東京	3	14	1,522	5.7
パリ	4	11	607	4.3
ロンドン	5	10	592	4.0

交通の利便性

　現実的に、ビジネススクールのある地域にどれほど順応したとしても、留学中は冬休みや夏休みの時期を利用して年に1、2度は日本に帰国したくなるはずである。確かに日本食はポピュラーになり、各ビジネススクールのある地域には日本食レストランが1つや2つはある。テキサス大学オースチン校マコームズ経営大学院のあるテキサス州オースチンには、12店以上の日本食レストランがあり、インディアナ大学ケリー経営大学院のあるインディアナ州ブルーミントンには、少なくとも3つの日本食レストランがある。ミシガン大学ビジネススクールのあるアナーバーでは4店が営業している。これも文化における「国際化」の1つといえるだろう。西海岸には日本食のレストランが点在している。その多くは米国に移住した日本人シェフによって経営されている。

カリフォルニアでは新趣向の寿司なども考案されており、日本に逆輸入されたものもある。カリフォルニアの寿司屋では日本と比べても遜色ない寿司が出されている（サービスの仕方は西洋風であるが）。これは、近海ものの魚が手に入るからだ。さらに、値段も手ごろだ。日本酒や日本で人気のビールを飲むこともできる。

このように日本食を食べられても、母親の手作りの料理や新年に食べる「おせち」など、日本に帰らないと味わえないものが恋しくなることもあるだろう。それほど重要とはいえないが、成田から西海岸へのフライト時間と東海岸へのフライト時間は考慮してもいいかもしれない。シアトルへの直行便は10時間を切るが、ニューヨークへは14時間近くかかる。さらに、空港への移動、チェックイン、入国審査、セキュリティチェック、そして最終目的地への移動時間も考慮すべきだ。米国から日本への西向きのフライトの場合、向かい風の影響で余計に時間がかかる。直行便が予約できなければ、乗り換えの待ち時間なども考慮する必要が出てくる。場所によってはまる1日近くかかってしまうこともあるのだ。

移動時間：東京からの時間

シアトル	約10時間
ロサンゼルス	約11時間
シカゴ	約13時間
ニューヨーク	約14時間
ロンドン	約13時間

安全性

国、都市、学内それぞれの安全性についてもみてみよう。

国ごとの統計

どこのビジネススクールに留学するにしても、日本ほど安全な場所はほとんどない。警察庁刑事局の統計によれば、2000年の日本における殺人の発生件数は1,391件（東京151件・

大阪130件)だった。この数字を世界各国と比較すると日本の安全性に誇りがもてるであろう。日本人が誇れる日本の優れた点の1つが安全性である。

世界の犯罪統計

国	人口（人）	殺人（件）	暴行傷害（件）	窃盗（件）	強盗／強奪（件）	不法侵入（件）	自動車窃盗（件）
米国	281,491,900	15,520	910,740	10,589,300	407,840	2,049,940	6,965,960
日本	126,919,288	1,391	30,184	2,136,337	5,173	296,486	1,778,473
中国	1,205,826,819	26,070	18,025	1,058,110	103,890	233,355	111,672
ロシア（連邦）	145,559,208	31,829	49,784	1,481,909	171,830	878,384	34,958
フランス	58,518,748	2,166	106,485	2,334,696	109,836	370,993	1,536,571
英国（イングランド、ウェールズ）	52,010,160	1,428	210,745	3,211,479	66,836	953,187	1,799,645
韓国	42,274,543	941	32,445	179,337	5,461	3,514	140,388
スペイン	39,852,651	1,158	8,829	704,650	91,628	211.377	132,598
カナダ	30,750,087	1,308	44,845	1,251,667	27,012	293,416	160,268
オーストラリア	19,153,840	693	141,124	1,274,340	23,314	436,865	139,094
オランダ	15,654,192	1,701	38,003	830,065	14,446	485,342	37,407

資料：インターポール2000年報告書（英国・オランダについては1998年の統計）

　もちろん米国が日本の2.2倍の人口を抱えている点は考慮しなければならないが、インターポールの統計によれば、米国の窃盗事件（強盗、住居侵入窃盗、動車泥棒などを含む）の発生件数は日本の5倍。統計の国の中で、強盗や強奪の発生件数が日本とほぼ同じ水準にあるのは韓国だけである。韓国の人口が日本の3分の1しかないことを考えれば、日本が安全であることがわかるだろう。

　海外への旅行や海外で生活する際には、危険に対する警戒心を強くもち、危険な地域は避けるべきである。東京は安全であるが、筆者は夜遅くに、新宿駅、上野駅、東京駅近くの特定地域を歩くことにはためらいを感じる。これは米国やヨーロッパで危険な地域を避けるのと同じである。

都市ごとの統計

　一般に、小さな町と比べ人口が集中している大都市はより危険であると考えられている。総務省の統計（2000年）によると、日本の全人口中の50.1パーセントが人口の多い都道府県上位10位までに住んでおり、人口の多い上位12都市のうち8都市までがこの10都道府県に含まれる。強盗の発生件数5,173件のうち75.4パーセントがこの8都市で起きたものである。人口が集中すればするほど、犯罪の発生件数が多くなると考えるのも当然であろう。

もちろん、都市で発生する犯罪は、件数だけでなく、人口規模との比率で考慮する必要がある。米国の4大都市はニューヨーク、ロサンゼルス、シカゴ、フィラデルフィアであり、その平均人口は394万5,115人である。読者のみなさんはこれらの都市が最も危険だと思われるかもしれない。

　しかし、2000年に人口10万人あたりの暴力犯罪発生率（殺人、婦女暴行、強盗、加重暴行）が最も高かったのは、ジョージア州アトランタ（人口42万2266人）である。ミズーリ州セントルイス（人口341,708人）は、物的犯罪発生率（強盗、窃盗、自動車窃盗、放火）が最も高く、インディアナ州西ラフィエット（人口3万1,110人）は2000年の暴力犯罪発生率・物的犯罪発生率が最も低かった。

　人口10万人あたりの物的犯罪率に関して、ニューヨーク市（人口774万6,511人）は22都市中2番目に低くなっている。この低さに驚く人もいるかもしれないが、これはルドルフ・ジュリアーニ前ニューヨーク市長の努力、そして彼の発揮したリーダーシップによるところが大きい。ニューヨークの犯罪発生率はここ数年一貫して低下しているのである。

　ニューヨークの犯罪発生率は2001年9月11日の同時多発テロ以降、さらに改善した。市の発表によると、2002年前半のニューヨークの犯罪発生率は1963年以来の低い水準であった。

　筆者の故郷はルイジアナ州ニューオリンズでありニューヨークではないが、「Big Apple（ニューヨーク）」にはこれまでに2度在住したことがある。はじめはシティバンクのインターナショナル・バンキング・グループに就職し社会人となったとき。次が1980年代半ばにチェイス・マンハッタン投資銀行で常務兼財務担当重役として勤務したときであった。以前の私は週末になるとジョギングをしていた。当時住んでいたバッテリー・パークのアパートメントから、世界貿易センタービルを横切って、ブロードウェイやセントラル・パークまで走るのが私のコースであった。ときにはニューヨーク大学や、マンハッタンのさまざまな民族の居住地域を通り、ニューヨークのもつ活力の源に触れたりしていたものだ。ニューヨーク・マラソンに参加し、5つの橋と5つの区の中を駆け抜けたこともあった。しかし、危険を感じたことは1度としてなかった。

　次の表に含まれる米国の都市の中で、2002年に、人口10万人あたりの暴力犯罪発生率と物的犯罪発生率が国の平均を下回ったのは、インディアナ州ウェスト・ラファイエット、カリフォルニア州パロ・アルト、イリノイ州ブルーミントン、ミシガン州アナーバー、ミシガン州のイースト・ランシング、ノース・キャロライナ州チャペル・ヒル、ニュー・ハンプシャー州ダートマス、カリフォルニア州ロサンゼルスであった。

米国主要都市の人口10万人あたりの犯罪発生率

都市	人口（人）	暴力犯罪（件）	物的犯罪（件）	殺人（件）	強盗（件）	不法侵入（件）	自動車窃盗（件）
米国平均	114,967	506.1	3,617.9	5.5	144.9	728.4	414.2
ニューヨーク,NY	7,746,511	977.8	2,744.8	8.7	420.3	479.1	462.8
ロサンゼルス,CA	3,713,238	1,353.0	3,509.0	14.8	418.2	657.7	798.2
シカゴ,IL	2,866,191	1,630.6	5,920.7	21.9	678.6	990.9	1,241.0
フィラデルフィア,PA	1,451,520	1,571.6	5,180.0	22.0	718.2	832.9	1,112.4
4大都市の平均	**3,944,365**	**1,383.3**	**4,338.6**	**16.85**	**558.8**	**740.2**	**903.6**

都市	人口（人）	暴力犯罪（件）	物的犯罪（件）	殺人（件）	強盗（件）	不法侵入（件）	自動車窃盗（件）
ワシントン,DC	572,059	1,507.7	5,765.5	41.8	621.1	829.5	1,153.7
ボストン,MA	570,888	1,282.6	5,000.7	6.8	429.3	709.6	1,273.3
ナッシュビル,TN	533,484	1,668.5	7,439.6	13.5	412.6	1,431.0	997.8
アトランタ,GA	422,266	2,743.1	10,392.7	31.7	1,023.5	2,192.0	1,740.8
ピッツバーグ,PA	351,769	928.7	4,602.1	10.5	450.6	896.3	711.5
セント・ルイス,MO	341,708	2,322.5	12,501.0	36.3	943.5	2,347.0	2,292.9
ロチェスター,NY	223,662	729.7	6,982.9	17.4	418.5	1,241.6	1.087.4
ダラム,NC	188,547	979.1	7,717.4	14.9	492.7	1,980.9	678.9
ニュー・ヘイブン,CT	126,794	1,337.6	6,333.1	14.2	519.0	1,170.4	1,033.2
バークレー,CA	110,693	681.2	6,264.1	3.6	299.9	1,015.4	832.0
アナーバー,MI	110,581	274.0	3,324.3	0.0	85.9	677.3	181.8
ブルーミトン,IL	68,288	178.7	3,816.2	0.0	45.4	563.8	212.3
パロ・アルト,CA	60,133	154.7	3,013.3	1.7	76.5	370.8	143.0
イースト・ランシング,MI	46,917	309.1	3,224.8	2.1	29.8	584.0	108.7
チャペル・ヒル,NC	45,593	480.3	5,147.8	4.4	162.3	1,160.3	236.9
シャーロッツビル,VA	37,916	1,052.3	5,074.4	7.9	269.0	946.8	364.0
ウェスト・ラファイエット,IN	31,110	125.4	1,919.0	0.0	22.5	237.9	54.6
ダートマス,NH	30,660	786.0	3,173.5	0.0	48.9	740.4	296.8

資料：FBI（アメリカ連邦捜査局）2000年統一犯罪報告

学内での統計

　1990年に当時のジョージ・ブッシュ大統領によって署名され法律として制定された「防犯意識の強化およびキャンパス内の治安改善法（The Crime Awareness and Campus Security）」は、大学側にキャンパス内の犯罪および安全対策に関して、毎年報告することを求めたものである。この報告によれば、1999～2001年の3年間で、キャンパス内の強盗、不法侵入、および加重暴行の発生件数が最も少なかったのはダートマス大学である。これに続くのが、パデュー大学、カーネギー・メロン大学、ニューヨーク大学、バージニア大学であった。

キャンパス内での犯罪報告件数（キャンパス内の住居を含む）

大学名	強盗/不法侵入/加重暴行件数（件）				学生総数（人）
	2001	2000	1999	平均	
ダートマス	0	1	3	1.3	5,495
パデュー	25	15	25	21.7	39,882
カーネギー・メロン	23	32	12	22.3	8,588
NYU	20	29	33	27.3	37,134
バージニア	30	31	30	30.3	22,739
ロチェスター	33	24	45	34.0	8,351
SMU	29	49	40	39.3	10,266
MIT	40	79	17	45.3	10,197
エモリー	47	50	44	47.0	11,443
ワシントン(セント・ルイス)	44	53	45	47.3	12,187
コロンビア	23	100	31	51.3	19,710
バンダービルト	68	65	73	68.7	10,338
ノースウェスタン	81	41	97	73.0	17,999
テキサス	95	52	72	73.0	56,616
シカゴ	71	58	94	74.3	12,887
UCバークレー	86	54	99	79.7	32,128
UNC	91	59	94	81.3	25,494
コーネル	90	80	77	82.3	12,438
イェール	96	67	86	83.0	11,136
USC	100	103	88	97.0	29,813
ペンシルベニア	111	106	103	106.7	22,326
ジョージタウン	94	106	134	111.3	12,688
デューク	128	139	165	144.0	11,926
インディアナ	125	181	158	154.7	37,963
UCLA	146	215	173	178.0	37,494
ミシガン大学	209	181	158	182.7	38,248
ミシガン州立大学	213	229	272	238.0	44,277
メリーランド	208	341	253	267.3	34,160
スタンフォード	311	312	255	292.7	18,591
ハーバード	423	560	583	522.0	24,474

資料：アメリカ教育省

　報告されたデータは大学全体に関するものであり、ビジネススクールに限定したものではないことに注意してほしい。さらに、データの解釈の仕方も見方により異なる。たとえば、ハーバード・ビジネススクールはボストンのチャールズ川を挟んで対岸にキャンパスがあるが、ハーバード大学のメイン・キャンパスはケンブリッジ側にあり、それぞれの位置する町が異なっている。このため、ハーバード・ビジネススクールに限ったデータは掲載されたデータと大きく異なる可能性もある。しかしながら、大学内の特定のエリアに限定されたビジネススクールについてだけの犯罪データはない。

　留学したら、日本にいるときよりも安全面により一層気を配らなければならない。コロンビア大学とペンシルベニア大学ウォートン校の日本人学生に、安全面についてどのように感じるかをインタビューしたことがある。学生の話はともに同じ内容であった。マンハッタンのコロンビア・サークル近くに住む日本人学生は、コロンビア大学への通学にあたり危険を感じ

ることはないと話していた。また、ウォートン校の日本人女子学生は、多くのウォートン学生が住んでいる人気のリッテンハウス広場（Rittenhouse Square）から大学まで20分ほど歩いて通学していたが、彼女は、ほかの学生が歩くあとに続けば安全だと言っていた。

　夜間に大学の外に出るときは、1人で歩くべきではない。友人と、もしくは親しいグループと連れ立って歩くことをおすすめする。キャンパスの周辺で危険だと考えられているエリアを把握し、そのような地域を避けなければならない。筆者が2002年の秋にイェール大学を訪問した際、次のような出来事があった。

　ある晴れた日の午後に私は、大学の本館からほど近い静かな公園を歩いていたのだが、そのとき突然、敵意に満ちたホームレスの集団に遭遇した。私はすぐに向きを変えてキャンパス内へと戻ったのである。

Chapter 6

費用という選択基準

本章ではMBAでの学習にかかる費用、そして奨学金や
ローンなどの金銭的サポートについて紹介する。

MBAでの学習は、社費、私費にかかわらず、大きな投資となる。
しかし、金銭面についていえば、
たとえ在学中に給料が入らないという機会費用を考慮しても、
その投資には大きな利益があることが調査によって示されている。

企業派遣留学の場合、費用を会社が援助してくれるだろう。

私費留学の場合、資金を貯え、MBA留学にかかる費用について
早めに考えておく必要がある。

ただし、多くのプログラムは
学資ローンや奨学金の提供といったかたちで学生を援助している。
本章ではそれらについても説明する。

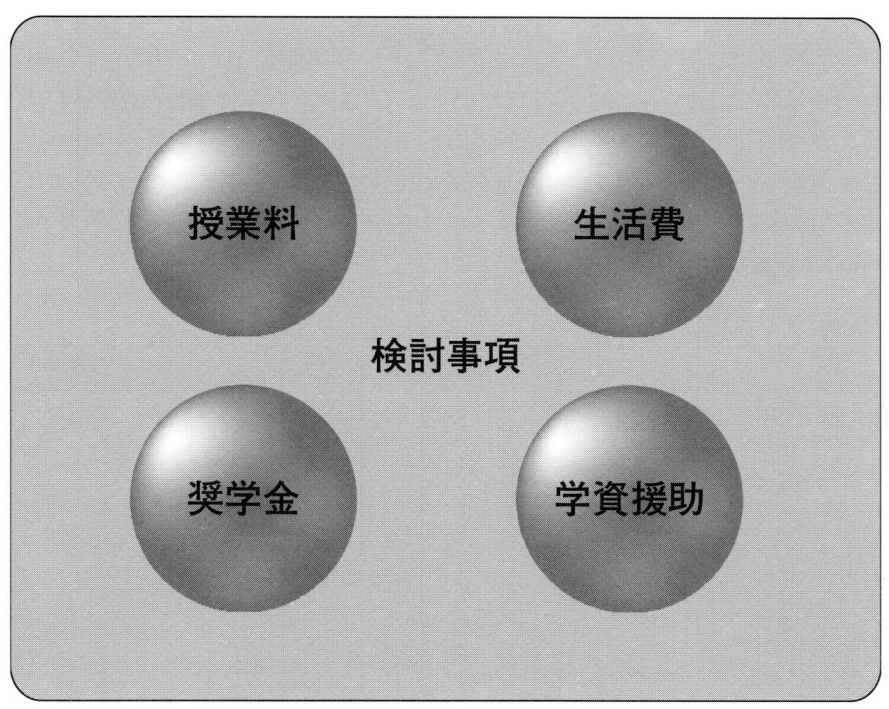

Language is our body and breath, our world and our thought, our
perception and even our unconsciousness.
— Philippe Sollers, Logiques, 1986

授業料および生活費

　MBAプログラムで1年間に必要な授業料と生活費の円換算の推定金額を下の表に示す。MBAプログラムは通常、2年間である（1年プログラムについてはそのように記載してあり、費用はプログラムにおける総コスト（推定）を示している）。年間費用として示されている金額には、MBA留学に必要な授業料および日本人男性1人の場合に予想される生活費が含まれている。年間費用の中には、日本からの往復旅費は含まれていない。

　州立大学（公立大学）の授業料は、私立大学と比べて大幅に低い。州立大学に対しては、州から財政支出があるからである。州立大学の授業料には2種類あり、州外からの入学者の授業料は高く設定されている。

米国内のビジネススクール

スクール名	年間授業料(円) （1ドル120円）	年間生活費*1(円) （1ドル120円）	学費ローンの利用*2
ペンシルベニア（ウォートン）	4,480,000	2,850,000	可
ハーバード	4,040,000	3,490,000	可
シカゴ	4,130,000	2,990,000	不可
ノースウェスタン（ケロッグ）	4,120,000	2,790,000	可
コロンビア	4,130,000	3,120,000	可
ダートマス（タック）	4,140,000	2,740,000	可
イェール（SOM）	4,200,000	2,310,000	不可
MIT（スローン）	4,170,000	2,880,000	可
スタンフォード	4,560,000	2,970,000	不可
ミシガン大学	4,400,000	1,830,000	可
コーネル（ジョンソン）	3,940,000	2,140,000	可
UCバークレー（ハース）	3,360,000	2,610,000	可
デューク（フクア）	4,020,000	2,110,000	不可
バージニア（ダーデン）	4,200,000	2,210,000	可
カーネギー・メロン（GSIM）	4,410,000	2,450,000	不可
NYU（スターン）	4,170,000	2,740,000	可
UNC（ケナン・フラグラー）	4,010,000	2,160,000	可
UCLA（アンダーソン）	3,400,000	2,350,000	可
テキサス（マコームズ）	3,210,000	1,880,000	不可
エモリー（ゴイズエタ）	3,670,000	2,400,000	不可
インディアナ（ケリー）	2,910,000	2,080,000	不可
USC（マーシャル）	4,080,000	1,920,000	不可
ジョージタウン（マクドノー）	3,710,000	2,110,000	可
バンダービルト（オーエン）	3,640,000	2,040,000	不可
パデュー（クラナート）	3,000,000	1,900,000	不可
ロチェスター（サイモン）	3,850,000	1,700,000	不可
メリーランド（スミス）	2,860,000	2,060,000	不可
ワシントン（オーリン）	3,780,000	2,410,000	可

＊1　1年目の年間生活費。日本への往復旅費は含まれない
＊2　費用の一部は連帯保証人不要の学資ローンが利用可能

米国以外のビジネススクール

スクール名	年間授業料(円) (1ドル120円)	年間生活費*1(円) (1ドル120円)	学費ローンの利用*2
IESE	3,860,000	3,990,000	可
IMD*2	4,890,000	3,340,000	不可
INSEAD*3	5,920,000	2,320,000	不可
ケンブリッジ（ジャッジ）	4,510,000	1,950,000	不可
ロッテルダム*4	4,620,000	2,610,000	不可
LBS	3,900,000	3,190,000	不可
ウエスタン・オンタリオ（アイビー）	2,940,000	2,090,000	可

＊1　1年目の年間生活費。日本への往復旅費は含まれない
＊2　10ヶ月プログラム
＊3　15ヶ月プログラム
＊4　費用の一部は連帯保証人不要の学資ローンが利用可能

　MBAへの投資は「自らを高める」投資である。キャリア向上のための投資としては人生最大のものになるだろう。多くの日本人学生にとっては、費用の心配はそれほど大きなものではないかもしれない。自らの立てた目標達成に資するMBAプログラムを選択することを、まず考えるべきだ。企業派遣の学生にとっては、費用はあまり問題にならないかもしれない。通常そのような学生の授業料、生活費、旅費、勉強にかかる費用などは会社が負担するからである。さらに彼らには、留学中にも給与が支給される。

　トップ・スクールの授業料は平均で年間約3万ドル。この数字があてはまらないのが州立大学で、州の予算の一部が教育関連に支出されているために、授業料および諸費用がかなり低くなっている。このためカリフォルニア大学バークレー校ハース経営大学院、同ロサンゼルス校ジョン・E・アンダーソン経営大学院、テキサス大学オースチン校マコームズ経営大学院、インディアナ大学ケリー経営大学院、ノース・カロライナ大学ケナン・フラグラー経営大学院、パデュー大学クラナート経営大学院、メリーランド州立大学カレッジ・パーク・ロバート・H・スミス経営大学院、ミシガン州立大学エリー・ブロード経営大学院の授業料の平均は年間で2万1,000ドル程度となっている。州内居住者の授業料は、さらに安い。

　ビジネススクールの多くに金融機関と共同で作ったローン・プログラムがあり、合格者を対象に米国内の連帯保証人の必要がないローンを扱っている。ニューヨーク大学レナード・N・スターン・ビジネススクールが「グローバル・スチューデント・ローン・コーポレーション（Global Student Loan Corporation）」と共同で導入した「留学生対象グローバル・ローン（Global Loan for International Students）」は、米国のプライム・レートにプラス1パーセントの金利で年間4万ドルまで利用することができる。米国内の連帯保証人は必要ない。

州内居住要件

　州内居住者として認めてもらうための要件は、州、または大学ごとに異なる。最も一般的な要件では、出願時点で少なくとも1年間その州に在住している必要がある。したがって、入学直前に大学のある地域に移転しても資格を得ることはできない。

　たとえば、学生がニューヨーク州の居住者であると認められ、州内居住者に対する授業料が適応されるためには、授業の開始1年前からニューヨーク州を定住所とする（すなわち、ニューヨーク州内に継続的に主たる住居を構える）必要がある。大学の寮で生活することは、大学に通うための一時的なものとみなされ、ニューヨーク州の在住者と認められるための要件を満たすものではない。州内出身者として出願するには「グリーン・カード」をもった永住者である必要があり、22歳以上であれば、国と州の両方の所得税申告の証明に加えニューヨーク州の運転免許証が必要である。

　授業料に関して、カリフォルニア州の住民として応募出願するためには、学生は1年間以上カリフォルニアに在住し、カリフォルニアで生活していく意思があること、金銭面で独立して生活していることを示す必要がある。F−1やJ−1などの非移民ビザを取得している留学生が入学金授業料のためにカリフォルニア住民として認められることはない。

　イリノイ州では、州内の居住者として出願するには、入学前年のまる1年間イリノイ州に住んでいた、正真正銘の住民であることが求められる。「正真正銘」とは、有給労働者として働き、実際に1年間州内に在住し、住民として州関連の活動を行なってきたという意味である。さらに、イリノイ州に住んでいる主な理由が教育を受けるためではないという点も要件に含まれている。住民として大学に入学したいと考える時期の少なくとも1年前に、投票の登録を行なうことや、免許を取得するなどの行動を州内で行なっていることが重要である。

　有給労働者であるとは、1年間の諸費用、授業料、通常の生活費の半分に相当する金額をイリノイ州で収入として得ていることを意味する。イリノイ州在住の両親からの借金や、親戚から金銭的援助を得たりするのではこの要件を満たしたことにはならない。夏期の間だけ仕事することでは、有給労働者の要件や1年間州内に在住という要件を満たしたことにはならない。

　要するに、州立大学への出願前1年間をその州に在住（理想的には就労）していなければ、州内出身者として安い授業料で受講することはできないのだ。

奨学金

　私費留学の日本人学生は通常、MBAプログラムに入学するかなり前から予算を決め、資金を貯めている。両親などから借りて留学資金とする人も多い。ロータリー財団、フルブライト・プログラム、CWAJ海外留学奨学金などから奨学金を得る人もいる。また、留学先のビジネススクールが提供するローンを活用したり、学費の一部を助成してくれる奨学金を受けようとする人もいる。

　ビジネススクールでは個人の能力に基づいた「能力ベース(Merit-based)」の奨学金の支給や、金銭面での必要性を基準とした「必要性ベース(Need-based)」の奨学金支給を行なっている。代表的なプログラムは次のとおり。

ノースウェスタン大学ケロッグ経営大学院、コロンビア・ビジネススクール、ダートマス大学タック経営大学院、イェール大学経営大学院、マサチューセッツ工科大学スローン経営大学院、ミシガン大学ミシガン・ビジネススクール、バージニア大学ダーデン経営管理大学院、カーネギー・メロン大学デイビット・A・テッパー経営大学院、カリフォルニア大学ロサンゼルス校E・アンダーソン経営大学院、インディアナ大学ケリー経営大学院、INSEAD、ロンドン・ビジネススクール、IMD、ウェスタン・オンタリオ大学リチャード・アイビー経営大学院、ケンブリッジ大学ジャッジ経営学研究所、IESE

　日本人の出願者を対象とした奨学金の支給を行なっているビジネススクールもある。カリフォルニア大学ロサンゼルス校 アンダーソン経営大学院は、「Nozawaスカラーシップ」と呼ばれる奨学金を日本人学生に支給している。日本人であれば誰でも出願時にこの奨学金の申請をすることができる。この奨学金を受給するには、「MBA留学の経験を基に日米関係をより強固にする方法」と「MBA留学の目的」という2つのテーマについてのエッセーの提出が求められる。加えて、Nozawa財団の日本人代表による面接が課せられる。

　MBAプログラムのほとんどで、国籍にかかわらず能力や必要性をもとに、出願者ならだれでも利用できる一般的な奨学金が用意されている。奨学金や連邦政府のローンの対象は、米国民に限定される場合がある。これは、米国の納税申告、社会保障番号などの留学生にはない情報をもとに個人個人の資格の審査を行なっているためである。

ほとんどの場合、ビジネススクールへの出願者は、自動的に奨学金を含む学費援助の対象となる。そのための手続きは、出願をする際に学費援助を受けたいかどうかを明らかにするだけである。支給者の決定は入学の可否とは別に決められるものであるため、必要である人や、資格があると思う場合は躊躇せずに学費援助や奨学金に申し込もう。

出願戦略上のアドバイス

学資援助の対象になるためには各ビジネススクールの条件に合わせ、早いラウンドに出願を行なうべきである。

多くのビジネススクールでは能力ベースによる奨学金の支給が行なわれており、米国人の学生だけでなく、留学生も対象になっている。次頁以降に、そのような例を示す。

留学生も受給できる能力に基づく奨学金

シカゴ大学経営大学院	主に学業での成績とリーダーシップの資質に基づいて授与する
コーネル大学 （ジョンソン経営大学院）	約100万ドルの奨学金を能力に基づき支給している。学生の国籍は問わない
ダートマス大学 （タック経営大学院）	国内外からの学生を対象にした能力に基づく奨学金。学費の全額または半額が支給される。選考基準には学業成績、リーダーシップ、仕事での業績、コミュニティ活動などが含まれる
デューク大学 （フクア経営大学院）	フクアの学生の約3割がに能力に基づく奨学金を受給している。その額は3,000ドルから入学初年度の授業料全額に相当する額まで。2年間支給される
エモリー大学 （ゴイズエタ経営大学院）	能力に基づく奨学金を提供。支給額は20パーセントから2年間の授業料全額まで。授業料全額を支給するのはロバート・W・ウッドラフ・フェローシップ（Robert W. Woodruff Fellowships）、ゴイズエタ・フェローシップ（Goizueta Fellowships）、学長奨学金（Dean's Scholarship）など。入学出願書類の提出をもって奨学金への申請となる
インディアナ大学 （ケリー経営大学院）	ケリー経営大学院の学生の約35パーセントに奨学金および助手手当てを支給。支給額は1,000～1万2,000ドル
IESE	IESEトラスト・スカラーシップ（IESE Trust Scholarships）や、1年目および2年目の授業料の50パーセントが支給されるIESEアルムナイ・スカラーシップ（Alumni Scholarships）などが提供される
IMD	ウォールストリート・ジャーナル・ヨーロッパ＆MBAフューチャー・リーダーズ・スカラーシップ（Wall Street Journal Europe and MBA Future Leaders Scholarships）に加えて、2万5,000スイス・フランが支給されるネスレ・スカラーシップ（Nestle Scholarship）では、学費および生活費の3分の1を賄うことができる。対象者は経済的援助の必要性を証明できる女子学生
INSEAD	授業料の一部を賄う数種類の奨学金を提供している。その中には日本財団と笹川平和財団による笹川スカラーシップ（支給額：3,000～1万1,000ユーロ）やINSEAD ATカーニー・スカラーシップ（INSEAD A.T. Kearney Scholarship）があり、シンガポール校でプログラムを開始する学生を対象に1万ユーロを支給している
ロンドン・ビジネススクール	奨学金によって1年目の授業料の50パーセントを賄うことが可能。他校同様、LBSでは女子学生を対象にした奨学金が提供されている
ミシガン大学ビジネススクール	国外からの限られた学生に対して、能力に基づく奨学金を提供している
ノースウェスタン大学 （ケロッグ経営大学院）	65を超える企業、個人からの資金提供による奨学金を授与している。その中の1つがF・C・オースチン・スカラーシップ（F.C. Austin Scholarships）で、マネジメント分野のキャリアを目指す20人の優秀な学生に3万ドルを支給している
テキサス大学オースチン校 （マコームズ経営大学院）	ロングホーン・ビジネススクール・スカラーシップ（Longhorn Business School Scholarships）は約12人に授与している。対象者には低額の州内出身者用学費を適用し、少額の報奨金を支給している
カリフォルニア大学バークレー校 （ハース経営大学院）	110万ドルにおよぶ奨学金を国内外の優秀な学生に支給している
バージニア大学 （ダーデン経営管理大学院）	能力に基づく奨学金数種類を留学生に支給している。代表的なものにはバッテン・スカラーシップ（Batten Scholarships）があり、起業家精神、リーダーシップ、革新的アイディアなどで優れた学生に授与される。ほかにも、学長奨学金（Dean's Scholarship）、アジア基金スカラーシップ（Asian Fund Scholarship）、IRCアジア・スカラーシップ（IRC Asian Scholarship）などがある

企業から支給される奨学金制度があるビジネススクールもある。たとえば、マサチューセッツ工科大学スローン経営大学院では、McKinsey＆Company（マッキンゼー＆カンパニー）から1万5,000ドルの奨学金が新入生4人に対して支給される。対象者は、同社が作る委員会による出願書類の内容審査と個別の面接を経て決定される。このような奨学金を設けているのは、将来性のある学生を採用する手段の1つとして使うためである。もっとも、奨学金を受けるために同社に就職を約束する必要はない。コンサルティング業界とこの奨学金に興味があるなら、スローンに出願する際に、その旨を示しておくべきである。

主な奨学金の支給団体と、日本人学生を対象としたそのほかの奨学金の例は次のとおり。

ロータリー財団国際親善奨学金

日本のロータリー財団は1920年に米山梅吉氏によって設立されて以来、長い歴史がある。財務代表団の一員としてテキサス州ダラスに赴いた米山氏は、ロータリークラブの会合に出席し、そこで日本でもクラブを立ち上げようと考えるにいたったのである。

ロータリー財団が支給する奨学金は以下の3種類である。

1. 1学年度国際親善奨学金

この奨学金で賄われるのは、往復旅費、授業料、入学金、部屋代と食費、勉強にかかる費用などで、2万500米ドル、または日本円でのその相当額までの奨学金が、1学年の留学期間に支払われる。

2. マルチ・イヤー国際親善奨学金

この奨学金は学位プログラムを対象として2年または3年にわたって支給される。支給金額は1年につき一律1万2,000米ドル、または日本円でのその相当額となる。

3. 文化研修のための国際親善奨学金

この奨学金は海外の語学学校における3ヶ月または6ヶ月の集中語学研修と集中文化研修のためのものである。往復旅費、授業料、ホームスティを賄う費用として、3ヶ月の場合は1万2,000米ドル、6ヶ月の場合は1万9,000米ドル、または日本円でその相当額がそれぞれ支給される。ビジネススクールに入学する前の語学学習のためには、理想的な奨学金といえる。

ロータリー財団国際親善奨学金の受給者が利用する語学スクールの1つがELSランゲージ・センター（ELS Language Centers）である。同センターは米国のアトランタ（ジョージア）、ボストン（マサチューセッツ）、シャーロット（ノースカロライナ）、シカゴ（イリノイ）、クリーブランド（オハイオ）、インディアナポリス（インディアナ）、ニューヘイヴン（コネチカット）、フィラデルフィア（ペンシルベニア）、サンフランシスコ（カリフォルニア）、およびシアトル（ワシントン）などの30以上の都市に支部がある。

ELSランゲージ・センターの英語学習プログラムは毎年、9月と1月に開始される。通常、奨学金の申請は7月までに提出する必要がある。奨学金の受給が認められた学生は、入学する前年の9〜12月の間に通知を受けることになる。

ELSランゲージ・センターのくわしい情報に関する問合せ先は次のとおり。

ELS Language Centers
400 Alexander Park, Suite 40
Princeton, New Jersey 08540-6306 USA
Tel：609-750-3500
Fax：609-750-3597
http://www.studyusa.com/inforeq.asp

ロータリー財団国際親善奨学金に関する申請書類やそのほかの情報を得るには、東京のロータリークラブが問い合わせ先となる。

〒100-6309 東京都　千代田区　丸の内 2-4-1
丸の内ビルディング 9F 908区
Tel：03-3201-3888
Fax：03-3201-3413
http://www.tokyo-rc.gr.jp/index.html

なお、申請者自身が希望の大学を示すことはできるが、通常は、ロータリー財団が奨学金の支給対象となる学校を定めている。これは対象とする大学に多様性をもたせるためである。

フルブライト奨学金

　　フルブライト奨学金は1946年にアーカンソー州選出のウィリアム・フルブライト上院議員によって提出された法律によって設立された。設立以来、世界の15万5,000人を超える学生に奨学金が支給され、現在年間の支給対象者は5,000人（アメリカ人を除く）である。

　　奨学金は授業料、生活費、旅費のすべてをカバーしている。

　　日本人でこの奨学金に申請を希望する人は、申請手続きについてフルブライト委員会か米国大使館の広報・文化交流部（東京）に問い合わせる必要がある。申請書類はすべて、日本国内にある米国大使館に提出しなければならない。

　　フルブライト奨学金の問い合わせ先は次のとおり。

日米教育委員会
フルブライト交流プログラム

〒100-0014 東京都 千代田区　永田町 2-14-2
山王グランドビル207号
Tel: 81-3-3580-3233
Fax: 81-3-3580-1217
E-mail: program@fulbright.jp
http://www.fulbright.jp/

　　フルブライト・プログラムでは、奨学金の受給者に対し専攻分野以外から米国の歴史や文化を学ぶコースを1〜2科目受講すること、学校や地域の活動に参加することを求めている。日本に帰国後、フルブライト留学生は仕事や個人としての活動を通して、2カ国間の関係発展に直接的、間接的に貢献をすることが期待されている。申請書類にはこの点に関する自分の考えを強調し、アピールすることを忘れてはならない。また、エッセーには研究したい分野の具体的テーマについて書くようにしよう。

CWAJ海外留学奨学金

　CWAJ海外留学奨学金の申請期間は5〜9月までである。1年間の奨学金の額は、1人につき240万円である。申請にあたり必要な要件は、日本国籍の女性、または日本の大学を卒業し、日本の永住権をもつ女性（国籍を問わず）となっている。また、TOEFLについてCBTで230、ペーパー試験（PBT）で570以上のスコアを要求している。

　CWAJ海外留学基金に関する問合せ先は次のとおり。

〒141-0021 東京都　品川区　上大崎2-24-13-1202
ライオンズガーデン池田山312号
Tel：03-3491-2091
Fax：03-3491-2092
http://www.cwaj.org/

本庄国際奨学財団

　本庄国際奨学財団は、1996年12月25日に旧文部省に認可を受けている。毎年約20名に対して奨学金の支給を行なっている。株式会社伊藤園会長であった故本庄正則が設立資金の提供者である。

　奨学金の額は次の3種類ある。

1. 月額20万円を2年間

2. 月額15万円を3年間

3. 月額12万円を4年間

　この奨学金の対象となるのは修士または博士課程である。博士号取得を目指す学生の応募が歓迎されている。

　募集の時期は毎年10〜11月である。募集期間の翌年の2〜3月の間に5名からなる選考委員会による面接が実施される。

さらにくわしく知りたい場合の連絡先は次のとおり。

〒151-0063
東京都　渋谷区　富ヶ谷 1-14-9
グリーンコア L 渋谷 2F
Tel：03-3468-2214
Fax：03-3468-2264
E-mail：honjo-zaidan@mui.biglobe.ne.jp
http://www.hisf.or.jp/cont_index.htm

ロバート・トイゴ財団

　ロバート・トイゴ財団は、1989年に金融業界におけるマイノリティーの経営教育を支援する目的で設立された（金融業界とは投資マネジメント、投資銀行業、コーポレート・ファイナンス、不動産、プライベート・エクイティ、ベンチャー・キャピタル、セールス・アンド・トレーディング、リサーチ、金融サービスコンサルティングなどを含む）ものである。米国の居住権をもち、米国内で働く権利を有する日系アメリカ人（米国市民）が申請することができる。また、二重国籍（米国と日本のパスポート）を有する場合も対象になる。対象となるビジネススクールは現在、次の15校である。

シカゴ大学経営大学院、コロンビア・ビジネススクール、コーネル大学ジョンソン経営大学院、ダートマス大学タック経営大学院、デューク大学フクア経営大学院、エモリー大学ゴイズエタ経営大学院、ハーバード・ビジネススクール、ミシガン大学ミシガン・ビジネススクール、マサチューセッツ工科大学スローン経営大学院、ノースウェスタン大学ケロッグ経営大学院、ペンシルベニア大学ウォートン校、スタンフォード大学経営大学院、テキサス大学オースチン校マコームズ経営大学院、カリフォルニア大学バークレー校ハース経営大学院、カリフォルニア大学ロサンゼルス校アンダーソン経営大学院

　2004年卒業クラスの中では、52名がこの奨学金の給付を受けている。上記のビジネススクールに出願した場合、ビジネススクール側からこの奨学金にノミネートされることになる。予

備選考により最終候補者が決まり、その後オンラインで申請し、個人面接が実施される。毎年50名程度に奨学金が支給される。

　この奨学金の受給者（「フェロー」と呼ばれる）は、金融分野の仕事に就かなければならない。フェローは6月にオリエンテーションに出席し、コーチ役の卒業生からキャリアに関するアドバイスを受けることになる。また、フェローは同財団のリーダーシップ・イニシアチブやAPEX（Advancing Professional Excellence）へも参加することになり、そのほかのネットワーク作りの機会やコミュニティ・イベントなどを活用することができる。

ケンブリッジ大学：ゲイツ・ケンブリッジ・スカラーシップ

　この奨学金はビル＆メリンダ・ゲイツ財団（マイクロソフト）が資金を提供するもので、学費全額が支給される。奨学金を希望する者は予備申請用紙（PAF：Preliminary Application Form）に記入し、申請する必要がある。PAFの入手は東京のブリティシュ・カウンシルかケンブリッジ・トラスト（the Cambridge Trusts：住所はPO Box 252, Cambridge CB2 1TZ, England）または、次のウェブサイトからダウンロードすることができる。

http://www.gates.scholarships.cam.ac.uk/

　選考に残った学生は毎年10〜11月の間にケンブリッジ大学に出願するのが望ましい。ケンブリッジへの出願書類は詳細な締切り日を同校の学校案内（Graduate Studies Prospectus）で指定しているが、通常は3月中に提出する必要がある。

　「ゲイツ・スカラーシップ補足情報フォーム（Gates Supplementary Information Form）」のパート2は推薦人が記入し、「The Secretary, Board of Graduate Studies（住所：4 Mill Lane, Cambridge CB2 1RZ, England）」に毎年4月30日までに返送しなくてはならない。また、同日までに申請者自身もCambridge Trusts' Scholarship／Bursaryアプリケーション・フォームを提出する必要がある。予備選考にパスした申請者に対して日本国内における面接、または電話による面接が行なわれる。

IMD：ウォール・ストリート・ジャーナル・ヨーロッパ＆ IMD MBAフューチャー・リーダー・スカラーシップ

　IMDはこの制度のもとで3種類の奨学金を支給しており、対象はIMDに合格したすべての学生となる。支給額は2万ユーロで、この奨学金を受けるためには、合格者は新たに750語（上限）のエッセーを提出しなければならない。テーマは、「苦境におけるリーダーシップ（Leadership through Difficult Times）」だ。ユニリーバの会長、テトラパックの社長兼CEO、MBAプログラムのディレクター、ウォール・ストリート・ジャーナル・ヨーロッパのエディターを含む委員会によって審査が行なわれる。

　受給者は奨学金に加え、強力なリーダーとの接点ができるという利点もある。

ウォートン：半田フェローシップ

　2002年に半田氏によって設立されたこの研究奨学金は、2007年までの期間限定ながら、ウォートンに入学する2人の日本人MBA学生に対して奨学金が支給される。この制度では、学費をカバーするための奨学金（最大1万5,000米ドル）が支給され、対象となる学生は2年生になっても引き続き支給が受けられる。選考は学業と職務上の実績に加え、リーダーシップや起業家としての資質といった点を基準に行なわれる。高度なビジネス／組織コンセプトについて学びたいという熱意を示すことに加え、現在、または将来の日本経済に関連する専門分野についての理解を深めたいという熱意を示す必要がある。ウォートンに入学が決まれば、要件を満たしている学生全員に奨学金の申請書類が別途送付されてくる。

学資援助

　MBAプログラムの多くが、入学が決まった学生に対して学費のかなりの割合をカバーするローンを提供している。このようなローンは国籍に関係なく利用でき、「連帯保証人」を立てる必要もない。ただし、借り手のローンに関するこれまでの実績が信頼に足るものである場合に限られるが。

　また、MBAプログラムの卒業生を採用している多くの大手企業は、就職が内定した学生に対して契約金を与えている。過去には、そういった就職先の企業がMBA学習にかかった費用の一部を弁済することもあった。現在の就職市場では給付される金額も減少してはいるが、MBA取得にかかった費用の一部を新たな就職先に負担してもらう可能性をあきらめるべきではないだろう。これは福利厚生の一部としてごく当然のことである。というのも、米国の大手企業のほとんどは、優秀な成績を修めた場合、従業員が在職期間中にかけた教育費用の負担をしているからである。実際、契約金は未来の従業員に対する「事前投資」を意味し、同時にすばらしい可能性を秘めたMBAホルダーを獲得する手段となるのだ。

Part 2
すべての選択肢について検討する

Chapter 7

斬新な学習オプション

本章では、複合プログラムや柔軟なカリキュラムなどの特徴を活かして、**MBA**という学位を最大限に活用する方法を紹介する。

MBAプログラムは、革新的でより柔軟な内容へと変化を続けている。
1、2年の間、仕事から離れることになる学生たちに、
彼ら自身のキャリアに適した学習を可能にすべく、
実に豊富な選択肢が提供されている。

生涯に一度の貴重な体験となるであろうこの機会に、
関心のある他のさまざまな分野にも取り組んでみよう。

実際、**MBA**では法律、公共政策（国際関係）、エンジニアリング、
ヘルス・ケア・マネジメント、エンターテインメント、不動産、
そして環境学といった他分野をも
同時に学ぶ機会が提供されているのである。

複合学位を通して
MBAパワーを増幅させる
ビジネスと法
ビジネスと国際関係
ビジネスとバイオ・テクノロジー
ビジネスと労使関係

将来につながる選択肢

That it will never come again is what makes life so sweet.
— Emily Dickinson, 1886

ビジネススクールで法律を学ぶ

　大学時代は法学部に在籍した日本人が、法学修士号のLLM取得を目指し、1年間の法学修士プログラムに留学することがしばしばある。その多くは企業派遣の学生だが、彼らの多くはMBAプログラムの柔軟性についての知識はなく、その結果、ロー・スクールのみに出願することになる。また、留学費用を負担している企業側が、これらロー・スクール出願者に、MBAプログラムに留学する場合と同様、2年間の留学を許可することがある。このような条件で留学するロー・スクールの学生はといえば、LLMプログラムに1年を費やし、残りの1年は研究にあてながら同じプログラムを繰り返すか、あるいは米国の法律事務所でインターンとして過ごすことになる。実は、この際ロー・スクールでコースを取ることが可能なMBAプログラムに入学するのも1つの方法だ。

　MBAプログラムの多くが、ロー・スクールで受講可能なことはあまり知られていない。実際、ミシガン大学ビジネススクールのように、プログラム内に企業法を専門とした学科を設けているところすらある。

　このようなプログラムを専攻すれば、通常のLLMプログラムとほぼ同じ内容で法律を学ぶことができる。同コースの具体的な内容は次のとおり。

ミシガン大学ビジネススクールの法律コース

1. アントレプレナーシップの法的側面（Legal Aspects of Entrepreneurship）
2. コーポレートガバナンス（Corporate Governance）：富と権力と責任（Wealth, Power and Responsibility）
3. 金融法と銀行法（Law of Finance and Banking）
4. 証券法（Securities Law）
5. 知的財産権法（Intellectual Property Law）
6. 交渉と紛争解決（Negotiation and Dispute Resolution）
7. ビジネスの法的環境（Legal Environment of Business）
8. 商法入門（Introduction to Business Law）
9. 企業経営の倫理（Ethics of Corporate Management）
10. マーケティング法（Law of Marketing）
11. 雇用法（Employment Law）
12. 国際ビジネス倫理（International Business Ethics）
13. 国際ビジネス取引（International Business Transactions）
14. 企業機構に関する法（Law of Enterprise Organization）
15. 事業組織に関する法（Law of Business Organizations）

ロー・スクールで経営学を学ぶ

　ノースウェスタン大学ロー・スクール（www.law.northwestern.edu/）では、ケロッグ経営大学院と共同で、1年制の法学と経営学の合同プログラムを設けている（LLM/ケロッグプログラム）。日本人留学生が入学するためには法学部の学士号が必要である。学生は、ミシガン湖を見下ろす美しい校舎のノースウェスタン大学シカゴキャンパスで1年間のプログラムに参加することになる。このプログラムは6月中旬に始まり、翌年の6月半ばまで続く。プログラムを終了すると、学生には法学修士号（LLM）と、経営学では修了証明書が授与される。LLM／ケロッグ・プログラムのカリキュラムは次のとおり。

必修法律コア・コース

　ビジネス・アソシエーション（Business Associations）（夏ターム）
　販売と支払い、担保付取引、証券規則（Sales and Payments、Secured Transactions、Securities Regulation　（1科目）
　法律選択コアコースと一般選択コース（Law Core Electives and General Electives）（最低3科目を選択）

必修コア・コース（ケロッグ）

　意思決定のための会計学（Accounting for Decision Making）（夏ターム）
　経営上の意思決定のための数学的方法（Mathematical Methods for Management Decisions）（夏ターム）
　経営戦略（Business Strategy）（秋ターム）
　ファイナンス1（Finance 1）（秋ターム）
　マーケティング1（Marketing 1）（冬または春ターム）
　選択コア科目（ケロッグ）（1〜2科目）

経営学と国際関係論を学ぶ

　経営学に加え国際関係論にも興味があり、多様な文化環境の中で学びたいのであれば、ペンシルベニア大学ウォートン校とジョンズホプキンス大学高等国際問題研究大学院（SAIS：Paul H. Nitze School of Advanced International Studies）の3年の合同学位プログラム（Dual Degree Program）への出願を検討すべきである（www.sais-jhu.edu/）。ワシントンD.C.のSAISで3学期を過ごし、同じく3学期をウォートンで過ごす。ウォートンでの期間のうち1学期をフランス（フォンテンブロー）やシンガポールにキャンパスをもつINSEADとの交換プログラムに参加することを検討してもいいだろう。2つの大陸で、さまざまな企業や政府機関から入学してきた学生とともに学ぶ意義を、文化の多様性と教育の広がりから考えてみよう。

　ただし、それぞれのプログラムには別途出願をする必要がある。どちらか一方からの入学許可が、自動的にもう一方のプログラムの入学許可にはならないからだ。

　一方、キャリアの点からも国際関係論に関心はあるが、同時に経営も学びたいという場合も、自分のキャリア目標に適した合同学位プログラムを組むことができる。SAISのプログラムを他校のプログラムと組みあわせる方法だが、経営、環境調査、ロー・スクール、政治学、公衆衛生学プログラムなど、いくつもの組み合わせが考えられる。これまでにSAISの学生は、コロンビア・ビジネススクール、ダートマス大学タック経営大学院、UCLAアンダーソン経営大学院と、またデューク大学、UCLA、バージニア大学、ヴァンダービルト大学と、そして法科大学院ではイェール大学などとの合同学位プログラムで学んでいる。

経営学とバイオテクノロジーを学ぶ

　ペンシルベニア大学ウォートン校への2年間の留学でMBAとMB（Master in Biotechnology）の2つの学位を取得することができる（www.upenn.edu/biotech/）。これ

はペンシルベニア大学のウォートン校、SAS（School of Arts and Sciences：教養学部）、およびSEAS（School of Engineering and Applied Science：工学・応用科学部）の3つが協力して実施するプログラムである。

通常、この独特な合同学位プログラムにおいて学生は「ファイナンス」「ストラテジー」「アントレプレナーシップ」「マーケティング」「ヘルスケア・マネジメント」などをウォートンで専攻し、MBA取得に必要な科目数より6科目多い合計25科目を履修することになる。

MBA／MB（Master of Biotechnology）タイム・スケジュール

夏期：3科目（5月〜8月）
1年目：11科目（9月〜5月）
夏期：インターンシップ（5月〜8月）
2年目：11科目（9月〜5月）

国際関係とビジネスを同時に学ぶ

主たる関心が国際関係にあり、加えてビジネスについても学びたいと考えているならば、コロンビア大学の国際関係行政学大学院（SIPA：School of International and Public Affairs）への出願を検討すべきである（www.sipa.columbia.edu/）。留学希望者の中でも、特に官公庁に勤務している人におすすめのプログラムである。

MIA（Master of International Affairs）の学位を取得するには、次の2つのトラックのどちらかを専攻することになる。

トラック1： 国際金融と国際ビジネス
トラック2： MIA/MBAの合同学位

トラック1のコースを選択する学生は、コロンビア・ビジネススクールでは必修科目として「国際関係行政学のための会計」と「金融経済学」、もしくは「コーポレート・ファイナンス」を履修することになる。選択科目は、経営学のさまざまなコースの中から選ぶことができる。

コロンビア大学の国際関係行政学大学院・ビジネス分野の選択科目(トラック1)
金融の基礎(Foundations of Finance) 企業の財務報告 I(Corporate Financial Reporting I) 企業の財務報告II(Corporate Financial Reporting II) 国際財務諸表分析と評価(International Financial Statement Analysis and Valuation) 上級コーポレート・ファイナンス(Advanced Corporate Finance) 公債市場(Debt Markets) 先物市場(Futures Markets) オプション市場(Options Markets) 証券分析(Security Analysis) 上級投資管理(Advanced Investment Management) 投資銀行業務(Investment Banking) 金融市場(Money and Financial Markets) 金融政策(Monetary Policy) 金融市場:国内&海外(Money Markets:Domestic and International) 国際銀行業務(International Banking) 国際財務管理(International Financial Management) 現代の日本経済(Contemporary Japanese Economy) 太平洋地域経済関係(Pacific Basin Economic Relations) ファイナンス・セミナー(Seminars in Finance) 金融市場の現在の諸問題についてのセミナー(Seminar on Contemporary Issues in Financial Markets)

国際関係論とジャーナリズム、経営学とジャーナリズムに興味があるのであれば、コロンビア大学の合同学位プログラムを検討してもよいだろう。このプログラムでは、コロンビア・ビジネススクールでMBAを取得するとともに、ジャーナリズム・スクール(Graduate School of Journalism)からはMS(Master of Science in Journalism)を取得できる(www.jrn.columbia.edu/)。また、国際メディアおよびコミュニケーションを専門分野とし、SIPAでMIA(Master of International Affairs)を取得することも可能である。メディア、エンターテインメント、コミュニケーションを専門分野としながらコロンビア・ビジネススクールからMBAを取得するのもいいだろう。このプログラムを専攻する学生は、同時にSIPAかジャーナリズム・スクールで選択科目を受講することができる。

このように、提供されている選択肢は実に多い。コロンビア・ビジネススクールで学ぶある日本人学生は、ハーバード・ビジネススクールとINSEADに合格したものの、最終的にはコロンビアを選択したと語っていた。メディア、エンターテインメント、コミュニケーションに特に関心が高かったことに加えて、「ニューヨークのもつ利点(New York Advantage)」を考慮したから、というのが選択の理由であった。

経営と産業・労使関係を同時に学ぶ

コーネル大学ジョンソン経営大学院でMBAを取得するのと同時に、コーネル大学産業・労使関係学部（School of Industrial and Labor Relations）でより特化した分野を修め、MILR（Master of Industrial and Labor Relations：産業・労使関係学修士号）の学位を取得することができる（www.ilr.cornell.edu/）。この複合学位プログラム（Joint Degree Program）は、5学期にわたるプログラムである。

MILRプログラムの学生は、「団体交渉、労働法、および労働史」「組織行動」「国際的労働と労働比較」「人的資源研究」「社会統計学」、そして「労働経済学」の6つの領域で学び、「人的資源」「集団代表」「労働市場政策」の3つの重要分野から1つを専攻することになる。

人的資源管理（Human Resources Management：HRM）をEラーニングで学ぶという方法もある。HRMの6つのコースすべてをeCornell（http://www.ecornell.com/courses/hr.jsp）と呼ばれるオンライン学習と、コーネル大学産業・労使関係学部を通して学ぶことができるのだ。受講を終了すれば人的資源管理の履修証明書を手にすることができる。6つのコースは次のとおり。

人的資源と法（Human Resources and the Law）
従業員利益の原理（Fundamentals of Employee Benefits）
従業員関係のマネジメント（Building and Managing Employee Relations）
給与の原則（Fundamentals of Compensation）
選択と配置（Selection and Staffing）
業績評価と管理（Performance Appraisal and Management）

オンラインで受講する各コースは4週間（約12時間）で終わり、6ヶ月トータルで72時間が必要だ。オンライン受講の代わりに、ニューヨーク州イサカやニューヨーク市などにあるIRLの支部校舎で直接受講することも可能である。受講にかかる費用は6コース合計で5,910ドルとなる（2003年時点）。すべてのコースを受講しなくても、各コースを個別にオンライン受講することも可能だ（履修証明書はなく、1コースあたりの費用は985ドル）。

ホテル経営（Hospitality Management）を学びたいと考えているのであれば、eCornellにはホテル経営を学び、履修証明書を手にすることができる6つのコースから成るオンライン・プログラム（Essentials of Hospitality Management）も用意されている。

Chapter 8

MBAプログラムの注目分野

本章では、MBAプログラムで熱い注目を浴びている分野を紹介する。
また、トップ・スクールでの学習を通し、
どのようにリーダーとしての資質が養われるかについても解説する。

MBA留学を計画する際は、
日本のビジネス・トレンドや
MBAプログラムにおける先端の専門分野について熟考しよう。

自身の経歴、培ってきた技術、キャリア上の関心、能力などを考慮し、
MBAプログラムでの学習を通して目標を達成するための
最善の方法を見きわめる必要がある。

ビジネススクールでは
「リーダーシップ」に一層の重点を置く傾向にある。
本章ではその点についても解説する。

なお、各プログラムの詳細は、
Chapter 9で紹介する、各ビジネススクールの
ホームページから参照されたい。

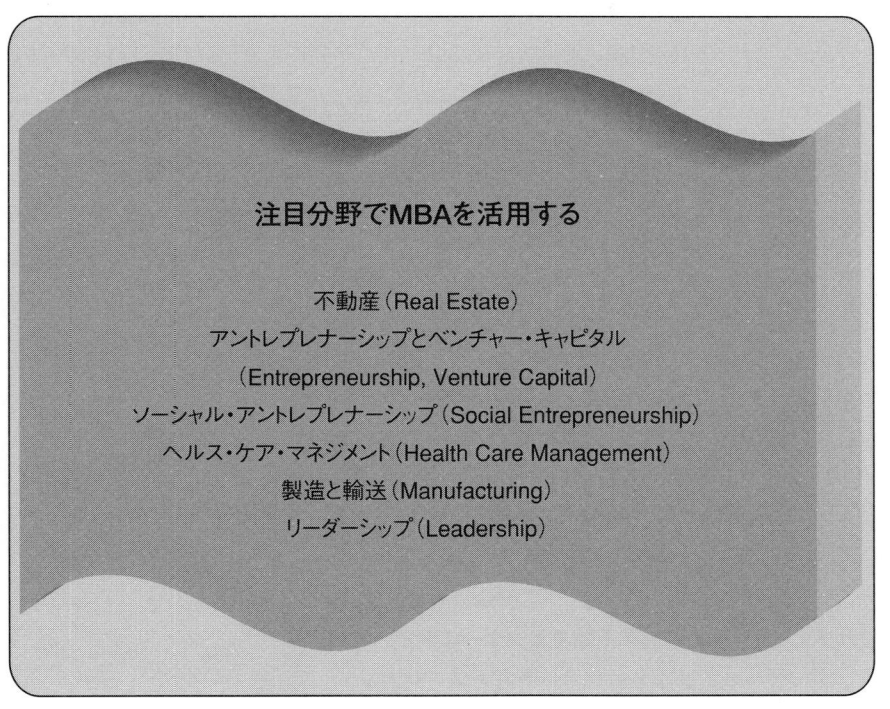

注目分野でMBAを活用する

不動産（Real Estate）
アントレプレナーシップとベンチャー・キャピタル
（Entrepreneurship, Venture Capital）
ソーシャル・アントレプレナーシップ（Social Entrepreneurship）
ヘルス・ケア・マネジメント（Health Care Management）
製造と輸送（Manufacturing）
リーダーシップ（Leadership）

Rain does not fall on one roof alone.
— Cameroon Proverb

不動産分野を専門にMBAで学ぶ

　米国に留学して学ぶ大きな利点は、最新のトレンドを学び、それが日本においてどのように展開していくかを予見できる点にあろう。米国のトレンドが時間をおいて日本に波及するのはしばしば見られる現象である。米国議会は1960年代に不動産投資信託（REITs）を導入し、以前と比べより広い市場において、大規模で収益の上がる不動産投資を可能にした。これはミューチュアル・ファンドの出現により、時間の面でも、情報アクセス権の面でも、ポート・フォリオ・マネジメントのノウハウの面でも限界のある小口投資家が、株式などの金融投資に参加できるようになったことと同じ方法である。日本では、REITsは市場の規制緩和が徐々に進む中で、投資家が、高すぎず相応なリスクを取ることによって比較的効率的に、銀行預金よりは高い利回りで資産を多角的に運用する方法として人気を集めている。

トップ・プログラム

　不動産分野に強いMBAプログラムとしてはMIT、ノースウェスタン、UCバークレー、UCLA、USC、ウォートンなどが挙げられる。

マサチューセッツ工科大学不動産センター（CRE）

　ファイナンスや不動産分野について最先端の勉強をしたいと考えているなら、マサチューセッツ工科大学不動産センター（CRE）（http://web.mit.edu/cre/）がおすすめである。1年間のプログラムをスローン経営大学院のMBAプログラムに組み込むことで、2年でMSとMBAの2つの学位を取得することができる。CREでは、学生は8つのコースを履修し、さらに修士論文を書くことになる。入学前の経験によっては、相当するコア科目の受講が免除され、その代替として選択科目を受講することができる。

ノースウェスタン大学ケロッグ経営大学院

　不動産投資信託（PEITs）や証券化のような、米国で行なわれている不動産投資の新たな形態は国際化し、各地域のマーケットの要求に合うかたちへと変化してきた。ケロッグの使命

は、この分野の最新の展開について十分な理解をもった不動産の専門家を養成することにある。

　同校は、シカゴから45分以内の距離にある。シカゴは商業不動産開発で有名であると同時に、この分野で成功した多くの起業家を輩出している。そのため、不動産分野に関心のある学生にとってはうってつけの立地といえる。

カリフォルニア大学バークレー校ハース経営大学院

　カリフォルニア大学バークレー校ハース経営大学院の不動産分野の中心となるのがフィッシャー不動産・都市経済学研究センター（Fisher Center for Real Estate and Urban Economics）である。同センターは不動産業界のリーダーや専門家と連携し、住宅市場、商業用不動産、eコマースと不動産、金融商品と金融機関に関する研究の実施やサポートを行なっている。同時に、フィッシャー・センターは企業の上級管理職教育の学会を主催し、不動産業界を目指す学生に対する奨学金（年間1〜1万5千ドル）の支給を行なっている。奨学金の支給はGPA、教授の推薦、志望理由（エッセー）に基づいて行なわれる。

　プログラムは不動産投資信託（REITs）、不動産販売会社、開発業者、金融機関、投資銀行、コンサルティング会社、eコマース関連の新規企業などへの就職を念頭に組まれている。学生が学ぶ分野は財務分析、不動産金融と証券化、プロジェクト開発、eコマース戦略の4つに分けられる。コースの内容は講義、ケース・メソッド、学生が主体となるプロジェクト、外部講師を招聘しての講義などから構成される。

カリフォルニア大学ロサンゼルス校ジョン・E・アンダーソン経営大学院

　カリフォルニア大学ロサンゼルス校ジョン・E・アンダーソン経営大学院の不動産プログラムは、多くの専門分野にわたるプログラムで、特に同校が強みとするファイナンスに重点を置いている。加えてリチャード・S・ジーマ不動産センター（Richard S. Ziman Center for Real Estate）が研究をサポートし、学生、卒業生、不動産業界のリーダーたちを結びつけている。

南カリフォルニア大学（USC）合同学位プログラム（Dual Degree Program）

　南カリフォルニア大学マーシャル経営大学院で学べば、夏期を含む2年間でMBAを取得し、同時に都市・地域計画学部（School of Urban and Regional Planning）で不動産開発修士号（Master of Real Estate Development：MRED）の学位も取得することができる（http://www.usc.edu/schools/sppd/）。この合同学位プログラムに参加する学生はマーシャルで必修とされるコア科目すべてを受講し、さらに「市街地利用の経済学（Economics of

Urban Land Use)」、「実現可能性調査（Feasibility Studies Policy）」、そして政策、計画、および開発（Policy, Planning and Development）関連の科目などから選択科目を履修する必要がある。さらに、学生は最終試験に合格しければならない。

　USCの合同学位プログラムに参加しなくとも、マーシャル経営大学院の柔軟なシステムを利用して、複数の専攻から成るカリキュラムを組むことができる。ファイナンスとアントレプレナーシップを専攻し、さらにMREDプログラムからコースを選択することも可能である。

ペンシルベニア大学ウォートン校

　ウォートンで不動産を先行する場合、コース・ワークと自主研究を行なうことになる。すなわち、不動産経済学、ファイナンス、アントレプレナーシップ、都市財政政策、政府の政策と民間経済開発の関係（The Relationship Between Government Policy and Private Economic Development）、国際不動産市場、建築学などである。サミュエル・ゼルとロバート・ルーリー不動産センター（Samuel Zell and Robert Lurie Real Estate Center）は、不動産関連の公共政策について会議やセミナーを主催し、業界の上級管理職やリーダーたちをウォートンに引きつけている。

アントレプレナーシップとベンチャー・キャピタルを専門にMBAで学ぶ

　アントレプレナーシップ（起業家論）はゼネラル・マネジメントの1分野である。ビジネスを動かしているのは起業家たちである。一般的に、起業家は「ビジネス・アイディアの生みの親」であり、自らのアイディアに自信と情熱をもっている。そのうえ、自分と同じような情熱を傾けて参加し、支援してくれるよう人々を刺激する方法も心得ている。すぐれた起業家とは、「賭け」をする人ではなく、「リスクを取る」人たちである。コミュニケーション能力に優れ、リスク管理ができ、実務能力にも長けた力強いリーダーのことだ。したがってアントレプレナーシップにおいては、学生たちはこのようなスキルを高めていくことになる。ビジネス・プランに磨きをかけ、ベンチャー・キャピタリストに対して説得力のあるプレゼンテーションを行なうノウハウを身につける。そのためにも、彼らにはファイナンス、マーケティングなどの基礎を理解する必要がある。

アントレプレナーシップの分野、すなわち起業を計画し、設立し、資金を調達し、経営することを学ぶための、優れた科目を提供する大学は数多くある。そのほとんどが「実地」訓練を採用している。「アントレプレナーシップ」を純粋に理論的側面から教えるのには限界があり、「ケース・スタディを実地で経験する」必要がある。自分と同じ専門分野で活躍する人々の行動を体で学ぶ必要があるということだ。成功した起業家に会い、ベンチャー・キャピタリストに対するプレゼンテーションに耐えうる綿密な事業プランを作り上げなければならない。

ベンチャー・キャピタルは、アントレプレナーシップとファイナンスを組み合わせて生まれた。米国初のベンチャー・キャピタル・インベストメントは、1950～1960年代に出現した。そのほとんどが個人によるもので、金融業として大きく成長を遂げ、機関投資家や企業のポートフォリオにおけるアセット・クラスとしても大きな役割を果たすようになった。ベンチャー・キャピタル・ファンドに投資された資金は、2000年で1400億ドルにのぼるとみられている。通常、ベンチャー・キャピタルは年金基金、寄付基金、企業、外国人投資家などからの投資を得て、プライベート・パートナーシップを形成する。ベンチャー・キャピタルへの投資の50パーセント以上が公的・民間年金基金からのものである。

ベンチャー・キャピタリストは、新規企業や急速に成長しつつあり、かつ今後大きくなる可能性をもつ、設立間もない会社の経営に対して株式投資を行なう。株式発行による資金調達を引き受けるだけでなく、彼らが経営に積極的に参加することで、企業のもつ価値を増加させるのだ。ストラテジー立案のサポートや、ビジネス・モデルの開発や改良、多くの提案の中から技術的、商業的メリットを審査したのちに選ばれた企業に対し、長期的な展望をもって支援する。普通、ベンチャー・キャピタルは3～7年で投資企業の株式を売り抜ける。

ベンチャー・キャピタルは通常、リスク分散を目的として設立後間もない複数の企業をまとめたポートフォリオを作る。「ベンチャー・キャピタル」と「プライベート・エクイティ」はしばしば同じ意味で使われる。これとは別に、投資業界には、プライベート・エクイティを企業買収のための投資に限定する人たちもいる。この一般的な分類によれば、プライベート・エクイティは既存の、通常は経営難に陥った企業や、企業分割によって新設された子会社を買収、再建、再度売りに出し、すぐに利益をあげることを指す。経営難にあえぐ企業を安く買い叩き、解体した後、少しずつ資産を売却するベンチャー・キャピタルは、「禿鷹ファンド」と呼ばれることもある。

プライベート・エクイティの定義はほかにもあり、民間・公営企業の成長を目的とし、その株式に対して行なう投資、または公営企業の民営化のための投資のことだとする人もいる。以上のように、プライベート・エクイティはいくつかに分類される。最も代表的なものは、ベンチャー・キャピタルとレバレッジド・バイアウトである。

日本のベンチャー・キャピタル業界は現在、その初期段階にある。ベンチャー・キャピタル

の今後の展開が日本経済再生の鍵を握ると考える向きは多い。すなわち、ベンチャー・キャピタルが「エンジェル」としてビジネスを育てる資金を提供し、将来性のある新規事業の先導役となり、順調に業績を伸ばしている企業間のM&Aを促し、製品と供給技術とを適合させることで、相乗効果をあげるサポート役となるのだ。

　ベンチャー・キャピタルについて学びたいと考えてMBAプログラムへの留学を目指すのであれば、ファイナンス、ゼネラル・マネジメント、起業マネジメントなどの分野に優れたビジネススクールを念頭に考慮すべきだ。

　UCバークレー、スタンフォード、UCLAはカリフォルニアに位置するため、ベンチャー・キャピタルやファイナンスを含む起業マネジメントを学びたい人にとってはうってつけのビジネススクールである。毎日のようにハイテク分野でベンチャー企業が産声をあげているシリコン・バレーに地理的に近いスタンフォードやUCバークレーは特に魅力的であろう。その場所柄ゆえ、実際の起業活動に参加したり、起業家のそばに身を置くことができるのだ。ネットワーク作りもでき、まさに最適な方法で学習することができる。

　どういった企業が積極的にベンチャー・キャピタル活動をしているのだろうか。また、それらはどこにあるのだろうか。

　『アントレプレナー・マガジン』(Entrepreneur Magazine)は、2001年の業績に基づいて米国のベンチャー・キャピタル・ベスト100のランキングを出している。このうち40社がカリフォルニア(メンロー・パーク、パロアルト、パサディナ、クパチーノ、サンディエゴ、サンフランシスコ、サンノゼ)に所在し、さらに40社がベンチャー・キャピタルの活動が盛んなそのほかの州(ニュヨーク、マサチューセッツ、およびテキサス)に所在する。

トッププログラム

　アントレプレナーシップ、およびベンチャー・キャピタル分野で最も優れているMBAプログラムは、スタンフォード、UCバークレー(ハース)、UCLA(アンダーソン)、HBS、MIT(スローン)、コロンビア、NYU(スターン)、シカゴ、テキサス(マコームズ)、LBS、コーネル(ジョンソン)、ミシガンなどである。

スタンフォード大学経営大学院

スタンフォード大学経営大学院は、ゼネラル・マネジメントや起業マネジメントを学びたい学生にとって最高の学習環境を備えたビジネススクールの1つである。分野を越えた統合的なカリキュラム、柔軟性、教室で学ぶ「リアル」なビジネス・シーン、そしてキャンパスのごく近くにはシリコン・バレーがある。これがスタンフォードの学習環境だ。

客員講師の面々をみてみよう。伝説的投資家ウォーレン・バフェット（Warren Buffet）、コールバーグ・クラビス・ロバーツ（KKR：Kohlberg Kravis Roberts）の創設者の1人ジョージ・ロバーツ（George Roberts）などがインベストメント・マネジメントや起業ファイナンスの講義を定期的に行なっている。シスコシステムズの会長ジョン・モーグリッジ（John Morgridge）自身がアントレプレナーシップのコース、「新規ベンチャーの創出（Formation of New Ventures）」の指導を共同で担当している。「ベンチャー・キャピタル・クラブ」、「プライベート・エクイティ／バイアウト・クラブ」、「アントレプレナーシップ・クラブ」などを含む学生組織が、このほかにも多くのビジネス・リーダーをゲスト・スピーカーとして大学に招いている。シリコン・バレーの企業家とのネットワーク作りの機会は数限りなくある。また、アントレプレナーシップの分野だけで、10を超えるコースが用意されている。

カリフォルニア大学バークレー校（ハース経営大学院）

ハース経営大学院の2年生の6割以上がアントレプレナーシップから最低1科目受講する。3科目を受講し、ビジネス・プランを作り、地元の新興企業でインターンとして働くか、起業プロジェクトに参加した学生に対しては「アントレプレナーシップ」の修了証明書が与えられる。

カリフォルニア大学ロサンゼルス校ジョン・E・アンダーソン経営大学院

UCLAでは起業家精神が生き生きとしている。アンダーソンのアントレプレナー・ホールの廊下を歩けば、壁いっぱいにUCLAにゆかりのあるアントレプレナーの写真を目にすることができるだろう。

「ハロルド・プライス・起業研究センター（Harold Price Center for Entrepreneurial Studies）」は、アントレプレナー分野の科目を開発し、研究やアントレプレナーシップ分野関連の課外活動のサポートも同時に行なっている。また、ソーシャル・アントレプレナーシップ分野に関わる学生には、特別奨学金の支給も行なっている。

アンダーソンの学生は、アントレプレナーシップとファイナンスの中で企業評価、買収、リストラ、統治能力（ガバナンス）に関連するおよそ15の科目から選択することになる。

ハーバード・ビジネススクール

　ハーバード・ビジネススクール（HBS）は、50年前にアントレプレナーシップをカリキュラムに導入した先駆的ビジネススクールである。大手有名企業のCEOの多くを同校出身者が占めるというイメージとはうらはらに、卒業生が起業家として事業を始めるケースが多い。HBSを卒業した三木谷浩史氏は、日本興業銀行での安定したキャリアを後にしてコンサルタント会社を設立した。その後、大きな成功を収めることとなるインターネット上の仮想商店街「楽天」を立ち上げた。彼はHBSクラブ・オブ・ジャパンから2000年の「アントレプレナー・オブ・ザ・イヤー」を受賞、フォーチュン誌では2001年の「期待の新星25名」の1人に選ばれた。

　1998〜2002年までの5年間で、HBSでは4,442名の学生がMBAを取得し卒業している。年平均にすると888名である。5年間の全卒業生の12.5パーセント、555名がベンチャー・キャピタル分野での仕事に携わっている。1985年の卒業生793名のうち、ベンチャー・キャピタリストになった学生数がわずかに16名だったことと比較すると、この分野の成長は数字からも明らかである。1985〜2002年の間にHBSの学生数は16パーセント増加しているが、これと同じ期間で、ベンチャー・キャピタル分野に進む卒業生数は6倍近くにまで増加している。

　HBSでは、2年生を対象に「ビジネス・プラン・コンテスト」で起業プランを実際に試みるチャンスを与えている。このコンテストは、選択科目として1996年に導入されたもので、学生はチームを組みビジネス・プランを作成し賞金を争う。また、この科目の一環として、学生組織はベンチャー・キャピタリストや起業家を大学に招いてもいる。ハーバードはアントレプレナーシップの分野における最新の研究に便宜を図るために、コンテスト導入1年後の1997年に、カリフォルニア・リサーチ・センターをシリコンバレーに開設した。同センターは、ビジネススクールの就職センターと共同で、アントレプレナーシップを学ぶ学生たちを1週間にわたる就職活動へと送り出す「ウェストレック（Westrek）」と呼ばれるツアーを実施している。送り先は、サンフランシスコ湾を中心としたサンフランシスコからシリコン・バレー一体にわたる地域である。

　HBSのMBAプログラムでは、20以上のアントレプレナーシップ分野の科目を提供している。その中には「ベンチャー・キャピタルとプライベート・エクイティ」、「起業ファイナンス」、「教育改革におけるアントレプレナーシップ」などがある。「教育改革におけるアントレプレナーシップ」は、社会事業の分野に属し、現在、日本においても注目を集めている。

マサチューセッツ工科大学スローン経営大学院

　スローン経営大学院のアントレプレナーシップの中心が「MIT起業センター（MIT Entrepreneurship Center）」である。同センターは、現役の起業家を非常勤の教員、およびフルタイムの教員や研究者として雇用している。

5万ドルの賞金を争う、スローン経営大学院の「アントレプレナーシップ・コンペ」は、ビジネススクールで行なわれるビジネス・プラン・コンペの中でも最も古いものの1つである。このコンペは2003年で14年目を迎え、開始以来60以上の新規事業を立ち上げてきた。これらの新規事業はトータルで105億ドルを上回る利益を生み、1,800人の雇用創出とベンチャー・キャピタルからの1億7,500万ドルの資金を獲得した。このコンペにより、学生チームは起業家、投資家、そして将来のパートナーに出会うことができる。また、ベテランの専門家からはプランニングや起業スキルの指導、提示したビジネス・モデルに対してフィードバックを受け、プライベート・エクイティにコンタクトをもつことができる。

　スローン経営大学院は、インターネット関連のビジネスに関心がある人を対象とした「MITeビジネス・センター（Center for eBusiness@MIT）」を設立した。同センターはスローンのデジタル経営戦略分野に対し、全面的な財政的サポートをしている。また、学生によって運営されている「eビジネス大賞」の後援も行なっている。これは、1999年に始められたビジネスに貢献した企業を表彰する賞で、「世界規模の影響力（Global Reach）」、「インターネット上の責任意識（Web Responsibility）」、「破壊的技術（Disruptive Technology）」、「最優秀新人（Rookie of the Year）」などの部門から成り、優れた業績に対し受賞者を選出している。

コロンビア・ビジネススクール

　コロンビア大学経営大学院のアントレプレナーシップのプログラムは「ユージン・M・ラング起業センター（Eugene M. Lang Center for Entrepreneurship）」の下に編成されており、この分野におけるあらゆる側面を学ぶことができる。具体的には、ニュー・ベンチャーにおけるアントレプレナーシップ、大組織におけるアントレプレナーシップ、プライベート・エクイティ・ファイナンス（ベンチャー・キャピタル・バイアウト）、ソーシャル・アントレプレナーシップなどである。

ニューヨーク大学レナード・N・スターン・ビジネススクール

　スターン・ビジネススクールに留学し、ファイナンスを主専攻とし、アントレプレナーシップとイノベーションを副専攻とするのも一考に値するのではないだろうか。代表的なコースは次のとおり。

　新規事業開発実習（Business Start-up Practicum）、起業ファイナンス（Entrepreneurial Finance）、アントレプレナーシップ基礎（必修コア科目）、グローバルな経済統合とアントレプレナーシップ（Global Economic Integration and Entrepreneurship）。

シカゴ大学経営大学院

　シカゴ大学経営大学院では、アントレプレナーシップはファイナンスに続き2番目に人気のある専攻分野である。同校のプログラムは履修計画を立てるうえで非常に柔軟であるため、アントレプレナーシップとベンチャー・キャピタルを含むファイナンス分野での科目と、グループ学習とを織りまぜて、自身の目的に即した学習プランを立てる学生が多い。

テキサス大学オースチン校マコームズ経営大学院

　マコームズ経営大学院のアントレプレナーシップ・プログラムでは、「ムート・コープ・ビジネスプラン・コンテスト（MOOT CORP Business Plan Contest）」で実際的なノウハウを提供している。賞金10万ドルを勝ち取った2002年の秋の優勝者のプランは、「Organic Energy Systems（オーガニック・エネルギー・システムズ）」で、環境に優しいエネルギー供給システムとしての、有機物質を天然ガスに変換するコ・ジェネレーション・エネルギー施設に関するものであった。テキサス州はエネルギー供給では主要な州であるため、プライベート・エクイティや不動産などに加え、エネルギー分野のファイナンスを専門分野に加えているのもうなずける。

　マコームズは、2002年に非営利マネジメントを専攻分野に加えた。「RGK慈善活動とコミュニティ・サービス・センター（RGK Center for Philanthropy and Community Service）」と「リンドン・B・ジョンソン政治学部（LBJ School of Public Affairs）」の協力のもと、学生は「グラジュエート・ポートフォリオ・プログラム　（Graduate Portfolio Program）」に参加し、フィランソロピー（Philanthropy：慈善活動）、ボランティア精神、ノンプロフィット・マネジメントを学ぶことができる。

　この専門分野では、学生はフィランソロピー、ボランティア精神、非営利マネジメントなどの科目を履修し、さらに「コミュニティ開発および社会事業実習」に参加する。2年目に入ると、フィランソロピー、ボランティア精神、および（または）ノンプロフィット・マネジメントについて研究レポートを提出することになる。

ロンドン・ビジネススクール（LBS）

　LBSは株式投資マネジメント、企業合併、マネジメント・バイアウト（MBO）、そのほかの企業再編関連を含むファイナンスの分野で11の選択科目を提供している。

　さらに、LBSは2001年に「アントレプレナーシップ・サマー・スクール（Entrepreneurship Summer School）」を設立した。この中で起業を目指している学生やビジネス・チャンスを見つけ、評価し、実現するノウハウを身につけたいと考えているゼネラル・マネジャーが1年目の終了後の夏期間、「アントレプレナー・ワークショップ」に参加し、投資家に対して実現可能性

の調査結果やビジネス・プランのプレゼンテーションを行なうことになる。

コーネル大学ジョンソン経営大学院とミシガン大学ミシガン・ビジネススクール

　MBAプログラムの中で、学生と教授陣が共同で運営するベンチャー・キャピタル・ファンドに参加できる機会についても注目したい。これはカリキュラムに現実のビジネス世界を取り入れようとするMBAプログラムの最新の動きであり、いくつかのビジネススクールで始まっていた学生および教授による投資マネジメント・ファンドに端を発する。学生によって運営されるベンチャー・キャピタル・ファンドのマネジメント・チームに参加することで、ベンチャー・キャピタル企業のリクルーターにとっても魅力的な「実際の取引」の経験を積むことができる。

　1例を挙げてみよう。2000年に、コーネル大学ジョンソン経営大学院の「パーク・リーダーシップ研究員（Park Leadership Fellows）」の2人と、同校の学生およびベンダニエル教授が共同して1千万ドルの資本金で「レッド・リバー・ファンド（Red River Fund）」を立ち上げた。ちなみに学生のおよそ3分の2が同教授のアントレプレナーシップ・アンド・エンタープライズの授業を受講している。同ファンドは、新規ベンチャーに対するベンチャー・キャピタル・ファンドとビジネス・インキュベータの2つの業務を行ない、企業側とジョンソンの学生を結びつけている。同ファンドに参加する学生は、実行可能なビジネス・プランを策定し、選び抜かれたプロジェクトで立上げコスト調達を支援する。同ファンドはまた、同校で恒例の「ビジネス・アイディア・コンペ（Business Idea Competition）」のスポンサーにもなっている。

　ミシガン大学ミシガン・ビジネススクールのカレン・バンテル教授（戦略部門教授）と「サミュエルおよびロバート・H・ルーリー起業研究所（Samuel Zell and Robert H. Lurie Institute for Entrepreneurial Studies）」の協力のもとで作り出されたのが「ウルベリン・ベンチャー・ファンド（WVF：Wolverine Venture Fund）」である。このファンドは、主に学生によって運営されるベンチャー・キャピタル・ファンドで、1997年の設立以来、少なくとも8社に対して投資を行なっている。学生で構成される重役会が、教授の助けとプロのベンチャー・キャピタリストや起業家の助言のもとに投資の決定を行なう。WVFの投資は、通常外部の大手ベンチャー・キャピタル会社との協力のもとで行なわれる。

ソーシャル・アントレプレナーシップを専門にMBAで学ぶ

　ソーシャル・アントレプレナーシップ（社会的起業家論）、またはソーシャル・エンタープライズ（社会事業）は、アントレプレナーシップの1分野として人気が高まりつつある。投資銀行やコンサルティングといった従来からの就職先に安易に飛びつくことなく、学生は人生における目標を再検討し、従来のフレームワークから一歩踏み出したキャリアの選択を行なっている。そうした新たな選択肢として挙げられるのがNGOやソーシャル・アントレプレナーシップの分野におけるキャリアである。教育、環境マネジメント、芸術などの投資に対する金銭的投資回収率と社会への利益還元のバランスのとれた事業が新たな選択肢となっているのだ。

　非営利部門に就職するチャンスは増加しつつある。非営利団体ではファイナンス、マーケティング、ITなどの分野に優れたMBAホルダーの採用が行なわれている。ベンチャー・キャピタルの専門家は、コミュニティ開発ファイナンスやソーシャル・アントレプレナーシップを活躍の場としているのである。

トップ・プログラム

　ソーシャル・アントレプレナーシップに優れたプログラムには、バークレー（ハース）、スタンフォード、ノースウエスタン（ケロッグ）、コロンビア、ハーバード、デューク（フクア）、ミシガン大学、ノース・カロライナ（ケナン・フラグラー）、イェールなどがある。

カリフォルニア大学バークレー校ハース経営大学院

　ハース経営大学院において最近設置された「社会的責任意識を伴うビジネス・リーダーシップ・イニシアチブ（SRBI：Socially Responsible Business Leadership Initiative）」は、ビジネス倫理、グローバル企業の社会的責任、ソーシャル・エンタープライズ、環境マネジメント、非営利および公共マネジメントといった多くの分野を統合した分野横断的なプログラムである。

　「全米社会ベンチャー・コンペ（National Social Venture Competition）」を初めて実施したのがハースである。このコンペでは、投資に対する利益率と社会的リターン（SROI：social return on investment）の両面において最も優れたビジネス・プランに対して賞が与えられ

る。コロンビア大学やゴールドマンサックス財団が共催に名を連ねている。また、「ネット・インパクト（Net Impact：進歩的なリーダーシップに関心をもつ学生の国際的組織）」の支部の中で最も大きく、活発に活動しているのは、ハース支部である。

ハースでSRBIを学ぶ学生が参加できるプログラムの1つに、1989年設立の「非営利および公共マネジメント（NPM：Nonprofit and Public Management）」プログラムがある。同プログラムは、非営利および公共マネジメント分野の専門コースで、グループ・プロジェクト、自主研究、サマー・インターンシップなどが行なわれる。

学生が参加できるそのほかのプログラムとして「ピーターソン講義シリーズ（Peterson Ethics Lectures）」がある。ここではゲスト講師がビジネス倫理、フィランソロピー、環境およびソーシャル・アントレプレナーシップについての講義を行なう。著名な俳優であるポール・ニューマン氏がゲストとして招かれたこともあった。同氏は、フードビジネス（ポップコーン、サラダ、ドレッシングなど）で成功しており、その利益のすべてを寄付している。

スタンフォード大学経営大学院

スタンフォード大学経営大学院は、「社会変革センター（CSI：Center for Social Innovation）」を拡充しつつある。同センターでは、非営利組織が直面する社会問題などに対してビジネス手法を適用することで問題の解決を図る取り組みが進められている。CSIの活動はソーシャル・アントレプレナーシップ、非営利組織におけるリーダーシップとマネジメント、フィランソロピー、企業の社会的責任、公共政策などに焦点を当てている。加えて、医療、教育、住宅、環境持続性、コミュニティ開発などの分野の課題を対象とした研究も行なっている。

研究活動には、設立間もない非営利団体に対してさまざまな財務モデルの効果を調べる「Stanford Project on Emerging Nonprofits（新設非営利団体に関するスタンフォード・プロジェクト）」が含まれている。

CSIは社会変革（Social Innovtion）に関連する教育の中心拠点であり、31年の歴史をもつ「公共マネジメント・プログラム（PMP：Public Management Program）」が担ってきた、非営利マネジメント分野における同校の指導的立場をさらに拡大している。PMPプログラムは現在CSIのもとで行なわれており、社会変革の分野で30以上のコースを開講している。

ノースウェスタン大学（ケロッグ経営大学院）

政府、およびNGO団体の両方において使えるスキルとノウハウを身につけられるのがケロッグ経営大学院の「公共および非営利マネジメント・プログラム（PNP：Public／Nonprofit Management Program）」だ。卒業生は芸術、教育、NGOといった非営利分野に加え、コ

ンサルティングやファイナンスなどの民間分野でも活躍している。

PNPでは、学生は会計、ファイナンス、組織とマネジメント、マーケティング、マネジメントと戦略などの分野から関連した科目を履修することができる。このような組み合わせで専攻分野での専門性を深め、また複数の分野で学ぶことが可能になる。

PNPは柔軟なプログラムである。非営利団体ではマーケティング、資金調達、開発などの分野で常に「プロ」が求められている。これらの分野で仕事をしたいと考えている学生はマーケティングを専攻し、あわせてPNPで非営利マーケティングと資金調達を専攻することができる。同校が設置している公共、および非営利分野の科目はコンサルティング業務に就きたいと考えている学生にとってふさわしい内容となっている。

1999年に、ケロッグはハーバード・ビジネススクール、ジョン・F・ケネディ行政大学院（KSG）とともにMBA／MA複合学位プログラム（Joint Degree Program）を設置した。このプログラムではケロッグで4学期間、KSGで3学期間学び、卒業生にはKSGからは公共政策学または行政学の修士号が、ケロッグからはMBAが授与される。

コロンビア・ビジネススクール

社会事業（Social Enterprise）は、コロンビア大学経営大学院で開講している専門分野の1つである。同校における他の専門分野と同様、分野横断型のカリキュラムが組まれており、またニューヨークという場所で学習することの利点も活用されている。社会事業を専門分野とする学生は、カリキュラムに含まれるそのほかの学習活動を通して、キャンパスに招かれる多くの非常勤教授、ゲスト講師、パネリストなどの社会事業実践者から直接学ぶことができる。単位にはカウントされないものの非公式に設けられている科目もある。そこでは「社会的影響の管理」や「倫理と非営利組織のファイナンス」などといった課題が取り上げられる。

学生は、課外活動であると同時にネットワーク作りが目的の活動でもある「社会事業クラブ」などを通してネットワーク構築に励んでいる。また、カリフォルニア大学バークレー校（ハース経営大学院）の学生主導による「全国社会ベンチャー・コンペ（National Social Venture Competition）」や、優秀な学生にベンチャーへの種子資本が提供される「ユージーン・ラング起業イニシアチブ基金プログラム（Eugene Lang Entrepreneurial Initiative Fund Program）」などにも参加している。

ハーバード・ビジネススクール

ハーバード・ビジネススクールの「社会事業イニシアチブ」に参加する学生は、1年目の必修科目「リーダーシップ、統治および説明責任」や、選択科目で知識を深める。

学生は、非営利分野の科目を学内の他学部他学科の大学院にまたがって履修することが許されている。2年目の学生はHBSビジネス・プラン・コンテストの「社会事業」部門に参加することもできる。

デューク大学フクア経営大学院

デューク大学の「ソーシャル・アントレプレナーシップ支援センター（CASE：Center for the Advancement of Social Entrepreneurship）」は、フクア経営大学院において、社会セクターのリーダーたちと教授陣、および学生たちとの交流を通してソーシャル・アントレプレナーシップを推進する核となっている。同センターが提供するCASE MBAは通常のカリキュラム、課外活動、キャリア支援、卒業生の活動などで構成される。

CASEはフクア経営大学院のキャリア・マネジメント・センター、学資支援オフィス、ネット・インパクト・クラブと緊密に連携し、ソーシャル・アントレプレナーシップ分野に関心のある学生の就職機会の開拓と支援を行なっている。

ミシガン大学ミシガン・ビジネススクール

ミシガン大学ビジネススクールでは、正式な専門分野は設けていない。しかし、環境責任や社会責任などの課題がカリキュラム全体を通して織り込まれており、1年目のカリキュラムにはコミュニティでの市民活動が含まれる。

同校は、環境責任や社会責任に焦点を当てている企業や政府系機関、非営利組織でのインターンシップを支援している。また、社会責任に関連する会議をはじめとするイベントも開催している。

同校の非営利、および公共マネジメント・センター（NPC：Nonprofit and Public Management Center）は、ミシガン大学のビジネススクール、ジェラルド・R.フォード公共政策大学院（Ford School of Public Policy）、社会福祉大学院（School of Social Work）のコラボレーションによるものである。

ノース・カロライナ大学ケナン・フラグラー経営大学院

1998年にノース・カロライナ大学ケナン・フラグラー経営大学院に設けられた「持続可能な事業（Sustainable Enterprise）」プログラムは、「持続可能性」の分野（環境への責務、社会的影響の管理、企業責任などを含む）において高い評価を得ている。同校の学生は皆、コア・コースを通して持続可能性の諸課題を学ぶことになる。また、持続可能な事業の分野で開講されているさまざまな選択科目から選択することが可能であることに加え、この分野の「エ

ンリッチメント・コンセントレーション（Enrichment Concentration：強化専門分野）」を選ぶ
こともできる。「エンリッチメント・コンセントレーション」には、環境管理、都市再開発および起業
による解決策、企業社会責任、非営利マーケティング、および自主研究と実習などの項目が含
まれる。

イェール大学経営大学院

　イェール大学は、MBAプログラムの中でもトップ・クラスの非営利マネジメント・カリキュラムを
有している。ゴールドマンサックス財団との協力のもと、非営利団体に対して教育や財政面の支
援を行なう「非営利ベンチャー支援パートナーシップ（Partnership on Nonprofit Ventures）」
のスポンサーとなっている。提供しているのは、事業プラン作成の支援、資金提供（50万ドル
の賞与）、「全米非営利組織ビジネス・プラン・コンペ（National Business Plan Competition
for Nonprofit Organizations）」を通じての資金提供者とのコンタクトなどである。

　イェール大学のMBAプログラムは、マネジメントにおける内容の濃さと、網羅する範囲の広
さの両方を満たすように組まれている。さらに、イェール大学の学内すべてから科目を履修す
ることが可能な柔軟性も併せもっている。学生は2つ、またはそれ以上の分野を組み合わせる
か、あるいはファイナンス、ストラテジー、マーケティング、リーダーシップ、世界経済におけるリー
ダーシップ、パブリック・マネジメント、非営利マネジメントの分野のいずれかに専門分野を絞
ることになる。非営利マネジメントを専門分野としたうえで、ファイナンス、アントレプレナーシッ
プ、リーダーシップの科目を選択して学びたいという希望も叶えられるのである。

ヘルス・ケア・マネジメントを
専門にMBAで学ぶ

　今後のキャリアを考えたとき、起業を考えるにしても派遣先企業に戻るにしても、あるいは
転職するにしても、社会情勢の変化を考慮すべきである。

　社会の高齢化、ライフスタイルの多様化、雇用制度の流動化、規制緩和、民営化、国際化
など日本は今大きな変化の真只中にいる。このような変化により、サービス産業分野に新たな
ビジネスの必要性が生まれてくる。具体的には、保険福祉、デイ・ケア、介護、レジャー（旅行、

エンターテインメント、フィットネス)、カウンセリング(ファイナンシャル・プランニング、退職後の計画、転職相談などのさまざまな分野)、空間設計とデザイン、海外不動産、教育などである。

　日本人の平均寿命は世界一となり、平均寿命は男性が77歳、女性は84歳である。平均寿命が高い理由として挙げられるのは遺伝であり、食生活であり、調和を重視する文化である。

　日本は世界で最も高齢化のペースが速い国の1つであり、2000年には、日本人の23パーセントが60歳以上になっている。この割合は2050年までに2倍近くにまで増加し、60歳以上の人口に占める割合は42パーセントになるとの予測がある。ご存知のとおり、このような状況が年金制度、財政、保険福祉産業にプレッシャーを与えることになるが、同時に新たなビジネス・チャンスが生まれる分野も出てくる。その中の1つがヘルス・ケア・マネジメントだ。

トップ・プログラム

　ヘルス・ケア・マネジメントの分野に特に優れているビジネススクールは、デューク、ケロッグ、UCバークレー(ハース)、ウォートンなどである。

デューク大学(フクア経営大学院)

　デューク大学フクア経営大学院への2年間の留学で、MBAを取得するとともに保健セクター・マネジメント(HSM：Health Sector Management)の修了証明書を手にすることができる。この分野横断的なプログラムに参加した学生はキャリアの選択肢に、コンサルティング、ファイナンス、医薬品、そしてバイオテクノロジーや遺伝学の分野へのサービスを加えることになる。

　HSMプログラムに参加する学生はMBAプログラムをすべて履修し、HSMのセミナー・シリーズからの1科目を含むコア科目から3科目と、保健セクター・マネジメント関連の2科目を選択科目として履修する必要がある。

ノースウェスタン大学(ケロッグ経営大学院)

　ケロッグ経営大学院で「保健産業マネジメント(HIM：Health Industry Management)」を学んだ卒業生が就職する分野は、バイオテクノロジー、保健制度、製薬業、ベンチャー・キャピタル、投資銀行、コンサルティングなど多彩である。在学中に学生は、HIMがスポンサーをしている「メンター・プログラム」で上記分野の上級管理職と接することで、ビジネスの現場におけるチーム学習を経験する機会が与えられる。HIMでは4科目の履修が必要とされ、産

業専門コース、および機能専門コースのそれぞれから最低1科目を選択することになる。

カリフォルニア大学バークレー校（ハース経営大学院）

　ハースでは、2年間のMBAプログラムの中で選択科目としてヘルス・マネジメントを学ぶことができる。これとは別に2年半のMBA／MPH合同学位プログラムも設置されている（MPH：Master of Public Health：公衆衛生学修士号、合同学位プログラム：Dual Degree Program）。

　この合同学位プログラムに参加する学生は、ヘルス・ケア関連団体で3ヶ月のインターンシップを経験する。卒業後、彼らはヘルス・ケア関連産業のさまざまな分野の仕事に就くことになる。管理医療と保険、コンサルティング、ヘルス・ケア提供システム、バイオテクノロジー、eヘルス、ヘルス・ケア機器、製薬などだ。

　正規のMBAプログラムでは51単位であるのに対し、MBA／MPH合同学位プログラムでは、ハースとバークレー大学公衆衛生大学院（School of Public Health）で取得するコアと選択の科目を合わせて80単位が必要とされる。

ペンシルベニア大学（ウォートン校）

　ペンシルベニア大学ウォートン校では、ヘルス・ケア・マネジメント（Health Care Management）が専攻科目として設置されている。卒業生は病院、政府系機関、製薬会社、バイオテクノロジー会社、保険機関、健康維持機関（HMO）、コンサルティング会社などでマネジメントに携わることになる。

　ウォートンのそのほかの専攻と異なり、ヘルス・ケアの専攻を希望する学生は出願時点での選択が求められる。また、米国内の病院、コンサルタント会社、健康維持機関（HMO）、政府系機関、ヘルス・ケア企業などで夏期に3ヶ月間のサマー・ジョブを終える必要もある。

製造と輸送を専門にMBAで学ぶ

日本は製造業、エレクトロニクスや自動車などでは世界のトップである。それなのに日本人がなぜMBAプログラムで「製造」を学ばねばならないのかと、疑問に思うかもしれない。

よく考えてほしい。日本の競争力は過去10年の間に低下した。企業の業務再構築はなかなか本腰が入らず、業績の評価においても収益面、特に総資本利益率などの業績の質的側面はあまり重要視されず、また、世界経済のグローバル化のペースにあわせるために、業務効率を上げIT分野の技術を積極的に取り入れることもなかった。

全体的に見れば、日本の経済的な強さはアンバランスであった。一部の「スター」企業が流れを決め、他の企業は度を超えた保護や過剰設備、非効率に苦しんでいたのである。新幹線「のぞみ」がまさに驚異的なスピードで走っていく一方で、その後にがらがらな車両や、半分しか席の埋まっていない車両がついてくる。しばらくして、余分な負担がエンジンのパフォーマンスに影響を与え始める……。そんな状況だ。

優れた品質管理と研究開発力に加え、並外れて献身的な労働者がいたとしても、それは多くの場合、変革を実行する強いリーダーの不在を補うことはできない。日産がそのいい例である。同社はすばらしい自動車を生産し世に送り続けていたが、経営判断の誤りから倒産の危機に瀕していた。1999年に日産の代表取締役社長に就任したカルロス・ゴーン氏は、就任後4、5ヵ月で企業再構築に着手する。その中には、頭ではわかっていたが実施に踏み切れなかったリストラ策が含まれていた。経営におけるリーダーシップこそがカルロス・ゴーン氏の最大の貢献だったのである。

製造を学ぶことで日本人は、この分野の理論と現実についての先端知識、たとえば規制緩和と市場のグローバル化についての知識などを身につけることができる。また、戦略を作り上げ、企業の改革を行なうゼネラル・マネジメントのノウハウを身につけ、リーダーシップを養うことができる。日本から海外、とりわけ、中国やタイなどの人件費の安い地域へと工場が移転するのにともない、ビジネススクールで学んだ多国籍マネジメントのスキルや文化の違いを乗り越えて発揮する効率性などは、グローバル・ビジネスでの成功に向けて非常に重要な鍵となる。

トップ・プログラム

　製造、オペレーション、輸送分野で優れたプログラムを提供するビジネススクールには、ミシガン、ケロッグ、MIT、ウォートン、パデュー（クラナート）、カーネギー・メロンなどがある。

ミシガン大学ミシガン・ビジネススクール

　ミシガン大学ミシガン・ビジネススクールのプログラムは実に柔軟である。2年目の必修科目はコーポレート・ストラテジー（Corporate Strategy）の1科目だけであり、選択科目は大学内のどの学部でも受講することができる。専攻を決める必要はないが、製造を専門分野として学びたいMBAの学生は「タウバー製造研究所（TMI：Tauber Manufacturing Institute）」に参加し、コースを選択すればよい。修了には2年かかることになる。

　これとは別に、MBAとMSE（Master of Science in Engineering：工学の科学修士号）、または製造分野での工学修士号（Master of Engineering in Manufacturing）を組み合わせ、MBA M. Eng.の合同学位プログラムを2年半で修了することもできる。このプログラムに参加していたある日本人学生は、大手エレクトロニクス会社勤務で旧通産省に出向経験もある人だが、プログラムに参加したことでゼネラル・マネジメントの能力が広がったと話してくれた。

　TMIとの合同学位プログラムの参加者は、MBAプログラムでマネジメントを学び、あわせて工学部（College of Engineering）で科目を履修する。TMIの学生は、14週にわたる分野横断チームによるインターンシップ「TMI チーム・プロジェクト」に参加し、製造業者に対するコンサルティングを行ないながら現代ビジネスの現場でビジネス・エンジニアリングのスキルを実践する。このプログラムに参加した学生は、TMIスポットライトと呼ばれる1日がかりの会議で、プロジェクトの結果を発表することになる。

ノースウェスタン大学（ケロッグ経営大学院）

　ケロッグ経営大学院の2年間（6学期）のプログラムで、製造分野での経営学修士号（MMM：Master of Management in Manufacturing）を取得することができる。ケロッグの幅広いゼネラル・マネジメント分野の学習と、ロバート・L・マコーミック工学大学院（Robert L. McCormick School of Engineering）の製造分野での綿密な学習を平行して行なうことができるのだ。

　このプログラムの柔軟性を利用して、自らの関心に合わせケロッグで1つか2つの専攻を追

加して学ぶことも可能である。アントレプレナーシップ、マーケティング、または戦略と革新などが考えられる。MMMに入学する学生は、財務会計と統計学の基礎を入学前に授業で学んだ経験がない場合には、MBAプログラム入学までに学んでおく必要がある。

　2年目に入ると、学生は授業で学んだ知識を応用し、「統合プロジェクト（Integrated Project）」でメーカーに対しチームでコンサルティングを行なったり、新製品ビジネス・ベンチャーを立ち上げたりする。

マサチューセッツ工科大学（スローン経営大学院）

　スローン経営大学院の「オペレーションと製造」トラックも、おすすめしたいプログラムの1つである。「ProSem（Professional Seminar）」と呼ばれるプロフェッショナル・セミナーは、この分野の専門家をクラスに招いて行なわれる。研修旅行やプロの育成を目的とした数々のイベントやネットワーク構築の機会などを通して、授業科目で学習した内容をさらに発展させることができる。

　そのほかの選択肢としては、MITの中の「製造業界リーダー（LFM：Leaders for Manufacturing）」プログラムが挙げられる。LFMプログラムは2年間の複合学位（Joint Degree）プログラムで、スローンからはMBAを、同時にSchool of Engineeringからは工学の科学修士号（SM：Master of Science）を取得することができる。このプログラムにはLFMのパートナー企業での、6ヶ月半に及ぶインターンシップが含まれている。LFMには学資面での優遇という魅力的な制度があり、この対象になれば学費は全額免除される。

　LFMには20の企業がゼネラル・パートナー、リミティド・パートナー、またはインターンシップ受け入れ提携企業として参加している。

ペンシルベニア大学（ウォートン校）

　経営学とエンジニアリングに関心があるならば、MBAとMSE（Master of Science in Engineering：工学分野の科学修士号）の2つの学位を2年で取得できるプログラムがおすすめである。

　今後のキャリアの面で関心のある分野がマーケティングやオペレーションならば、ウォートンでその両方を同時に専攻して学ぶことができる。

　マーケティングとオペレーションを同時に専攻することで、ブランド・マネージャー、コンサルティング会社のプロジェクト・マネジャー、新製品開発チームのメンバー、品質管理プログラムのメンバー、サービス部門のマネジャーとして業務を遂行する能力を養うことになる。学生はコア科目として「マーケティングとオペレーションズ・マネジメント」、「マーケティング・リサーチ」、

「オペレーションズとマーケティングの統合」などを学ぶ。

パデュー大学（クラナート経営大学院）

パデュー大学クラナート経営大学院の2年間のMBAプログラムとあわせて製造と技術マネジメント（MTM：Manufacturing and Technology Management）を履修することで、複数の学問領域にわたる学習をすることができる。このプログラムを選ぶ学生は通常、オペレーションズ、ファイナンス、経営情報システム（MIS：Management Information Systems）のいずれかの専門分野と組み合わせて学んでいる。このオプションを選択する学生は、製造に加え、戦略マネジメントなどを2番目のオプションとして学んでいる場合が多い。

同校にはまた、11ヶ月の短期集中コースがあり、MSIA（Master of Science in Industrial Administration）の学位を取得することができる。MSIAを専攻するクラナートの学生は、2年プログラムのMBA学生と同じコア科目を履修し、さらにオペレーションズなどの分野から13単位分の選択科目を受講することになる。

カーネギー・メロン大学（テッパー経営大学院）

2002年11月、カーネギー・メロン大学 デイビット・A・テッパー経営大学院の4名からなる学生チームが、全米規模で行なわれる「国際オペレーションズ・マネジメント・ケース・コンペ（International Operations Management Case Competition」で優勝した。このコンペにはテッパー経営大学院のほかに18のビジネススクールが参加していた。これこそまさに同校の学生が生産およびオペレーションズ・マネジメントの分野に秀でていることを示す好例であろう。

テッパー経営大学院では、生産およびオペレーションズ・マネジメントを専門分野とすることができる。

生産とオペレーションズの分野を学ぶテッパー経営大学院の学生は、チームを構成し、企業で実地応用プロジェクトを行なうことができる。過去にプロジェクトでこなした課題には、「IPS（Integrated Production Scheduling：状況即応型スケジュール構築）プログラムの開発」や「動的在庫管理モデルおよびシステムの開発」などがある。

MBAでリーダーシップ能力を養う

　リーダーシップに特化した専攻を提供するビジネススクールはあまりないが、この重要な分野を一流校で学ぶことはもちろん可能である。近年、ビジネススクールはリーダーシップの分野に重点を置くようになり、それはカリキュラムにも反映されている。クラスは学生の出身国を含め多様性に富み、MBAでの経験が、国際経済でのビジネス交渉に役立つリーダーシップ・スキルを養い、そして磨きをかけるまたとない機会となるだろう。

リーダーに必要な資質

- ・戦略的なビジョン
- ・全体を見わたす力
- ・コミットメント
- ・情熱と思いやり
- ・行動力

- ・リスクを恐れない積極性
- ・リスク管理のノウハウ
- ・決断力
- ・柔軟性
- ・異文化に対する繊細さと理解

リーダーの資質

　筆者はときどき、日本人からリーダーシップの定義とはどのようなものか、そしてMBAプログラムでどのようにリーダーシップが身につくのか、といった問いかけを受けることがある。リーダーシップとは、天性のものだと考えているのだろう。もちろん、カリスマ的な性質を備えもった人がいることも確かだし、リーダーと呼ばれる人の多くにカリスマ性（人を引きつけるある種の魅力や力）があることも確かである。しかしながら、優れたリーダーのもつ資質のほとんどは、後から身につけることができるものである。有能なリーダーは、すぐれたマネジャーがもつ資質の多くを身につけているが、これとは逆に、マネジャーのすべてがリーダーとはなり得ないのである。リーダーは「世界を動かし」、人々が自らの力だけではたどり着けない世

界へと導く人だ。

　優秀なリーダーはとりわけ、人々に注意を払うものである。「いかに優秀であろうと、成功を収めているとしても、または、いかに機転が働こうと狡猾であろうと、事業の将来を左右するのは従業員なのだ」とは、ソニーの創業者、故盛田氏の言葉である。独裁者はリーダーとはいえない。独裁者に従うのは力や罰に対する恐怖からであり、リーダーに従うのはリーダーが唱える戦略的ビジョンを信じているからである。

　すべてのリーダーに求められる重要なスキルは、わかりやすく話をし、はっきりと、そして情熱をもって自らのビジョンを伝える能力である。もしも、リーダー自身がある行動の必要性を固く信じていなければ、組織の動きも腰砕けになってしまうだろう。

　リーダーの仕事は計画遂行のために適切な人選をし、権限の委任を効果的に行ない、そして、進捗状況を把握することである。良いリーダーは細かいことには関わらないものである。コンセプトを実現するための十分な知識をもっているが、決して問題を矮小化することはない。

　優れたリーダーには迫力がある。部下の懸命の努力を見れば時をおかずして賞賛するが、同時に努力が足りないときにはすぐに不満の意を表す。成功を収めた場合には、優れたリーダーは、良い結果は組織がまとまって努力したからだと認識し、失敗した場合には、自らに問いかける。彼らは、成功を妨げている過ちを分析し、その過ちを繰り返さなければ、失敗から多くのことを学べるとわかっているのだ。

　良いリーダーは、組織の「お手本」である。組織内で最もインテリジェンスのある人がリーダーであるとは限らない。しかし、自らの信念を情熱をもって伝えることができ、また、他人に対する尊敬の念と広い心をもっている。「聴き上手」であることは、「話し上手」であるのと同様に、リーダーがもつ資質である。リーダーが投げかける質問は的を射たものであり、問題やテーマの本質に直結している。彼らは部下の業務能力の向上をサポートし、自らも絶えず向上し学び続ける。リーダーは指導者であると同時にコーチでもある。部下を力づけ、その成長とやる気を喚起する。リーダーはアドバイスを求める人に対してオープンである。

　優れたリーダーは粘り強く、エネルギッシュで戦略的ビジョンを達成するために厳しさをもって取り組み、自らが使う時間についても優先順位をつけて管理する。リーダーたちは公的なものの見方をする人たちである。彼らの努力が組織に及ぼす影響は、長期間にわたる。

　リーダーの資質として「行動志向」である点を最後に挙げておこう。どんなに計算された雄弁な演説で組織を導こうとしても、それだけでは成功は約束されない。「行動は言葉より雄弁である」という言葉が示すとおり、組織に対して戦略的ビジョンをどんなに語っても、行動が伴わなければ単なるレトリックの積み重ねにしかならないのである。

日本における変化への対応

　日本は経済の再建を目指し、10年以上にわたり苦しんできた。その間、経済再生のためのプランはことごとく失敗し、目標としていた経済再生は達成されていないかの印象を受ける。日本の政府は企業のリストラのペースや規模が欧米のリストラと比べ進んでいないことが問題の根底にあるとほのめかしてきた。日本の企業の管理職の中には、劇的な変化を求める必要があるのかについても疑問を呈する人がいるだろう。日本の企業がこれまで従ってきたシステムが、日本経済の奇跡的発展に大きく寄与してきたのであるならば、なぜそのシステムを変える必要があるのかがわからないのだろう。なぜ企業の改革のペースを上げるのか、なぜ非生産的資産をなくし、これまで残していた資産を売却して過剰債務の解消に使うのか。そして、どうして失業者の増加と社会的痛みを伴うリストラという厳しい決断に飛びつくのかが。

　答えとなるのは、世界の変化である。世界が変化してしまった結果、日本経済が競争力を取り戻すためには変革が不可欠になってしまったのである。無駄なコストの削減、新たな企業の設立（多くの場合、大手企業のリストラ対象者が経営者となっていた）といった再構築が行なわれた結果、米国産業の世界市場における競争力が回復したのと同様に、日本においてもリストラは競争力を引き上げるであろう。グローバル化の波が競争を激化させ、イノベーションと効率の改善を迫っているのだ。このような流れが元に戻ることはないだろう。グローバルなリーダーシップを身につけた日本人のリーダーが「新生日本」を率い、新たな成長と繁栄への水先案内人となるであろう。

　グローバル化と「情報ハイウェー」の構築がビジネスにおける意思決定のスピードを加速させ、事業投資の規模とリスクを同大させ、競争に拍車をかけている。21世紀の香港中国人の「タイパン（大班＝外国企業の総支配人）」は、今後の方針をめぐりいつ終わるとも知れない議論を続ける役員たちに束縛を受けずに、ビジネスにおける意思決定を携帯電話1本で下すことができ、また実際そうしている。テッド・ターナーがCNNをタイム・ワーナーに売却することに対して原則的な合意に至ったのは、このアイディアが示されたランチ・ミーティングで「握手をした」ときだといわれている。

　グローバル化の産物がジョイント・ベンチャーや戦略的提携の増加である。このような提携は競争相手の企業、顧客やサプライヤーとの間で結ばれ、研究コストの分担、製品開発と輸送、世界戦略の迅速な実施などを目指したものである。こうした提携の多くが国際的なものであり、企業の間にある壁や国境はあいまいなものになってしまった。部品の製造も組み立ても実際には日本、マレーシア、タイなどでさまざまな国籍をもつ従業員が行なっているこ

とを考えれば、アップル・コンピュータを米国企業だと本当にいえるのだろうか。

　東芝を例に挙げてみよう。同社はリスクを分散するために、シーメンスと提携して研究開発費の負担を軽減し、国際的な競争を拡大し、成果を共有する戦略をとっている。IBMと統合サプライ・チェーン実行システムの世界でも指折りの供給会社であるスイスのIBS（International Business Systemns）とは、eビジネスおよびサプライ・チェーンのソリューションを提供するために世界規模の戦略的提携を結んだ。もちろん、このような世界的提携やジョイント・ベンチャーは最近に限った減少でもなければハイテク産業に限定されたものでもない。1963年に横河電機はヒューレット・パッカード（後の日本ヒューレット・パッカード（HPJ））とジョイント・ベンチャーを設立した。これが後に日本で最も成功し賞賛を受ける提携の1つとなる。1994年までに大きな利益のあがるワークステーション市場で45パーセントのシェアを獲得し、米国企業だけでなく日本の大手企業と競争を繰り広げることになるのである。

グローバルなビジネス・リーダーになる

　MBAプログラムのカリキュラムを検討すれば、グローバル化するマーケットでリーダーとして成功するためのスキルを身につけるために大学院レベルの経営学を学ぶことの意義が理解できるだろう。リーダーは戦略的なビジョンをもち、「大局的」理解ができなければならない。そしてそのビジョンの実現に全力を投じなければならない。一方で、変化が必要とされるときには、方針の変更や新たなプランの採用を行なえるだけの柔軟性も必要である。リーダーは、その夢の実現をアシストしてくれる人々に対する思いやりももち合わせている。イニシアチブを取り、リスクに挑もうとする（ギャンブルに出るということとは違う）。分析能力があり、リスクを管理しながら選択する方法を理解している。決断力に富んではいるが、性急な判断をするわけではない。

　このようなリーダーとしての資質を育てるのがMBAプログラムだ。MBAプログラムに参加することで問題認識と解決のための分析手法を身につけることができる。さらにタイム・マネジメントのスキル、取るに足らないことを捨て、最も重要な問題に焦点を当てるスキル、そして強い決断力をもって物事に取り組む能力なども自らのものとなる。また、教室でのインタラクティブなディスカッションを通じ、早いペースのイディオムがあふれるビジネス英語を使いこなす交渉能力を磨くことになる。MBAプログラムは、そのようなチームワークをさまざまな方法を使い養成してくれる。

　リーダーたちは瑣末なことにまで首を突っ込むわけではないが、専門職の人たちに指示を

与えるのに十分な知識を身につけることができる。MBAプログラムで分析力が研ぎ澄まされ、ビジネスにおける各業務に対する新たな、そしてより深い理解が得られ、さらに経営における意思決定者に重要な分野を越えた総合的フレームワークを手にすることができるのだ。

　グローバル化した経済では、意思決定に至るまでのスピードは増している。海外のチームと共同しながら時間と戦い、プランニングの参考となる前例もほとんどない状況の中で、迅速な決定が求められることもしばしばである。入手できる情報が正確さを欠き、不完全な場合も多い。留学先で参加するMBAプログラムは実際の世界経済の縮図である。なぜなら、クラスは国際的であり、多くの場合スタディ・チームは国際色豊かな構成になっているからである。リーダーに求められるのはコーディネート力と優先順位をつける能力、タイム・マネジメント能力である。それらは、ビジネススクールの集中的なカリキュラムのもとで養われる。

トップ・プログラム

　ここでは、主要MBAプログラムで学ぶことのできるリーダーシップついて具体的な例を示す。すべてのビジネススクールでリーダーシップが指導されている。したがって、以下で取り上げる表はリーダーシップ・スキルを育成するMBAプログラムの一部を示したものと考えてほしい。リーダーシップ・スキルの指導を行なっている主要なビジネススクールを紹介する。

シカゴ大学経営大学院

　シカゴ大学経営大学院(GSB)において唯一の必修科目とされているのが1年目の「LEAD (Leadership Exploration and Development：リーダーシップの探究と養成)」である。2年になって、新入生に対して行なわれるLEADの中でリーダーとして参加したいと考えている学生に対しては「Leadership Effectiveness and Development(LEAD：効果的なリーダーシップの考察と養成)ラボ」を用意している。GSBではゼネラル・マネジメントを専門分野とすることができるが、リーダーシップ・スキルを養成する目的の科目として「進化する経済におけるリーダーシップ(Leadership in an Evolutionary Economy)」などがある。このコースは、リーダーが新しいビジネス・モデルや、ビジネスの進め方、新たな技術、ビジネス戦略などを組み入れるために組織を変革する方法をカバーしている。リーダーは、十分なデータも手に入らず、手本とするビジネス・モデルも存在しない状況でどうすれば重要な決定を下すことができるか、また、何十年もの間企業を成功に導いてきた特質が、現在では逆に不利に働く要因は何かについて学ぶ。

コロンビア・ビジネススクール

コロンビア・ビジネススクールでファイナンスと経済学科に続く規模を誇るのが、MBA、PhD、さらにエグゼクティブ・プログラムのコーディネートも行なっているマネジメント学科である。MBAプログラムの学生は、複数の学問分野にまたがってマネジメントを専門分野とし、「リーダーシップ(Leadership)」や「効率的組織の創造(Creating Effective Organization)」などの科目を学ぶことができる。卒業後に戦略コンサルティング会社に就職する学生にとって有益なコースである。

コーネル大学（ジョンソン経営大学院）

コーネル大学ジョンソン経営大学院では、リーダーシップの素質があると判断された学生30名に対して2年間の学費全額分にあたる奨学金が支給される。この奨学金は、「個人の能力に基づいて」与えられ、リーダーとしての資質、業務上の業績や個人としての実績、コミュニティへの貢献や社会的責任のあるビジネスへの参加などを選考基準にした競争を経て与えられる。ジョンソン経営大学院は、ゼネラル・エレクトリック(General Electric)、マッキンゼー・アンド・カンパニー(McKinsey and Co.)などの企業や専門の研修会社からトレーナーを招いてリーダーシップの実験的コースも設置している。

ダートマス大学（タック経営大学院）

タックのプログラムでリーダーシップ分野の目玉といえるのが、コア科目の中にある「リーダーシップ・スピーカー・シリーズ」を含む「リーダーシップ・フォーラム」だ。2002年の「リーダーシップ・スピーカー・シリーズ」では、ゼネラル・エレクトリック(General Electric)のジャック・ウェルチ(Jack Welch)前CEOなど著名なリーダーが招かれている。「リーダーシップ・フォーラム」では、ゼネラル・マネジメントのフレームワークと一致する分野横断的なプロジェクトやコース・ワークが組み込まれている。このプロジェクトで学生は、実際のコンサルティング・チームに参加したり、新規ベンチャーのビジネス・プラン作成などを行なったりする。どちらの場合でも、プロジェクトの成果はタックの教授陣とクライアントとなった企業の重役やベンチャー・キャピタリストなどの専門家1名から評価を受けることになる。あるプロジェクトでは、学生のチームが戦略的分野でのアウトソーシング、データ保存、情報通信などに特化したコンサルティング会社とともに、複数の株式会社のPIPE（公開企業による私募増資：Private Investment in Public Equity）株の買い占めや、スピン・アウトの可能性などについての分析をした。

デューク大学（フクア経営大学院）

　フクア経営大学院の革新的カリキュラムのベースとなっているのが、「統合的学習経験(ILEs：Integrative Learning Experiences)」である。ILE 1はプログラムの土台作りにあてられる。すなわち、チームの相乗効果を生み出す手法、変化する環境におけるリーダーシップ、提携、価値と目標の設定などのトピックに焦点が当てられる。ILE 2では、学生はコア・カリキュラムで学んだコンセプトとスキルを基礎にして学習を進める。学生は学んだ内容を、グローバル・ビジネス、戦略的思考、知識の統合、チーム・ビルディングなどにあてはめて実行するよう促される。グローバルなビジネスに携わるエグゼクティブのためのコースで、個人、チーム、組織に関連する効果的なマネジメントを学ぶことができる。また「グローバル・ビジネス・シミュレーション」に参加し、コンピュータを使ったゲームを通して「バーチャル」な企業のために戦略を立案し、シミュレーション上で繰り広げられる他のチームとの国際的競争においてその戦略を試す。

ハーバード・ビジネススクール

　「土台作り」となるハーバード・ビジネススクール(HBS)の1年目のカリキュラムには、「リーダーシップ、価値、および意思決定」と題された3週間の必修モジュールが含まる。このモジュールでは、学生は意思決定にともなう倫理的問題と、マネジメントにおいて責任ある決断を下すために必要な論理的思考のフレームワークを学ぶ。2年生になると学生は、リーダーシップ、価値、およびコーポレート・ガバナンスといった一般的なテーマをもとに展開される選択科目(「モラル・リーダー」、「異文化間のマネジメント」、「権力とその影響」、「取締役会とコーポレート・ガバナンス」など)から数科目を選択し、履修することになる。また、学生は教授陣やビジネススクール当局との協力のもとに「リーダーシップと価値観イニシアチブ(Leadership and Values Initiative)」を行なう。

IMD

　IMDの10ヶ月のMBAプログラムではリーダーシップ、アントレプレナーシップ、さらにビジネス界における国際的なリーダーを育てる「ネットワーク」構築などに力点を置いている。同時に40代半ばまでにCEOへと登りつめる可能性の高いビジネス界の国際的リーダーを育てることを目指している。プログラムの優れた特徴の1つが、エグゼクティブMBAプログラムの参加者とともに学ぶ10以上のコアおよび選択科目の存在である。これらの中には、グローバル化により引き起こされる組織内の緊迫化に対する対処方法を学ぶ「複雑なグローバル企業のマネジメント(Managing the Complex Global Firm)」や、日本の専門家であるジャン＝ピ

エール・レーマン教授が担当する「倫理とグローバル化：ビジネスにおけるジレンマとチャレンジ（Ethics & Globalization：Business Dilemmas&Challenges）」などがある。

　IMDの通常のMBAプログラムでは、一般的な2年制MBAプログラムとほぼ同程度の内容を提供しているが、11月から翌年1月の期間に集中的なコース・ワークとビジネスの現場での実地学習を行なっている。リーダーシップの育成はカリキュラムの最初から始まる。基礎養成カリキュラムの中で学生は、ビル・ジョージ（Bill George：「リーダーシップとガバナンス」分野の教授）が担当する「組織におけるリーダーシップ（Leadership of Organizations）」を受講する。そしてプログラムの最初、または2回目の授業で、ジョゼフ・J・ディスティファーノ教授（Joseph J. DiStefano：「組織行動および国際ビジネス」分野の教授）の指導の下、「危機への対処」についての討論を行なう。

　IMDのプログラムのハイライトとなるのが「リーダーシップ・エクスペリエンス（Leadership Experience）」である。参加の学生たちは、ボスニア・ヘルツェゴヴィナへの1週間の旅行で、政府の役人や開発の専門家らとともに、内戦によってずたずたにされた国に外国からの投資を呼び寄せる方法を見い出そうとする。ほとんどの学生は、このプロジェクトで母国のそれとは大きく異なる環境の下に置かれ、しかも、これまでの人生経験の中でも最も深刻な状況でリーダーシップ上の問題に直面することになる。そしてコミュニティにおいて、社会的責任のあるリーダーとしてより広範な役割を果たすことの意味についても考えることになる。

インディアナ大学（ケリー経営大学院）

　ケリー経営大学院でリーダーシップを身につける数々の機会は、オリエンテーションの時期に行なわれる「リーダーシップ養成機関（LDI：Leadership Development Institute）」から始まる。LDIに関連する活動は、その後MBAプログラムを通して行なわれる。ワークショップ、学生組織への参加や「アカデミー（Academies）」と呼ばれる専攻での学習を通して、卒業後に発揮することが期待されるリーダーシップの能力を磨くためのさまざまな機会が用意されている。

　LDIでは、リーダーシップ・スキルの評価と育成に焦点を当てている。「LDI Assessment Center」は新たにケリーに入学する全学生が、上級管理職が担う責任のシミュレーションを行なう半日のセッションである。リーダーシップについて強い分野と弱い分野の評価を終えた後、学生は「LDIパートナー（1年生次にLDIに参加し、その後訓練を受けた2年生）」と協力し、各自のリーダーシップ・スキル向上のための方策を明確にする「Development Action Plan」を作り上げることになる。年間を通して開催されるセミナーに加えて、LDIでは1年生に新入学生を評価する機会も用意している。この経験は、「従業員の評価と能力の開発」というリーダーとして重要なスキルの訓練を行なう機会を学生に与えることになる。

ケリーでは、「戦略的経営コンサルティング（Strategic Management Consulting）」と「マネジメント（Management）」を専攻または副専攻とすることができる。前者を専攻する学生は24のコースから12単位を履修することになる。

　ケリーでは、戦略的経営コンサルティング専攻の中に設置されている複数の科目を含め40以上のマネジメント関連の科目があり、マネジメントおよびリーダーシップ関連の価値満載な選択科目が多い。

ミシガン大学ビジネススクール

　ミシガン大学ビジネススクールの1年目は「LDP（Leadership Development Program：リーダーシップ養成プログラム）」で始まる。LDPは、チームによる実地プロジェクトとセミナーのシリーズから構成されている。その目指すところは優れたリーダーシップの養成、すなわちチームワークの効率化と各メンバーの能力の極大化、グローバルな思考方法の形成、多様性のマネジメントなどである。LDPの最後には、学生はリーダーシップについて自分自身を評価し、加えて同級生から強い点と弱い点についての評価を受ける。そしてこれを2年間のMBAプログラムの中で養うべきリーダーシップの指針とするのである。ミシガン大学ビジネススクールの組織行動・人的資源学科には、「変革の時代におけるビジネス・リーダーシップ（Business Leadership in Changing Times：急速な改革や困難な状況下におけるリーダーシップを扱う）」や、「リーダーシップ、ビジョン、変革（Leadership, Vision, and Change）」などの科目がある。

スタンフォード大学経営大学院

　スタンフォード大学経営大学院（GSB）では、リーダーシップ関連の選択科目を設けている。学生は、戦略的マネジメント、ゼネラル・マネジメント、組織行動、人的資源管理、政治経済学、オペレーションズとITといった学問分野を横断したフィールドを通してリーダーシップを学ぶことができる。GSBは提供する選択科目の構成を毎年見直し、時代の関心と必要性に応じた新たなコースを加えている。リーダーシップ関連の14の科目では、以下のコースがおすすめである。

　リーダーシップの諸問題（Issues in Leadership）、優れたリーダーシップ（High-Performance Leadership）、対人関係の力学（Interpersonal Dynamics）、組織における権力と駆け引き（Power and Politics in Organizations）、紛争管理と交渉（Conflict Management and Negotiation）、多様性の中で働く：集団と組織におけるチャンスと障害（Working With Diversity：Opportunities and Obstacles in Groups and Organizations）、戦略変更のマネジメント（Managing Strategic Change）。

バージニア大学（ダーデン経営管理大学院）

ダーデン経営管理大学院のマネジメント分野の統合的なカリキュラムでは、組織行動、戦略、倫理、マネジメント・コミュニケーションといった分野での1年目のコア科目では、次のような内容を扱う。

リーダーの視点（Leadership Point of View）、個人の統率（Leading Individuals）、チームの統率（Leading Teams）、変化をリードする（Leading Change）、能力における競争（Competing on Capabilities）、職場の多様性（Diversity in the Workplace）、グループとしてのコミュニケーション（Communicating as a Group）。

2年目に入ると学生は、14の選択科目の中から、リーダーシップ、交渉術、組織行動といった分野を横断するかたちで学習することができる。

ペンシルベニア大学（ウォートン校）

ウォートンのマネジメント学科は国境や文化の違いを越えた従業員や組織のマネジメントに加え、戦略的・起業的マネジメントをその内容として扱っている。「多国籍マネジメント」、「戦略的マネジメント」、「人的資源管理と組織マネジメント」、「起業マネジメント」などを専攻することができる。

ウォートンでは戦略的プランニングを専門分野として学んだり、「環境管理とリスク管理」のような異なる部門をあわせた専攻で学ぶこともできる。さらに、専攻として現在設置されていないものでも、学生が独自に関心のある分野を組み込んで専攻をカスタマイズすることを認めている。

イェール大学経営大学院

イェール大学経営大学院は、通常のMBAレベルとエグゼクティブ・レベルの両方においてリーダーシップの養成に取り組んでいる。エグゼクティブ・レベルでは、「チーフ・エグゼクティブ・リーダーシップ・インスティテュート（Chief Executive Leadership Institute）」が短期間の会議やワークショップ、セミナーを独自に開催している。テーマとして扱われるのは「トップ・マネジメント・チームの構築」、「取締役会支配の向上」、「リーダーのもつ特質の考察」などである。さらに同インスティテュートでは、毎年LEAP（Leadership Exchange and Analysis Program：リーダーシップ・エクスチェンジ・アンド・アナリシス・プログラム）を1週間にわたり開催している。そこには企業の上級管理職達と研究者達がともに参加し、「リーダーシップ」関連の課題についてディスカッションを行なっている。2002年のLEAPでは、「変化を導く局面」と「革新的思考」が課題として取り上げられた。

Part 3
MBAプログラム

Chapter 9

海外のフルタイムMBAプログラム

【アメリカのMBAプログラム】

ハーバード大学 ハーバード・ビジネススクール

ペンシルベニア大学 ウォートン校

スタンフォード大学経営大学院（GSB）

ノースウェスタン大学 ケロッグ経営大学院

シカゴ大学 経営大学院（GSB）

コロンビア大学 コロンビア・ビジネススクール

マサチューセッツ工科大学 スローン経営大学院

ダートマス大学 タック経営大学院

デューク大学 フクア経営大学院

ニューヨーク大学 レナード・N・スターン・ビジネススクール

カリフォルニア大学バークレー校 ハース経営大学院

バージニア大学 ダーデン経営管理大学院

イェール大学 経営大学院

コーネル大学 ジョンソン経営大学院

ミシガン大学 ミシガン・ビジネススクール

カリフォルニア大学ロサンゼルス校 ジョン・E・アンダーソン経営大学院

ノース・カロライナ大学チャペルヒル校 ケナン・フラグラー経営大学院

カーネギー・メロン大学 デイビット・A・テッパー経営大学院

エモリー大学 ゴイズエタ経営大学院

南カリフォルニア大学 マーシャル経営大学院

本章では、米国、欧州、カナダのトップMBAプログラム38校について
詳細な情報を提供する。

ジョージタウン大学 マクドノー経営大学院

テキサス大学オースチン校 マコームズ経営大学院

インディアナ大学 ケリー経営大学院

パデュー大学 クラナート経営大学院

ワシントン大学 セントルイス ジョン・M・オーリン経営大学院

オハイオ州立大学 マックス・M・フィッシャー経営大学院

メリーランド州立大学カレッジ・パーク校 ロバート・H・スミス経営大学院

ロチェスター大学 ウィリアム・E・サイモン経営管理大学院

ヴァンダービルト大学 オーエン経営大学院

ノートルダム大学 メンドーザ経営大学院

【アメリカ以外のMBAプログラム】

INSEAD(インシアド)

ロンドン・ビジネススクール(**LBS**)

IMD(アイ・エム・ディー)

トロント大学 ジョセフ・L・ロットマン経営大学院

ナヴァラ大学IESE(イエセ)ビジネススクール

エラスムス大学 ロッテルダム経営大学院

ウェスタン・オンタリオ大学 リチャード・アイヴィー経営大学院

ケンブリッジ大学 ジャッジ経営学研究所

Only passions, great passions, can elevate the soul to great things.
— Didrot, Pensees philosophiques, 1746

ハーバード大学
ハーバード・ビジネススクール
(Harvard Business School, Harvard University)

http://www.hbs.edu

設立年／1908年

基本情報

◆学生に関するデータ
卒業生数__3万8,214名
フルタイム在学生数__1,800名
日本人学生数
　2004年卒業クラス__9名
　2005年卒業クラス__13名
留学生の割合__33%
アジア人学生の割合__n.a.
平均年齢__27歳
入学時の平均実務年数__4年

◆履修期間と授業料
履修期間__18ヶ月
授業料__年間3万3,650ドル

◆主なランキング
『ビジネスウィーク』2002年3位
『USニューズ&ワールドレポート』2004年1位
『フィナンシャル・タイムズ』2004年2位

◆テストスコアと合格率
GMAT要求スコア__n.a.
合格者平均GMATスコア__705
合格者GMATスコア分布(80%)__n.a.
TOEFL要求スコア__n.a.
合格者平均TOEFLスコア__n.a.
合格者平均GPA__3.6
出願者の合格率__12%[*1]
合格者の入学率__90%

*1 2005年卒業クラス

✉ 問い合わせ先

●出願に関する問い合わせ
担当者名　Brit Dewey　eメールアドレス　admissions@hbs.edu
●奨学金に関する問い合わせ
URL　http://www.hbs.edu/mba/apply/financialaid/index.html
●卒業生ネットワーク
URL　http://www.alumni.hbs.edu

出願締切り　10月中旬[*1]、1月上旬、3月中旬頃　*1　留学生に望ましい締切り

就職関連情報

◆サマー・インターンシップの
主な採用企業

ATカーニー
アクセンチュア
ベア・スターンズ
シティバンク
ゴールドマン・サックス

◆卒業生の主な採用先

ATカーニー
ブーズ・アレン・アンド・ハミルトン
ボストンコンサルティンググループ
シティバンク
クレディ・スイス・ファースト・ボストン

◆卒業生の就職率と平均年収

卒業後3ヶ月時点の就職率
2001年__95%
2002年__89%

卒業後の平均年収(年棒＋契約金)
2001年__12万5,000ドル
2002年__11万3,050ドル

＊出典『USニューズ＆ワールドレポート』

✉ **問い合わせ先**

●就職関連の問合せ先
担当者名　n.a.　eメールアドレス　mbac@hbs.edu
URL　http://www.hbs.edu/career_services
●卒業生のための就職支援
URL　http://www.alumni.hbs.edu/carser

school information

MBA Admissions
Harvard Business School
Dillon House
Soldiers Field Road
Boston, MA 02163 U.S.A.

C9

海外のフルタイムMBAプログラム

学習環境

　ハーバード・ビジネススクール(HBS)を一言で表す言葉は何かと問われれば、「ブランド」こそがふさわしいといえるだろう。HBSをある1日に訪問する企業の数を調べてみるだけで、同校の力の何たるかを理解することになるだろう。

　ハーバードの弱点は、そのかたくなさにあった。1990年代に他のビジネススクールがビジネス環境の変化に対応するためにプログラムの改革を行ない、チームによる「現実に即した」フィールド・プロジェクトの導入を進めているときに、ハーバードは従来通りのケース・スタディによる指導方法にこだわり続け、カリキュラムにも柔軟性を与えることはなかった。GMATを選考時の資料の一部として考慮に入れることさえも拒んでいた時期があったほどだ。

　その後、それまで総合ランキングにおいて指定席となっていた1位もしくは2位から、その順位を5位へと下げた同校は、学部長の交代後、巻き返しに出始めた。チーム・プロジェクトの導入、テクノロジー面での改良、学生の要望に対するすばやい対応といったイニシアチブが取られた。もちろん、ケース・スタディが指導方法の柱であることに変わりはなく、また学生もこれを受け入れるべきである。なぜなら、HBSが2年間で扱うケースは数百あり、1つのケースは資料を含め、各20ページ以上のボリュームにのぼるものへと充実したからだ。

　HBSの学生は「弱肉強食的」であり、同校の校風には尊大なところがある。そのため、思い上がった学生を生んでいると批判する人たちも存在する。確かに、HBSは気の小さい学生や寡黙な学生には場違いの大学である。ケース・スタディの場で、学生はマネジャーの立場から問題の解決策を提案していく。このスピーディーなディスカッションに参加するだけのコミュニケーション能力がなければ、満足のいく留学とはならないであろうし、途中で退学することになってしまうかもしれない。ある日本人学生は、英語の能力はすばらしかったが分析力に難があり、成績不振から休学処分となってしまったという。しかし、HBSを離れて1年を過ごした彼は、その間に自分に不足している能力の向上を図り、無事に復学、卒業し、その後ボストンで事業を始めた。

　授業への参加の度合いが成績の半分を占める場合がある。ハーバードの教授は授業にアシスタントを伴うことはないが、「筆記者」や秘書を使い、どの学生が、いつ、何を、どのように発言したかを記録することが認められている。学生の発言は、量ではなく質が重要なのだ。授業の終わりに教授はコンピュータを使って再チェックを行ない、学生のパフォーマンスについてスコア集計を行なう。

成績は相対評価制で決定される。学生の10パーセントに対しては「条件付き可」が付けられる。1ターム中にこれが多すぎれば、「仮及第」の扱いとなってしまう。クラスメイトたちは、何も誰かの落第を望んでいるのではない。ただ落第したくないだけなのだ。だから、学生たちはケース・スタディにおける活気溢れるディスカッションの場で、我先にとコメントをし、少しでも良い成績をおさめるべく「チップ・ショット」を重ねようとする。

とはいうものの、HBSにおいてもクラスメイトからのサポートはある。特に、あらかじめメンバーが決められているわけではないスタディ・グループ内ではそうだ。気配りをしてくれる教授からのサポートもある。ある日本人学生が参加していたクラスはとても活発で、自分が発言すべく手を挙げようとしたときには、すでに誰かが答えているという具合いであった。彼女がそのことを指導教官に話すと、彼はほかの人が答える前に彼女を指名するようにしてくれたのである。

HBSは2001年1月に新たな学生センターをオープンした。このビルには、電子ホワイト・ボードとインターネット環境の整った29のプロジェクト・ルームと、最新鋭のメディア・プレゼンテーション・システムを備えた大講義室がある。無線LANはビル全体に敷かれており、教授と学生はパソコンを使って、中央サーバに入っている課題やstudy notes（自習用を含む講義ノート）を含む情報にアクセスすることができる。

教授陣

200名を超えるHBSの教授陣は、さまざまな業界のマネジメントに対して貢献していることで世界的に知られている。彼らのこのような経験の下、数多くの学生が明日のビジネス・リーダーになるべく指導を受けてきた。同校の教授たちは、著者、アントレプレナー、コンサルタント、あるいは企業の役員として、世界中の一流企業やスタートアップ企業の業務においても日々精力的な活動を行っている。HBSの教授はビジネスに関する自らの専門知識とフィールド・リサーチを活用し、実際のマネジメントを方向づける新たな知識と普遍的概念を生み出しているのだ。

人気教授陣

人気教授の専門分野と科目名は次のとおり。

教授	専門分野	人気科目／研究分野
クレイトン・クリステンセン (Clayton Christensen)	オペレーションズ／ゼネラル・マネジメント (Operations/General Management)	成功を収める企業の構築 (Building a Sustainable Successful Enterprise)
スチュワート・ギルソン (Stuart Gilson)	位置算定、企業財務／再編 (Valuation, Corporate Finance/ Restructuring)	企業再編による価値の創造 (Creating Value through Corporate Restructuring)
ナラケサリ・ナラヤンダス (Narakesari Narayandas)	マーケティング(Marketing)	ビジネス・マーケティング (Business Marketing)
ハワード・スティーブンソン (Howard Stevenson)	アントレプレナーシップ (Entrepreneurship)	アントレプレナーシップ研究 (Entrepreneurial Studies)

カリキュラム

1年目

1年目のカリキュラムは次のとおり。

第1ターム
ファイナンスI(Finance I) 財務報告と管理(FRC)(Financial Reporting and Control) リーダーシップと組織行動(LEAD)(Leadership and Organizational Behavior) マーケティング(Marketing) テクノロジーとオペレーション・マネジメント(TOM)(Technology and Operations Management)

第2ターム
企業統治と国際経済(BGIE)(Business Government and the International Economy) 戦略(Strategy) 起業家的経営者(The Entrepreneurial Manager) 交渉術(Negotiation) ファイナンス II(Finance II) 社会事業(Social Enterprise)

2年目

2年目のプログラムでは、1年目で学んだ機能的スキルを統合しつつ、選択カリキュラム（2003年秋学期のアントレプレナー・マネジメントの分野だけでも22のコースがある）を通じて、企業を総合的に理解する段階へと高めていくことができる。学生はセメスターごとにコースを5つまで好きなように組み合わせて取ることができる。

ハーバード大学、マサチューセッツ工科大学スローン経営大学院、タフツ大学フレッチャー法律外交大学院のすべてが、HBSの学生に対してそれぞれの大学院プログラムの受講を許可している。単位交換は2年目からで、セメスターごとに1科目、合計で2コースまで許されている。

また、2年目に入ると、学生の半数以上がフィールド・スタディに参加する。フィールド・スタディは通常3名以上の学生がチームにより、スポンサー企業と、アドバイザーとして参加する教授との緊密な連携のもとで行なわれる。プロジェクトで扱うのは、新製品の発売、新規事業の立ち上げ、現実に起こっている問題に対する解決策の発見などである。最近のプロジェクトのスポンサーとなった企業は、ディスニーランド、サイバースミス、BMW、ナイキ、マサチューセッツ小児病院、アフリカン・コミュニケーションズ・グループ、ニューイングランド音楽学校などである。

既存企業の将来のCEOを輩出する学校であるという評判の一方で、大志を抱く未来のアントレプレナーに提供するものも大きい。2年生は、それまでの学習成果を試す意味でHBSビジネス・プラン・コンテストに参加し、最も有望なビジネス・プランに与えられる賞を目指して競い合う。1年時には学生主催のヘルプ・セッションが行なわれ、ベンチャー・キャピタリスト、弁護士、アントレプレナーをキャンパスに招き、ビジネス構築に必要とされる要件を学生たちが理解する一助としている。

「社会的企業入門（Initiative on Social Enterprise）」は、学生が将来、非営利団体や社会的事業でリーダーとしての役割を果たすための準備となるカリキュラムである。MBAプログラムの中で、学生は選択科目の一種であるカリキュラム・オプションを履修して、特定の社会的事業に対する興味を追求することもできる。さらにキャリア構築上の支援や、卒業後に非営利セクターへの就職を希望する学生に対して、金銭面での障害の緩和を目指す公共サービス従事者ローン免除プログラム（Public-service loan-forgiveness program）などもある。

169

出願戦略上のアドバイス

　HBSが学生を選抜する際に重視している要素が3つある。学力、リーダーとしての経験、そして対人折衝力である。ここ2、3年の日本人合格者数は大幅に増加した。商社勤務の人が多く、中には二度目の挑戦で合格を手にした日本人もいる。日本人学生が増加した一因は、これまでに同校を卒業した積極的な日本人リーダーたちの活躍によるところが大きい。HBSでは米国以外からの志願者に対しては、最初の2ラウンドのいずれかに出願するようすすめている。これは、留学生に対する入国手続きが厳しくなっていることによるものである。

　推薦人になってくれる強力なコネクションがあるのなら、それを活用すべきだ。同校は、おそらくどのビジネススクールよりもリーダーシップの証を求めてくるはずだからだ。また、最初の出願で失敗した後、再出願をして入学許可を得るのは難しい学校である。それでも、できないことではない。以前、日本人で、英語力はとても完璧といえるものではなかったものの、すばらしい職務経験のバックグランドを前面に押し出し、再出願で合格を勝ち取った学生がいた。

　エッセーでは、ある業績に対して自らが果たした役割を明確に述べるべきである。自分がほとんど貢献していない業績について書いても効果は薄い。

就職支援

卒業生の主な就職先（職務）は次のとおり（2003年卒業クラス）。

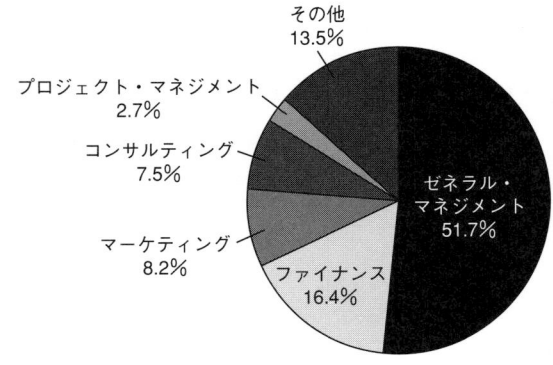

その他
13.5%

プロジェクト・マネジメント
2.7%

コンサルティング
7.5%

マーケティング
8.2%

ファイナンス
16.4%

ゼネラル・
マネジメント
51.7%

HBSの就職部（Career Placement Office）に対する学生の評価は低いが、企業から卒業生へのラブ・コールは熱烈なもので、卒業後初年度収入はビジネススクール中で最高である（HBS入学前給与も比較的高い）。HBSは既存企業の将来のCEOを養成するためのビジネススクールであり、一方、スタンフォードは新たな企業を発展させるアントレプレナーを育てるビジネススクールだと指摘する向きもある。

　HBSは、多くのすぐれたエグゼクティブを輩出している。ハイテク分野などで成功した起業家リストの中には、HBS卒業生は多くないという指摘があるが、これは真実ではない。その一例が、HBS時代に（93年度卒業クラス）オンライン・ショッピングの「楽天」のアイディアを得た三木谷浩史氏である。彼の「Bazaar（市場）」スタイルのオンライン・ショッピング・モールは、新規株式公開時には18パーセントという驚くべきマージンを生み出している。

　学生が利用できる情報例は次のとおり。

ジョブ・バンク（Job Bank）

　1,000社の求人パートナー企業が産業、立地、そして職種ごとに登録されている。学生は、仕事への応募やインタビューの設定をオンラインで行なうことができる。

都市訪問（Treks）

　毎年、MBA Career Servicesと学生の一団が、世界中の経済の「ホット・スポット」に赴いて、キャリア探求の旅を行なう。その旅行中に学生は一流の企業を訪問し、ネットワーク作りのイベントに出席し、インタビューを行ない、インターンシップや就職機会についての理解を深める。最近の訪問先には、シリコン・バレー、シカゴ、ボストン、ニューヨーク、ロサンゼルス、ロンドン、デンバー、オースチンなどがある。

HBSのネットワークを利用した就職活動

　HBSでは、学生が自らの力で就職先を開拓していくうえでのアシストを行なう総合的なプログラムを提供しており、個人の求職票、ワークショップ、在校生と卒業生のパネル、ネットワークづくりのレセプション、そして教授によるセミナーなどが用意されている。

卒業生による就職支援ネットワーク

世界で最も強力なMBAのネットワークであるAlumni Advisory Networkには、キャリア・アドバイザーとなってくれる約6万5,000名以上の卒業生が100カ国以上にいる（HBS全体）。この膨大な数の卒業生たちがHBSの学生に価値ある指導をし、すべての産業分野や世界の大都市におけるネットワーク作りの機会を提供してくれる。

ネットワーク作りのイベント

HBSの学生には在校中、ネットワーク作りのイベントに参加するチャンスが多数用意されている。その中の1つ、エグゼクティブ・メンター制度（Executive Education Mentorship）では、学生は国際的一流企業のシニア・エグゼクティブに紹介され、キャリアについてアドバイスを受ける。また、学生クラブ主催のキャリア・イベント（Club Career Event）は、講演からワークショップやキャリア・フェアに及ぶ400のイベントから構成され、毎年50の業種別クラブが開催されている。

HBSのもつネットワークこそが全ビジネススクールの中で最も強力であり、一生涯大きなサポートを与えてくれる。HBSへの留学は、必ずやあなたの人生における財産となるはずである。

生活環境

ハーバード・ビジネススクールは、トップ校の中で唯一、キャンパス内に住宅をもつ自己完結型の学校である。HBSのキャンパスは、ハーバード・スクエアにあるハーバード大学のメイン・キャンパスからチャールズ川を渡ったところにあるので、学生たちは簡単に大学の施設に行くことができる。これは、ビジネススクールの連帯感を高めることにもつながっている。

設備は見事なものである。その中には、「シャッド・ホール（Shad Hall）」と呼ばれる4,000平方フィートの広さをもつフィットネス・センターがあるが、このセンターではスカッシュ用のコートやパーソナル・トレーナーなども利用できる。ほかにもアジアン・コーナーを含むグルメのためのカフェテリアを備えた「スパングラー・センター（Spangler Center）」などがある。

学生の60パーセントがキャンパス内で生活をしている。居住場所は2種類ある。学校の寮、もしくは付属マンションである。日本人学生のほとんどはキャンパス内に住んでいる。マンション形式の寮や付属マンションは、HBSにおける学生生活のエキサイティングかつ便利な一面を演出してくれるからだ。

　キャンパス内には6つの寮がある。寮には単身者用のワン・ルーム（シングル）、ツー・ルーム（シングル）、そしてスリー・ルーム（ダブル）がある。ツー・ルームとスリー・ルームはラウンジ、および学習エリア周辺に配置されていて、バスルームやキッチンは共用となっている。寮には高速インターネット回線、ドライ・クリーニングや洗濯設備、ハウスキーピング・サービス、テレビとピアノのある共用ラウンジなどもある。

　寮への入居は独身の学生に限られている（入居に関しては、結婚していてもいなくても、HBS在校中に1人で生活するのであれば「独身」とみなされる）。希望する学生が非常に多いため、キャンパス内の施設への入居はくじ引きで決められる。また、大学の系列のマンションである、ソルジャーズ・フィールド・パーク（Soldiers Field Park：HBSキャンパス内）やピーボディ・テラス（Peabody Terrace）などへの入居を考えることもできる。これらのマンションにはすべての学生が入居可能であり、家族と一緒の生活を希望するために独身寮に入れない学生の間で人気がある。ハーバード大学不動産サービス課（HRES：Harvard Real Estate Services）では、家具なしの部屋を期間契約で提供している。敷金や手数料は不要。賃料にはマンションの施設費が含まれ、24時間のメンテナンス・サービスが行なわれている。

　さらに、HBS住宅課（Housing Office）では地元の不動産業者などの厳選されたリストと照会用資料を提供している。加えて、同オフィスではマンション、住宅、賃貸ルームなどとともに、販売用の住宅やコンドミニアムのリストも整備されている。セルフ・サービスで利用するルームメイト募集リストもある。

　厳しい勉強の日々が続くHBSの学生生活ではあるが、勉強一色というわけでもない。クラブやその他の学生組織を作りたいと思うとする。他のビジネススクールと同様に、アイディア、行動、そして時間の3つがそろえば学生組織の設立も可能である。現在のクラブ活動にはグローバル社会におけるリーダーの会、ワインとグルメの会、アジア・ビジネス・クラブなどがある一方で、日本クラブは存在しない。その設立に挑戦してみてはどうだろう。ほかにもHBS弓道クラブなどの設立に動き、アントレプレナーの気分を味わってみるという手もある。「Sushi On Wheels」などといった学生ベンチャーをハーバードのキャンパスで行なえば、日本の繊細な味は夜遅くまでスタディ・グループで集まり、勉強している学生の間で大受けするかもしれない。

HBSは所帯もちにも細やかな配慮を施しており、学生の配偶者や家族がボストンでの生活を最大限に活用するのに役立つものを多数提供している。人気があるのは読書クラブ、ウィークリー・ディナー、ベビー・シッター、語学クラス、グループ外出などである。そのほかの活動に、配偶者国際クラブ（International Partners：ポットラック・ディナーや国別イベントなど、さまざまな多文化イベントの主催を行なう）や母親の会がある。ボストンでキャリアの一歩を踏み出したいと考えている配偶者には、就職情報やネットワーク作りの機会などもある。

　ボストンは国際的で洗練された都市であり、歴史、文化、そして活気あふれる夜の街などで知られている。ボストン美術館、ボストン交響楽団、科学博物館などといった米国内有数の文化施設があるのも、ここボストンだ。ハーバード大学自体にも有名なフォッグ美術館がある。この美術館が秀でている分野には、初期イタリア・ルネサンス、イギリス・ラファエロ派、19世紀（印象派）フランス美術などがある。

　ボストンはまた、素敵なバーや安く食事のできる場所がある大学町である。また、ジョギング派や、ボート競技派にとって、ここはメッカである。チャールズ川に沿って数時間ジョギングすれば、ハーバードの学生仲間がほかにもたくさん走っていることだろう。

　私がハーバード・ビジネススクール（HBS）を選んだのは、ケース・スタディ方式に引かれたからです。毎日ケースの分析とディスカッションに明け暮れ、2年間で700程度のケースをこなすと聞き、元々議論好きな私は、ぜひそんな環境で学んでみたいと思いました。また、卒業後はプライベート・エクイティの業界で仕事をしたいと思っていたので、その分野ではHBSが圧倒的に有利だと聞いていたことも、志望した理由です。

　HBSに入学して改めて驚いたのは、経営のリーダーを育成するというミッションがMBAプログラム全体に貫かれていることです。たとえ会計の授業であっても、会計部門マネジャーとしてケースを分析するのではなく、あくまで経営トップの視点で分析することが要求されます。だからこそ会計にあまりくわしくない学生でも十分に説得力のある議論を展開できるおもしろみがあるのです。とはいえ、入学前は大企業の若手社員であった私が、いきなり経営トップとして議論することが求められるわけですから、当初はかなり戸惑いました。しかし、数多くのケースを経験することで、経営者として自然に物事を見ることができるようになったと思います。

　HBSはそのディスカッションに重きを置いた授業スタイルと、相対的な成績評価の結果、放校処分になる学生が毎年出ることから、競争的な環境だといわれることが多いですが、実際はかなり協調的です。学生は苦手な分野の勉強を助け合いますし、グループ・プロジェクトもあり、また授業以外でも、スポーツ大会など皆で協力するイベントはたくさんあります。もっとも成績に関しては基本的に個人の発言や試験結果に対して与えられます。このような点で個人主義的だといわれることもあります。しかし、実際の経営の場面においてもやはり最終的には経営者は個別に実績を評価されます。その意味でHBSの方法は経営者の置かれた環境を想定して作られたものだと思います。実際に教授からは、毎回の授業を本当の取締役会だと思ってのぞむようにと何度もいわれました。

　ケースという疑似体験を通してであれ、経営者の視点を獲得できたことは私のその後のキャリア選択に大きな変化をもたらしました。サマー・ジョブと卒業後半年ほどは、当初の希望通りプライベート・エクイティ業界の仕事をしましたが、その後自ら書いたビジネス・プランをもとに資金集めをして起業しました。HBS入学前は起業など考えませんでしたが、HBSで多くのクラスメイトが当たり前のように起業することを考えているのを見て、自然に影響を受けたのだと思います。2年生のときに自分でもビジネス・プランをいくつも書いていました。HBSの2年間の経験が私に経営者という道を歩む可能性を見せてくれたのだと思います。

　　　　（Class of 2000　男性　インターネット上での販売支援会社 代表取締役）

ペンシルベニア大学
ウォートン校
(The Wharton School, University of Pennsylvania)

http://www.wharton.upenn.edu/mba/

設立年／1921年

基本情報

◆学生に関するデータ
卒業生数__7万7,000名
フルタイム在学生数__1,600名
日本人学生数
　2004年卒業クラス__13名
　2005年卒業クラス__7名
留学生の割合__31％
アジア人学生の割合__8％
平均年齢__28歳
入学時の平均実務年数__6.9年

◆履修期間と授業料
履修期間__21ヶ月
授業料__年間3万7,323ドル

◆主なランキング
『ビジネスウィーク』2002年5位
『USニューズ＆ワールドレポート』2004年2位
『フィナンシャルタイムズ』2004年1位

◆テストスコアと合格率
GMAT要求スコア__n.a.
合格者平均GMATスコア__714
合格者GMATスコア分布(80％)__660〜760
TOEFL要求スコア__n.a.
合格者平均TOEFLスコア__PBT：656
合格者平均GPA__3.5
出願者の合格率__13％
合格者の入学率__70％

✉ 問い合わせ先

●出願に関する問い合わせ(Office of MBA Admissions and Financial Aid)
担当者名　Rose Martinelli
eメールアドレス　mba.admissions@wharton.upenn.edu
●奨学金に関する問い合わせ
URL　http://www.Wharton.upenn.edu/mba/admissions/financial_aid.html
●卒業生ネットワーク
URL　http://www.wharton.upenn.edu/mba/alumni/index.html

出願締切り　　**10月中旬**[*1]、**1月上旬**[*1]、**3月中旬頃**　　＊1　Lauder Programの締切り

就職関連情報

◆サマー・インターンシップの 主な採用企業

ゴールドマン・サックス
メリル・リンチ
ベイン・アンド・カンパニー
クレディ・スイス・ファースト・ボストン
モルガン・スタンレー

◆卒業生の主な採用先

マッキンゼー・アンド・カンパニー
ベイン・アンド・カンパニー
デロイト・コンサルティング
ジョンソン・エンド・ジョンソン
ボストンコンサルティンググループ

◆卒業生の就職率と平均年収

卒業後3ヶ月時点の就職率
2001年＿94%
2002年＿88%

卒業後の平均年収（年俸＋契約金）
2001年＿12万ドル
2002年＿11万ドル

✉ 問い合わせ先

●就職関連の問合せ先（**MBA Career Management**）
担当者名　**Director Peter Degnan**　eメールアドレス　**n.a.**
URL　http://mbacareers.wharton.upenn.edu
●卒業生のための就職支援
URL　http://mbacareers.wharton.upenn/edu/mbacareers/alumni/index.cfm

school information
. . . .
University of Pennsylvania
420 Jon M. Huntsman Hall
3730 Walnut Street
Philadelphia, PA 19104-6340 U.S.A.
. . . .

C9

海外のフルタイムMBAプログラム

学習環境

　ペンシルベニア大学ウォートン校の一番の強みは、その圧倒的な規模の大きさにある。その規模ゆえに、無限ともいえる選択肢を提供することができるのだ。

　世界各地で活躍する卒業生は7万7,000名を超える。250名という指導教官数は、他のビジネススクールの卒業予定学生数を超えるほどの数だ。多くの専門化された選択科目があり、専攻をカスタマイズすることや、複数の分野にまたがる独自の専攻を追求するなどの柔軟性も備わっている。

　ファイナンスのような従来からある分野に加え、ヘルス・ケア・マネジメント、不動産、環境とリスク・マネジメント、戦略的マネジメントなどの多くの分野に特化した学習が可能である。同校のファイナンス学科だけで、他の多くのビジネススクールの規模と同程度になる。さらに学生は、プライベート・エクイティ（Private Equity）、事業再生マネジメント（Turnaround Management）、企業開発（Corporate Development）などのように、専攻をカスタマイズすることもできる。

　学生は200に及ぶ選択科目の中から選ぶことができる。課外活動も専門分野に関するものから、スポーツ、社会／ボランティア活動まで100以上ある。その中にはウォートン大学院生協会（WGA：Wharton Graduate Association）や、ウォートン・フォリーズ（Wharton Follies：「ウォートンのお調子者達」）、アジアの会（Wharton Asian Association）、クリスマス・イン・エイプリル（Christmas in April：都市の再開発を手伝うコミュニティーサービス活動）などがある。

　法律関係の学習をしたいのであれば、ウォートンには不動産法、ファイナンスと開発、証券取締法、起業と法律問題、交渉と紛争解決などの幅広い法律分野をカバーする12のコースがある。もし企業派遣で法律学修士号取得のために留学するのであれば、1年でLL.Mを取得し、次の1年で研究をしたり他のプログラムでLL.Mの勉強を繰り返したりすることになるだろう。しかし、ウォートンで学べば法律についてもLL.Mと同じか、それ以上の教育を受けることができるうえに、世界的に有名な大学でMBAも取得できるのだ。

　規模の大きさが弱みになることもある。規模の大きさは一般的に、人間関係の稀薄さと相関関係にあるからだ。この解決策として導入されているのが、同期生システム（Cohort System）である。このシステムではクラスを60〜65名のより少人数のグループに分け、さらに、5名の多様な学生から構成される学習チームで、学生は1年目をともに学び、フィールド・アプリケーション・プロジェクトにも取り組む。日本人の中

には、大人数のクラス環境の中で、より親密な交流を求めてローダー・インスティテュート（Lauder Institute）で学び、国際関係学（International Studies）でMAを、そしてウォートンからMBAを取得しようとする者もいる。

　ローダーではアラビア語、フランス語、ドイツ語、日本語、中国語、ポルトガル語などの言語が教えられており、志願者はあらかじめ1つの言語と対応する地域を選択したうえで出願することになる。

　真新しいハンツマン・ホール（Huntsman Hall）の各教室にある高速ネットワーク会議システムは、フィラデルフィアにいるウォートンの学生と、サンフランシスコのウォートン・ウェスト・センターや同校の戦略的パートナーであるINSEADの学生とをつなぐものである。あるフロアーでは、ウォートンの有名な学習チームが、さまざまなテクノロジー機器でネットワーク化された最先端ルームに集結する。教室もまた、未来を見据えたネットワークにつながっているといえる。新品の21世紀型講義設備は、他のビジネススクールにおいても採用されることを見越して特許を取得しており、使用する学習環境に応じて解体、再構成できるように設計されている。

教授陣

　ウォートンの教授陣は一般的に、専門分野におけるオーソリティーと考えられている。教室外でも重要な活動を行なっており、非常に多忙である。にもかかわらず、どの教授も学生のための時間を設けている。実際、取材をした学生すべてが教授との距離は近いと感じているし、その一方で、学生がせっかくの時間枠を十分に活用していないとこぼす教授もいるくらいだ。

　品質管理サークルが各クラスの中に設けられており、開講期間中に学生から教授に対してフィードバックされる。教授の多くがこのようなミーティングを楽しみにしていて、学生からの提案をただちに実行に移す場合が多い。加えてウォートンは、学生と教授の交流を堅苦しくない場で行なうプログラムを実施している。そのようなプログラムには「考えるために食べる会」「メンター制度」「教授をランチに連れ出す会」などがある。

　ウォートンの学生自治体であるWGAは、学生による全教授、全科目のランキングを編集しており、選択科目を決める際の判断材料となっている。このランキングはコースと教授選択の参考になるため、非常に価値のあるツールである。

　ウォートンの学科別教授数は次のとおり（2002〜2003）。

学科名	人数（人）
マネジメント（Management）	60
ファイナンス（Finance）	50
オペレーションズと情報管理（Operations and Information Management）	33
マーケティング（Marketing）	31
統計学（Statistics）	25
会計学（Accounting）	17
法律研究（Legal Studies）	17
医療システム（Health Care Systems）	14
ビジネスと公共政策（Business and Public Policy）	13
保険とリスク・マネジメント（Insurance and Risk Management）	10
不動産（Real Estate）	8

人気教授陣

人気教授の専門分野と科目名は次のとおり。

教授	専門分野	科目／研究分野
フランクリン・アレン（Franklin Allen）	ファイナンス（Finance）経済（Economics）	企業財務（Corporate Finance）資産評価（Asset Pricing）情報の経済（Economics of Information）
ジョージ・デイ（George Day）	マーケティング（Marketing）	世界市場での競争戦略（Competitive Strategies in Gglobal Markets）、新製品開発（New Product Development）、市場構造（Market Structure）、競争的分析（Competitive Analysis）
ジョン・ハーシー（John Hershey）	オペレーションズと情報管理（Operations and Information Management）	意思決定プロセス（Decision Processes）、医療サービス（Health Services）、オペレーションズ・マネジメント（Operations Management）
ハアビア・シン（Harbir Singh）	マネジメント（Management）	企業買収戦略（Acquisition Strategies）、コーポレート・ガバナンス（Corporate Governance）、ジョイント・ベンチャー（Joint Ventures）、MBO（Management Buyouts）、企業再建（Corporate Restructuring）

カリキュラム

　ウォートンでMBAを取得するには、大学院レベルの19単位を取得する必要がある。このうち4単位まではウォートン以外で取得することができる。すべてではないが、必修科目の中でも十分な学問的知識のあるものについては、そのほとんどを履修せずに済ますことができる。ただし、単位を選択科目と置き換えなければならないため、履修免除措置にもかかわらず、卒業に必要な最低単位は19単位のままである。

　ウォートンのMBAプログラムは、フルタイムで2年間、4タームから構成される通学型のプログラムである。3つのタームとサマー・タームに出席することで2年よりも短い期間で卒業することも可能であるが、サマー・タームの科目はかなり限定されている。また、同タームに参加すると、MBAプログラムにおいて価値のあるインターンシップに参加することが難しくなる。

プレターム（Pre-Term）

　5週間のプログラム。これから入学する学生全員が、秋タームを開始するころには、全員が同一の初級レベル知識を備えている状態にするためのものである。プレタームでは、財務会計、ミクロ経済学、統計学と財務分析などのクラスを、いくつかのレベル別クラスで開講している。

数学基礎講習（Math Proficiency）
プレターム基礎講習（Pre-Term Proficiency）
　財務会計（Financial Accounting）
　財務分析（Financial Analysis）
　ミクロ経済学（Microeconomics）
　管理者向け統計分析（Statistical Analysis for Management）

コア・コース（Core Courses）

　コア科目のカリキュラムは、経営学の基本分野における基礎を準備するためのものである。コア科目の一部は次のとおり。

　財務会計（Financial Accounting）
　管理会計の基礎（Fundamentals of Managerial Accounting）
　財務分析（Financial Analysis）
　マクロ国家的分析と公共政策（Macroeconomic Analysis and Public Policy）
　倫理と責任（Ethics and Responsibility）
　経営経済学（Managerial Economics）
　従業員マネジメント（Management of People at Work）
　リーダーシップとチームワークの基礎（Foundations of Leadership and Teamwork）
　競争戦略（Competitive Strategy）
　グローバル戦略経営（Global Strategic Management）
　マーケティング・マネジメント（Marketing Management）
　オペレーションズ・マネジメント（Operations Management）
　管理者向け統計分析（Statistical Analysis for Management）
　経営コミュニケーション術（Management Communication）

　留学期間の一部を米国以外で学びたい人は、ウォートンのグローバル・イマーション・プログラム（GIP：Global Immersion Program）を検討してみるとよいだろう。45名から構成される学生のグループが、ある地域について5週間の講義を受け、さらに、実際にその地域において4週間集中的に学ぶことになる。2003年には、学生は中国かラテンアメリカのいずれかで学ぶことができた。GIPは選択科目であるが、国際ビジネスに関心をもつ学生には強く推奨できるプログラムである。

出願戦略上のアドバイス

　エッセーをいたずらに長く書き過ぎないことである。必要なことを述べたなら、それ以上書くのはやめよう。ウォートンは制限語数内でメッセージをはっきりと伝える簡潔なエッセーを評価する。ビジネススクール側でワード数をカウントすることはま

ずないが、はっきりと言いたいことが伝わらない、冗長なエッセーから良い印象を受けることはないのだ。

就職支援

卒業生の主な就職先（職務）は次のとおり（2003年卒業クラス）。

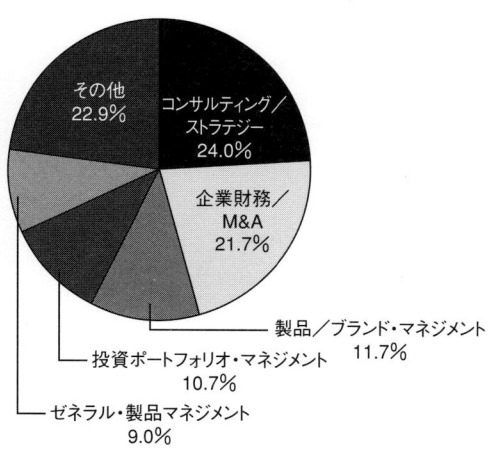

学生の70パーセント以上がウォートンを介してインターンシップや就職先を見つけている。その経路となるのは、オンキャンパス・リクルーティング、求人、卒業生のコンタクト、リサーチ・サポートなどである。

1年生全員が、6週間に及ぶキャリア・マネジメント・セミナー（コア・カリキュラムに組み込まれている）に参加する。この中で学生は、オンラインのものを含むさまざまな情報ソースについて説明を受け、自らのキャリア・プランニングを行なうための手掛かりを得ることになる。セミナーで扱われるのは、マーケット・リサーチ、自身の能力や興味、価値観の評価、レジュメ作成、就職機会とリクルート・プロセスの確認などである。同セミナーに加え、ウォートンでは毎年50以上のキャリア・ワークショップを後援している。海外勤務、ジョブ・オファーに対する交渉などのテーマが扱われる。

ウォートンの学生がキャリア・プランを作り上げる際に利用できるサービスには、セミナー、ワークショップ、企業説明会、個別キャリア・カウンセリング、OCRS（On-Campus Recruiting Services：キャンパス内リクルート・サービス）、オンライン・レジ

ュメ・ブックなどがある。

　OCRSは、キャンパス内にある48のモダンなインタビュー・ルームで、年間8,000件以上のMBA学生のインタビューを行なっている。キャンパス内、または、キャンパス近くでリクルートを行なう企業の数は、毎年400社を超える。ウォートンでは1年目の授業期間中に1週間の休みが入るため、その間を利用してかなりの数の企業がサマー・インターンシップのためのインタビューを実施する。このような休講期間があるため、学生はインタビューと勉強の両方を同時に進めるストレスを最小限にとどめることができるのだ。同校のウェブ上のリクルート・システムを利用して、学生はインタビューの日程を確認し、申し込み、そして日取りを決めることができる。

　ウォートンで最近最も活発にリクルート活動を行なった企業例は次のとおり。

ATカーニー（A.T. Kearney）
ベイン・アンド・カンパニー（Bain & Company）
ボストンコンサルティンググループ（Boston Consulting Group）
クレディ・スイス・ファースト・ボストン（Credit Suisse First Boston）
デロイト・コンサルティング（旧）（Deloitte Consulting）
ドイツ銀行（Deutsche Bank）
ゴールドマン・サックス（Goldman, Sachs & Co.）
J.P.モルガン・チェース（J.P. Morgan Chase）
ジョンソン・エンド・ジョンソン（Johnson & Johnson）
リーマン・ブラザーズ（Lehman Brothers）

生活環境

　大学院生の学内の住まいとしては、サンソム・プレイス（Sansom Place）の高層マンション2棟がある。サンソム・プレイス・イーストとサンソム・プレイス・ウエストは、主に大学院生を対象としているが、「大学院生のライフスタイル」を求める学部生と、特別プログラムや大学のゲストも生活している。気軽な集まりや勉強の合間などに他の入居者と顔を合わせる機会も多い。留学生も多く、入居者の多様性のおかげで活発かつ刺激的な環境が生まれている。このような住まいは便利で、プライバシーがあり、勉強を進めるのに役に立つものである。

　特定分野の大学院生用の住まいを1か所に集めることで、同一、もしくは関連のある

プログラム履修者が生活をともにすることが可能となっている。一例としては、ウォートンの学生はサンソム・プレイス・ウエストの13〜16階に集中して生活している。

サンソム・プレイス・イーストとサンソム・プレイス・ウエストの部屋のタイプにはシングル（ワンルームに相当）、1ベッドルーム（1DKまたは1LDKに相当）、または2ベッドルーム（2DKまたは2LDKに相当）がある。

シングルの部屋の場合、バスルームは他の1〜2部屋と共用となり、簡易キッチンもついていないが、小型の冷蔵庫の持込みやリースが可能である。1ベッドルームには、朝食用カウンター付きの簡易キッチン、リビング、バスルームがあり、ソファーも用意されている。2ベッドルームの部屋は独身学生2人用で、小さな簡易キッチンと、テーブルといす付きのダイニング、そしてバスルームがある。

大学院生の大多数がキャンパス東西の隣接地域で生活している。いくつかの選択肢があるが、その中で最も一般的なのがセンター・シティ（Center City）である。ここに住む学生は、高層マンションやブラウン・ストーンズ（古い茶色の石造りの住居）を選ぶことが多い。高層部分は費用的に高いが、セキュリティーのためにドアマンがいて惣菜コーナーも利用できるなど利便性が高い。一方、ブラウン・ストーンズは物件として価値のある建物で、歴史的魅力も満載である。

センター・シティの賃料は過去5年間上昇の一途だ。特にここ2年間の上昇は劇的ともいえるものであった。ここは大学院生に人気のエリアで、数千人がここを選択する。特にブロード・ストリートの西側が多い。センター・シティで生活する学生の多くが魅力を感じているのが、物販店や喫茶店、映画館、フィットネス施設などである。

一方、家賃がかなり高めであることから、適当な物件を見つけるのが難しいこと、キャンパスと住居との距離などが不満な点として挙げられる。しかしながら、センター・シティにウォートンの学生のほとんどが住んでいるために、スタディ・チームの仲間もこの地域にいる可能性が非常に高い。近くに住んでいることで、チームのミーティングへの行き来が容易になる点は十分考慮に値するだろう。

ペンシルベニア大学の大学院生・学部生を合わせ5,000人以上が、キャンパスに隣接するユニバーシティ・シティ（University City）で、マンションや家を借りている。ここで借りられるのは、並木道に面した大きな庭と玄関のあるビクトリア朝様式の家や、2、3階建ての家から、中〜大規模のマンションまである。値段は手頃で、不動産知識のある入居希望者から見れば、値段と価値のバランスはとれている。

ペンシルベニア大学のシャトルサービスでは、ユニバーシティ・シティ（Powelton Villageを含む）に住む大学関係者を、ドア・ツー・ドアで送ってくれる。

地域物件のオーナーと入居可能物件のリストは、次からチェックしてみよう。

http://www.upenn.edu/offcampusliving/

　アメリカの「自由」の発祥地であるフィラデルフィアは、4世紀にわたる歴史に彩られている。ベンジャミン・フランクリンの足跡をたどる街並みは、独立記念館を通り、自由の鐘を越え、米国最古の住宅街エルフレス街にいたる。米国の歴史の重要な1ページが、周辺のヴァリ・フォージやゲティスバーグに刻まれている。

　すばらしい食事、美しい音楽、劇、ショッピング、静かな散策などが好きな人には、フィラデルフィアがおすすめだ。同市は、レストランに関して米国一だと『コンデ・ナスト・トラベラー（Conde Naste Traveler）』誌の読者から評価されている。

　フィラデルフィアには印象派美術の世界最大のコレクションがあり、また同市は、米国で最初の美術館ができた街でもある。ブロードウェイのミュージカル、一幕物、オペラ、ジャズ、ロック・コンサートが行なわれている。近くにある世界最大のフェアマウント公園には、ランニング、サイクリング、そして乗馬用のコースがあり、スクルキル川ではボートを借りることもできるため、スカル競艇やカヌーをするのに理想的な場所である。ペンシルベニア大学のキャンパスには、さまざまなリクリエーションがあり、また、気軽に運動やエクササイズもできる。

　ウォートンはご存知の通り、ファイナンスとアカウンティングで世界No.1のビジネススクールであり、金融界をはじめ、世界中のビジネス界に多数の人材を送り出してきました。実際に入学して、期待以上の充実度に大変満足しています。ファイナンスに関しては、私のように多少バックグラウンドをもっていても満足できるような高度な選択科目も数多く用意されていますし、またアントレ、マネジメント、マーケティング、オペレーションなどでも全米トップ・クラスにランキングされているとおり、非常にレベルが高い科目が多く、かつ実践的です。

　インターナショナルの学生の比率が45パーセントと非常に高いのも、同校の特徴の1つです。国際的な環境下で活発なディスカッションをすることで、世界中の国々のビジネスに対する考え方や習慣の違いを日々学習することができます。

　成績を気にかける学生は非常に少なく、それぞれ自分なりの学生生活を設計し、エンジョイしています。ただ、勉強が非常に大変なのも事実です。私の場合、入学当初は英語力が十分ではなかったこともあり、マネジメントなどクラス・パーティシペーションを要求される授業では、かなり苦労しました。アサインされる予習量も半端ではありません、たとえば、平均1日に2〜3科目履修しますが、マネジメントやマーケティングなどでは、1科目につき1日20〜40ページ程度の論文やケースを読みこなし、自分の考えを事前にまとめておかなければ、優秀な同級生を差し置いて授業中に有意義な発言をすることはほぼ不可能です。そんなわけで、平日は平均4時間程度の睡眠、徹夜をすることも少なくありません。私の場合、週約50〜60時間程度を勉強に費やしているのではないかと思います。もちろんほぼすべての科目でチーム課題があるので、チームをいかに効率良く機能させるかも重要なポイントです。

　ウォートンでの経験により、私の職業観は根本から変わりました。会社派遣の留学ということもあり、これまで自分のキャリアと会社内でのポジションを結びつけて考えていましたが、同級生と将来について語り合ううちに、いずれ実力をつけて起業したいと考えるようになりました。今はテクノロジーをどうビジネスに結びつけるかというテーマが関心事です。特に私が関わってきた金融の世界がそうしたビジネス創出にどのように貢献できるのか、残された学生生活の中で十分に考え、また友人と議論を深め、自分なりの答えを見つけていきたいと思っています。

（Class of 2003　男性、金融　※2年生在籍時に執筆）

＊　　　＊　　　＊

■オトナの学校Wharton

　私は某大手商社で通信事業の仕事に8年間従事した後、会社費用でWhartonに留学しました。留学の動機は、ビジネス・プランの構築や、海外のパートナーとの交渉などの仕事をする中で、大手商社といえどもやはり素人集団でしかないという実感を覚えたからです。事業を立上げ、走らせるためのベーシックな知識やスキルを本場で身につけるとともに、世界レベルのプロの仕事をする人達と同じバックグラウンドをもちたいと思ったわけです。

　私の思いをWhartonは裏切りませんでした。クラスの規模が大きい学校のメリットということもありますが、提供されている選択科目の豊富さは目を見張るところがあります。1つのサブジェクトでも違った視点から複数の科目が用意されています。学生の多様性もすばらしく、学校の性格上、インベストメント・バンカーやコンサルタントが多い印象はありますが、世界から本当にいろいろな人が集まってきています。日本で仕事をしていこうという人にとっては、日本人の卒業生を含めたネットワークが充実しているということは大きな強みです。

　上記のように規模の大きさ、すなわちリソースの豊富さという長所は、得てして、何をやっていいのか分からない、とか孤立感を感じるという短所と背中合わせです。そういった意味でWhartonはいわゆる「大人の学校」なので、自分でやりたいことを常にはっきりさせておく必要があります。他校に比べて少し年齢層が高めで、インターナショナルの学生の比率も高いです。皆それぞれ興味が違うので、似たような分野が好きな学生が自然と集まって、内容の深い勉強をする、Whartonはそういう場所だと思います。妙に皆仲が良い（また

はそういう振りをする)ことに一種の気味悪さを感じる、私のように冷めた人にはぴったりの学校です。

　MBA取得後、私はいったんスポンサーの会社に戻りましたが、結局数ヶ月後に費用を返還して転職しました。留学前に手掛けていた事業群がITバブル崩壊でリストラされていたということもありますが、やはり志を同じくする面子が自然に集まって、プロの技を競っていくという生き方を続けたいと思い、それが難しい場所を去ったわけです。目先のキャッシュ・フローのことを考えると転職をしない方が得だったのですが、きっと後悔することはないと思います。Wharton風に言うと、「人生というポートフォリオのボラティリティをやや高め、リスクとリターンのプロファイルを最適化した」ということでしょうか。　　　　　　（Class of 2003　男性　金融）

＊　　　＊　　　＊

■豊富な出会い

　Whartonは比較的大規模な学校なので、大勢の優秀なクラスメイトとのすばらしい出会いのチャンスが豊富に広がります。共通のキャリア領域をもつ仲間もたくさん見つかります。実際に、何人かの友人が、私自身が仕事で絡んでいた（また、今後絡む可能性のある）さまざまな米国のヘッジファンド（HF）やプライベート・エクイティ・ファンド（PE）などで入学前に働いていたり、サマー・インターンをしていたりするため、互いに情報交換をする機会が多々あります。大手投資銀行に行く人間はもちろんたくさんいますが、小さなブティック系のHFやPEでもこうした人脈が広がっていくのは、やはり母体数の多い同校ならではでしょう。

　また、多くの卒業生を輩出していることから、上記のようなPEのパートナーなど（Wharton卒業生）が通常の授業にスピーカーとして参加してくれる機会が豊富にあります。

　ビジネスとは関係なく、人間性や感性（笑い、遊び、趣味など）が不思議と合う（似ているだけでなく、似てないがゆえに逆に引合うというのも含めて）気の置けない友人とも、ラーニング・チーム、課外活動、パーティーなどを通じて出会えますし、多様な国籍やバックグラウンドをもつ仲間に数多く出会うこともできます。

■豊富な学習の機会

　ビジネススクールでの学生の本業は、やはり学習することです。ここにこそ、Whartonのすばらしい強みがあります。とにかく選択科目が充実しています（2004年春学期で約100科目）。私はファイナンス・メジャーですが、ファイナンスだけでも多種多様な科目があり、何を登録するか大変迷います。登録できる科目数以上に、取りたい科目がありすぎるのです。魅力的な科目群から絞り込むというのは、非常に恵まれたことです。あれも学びたい、これも学びたい……と、欲張りにさせてくれる学校がWhartonです。もちろん、欲張ってたくさん履修しすぎると、ワークロードは非常にきつくなりますが……（笑）。

　すばらしい授業を提供してくれる名物教授もたくさんいます。中でもPrivateEquity＆VentureCapitalという科目を教えているメトリックという教授は非常に人気があります。扱う分野自体が学問としてはまだ確立された分野でないことから、テキストはなく、ケースを中心とした彼の授業内容自体がすべてといっても過言ではありません。しかし、彼が教える複雑なストラクチャーや条項の絡むPEおよびVC投資のValuation手法（Option理論を応用したもの）は非常に分かりやすく、eye-openingなものです。

■豊富な課外活動

　真面目な（？）活動で私が参加してきたものをいくつか例に挙げると、ラグビー、ホッケー、バテリア（南米の太鼓隊）、貧困層住宅の修復、米国海兵隊への体験入隊などがあります。

　もちろん、複数の趣向を凝らしたパーティーが毎週のようにあります（かなり激しいものも……）。その数は、全部行っていたら体がもたないほどです。

■私生活

　Philadelphiaには、プロ・スポーツ・チームはBaseball、Football、Basketball、Hockeyとすべて揃ってい

ます。勉強で忙しい日々となりますが、時間を見つけられれば、最高のEntertainmentを楽しめるでしょう。

（Class of 2004　男性　保険　社費）

＊　　　　＊　　　　＊

入学して半年が経ちます。Whartonは、学校、学生ともに寛容と成熟さを感じさせるともて良い学校だと思います。規模の大きさと卒業生の多さのメリットを活かして獲得された資金が効果的に反映されています。新築Huntsman HallをはじめとしてInfrastructure面では不自由を感じることはなく、提供されるカリキュラムには多様性と深みがあります。各学生運営グループまたは各クラスが開催するSocial Eventも豊富で、業界著名人によるLeadership Lecture Seriesなど、リソースは自分でいかようにも選択できる学校です。

Whartonでは、Learning Teamと呼ばれる国籍やバックグラウンドが考慮された数名からなるグループに振り分けられ、このメンバーとケース分析やレポート作業でこの1年をともに過ごすことが多くなります。彼らは皆非常に優秀かつSupportiveです。チームの結束がうまく運営されるように、1st Semesterは何かとTeam Workが多くなります。たとえば、Marketing Management、Foundation of Leadership（1st Quarter）、Competitive Strategy、Management of People（2nd Quarter）などの科目では、チームでの作業が多く、課題の締め切りが近くなるとGroup Roomはどこも予約で一杯になります。成績のNon-disclosure方針も影響しているのか、学生は皆、助け合いながら健全に勉強に励んでいます。

私は、英語力の面でLearning Teamで貢献することに苦労していますが、これは日々の努力で改善するしか道はありません。アジア系学生のほとんどは英語力を相当レベル上げてきています。自身の反省を含めて、これから入学される皆さんには、やはりReal WorldでのEnglish Communicationの機会を日本でも真剣に積極的に求められることをぜひおすすめしたいと思います。

日本人の私費学生は、Summer Internship獲得のため、Boston Career Forum（03年は10月下旬に開催）前後の10〜11月に、就職活動にも力点を置かなくてはならず、試験やアサインメントに追われる一番忙しい時期と重なるため時間のやりくりに非常に苦労します。入学前の事前準備をおろそかにしてしまった私は面接で苦労しましたが、何とかBankingとConsulting会社にInternの話をいただきました。私費学生の方は、入学前に就職関連作業は早めに準備することをおすすめします。

11月に開催したJapan Club主催によるJapan Nightは成功裡に終えることができましたが、今までは勉強と就職活動での忙しさに追われてしまい、会費を払った学校のPubにもなかなか通えない状況でした。年が明けてやっと授業にも慣れてきたので、イベントにも参加するよう心がけています。先のLearning Teamでは1〜2ヶ月に一度毎月手作りDinnerが開催され、今度は私の順番なので現在メニューを思案中です。

最後になりますが、私のような海外経験もなく、強いバックグランドがなくてもWhartonはOpportunityを与えてくれる学校です。また、日本人私費学生を対象に、個人のご好意により創設された、Handa Fellowshipという本当に貴重な奨学金制度（2年間で3万ドルから。2007年まで）もあります。大変なことも多いですが、このWhartonに来て本当に良かったと感じています。

（Class of 2005　男性　日系製造業　私費）

スタンフォード大学
経営大学院（GSB）
(Graduate School of Business, Stanford University)

http://www.gsb.stanford.edu

設立年／1925年

基本情報

◆学生に関するデータ
卒業生数＿2万3,000名
フルタイム在学生数＿約745名
日本人学生数
　2004年卒業クラス＿5名
　2005年卒業クラス＿7名
留学生の割合＿24%
アジア人学生の割合＿8%
平均年齢＿27歳
入学時の平均実務年数＿4.2年

◆履修期間と授業料
履修期間＿21ヶ月
授業料＿年間3万7,988ドル

◆主なランキング
『ビジネスウィーク』2002年4位
『USニューズ＆ワールドレポート』2004年2位
『フィナンシャルタイムズ』2004年5位

◆テストスコアと合格率
GMAT要求スコア＿n.a.
合格者平均GMATスコア＿708
合格者GMATスコア分布（80%）＿650〜760
TOEFL要求スコア＿PBT：600
合格者平均TOEFLスコア＿n.a.
合格者平均GPA＿3.45
出願者の合格率＿8%
合格者の入学率＿n.a.

✉ 問い合わせ先

●出願に関する問い合わせ（MBA Admissions Office）
担当者名　Derrick Bolton　eメールアドレス　mba@gsb.stanford.edu
●奨学金に関する問い合わせ
URL　http://www.gsb.stanford.edu/finaid/
●卒業生ネットワーク
URL　http://www.gsb.stanford.edu/alumni/

| 出願締切り | 10月下旬、1月上旬、3月中旬頃 |

就職関連情報

◆サマー・インターンシップの 主な採用企業

ゴールドマン・サックス
インテュイット
サン・マイクロシステムズ
ヒューレット・パッカード
マッキンゼー・アンド・カンパニー

◆卒業生の主な採用先

マッキンゼー・アンド・カンパニー
ボストンコンサルティンググループ
ベイン・アンド・カンパニー
ゴールドマン・サックス

◆卒業生の就職率と平均年収

卒業後3ヶ月時点の就職率
2001年＿95％
2002年＿90％

卒業後の平均年収（年俸＋契約金）
2001年＿12万5,000ドル
2002年＿11万5,000ドル

✉ 問い合わせ先

●就職関連の問合せ先（**Career Management Center**）
担当者名 Andy Chan eメールアドレス **n.a.**
URL http://www.gsb.stanford.edu/cmc/
●卒業生のための就職支援
URL http://www.gsb.stanford.edu/alumni/career

school information
....

Stanford Graduate School of Business
518 Memorial way
Stanford University
Stanford, CA 94305-5015 U.S.A.

....

学習環境

　スタンフォードの学生は自信にあふれ、エネルギッシュで、チーム・スピリット旺盛であり、社交的でもある。スタンフォードの学生に「liquidity preference（経済用語では「流動性選好」。直訳すると「好みの飲み物」となる）とは何か」という質問を投げかければ、経済学における定義から話を切り出すかもしれないし、学校が行なう社交のためのパーティについて話を始め、リラックスするようすすめるかもしれない。

　スタンフォード大学経営大学院の学生は理論指導、ディスカッション、ケース・スタディ、シミュレーション、ロール・プレイ、チーム・プロジェクト、自主研究などの各種メソッドを通して学ぶことになる。マーケティングや戦略といった科目では通常、クラスにおいてケースをもとにしたディスカッションが行なわれる。これに対し、ネゴシエーションのような、純粋にスキル習得を目指した科目では、各授業はそのトレーニングに参加し、議論をする構成になっている。これらの中間に位置するオペレーションのような科目では、ケース、理論、コンピュータ・シミュレーションによるバーチャル工場などが組み合わされている。

　学生は理論指導、ディスカッション、ケース・スタディ、シミュレーション、ロール・プレイ、チーム・プロジェクト、自主研究などの各種メソッドを通して学ぶ。マーケティングや戦略といった科目では通常、クラスにおいてケースをもとにしたディスカッションが行なわれる。これに対し、ネゴシエーションのような、純粋にスキル習得を目指した科目では、各授業はそのトレーニングに参加し、議論をする構成になっている。これらの中間に位置するオペレーションのような科目では、ケース、理論、コンピュータ・シミュレーションによるバーチャル工場などが組み合わされている。

　学生は1年目の秋のクォーターに、他の学生4、5名とともに1つのスタディ・グループに割り振られる。このグループは同クォーター中の2科目に関するもので、学生は他の授業についてもこのスタディ・グループを活用する。最初のクォーターが終了すると、今度は自分たちでスタディ・グループを作る。実際、多くの授業でグループ・プロジェクトが行なわれることになる。

　スティーブ・バルマー（Steve Ballmer）、ウォーレン・バフェット（Warren Buffet）、ビル・ブラドレー（Bill Bradley）、アンディ・グローブ（Andy Grove）、ジャック・ウェルチ（Jack Welch）たちには共通点がある。彼ら全員が、最近スタンフォードでゲスト・スピーカーとして講義を行なったという点だ。同校の名声に引き寄せられ、数多くのリーダーが集まってくる。1週間前に『ビジネスウィーク』の表紙を飾ったその

人自身から直接学ぶことも珍しいことではない。

　卒業後は、多くの学生がナイキのフィル・ナイト（Phil Knight）のような優れたアントレプレナーとなるだろう。あなたの夢の行く先に見えるのがシリコン・バレーでの起業であるなら、チェックすべきはスタンフォードということになる。

　スタンフォードには、ファイナンスのジェームズ・バン・ホーン（James Van Horne）やアントレプレナーシップのアーブ・グラウスベック（Irv Grousbeck）のように際立った教授がいるが、プログラム全体の質が均一であるかという点についての評価は高くはない。また、スタンフォードの就職支援や学生の要望に対する対応のスピードについても高い評価を得ているとはいえないが、改善されつつある。同校の学生は、ハイテク・バブルの時期の「ニュー・エコノミー」の中で多くの就職機会に恵まれていたため、既存企業のオファーをつれなく断る者もいた。そのため、一部リクルーターから低い評価をつけられてもいる。

　しかしながら、スタンフォードというブランドは、一級品としての価値がある。スタンフォードに合格する日本人の多くが、ハーバードにも出願し、両校の合格を勝ち取っている。スタンフォードの少人数クラス（入学者は例年360名程度）、シリコン・バレーやサンフランシスコのベイ・エリアというロケーション、起業マネジメントとゼネラル・マネジメントに強いプログラム、すばらしい学生といった点を考慮するならば、どちらで学ぶかの選択は容易に決断できるものではないだろう。

　ハイテク分野に関心があるのなら、スタンフォードの教室でインテルのアンディ・グローブ（Andy Grove）会長やシスコシステムズのジョン・モーグリッジ（John Morgridge）からリアルなビジネス展望を学ぶチャンスを得ることができる。それがスタンフォードなのだ。

教授陣

　スタンフォードGSBの100名を超える教授陣は、革新的かつ影響力のある理論の構築やテキストの作成、さらに経営理論の構築などで、学界においてその名が知れわたっている。そのため、彼らが授業で自らの研究について具体的な話をすることがよくある。おかげで学生は、最新の理論に早い段階から触れ、同時に、そのような理論に影響を与えることもできるのだ。結果としてGSBの学生は、会計、経済学、ファイナンス、ゲーム理論、リーダーシップ、マーケティング、組織行動、戦略的マネジメントといった経営分野における最新研究の方向付けの手助け役となっている。

人気教授陣

人気教授の専門分野と科目名は次のとおり。

教授	専門分野	科目／研究分野
J.ダレル・ダフィー (J. Darrell Duffie)	ファイナンス(Finance)	財務リスク管理(Financial Risk Management)、デリバティブ評価とヘッジング(Valuation and Hedging of Derivative Securities)、財務改革(Financial Innovation)
H. アービング・グロウスベック (H. Irving Grousbeck)	アントレプレナーシップ (Entrepreneurship)	ベンチャー事業と起業家(New Business Ventures and the Entrepreneur)
チャールズ A. ホロウェイ (Charles A. Holloway)	意思決定科学(Decision Science)、アントレプレナーシップ(Entrepreneurship)	テクノロジー企業の設立と開発(Starting and Developing Technology Companies)、供給者／顧客ネットワーク管理(Managing Supplier and Customer Networks)、新製品／プロセス開発(New Product and Process Development)
ジェフリー・フェッファー (Jeffrey Pfeffer)	組織行動論 (Organizational Behavior)	知識の移転と実行における社会心理学的・社会制度的障壁(Social Psycho-Logical and Institutional Barriers to the Transfer and Implementation of Knowledge)
ジェイムズ・バン・ホーン (James Van Horne)	銀行業務とファイナンス (Banking and Finance)	金利理論(Interest Rate Theory)

カリキュラム

　スタンフォード大学経営大学院のMBAプログラム（2年制）は、各年3つのターム、合計6タームから構成され、プログラムは2つに分かれている。すなわち、1年目のコア科目と、2年目を中心に履修する選択科目である。卒業には、最低100単位が必要となる。期間が1タームの科目と選択科目は各4単位で、期間が2分の1タームの科目は2単位となる。学内の他学部科目を16単位まで取得することも許されている。

1年目

　1年目のカリキュラムは次のとおり。

秋学期
データと意思決定（Data and Decisions） 組織のダイナミクス（Dynamics of Organizations） 財務会計（Financial Accounting） 経営経済学（Managerial Economics） 数量的分析によるモデリング（Modeling for Quantitative Analysis） 組織行動論（Organizational Behavior）

冬学期
ファイナンス（Finance） 情報化時代のマネジメント（Management in an Information Age） マーケティング・マネジメント（Marketing Management） オペレーション（Operations） グローバル経済における戦略と組織（Strategy and Organization in the Global Economy）

春学期
人的資源管理（Human Resource Management） 管理会計（Managerial Accounting） ビジネス環境における戦略（Strategy in the Business Environment） 選択科目（Elective courses）

2年目

2年目のカリキュラムは、すべて選択科目（100科目以上）から構成されている。スタンフォードが提供する科目は多彩で、実業界、社会セクター、学生などの関心の変化とともに進化を続けている。同校が3ターム制を採用していることから、選択科目は18科目まで履修することが可能であるが、ビジネススクールの2年生の場合、14科目程度を履修するケースがほとんどである。選択科目の開講分野（一部）は次のとおり。

会計（Accounting）

マーケティング（Marketing）

アントレプレナーシップ（Entrepreneurship）

経営経済学（Managerial Economics）

ファイナンス（Finance）

オペレーションおよびIT（Operations & IT）

一般および複合分野（General & Interdisciplinary）

組織行動（Organizational Behavior）

グローバル経営（Global Management）

政治経済学（Political Economics）

スタンフォードで学べる科目は非常に多岐にわたる。ここでは、2003年秋タームの一般選択科目と分野横断的な選択科目をいくつかチェックしてみよう。次はその一部である。

ヘルス・ケア機関とヘルス・ケア革新（Health Care Institutions and Health Care Innovators）

スタートアップ企業のグローバル化戦略（Startup Globalization Strategies）

スポーツビジネス経営（Sports Business Management）

多規制産業への投資（Investing in Highly Regulated Industries）

社会貢献活動における戦略上の諸課題（Strategic Issues in Philanthropy）

バイオテクノロジー産業における倫理問題（Ethical Issues in the Biotech Industry）

ビジネスにおける個人的創造性（Personal Creativity in Business）

出願戦略上のアドバイス

ビジネススクールの中で、スタンフォードほど競争率が高いところはないと聞いても驚くことはないだろう。出願者の合格率は、ウォートンで13パーセント、ハーバード12パーセント、コロンビア11パーセント、そしてスタンフォードは8パーセントだ。このような狭き門への競争の厳しさは、日本人についても他の出願者についても同じである。一方、スコアが低い人でも合格することは不可能ではない。

現在東京で経営コンサルタントをしているスタンフォードの卒業生は、TOEFLのスコアが617（CBTの260にあたる）で合格している。彼の合格の理由はパーフェクトな文法力ではなく、自分のアイディアをうまく伝え、授業に大いに貢献できることをアピールできたからである。ほかにも、スタンフォードにTOEFLが257、GMATが640で合格した日本人がいた。合格理由がテストのスコアでないことは明らかで、仕事におけるバックグラウンドに加え、キャリア・ゴールを効果的なエッセーとインタビューでうまく伝えることができたからであろう。

スタンフォードがあなたのドリーム・スクールならば、挑戦してみればよいではないか。もちろん、ほかのビジネススクールを考慮に入れるという現実的な考えも持ち合わせておくべきではあるが。

スタンフォード大学経営大学院が出題するエッセーは、言葉づかいがシンプルであり、長さの制限もない。冗長で、ピンぼけした、情熱に欠けるエッセーにならないようにすることが肝要である。同校のプログラムのコア部分（リーダーシップ、アント

レプレナーシップ、社会的価値、グローバル・マネジメントなど）に力点を置き、その
ような資質を自らの経験においてどのように発揮してきたかを強調するようにしよ
う。

　同校の前入学審査事務局ディレクターであるマリア・ムキーニ（Maria Mookini）は、
エッセーは「紙上インタビュー（Interview on Paper）」であると説明してくれた。示
すべきものは、「事柄」ではなく、「自らの人となり」なのだ。

就職支援

　卒業生の主な就職先（職務）は次のとおり（2003年卒業クラス）。

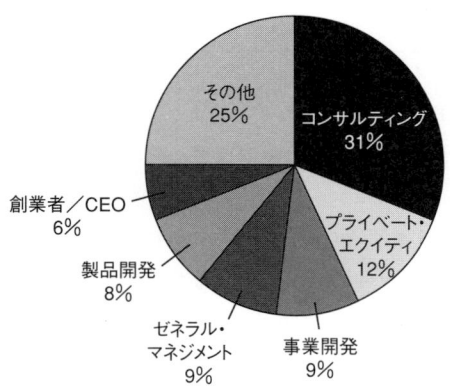

　スタンフォードの学生の多くは、卒業後の就職先を、オンキャンパス・リクルーティ
ング（OCR）により、来校する700社の中から選んでいる。OCRに加え、Career
Management Center（CMC）も就職のサポートを行なっている。個別指導、自己評価、
レジュメとカバー・レター準備、模擬インタビュー、卒業生からのアドバイスとネッ
トワーキングの機会提供などである。

　同校はさらに、企業のリーダー（多くがGSBの卒業生）が自らの会社や就職機会につ
いて説明をしてくれる「Meet the Company」というプレゼンテーションを実施してい
る。また、キャリア・カンファレンス（Career Conference）の中で行なわれる2つの大
きなキャリア・フェアと複数の産業別パネルを通して、学生は異なるキャリアについ
て深く学ぶと同時に、ネットワークの機会と仕事の情報を得るのである。

　過去2年間の上位採用企業名（一部）は次のとおり。

アクセンチュア（Accenture）

イーベイ（eBay）

メリル・リンチ（Merrill Lynch）

AOLタイム・ワーナー（AOL Time Warner）

イーライリリーアンドカンパニー（Eli Lilly & Co.）

マイクロソフト（Microsoft Corporation）

ベイン・アンド・カンパニー（Bain & Company）

エンデバー・イニシアチブ（Endeavor Initiative）

モニター（Monitor Company）

バンク・オブ・アメリカ（Banc of America）

生活環境

　スタンフォードのキャンパスは、「The Farm」という名で親しまれているように、まるで田舎にいるような環境である。自転車で通学でき、1年中自然に触れることができる。

　キャンパスはまた、美しい場所でもある。比較的新しいナイト・ビルやエグゼクティブ用の住宅を除けば、MBA用の施設は新築のものや、派手なものはない。キャンパスには、武術の練習をする学生や、競技フリスビーに興じる人たちがいるかもしれない。

　起伏のある丘と1,200エーカーの中央キャンパスを含め、8,100エーカーに及ぶスタンフォードのキャンパスは、かつてリーランド・スタンフォード（Leland Stanford）旧カリフォルニア州知事の馬の飼育場であった。これが校名の由来である。現在、スタンフォードのキャンパスはサンフランシスコの金融街から小1時間の距離にあり、また、シリコン・バレーに立ち並ぶ大手企業の本社からは数マイルのところにある。スタンフォードからすればシリコン・バレーは裏庭といえる位置にある。

　周辺のコミュニティーには、企業のエグゼクティブ、NPOセクターのリーダー、新規事業を立ち上げるアントレプレナーがいる。スタンフォードのスタジアムでフットボールに興じているときでも、教員クラブの食堂で学生と教授たちがランチを楽しむときでも、ロダン彫刻庭園を訪れるときでも、実業界、政府、ヘルス・ケア団体、非営利組織のリーダーたちが心地よいハーモニーを奏でている。それがスタンフォードのコミュニティなのだ。

　パロアルト自体には、ほめちぎるほど見事なところはない。スタンフォード大学の

周辺は米国内の典型的小都市であり治安も良いが、パロアルトには荒廃し、薬物がらみの犯罪がはびこる地域もある。

　スタンフォードGSBは、グローバルに影響を及ぼす強大な経済力が集中する地域の中で、最高の立地にある。『ビジネスウィーク』の「世界のベスト1,000社」ランキングに取り上げられている、世界中の企業の多くがこの地域内に立地している。GSBのすぐ南にあるシリコン・バレーは、技術革新の発信源である。カリフォルニアには米国人の9人に1人が生活している。同州はまた、米国の輸出をリードし、国際的ビジネスが接点をもつ地点でもある。仮にカリフォルニア州が独立した国であるとすれば、世界第5位の経済力を誇る規模となる。スタンフォードに来れば地中海性気候のもとで生活をすることができる。

　気温は1年中平均して摂氏16〜21度と快適だ。朝に霧が出ることもあるが、日中にはたいてい明るい日差しが顔をのぞかせる。その後は、涼しくさわやかな夕刻が訪れる。暑すぎず、寒すぎず、そんな気候の中で過ごせるのだ。

　住まいに関しては、スタンフォードの学生には複数の選択肢がある。5月初めの入居申し込み期限に間に合えば、すべての新入生にキャンパス内の住宅が保証される。このようなキャンパス内住宅の中には、校舎からわずか数ブロックの距離しか離れていないシュワッブ・レジデンシャル・センター（Schwab Residential Center）がある。同センターの小ぢんまりとした現代風のマンションで、200人を超える1年生が生活している。入居者は、学習ラウンジ、コンピュータ・ルーム、勉強室を共有する。学生にはそれぞれ、プライベート・ルームとバスルームが用意されている。キッチンは共用となる。

　大学院住宅課（Graduate Housing Service）は、寮、小さなグループ・ハウス、マンションとスイート（Suite）を含むキャンパス内のあらゆる居住設備の管理を行なっている。その中の1つ、エスコンディード・ビレッジ・アパートメント（Escondido Village apartment）では、独身学生、子供のいないカップル、子供を連れた学生などおよそ3,200人が生活している。リリオア・グリーン・レインズ・ハウス（Liliore Green Rains House）には、2ベッドルームと4ベッドルームの部屋があり、そのすべてに個人用のベッドルームが学生に用意されている。リチャード・W・ライマン・グラジュエート・レジデンス（Richard W. Lyman Graduate Residence）は、キャンパス西部のメディカル・センター、科学・工学部キャンパス（Science and Engineering Quad）近くにあり、224人の学生が生活するマンション（2ベッドルーム）である。キャンパスから離れて生活したい学生には、さまざまな住宅が提供されている。

ちょうど今日、留学1年目の秋学期が終了しほっとしています。今学期の履修科目は確率統計、ミクロ経済、財務会計、モデリング、組織論の5科目でした。組織論以外はQuantitativeな内容で語学のハンデを感じることはそれほどありませんが（特に財務・会計の素養がある人は楽です）、冬学期以降では逆に組織論のようなQualitativeな内容の授業が増えていくとのこと。僕自身は高校3年時に1年米国への留学経験があるので英語はまあまあですが、抽象的な議論になるとやはりつらいです。たとえばグループ・ワークでレポートを仕上げるとなると実際に文章を書く能力が劣る分、ほかの部分で貢献できる方法を探さざるを得ず相当しんどい思いをしています。また組織論などのQualitativeな授業では、授業中の発言が重要な評価基準となりますが、白熱した議論の中で的を得た発言をすることはNon-native speakerにとっては容易ではなく、この辺も今後の課題といったところです。いまだに悪戦苦闘中なので克服法といったほどの大げさなものは何も言えませんが、要は人一倍しっかりと準備して自分なりの意見をいうということでしょうか。

同級生は非常に優秀で、人の話をよく聞く、親切な学生が多いというのが印象です。試験の平均点などを見ると改めてレベルの高い学生が集まっているんだなと感心します。一方で成績を競争する雰囲気は全くなく、手を挙げればいくらでもサポートを得られる雰囲気はあります。理由の一つにはビジネススクールでは成績がそれ程重要視されず、競争する必要がない、ということもあるかもしれません。

アメリカでも（もちろん日本でも）MBA不要論は常にあるようですが、世界中の優秀な学生が集まり、楽しくもつらい2年間の経験を共有するということに意味がないとすれば、他にどんな経験に意味があるのでしょうか。日本から1人でも多くの人が海外のビジネススクールに留学することは日本にとっても日本企業にとってもきっとプラスになると個人的には考えています。一方で、MBAでは2年間、いわゆる「広く浅く」学ぶカリキュラムとなっており、学んだ知識がすぐに実務上のcompetitive edgeになることはほとんどないと思います。たとえば財務・会計についていえば、日本で証券アナリストや簿記の資格を取った方が費用対効果的には余程効率良く知識を得られるのではないでしょうか。その点からいういわゆる「キャリア・アップ」や「市場価値を高める」といった観点から留学を目指される方は案外失望することも多いのかもしれません。留学という経験から何を得たいか、自分なりに納得出来る理由があることが重要なのでしょう。

（Class of 2005　男性　総合商社財務部門　社費）

＊　　　　＊　　　　＊

スタンフォード大学MBA（通称GSB）には「成長」を促すカルチャーがある。もちろん強制的ではなく、アカデミック、課外活動、地域社会、生活環境、いずれも無限とも思える機会があるが、どれを選択するかはすべて自分次第である。

たとえばアカデミックな面では、1年目はコア授業が多く、スタディ・グループも半分は自由に、また半分は強制的にメンバーが決定されるが、2年目は授業、スタディ・グループいずれも100％自由に決められる。私は2年目の秋学期、イノベーション関連のバーゲルマン教授の授業や、GSBで最も人気のあるInterpersonal Dynamics（通称タッチーフィーリー）などを受講した。特に後者は、グループ・メンバーのフィードバックを通じて、個人の内面と対人関係を深く掘り下げる授業であるため、海外経験が全くなかった私にとっては、語学を筆頭に大きなチャレンジであった。しかし、この授業を終えた現在、やりとげたという満足感と、自分の新しい可能性と成長を強く感じている。現在冬学期の授業をどう選択するかを考えているが、自分の興味、生活のバランスなどを考慮しながら、幅広い選択肢から授業を選べる点は、本当に恵まれていると思う。

もちろん授業以外の面でも、生徒同士の交流は活発である。私は1年目はGSB1年生の7割以上が生活する寮（Schwab）で過ごしたが、ルームメイトはGSBの学生であり、毎日のように勉強会、パーティーが開かれていた。同期をよく知り、かつ学んでいくには最高の場所だと思う。クラブ活動では、私はGSBのサッカー部に所属し、毎週日曜はローカル・リーグの試合に出場している。また、ヘルスケア・バイオテク関連のク

ラブなどで自分の強みであるバイオ業界を紹介したり、日本に興味のあるGSBの学生に日本語を学ぶ会を提供するなど、積極的な活動も心がけている。GSBコミュニティーには、やりたいことは何でもできるリスクフリーの環境が整っており、積極的に関わることで、自分を高めていくことができる。

一方、GSBの外にも、「成長」できる機会が数多く存在している。私自身は、現在スタンフォード日本人会の幹事として、スタンフォード全体の日本人コミュニティのお手伝いをさせていただいているが、スタンフォードには多彩なバックグラウンドをもった方が多数おり、一緒にお話させていただくだけで勉強になる。また、バイオ関連のコミュニティーを活性化するため、留学中に立ち上がったJBC（Japan Bio Community）のオーガナイザーとして毎月のイベントをサポートしている。これらの活動を通じて、日々、自分自身の視野が広がっていくのを強く感じている。

最も苦しみ、かつ成長している（であろう）こととして、やはり「英語」があると思う。海外経験が全くなかったので、語学のハンデは生半可なものではなく、非常に苦しみ、ときには人に会うのが怖くなってしまうこともあった。しかし、同期は信じられないくらい寛大で、私の拙い英語も一生懸命聞いてくれ、パーティーや映画にも毎週のように誘ってくれる。GSBコミュニティー自体が「チャレンジする人に寛大」なのだと思う。まだ英語を克服できたとはとても思えないが、日々チャレンジを続けている。

最後に、これからスタンフォードを目指す日本人志願者の皆様へ。スタンフォードで大事なのはエッセーと推薦状である。特にエッセーは、「何をやったか」より、「あなたはどういう人なのか」を描き切ることが重要。エッセーで自分自身を表現できれば、あとはその自分とスタンフォードの相性で合否は決まる。ぜひチャレンジしていただければと思う。　　　　　　　　　　　　（Class of 2004　男性　バイオ研究　社費）

＊　　　　＊　　　　＊

■生活環境

スタンフォード大学のあるパロアルトは、年間を通して非常に快適な気候の土地です。冬にはたまに雨が降りますが、それ以外の季節はほとんど毎日気持ちの良いカラッとした晴天が続き、かつ真夏でも朝晩は涼しくとても快適です。日本人がたくさん在住しているため、日本食のレストランや日本食材を扱っているスーパーが多く存在しており、非常に便利です。スタンフォード日本人会(SJA)という非常に強力な助け合いネットワークもあり、こちらで生活するうえで必要な情報をすべて入手できることも安心材料の1つです。

治安に関してもまったく問題なく、アメリカの大都市で良く見かける盗難防止用のハンドル・ロックをしている車はありませんし、キャンパス内に至っては真夜中に1人でジョギングしている女性をよく見かけるくらいの治安の良さです。

このように、スタンフォード大学は良好な気候に加えて利便性と安全性も兼ね備えた、全米で最も快適なロケーションに恵まれた大学の1つといっても過言ではないと思います。

■スタンフォードGSBの特徴

スタンフォードGSBは、1学年371人の少人数制と成績の非開示ルールにより、学生同士が教え合うことでみんなでスキルアップを図っていくという非常に協調的な雰囲気が醸成されています。成績を気にする必要がないので、あえて得意でない分野の授業を選択して、幅を広げたり苦手分野を克服したりするようなリスク・テイキングが可能になっています。

ビジネススクール卒業生の多くはコンサルティング、投資銀行業界に進む傾向が強く、この点については同校も例外ではありませんが、それ以外のハイテク、エンターテインメント、ベンチャー、non-profitなど、多種多様な業界へ進む人も同様に多く、進路が多様性に富んでいることは注目に値すると思います。

特にnon-profitに興味のある学生は非常に多く、PMP（Public Management Program）というプログラムでは定められた科目を履修することで卒業時にCertificateが与えられるほか、公共政策・環境・教育・福祉等に関する各種クラブが活発に活動しています。また、PMPと並ぶもう1つの柱として、GMP（Global Management Program）というプログラムもあり、こちらはグローバル・ビジネスに関するCertificateが与え

られるほか、各種講演会やイベントが多数開催されています。

■人気教授・授業
　ストラテジーの授業の人気筆頭は、インテル会長のAndrew Groveが教鞭をふるう、Strategy and Action in the Information Processing Industryになると思います。毎回情報産業の1つのセクター（通信、ソフト、ゲーム、e-commerceなど）に着目して、豊富な経験に基づく深く掘り下げた議論を展開のはずが、それぞれの授業内容がリンクするような絶妙の構成となっているため、コース終了時には情報産業全体が鳥瞰できるようになります。同氏は指導が厳しいということでも有名で、教室内はピーンとはりつめた空気が流れています。
　Organizational Behaviorの授業で圧倒的支持を得ているのが、David Bradford によるInterpersonal Dynamics（通称:Touchy Feely）です。これは非常にユニークなコースで、要は良好な人間関係を築くためのスキルを磨くものなのですが、学生の深層心理に迫っていくことでお互いがお互いをどのように思っているのか本音を引き出し、良いところ悪いところを認識します。学生が本音を語りやすいよう、コース受講者が誰なのかは受講者以外には秘密にされるという念の入れようで、受講者の多くが「人生観が変わった」というほどのすごいコースです（そして多くの学生が授業中に涙を流すといいます）。
　起業を目指す学生の垂涎の的となっているのは、VERITAS Software CEOのMark Leslieの指導のもと、GSBの学生と他学部の学生とがチームを組み、各チームが提案したビジネス・プランの実現に向けて手取り足取り指導してくれる、Seminar for Evaluating Business Opportunitiesという授業です。起業コンテストをしながら単位も取得でき、かつベンチャー・キャピタルのメンターもつくという、いかにも同校らしいコースです。

■グループ・プロジェクト
　1年目のコア・コースで修得するData and Decisionsの授業では、エクセルの回帰分析機能を活用するグループ・プロジェクトが課されます。私のグループ（アメリカ人2人、インド人1人、中国人1人、日本人1人）は、オンライン販売されているダイヤモンドの価格がどのような変数に基づいて決定されているのかを分析しました。一般的にダイヤモンドの価格は4Cとよばれる、カラット、カット、カラー、クラリティで決まるといわれていますが、私達は膨大なデータを元にそれぞれの寄与率を算出し、4Cの値から逆にオンライン販売価格が高精度で推定できる計算式を求めました。多様なバックグラウンドを持つグループ・メンバーと激しいディスカッションを繰り返しながらプロジェクトを進めていく過程で、いかにすれば効率的にそして円滑にプロジェクトを進めていくことができるのかも学ぶことができました。

（Class of 2004　男性　電力　社費　※1年生在籍時に執筆）

＊　　　　＊　　　　＊

「これまでの人生で最高の2年間だった。」―出願前にStanford Graduate School of Business（以下「GSB」）について卒業生に聞くと、決まって口にする言葉だった。同校を卒業した今、自分の経験を含め振り返ってみると、彼らが意味していたことは、1人ひとりがGSBでの2年間を通じて自分のゴールを満足いくかたちで達成できたという充実感のことではないかと思う。
　GSBでは、ニーズに合わせた柔軟なカリキュラムやバラエティーに富んだイベントを通じて、自分の目的にあったゴールを達成するためのインフラが整っている。加えて、教授、学生がお互いの「個性」を大切にするというカルチャーが根強く、結果として、各自がそれぞれのゴールを達成することが奨励される環境ができあがるのではないかと思う。"What matters most to you and why?" という出願エッセーの質問（Class of 2002）にも、そのカルチャーが色濃く反映されているのではないだろうか。
　そのような環境のおかげか、卒業後についても、クラスメイトの多くが自分にあったキャリアを追求すること

を重視していたと思う。MBAの大口就職先であるコンサルティング会社や投資銀行に就職する者から、大手ハイテク企業やベンチャー企業、ベンチャー・キャピタルやプライベート・エクイティといった業種に進む者、あるいは、地元の高級チョコレート事業のスタートアップに参画したり、一家の事業を受け継いだりする者、1、2年間の収入を投げ捨てて、ファンドを興し投資家を募集している者まで、進路は多岐にわたる。そして、自分のやりたくないことはしない、と卒業後も自らが希望するキャリアを求めて就職活動を続けている者もいる。ここでは「いい就職先」というものは、あくまでその人にとっての「いい就職先」なのだ。

　私は私費留学していたこともあり、卒業後に米国にて新たなキャリアにチャレンジしてみたいと考えていたが、幸運にも希望していた職種に就くことができた。現在は、元々身をおいていたファイナンスの分野とは全く異なるシリコンバレーのソフトウェア会社で、プロダクト・マネジャーとして日本市場向けの製品開発を担当している。私も含め異業種に転じようとしていた多くの同級生は、雇用抑制ムードの折、苦戦したことも事実であるが、多くが卒業時までに仕事が見つからなくても、志を通すという決意で臨んでいたことは、大きな心の支えになった。特に2年間を通じてのルームメイトであった同級生とは、キャリアや人生観について日々よく話した。そして彼も、卒業後、私とは逆に大手半導体関連企業のプロダクト・マネジャーというポジションから一転して、エクイティ・アナリストとしてファイナンスの世界へと転身した。

　私にとっては、多くのクラスメイトや教授との交流を深める中で、キャリアの方向性のみならず、今後をどのようにして生きていきたいかということを改めて見つめることができたという意味で、「最高の2年間」であったという実感をもっている。
　　　　　　　　　　　　　　　　　　　　　　　（Class of 2002　男性　ソフトウェア業界　プロダクト・マネジャー）

ノースウェスタン大学
ケロッグ経営大学院
(Kellogg School of Management, Northwestern University)

http://www.kellogg.northwestern.edu

設立年／1908年

基本情報

◆学生に関するデータ
卒業生数__約4万5,000名
フルタイム在学生数__1,060名
日本人学生数
　2004年卒業クラス__18名
　2005年卒業クラス__13名
留学生の割合__33%
アジア人学生の割合__13%
平均年齢__29歳
入学時の平均実務年数__7年

◆履修期間と授業料
履修期間__21ヶ月
授業料__年間3万4,314ドル

◆主なランキング
『ビジネス・ウィーク』2002年1位
『USニューズ&ワールドレポート』2004年4位
『フィナンシャルタイムズ』2004年9位

◆テストスコアと合格率
GMAT要求スコア__n.a.
合格者平均GMATスコア__690
合格者GMATスコア分布(80%)__n.a.
TOEFL要求スコア__n.a.
合格者平均TOEFLスコア__CBT:277
合格者平均GPA__3.45
出願者の合格率__13%
合格者の入学率__61%

✉ 問い合わせ先

●出願に関する問い合わせ
担当者名　Beth Flye
eメールアドレス　MBAadmissions@kellogg.northwestern.edu
●奨学金に関する問い合わせ
URL　http://www.kellogg.northwestern.edu/fin%Faid/index.htm
●卒業生ネットワーク
URL　http://www.kellogg.northwestern.edu/alumni/services/career.htm

---

出願締切り　11、1月上旬頃、3月中旬

就職関連情報

◆サマー・インターンシップの主な採用企業

リーマン・ブラザーズ

シティグループ

ベイン・アンド・カンパニー

デロイト・コンサルティング

ゴールドマン・サックス

◆卒業生の主な採用先

マッキンゼー・アンド・カンパニー

ベイン・アンド・カンパニー

メリル・リンチ

ATカーニー

デロイト・コンサルティング

◆卒業生の就職率と平均年収

卒業後3ヶ月時点の就職率

2001年＿90％

2002年＿88％

卒業後の平均年収（年俸＋契約金）

2001年＿11万5,000ドル

2002年＿10万5,000ドル

✉ 問い合わせ先

●就職関連の問合せ先（**Career Management Center**）
担当者名　**Roxanne Hori**　eメールアドレス　**n.a.**
URL　http://kellogg.northwestern.edu/admissions/careers/index.htm
●卒業生のための就職支援
URL　http://www.kellogg.northwestern.edu/alumni/services/career.htm

school information

2001 Sheridan Rd
Evanston IL 60208 U.S.A.

学習環境

　1980〜1990年代、米国企業は肥大化した中間管理職をリストラすることで「ぜい肉をそぎ落とした競争力のある」環境を作り出した。そのため、そうした環境で任務を遂行できる、よりバランスの取れたチーム・プレーヤーを求めるようになった。しかし、ケロッグはこのような要求に応えるためにカリキュラムを変更する必要はなかった。なぜなら、同校はすでに企業採用担当者の求める人材を輩出していたからである。

　たとえば、日本で新規ベンチャーを立ち上げるための資金集めの「ノウハウ」を学びたいのならば、ケロッグで仲間を20人集めよう。そうすれば、カリキュラム委員会がすぐに検討してくれるだろう。また、クラスメイトとともにコスメルやグランド・ケーマン島にスキューバ・ダイビングの旅行をしたいとしよう。その窓口はケロッグ・アウトドア・アドベンチャーズ (Kellogg Outdoor Adventures) だ。

　ケロッグでは、学生がプログラムのあらゆる面で発言力をもっている。さらに、学生は自ら選んだ対象国へのフィールド・スタディを含むグローバル・ビジネス・リーダーシップコースである、Global Initiatives in Management (GIM) などの人気プログラムの準備にも、その力を発揮している。入学前にすでに多くの実績をもつ学生たちには、MBAプログラムの在学中にリーダーシップを発揮する機会が与えられるべきであり、また、そうすることができると、ケロッグは考えている。つまり、ケロッグ自身がこのような考えを校風の一部としていく先導役となっているのである。

　ケロッグでの学習（その多くはグループで行なわれる）は厳しいものであるが、その一方で、遊びに夢中になれる機会もある。いわゆる「余暇」とは異なるが、学生が主催する活動があちこちで行なわれている。コミュニケーションを取ろうと努力し、仲間にとけ込み、貢献をするならば、あなたが日本人で英語が完璧とはいえなくても、それは問題ではない。現在日本で経営コンサルタントをしている同校卒業生のある日本人は、ケロッグ在学中に英語につまずいてはいたが、ためらわずにコミュニケーションを取ろうとした。彼はその熱意とチーム・スピリットをもって、同校の優れた学生リーダーとなったのである。

　ステレオタイプなイメージは捨てるべきである。ケロッグはマーケティングが有名であるが、これはコロンビアがファイナンスや国際ビジネスで、スタンフォードが起業マネジメントで知られているのと同じである。ケロッグはマーケティングであれ、他の分野であれマネジメント全般について強みをもつビジネススクールである。

教授陣

　ケロッグの教授陣に対する高い評価は、洞察力に富んだ分析とそれぞれの専門分野において新たなアイディアを推進する能力に対するものである。教授たちは、あらゆる学問分野において画期的な理論を構築してきた。その中には戦略、バンキング、ネゴシエーション、ゲーム理論、マーケティングなどが含まれている。研究を通じて、教授陣は知の最前線にあり続け、専門分野における新たな進歩が生み出す興奮をクラスルームに吹き込むのである。

　学生に対する指導に加え、教授たちはあらゆる産業の企業や組織のコンサルタントを、大企業、中小企業を含め定期的に務めている。さらに、フルタイム、パートタイム、エグゼクティブ・プログラムにおいても教鞭をとり、組織における重要な諸課題、新進気鋭のアナリスト、中堅の有望ビジネスマン、CEOらのさまざまな物の見方、さらには、エグゼクティブのリーダーシップに学生を触れさせている。学生にとってありがたいのは、指導教官である教授陣が、経営問題とその解決策についての実践的知識を応用し、自らの指導効果を増大させていることである。

　ケロッグの学生は、不慣れな新任教授から指導を受けることを心配する必要はない。同校では新任の教授が赴任直後のクォーターから授業を担当することはないからだ。新任教授は授業を担当するのではなく、ケロッグのアプローチに精通するために先輩たちの指導を見て学ぶことになる。

　最後に、同校のプログラムにおける独自の特徴を1つ挙げておこう。それは、学生が各授業を評価し、その評価が公開されるというものである。このため、こうした評価が教授たちの終身在職権や昇進決定の際にも考慮の対象となるという厳しい側面ももち合わせている。

人気教授陣

人気教授の専門分野と科目名は次のとおり。

2年間のプログラムスケジュール

教授	専門分野	科目／研究分野
トーベン・アンダーセン （Torben Andersen）	ファイナンス（Finance）	資産価格評価（Asset pricing）、 実証的ファイナンス（Empirical finance）
ラクシュマン・ クリシュナムルティ （Lakshman Krishnamurthi）	マーケティング（Marketing）	マーケティング戦略（Marketing Strategy）、 マーケティング・リサーチ（Marketing Research）、多変量解析（Multivariate Statistics）
マーク・サッタースウェイト （Mark Satterthwaite）	管理経済学（Managerial Economics）、戦略的マネジメント（Strategic Management）	競争の経済学 （Economics of Competition）
エドワード・ザジャック （Edward Zajac）	経営と組織（Management and Organizations）	戦略的提携の実現と管理（Creating and Managing Strategic Alliances）

カリキュラム

　MBA取得を目指す学生が2年間で学ぶコア科目は厳しいものであるが、高度な専門分野に精通するためのバックグラウンドとなる。コア科目は会計、マネジメントと組織、マーケティング、ファイナンス、意思決定科学、マネジメントと戦略などの基礎的分野の9科目から構成されている。学生は在学中の6クォーター間に少なくとも23科目を履修する必要がある。

　コア科目は卒業に必要な23科目のうちの9科目を占める。その9科目は次のとおり。

意思決定のための会計学（Accounting for Decision Making）

経営意思決定のための数学的手法

（Mathematical Methods For Management Decisions）

経営意思決定のための統計的手法

（Statistical Methods for Management Decisions）

事業戦略（Business Strategy）

組織統率／管理戦略（Strategies for Leading & Managing Organizations）

ファイナンスI（Finance I）

ミクロ経済的分析（Microeconomic Analysis）

マーケティング・マネジメント（Marketing Management）

オペレーションズ・マネジメント（Operations Management）

必修の9科目を除けば、カリキュラムはフレキシブルで幅広い構成となっている。学生それぞれが履修する科目を決めている。

ケロッグは次の6学科に分かれている。

会計情報と経営（Accounting Information & Management）

ファイナンス（Finance）

経営と組織（Management & Organizations）

経営と戦略（Management & Strategy）

管理経済学と意思決定科学（Managerial Economics & Decision Sciences）

マーケティング（Marketing）

こうした枠組みの中に、専門分野に特化した10のプロフェッショナル・プログラムがあり、専攻分野として20分野（2003年秋）が用意されている。その中には、分析的コンサルティング（Analytical Consulting）、バイオテクノロジー（Biotechnology）、ビジネスとその社会環境（Business and its Social Environment）、起業と革新（Entrepreneurship & Innovation）、健康産業とマネジメント(Health Industry Management)、マネジメントと戦略（Management & Strategy）、メディア・マネジメント（Media Management）、公共／非営利マネジメント（Public/Nonprofit Management）、不動産マネジメント（Real Estate Management）、技術産業マネジメント（Technology Industry Management）、輸送とロジスティクス・マネジメント（Transportation & Logistics Management）など、専門的、分野横断的な分野がある。

出願戦略上のアドバイス

ケロッグへの入学を勝ち取るには、GMATのスコアが高ければよいというわけではない。GMATのスコアが比較的低い日本人が入学する例もある。自分の対人特性が校風に合うことを示すことで、合格の可能性を大きく向上することができるだろう。ケ

ログでは推薦状を1通しか求めていないので、推薦人にはあなたの仕事ぶりをよく知る人物を選ぶようにしなければならない。

　ケロッグ経営大学院を検討するということは、「チームワーク」そのもののようなプログラムを考慮するということである。他のビジネススクールがカリキュラムにおいてチームワークと合意形成（Consensus Building）に力を入れ始めるはるか以前から、ドナルド・P・ジェイコブス（Donald P. Jacobs）学長（2001年に退職）は、自らのパーソナリティを体現するかのようなビジネススクールを築き上げていった。すなわち同校は、積極的であり、近づきやすく、そして、ビジネススクールにとって最も重要な顧客である学生に対して気配りのあるMBAプログラムなのである。

就職支援

卒業生の主な就職先（職務）は次のとおり（2003年卒業クラス）。

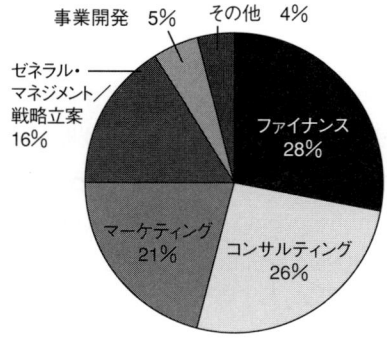

分野別卒業生の就職先

　ケロッグの就職部（CMC：Career Management Center）は自己評価のためのワークショップ、模擬インタビューの録画、レジュメ指導、ホームページ上の求人情報公開、大規模なキャリア情報センター、オフキャンパス・求職ワークショップなどを実施している。ケロッグ・キャリア・ネットワーク（Kellogg Career Network）には、ケロッグの卒業生をリクルートしたい企業・組織から3,000近い情報が公開されている。CMCはさらにMBA 非営利団体コネクション（MBA Nonprofit Connection）と共同で、

個々の学生のキャリア・カウンセリングと、非営利団体で働くことに興味をもつ学生のためのサマー・ジョブ情報を公開している。

CMCはハイテク産業キャリア・フォーラム（High Tech Career Forum）とベンチャー・キャリア・フォーラム（Entrepreneurs' Career Forum）を毎年実施している。参加企業は両フォーラムとも、この機会以外にはキャンパス内でリクルート活動を行なう可能性のあまりない大企業や中小企業であり、学生にとってはそうした企業と就職について話し合うチャンスとなる。

さらにCMCが学生にとってありがたいのは、招待者限定（一般公募をしない）インタビューに対するCMCの方針である。すなわち、企業が実施する招待者限定のインタビューに対しても、入札により学生が時間枠を確保できる一般公募も同時に行なわなければならないとする方針である。このシステムにより、フルタイム学生の8割以上に及ぶ転職希望者は、異業種の企業に自らのスキルをアピールするチャンスを手にすることができるのだ。

ケロッグの卒業生を採用する企業は非常に幅広い。主な採用企業は次のとおり。

ATカーニー（A.T. Kearney）
ゴールドマン・サックス（Goldman, Sachs & Co.）
IBM
アクセンチュア（Accenture）
ガイダント（Guidant Corporation）
モルガン・スタンレー（Morgan Stanley）
ベイン・アンド・カンパニー（Bain & Company, Inc.）
ヒューレット・パッカード（Hewlett-Packard Company）
ファイザー（Pfizer Inc.）
バンク・オブ・アメリカ・セキュリティーズ（Banc of America Securities LLC）

生活環境

さまざまな活動やクラブ、対話などを通して、ケロッグでの学生生活を有意義なものにすることができる。これがケロッグの持つユニークな点であろう。学生のクラブは70近くあるので容易に参加でき、リーダーとしてさらなるスキル向上の機会をもつことも難しいことではないだろう。

ケロッグの学生の構成はまさにグローバルと呼べるものであり、これこそが留学生がケロッグの環境に格別の居心地の良さを感じるゆえんである。留学生の割合は2003年卒業クラスの場合、30パーセントを超えている。

　同校の留学生は、アフリカ系学生ビジネス・クラブ、アジア系学生マーケティング・クラブ、ヨーロッパ系学生クラブ、ラテン・アメリカ系、ヒスパニック系、およびスペイン系マネジメント・クラブといったクラブでリーダーシップを発揮している。これらすべてのクラブが学問と文化交流を推進している。さらに、留学生が中心となって、毎年グローバル・ビジネス・カンファレンス（Global Business Conference）などのカンファレンスの運営を行っている。そのほか、留学生の多くがGlobal Issues in Management (GIM) において母国への研修ツアーのリーダー役となっている。

　ケロッグでは、あなたのパートナーや子供たちもサポートを受け、コミュニティの一員としてとけ込むことができる。チーム志向であると同時に家族思いでもあるのだ。その一例となるのが、学部長主催で、学生・教職員の家族を対象とした伝統の感謝祭ディナーである。ケロッグの学生の38パーセントが、既婚者かもしくはパートナーをともなっての入学である。

　同校のジョイント・ベンチャーズ（Joint Ventures）やケロッグ・キッズ（Kellogg Kids）は、学生のパートナーや子供に対して形式ばらないサポートとネットワークを提供するものである。ジョイント・ベンチャーズはパートナーたちの多くが顔を合わせる機会であり、映画を見たりシカゴを散策したりと、ともに楽しむ機会となる。ジョイント・ベンチャーズは学生と学生の大切な人のために多彩な社交イベントを計画し開催している。このクラブではまた、パートナーが就職のためのネットワーク作りを行う機会もコーディネートしている。

　ケロッグ・キッズは、学校やベビーシッターについての重要な情報源となるだけでなく、ケロッグでの日々が親子にとって楽しい時間となり、新たな発見となる。

　並木道に沿って歩き、ミシガン湖を目の当たりにした人の誰もが言うように、ケロッグのキャンパスは美しい。ケロッグのあるエバンストンの街並みは、店やレストランの立ち並ぶ大通り、木々に囲まれた住宅街、湖畔の公園やビーチ、多くのすばらしい学校と教育資源に彩られた、家族のための理想的なロケーションである。同時に、より都会的な環境を好む一部の学生や、多くの家族のメンバーにとって、刺激と機会に満ちたシカゴは、車や電車でわずかな距離にある。実際、勉強から離れて一休みしたいと思えば、目指すのはエバンストンではなくシカゴになるだろう。鉄道はやや複雑で、日本ほど効率的なものではないが、いったん慣れてしまえば、通勤時間にでも重ならない限り、シカゴに行くのに40分とかからないため、車で行くよりも早く着く。

ケロッグで学生に最も人気のある活動がケロッグ・アウトドア・アドベンチャーズ（KOA：Kellogg Outdoor Adventures）とケロッグ・サービス・イニシアチブ（KSI：Kellogg Service Initiative）である。これらは、さまざまなアウトドア活動とコミュニティ・サービスを通じて、新入学生を1つにまとめあげるものである。これらのプログラムで学生は、新しい仲間達に引き合わされる。そして、チームワークを中心とするケロッグでの生活をそのグループで体験することになる。2年生のみによって運営されるこれらのプログラムは、人気のあるさまざまなロケーションへの外出方式をとっている。

‥‥日本人在校生および卒業生のコメント‥‥

■Kelloggプログラムの知られざる特徴
　実際に学んでみて、KelloggというMBAプログラムは一般に知られているマーケティングやチームワークだけが優れているのではないという想いを強くしています。そこで、ここでは主に、普段スポットライトの当たらないKelloggの長所を2点ご紹介したいと思います。

　1. 実践を重んじるカリキュラム：
　MBAでは主に理論を学びます。しかし、理論は現実環境に併せて応用してはじめて価値を生み出します。Kelloggではこうした実践的なスキル開発のため、レクチャーやケースに加えて、企業提携プロジェクトを義務付け、現実世界への適用方法を検討させるコースが少なくありません。
　対象となる企業も、プロジェクトの性質も、実に多種・多様です。私にとって印象深かったプロジェクトは、某通信機器メーカー大手とともに次世代端末コンセプトについて市場調査を行なったことと、家具メーカー大手を対象として革新的製品を生み出すプロセスを研究したことです。前者ではリサーチの基本プロセスを体験学習したうえ、当該メーカーがカスタマイズしたプロセスを垣間見ることができ、後者では先端理論のPros／Consを、現場への影響を実際に見聞きすることで、実施で検分できました。
　こうしたプロジェクトを正式なカリキュラムとして多数提供していること、そして卒業生あるいは教授のネットワークを通じて、提携企業が多数用意されている事はKelloggプログラムの大きなアドバンテージだと思います。
　2. 学生主導のプロジェクト
　多くのMBAプログラムが学生の自主性を謳っていますが、Kelloggにおいては学生が主体的に学校に対して働きかけることは当たり前の事象と化しています。つまり、Kellogg生は自主的に各種プロジェクトを立案・実施することで、一連のプロセスを体験しつつ、アイディアを具現化する習慣を身につけるといえます。以下に私が実際に体験した例を2点ほどご紹介致します。
・GIM：GIM（Kelloggの学生主導によるNon－US地域研究プログラム）のリーダーとして奮闘していた頃、アカデミック重視を打ち出した我らのクラスは、授業へ深みを持たせるため、某トピックについては西海岸の某大学教授をどうしても招聘したいということになりました。しかし、GIMにおいては前例がなく、旅費負担など課題が続出しましたが、アドバイザー教授と学校側事務局に対して粘り強く招聘することの価値について説得することで、学校側に協力頂ける体制を確立できました。
　　結果として、今後GIMプログラムについては1クラス、1名まで学外のアカデミック・スピーカーを招聘することを学校側が全面バックアップするというシステムができあがり、我々の招聘した教授のレクチャーも

大好評でした。

・Asia Business Conference：他の著名なビジネススクールにはAsia関連のカンファレンスがあるのに、なぜKelloggにはないのか？―この素朴な疑問を共有した私を含め9人のアジア人留学生が、AsiaのプレゼンスをKellogg内で高めるためにも、Kelloggにおける第1回Asia Business Conferenceを立ち上げることになりました。

　半年かけて同志を集め、じっくりと下ごしらえをし、学校側の承認を得て、今は2004年4月24日の記念すべき第1回に向けて鋭意準備中です。

■Kelloggでの生活

　バランス感覚が重視されるKelloggでは、勉強以外のイベントも豊富です。毎週金曜にAtriumを開放して開催されるTG（飲みイベント）、年4回あるフォーマル・パーティー、そして毎週必ず誰かの家やEvanstonのBarで開催されているパーティーなど、気分転換のためのイベントには事欠きません。

　また、家族持ちの学生向けにはJoint VentureやKellogg Kidsなど、家族を対象とした組織もしっかりと整備されており、学生が勉強に集中できる環境が整っています。もちろん、TGなどほとんどのKelloggパーティーでは家族も参加できますので、家族全員がKelloggの一員となった様な雰囲気があります。私も、やっと1歳を越えた息子がKelloggKidsのハロウィン・パーティーで仮装したり、TGで踊ったりするのを見ると、勉強の疲れが一気に癒されます。

　こうした膨大な数のイベントを前に、優先順位を付けて取捨選択する。そして、授業やプロジェクト、そして家族との時間も含めてタイム・マネジメント・スキルとバランス感覚を磨くことこそ、Kelloggプログラムの醍醐味なのかもしれません。

■Kellogg後のキャリア

　一環してハイテク業界の国際ビジネス畑を歩んで参りましたが、MBAでさまざまな業界の事例を学ぶにつれ、電機業界こそが日本経済の明日を担っている、との思いを益々強くしました。

　さりとて、この業界は、欧米あるいはアジアの強豪達との競争が激しく、商品開発からプロセス改善まで、ありとあらゆる挑戦の塊です。そうした中で、まずは日本国内で事業開発プロセスに関わり、2年間の研究成果を活かして世界に通用する商品の開発に貢献するつもりです。将来的には、自分が関わった商品をひっさげて米国の現地法人に乗り込み、弊社を日本を代表するハイテク・ブランドに押し上げたいですね。

（Class of 2004　男性　日系電機メーカー　国際マーケティング　社費）

＊　　　　＊　　　　＊

　KelloggはEvanstonというシカゴの北、車で約30分の小さな町にある。このEvanstonという町はとても静かな町で、最初にEvanstonに到着したのは7月中旬であったが、学校もすでに休みに入っており、町の中は人通りもあまり多くなく、夜中になるとひっそりと静まり返る、とても静かで安全な大学町だ。町のあちらこちらに公園があり、小さな子供を遊ばせる場所は豊富で、夏はミシガン湖の周りでバーベキューをしたり、ちょっとシカゴまでいけばジャズやブルースにオペラ、Chicago BullsやCubsに代表されるスポーツ、ショッピング、博物館や美術館などなんでもそろう大都会があり、大変に恵まれた環境にある。

　Kelloggではチームワークとリーダーシップを重視しているが、最大の特徴はその基にある「The Kellogg Family」という言葉に代表される学校と学生の質であると思う。チームワークについては徹底しており、すべてのクラスでチームが組まれるのは当然のこと、クラブ活動やGMA（生徒会）のエレクションまでもすべてチームで立候補する。この熱狂的なまでのチームワーク至上主義は、チームワークにおける目標設定、コミュニケーションと各人のコミットメントを通じて、メンバー個人々々がリーダーシップをとっていくことを要求する。こう書くと、なんだか日本人には大変そう、あるいはどうやって貢献できるんだろう？と思われる方もいらっしゃるか

もしれないが、そんな心配は無用である。Kelloggのすばらしいところは、そこに集まる人たちであり、彼らは多様性の生み出す価値と、それを引き出すために必要な忍耐力について最初のうちに徹底的に教えられているのである。その結果がThe Kellogg Familyであり、多様性と個々人を尊重する価値観を共有している。

ところで、どのビジネススクールでも教える科目は程度の差はあるものの似通っており、また世の中には良書もたくさん出ている。となると、MBAを取るために2年間という時間と多額の費用を出す価値というのはどこに存在するのであろうか？以下は私の主観的意見であるが、大切なのはその間にどういう仲間と、どのような関係のもと、どういう経験をするのか（してきたか）であり、在学中に机上の学業のみならずチームワークやリーダーシップのあり方を実践で学んでいくシステムはKelloggの大きな強みの1つであると思う。

私は現在、経営戦略コンサルティング会社に勤務しているが、コンサルティング・プロジェクトを進めるにあたり、ゴールを明確にし、クライアントやメンバーとのコミュニケーションと、プロフェッショナルとしてのコミットメントを行なうことは同じであり、改めてその大切さを実感している。

（Class of 2003　男性　経営戦略コンサルティング コンサルタント）

＊　　　＊　　　＊

Kelloggは、シカゴのダウンタウンから車で30分ほど北上したエバンストンに位置する。シカゴという文化・ビジネスの中心に近い立地とKelloggの評判とがあいまって、2年間の留学生活の間にはクラス・ワークに限定されないさまざまな機会に恵まれた。

第一にクラスメイトとして現役のビジネスマンに接する機会である。KelloggにはTMPという働きながらMBAを取得するプログラムがあるため、夜の授業ではシカゴで実際に働いている人々と一緒に学ぶこともある。彼らの会社を見学したり、ビジネス・ケースとしてレポートを作成したりと、彼らの実務を見る機会を得るとともに、ビジネス界のニュースにキャッチアップするよい機会になった。

第二は授業の一環として実業に接する機会である。Marketing Researchをはじめとしたクラスでは、実際にシカゴ近辺の企業（スタートアップ企業から、GE等の大企業まで）をクライアントとしてもち、クライアントの要望に応えてプロジェクトを行なった。Kelloggの学生にコンサルティングをしてもらいたいという企業は多く、熱意も強く、企業におけるKelloggの評判を見るようであった。また、Entrepreneurshipの授業ではVC（ベンチャー・キャピタル）の方々が見ている前で起業案の発表を行ない、実際に彼らの投資を受けて実業につなげたグループもいた。

第三に地域コミュニティと接する機会である。私は2年間学校の中に固まるのではなく、学校と外部、双方のコミュニティとの関わりをもつことを心がけた。KelloggにおいてはAsian Food Festival、Japan Night、Taste of Kelloggといったイベントを企画し、地元コミュニティにおいては地域の人々と外国人学生との交流を目的に設立されたCommunity Council主催の数々のイベントで日本を紹介する機会を作り、シカゴのビジネス・コミュニティにおいてはJapan America Society of ChicagoのメンバーとしてYoung Professionals Committeeへ参画した。Kelloggの学生はもともとインターナショナルな学生が多く、そうでない学生も将来的にグローバルビジネスで活躍することを目指しているため、異文化に対する興味、理解しようという意志は強い。チームワーク精神にあふれた学生の人柄もあり、ネイティブでないものでもクラス、プライベートでスムーズにKelloggコミュニティに溶け込み、充実した2年間を過ごすことができる。

一方で、Evanstonという街は保守的な高級住宅街であり、新参者が地域コミュニティに溶け込むには時間がかかる。みな教養のある人間なので、非常におだやかに人に接するが、本当の意味でのコミュニケーションを取るためには、最初は共通の接点が見出せず苦労した。ネゴシエーション、プレゼンテーションなど日本ではあまり重点をおいて学ばれていないような科目を履修したことに加え、Kelloggではなかったコミュニケーションのハードルを経験することにより、グローバルにビジネスを進める際の基礎ができたと思う。

マーケティングの最高峰で学びたいという思いで選んだKelloggだったが、実際には授業で学んだことだけでなく、上記のようなさまざまな機会を通じて学んだことが大きい。1つの視野ではなく、いろいろな視点で

考えることが自然と身につき、仕事そのものだけでなく、人間関係、生活そのものを豊かにする2年間が送れたのは、Kelloggのプログラム、Kelloggでの仲間たち、Kelloggの位置する地域コミュニティがあったからこそと今思う。　　　　　　　　　　　　（Class of 1999　女性　情報機器メーカー　新規事業開発担当）

＊　　　　＊　　　　＊

　ケロッグでの2年間は、キャリア形成で自らの可能性を広げてくれただけではなく、人生においても貴重な財産となりました。現在、外資系投資銀行で働いていますが、私費留学であった私にとって、ケロッグというトップ・スクールでの刺激的な日々は自分の可能性と限界を知る上で非常に良い機会でした。

　マーケティングの充実度は言うまでもありませんが、私が専攻したファイナンスの分野においても優秀な教授（Corporate FinanceのPetersen教授、DerivativesのMcDonald教授、Entrepreneurial FinanceのRogers教授等）が多く、質の高い教育内容となっています。ケロッグでは、すべての授業でグループ・ワークが課せられますが、Financial Decisionsというファイナンスの実践力を鍛える選択科目でのグループ・ワークが最も印象に残っています。この授業では、ケースに対するレポートの提出やプレゼンテーションが毎回求められ、グループでの作業は深夜早朝にまで及びましたが、気の合う優秀なメンバーと一緒に取り組めたことでファイナンスの応用力を養うことができました。

　就職活動については、1年目の秋に、外資系投資銀行やコンサルティング・ファームの日本オフィスがシカゴに来て行なう説明会のほとんどに参加し、翌年の夏に現勤務先にて11週間のインターンシップを行ないました。卒業後の進路の決定にあたっては、タフな仕事ではあるものの投資銀行のダイナミックさと緻密さに魅力を感じ、パーマネントでもオファーを頂いた現勤務先を選びました。現在は大手電機メーカー等の資金調達戦略やM&Aのアドバイザリー業務を行なっています。

　振り返ると、ケロッグの最大の誇りは「学生の満足度」にあると思います。ケロッグでは、学生、教授、カリキュラム、課外活動、設備、住環境等全ての質の高さが作用しあって相乗効果を生み、ビジネススクールとして最高の環境が形成されていることを学生は日々実感することができます。私自身も、勉学に全力を尽くす一方で、サッカー部に所属し、年3回30校程度が参加して行なわれるMBAトーナメントにレギュラーとして出場し、南米や欧州出身のチームメイトと遠征で寝食をともにし、勝利に向かって一致団結する中で真の友情を育むことができました。また、1年目の春休みにはGlobal Initiatives in Management（GIM）という世界各国の企業文化を学ぶプログラムで、リーダーの1人として日本各地の優良企業を2週間にわたり30名以上の同級生とともに訪問しました。人生の2年間を次へのステップ・転機にしようという意気込みとエネルギーに満ち溢れた仲間とともに学び、悩み、刺激し合い、成長できる最高の環境を提供してくれたケロッグに感謝しています。　　　　　　　　　　　　　（Class of 2002　男性　投資銀行 アソシエイト）

＊　　　　＊　　　　＊

■ケロッグの最高のプログラムで新たなる自己のステージへ

　ケロッグでの2年間は、学期開始前一週間のアドベンチャー・トリップで始まる。米国内外20方面以上に分かれて、2年生リーダーと1年生合わせて20人位が1週間どっぷりと時間を共有して旅をする。最初は、30歳を過ぎた自分がなぜグループ旅行か、と思って出発したが、さにあらず。さまざまなバックグラウンドをもった学友たちとは、キャンプで夜を徹して話し、存分に遊び、一生の思い出に残る旅行になるだけでなく、生涯の友を得ることとなる。さらに、トリップから帰るとすぐに始まる入学オリエンテーション・ウィークでは、約2学期間のコア授業を共に受ける9クラスに分かれ、1週間かけてケロッグ・カルチャーを体感する行事を2年生が中心となって行なう。この1週間で、クラスメイト全員の出身・バックグラウンド・家族まで知り合う仲になる。

　これらの2週間のプログラムによる関係が新たな関係を生み続け、待望の秋学期に突入していく頃には、ケロッグ全体がすばらしい一体感に包まれる。皆、気合満々、気力充実で異様な熱気と期待に包まれて授業がスタートする。最初はMBAの学習において最も重要なコア科目で始まる。学生の熱気と、それを受け

てたつ教授の気合とが最高の緊張感を持って高揚し授業が進んでいくのである。クラス・ディスカッションにおいても、膨大な量の予習・準備時間をかけて取り組むグループ・スタディにおいても、濃密な議論が毎日繰り広げられる。すばらしいのは、ケロッグではこの時期の勢いが卒業時まで継続されていくことである。

　一連の導入プログラムと授業が相乗効果を生み、ケロッグがケロッグである理由が生まれてくる。そこに、ケロッグモデルを目指す他校が真似できない力強い本質がある。

　教授陣の質は高く、授業科目は多種多様で、アカデミック・リソースに限界を感じることはまずない。学生と学校が一体となってプログラムを作り上げ、数々のコンファレンスや課外活動を行なっていく自由闊達な校風は、学生同士の価値観を豊富にしてくれる。新しく拡張され無線LAN化された校舎がその充実した学生生活を支える。

　環境についても理想的だ。シカゴのダウンタウンから車で30分、米国のハブであるオヘア空港からも30分強という便利なロケーションにあるエバンストンは、ミシガン湖に面し緑が多く美しい閑静な高級住宅街として知られる。湖・緑・校舎・彫刻の調和が美しいノースウエスタン大学構内もすばらしい。エバンストンの治安は良好で、夜中のグループ・スタディ、校舎内スタディ・ルームでの徹夜勉強、遅いパーティーになっても、家族の安全の心配はほとんどいらない。徒歩圏にスーパー・レストラン何でもあり、女性、家族連れの方には快適な生活環境となっている。

　私にとってケロッグでの2年間は、今後どんな仕事でも必要となる自分なりの経営感、様々な産業・国で活躍する学友を得ることが出来、まさに自己革新の2年間となりました。いろいろな思い・方向性で留学を決意される方がいると思いますが、ビジネススクールでは想像以上にすばらしい学習・経験ができます。大いに期待してがんばってください。
　　　　　　　　　　　　　　　　　（Class of 2003　男性　総合商社 エネルギー事業）

シカゴ大学
経営大学院（GSB）
(Graduate School of Business, University of Chicago)

http://gsb.uchicago.edu

設立年／1898年

基本情報

◆学生に関するデータ
卒業生数＿3万7,000名
フルタイム在学生数＿1,112名
日本人学生数
　2004年卒業クラス＿5名
　2005年卒業クラス＿5名
留学生の割合＿31％
アジア人学生の割合＿17％
平均年齢＿29歳
入学時の平均実務年数＿4.9年

◆履修期間と授業料
履修期間＿21ヶ月
授業料＿年間3万4,400ドル

◆主なランキング
『ビジネスウィーク』2002年2位
『USニューズ＆ワールドレポート』2004年9位
『フィナンシャル・タイムズ』2004年4位

◆テストスコアと合格率
GMAT要求スコア＿n.a.
合格者平均GMATスコア＿690
合格者GMATスコア分布(80%)＿620〜760
TOEFL要求スコア＿PBT：600
合格者平均TOEFLスコア＿PBT：649
合格者平均GPA＿3.4
出願者の合格率＿15％
合格者の入学率＿70％

✉ 問い合わせ先

●出願に関する問い合わせ
担当者名　Don Martin　eメールアドレス
admissions@gsb.uchicago.edu
●奨学金に関する問い合わせ
URL　http://gsb.uchicago.edu
●卒業生ネットワーク
URL　http://gsb.ushicago.edu/dynamic.asp?nNodeID=9

出願締切り　11、1月上旬頃、3月中旬頃

就職関連情報

◆サマー・インターンシップの主な採用企業

メリル・リンチ
シティグループ
ゴールドマン・サックス
リーマン・ブラザーズ
モルガン・スタンレー

◆卒業生の主な採用先

メリル・リンチ
マッキンゼー・アンド・カンパニー
ゴールドマン・サックス
ATカーニー
J.P.モルガン

◆卒業生の就職率と平均年収

卒業後3ヶ月時点の就職率
2001年＿90%
2002年＿83%

卒業後の平均年収（年俸＋契約金）
2001年＿11万ドル
2002年＿10万5,000ドル

＊出典：『USニュース＆ワールドリポート』

✉ 問い合わせ先

●就職関連の問合せ先（**MBA Career Services**）
担当者名　Julie Morton　eメールアドレス　n.a.
URL CAPS　http://caps.uchicago.edu
●卒業生のための就職支援
URL　http://gsb.uchicago.edu/dynamic.asp?nNodeID=24

school information

The University of Chicago
Graduate School of Business
1101 East 58th Street Chicago,
IL 60637 U.S.A.

学習環境

シカゴ大学経営大学院（GSB）で学んでいる日本人学生は現在、さまざまな分野を組み合わせながら自らの専攻を決めている。それには次のようなものがある。ゼネラル・マネジメントとマーケティング、分析的ファイナンス（Analytical Finance）、経済学とファイナンス、アントレプレナーシップとゼネラル・マネジメント、会計学とオペレーション、戦略とファイナンス、ファイナンスとマーケティング。

1898年に設立されたシカゴ大学経営大学院の指導は、アカデミックな分野にとどまらない。同校を訪れる機会があるならば、ミシガン湖の「ゴールド・コースト（Gold Coast）」近くにあるダウンタウン校舎、グリーチャー・センター（Gleacher Center）に足を運んでみることだ。そこのホール（Hall of Fame）でGSBを含むシカゴ大学が輩出したノーベル賞受賞者たちの写真を見てみるとよい。鮮烈な体験となるだろう。

GSBは、世界のビジネススクールで唯一6名ものノーベル賞受賞者を輩出している。その1人、故マートン・H・ミラー（Merton H. Miller）教授は、F・モディリアーニ（F. Modigliani）博士とともに、現代のファイナンスにおいて最も影響力をもつ理論の1つを提示している。同教授は、配当政策（dividend policy）は、税や取引コスト、さらに市場の不完全性などがない場合には意味をもたないとしている（"Dividend Policy, Growth, and the Valuation of Shares," "Journal of Business," Oct. 1961）。

ミラー教授はかつて日銀のアドバイザーを勤め、大蔵省（現財務省）の政策を率直に批判をしていた。彼の日本に関する予言の多くが現実のものとなっている。

GSBの分野別のアプローチは、ケース・スタディ・アプローチとは異なり、原則、トレンド、分析といった点に重点が置かれている。ただし、他のビジネススクールと同様、GSBにおいてもケース・スタディは行なわれている。

柔軟性は同校の強みであり、名高い経済学部を含め学内のあらゆるコースを受講することができる。同校のリサーチ能力は最高レベルであり、それゆえ教室でファイナンスの最先端の理論が展開されることも期待できる。

しかしながら、GSBをファイナンス・スクールだと考えるのは早計である。2番目に人気のあるアントレプレナーシップなど、GSBが優れている分野はファイナンスにとどまらない。MBA教育全般において、これまで同校がパイオニアとなり他校に先駆けて導入したプログラムもある。その1つが同校唯一の必修科目であるLEADプログラムだ。チーム・ビルディング、ネゴシエーション、コミュニケーションといったスキル養成を目指し、2年生も「Facilitator（世話役）」として1年生の指導にあたる。

LEAD はマネジメント・ラボラトリー（Management Laboratories：New Product and New Market Development、Organizational Effectiveness、Organizational Excellence）を通して行なわれる現実に即したコンサルティングをカリキュラムに取り入れた最初のプログラムの1つであり、同時に、国際MBAプログラム（IMBA：International MBA）を最初に始めたプログラムでもある。IMBAにおいて学生は、海外でのインターンシップか、1タームの留学を選択することができる。最近IMBAを修了したある日本人学生は、慶応大学に交換留学生として「来日」していた。

IMBAプログラムは、GSBの国際ビジネス・マネジメント分野とその革新における強みを際立たせるものである。現在、試験的なプログラムを開発中で、その中ではGSBの学生チームが海外の企業に対し、国際プロジェクト（実践的問題解決）を留学期間中に実施する。この革新的プログラムは、プロジェクトのスポンサーとなる国際的企業との貴重なネットワークのチャンスを提供してくれる。

アントレプレナーシップを志す学生のために、マイケル・P・ポルスキー起業センター（Michael P. Polsky Center for Entrepreneurship）では、アントレプレナーシップ分野の研究、指導、および体験を推し進めている。教授陣の研究のもと、アントレプレナーを目指す学生の努力をサポートする新たなアプローチの開発が進められている。セミナー、実験クラス、インターンシップ・プログラム、そしてその他の経験を通して、学生は成功を手にした起業家やプライベート・エクイティ投資家、さらには、地元の産業界とのネットワーク作りが可能となる。

マネジメント・ラボラトリーでは、学生チームに対して、スポンサー企業の抱える現実問題を解決する機会が与えられる。ここでの目的は、ビジネスにおける複雑な問題の解決にあたり、自分自身と他人のマネジメントを学ぶプロセスを加速することである。例年、マネジメント・ラボラトリーで行なわれるプロジェクトには、戦略、ファイナンス、新製品開発、テクノロジー・アセスメント、新規企業の設立などがある。

厳しい勉強とのバランスをとるために、GSBには50以上の課外クラブがある。舞台芸術同好会の数々、スポーツ・クラブ、文化部、親睦クラブなどとともに、あらゆるビジネス分野と産業に関する専門組織がある。

シカゴ大学のキャンパスで特徴的なのは、同校が歴史上最初のビジネススクールの1つであるという伝統を示すゴシック様式の建物の存在である。現在、1億2,500万ドルをかけた超現代的なビルを建設中である。2004年秋には、キャンパスには伝統的雰囲気と最先端テクノロジーの好対照的なコントラストが加えられることになる。

教授陣

　同校は、1970年代には「自由市場」経済の学校として知られるようになった。これに貢献したのが著名な教授、ミルトン・フリードマン（Milton Friedman）である。同教授はチリの経済改革プログラムの理論構築者として、同国を市場開放へと導いた。これは新興経済国の中で最も成功したケースの1つである。チリ政府の当時の閣僚（特に財務大臣）は「Chicago Boys」として知られる。

　GSBの教授陣は学術研究における世界的リーダーである。学科間の壁が存在しないので、教授たちは分野を超えた共同研究を数多く行なうことができる。学生にとっての利点は、このオープンさから生まれた、もしくは改良されたアイディアがすぐにクラスに示されること。これが、新鮮でダイナミックなコースとすぐれた指導方法のエネルギーとなっている。

人気教授陣

　人気教授の専門分野と科目名は次のとおり。

教授	専門分野	人気科目／研究分野
ハリー・デイビス （Harry Davis）	戦略（Strategy）	戦略論シンポジウム （The Strategy Symposium）
ダグラス・ダイヤモンド （Douglas Diamond）	ファイナンス（Finance）	金融マーケット／制度 （Financial Markets and Institutions）
スティーブ・カプラン （Steve Kaplan）	アントレプレナーシップ（Entrepreneurship）起業ファイナンスおよび未公開株式（Entrepreneurial Finance and Private Equity）	
ケビン・マーフィー （Kevin Murphy）	ミクロ経済学（Microeconomics）	成長と発展 （Growth and Development）
ピーター・ロッシ （Peter Rossi）	数量分析マーケティング（Quantitative Marketing）データ主導型市場分析（Data-driven Market Analysis）	

カリキュラム

　GSBが「単調な」講義中心のプログラムであるといった、ステレオタイプをもつのはやめよう。コースの多くで、授業への貢献度が最終成績にカウントされ、指導の半分近くはケース・スタディ、実験、シミュレーションなどで構成される。プログラムは厳しいものであるが、これまでに勤勉な日本人学生が何人もGSBの優等生となっている。

　GSBのカリキュラムは最高に柔軟なカリキュラムだ。LEADプログラムは必修であるが、財務会計、ミクロ経済学、統計学といった他のコア科目については、習熟していることを示せば受講免除が可能だ。これにより、学生は学ぶ内容を自分自身の経験、関心、キャリアプランに合わせてカスタマイズできる（IMBAの取得を目指す学生にはさらにいくつかの必要な科目がある）。

　11の選択科目のうち6科目までを学内の他学部で受講することができる。それはつまり、世界で最も著名な学者たちから、経済学、法律、言語、哲学、文学を学べるということを意味する。

　シカゴ大学の学生が自分でカリキュラムを組む際に指針とするのが、次のようなガイドラインである。

1. 効果的リーダーシップの育成（Leadership：Effectiveness and Development）
　　1年目の必修

2. 基礎コア科目（Foundations Core）（3科目）
　　ミクロ経済学（Microeconomics）、財務会計（Financial Accounting）、統計学（Statistics）、または、代替科目として認められている科目

3. 多様な専門性を育成する必修科目（Breadth requirements）（4科目）
　　次の6分野のうち、4分野から1科目ずつ履修
　　財務管理（Financial Management）、人的資源管理（Human Resource Management）、マクロ経済学（Macroeconomics）、管理会計（Managerial Accounting）、マーケティング・マネジメント（Marketing Management）、オペレーションズ・マネジメント（Operations Management）

4. ゼネラル・マネジメント（General Management）（2科目）

次の3分野のうち、2分野から1科目ずつ履修

マネジメントと組織行動（Managerial and Organizational Behavior）、組織と市場（Organizations and Markets）、戦略的マネジメント（Strategic Management）

5. 選択科目

11課目を選択

2003年秋入学の学生から適用された新カリキュラムでは、IMBAの取得を目指す学生は、次の要件を満たす必要がある。

・Leadership Effectiveness and Development（LEAD）を履修
・キャリア・ゴールに合わせて、インターナショナル・ビジネス・コースを5科目履修
・GSBのInternational Business Exchange Programの33提携校のいずれかへ1ターム留学
・外国語が堪能であること

出願戦略上のアドバイス

なぜシカゴGSBなのかを明確に示すこと。トップ校いずれにも当てはまるような理由を並べるようでは、説得力など伴うはずもない。また、他人を凌駕するエッセーを作り上げる努力をしよう（スペル・ミスにも注意すること）。

GSBが志願者を評価する際に重点を置くのは次の点である。

・エッセー
・実務経験
・プロ意識と人間的成熟度
・推薦状
・GSBに対する思い入れの強さ
・課外活動とコミュニティ・サービス
・インタビュー・レポート
・学力（GMAT、GPA）

GMATのスコアが空高く舞い上がるほど向上したからといって、対人能力に欠けるようでは合格はおぼつかない。GMATスコアが満点に近くてもバランスがとれた出願

者でなければ合格できないのである。

就職支援

卒業生の主な就職先（職務）は次のとおり（2003年卒業クラス）。

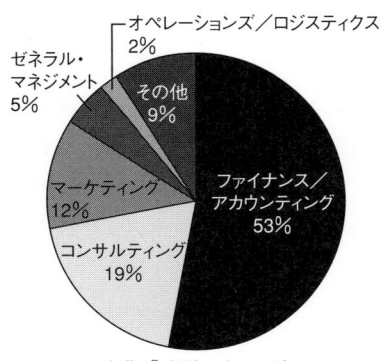

出典:『ビジネスウィーク』

分野別卒業生の就職先

2000～2001年にキャンパス内で行なわれた採用インタビューは約300社、8,000回以上にのぼる。インタビューを実施した企業の一部は次のとおり。

メリル・リンチ（Merrill Lynch）

J.P.モルガン・チェース（J.P. Morgan Chase & Co.）

アメリカン・エレクトリック・パワー（American Electric Power）

マッキンゼー・アンド・カンパニー（McKinsey & Company）

シティグループ（Citigroup）

ボストンコンサルティンググループ（The Boston Consulting Group）

ゴールドマン・サックス（Goldman, Sachs & Co）

ベア・スターンズ（Bear, Stearns & Co.）

ベイン・アンド・カンパニー（Bain & Company）

ATカーニー（A.T. Kearney, Inc.）

生活環境

　シカゴは世界最大の都市の1つでもある。ミシガン湖畔を基点とするシカゴは、世界でも有数のすばらしい都市環境を誇っている。美しい自然は建物の美しさとあいまって、さらにそのすばらしさを際立たせている。キャンパスの近くには、米国で最高の建築家フランク・ロイド・ライトの作品がいくつか存在する。

　シカゴ交響楽団は、世界で最も優れたオーケストラの1つと認められている。リリック・オペラ、ラヴィニア音楽祭、ミシガン湖近くのグラント・パークで行なわれる野外演奏会は、音楽の愛好家たちに多様なエンターテインメントを提供してくれるし、優れた劇場作品も豊富にある。シカゴ科学工業博物館、シカゴ美術館、フィールド自然史博物館、アドラー・プラネタリウム天文博物館、シェッド水族館、ネイビー・ピアー（Navy Pier）、リンカーン・パーク動物園を訪れれば、多忙な学生生活のよい気分転換となるだろう。

　シカゴ・カブス、シカゴ・ホワイト・ソックス、シカゴ・ベアーズ、シカゴ・ブルズ、シカゴ・ブラックホークス（NHLアイスホッケー・チーム）といったチームがあり、スポーツ・ファンは1年中楽しむことができる。シカゴには公園、森林保護区、ゴルフ・コース、ヨット・クラブ、競技場、（湖畔の）海水浴場がある。さらに、シカゴから車ですぐのイリノイ、ウィスコンシン、ミシガンには、夏にはボート、冬にはスキーができる場所が多数ある。極上のレストランやお店もたくさんある。シカゴは誰もが楽しめる「何か」を提供してくれる街なのだ。

　セーヌ川がパリの中心であるのと同様、ミシガン湖がシカゴの中心である。晴れた日に出かければ、湖周辺の歩道でローラースケートやサイクリング、ジョギングやウォーキングをする人がいることだろう。

　GSBの学生のうち20パーセントが大学所有の施設で生活している。大学院生寮、インターナショナル・ハウス（主に留学生を対象とした寮）などに加え、キャンパス近くには大学所有のマンションもある。大学以外で部屋を見つける人の大半は、大学近くの高級住宅街ハイド・パークやシカゴ北部のリンカーン・パークに住んでいる。

　ハイド・パークはシカゴ大学を囲むように隣接している。ここに住む学生はキャンパスや湖岸、そして、シカゴ有数のいくつもの博物館にすぐに行くことができる。

　GSBの学生に最も人気があるのがサウス・ハイド・パーク・ブルバード5140番地のハイド・パーク・タワー・アパートメント、サウス・レイク・ショアー・ドライブ5020番地のリージェンツ・パーク、そして、イースト56ストリート1642番地のウィンダミ

ア・ハウス、リンカーン・パークだ。この地域はシカゴでも最も裕福な人たちが生活する魅力あふれる場所であり、GSBの学生の多くがここから通っている。リンカーン・パークからキャンパスに通うのにはかなり時間がかかるが、2年生の多くが夜でもにぎやかなこの地区での生活をエンジョイしている。

キャンパス内で最もモダンな寮であるグラジュエート・レジデンス・ホールは、ビジネススクールやロースクールの1年生に人気がある。部屋にはカーペットが敷かれ、家具も備え付けられ、ほとんどの部屋に専用バスがある。そのほかの設備としてはエクササイズ・ルーム、テレビ・ラウンジ、共同キッチンなども備えられている。インターナショナル・ハウスには世界中からさまざまな分野を学びにきた学生が生活している。GSBから近いことが多くの学生にとって魅力である。

部屋のほとんどがバスルームなしの1人部屋だ。大学所有のマンションはキャンパス近くのハイド・パークにある。1ベッドルームから3ベッドルームまでさまざまなタイプの部屋がある。希望する人は多いので、早めに申し込むようにしよう。

・・・・日本人在校生および卒業生のコメント・・・・

シカゴに来てから1年と3ヶ月、ゼネラル・マネジメントとマーケティングをConcentrationに学んでいますが、毎日非常に充実した日々を過ごしています。Chicago GSBはファイナンス・スクールというイメージが強いですが、近年はゼネラル・マネジメントやマーケティングにも力を入れており、教授陣、コースともに充実したものになっています。この1年を振り返りつつ、ここではChicago GSBでのマーケティングの授業と、実際に授業を受けてみた感想について触れてみたいと思います。

まず、Chicago GSBのマーケティングの授業は他の科目に劣らず非常にバラエティに富んだものになっています。基礎のMarketing Strategyにはじまり、Consumer Behavior、Marketing Communicationといった科目から、Laboratory in New Product and Strategy Developmentといった実際に企業をクライアントとして行なう授業など、その総数は19科目もあります。この数はAccountingの9科目よりもはるかに多く、ファイナンスの19科目と同数です。マーケティング志望の学生にとっては興味深い授業が揃っており、どれを選ぶかはいつも頭の痛いところです。

Chicago GSBのマーケティングというと、定量分析中心なのでは、という質問を時々受けますが、必ずしもそういうことはありません。定量的マーケティングは確かに強いエリアであり、Data-Driven Market AnalysisやQuantitative Marketing Research Methodsといった有名なコースがありますが、定量的アプローチを全面に掲げている授業はこれだけであり、ほかは行動心理学的アプローチであったり、定量的アプローチであったりと、教授によって異なります。

今までに、Marketing Strategy、Marketing Communication、Data-Driven Market Analysisを取りましたが、どの授業も基礎的な部分と、実践的な部分がバランス良く構成されているという印象を受けました。中でも特に良かったのはMarketing Communicationの授業です。Ad Agencyのselection方法にはじまり、消費者にどのような広告creativeを使ってメッセージを伝えるか、またMedia budgetのallocation方法など、どの週の内容をとってみても非常に実践的でためになる内容でした。私は夏に某外資系消費材メーカーの

マーケティングでインターンを行ないましたが、この授業で学んだことをそのまますぐ実践に活かすことができました。自分のサマー・インターンに必要な科目を、夏前という自分に都合の良いタイミングでとることができるのも、Chicago GSBのカリキュラムのフレキシビリティの高さがなせるわざではないでしょうか。またこの授業ではFinal Projectとして、グループでMarketing Communication戦略をつくり、最後にプレゼンテーションを行ないました。Brandingや広告Creativeの提案を含む非常にソフトな内容であるため、チーム・メンバーの意見がまとまらずプロジェクトは難航しましたが、その分グループで仕事をするという点でも学ぶところは多かったと思います。

　Chicago GSBは、Finance、Entrepreneurshipやその他の専攻と同様にマーケティング志望の学生にとっても、非常に充実したプログラムになっています。私自身、正直GSBのマーケティング・プログラムがここまで奥深いとは思っていなかったため、よい意味で予想外であり、とても満足しています。あまり知られていないGSBの側面だけに、マーケティングを学ばれようとされている1人でも多くの日本人の方々にChicago GSBで学ぶというオプションを考えていただければと思います。

（Class of 2004　女性　コンサルティング マーケティング　私費）

＊　　　＊　　　＊

　シカゴGSBを卒業した今、留学生活を振り返ってみると、つらいこともありましたが非常に充実した2年間を送ることができたととても満足しています。私のように30歳を超えた者にとって2年間というビジネスの世界を離れる時間は留学にかかった費用以上に大きな意味を持つものでした。その2年間という投資を考慮しても、シカゴGSBへの留学は自分にとって価値のあるものであったと満足しています。

■カリキュラム

　シカゴGSBのカリキュラムで私が最も評価しているのは、シカゴ大学伝統のレクチャー・メソッドとケース・メソッドを高いレベルで融合していることです。現在シカゴGSBのほとんどの授業は程度の差こそあれケース・メソッドを取り入れています。まずレクチャー・メッソドで基本的なフレームワークを叩き込まれた後、ケース・メッソドによりそのフレームワークを実際のビジネスに応用するという実践的な授業が行なわれます。また、多くの授業ではグループ・ワークが求められますが、そのグループも教授が決めるのではなく、自分たちで組むことになります。つまり仲のいい人と組めると同時に、グループ・ワークで一生懸命やらなくては次からグループを組んでくれる人がいなくなるおそれがあるのです。確かに厳しい環境ですが、実際のビジネスの世界をよく反映しているものだと思います。

■就職活動

　多くの企業が日本から来てシカゴのダウンタウンでレセプションやインタビューを実施するため就職活動は非常に恵まれています。ダウンタウンはキャンパスから車で20分程度ですので、移動にかかる時間も最小限です。就職活動の時期には週にいくつもの企業がレセプションやインタビューを行ないますが、授業やスタディ・グループを犠牲にすることを最小限に食い止めることができます。またキャリア・オフィスも非常に熱心に学生をサポートしています。私は個人的な事情で就職を少し遅らせましたが、卒業後もキャリア・オフィスから、「最近の就職活動の状況はどうだ？」「こんな企業が人を探しているが興味はないか？」など、さまざまなメールを個人的に受け取りました。このようなサポートは精神的にも非常に心強いものでした。

■生活

　学生の多くは1年生のときにハイドパークというキャンパスのある地域に住み勉強やネットワーク作りに専念し、2年になるとダウンタウンやリンカーン・パークといった生活をエンジョイできる地域に移り住みます。シカゴのダウンタウンは非常に安全ですし、美術館やオーケストラ、さまざまなレストラン、スポーツ観戦といった

大都会ならではの楽しみもたくさんあります。またシカゴ大学病院は全米でもトップクラスの医療機関ですので、自分自身や家族が体調を崩した場合なども万全のサポートが得られます。実際、私の妻が同病院での出産を経験しましたが、全く不安なことはありませんでした。　　　（Class of 2003　男性　コンサルティング）

＊　　　＊　　　＊

　GSBというとファイナンス・スクール、という定番イメージが巷にあると思います。ファイナンスの中でもキャピタルマーケット系志望の学生はGSB全体の中でも実はマイノリティです。ここでは、「マイノリティー」であるキャピタルマーケット系学生のはしくれから見たGSBのファイナンス系授業の実情を紹介したいと思います。

　まずは、どんな学生たちなのかについて。本気でこの世界を目指している学生は、ヘッジ・ファンドで働くことをゴールにしている人が多いです。そこへの第一歩として、まずはInvestment Bankのトレーディング・セクションへ、というのが一般的なキャリア・パスです。カテゴリー的にはFixed Income系、CB／Warrant系、株だとMerger Arbitrageなどが人気。ややコンサバなキャラクターの学生だと、リスク・マネージャー志望という人もいます。ここで皆に共通するのは、「ビジネスをやりたい」という点。ゆえにPhDではなくバランスの取れるMBAを、また「豊富な」授業を「柔軟に」組み合わせられるGSBを、という結論に至っているわけです。

　バックグラウンドを見ると、UndergradでMathもしくはScience Degreeを取ってきた人、MSを他校で既に取得してきている人が圧倒的多数です。概して皆数学には強く、出身国の数学オリンピック・ファイナリストも混じっていたりします。International Studentsの比率はGSB全体のそれより高く、4割以上は米国外出身という感じです。やはりアメリカの金融マーケットで働きたい、というのがモチベーションになってシカゴに来ているのでしょう（自分もそうですが）。

　そんな学生たちに、キャピタル・マーケットで戦っていくのに必要なスキルを与えてくれる授業は、3つのカテゴリーに大別されます。まずはマクロ経済関連。基礎のマクロ経済コースから、中央銀行の政策を専門に分析するコース、為替レート決定のメカニズムにフォーカスするコースなどが用意されています。次は統計関連。基礎の回帰分析から始まり、時系列分析にフォーカスするクラス（ボラティリティーのモデリングなど）、さらにはPhDと相乗りで3期連続受講が要求される研究者的スタンスの授業など。最後にファイナンス系の授業では、基礎の投資理論のクラスから始まり、Asset PricingをCAPM〜Factor Modelにかけて体系的に学ぶクラス、二項モデルおよびRisk Neutral Approachを用いたオプションプライシングを実践するクラス、金利Term Structure Modelをまじめにやるクラスなどが人気です。加えてPh.D向けのクラスもAsset Pricing、Behavioral Financeなど 7種類のコースの受講が可能で、GSBのフレキシビリティを最大限に利用してMBAだかPhDだか分からないようなスケジュールにしてしまっている学生もいます。

　友人達とシェアするGSBのファイナンス教育のメリットは、MBAとして必要な「実務・ビジネスへの最大限の応用」を主眼に置きつつも、基礎に飽き足らない学生に対しては、金融工学やアカデミア用の教育に触れる機会を大いに与えてくれるところです。モチベーションの高い学生たち、全米トップクラスの教授陣に囲まれながら、キャピタル・マーケット系の学生たちは今日も数字・ケース・論文と戦っています。

（Class of 2004　男性　都市銀行　社費）

＊　　　＊　　　＊

■ソフト・ハードのバランスが取れたカリキュラム

　GSBはアカデミックな側面の強いビジネススクールとして知られてきました。噂に違わずカリキュラムが充実しているのを実感しますが、その一方で一般に言われるLecture、数量的なアプローチに偏っているという印象は全く感じません。たとえばGSBで唯一の必須科目であるLEAD（Leadership Effectiveness and Development）は1年生が10コホートに分かれ、ビジネスにおけるソフト・スキルの向上を目指す内容です。各科目は「So what?と」言いたくなるものが多いのですが、ビジネスで日常的に起こる事象を体系的に学んだという点で価値のあるModuleであったと感じます。何となく分かっていたようなことを頭の中で整理するプ

ロセスは普段仕事に追われているときにはできません。それができるのがずばりMBAで学ぶ醍醐味だと感じました。そのほかにもNegotiationのコース、プレゼンテーション、ディスカッション重視のカリキュラムが数多く用意されています。

■就職活動
　日本向けの就職活動はその他の地域に比べて3ヶ月早く始まりますが、その大きな理由が10月最終週にボストンで開催されるBoston Career Forumに合わせるためだと聞いています。多様な業界の話を聞ける貴重な機会ということで、プレッシャーはあるものの楽しい経験でした。BCFのあとも就職活動は続くのですが、正直、この時期はMidtermの真っ最中なので、相当のタイム・マネジメント能力が要求されました。クラブ活動も最初が肝心なので積極的に顔をださないと意味がなく、さらに授業を最大限有効活用するためには腰を落ち着けて勉強する時間も必要で、改めて"Time Management"の意味を知ったような気がしました。

■Social Activities
　学期が始まってしばらくは多くの友人と会いたいということもありPubでひたすら自己紹介、といった飲み会によく参加していたのですが就職活動が始まった頃からは時間がないこともあり、個人的なパーティーに参加したり自分で催したりが多くなりました。
　GSBはそのカリキュラムの柔軟性から遊びたい人はとことん楽しめますし、ストイックに勉強したければそれもありです。私は元来、友人と食事したり飲んだり楽しい時間を過ごすのが好きなので、毎日のように催される飲み会に頭を悩ませています。最近私の自宅で催した手巻き寿司パーティーは非常に好評でした。

■Edward L. Kaplan New Venture Challenge
　GSBが主催するビジネス・プランコンペで、私がGSBに来た理由の1つです。冬休みの間にあるチームからバイオベンチャーのビジネス・プランをやらないかと誘われ参加することにしました。
　私たちの取り組んでいるプロジェクトは、シカゴ大の教授が開発したたんぱく質製剤を作り出す技術のビジネス化です。バイオ業界については素人ですし、私以外みんな白人男性、それもかなり年上で、なぜ私を選んだのか正直わからなかったです。途中でドラフトが進まなかった際は「こいつを入れたのは失敗だったなー」と思われていたかもしれません。が、なんとか突破口が見つかりつい先日1次審査を突破することができました。春学期は2次通過者を対象としたGSB名物教授Steven Kaplanによる特別授業が受けられ、教授とともにさらに精度の高いビジネスモデルの構築を行なうことができます。ぜひこのチームでFinalも勝ち進み、ビジネスの立ち上げを成功させたいと思っています。
（Class of 2004　女性　都市銀行　※1年生在籍時に執筆）

＊　　　　＊　　　　＊

■LEAD（Leadership Effectiveness and Development）
　Chicago GSBでの2年間は、オリエンテーションの直後に行なわれる、全員参加の2泊3日程度の小旅行で始まります。日中はスポーツ、アスレチック、ゲームなどを行ない、夜にはパーティーも催され、とても楽しめました。この旅行は最初の学期に受講する「LEAD」と呼ばれるチームワークやリーダーシップの養成を目的としたプログラムの一環です。LEADではロール・プレイやディスカッションを行なうので、英語の苦手な私にとってはプレッシャーも大きかったですが、いろいろと勉強になりました。

■柔軟なカリキュラム
　同校の最大の特徴は、最初の学期から自分の目的や興味にしたがって授業を選択できる点です。レクチャーとケースのバランスも良く、スタディ・グループを組む仲間も自由です。

教授陣は、全米でもトップレベルと言われています。Becker、Fogelの両ノーベル賞受賞者、ファイナンスのFama、エコノミクスのMurphyなど一流の学者や、アントレプレナーシップのKaplanといった経験豊富な実務家などが有名です。私は、GSBの誇るノーベル賞「候補」エコノミストMurphyの「Advanced Microeconomic Analysis」（通称「ターボ」Micro）を履修しました。毎週の宿題にかかる時間が20時間以上、自宅持ち帰りのテストは1週間かけても難しくて解き終わらない、かなりハードなクラスでしたが、毎週2回の授業は白熱していて学ぶことはかなり多く、様々な経済事象について考える力がつくのでおすすめです。余談ですが、Murphyはいつもベースボール・キャップにジーンズ、スニーカーの、一見ただのおっさんです。

■アントレプレナーシップ、マーケティング
　アントレプレナーシップ、マーケティングの両プログラムも評価の高い分野です。アントレプレナーシップでは充実した教授陣に加え、全米最大規模のビジネス・コンペティション、種類の豊富なラボコース等、申し分ない環境です。マーケティングも同様に、バラエティに富んだカリキュラムが提供されています。

■International MBA（IMBA）プログラム
　IMBAプログラムは特に国際性に富んだ人材を育成するという目的で発足しました。私はIMBAの8期生です。通常のMBAに入学後、国際ビジネス関連クラスの履修、在学中1学期間海外に留学、母国語以外の言語での会話テストに合格すると、IMBAという学位を取得できます。IMBAの学生は国際経験が豊富で、異文化に対して深い興味と理解力があるのが特徴だと思います。IMBAの中では「IMBA Family」というフレーズを頻繁に使いますが、文字通り家族の様に心を許しあえる友人を作れる場を提供してくれると思います。

■就職活動
　シカゴにはChicago GSBのほかにKelloggもあるので、多くの投資銀行やコンサルティング・ファームがリクルーティングのためにシカゴまで来てレセプションを開催してくれるため、就職活動がしやすかったです。レジュメやカバー・レターの作成、インタビューの練習など、大学の就職課のサポートだけでなく、日本人2年生のアドバイスも受けられました。また、レセプションやインタビューのために授業に出られなかったり、スタディ・グループに参加できなかったりしたこともありましたが、友人は皆協力的で助かりました。

■日本人志願者の方々へ
　2年間のビジネススクール留学にかかる費用は膨大です。しかし、人生においてもっとも貴重な経験のできる2年間になると思います。明確な目的意識を持っている全ての方々にChicago GSBはおすすめです。ぜひ、多くの方々に出願、入学して頂きたいと思います。
（Class of 2004　男性　外資系金融）

コロンビア大学
コロンビア・ビジネススクール
(Columbia Business School, Columbia University)

http://www.gsb.columbia.edu/admissions

設立年／1916年

基本情報

◆学生に関するデータ

卒業生数__3万5,000名

フルタイム在学生数__1,000名

日本人学生数
　2004年卒業クラス__計10名
　2005年卒業クラス__6名

留学生の割合__28%

アジア人学生の割合__n.a.

平均年齢__27歳

入学時の平均実務年数__4年

◆履修期間と授業料

履修期間__20ヶ月

授業料__年間3万4,404ドル

◆主なランキング

『ビジネスウィーク』2002年7位

『USニューズ&ワールドレポート』2003年8位

『フィナンシャルタイムズ』2004年3位

◆テスト・スコアと合格率

GMAT要求スコア__n.a.

合格者平均GMATスコア__710

合格者GMATスコア分布(80%)__670〜750

TOEFL要求スコア__n.a.

合格者平均TOEFLスコア__PBT：646

合格者平均GPA__3.0〜3.9

出願者の合格率__11%

合格者の入学率__73%

✉ 問い合わせ先

●出願に関する問い合わせ
担当者名　Linda Meehan　eメールアドレス　apply@claven.gsb.columbia.edu
●奨学金に関する問い合わせ
URL　http://www.gsb.columbia.edu/mba/tuition/tuition.html
●卒業生ネットワーク
URL　http://www.gsb.columbia.edu/alumni

出願締切り	10月初旬*1、10月中旬*2、3月初旬(すべてRolling Base)
	*1　1月プログラム用締切　*2　秋プログラムの早期審査用締切

就職関連情報

◆サマー・インターンシップの 主な採用企業

ゴールドマン・サックス
メリル・リンチ
アメリカン・エキスプレス
シティバンク／シティグループ
モルガン・スタンレー

◆卒業生の主な採用先

シティグループ
ドレスナー銀行
リーマン・ブラザーズ
メリル・リンチ
J.P.モルガン・チェース
マッキンゼー・アンド・カンパニー

◆卒業生の就職率と平均年収

卒業後3ヶ月時点の就職率
2001年＿94%
2002年＿84%

卒業後の平均年収（年俸＋契約金）
2001年＿11万7,000ドル
2002年＿11万5,000ドル

✉ **問い合わせ先**

●**就職関連の問い合わせ先（Office of MBA Career Services）**
担当者名　**Sean McGill**　eメールアドレス　**mbaplace@claven.gsb.columbia.edu**
URL　http://www.columbia.edu/cu/business/career
●**卒業生のための就職支援**
URL　http://www3.gsb.columbia.edu/alumni/services/main.html

school information

Columbia Graduate School of Business
216 Uris Hall
3022 Broadway, NYC, NY, 10027 U.S.A.

学習環境

　他のトップ・ビジネススクールと同様、コロンビア大学経営大学院（コロンビア・ビジネススクール）も2002年入学への出願者数が急増した。合否結果を早くもらえるEarly Decisionと、Second Roundの志願者数はそれぞれ72パーセント増、50パーセント増となったのだ。その一因は、景気後退状況において、ビジネス・パーソンたちがMBAプログラムという「安全な場所」に入り込もうとする傾向にあった。

　倒産したドットコム企業やリストラで解雇されたビジネス・パーソンたちが、金融、コンサルティングといったMBAの就職先として伝統的な分野や、テクノロジー分野の従来型企業への就職を目指してビジネススクールへと戻っている。

　日本において高いブランド認知度を誇るコロンビア大学は、ファイナンスと国際ビジネスの分野における最高のビジネススクールとして、その名が通っている。不動産分野のプログラムはベストの1つに数えられ、メディア、エンターテインメント、コミュニケーションの専攻についても、また分野を超えた専攻についても最高峰のプログラムを提供している。

　競争の厳しかった2001年度入学審査においては出願者の多くがそうであったように、コロンビア・ビジネススクールの補欠リストに入っているならば、落胆するには及ばない。せっついてはいけないが、粘り強くありたい。大学の入学審査事務局に、自分こそが入学に値する志願者であることを示す情報を追加で送ってみよう。向上したテスト・スコア、会社での昇進、売りとなる実績、さらなる推薦状などだ。くれぐれも単なる「Push letter」は送らないように。書類の処理に追われる入学審査事務局職員に悪い印象を与えかねない。

　コロンビア・ビジネススクールは、学内の11の大学院とDual Degree（合同学位）プログラムを設置し、4,000を超える科目の受講を可能としている。

　コロンビア・ビジネススクールは世界でも最高峰の国際的なビジネススクールとして、その名が広く知られている。これは数字にも表れている。最近では学生の30パーセント近くを留学生が占め、およそ3分の1の学生が米国以外の出身者である。さらに、学生のほとんどが海外での在住、勤務、留学経験をもつ。学業面だけでなく、個人的にも国際化を実践しているといえるのがコロンビアの学生だ。現在、学生は60か国以上から集まり、使われている言語も40以上にのぼる。

　コロンビア大学がマンハッタンにあることは、同校をして国際ビジネスを学ぶのに適したMBAスクールの「典型」たらしめる要因である。これは、前学部長メイヤー・フ

ェルドバーグ（Meyer Feldberg。現、Columbia Leadership Programの責任者）がプログラムについて述べた言葉である。

　入学した学生は、約60名からなるクラスター（cluster）と呼ばれるグループに分けられる。1年目のすべてのカリキュラムをともに受講し、その後の定期的な指導もともに受ける。不可欠なレファレンス・グループであるクラスターは、サポート・システムとしても重要であり、卒業後も続く息の長いネットワークとなる。このようなシステムは、ウォートンなどの規模の大きなビジネススクールで用いられているシステムと同様のものであり、小さなビジネススクールの利点と、大きなビジネススクールの豊富なオプションがある利点とを、兼ね備えている。

　コロンビアの学生は、特定分野内の下位専門分野（subspecialty）に集中して学んだり、自らの関心に沿った独自の専門分野を開発したり、もしくは特に専攻をもたなかったりと、柔軟な選択肢を享受している。

教授陣

　コロンビアの教授は指導教官として世界的に知られている。その博識は同業の学者間でも高く評価されており、常に新たな知識の源泉となっている。現在、同校の教授であるジョセフ・スティーグリッツ（Joseph Stiglitz）は2001年、その革新的経済理論でノーベル経済学賞を受賞している。コロンビアの教授陣は、他のビジネススクールでも教えられているアイディアやコンセプトを創造している。コロンビアの学生となるメリットは、このような偉大な当事者から直接話を聞けることにある。

　コロンビアにおける指導、研究はグローバルな経済環境に照準をあわせたものであり、教授たちの研究や指導もそうした流れに沿った、国際的な内容となっている。

　指導教官のうち、127名がフルタイムで、81名が非常勤である。この教授陣が現実に即したビジネス的視点から講義を展開する。半数以上が海外での在住もしくは勤務の経験がある。さらに、ほとんどが国際的企業のコンサルティングを行ない、その4分の1は毎年数週間にわたって海外での指導やコンサルティングをしている。このような在野での直接的経験に基づく知識により、彼らの講義とケース・スタディは一層活発なものとなる。

　コロンビアではここ5年間で新たに約60名の教官が加わり、それぞれの専門的分野で指導にあたっているが、このような新たな人材の参加が、プログラムの新鮮さの維持に貢献していることは言うまでもない。

人気教授陣

人気教授陣の専門分野と科目名は次のとおり。

教授名	専門分野	人気科目／研究分野
リンダ・V・グリーン （Linda V. Green）	オペレーションズ（Operations）	オペレーションズ・マネジメント （Operations Management）
モリス・ホルブルック （Morris Holbrook）	マーケティング（Marketing）	マーケティング・ストラテジー （Marketing Strategy）、 消費者行動（Consumer Behavior）
レイモンド・ホートン （Raymond Horton）	マネジメント（Management）、 社会事業（Social Enterprise）	現代政治経済学（Modern Political Economy）、 非営利マネジメント（Non-profit Management）
R・グレン・ハバード （R.Glenn Hubbard）	ファイナンス（Finance）、 アントレプレナーシップ （Entrepreneurship）	起業ファイナンス（Entrepreneurial Finance）

カリキュラム

コア・カリキュラム

　修了に必要な単位に占めるコア科目の割合はおよそ45パーセントである（フル・ターム5科目とハーフ・ターム8科目）。コア科目はすべて最初の2ターム中に履修する。

コア・カリキュラム
管理会計（Managerial Accounting）*1 戦略形成（Strategy Formulation）*1 企業財務（Corporate Finance） 経営経済学（Managerial Economics） 効率的な組織の形成（Creating Effective Organizations）*1 経営統計学（Managerial Statistics）*1 決定モデル（Decision Models）*1 マーケティング・プログラムの管理（Managing Marketing Programs）*1 財務会計（Financial Accounting） 販売戦略（Marketing Strategy）*1 世界的経済環境（The Global Economic Environment） オペレーションズ・マネジメント（Operations Management） リーダーシップ（Leadership）*1

＊1　ハーフ・ターム科目

選択科目

　学生は150の選択科目から履修科目を決め、さらに12の他学部、たとえば文理研究科（Graduate School of Arts and Sciences）、国際関係学（International and Public Affairs）、ジャーナリズム（Journalism）、法律（Law）、ソーシャル・ワーク（Social Work）などの大学院レベルのコース4,000以上から履修することもできる。

出願戦略上のアドバイス

　キャリアにおいて自分の進むべきはどのコースなのか、そしてそれは現実的な目標設定となっているのかを十分に確認する必要がある。「ビッグ・アップル（Big Apple）」にあるコロンビア・ビジネススクールは、アイビー・リーグ校で唯一ニューヨークにある、というアドバンテージをもっている。コロンビア・ビジネススクールで学ぶ利点を研究し、「なぜコロンビアなのか」をエッセーの中で明快に示そう。

就職支援

　卒業生の就職先（職務）は次のとおり（2003年卒業クラス）。

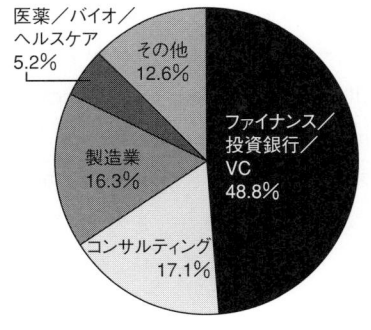

　コロンビア・ビジネススクールの学生は企業のリクルーターにとって非常に魅力的な存在である。毎年600社におよぶ企業が活発なリクルート活動をキャンパス内で展開し、数多くのインタビューが実施されている。学生に対しては、キャンパスを離れ

ても数多くのフルタイム、インターンのオファーがある。大学側は就職先の多様性を維持することに力を入れている。

採用企業の一部は次のとおり。

AT&T

CRTキャピタル・グループ（CRT Capital Group）

国際金融公社（International Finance Corporation）

ATカーニー（A. T. Kearney）

ダヴィッドソン・ケンプナー・パートナーズ（Davidson Kempner Partners）

ジョンソン・エンド・ジョンソン（Johnson & Johnson）

アライアンス・キャピタル（Alliance Capital）

ディーア・アンド・カンパニー（Deere & Company）

ジョーダン、エドミストン・グループ（Jordan, Edmiston Group）

アメラダ・ヘス（Amerada Hess）

生活環境

コロンビア大学はニューヨークにある。これは、ビジネスと文化の両面において、他の都市と比べても見劣りすることのない場所で学びたいと考える日本人にとって明らかな利点であろう。多くの場合、コロンビアの教授はニューヨークでの生活を選択するが、それはニューヨークがビジネスについて研究する最高の実験室であるからだ。ニューヨークで退屈することはないだろう。ニューヨークでは、朝起きて何かすることないか、と思案する日はまずない。キャンパスに出向けば、Silicon Valley Uptown Conference、Biotechnology Club、Ballroom Dancing Society、Speakers Seriesなど、時間が足りないくらいさまざまなイベントが待ち構えている。生きた体験を求めて「Big Apple」で、アメリカ文化やビジネスを探求するのもいいだろう。タクシーに乗れば、ブロードウェイや、チャイナ・タウン、ウォール・ストリートもあっという間である。

コロンビア大学は、ニューヨーク、マンハッタンのモーニングサイド・ハイツという地区にある。この地域にはアウトドア・カフェ、エスニック・レストラン、ミュージック・クラブなどが数多くあり、大学を抱える町であることを感じさせてくれる。モーニングサイド・ハイツの特徴は、そこに住みコロンビア大学や近隣の学校で働き、

学び、教える人々が形成する固い結束を持つコミュニティという点である。ブロードウェイからわずか1分というのは信じられないことかもしれないが、おかげでニューヨークの街並みとざわめきを体験することができる。118丁目で地下鉄を降りれば、アイビー・リーグ校のキャンパスにたどり着く。そこにあるのは、コロンビア大学の堂々とした校舎とエネルギッシュな学生たちが作り上げる空間だ。

ビジネススクールの学生の一部はキャンパス近くにある大学所有の住宅で生活をしている。自宅が大学から250マイル以上離れている学生に対しては、先着順で入居が認められる。その他の学生はモーニングサイド・ハイツ、アッパー・ウエストサイド、グリニッジ・ビレッジなどで、大学所有以外の住宅を探すことになる。だが、家賃は安くはない。本書の執筆時点で、ブロードウェイの素敵なマンションの家賃は1ヶ月1,800ドル以上であった。もっとも、ブロードウェイ以外で探してみればもっと安いところが見つかるだろう。

‥‥日本人在校生および卒業生のコメント‥‥

■NY Advantage

　コロンビアの最大の特色は、「NY Advantage」という言葉でよく表わされます。それはつまり、世界の文化、ビジネスの中心であるニューヨークに位置し、世界金融の中心であるウォール街から電車で30分という利点をフルに活かせる環境にあるということです。さまざまな業種の世界的企業のCEOが週1回以上のペースで講演に来るほか、教授陣も、現役で働いている投資銀行のM&AやPrivate Equity部門のヘッドが行なう授業など、Real Business Worldとの接点をこれだけ保ってMBAを受けられる環境はほかにないのではと思います。また、学校以外の生活も、芸術好きな方には、美術館、博物館にミュージアム、冬になれば、リンカーン・センター、カーネギー・ホールでオペラやクラシックの鑑賞、スポーツ好きな方には、ヤンキース・スタジアムにマジソン・スクウェア・ガーデンと、見たいものがありすぎて困るくらいの刺激的な街です。

■授業、教授について

　コロンビアは伝統的、また立地的にファイナンスに強みを持つ学校です。ベンジャミン・グラハム、そしてウォーレン・バフェットから始まった投資理論、ヴァリュー・インベスティング・アポローチは今でも、看板教授のグリーン・ワールドやジョエル・グリーンブラッドにより脈々と受け継がれております。また、コーポレート・ファイナンスでは、スターン・スチュアート社の創始者であり、Free Cash Flow またEVAという概念をファイナンスの世界に広めた第一人者であるジョエル・スターンによる、非常にソリッドな、企業価値とは何かをとことん追求して考えさせられる近代ファイナンス論講義など、自分がどの分野に進むのかを考えながら、いかようにも専攻をカスタマイズすることが可能な贅沢な取り揃えになっています。また、実際の仕事に即実践できる知識の習得という観点から考えて、多くのファイナンスの授業は、現役でウォール街で働いている、もしくはついこの間まで働いていた投資銀行のMD達が授業を受け持つため、授業は現実のDealを限りなく模倣した形で行われ非常にエキサイティングで緊張感に満ちた体験です。

■Japan Business Association

　現在、1年生9人、2年生6人と、日本人学生が非常に少ないのですが、そのような中でも、コロンビアというコミュニティの中での日本という国への関心を高め、相互理解を促進するという使命をもって、さまざまな活動を行なっています。今秋は、Alternative Investment Seminar Seriesというタイトルの下、日本で買収活動に力を入れているPrivate Equity Fund関係者を学校に呼び、講演会を開いたり、Distinguished Lecturer Seriesとして、NTT DoCoMoのCEOに講演していただいたりと、各種イベントを校内でアレンジするとともに、毎年3月には、教授、学生を日本に連れて行き、日本企業訪問、また日本文化を学ぶJapan Study Tripも今年で15回目を迎えます。去年は総勢70名もの生徒が参加し、日本という国への理解を格段に深めるという機会を創出することができました。

（Class of 2003　男性　商社　※2年在校時に執筆）

*　　　*　　　*

　「勉強したことってこんなに早く忘れるんだ」というのが仕事復帰後の正直な感想でした。これでもかなり勉強したし、成績も良かったのに……。マンハッタンのビジネス・スクールを卒業し、マンハッタンのオフィスで事業投資関係の仕事を開始したときには、自信満々なワタクシでしたが、やはりビジネスは現場が大事、特定領域の仕事は実際にやっている人にはかなわないなあとよく思います。Accountingはそのプロ達が、MBAが忘れかけていることを100パーセント頭に入れてやっている。M&Aの実務なんてLegalのプロ達が何でも知っている。「What is HSR Filing?」という質問をしたときには、アメリカ人のボスに「Hey, come on!! What did you study at Columbia?」と、バカにされたりもしました。ケース・スタディに出てくるようなとってもシンプルなお話は現実にはどこにも転がっていません。大事なのは実務、実務、実務。昔、東京で商売をやっていたときには分かっていたことなのに、新鮮に驚いたりしていました。てことはMBAの価値はないのか？

　答えは100パーセント「NO」です！いつのまに僕はこんなに知恵の引き出しが増えていたんだろうと、日々実感しております。本場の投資銀行のピッチを受けたとき、正直「グループでやったStudent Presentationの方がしっかりしていたなあ」と思いながら聞いていたり、Dividend Discount Modelなんて手法でValuationしてあったりしても、当たり前のように理解できちゃったりします。こんな些細なことだってかなりアドバンテージ。またビジネスの事象を多面的に考えることがいつのまにか体にしみついているのに気付きました。あまりうまくいっていない会社を立て直す方法をチームで議論しているときにも、実はビジネス・スクールの授業を1つひとつ思い出しながら話をしたりするからなのでしょう。

　Optimal Capital Structure、DebtのRestructuring、Differed Tax Assetの活用。Profitable Customersの選別、Activity Based Costingによる真のコストの把握、Price Elasticity。Decision ScienceによるOptimal Distribution Networkの決定、そしてWhat is Strategy？など、挙げればきりがありません。1つの案件にこれだけ多彩な切り口で問題点をえぐっていくような発想はビジネス・スクール前ではあり得ませんでした。

　また同級生がWall Streetでたくさん働いているので、ビール片手にいろいろ情報収集して、意思決定の精度を高めたりできてしまうわけです。メリルリンチのInvestment BankerとマッキンゼーのConsultantがただで僕の個人相談に乗ってくれます（笑）。

　だから、仕事をやってて昔よりすごく楽しいのが一番の大発見。さらに、難しそうな案件に自ら手を挙げて挑んでいくようなチャレンジ精神もいつのまにか強くなっている感じ。前に書いたことと矛盾するようですが、ケース・スタディで似たようなことを疑似体験しているからなんとなくできちゃうような気がするわけです。以前もPositiveでしたが、さらにPositiveな自分に変えてくれたコロンビア・ビジネス・スクールに大感謝。

（Class of 2001　男性　商社）

「B-Schoolってどんなところ？」という質問をよく受けます。B-SchoolとかMBAには何か特別なイメージがあるようで「おどろおどろしい場所」のように思われていることも少なくありません。B-Schoolはつまり塾です。だからまずは勉強するところですが、友達を作ることも大切な場所。そしてそれまでと全く違う環境で「生活」する場所でもあります。そういう場所としてコロンビアはどうでしょうか？答えは「最高の場所」です。その理由を留学の目的によって考えてみましょう。

■目的：生活する

まず、留学するということは2年間「生活する」ということでもあります。他の執筆者のコメントにもありますが、NYはとても刺激的な場所。映画、オペラ、ミュージカル、美術館、博物館、また音楽もロック、クラッシック、パンク、クラブと何でもあり。自分がただ積極的に求めさえすれば必ず世界の一級品が手に入ります。だから街に学校しかないどこかのB-Schoolと違って、貴重な2年間にたくさんのものを吸収することができるのです。ちなみにColumbiaの学生証があればMetropolitan Museumをはじめ多くの美術館は入場無料。そうでなければ必ず半額で入れます。

■目的：友達を作る

よく言われますが、NYは人種のるつぼです。Columbiaも学生の3割がInternational Studentsで、3割が女性です。またB-Schoolに近いところではLaw SchoolやSchool of International and Public Affairs（SIPA）を擁し、それぞれのSchoolの授業を履修することもできます。もちろんJournalismやFilm Schoolの授業もOKです。このようにB-Schoolの学生である前にUniversityの学生であり、Columbiaにいるとこの事実を肌で感じることができます。限られた留学期間内にこれだけ多くの人たちと出会えるチャンスを与えてくれる学校はなかなかありません。もちろん自分が求めていく姿勢が一番大切ですが、Columbiaはそんな人にこそたくさんの機会を提供してくれる学校です。

■目的：人間関係を広げる

次に、学外に目を向けて見ましょう。NYには世界中からいろいろな人が来ます。超多忙な日本の政財界の著名人にとっても、Columbiaだったら仕事のついでにちょっと寄って講演でもしてあげようか、ということが可能なのです。そんなわけで「わざわざ学校しかない街に講演に行く」というのより来校のチャンスは圧倒的に多くなります。また日本では直接話ができないような人も、NYではとても身近な存在です。講演の後にちょっとお茶を飲むこともできるし、ゆっくり食事をしながらいろいろな話を聞くこともできます。NYでは彼らもリラックスしているので、ビジネスや政治の裏話を聞く機会に恵まれます。彼らにとってNYは特別な場所であり、NYの中でColumbiaは特別な学校です。

■目的：ビジネスの知識を得る

確かにColumbiaはFinance分野で有名な学校です。でもFinanceだけではないのです。なぜならNYはすべてのビジネスの中心地だからです。映画、音楽、テレビ、広告などメディアやエンターテインメントの中心地ですから、すべての産業にとってNYは特別な場所、絶対に無視できまない場所なのです。だからコンタクトを取ろうと思えばどんなビジネスの人とでも必ず会うことができます。それぞれのB-Schoolに力を入れている分野（ファイナンス、マーケティング、アントレなど）がありますが、Columbiaの最大の強さはリソースの窓口が学校に限られていないこと。学校の中で得られるものと、NYという街で得られるものの相乗効果でColumbia MBAは育てられるのです。ランキングの高さに一喜一憂している学校もあるようですが、そんな学校にこの相乗効果は絶対に真似できません。

このように留学の目的は人によってさまざまですが、Columbiaは求めさえすれば誰にでもFirst Classのサ

ービスを提供してくれる学校です。これから留学しようとする方（留学前の自分も含めて）にとって「どの学校に行くか」という決定は非常に大切な問題ですが、どうもみなさんランキングに頼り過ぎているようです。留学前はみなさんと同じように考えていた私のアドバイスとして、この経験談が少しでも活きてくれることを願っています。

（Class of 2003　男性　広告）

＊　　　＊　　　＊

　コロンビアでの生活も残すところ半年ですが、今までの生活を振返っての雑感を以下述べさせて頂きます。

　まず、私がコロンビアを選んだ理由は大きく分けて2つあります。1つは、ファイナンスとゼネラル・マネジメントという自分が伸ばしたい分野に強い学校であるということ。2つ目は、NYというロケーションです。実際に入学してみて、この2つの目的は充分に果たせたと感じています。1年目は必修授業ですので、どの教科も平均して学ぶことができますが、2年目にはすべて選択授業となり、そこでのコマ数、教授陣の豊富さはやはり、上述の2分野（ファイナンス、ゼネラル・マネジメン）が突出しています。またゼネラル・マネジメントに関しては、当該科目に限らず、その根本的な志向はどの教科にも共通していると感じます。もちろん、各スキルの習熟には充分時間を割いていますが、最終的に当校が輩出したいのは、各専門分野の知識とスキルを持ちつつ、部門あるいは会社全体を大きな目で判断し率いていく10年後20年後のトップ・リーダーなのでしょう。またロケーションに関しては、個人の好みによって大きく左右されるでしょうが、やはりNYは経済、文化、エンターテインメントにおいて米国で突出している都市であり、混沌としたエネルギーに満ち溢れる街で、競争も激しい分、得るものが大きい所です。

　次に私自身の勉強を振返ってみれば、最初の1学期（コロンビアは4セメスター制。1学期は約4ヶ月）はプレッシャーに追われながらの勉強の毎日だったといえます。要領が未だ掴めてないうえ、どこまで自分が競争できるかの試金石としたいと僭越にも考えていたため予習復習、宿題を完璧にしようとしていた為です。また入学前は、莫大なワークロードとドロップアウトの可能性という先入観を持っていたため、必要以上に気負っていたのでしょう（コロンビアでは、普通に宿題をこなしていればドロップアウトの可能性はありません）。1学期目は、このように効率はあまり良いとはいえませんが、勉強した分身に付いたという実感はあり、限られた時間内で仕事をこなすいい訓練にはなりました。ただし、2学期目以降は、要領を掴んできたこともあり、大分リラックスした心持ちで楽しみながら勉強できるようになりました。常に意識していることは、確固としたスキルを身につけること、プラス新しい事象に接する時には短期間で全体像を捉えると同時に本質を突き詰めて思考分析するということです。前者は、常に新しいビジネス理論が出てくる昨今、短期資産となる可能性はありますが、後者は長期資産になると信じています。

　最後に自戒を込めて、短い在学中、えてして短期的な視野に陥りやすいと思いますが、ビジネススクールという期間は自分の価値観、長期的に将来何をやりたいかをもう一度考えるよい機会だと思いますし、そのような学生が少なくないと感じます。さまざまなバックグラウンドの学生、卒業生、毎日のように講演にくる多種多様なゲスト・スピーカー、あるいは校外で知り合う方々との交流から、自分が進みたい方向を、何でもありのNYで再確認するのも悪い考えではないでしょう。

（Class of 2004　男性　製造業 営業・事業開発　私費）

＊　　　＊　　　＊

　コロンビア・ビジネス・スクール（以下CBS）というと、日本人アプリカントの間では競争的、チーム作業が少ない、ファイナンスの学校であるといった認識があります。これらのイメージは実際のCBSからはかけ離れたものです。

　生徒間の関係ですが、各クラスからSocial repが選出され、クラス・パーティ、近場への旅行等を定期的に実施しています。また毎週木曜の夕方には学校主催のハッピー・アワーがあり、無料のビール・ピザを手に

深夜まで盛り上がります。その後ミッドタウンに繰り出すこともしばしばです。

　次にチーム作業についてですが、ほとんどすべての科目でチーム作業が課せられます。1学期目に関しては学校側が各生徒のバックグラウンドを考慮しダイバーシティに富んだ4〜5名のチームを指定され、すべての科目のチーム課題をこのメンバーとともに作業することになります。2学期目以降は必修科目、選択科目共生徒が各自でチームを組むかたちになります。

　最後にファイナンス・スクールという点ですが、一面では正しいといえます。金融の中心NYに立地していることもあり、現役金融マンを含んだ超一流の教授陣・多彩な科目です。その一方で、他の分野も、特にマネジメント・マーケティングを中心に充実しています。事実選択科目における人気科目は、「Turnaround Management」「Economics of Strategic Behavior」「Introduction to Venturing」「High Performance Leadership」など、マネジメント領域が多くなっています。無論「Advanced Corporate Finance」「Value Investing」をはじめとするファイナンス関連科目は充実しており、高い人気を誇っています。

　生活環境については、ジュリアーニ氏の市長就任後、以前とは比較にならないほど安全になっています。コロンビア大学の近辺でも、午前0時過ぎに女性が1人で歩いていることも多々あります。またNYという立地柄各種エンターテインメントは充実しており、学業以外の面でも充実した生活を送ることができます。

　学校には、Japan Business Associationという組織があり、日本企業を迎えてのフォーラム・年に一度のJapan Tripを軸に積極的に活動しています。日本のアルムナイ・クラブも数百名強を誇る有数の大型組織で、帰国後の交流も勉強会から飲み会までほぼ毎月何らかのかたちで開催されています。

（Class of 2004　男性　広告宣伝業界を休職　私費）

海外のフルタイムMBAプログラム

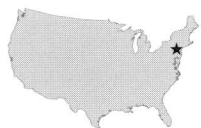

マサチューセッツ工科大学 スローン経営大学院

(MIT Sloan School of Management, Massachusetts Institute of Techonology)

http://mitsloan.mit.edu/mba

設立年／1950年

基本情報

◆学生に関するデータ

卒業生数__1万8,000名
フルタイム在学生合計数__730名
日本人学生数
　2004年卒業クラス__7名
　2005年卒業クラス__11名
留学生の割合__約35%
アジア人学生の割合__17%
平均年齢__28歳
入学時の平均実務年数__5年

◆履修期間と授業料

履修期間__18ヶ月
授業料__年間3万4,780ドル

◆主なランキング

『ビジネスウィーク』2002年6位
『USニューズ＆ワールドレポート』2004年4位
『フィナンシャル・タイムズ』2004年7位

◆テスト・スコアと合格率

GMAT要求スコア__n.a.
合格者平均GMATスコア__703
合格者GMATスコア分布(80%)__640〜760
TOEFL要求スコア__n.a.
合格者平均TOEFLスコア__n.a.[*1]
合格者平均GPA__3.50

*1 TOEFLは必須ではない。語学力はGMAT Verbal
セクションで測られる(高得点が必要)

出願者の合格率__14%
合格者の入学率__69%

✉ 問い合わせ先

●出願に関する問い合わせ
担当者名　Rod Garcia　eメールアドレス　mbaadmissions@sloan.mit.edu.
●奨学金に関する問い合わせ
URL　http://web.mit.edu/finaid
●卒業生ネットワーク
URL　http://mitsloan.mit.edu/alum/index.html

出願締切り　10月下旬[*1]、1月中旬　*1 再出願者用締切り

就職関連情報

◆サマー・インターンシップの主な採用企業

シティグループ
リーマン・ブラザーズ
メリル・リンチ
ゴールドマン・サックス
IBM

◆卒業生の主な採用先

IBM
メリル・リンチ
ゴールドマン・サックス
ボストン・コンサルティング・グループ
マッキンゼー・アンド・カンパニー

◆卒業生の就職率と平均年収

卒業後3ヶ月時点の就職率
2001年＿90.1％
2002年＿82.9％

卒業後の平均年収（年俸＋契約金）
2001年＿11万5,000ドル
2002年＿10万5,000ドル

✉ 問い合わせ先

●就職関連の問合せ先（**Career Development Office**）
担当者名　Jackie Wilbur　eメールアドレス　jwilbur@mit.edu
URL　http://mitsloan.mit.edu/mba/careers/index.php
●卒業生のための就職支援
URL　http://mitsloan.mit.edu/alum/index.html

school information

MIT Sloan School of Management
MBA Admissions Office
50 Memorial Drive
Room E52-101
Cambridge, MA 02142-1347 U.S.A.

学習環境

　日本人の多くが、マサチューセッツ工科大学スローン経営大学院は入学するのが非常に難しい学校だと考えている。これは、自分には工学部などを卒業したバックグランドがないため、工科大学であるMITに合格するのは難しいと思うからである。だが、このような古いイメージは捨てなければならない。スローン経営大学院の学生が卒業するためにコンピュータのプログラムを書き上げる必要があった時代はもはや過去のことである。最近入学した学生には、航空医官、薬剤師、教師などもいた。さらに、スローンの日本人学生の多くはエンジニアでもなければ、テクノロジーの第一人者でもない。

　もちろん、テクノロジー分野におけるすばらしい経歴のもち主が入学することもある。とはいえ、同校のカリキュラムで扱われるのは、組織におけるテクノロジーのマネジメントである。また、同校が求めているのは各分野において折り紙付きの実績をあげてきた、バランスのとれた多様な学生である。企業のエグゼクティブたちがリナックス（Linux）の「black box」の中に何があるのかとか、プログラムの書き方などを知る必要はない。エグゼクティブに求められるのは、そういった技能を有する人材を採用し、訓練し、やる気を与える能力である。スローンはそのような能力をゼネラル・マネジメントの基礎の一部として養ってくれる。

　スローンはTOEFLの受験を要求してはいないが、出願者自身が望めば自らの英語力を証明するためにスコアの提出は可能である。同校はGMATのVerbal Sectionと、書類選考後のインタビューにより英語力を評価する。出願者にはビジネススクールに入学する前に微積分とマクロ、およびミクロ経済学のコースを修了していることが期待されている。

　同校は、経営学教育における新たなアプローチの実践を目的として、1950年に設立された。設立の当初から、同校は学術研究と実践的マネジメントの密接な関係構築に力を入れてきた。その結果、スローンの教授陣から今日のビジネス界における最高の実践的理論が生まれたのだ。その中には、現代ファイナンス理論であるブラック・ショールズ・モデル、システム・ダイナミックス、マネジメントにおけるX理論、Y理論などがある。

　スローンのクラスは比較的小規模で、留学生の比率が35パーセント前後と高い。入学審査事務局は、学生を選抜する際に11要素からなる属性モデルを重視している。このモデルについての詳細は明らかにされていないが、間違いなく含まれていると思わ

れるのが、GMAT（QuantitativeとVerbal両セクションにおける高い能力）、GPA、出身大学、勤務先、実務年数、リーダーシップとマネジメント・ポテンシャルの証明、課外活動への参加などである。

　スローン経営大学院は結束の強い、チーム・スピリットあふれるコミュニティである。同校に留学していたある日本人は、「英語力の限られた自分でもクラスで発言できることは確かだし、発言中はクラスメイトが自分の話に耳を傾け、そして尊重してもくれた」とコメントしている。彼は、スローンを目指す日本人は早い段階から英語によるコミュニケーション・スキルの向上に懸命に取り組み、机上ではなく、実際に相手とのコミュニケーションで使うべきだとすすめていた。このアドバイスを肝に銘じておこう。

　スローンの学生はチームを作り、ともに学ぶ。このチームは民族、職業、経歴が複雑にミックスした構成となる。こうしたチームによる学習は、柔軟性をもつマネジャーの養成につながり、さらに交渉力の強化にもつながる。加えて、スローンの学生は意見交換や、さまざまな見地から状況を検討するよう指導される。多くの学生がチームワークをもとに勉強する。インタビュー、インターナショナル・スタディ・トリップ、MIT5万ドル・コンペ（Annual MIT $50K Competition）などではグループを作り、お互いを助け合う。このような学生同士のコラボレーションの存在により、通常、ストレスの伴うプロセスにおいても健全で協力的雰囲気が生まれてくるのである。

　アントレプレナーシップの学習と実践はスローンの校風の中枢であり、40年以上にわたり同校のカリキュラムに取り入れられてきた。事実、プログラムの2つの履修トラック、すなわち「eビジネス（eBusiness）」と「新製品とベンチャー開発（New Product and Venture Development）」は、完全にこの分野に割かれている。

　スローンとMIT全般に欠点があるとするならば、それは施設である。大学のシンボルともなっているドーム建築を含むごく一部は格調高い伝統的建築物であるが、ほとんどの建物は旧式なため、改善する必要がある。

教授陣

　スローンの有名教授陣の中には、マネジメントのエキスパートとして世界でもトップクラスの教授が数多くいる。同校の教授は指導者であると同時に研究者でもあり、最先端の研究を行いながら、教室においてその結果をさらに深く掘り下げている。

　スローンでは教授と学生が一緒になって、未来のマネジメントを方向づける手掛か

りとなるツール、テクニックを常に発展させようとしている。

　MITの大規模なリサーチ・センターやグループは、1,200万ドルの資金に、分野を超えた幅広い知識とイノベーションを提供している。リサーチ・センターが築き上げる教授、学生、ビジネス・パーソン間のつながりは将来にわたり長期に継続する関係である。

人気教授陣

人気教授陣の専門分野と科目名は次のとおり。

教授	専門分野	科目／研究分野
ポール・アスキス (Paul Asquith)	企業財務(Corporate Finance)、会計学(Accounting)	合併(Mergers)、配当政策(Dividend Policy)、財政難(Financial Distress)、市場の効率性(Market Efficiency)
アルノルド・ハックス (Arnoldo Hax)	マネジメント(Management)	戦略的マネジメント(Strategic Management)、オペレーションズ(Operations)
スチュアート・マドニック (Stuart Madnick)	情報技術 (Information Technology)	データベースと情報の統合技術 (Database and Information Integration Technologies)
ジョアン・イェーツ (JoAnne Yates)	マネジメント、行動・政策科学 (Management, Behavioral Policy Science)	組織における電子メディアの利用(Use of Electronic Media in Organizations)、インターネット技術の社会的および経済的影響(Social and Economic Implications of Internet Technologies)

カリキュラム

　2003年秋からMITはカリキュラムの改訂を実施したが、これは教授、職員、学生、卒業生の努力を結集したものである。2000年に実施して以来のものである。

　新たなカリキュラムの主な目的は、MITの強みであるリサーチ・イノベーション分野をさらに強化し、創造性と革新性をシステマチックなものとすることである。また、新たなカリキュラムでより力を入れているのが学問的分野ではなく、マネジメントにおける課題とスキルである。さらに、体験を通して学習する機会も増やしている。リーダーシップとチームワーク・スキルの養成についても、より強調されるようになった。

　MBAカリキュラムの改訂は、従来からの2セメスター制度の見直しから始められた。

調整の結果、13週のコースからなる2セメスター制ではなく、まず6週間のコースを行ない、間にスローン・イノベーション・ウィーク（Sloan Innovation Week）をはさみ、さらに6週間のコースが行なわれるスケジュールとなった。スローン・イノベーション・ウィークは、学生が教授の行なっている最先端の研究のいくつかについて話を聞いたり参加したりする期間である。

　卒業するためには、コア・カリキュラムに加え選択科目の144単位を取得する必要がある。さらに、「リーダーシップ」「リサーチ」「プラクティス」の3分野のそれぞれにおいて100ポイントを取得しなければならない。

　スローンに入学した学生は学校側が認める大学院レベルの科目を、スローン以外のプログラムで合計2科目まで履修することが許されている。これらのコースは卒業に必要な単位に加えることができる。スローンの科目のほとんどは3〜12単位で、その単位数は1週間に行なわれる授業時間数や、準備にかかる時間などを基に決められている。

　プログラムの柔軟性は高い。論文作成を選択することも可能で、学生は指導教官の協力のもと、特に関心の高いテーマについて深く掘り下げて学ぶことができる。24単位になる論文を書き上げた学生はMBAではなくMaster of Science in Management（MS）の学位取得を選択することもできる。MBA取得を目指す学生にとって論文は必修ではない。

　コア・カリキュラムには5つのコースと、「ファースト・イヤー・チャレンジ（First Year Challenge）」が含まれる。

- ビジネス上の意思決定のための経済分析（Economic Analysis for Business Decisions）
- データ、モデル、および意思決定（Data, Models, and Decisions）
- マネジャーのためのコミュニケーション（Communications for Managers）
- 組織プロセス（Organizational Processes）
- 財務会計（Financial Accounting）
- ファースト・イヤー・チャレンジ（First Year Challenge）

　会計を除くコア科目のすべてを第1タームに履修する必要がある。会計については卒業までに履修していればよい。First Year Challengeは幅広い分野からマネジメントに焦点を当てるチーム・プロジェクトであるが、秋セメスターに始まり、春セメスターの初めに終了する。

コアコースの先にあるもの

　コア科目以外のカリキュラムについては、選択する科目を自由に組み合わせることができる。スローンに設置されている選択科目は多彩で、その多くが同校独自のものである。コア科目以外の科目にはポートフォリオが存在する。これは、たとえば戦略的マネジメントやコンサルティングのような特定のキャリアに備える学生向けに用意された科目のセットにあたるものである。さらに、各学生は、「リーダーシップ」「リサーチ」「プラクティス」の3分野において経験を積む必要がある。学生は習熟ポイント（Proficiency Point）をさまざまな方法で獲得する。その方法には教授の行なうリサーチへの参加、プロフェッショナル・セミナーの受講、リーダーシップ・ワークショップへの出席、あるいは体験学習コースの受講などがある。このような習熟ポイント獲得のための活動の多くは、卒業単位取得のコースにもなっている。

出願戦略上のアドバイス

　スローンのエッセーで問われている内容に目を通してみれば、リーダーシップ、イノベーション、斬新な考え方、ゴール設定とその達成、さらに、難しい問題への対応などの実績を示す具体例が求められていることに気づくだろう。これらの分野において、あなたが他人とどのように異なっているのかを際立たせることが重要だ。入学審査事務局は、実績と向上心からあなたの持つ潜在能力を判断する。どのような役割と貢献で成功したのか、あなたが具体的に示すべきはこの点である。

就職支援

卒業生の主な就職先（職務）は次のとおり（2003年卒業クラス）。

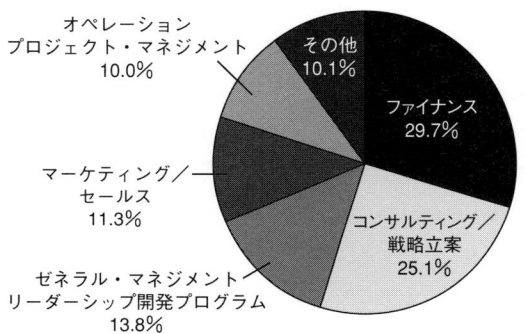

スローンのCareer Development Office（CDO）は、セミナー、Career Resource Center、メンバーのみを対象としたオンライン・インフォメーションを通して有益な就職情報を提供している。CDOが提供する就職機会としては、オンキャンパス・リクルート、求職票の掲示、レジュメ集、スローン卒業生ネットワーク、キャリア・フェア、ネットワーキング・イベントなどがある。

9月から学内外で始まるスローンのリクルート・イベントに参加する企業数は例年850社を超えている。スローンに魅力を感じてリクルートを行なう企業はさまざまな産業、分野におよび、その中にはコンサルティング、ファイナンス（コーポレート・ファイナンス、インベストメント・バンキング、インベストメント・マネジメントなどを含む）、テクノロジー、テレコミュニケーションズ、コンシューマー・プロダクトなどの企業が含まれている。2002年の採用数上位の企業は次のとおり。

社名	人数（人）
IBM（IBM）	11
メリル・リンチ（Merrill Lynch）	10
ゴールドマン・サックス（Goldman Sachs & Co.）	9
ボストン・コンサルティング・グループ（Boston Consulting Group）	8
マッキンゼー・アンド・カンパニー（McKinsey & Co.）	8
シーベル・システムズ（Siebel Systems, Inc.）	8
シティグループ（Citigroup）	6
バンク・オブ・アメリカ・セキュリティーズ（Banc of America Securities）	5
ジョンソン・エンド・ジョンソン（Johnson & Johnson Inc.）	5
ベイン・アンド・カンパニー（Bain & Co.）	4
ドイツ銀行グループ（Deutsche Bank Group）	4
パトナム・インベストメンツ（Putnam Investments）	4

生活環境

　複数の市に囲まれているため、スローンの周囲はバラエティー豊かである。ボストンの高級住宅街であるビーコン・ヒルにはじまり、古風な趣があるケンブリッジのポーター・スクエアやサマービルのデイビス・スクエアなどが周囲を取り囲んでいる。MITはケンブリッジに大学院の学生のみを対象としたマンションをいくつか所有している。入居者募集のほとんどはルームメイト募集のかたちで行なわれる。1または2ベッドルームのユニットが完全に空き部屋状態ということはまれで、このタイプの空きが出た場合、その情報はキャンパス外住居供給所（Off Campus Housing）にすべて掲示される。

　キャンパス内にも入居可能な住宅がある。MITの大学院生対象の住宅には2つのグラジュエート・レジデンス・ホールと、3つのマンション（大学院生向け住居）、2つの家族用マンション、学部生向け共用形式の住宅などがある。残念なことは、需要が供給を上回っているため、既婚者用も独身用もともにくじ引きで決まることだ。

　ボストンから川を渡った位置にあるケンブリッジは、世界中からやって来る人たちに、ハーバードとMITという2つの世界最高の教育機関が作り出す、刺激的で多文化的環境を提供してくれる。多くのカフェ、書店、ブティックがあるケンブリッジは、よく「ボストンの左岸」と呼ばれる。6.5平方マイルの地域に10万人以上が生活する同地区は文化と社会の多様性、知的活力と技術革新が力強く結びついた独特のコミュニティである。MITのあるケンダル・スクエアは、マサチューセッツにおいて成長著しいハイテクとバイオテクノロジー産業の中心地である。

　企業派遣生であった私は、就職活動は原則必要ありませんでした。しかし、今まで日本以外で働いたこともなく、かつ業界も不動産業以外で全く経験がない私は、Summer Internshipを通じて今まで知らなかった世界に触れてみたいと強く考えていました。関心をもっていた業界は、非常に幅が広いですが、Consulting Firm、Investment Banking（Sell Side）、Asset Management Company（Buy Side）で、その中で最終的にあるConsulting Firmを選択いたしました。その企業が、米国で働く機会を私に与えてくれたことが一番の要因です。Interviewなどは大きくわけて（1）企業からのアプローチ、（2）大学からの紹介がありました。大学のサポートは特に留学生をFocusしたものではなかったです。

　卒業後、最終的に派遣先企業に戻ることを決心したわけですが、その一番の要因となっているのは、今後中長期的な視点で自らのCareerを創っていくためには何か自らの「Industry」を持つ必要があるだろうという考えです。この考えは昔からそれとなく持っていましたが、留学時代の同級生や、Boston在籍のVenture CapitalistとのDiscussionなどを通じてさらに強く持つようになりました。Venture Capitalistsが、「MBA卒業生（若僧という意味も含めて）は必要ない。あるIndustryに知識面・人的面でも造詣が深く、自ら起業した経験ある人間を最も必要としている。一度失敗した人間はなお良い」と言っていたのが特に印象に残っております。

　私のこれからの最大の関心事であり目標は、新しいBusiness Modelでも、組織の形態でも、人事制度でも何か「変化」を起こすことです。日本企業である私が働いている会社も多数の「変化」を必要としております。当然日本企業ゆえの面倒さも、外資系企業に比べて多いと思いますが、私がこの「変化」というものに能力的にかつ機会的に関わり続けられる限り、今の会社で暴れてみたいなと思っております。「Career ChangeもしくはCareer Up」というイメージがあるMBA卒業生の就職事情で、2年もすると「MBAの価値」自体Depreciateすると言われがちですが、もう少し長い目で自らのMBA留学経験を役立てていければ幸せですね。　　　　　　　　　　　　　　　　　（Class of 2002　男性　不動産 Associate Manager）

＊　　　　　＊　　　　　＊

■在学中：勉強関連
　私はビジネススクール以外のクラスを紹介したい。ビジネススクールは多くの人にとっておそらく最後の高等教育の場。ビジネス関連も大切だが、人間としての幅も広げられればと思うはず。
　MITは、ビジネス以外のコース（学部）の授業が選択科目として卒業単位にもなる。私は最後の学期に他学部の「テクノロジーと公共政策」のクラスを取った。MBA candidateと初めて机を並べる学生とディスカッションするのは、普段とは全く要領が異なり新鮮。

＜これからMBAを取得される方へ＞
　ビジネスの授業も無論大切。でも最後の学期には取得単位を減らしたり、ゴルフに専念するのではなく、本当に興味のある内容の他学部のクラスを取ってみてはいかがでしょうか。私は音楽の基礎を学んだことや、夜中ピアノ校舎に潜り込んだことも、大切なtake-awayと想い出になっています。

■在学中：その他
　キャンパスでも大切な想い出を積み上げたが、やっぱりハイライトは卒業旅行。
・授業と就職の話題が中心だった友人と、互いの未知の部分を発見。狭いヨットで寝食をともに過ごせるすばらしい友人ができたことを再認識
・時間に追われPCと過ごした2年間の後、寝食中心の生活で何もしない時間や自由に議論しあう友人との時間を満喫

・各国で愛されているセーリングとその楽しみ方を習得

約100人のクラスメイトが12艇のヨットでBVI（英国領バージン諸島）をホッピングするセーリング・トリップ。各国の学生から必要数のスキッパー（艇長）が揃うところがすごい。幹事が組んだ航程以外はプロビジョニングを含め全て各艇の自己責任。チームワークを2年間叩き込まれた直後で、気心の知れている5人の友人とはいえ、逃げ場のないヨット。

毎日水着で、ヨット上で食事を作り、レースも織り交ぜセーリング。PCやインターネットからこれほどの長い間離れたのは、みんな何年ぶりだったのだろう。南十字星の下で、今までに語る機会のなかった、フィリピン大統領になりたいなどといった将来の夢や、ウオーレン・バフェットの講義で投げかけられたクラスメイト1人を選んで投資するとしたら誰に投資するかなど、さまざまな話をした。

音源が充実していた私のヨットはパーティー・ボートとなり、他のヨットからクルーがよく集まった。ちなみにブーム（帆桁）がふらつくヨットの上で踊るのは、酔っ払っていなくても難しい。

ブラジル人はパーティーを楽しむことに長け、ヨーロッパ人は人生を楽しむことに長けていた。日本人はサンプル数が少なくてよく分からない。

■キャリア
キャリア上、私にとってMBAとはドア・オープナー。決して十分条件ではないが、門前払いの確率は大幅に減り多くの人と出会えるようになった。

＜Sloan以前＞
・留学前にも何度か転職活動をした。面接まで辿り着けず書類で落とされる悔しさを痛感。都市銀行の総合職時代には「銀行の総合職って札勘しかできないでしょ」、外資系証券会社時代には「高給取りで羨ましいね。でも金融では実業はできないでしょ」。門前払いされた回数は覚えていない。「転職ってこんなに大変なの？」そこでキャリアのオプションを広げるべく留学へ。

＜Sloan後＞
・まずは米国での就職機会。グリーン・カードを持たない私が米国で複数のオファーがもらえたのはMBAゆえ。過去に海外勤務の経験はあっても現地採用の意味は別物だ。ITバブル期に卒業しシリコン・バレーに向かったが、IT不況や9.11.の影響もあり帰国。卒業後始めての転職となったが自分の可能性を広げられたことを実感。

■卒業後：その他
MBAが多くの人と出会える機会を作ってくれたことが何よりだが、Holderでなければ関わらなかったものがウーマンMBAの活動だ。

卒業すると他校のホルダーの方と知り合う機会は少ない。共通の友人でもいない限り、女性のホルダーと出会える機会は非常に限られている。そんな時に同時期にボストンに留学していた友人などが始めていた、日本人女性MBAホルダー同士のメンタリングやネットワークを築こうというウーマンMBAに参加。日本ではまだ歴史の浅いメンタリングなど、キャリアに留まらず生涯の繋がりを広げていけたらと思う。

（Class of 2000　女性　戦略コンサルティング）

ダートマス大学
タック経営大学院
(Tuck School of Business Administration, Dartmouth College)

http://www.tuck.dartmouth.edu

設立年／1900年

基本情報

◆学生に関するデータ
卒業生数__7,500名
フルタイム在学生数__482名
日本人学生数
　2004年卒業クラス__7名
　2005年卒業クラス__11名
留学生の割合__30%
アジア人学生の割合__15%
平均年齢__28歳
入学時の平均実務年数__5年

◆履修期間と授業料
履修期間__21ヶ月
授業料__年間3万4,500ドル

◆主なランキング
『ビジネスウィーク』2002年10位
『USニューズ&ワールドレポート』2004年10位
『フィナンシャル・タイムズ』2004年8位

◆テスト・スコアと合格率
GMAT要求スコア__n.a.
合格者平均GMATスコア__696
合格者GMATスコア分布(80%)__640〜760
TOEFL要求スコア__n.a.
合格者平均TOEFLスコア__PBT：647
合格者平均GPA__3.4
出願者の合格率__14%
合格者の入学率__54%

✉ 問い合わせ先

●出願に関する問い合わせ
担当者名　Kristine H. Laca
eメールアドレス　tuck.admissions@dartmouth.edu
●奨学金に関する問い合わせ
URL　http://www.dartmouth.edu/tuck/mba/apply/fund.html
●卒業生ネットワーク
URL　http://www.dartmouth.edu/tuck/alumni

出願締切り　10月下旬[*1]、1月上旬、4月中旬　　*1　早期出願締切り(Early Action)

就職関連情報

◆サマー・インターンシップの主な採用企業

リーマン・ブラザーズ
デロイト・アンド・トゥーシュ
ゴールドマン・サックス
ボストン・コンサルティング・グループ
J.P.モルガン・チェース

◆卒業生の主な採用先

ゴールドマン・サックス
ベイン・アンド・カンパニー
パルテノン・グループ
ブーズ・アレン・ハミルトン

◆卒業生の就職率と平均年収

卒業後3ヶ月時点の就職率
2001年＿96.2%
2002年＿92.4%

卒業後の平均年収（年俸＋契約金）
2001年＿12万1,692ドル
2002年＿10万9,043ドル

＊出典：『USニューズ＆ワールドレポート』

✉ 問い合わせ先

●就職関連の問合せ先（**Office of Career Services**）
担当者名　Melissa Carlson
eメールアドレス　tuck.career.center@dartmouth.edu
URL　n.a.
●卒業生のための就職支援
URL　http://www.dartmouth.edu/tuck/mba/career/services.html

school information

Tuck School of Business at Dartmouth
100 Tuck Hall, Hanover, NH 03755 U.S.A.

学習環境

　1900年に初のビジネススクールとして設立されて以来、アイビー・リーグ校の一角を占めるダートマス大学タック経営管理大学院はその幅広く、質の高いゼネラルマネジメント・プログラムに対する尊敬を集めてきた。チームに基づくプログラムでタック以上のものを提供するところは極めて少ない。タックにはチームワークの意識が満ち溢れている。学生からも、教職員からもそれを感じることができるであろう。

　2002〜2003年度、タックには日本人学生が総数で18名（数名の日系アメリカ人を除く）が在籍していた。同校の学生総数の約4パーセントで、留学生の約16パーセントの割合である。勤務先は、旧通産省、NTT、JPモルガン、東京三菱銀行、モルガン・スタンレー・ジャパン、みずほ銀行、UFJ銀行、住友商事、ダイムラークライスラー・ジャパンなどであった。

　タックはビジネススクールの中にあって最も規模の小さいMBAスクールの1つである。2002〜2003年度の学生総数は482名、フルタイムの教授数は47名である。2002〜2003年度の入学生数は241名で、前年度の221名と比較すると入学者数は増加している。

　大学の所在地は人口6,538人のニューハンプシャー州ハノーバーである。このように規模の小さな地域では、当然のことながら学内外で学生間の交流がさまざまな、そして多様なかたちで行なわれることになる。タックの日本人留学生が対人関係に秀で、高いコミュニケーション能力を身につけているゆえんである。

　タックに入学する学生が大学に期待しているのは、同校の優れた教授法とインタラクティブな学習メソッドである。同校は最高水準の教授陣と設備を提供し、同じく世界最高水準のビジネス手法とコンセプトを指導することで、学生が実業界で傑出したリーダーとなることに全力を傾けている。

　タックは長年徹底したグループ・ワーク、チーム・アプローチを行ない、学習プロセスの充実を図っている。多くの企業経営者が同校卒業生のもつ魅力的な資質として挙げているのが、チームワーク・スキルと協調性である。タックではその4分の3以上のコースにおいてチームワークを要求している。

　対人スキルとチームワークを重視するプログラムは学生の結束を生み、学生生活における連帯だけでなく、生涯にわたってお互いを助け合う関係が構築されるのである。

　幅広くマネジメント・スキルを身につけたい、ともに学ぶ学生と親しい関係を築きたい、交渉のスキルに磨きをかけたいなどと希望しているのであれば、タックこそが選ぶべきビジネススクールといえるだろう。一方、引っ込み思案で小さな町のこぢん

まりとした大学にふさわしい社交性を持ち合わせていなければ、せっかく出願しても、結局は不合格者のリスト行きになってしまうだろう。

　創造性などというものを果たして教えることができるのか、という点については議論の分かれるところかもしれないが（筆者個人の見解ではそれは可能だと思う）、タック独特の共同参加型の環境によって創造性は刺激される。

教授陣

　タックの指導は一級品である。親密なコミュニティが自然にそれを容易にしているのであろうが、教授へはアクセスしやすく調整も十分に図られている。

　教授陣の中には、日本やアジアで研究をした経験者も少なくない。

人気教授陣

　人気教授陣の専門分野と科目名は次のとおり。

教授	専門分野	科目／研究分野
ジョン・ファーリー （John Farley）	国際ビジネス（International Business）、経営科学（Management Science）	組織文化（Organization Culture）
ケネス・E・フレンチ （Kenneth E. French）	ファイナンス（Finance）	投資戦略（Investment Strategies）
M・エリック・ジョンソン （M. Eric Johnson）	サプライ・チェーン・マネジメント （Supply Chain Management）	デジタル戦略（Digital Strategies）
デビッド・パイク （David Pyke）	オペレーションズ・マネジメント （Operations Management）	製造分野の技術革新（Technical Innovation in Manufacturing）

カリキュラム

1年目

1年目のカリキュラムは次のとおり。

オリエンテーション（Orientation）

秋　A（8週間）

決定科学（Decision Science）
財務測定、分析、および報告（Financial Measurement, Analysis, and Reporting）
マネジャーのためのグローバル経済 I（Global Economics for Managers I）
組織の統率（Leading Organizations）
マネジャーのための統計学（Statistics for Managers）
タック・リーダーシップ・フォーラム（Tuck Leadership Forum）
　ゼネラル・マネジャーのための解析学（Analysis for General Managers）
　リーダーシップ・スピーカー・シリーズ（Leadership Speaker Series）

秋　B（6週間）

資本市場（Capital Markets）
決定科学（Decision Science）
マネジャーのためのグローバル経済 II（Global Economics for Managers II）
タック・リーダーシップ・フォーラム（Tuck Leadership Forum）
　起業マネジメント（Entrepreneurial Management）
　経営コミュニケーション（Management Communication）
　プロジェクト開発（Project Development）
　リーダーシップ・スピーカー・シリーズ（Leadership Speaker Series）

冬　（9週間）

企業財務（Corporate Finance）
マーケティング（Marketing）
テクノロジーの戦略分析（Strategic Analysis of Technology）
タック・リーダーシップ・フォーラム（Tuck Leadership Forum）
　プロジェクト分析およびプレゼンテーション（Project Analysis and Presentation）
　リーダーシップ・スピーカー・シリーズ（Leadership Speaker Series）

春　（9週間）

世界的な競合戦略（Global and Competitive Strategy）
オペレーションズ・マネジメント（Operations Management）
選択科目2科目
タック・リーダーシップ・フォーラム（Tuck Leadership Forum）
　リーダーシップ・スピーカー・シリーズ（Leadership Speaker Series）

オリエンテーション期間中、学生はインタラクティブ・セッションに参加し、倫理上のジレンマを解決するフレームワークについて学び、実際の倫理的問題について討論を行ない、タックの行動基準（Tuck Honor Code）と、タックの校風のベースである

学問的な誠実さというものを理解することになる。

　タックのカリキュラム構成においては、企業の社会的責任や企業倫理といった、業務や分野を横断する重要なテーマを一体化して学習の中心にすえることが可能である。

リーダーシップ・フォーラム

　最近行なわれたMBAプログラム改革の中で重要なものの1つがリーダーシップ・フォーラムである。1年のコア・カリキュラムとしても組み込まれているものだがゼネラル・マネジメント、コミュニケーション、アントレプレナーシップ分野のスキル向上に重点をおいたものである。

　このフォーラムはコースワーク、ゲスト・スピーカー（リーダーシップ・スピーカー・シリーズ）、大規模なビジネス・プロジェクトの3つの基本的要素から構成されている。ゼネラル・マネジャーのための解析学コースが重点を置くのが、ゼネラル・マネジャーやリーダーの視点からの戦略立案であり、立案した戦略をレポートにまとめプレゼンテーションをして（マネジメント・コミュニケーション・コース）、アントレプレナーとしてのビジネスとはどのようなものなのか、についての理解を深めるのである（起業家セッション）。ゲスト・スピーカーは、ビジネスの現場において彼らが直面したリーダーとしての体験談を話してくれる。学生はコースワークとゲスト・スピーカーから学んだ内容を、現実に取り組んでいるプロジェクトに創造的に応用することができる。

　学生が参加するプロジェクトには、国際的企業に対するチーム・コンサルティングの機会もある。これまで対象となった企業にはナイキ、モトローラ、シティバンク（アジア）などがあり、卒業後これらの企業がそのまま就職先となる学生もいる。現実のビジネス世界における実践の場であるだけではなく、卒業後の就職先になる可能性も秘めているのだ。

　タックでは最先端の学習環境が提供されている。ビデオ会議、マルチメディアの製作、データのビジュアル化のための最新設備や、共同研究施設、ワイヤレス・コンピュータなどがある。

　ある授業では、かつて世界各国でフィールド・アサインメントに参加したタックの卒業生が「影の指導教官」として参加し、理論上のコンセプトに現実世界での視点を加えていくものもある。

　次のような状況を想像してみよう。あなたがタックの卒業生で、現在東京で一流のエレコトロニクス・メーカーのミドルウェア部門で勤務中だとする。その自分が「影の

海外のフルタイムＭＢＡプログラム

261

指導教官」となり、大学の教室で行なわれている最新の理論に触れる機会を得られる
だけではなく、卒業生として、つまりタック・ファミリーの一員として貢献する機会
ももてるのだ。

2年目

2年目のカリキュラムは完全に選択制で、自由研究のチャンスもある。各自の興味や
キャリアにおける目標に応じて、多数ある選択科目から自由に履修することができる。

タック・グローバル・コンサルティング（TGC）

タックのプログラムの中で最もダイナミックなものの1つがタック・グローバル・コ
ンサルティング（TGC）である。このプログラムに参加する学生はチームを組み、クラ
イアント企業に対し米国外でコンサルティングを実施する。シティバンク、イーラ
イ・リリー、ヒューレットパッカード、ルーセント・テクノロジーズ、マグロウヒル、
ナイキ、大正製薬、ティンバーランド、そしてウォルト・ディズニーなどがこれまでク
ライアント企業となってきた。

1997年に開始されて以来、これまでに26カ国の25の企業に対して56のコンサルティ
ングが実施されてきた。

26か国には、インド、インドネシア、フィリピン、タイ、ベトナム、中国、台湾、韓
国、ブラジル、コスタリカ、エルサルバドル、グアテマラ、ホンジュラス、メキシコ、
トルコ、ポーランド、フィンランド、英国、アイルランド、カナダなどが含まれている。

2002年秋にはこのプログラムの一環として、タックの学生6名（日本人3名、アメリ
カ人2名、シンガポール人1名）が日本を訪れた。彼らの任務は、ケース・スタディ分析
やタック教授陣とのディスカッション（ビデオを含む）をしながら「ダートマス／タッ
クビジネス・イングリッシュ・プログラム」の立ち上げについての実行可能性を調査す
ることであった。

TGCはアジア・新興国研究センターが担当するプログラムの1つである。このプログ
ラムを指導するJoseph A Massey国際ビジネス教授は日本語がとても堪能で、日本語
で「考え」、「ジョークを言い」、「計算する」ことはもちろん、「夢を見る」こともできる
ほどである。

ジョン・B・オーエンス（John B. Owens、同センターの理事兼経営管理学の非常勤
教授）は、TGCプログラムの運営担当者である。自らもタックの卒業生である同教授

は、アジアで最大級のベンチャー・キャピタルファンドの運営に携わった経験の持ち主であることから、彼を称して「リスキーな場所でリスクに立ち向かうことを好む人物」とする向きもある。

このプログラムのクライアントである企業側が学生に対して海外での任務を依頼すると、学生は春または初秋に必要な準備を整え、対象となる国に8〜9月、もしくは11〜12月に赴く。その地で、学生たちは教授の指導のもと3週間任務に就く。滞在期間の最後にはクライアントへの調査結果の報告、海外部門の経営陣へのプレゼンテーション、そして米国の経営陣への最終報告などが行なわれる。

TGCでは、NGOへのコンサルティングも行なっている。インドでは、大きなNGO団体が抱えていたジレンマ、すなわち、どうすれば団体が行なっている出版事業が採算ベースにのるのかに対してコンサルティングを行なった。フィリピンでは、児童の発育のための研究センター設立のプログラムを含む大型プロジェクトの評価を実施したが、その結果、実行は難しいと判断し、現地での必要性とNGO団体の規模に見合う代替案の提示を行なった。

学生はTGCに参加を申し込む際にレジュメと参加目的を記した書類を提出する。各チームには、受入れ国で話されている言語に堪能な学生が最低1名同行する。

ビジネス倫理と密接な関係にあるのが、企業の社会的責任である。ビジネス倫理とは、ビジネスにおいてなすべきこととなさざるべきことを区別し、正しいことのみを行なうことをいう。一方、企業のもつ社会的責任とは、道徳的に求められることをするだけでなく、積極的にかつ思いやりの気持ちをもって正しい企業活動を行なっていくことを意味するのである。

タックはこれまでコーポレート・シティズンシップの推進役として指導的な立場を担ってきた。その中で、企業はどのようにして非営利団体とパートナーを組むのか、ビジネスと社会の関係とはどうあるべきなのかについて研究を進めてきた。James M. Allwin Initiative for Corporate Citizenshipの一連の取り組みにより、タックの学生は社会貢献事業、企業の責任、環境への配慮、地域社会への参画などに対する高い意識をもちつつ卒業の日を迎える。この取り組みでは、夏期にボランティアで行なうインターンシップの機会が積極的に設けられている。また、オリエンテーション期間中の1日を使い、学生が地元の非営利団体でボランティアとして働く。

就職支援

卒業生の就職先（職務）は次のとおり（2003年卒業クラス）。

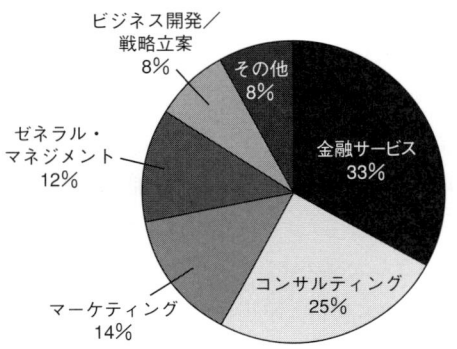

世界的なコンサルティング会社がタックの学生に対して精力的にリクルート活動を行なっている。2003年には、卒業生の25パーセントがコンサルティング関連に就職した。卒業生はベイン・アンド・カンパニー、ブーズ・アレン・アンド・ハミルトン、ボストンコンサルティング・グループ、マッキンゼーなどで高い地位に就いている。

タックの就職支援サービスは多岐にわたる。最初に挙げられるのがボズワース・キャリア情報提供センター（Bosworth Career Resource Center）で、大規模な図書館やインタビュー・ルーム、就職関連のコンピュータ・ルームなどがある。ここの図書館には、就職関連の資料が豊富に取り揃えられている。ケース・スタディやインタビュー用の対策本、個々の業界、企業に関する書籍の収蔵量も多い。

学生は卒業単位と関係のないキャリア・コースを選択することができる。このコースでは、リクルートの周期に合わせ、特定キャリア用の一連のプランニングに関する指導がなされる。さらに、9月初旬に開催される業界別ガイダンスでは、転職を考えている学生を対象に、コンサルティング、金融、マーケティング、バイオテクノロジー、ヘルス・ケア、非営利サービスなどといった業界についての説明会を実施する。

2年生に対しては、卒業生や大学の有するネットワークを通して、企業の幹部から個々の業界について個別アドバイスを受ける機会が与えられる。就職に関する戦略的なアドバイスや、具体的な就職先を探す際の指導を受けることができる。

就職支援サービスでは、1年を通じてワークショップやパネル・ディスカッションが

開催され、自己評価、レジュメ、カバー・レター、ネットワーキング、インタビューといったテーマが取り上げられる。ゲストとして招かれた企業の幹部たちから、パネル・ディスカッションや一対一のカウンセリングを通してアドバイスが与えられる。

　2001～2002年にタックの学生を採用した企業は500社あまりにのぼる。採用企業の一部は次のとおり。

アクセンチュア（Accenture）

AT&T（AT&T）

ベイン・アンド・カンパニー（Bain&Co.）

バイオジェン（Biogen Incorporated）

ブーズ・アレン・アンド・ハミルトン（Booz Allen&Hamilton）

ボストン・コンサルティング・グループ（Boston Consulting Group）

シティグループ（Citigroup）

コルゲート・パルムオリーブ（Colgate-Palmolive）

コーニング（Corning Incorporated）

クレディ・スイス・ファースト・ボストン（Credit Suisse First Boston）

パトナム・インベストメンツ（Putnam Investments）

パルテノン・グループ（The Parthenon Group）

ゼロックス（Xerox Corporation）

　オンキャンパスのリクルートは1年生の冬と2年生の秋に行なわれる。ほとんどの企業は事前に、会社説明会や情報交換のための非公式のミーティングを実施している。

　タックは企業側に面接予定者数の半数を、希望者側からの入札応募制にするよう求めている。また、キャンパス外のリクルート活動や、卒業生のデータベースから卒業生にスムーズにコンタクトを取れるようにしている。

　就職支援サービスでは、すべての学生に対して個別のカウンセリングを提供している。アソシエイト・ディレクターが学生の担当となり、企業との連絡をとったり、就職先探しや、良い履歴書の書き方、そして面接のスキル向上の手助けをする。このサービスを通して、タックの卒業生は転職のサポートが受けられるのだ。

　タック学生クラブは米国内の主要なビジネス拠点を訪問する。ウォール・ストリートの企業や、ボストンのコンサルティング会社、シリコン・バレーのハイテク企業などが訪問先である。

アントレプレナーシップ分野のサマーインターン、非営利活動に参加する学生に対しては大学が資金援助をしている（TUCK Foster Center for Private Equity、TUCK Gives）。

生活環境

アウトドア派の人には、北東部のリゾート地であるニューハンプシャーほど魅力的な場所はあまり考えられないだろう。スキーが好きなら、近くのホワイト・マウンテンでスキーを満喫できる。

ニューハンプシャーとバーモントの境界になっているハノーバーの川まで散歩をすれば、大学が所有するボートを見ることができる。厳しいカリキュラムの中でも（特に厳しいのが一年目の秋期Aターム）、人との触合いの機会は豊富にある。

すべての学生はリラックスし、体を動かすために学内でスポーツに参加している。たとえば、日本人学生の1年生の中には、これまで経験がないにもかかわらず、ホッケーに興じる者たちがいた。ほかにもサッカー・ファンの1年生がいた。後者は試合で腕を骨折するくらいだから、少し熱中しすぎといえるかもしれない。中間試験のことが心配になったこの学生が、留学生担当のサリー・イェーガー（Sally Jaeger）副学長に相談に行くと、心配することはないと説明された。事実、教授たちは特別の配慮をしてくれたのである。これこそがタックにおける他人への配慮の良い例だと言えるだろう。

タックでは住まいに困ることはない。独身の学生は通常、大学にある2つの寮のどちらかで生活する。うち1つの寮はできたばかりのしゃれたつくりで、トレーニングルームが備わっている。既婚の学生は通常、隣接するバーモント州のノーウィッチか、ニューハンプシャー州のセイチャムにあるマンションで生活することになる

····日本人在校生および卒業生のコメント····

Tuckの1年目は、ハードな1年になっています。カリキュラムは1年を通じてほとんど必須科目で構成され、経済（ミクロ・マクロ）、会計、統計、ストラテジー、ファイナンス、マーケティングなど、さまざまな領域を一気にカバーします。そんな数多くの授業の中でもTuck Leadership ForumはTuckの目玉プログラムといえるでしょう。大きく3つのセクションに分かれており、秋学期のSpeakers session（我々のときには元GEのJack Welchなどが来て講演しました）、Entrepreneurship というクラス、そして冬学期のForum projectとなります。年度によって学期が異なることがあるようです。

MBAの学生は与えられたものに飽き足らず常に自分の関心興味のあるものを追い求める傾向にあると思います。学生自らが案件を探し、さらにチーム・メンバーも探していくというところにもそういった部分が出ているのではないでしょうか。

　実際に私は、イタリアのあるファッション・ブランドのアメリカ進出に関する戦略提案の作業をコンサルティング・プロジェクトとして行ないました。この作業は同級生が直接クライアントにアプローチして持ってきた案件でした。作業領域は、そのブランド自体の戦略分析と自社のポジショニング、将来像の設定を踏まえ、特定した進出すべきカテゴリーのポテンシャル分析とその進出方法（自社のエクステンション、M&A、ライセンス供与など）の検討が主でした。メンバーのバックグラウンドもさまざま、また実際のリアルな案件をするということで、エキサイティングなプロジェクトといえます。スタディ・グループとは違った学生のつながりが期待できる講座でした。

　Tuckは1学年240人という比較的少人数ですし、学校自体「生徒同士の貢献」を強く求める雰囲気（校風？）ですので、ほとんどすべての学生が協力的です。スタディ・グループを重視しており、皆で学んでいくという形式になっています。議論は白熱しますが、ギスギスしたところがないのが特徴でしょうか。誰かを蹴落としてなんて感じは微塵もありません。「競う」場としてはやや刺激に欠けるかもしれませんが、インターナショナルの人間が「学ぶ」場としては絶好の環境だと思います。

（Class of 2004　男性　広告代理店　社費）

＊　　　＊　　　＊

　MBA留学に何を求めるか。これは社費、私費に関わらず貴重な2年間を投資するにあたり非常に重要な問題です。また一方、実際に入学してみなければ決して答えの出ない問題といえるかもしれません。

　ボストンのサマー・スクールで始まった私の留学はトラブルの連続でした。1歳半になる娘はストレスと疲れから2度も病院に行く羽目になり、車上荒らしの盗難にあったかと思えば自宅敷地内でさえレッカーされる始末。文化や規則の違うアメリカで生活するということは、特にこういう大都市では非常にストレスフルでした。

　8月にTuckのあるHanoverに移ってからもトラブルが続きました。まず授業が始まって早々、娘がテーブルから落ちて骨折し救急車で運ばれました。妻と2人、不安にかられながら娘の手術を待っていたとき、前回と違ったのはすでに頼れる友人がいたことでした。病院に運ばれたと聞いて駆けつけてくれたのです。しかしさらにその2週間後、今度は妻が料理中にやけどを負い救急車で運ばれました。異国の地で相次ぐ災難に私自身参って途方にくれていたとき、そこに再び友人の姿がありました。「お前はアメリカに来て本当に災難続きで……」とその友人が一番泣いていました。そして翌日大学に顔を出すと、「大丈夫か？何か手伝えることはないか？」とクラスメイト、学校のスタッフ、皆が声をかけてくれました。「今俺は君に何をしてあげられる？」と聞く友人に、「ありがとう、でもだいぶ落ち着いて、今困っているのは宿題の山ぐらいだよ」と半ば冗談で返すと、「じゃあ今すぐ人数集めて君の宿題を手分けしてやる、それで多少の助けになるか？」と真剣に言われました。最も忙しい秋学期の真っ只中にいるにも拘らず、困っている私のために何かしたい、そういう気持ちがひしひしと伝わってきて、本当に感激しました。

　本当に居心地の良い環境というのはこういうものではないか、とよくしみじみ思います。Tuckではクラスが4つしかなく、同学年であれば大体顔と名前が一致します。スタッフ、教授含めて1つの大きな家族のような温かみがあります。そしてこの密度の濃い環境で一緒に2年間を過ごす親友と呼べる友がいます。

　MBA留学に何を求めるか。どこでも快適に暮らせる日本にいると、つい生活環境というものをおろそかに考えがちです。ところが実際に留学してみて各校によって最も差が大きいのがアカデミック以外の生活環境でもあります。自分が目指すものに没頭するためにはどういうスクールであればそれが可能か、そういうことこそ最も大事なのかもしれません。

（Class of 2005　男性　通信サービス　私費）

デューク大学
フクア経営大学院
(The Fuqua School of Business, Duke University)

http://www.fuqua.duke.edu

設立年／1970年

基本情報

◆学生に関するデータ
卒業生数__9,191名
フルタイム在学生数__748名
日本人学生数
　2004年卒業クラス__4名
　2005年卒業クラス__7名
留学生の割合__34%
アジア人学生の割合__15%
平均年齢__28歳
入学時の平均実務年数__5年

◆履修期間と授業料
履修期間__22ヶ月
授業料__年間3万3,500ドル

◆主なランキング
『ビジネスウィーク』2002年9位
『USニューズ＆ワールドレポート』2004年7位
『フィナンシャル・タイムズ』2004年15位

◆テスト・スコアと合格率
GMAT要求スコア__なし
合格者平均GMATスコア__700
合格者GMATスコア分布(80%)__650〜760
TOEFL要求スコア__PBT：600
合格者平均TOEFLスコア__n.a.
合格者平均GPA__3.59
出願者の合格率__18%
合格者の入学率__56%

✉ 問い合わせ先

●出願に関する問い合わせ
担当者名　Liz Riley　eメールアドレス　admissions-info@fuqua.duke.edu
●奨学金に関する問い合わせ
URL　http://www.fuqua.duke.edu/admin/stuserv/fin_aid/financialaid.htm
●卒業生ネットワーク
URL　http://fuqua.duke.edu/admin/extaff/globalalumni.html

出願締切り　10月下旬、12月上旬、1月中旬、3月下旬

就職関連情報

◆サマー・インターンシップの主な採用企業

ジョンソン・エンド・ジョンソン
シティグループ
イーライリリー
メリル・リンチ
アメリカン・エキスプレス

◆卒業生の主な採用先

ジョンソン・エンド・ジョンソン
メリル・リンチ
リーマン・ブラザーズ
プロクター・アンド・ギャンブル

◆卒業生の就職率と平均年収

卒業後3ヶ月時点の就職率
2001年＿97%
2002年　89%

卒業後の平均年収(年俸＋契約金)
2001年＿11万ドル
2002年＿10万8,000ドル

✉ 問い合わせ先

●就職関連の問合せ先(**Career Management Center**)
担当者名　**Sheryle Dirks**　eメールアドレス　**cmc-info@fuqua.duke.edu**
URL　n.a.
●卒業生のための就職支援
URL　http://www.fuqua.duke.edu/admin/extaff/index.html

---

school information

The Duke MBA
The Fuqua School of Business
Duke University
1 Towerview Drive
Box 90104, Durham, NC, 27708-0104 U.S.A.

学習環境

　1970年設立のデューク大学フクア経営大学院は、トップMBAプログラムの中でも最も新しいビジネススクールである。ゼネラル・マネジメントにおける最高峰プログラムの一角を占める現在の地位を維持するために懸命の努力をしている。同校にはトッププレベルの教授陣、チームによる学習環境、継続的改善とイニシアチブに対する意欲がある。フクアは知的資産、学生への対応、就職支援サービスの質の高さ、そして協調的校風である「Team Fuqua」に対する高い評価を得ている。

　フクアの入学審査では出願者に対して総合的な評価が行なわれる。その中にはもちろんGMAT、TOEFLのスコアやGPA、推薦状も含まれている。だが、これらの評価がいかに高くても、フクアの協力的学習環境に貢献できることを示すことができなければ、入学を許されることはないだろう。逆に言えば、テストのスコアが相対的に低くとも、すぐれたリーダーシップとチームにおける経験を有していれば入学を認められる日本人もいるということだ。優れたコミュニケーターであり、地域社会に貢献し、チーム・プレーヤーである読者なら、テスト・スコアに対する入学審査事務局の不安を取り除くために、オンキャンパス・インタビューをリクエストするとよいだろう。

　デューク大学の協力的環境は、効果的チームワークと個人のリーダーシップを養成するものである。フクアの学生は成績を競い合うことよりも、お互いから学び取ることに意識を向けている。同校のプログラムのほぼすべてにチームワークが盛り込まれ、チームへの貢献度が成績に反映される。その一例がStrategic Planning Practicum（戦略的プランニング実習科目）である。2年目の学生がチームを組み、実際に存在する企業の強み（Strengths）、弱み（Weaknesses）、機会（Opportunities）、脅威（Threats）から成るSWOT分析を行ない、その企業のために戦略プランの立案を行なう。カリキュラムのほとんどをオンライン上で行なうGlobal Executive MBAプログラムにおいても、学生はバーチャルな学習チームに振り分けられ、分野や文化を越えた学習を19ヶ月間行なう。世界中で行なわれる2週間のスクーリング時には、学生と教授たちには直接顔を合わせる機会がある。

　フクアでは1科目につき2時間15分の授業が週に2回、7週間のタームにわたり行なわれる。このように1つのタームが短いために数多くの科目を履修することが可能となり（1タームあたり3〜4科目）、2セメスター制や4クォーター制と比較しても、教授と接することができるトータルな時間数は変わらない。このように長い授業時間を採用することで、指導教官は1回の授業の中で複雑なテーマを取り上げることや、企業から

の参加者を招くという価値のある授業が可能となる。学生にとっては、授業が長いということはシミュレーションやケースについてのプレゼンテーション、質問、そしてディスカッションの時間が十分にあるということになる。フクアのクラスやチームの構成は、「ビジネススクールで学ぶうえで最も価値あるリソースの1つは学生自身である」という同校の信念を反映したものなのだ。

4回行なわれるIntegrative Learning Experiences (ILE)で重点が置かれるのは、チーム・ビルディング、リーダーシップ養成、マネジメントにおける実践的な問題解決である。このカリキュラムはフクアにおける学習の基軸となるもので、その他のカリキュラムと同様にプログラム改善の方策を探るために、しばしば評価の対象とされる。フクアの国際センターが、Global Academic Travel Experiences (GATE)を含む同校の国際活動のコーディネート役である。GATEは世界のある地域をテーマとして学ぶ科目であり、1、2年生どちらも参加できる。このコースの最後には、仕上げとしてその地域への2週間のスタディ・ツアーを行なう。

勉強から離れたフクアの学生たち「Fuquans」が参加するクラブなどの課外活動は幅広い。フクアにはおよそ40のクラブがあり、さらに特別なイベントも数多く行なわれている。そのようなイベントの1つとして、金曜日の午後にFuqua Student Councilの主催による「Fuqua Friday」が行なわれる。これは、リラックスした集まりの中、くつろぎながらいろいろな人との会話を楽しむものである。デューク大学におけるプロジェクトや、卒業後に行なうプロジェクトなどに向けて、関係を築いておくためのすばらしい手段となるだろう。

教授陣

フクアの教授陣は指導者として高い評価を得ているだけでなく、その研究についても広く知られている。また、教授のほとんどが幅広い実務経験を有している。このようなアカデミックな側面と実務経験が組み合わされることにより、同校の教授は今日企業が直面する主要なテーマや、今後の世界貿易のトレンドについてよりよい指導を行なうことができる。フクアの教授陣を形容するとき、Excellence（優秀さ）、Diversity（多様性）、Collaboration（協力）、Innovation（革新性）といった言葉が用いられる。国籍や専門分野のバックグランドもさまざまなのだ。

このような多様性がある一方で、学生の指導においてはすばらしい協力がなされている。フクアの教授陣は常に斬新で、知のフロンティアを開拓し、その成果を伝える

新たな手段を生み出そうと努力している点が高く評価されている。これに加え、教官たちはいつでもアクセスがしやすく、また、協力的でもある。デューク大学のすばらしい学習環境を支える大きな要因の1つ、それが教授陣である。

人気教授陣

人気教授陣の専門分野と科目名は次のとおり。

教授	専門分野	科目／研究分野
ジョン・グラハム（John Graham）	ファイナンス（Finance）	企業財務（Corporate Finance）
ローラ・コーニッシュ（Laura Kornish）	決定科学（Decision Science）	決定モデル（Decision Models）
ジョン・リンチ（John Lynch）	マーケティング（Marketing）	消費者調査方法（Consumer Research Methods）
ロバート・ウェイリー（Robert Whaley）	ファイナンス（Finance）	デリバティブ（Derivatives）

カリキュラム

　フクアのMBAプログラムは、基礎となるコア科目を幅広い選択科目と組み合わせたものである。プログラムは2年間フルタイムで最低79単位の取得が必要となる。4つのIntegrative Learning Experiences（ILE）により、授業での集中的学習に広がりと深みを増す構成となっている。学生は初年度にコア科目を集中して学び、経済学、計量分析、統計学、会計学、ファイナンス、組織行動、マーケティング、オペレーションズ・マネジメントなどについてしっかりとした基礎を身につける。1年にわたるIndividual Effectivenessコースは、学生がコミュニケーション、コンピュータの使用、そしてキャリア・プランニングのスキルを身につける際のサポートとなる。1年目の最終タームから選択科目の履修が始まる。学生の視野を幅広いものとするために、1年生のクラスはいくつかのセクションに分割される。1つのセクション内で、個々の学生が複数の学習グループ、プロジェクト・グループ、ケース・チームのメンバーとなる。

1年目

1年目のカリキュラムは次のとおり。

秋学期：ターム1
経営の効率性（Managerial Effectiveness） 経営経済学（Managerial Economics） 確率と統計学（Probability and Statistics） コンピュータ・スキル（Computer Skills）

秋学期：ターム2
マーケティング管理（Marketing Management） グローバルな財務管理（Global Financial Management） 財務会計（Financial Accounting） ビジネス・オーディエンスへの情報提供と影響（Informing and Influencing Business Audiences）

春学期：ターム3
オペレーションズ・マネジメント（Operations Management） 決定モデル（Decision Models） 管理会計（Managerial Accounting）

春学期：ターム4
企業のグローバル経済環境（Global Economic Environment of the Firm） プロフェッショナル・プロジェクト・コミュニケーション（Professional Project Communication） 選択科目2科目

2年目

　2年目に入ると学生は、選択科目を取ることになる。その平均は1タームあたり3科目である。フクアでは専攻をはっきりと決める必要がないため、学生は自分が専門的に学びたい分野やキャリアの目標に向けて、学ぶ科目をカスタマイズすることができる。フクアで設置される選択科目は、学生やビジネス界のニーズに対応して変化している。学生はそれぞれの分野の専門知識や分析的思考を身につけるサポートを受けられるのだ。結果として生まれるのが、バランスと集中を兼ね備えたマネジメント教育である。すなわち、実践的ノウハウ、批評的思考法、コミュニケーション・スキル、さらに、戦略的かつグローバルな視点がかね備わった教育のことである。

海外のフルタイムMBAプログラム

出願戦略上のアドバイス

　日本人は一般的に、ビジネススクールを見学する際、東海岸と西海岸の有名校に足を運び、アクセスが簡単とはいえないノースカロライナのダーラムまで足を延ばす人は少ない。フクアが求めているのはコミュニティに参加するチーム・プレーヤーであり、同時に、優れたコミュニケーション能力をもつ学生である。さらに、フクアは先進性とリーダーシップを重視している。校風に合うと感じつつもテストのスコアが足りない場合には、キャンパス訪問と、そこでインタビューを設定できるよう調整するとよい。それが合格の決め手となるかもしれない。

就職支援

　卒業生の主な就職先（職務）は次のとおり（2003年卒業クラス）。

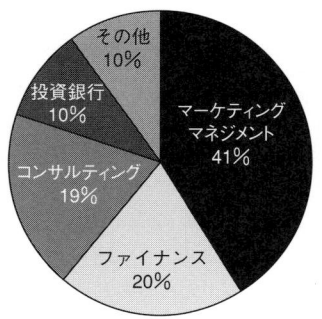

　デューク大学のCareer Management Center（CMC）は、トップ・クラスの評価を得ている。CMCは学生と企業間のコンタクトを容易にすることで、サマー・インターンシップや卒業後の就職先を見つけるサポートをしている。また、学生の多様な関心とニーズに合うさまざまなプログラムを用意している。加えて、フクアでは就職支援カウンセラーが留学生特有のニーズに対する支援を行なっている。

　毎年2つの就職フェアがあり、1つが9月下旬、もう1つが10月初旬に開催される。この2つのイベントに参加するためにキャンパスを訪れる企業はおよそ100社にのぼる。これらのフェアは学生と企業側が堅苦しくない雰囲気の中でお互いを知り、仕事やキャリアについて語り合う絶好の機会である。

　CMCがキャンパス内で行なうリクルート・プログラムは幅広い。400社以上が毎年

参加し、1年中企業とのコンタクトがある。就職活動は10月に始まり、サマー・インターンについては1月が開始時期となる。キャンパスを訪れる企業の顔ぶれを見ると、学生に対する注目度とフクアと企業との結びつきが伺える。フクアの学生の採用数が多い企業は次のとおり。

BASF（BASF）
エクソンモービル（Exxon Mobil Corporation）
MREコンサルティング（MRE Consulting Inc.）
バイエル（Bayer）
GEキャピタル（GE Capital）
ナショナル・アソシエーション・オブ・チャーター・スクール・オーソライザーズ
（National Association of Charter School Authorizers）
ベイビュウ・ファイナンシャル・トレーディング・グループ（BayView Financial）
GE エクイティ（GE Equity）
ナショナル・シティー・コーポレーション（National City Corporation）
BB&T（BB&T：Branch Banking&Trust Co.）

生活環境

　米国内で生活し仕事をするのに最適な都市として常に上位にランクされるダーラム（Durham）は、生活に活力が満ち溢れる多様なコミュニティである。人口は20万人をわずかに下回り、リサーチ・トライアングル・パーク（RTP）の頂点という理想的な立地にある都市だ。RTPは、7,000エーカーの広さをもつ研究・生産特区で、日本の企業を含め140を超える大手研究所がある。RTPに近いことが、デューク（およびノースカロライナ）が人気のある理由の1つである。

　ダーラムは、歴史のある家屋と木々に覆われた通り、コンバーテッド・ロフト（工業用施設などを住居用に改装したマンション）やゴルフコース、湖に隣接したプランド・コミュニティ（Planned Community）などがある街である。

　ダーラムは自然を愛する人たちにとってはパラダイスともいえる場所である。唯一沖積層低地に残っているピードモントの原生林を含め、およそ10万エーカーの森林がある。ダーラムには何千エーカーにもおよぶ農場、丘、河川、湖がある。また、26種の珍しい植物の自生地でもあり、鳥と動物の希少種がいくつか生息する地域でもある。

ダーラムのもう1つの魅力は、温暖な気候である。1月の平均最高気温は10度、7月の最も高いときでも30度をわずかに上回る程度である。湿度は高いが、ダーラムの緯度は東京とほぼ同じで、高低ともに極端な気温になることはない。気温変化の幅が狭いことで、ダーラムは生活するにも学ぶにも快適な場所である。

‥‥日本人在校生および卒業生のコメント‥‥

Fuquaは1970年に設立されたトップ・スクールの中で、最も若く勢いのある学校です。チームワークを重視した小規模な学校で、ワシントンDCから見て南西にあるノースキャロライナ州という南部のたいへん暖かい地域にあります。この学校のすばらしさを以下に凝縮して書きましたので、ぜひ読んでみてください。また、なにか質問がありましたら、dukeabcj@egroups.co.jp に気軽にメールをください。

* * *

■授業について

Fuquaの授業は、8月下旬のオリエンテーション・ウィークから始まります。このオリエンテーションを通して約60人のセクション・メイトと顔見知りになれます。オリエンテーションのすぐ後に、全員必修のILE（Integrative Learning Experience）という1週間のコースがあります。このコースでは、アサインされた6～7名ずつのチームごとにCultural Difference、Business Ethics、Work&Life Balanceといったテーマについて体験学習を行ないます。

ILEの終了後、すぐに本コースが始まります。1つのtermは6週間で終了し、非常に速いペースで授業が進みます。Term1からTerm3までは、必修のコアコースを受講することになります。コアコースの中で最も印象に残っているのは、Effective Management（Prof. Cade Massey）という科目です。この授業は経営学と心理学をミックスした内容で、毎回ケース・スタディを行ないます。授業前に学生はWebページ上の質問に回答します。授業の際には、これらの集計結果を参照しながらケースを考えていきます。非常にインタラクティブな授業で大変おもしろかったです。

また私は、一部の必修科目を免除できたので、Valuation and Fundamental Analysisというファイナンスの科目を履修しました。講師のProf. Jennifer FrancisはFuquaのteaching awardを何度か受賞した経験があり、授業の進め方が大変うまく、あたかもドラマを見ているような印象を受けました。

■就職活動について

私費の方の切実な問題が就職活動だと思います。私自身のサマー・インターンの就職活動に基づいて、Fuquaの特徴を述べたいと思います。

まず第一に、CMC（Career Management Center）の存在が大きいと思います。CMCのスタッフは各種企業データベースへのアクセス方法、レジュメのレビュー、模擬面接など、多岐にわたり学生をサポートしてくれます。私もCMCのスタッフと模擬面接を行ない、非常に有用なフィードバックを受けました。この結果は日本語での面接にも活かすことができました。

次にSIP（Special Interest Presentation）という企業によるプレゼンテーションも充実していました。多彩な業種の企業がFuquaを訪問し、会社概要やリクルーティング・プロセスについて説明会を行ないます。この説明会は主にアメリカで働きたい学生向けのものになります。

最後に、各種クラブがさまざまな就職関連イベントを主催します。たとえば、Finance ClubはWeek in Wall StreetというWall Street訪問の企画を秋休み中に開催したり、Consulting Clubはコンサルティング会社数社を招いて、Consulting symposiumという企画を開催していました。

■最後に
　Fuquaには日本語の非公式HPがあります。ご質問があればこのHPの掲示板をご利用いただければと思います。
　　URL：http://mbaa.fuqua.duke.edu/aabc/Japanese/
　　　（Class of 2005　男性　システムコンサルティング業界 シニアコンサルタント（前職）　私費）

　　　　　　　　　　　　　　　＊　　　　　＊　　　　　＊
■サマー・スクール
　Fuquaのサマー・スクールは、本学期への導入という点で非常に良く練られたプログラムです。自分のネットワークを広げるという意味では進学校とは別のプログラムを受講する選択肢もありますが、Fuquaへ進学するのであれば、当校のサマー・スクールはおすすめです。
　まず第一に、本学のスタイルに慣れることができます。日本人には不慣れなCold CallやCase Discussionを事前に体験できたのは貴重でした。また、どの学校もチームワーク重視の姿勢を掲げる中で、Team Fuquaでは本当にチームが機能していることを、身をもって知りました。1つの課題を5人のチームで考え、相談し、1つのプレゼンにまで仕上げるという過程は実社会の雛形ともいえ、ときには深夜まで学校に残り、チームメイトとピザを食べながら勉強するなど、国籍、文化を超えた連帯感を感じることができました。
　次にInternational studentsとの親交が挙げられます。6つのクラスからなる1年生時では、どうしてもクラスメイト以外とは接する時間が限られます。そんな中で、サマーで出会った60人が各クラスに横断的にいることで、思った以上にネットワークを広げることができます。
　最後にCareer Managementに力が入れられているという点です。この点は私費留学の方には心強い点だと思います。サマーのうちからレジュメやカバー・レターを作り、面接の練習ができるため、新学期のスタートとともに始まるインターンへの作業がスムーズに進められます。

■キャンプアウト
　上記でも触れたTeam Fuquaについてはここからも伺い知れます。ご存知の通りバスケは野球/アメフトと並び、米国の三大スポーツ、頂点のNBAへの登竜門として大学バスケは絶大な人気を誇り、Dukeは幾度も全米を制した名門です。そのプラチナ・チケットの抽選権を得るための試練がキャンプアウトで、10月第1週の金曜に授業を終えてから日曜朝まで、学校敷地内に各学部の学生がテントを張り、昼夜を問わない点呼、さすがアメリカと思わせる豪快な飲み、初秋の夜露、睡魔との戦い、そして飲み、点呼、日曜の早朝まで耐え抜いた意識朦朧のFuqua生を迎えるのは、抽選権、そして運が良ければ当選へ。こんな企画でさえ大真面目かつ楽しんでやってしまうところがこの学校の人の良さであり、Team Fuquaを支えているものだと思います。
　　　　　　　　　　　　　　　　　　（Class of 2005　男性　総合商社　社費）

　　　　　　　　　　　　　　　＊　　　　　＊　　　　　＊
■選択科目について
　Fuquaで特に強い選択分野は、Marketing、Finance、Accounting と Strategyです。Marketing of High TechnologyのPurohit、Global Asset AllocationのHarvey, ValuationのFrancis,そしてBusiness Change and SurvivalのMitchellなど、情熱的かつ有名な教授が多く、ほとんどすべての学生のニーズを汲み取る選択科目の幅があります。

■生活環境について
　ダーラムは冬でも日中は暖かい南部の森の中にある街です。生活費が安く（900ドル台で最高クラスの2ベッドルームが借りられる）、アパートや大学のテニスコートやジム、美しいゴルフ・コースなど、スポーツは充実。

またベビー・シッターや会話パートナーなど、家族をサポートする仕組みも容易に利用可能で、家族全体の生活満足度も高いです。

■FUQUAコミュニティについて
　ダーラムという田舎街に学校が存在する最大の利点は、コミュニティが結束することです。毎週金曜日には、Fuqua Fridayという学校主催の飲み／食べ放題のパーティーに学生は家族ぐるみで参加して親交を深めます。また、週末にはホーム・パーティーが多く開かれており、「Fuquaコミュニティで2年間を楽しもう！！」という意気込みを多くの仲間が持っています。

■南部のホスピタリティー
　南部の人々は話すスピードも概してゆっくりであり、親切です。アフリカン・アメリカンの友人に南部料理をよくごちそうになったり、南部WASPの友人の実家に招待されて、南部独自のカルチャーを保持する白人富裕層の暮らしに触れたりと、アメリカを本当によく知ることができました。

■FUQUAの私への影響
　信じられないくらい他人に献身的なアメリカ人の親友から言われた、「Learningし続けることと、コミュニティへの貢献こそが私が幸せになる人生の柱です」という言葉が、2年間で私が受けた影響の核を表わしています。暖かいチーム／コミュニティの中で成長すること、助け合うことの楽しさをしりました。現在では、授業の傍らに取得したUS CPAの知識も生かして、ビジネス・コントロールを実践する一方、企業内労組の幹部として仲間のお役にたてることで幸せを感じています。
（Class of 2003　男性　外資系石油会社 経理部（現職）　社費）

＊　　　　＊　　　　＊

■FuquaにおけるGeneral Management教育について
　卒業後、ある会社の社長を半年間務めております。この半年の経験に基づいて、私なりの、General Management（以下GM）観とFuquaにおけるGeneral Management（以下GM）の教育について述べます。

■GMってなに？
　GMのスキルとは結局のところ、「自分が目指すゴールを周囲の人に明確に伝えて協力の同意をもらい、達成のために皆が何を、いつまでにやればいいかと伝える能力」だと私は考えています。Fuquaでは、そのスキルを体系的に教える仕組みがあります。それはプレゼンの教育と、実践の場の提供です。

■プレゼンの教育
　1つはInforming & Influencing Business Audiencesを始めとするプレゼンテーションの技術を訓練する授業です。この授業で私は聴衆を分析することと相手が理解したか確認する、ことの重要性をたたきこまれました。具体的に学んだことは、聴衆の知識、関心、状況にあわせて話をし、聴衆に理解したか頻繁に問いかけることの重要性です。この姿勢とスキルはプレゼンの場だけではなく、日々の社員とのコミュニケーションの円滑化に大変役に立っています。私の日々の仕事の8割は、このスキルを使いながら、社員や外部から情報を仕入れ、目標をたて、それを実行するには何をすればいいか考えて皆に伝えることです。

■実践の場の提供
　GMのスキルは、基本的な原則を学んだら、あとは実践で鍛えるものと私は考えます。Fuquaにはそうした実践の機会がチーム・ミーティングや、コンサルティング・プロジェクト、クラブ活動などたくさんあります。私は

特に、アジアン・ビジネス・クラブでFuquaを紹介する日本語、中国語Websiteを立ち上げ、既存の韓国語のWebsiteとリンクさせたプロジェクトから多くのことを学びました。就職活動、授業などのほかに優先することを皆が抱えるなか、自分の目標（Fuquaのアジアでのプロモーションの必要性）を説明してメンバーを募り、時間を割いてもらってプロジェクトを進め、立ち上げました。文章に書くときれいになってしまいますが、その過程においては、本当に苦労しました。しかし、その経験が今の仕事において、一番活きています。蛇足になりますが、そのウェブ・サイトを後輩の人たちが、より充実したものにしてくれて、自分のした苦労がむだにならなくて、本当によかったとしみじみ思っています。

（Class of 2003　男性　サービス産業 代表取締役社長　私費）

＊　　　＊　　　＊

■Healthcare Management Program

　City of Medicineとも呼ばれるDurhamにあるDukeは、全米屈指のメディカル・スクールと付属病院を抱えるHealthcareのメッカでもあります。FuquaでもHealthcare Managementの様々な科目をオファーしています。1年目、2年目ともに週1回必修のセミナーを受講するとともに、規定数以上のHealthcare関連科目を選択履修すると、Healthcare Management Concentrationというタイトルを取得することができます。なおコース内容は現在変更があるかもしれませんので、志願者の方は確認してください。必修セミナーでは、病院や製薬企業の経営者、HMO、PBMなど、広範にわたるHealthcareのValue Chainに携わる人を毎週招き、活発な議論を交えたinteractiveな授業が行われました。これは日本と全く異なる米国の医療システムを包括的に理解することに大変役立ちました。選択科目ではDuke大学付属病院での手術効率管理に関してのコンサルティング・プロジェクトを経験しました。手術の立ち会いも含め、ほかでは経験できないものでした。

　そのほか、2年目のマーケティング関連の選択科目でもRTP地域にあるベンチャー製薬企業の調査およびコンサルティング・プロジェクトを経験しました。このようにHealthcare関連に興味のある方には貴重な経験のできる機会が多く存在します。

■GATE

　希望者はTerm Breakを利用したスタディ・ツアーに参加できます。在学中はロシア、中南米、アジア、ヨーロッパの4つが実施され、私はロシア・ツアーに参加しました。これは現地の企業訪問（米国および地元資本）と事前準備、グループ・プロジェクトの実施、プロジェクト・レポート提出が義務づけられますが、選択科目の1単位として認められます。もちろん観光の時間もたっぷり取ってあり、クラスメイトと楽しい時間を過ごしました。

■就職活動と卒業後のCarrier transition

　都会にないために就職活動に不向きでないかとのご心配は無用です。Fuquaの学生はリクルーターからの評判も高く、主だった企業のほとんどはon campus interviewにやって来るといっても決して過言ではありません。私も各社の一次面接に関してはほとんどon campusで済ませる事ができました。二次面接以降は本社に赴くことになりますが、これはどこの学校でも同じ条件です。Fuquaは空港まで車でたった20分程ですし、NYやBostonまで1時間半～2時間程度のフライトですから、さほど負担には感じませんでした。

　前職のバックグラウンドを活かし、MBAを橋渡しに、医療業界をより鳥瞰図的にとらえる仕事がしたい、という希望をかなえることができました。Fuquaで学んだ金融、会計、企業分析、そしてHealthcare Managementは現在の医薬品セクター・アナリストとしての仕事にすべて活かされており、本当にすばらしいプログラムであったと日々感じています。

（Class of 1997　女性　外資系製薬会社 臨床開発部 アソシエイト（前職）、外資系金融機関 株式運用部 ヴァイスプレジデント（現職）　私費）

海外のフルタイムＭＢＡプログラム

279

ニューヨーク大学
レナード・N・スターン・ビジネススクール
(Leonard N. Stern School of Business, New York University)

http://www.stern.nyu.edu

設立年／1916年

基本情報

◆学生に関するデータ
卒業生数＿6万7,000名
フルタイム在学生数＿817名
日本人学生数
   2004年卒業クラス＿4名
   2005年卒業クラス＿2名
留学生の割合＿28%
アジア人学生の割合＿8%
平均年齢＿27歳
入学時の平均実務年数＿4.5年

◆履修期間と授業料
履修期間＿21ヶ月
授業料＿年間3万4,726ドル

◆主なランキング
『フィナンシャル・タイムズ』2004年6位
『USニューズ&ワールドレポート』2004年12位
『ビジネス・ウィーク』2002年15位

◆テストスコアと合格率
GMAT要求スコア＿n.a.
合格者平均GMATスコア＿700
合格者GMATスコア分布(80%)＿650~750
TOEFL要求スコア＿PBT：600
合格者平均TOEFLスコア＿n.a.
合格者平均GPA＿3.4
出願者の合格率＿15%
合格者の入学率＿64%

✉ 問い合わせ先

●出願に関する問い合わせ
担当者名　Julia Min　eメールアドレス　sternmba@stern.nyu.edu
●奨学金に関する問い合わせ
URL　http://www.nyu.edu/financial.aid
●卒業生ネットワーク
URL　http://www.stern.nyu.edu/alumni/

| 出願締切り | 12月初旬[*1]、1、3月中旬　*1 留学生に望ましい締切り |

就職関連情報

◆サマー・インターンシップの主な採用企業

シティグループ
リーマン・ブラザーズ
メリル・リンチ
アメリカン・エキスプレス
ドイツ銀行

◆卒業生の主な採用先

シティグループ
アメリカン・エキスプレス
J.P.モルガン・チェース
リーマン・ブラザーズ
メリル・リンチ

◆卒業生の就職率と平均年収

卒業後3ヶ月時点の就職率
2001年__92.8%
2002年__86.3%

卒業後の平均年収（年俸＋契約金）
2001年__12万8,350ドル
2002年__11万1,280ドル

✉ 問い合わせ先

●就職関連の問合せ先（**Office of Career Development**）
担当者名　Bierman Mittman　eメールアドレス　pib227@stern.nyu.edu
URL　http://www.stern.nyu.edu/ocd/
●卒業生のための就職支援
URL　http://www.stern.nyu.edu/Alumni/career/

school information

Leonard N. Stern School of Business
New York University
Office of Admissions
44 West Fourth Street
New York, NY 10003 U.S.A.

C9

海外のフルタイムMBAプログラム

学習環境

　ニューヨーク大学（レナード・N・スターン・ビジネススクール）とコロンビア大学経営大学院（コロンビア・ビジネススクール）は、セットで取り上げられることが多い。ともに米国ビジネスの中心地にあり、ファイナンスに優れ、大規模なエグゼクティブMBAプログラムがあるからだ。「ウォール・ストリート」をバックグラウンドにもつ、その道のプロたちの集うビジネススクールである。

　両校ともビジネスの現場を知る非常勤講師を多く抱えており、その1人にはNYUの伝説的人物、ポール・ヴォルカー（Paul Volcker、前FRB議長）もいる。学生は、世界を股にかけるビジネスの生きた実験室、すなわち、ニューヨーク・シティを楽しみ、ネットワークを築くことができる。

　NYUスターンの日本人学生は2003年卒業クラスで5名、2004年卒業クラスで4名、2005年卒業クラスでは2名いたが、この数字は、日本人が米国以外の出願者の中で大きな割合を占めていた頃と比較するとかなり少ない。競争が世界的な広がりを見せていることを反映した傾向と考えられる。すべてのビジネススクールに当てはまることだが、優秀な日本人学生の出願は大いに歓迎され、また、スターンに入学した日本人学生はスターンのコミュニティーに大きな貢献をしている。

　NYUは単なる「ファイナンス・スクール」の枠にとどまるビジネススクールではないということを理解してほしい。ファイナンスや会計が優れているのは言うまでもないが、分野横断的学習の機会が提供されている同校では、アントレプレナーシップとイノベーション（Entrepreneurship and Innovation）を専攻、または第2専攻とすることもできるし、インターナショナル・ビジネスを学ぶこともできる。もちろん、デジタル経済やメディア、エンターテインメントなどは最先端のプログラムで学ぶことができる。選択科目には多くの法律関連科目も含まれている。

　スターンでは、新入生を対象とした2週間のプレタームにおいて、チームワークの志気高揚を目指し、クラスを「ブロック」と呼ばれるユニットに分ける。

　コア・カリキュラムが第2セメスターに入ると、少人数の学生チームで企業の戦略的分析を行ない、その報告を模擬取締役会で発表するというプログラムが用意されている。さらに、新興マーケット・イニシアチブ（Emerging Markets Initiative）で、企業がスポンサーとなる国際プロジェクトに参加する機会もある。

　「理論と実践の融合」。それは同校がニューヨークにあり、ビジネス界のリーダーと緊密にコンタクトを取ることができる環境にあることから生まれるメリットの1つで

ある。ニューヨークでしか経験できない共同カリキュラムの数々が、日々スターンに吹き込むのはビジネス界の「今」である。スターンにとって、ニューヨーク・シティとは教室であり、キャンパスであり、ラボでもあり、すべてが凝縮された街なのだ。歩いて行ける距離や地下鉄ですぐの所に、ウォール・ストリート、あるいはメディア、テクノロジー、ファッション、不動産、エンターテインメントの世界の中心が存在する。これこそが、同校への留学がほかでは味わえない体験に満ち溢れるゆえんである。

教授陣

　その名声と地の利のおかげで、スターンはニューヨークの大企業や金融機関で優れた実績を有する人物を非常勤教授として招聘することができる。また、ノーベル賞受賞者であるロバート・ソロウ（Robert Solow）やハリー・マルコウィッツ（Harry Markowitz）、あるいは前述した前FRB議長ポール・ヴォルカー（Paul Volcker）といった著名な客員教授も招聘されている。

　200名におよぶフルタイムの教授陣には、学会の現代表や代表経験者、受賞著者、国際的に著名な多数の学者が含まれている。指導と研究はどちらも重視されている。教室でのディスカッションでは、教授の研究プロジェクトを中心に展開されることがある。そのような研究には、明日の新聞紙上をにぎわすものがあるかもしれない。

人気教授陣

　人気教授の専門分野と科目名は次のとおり。

教授	専門分野	科目／研究分野
アダム・ブランデンバーガー （Adam Brandenburger）	ビジネス戦略 （Business Strategy）	ゲーム理論とビジネス戦略 （Game Theory and Business Strategy）
アスワス・ダモダラン （Aswath Damodaran）	ファイナンス （Finance）	企業財務 （Corporate Finance）
ジョエル・ステーケル （Joel Steckel）	マーケティング （Marketing）	マーケティング （Marketing）
バティア・ワイゼンフェルド （Batia Wiesenfeld）	マネジメント （Management）	組織行動論 （Organizational Behavior）

カリキュラム

　スターンでは、学生は自身のキャリア・ゴールに沿って自由に学習分野を選択できるよう配慮している。そのため、卒業に必要な60単位は必修科目と選択科目にほぼ均等に配分されている。

　同校の全学生は、ゼネラル・マネジメントでのMBAを取得し卒業することになるが、3つまで専門分野を選択することが可能である。もちろん専門分野を選択しないという選択もできる。専門分野を学ぶ際は、トップ・スクールの中でもとりわけ豊富な選択科目群の中から選択することができるのだ。

　最低9単位から最高18単位の学習を専門分野にあてることができる。専門分野が提供する選択科目およびその組み合わせの数が豊富なため、専門分野を広く学ぶことも、狭く深く学ぶことも可能である。

　現在提供される22の専門科目の一部とプログラムの構成例は次のとおり。

会計学（Accounting）

金融（Banking）

企業財務（Corporate Finance）

顧客関係管理（Customer Relationship Management：CRM）

デジタル経済（Digital Economy）

経済学（Economics）

アントレプレナーシップと革新（Entrepreneurship & Innovation）

ファイナンス（Finance）

金融商品／市場（Financial Instruments & Markets）

グローバル・ビジネス（Global Business）

エンターテインメント、メディア、テクノロジー（Entertainment, Media&Technology）

情報システム（Infomation System）

リーダーシップと変革マネジメント（Leadership and Change Management）

プログラムの構成は次のようになるだろう。

学期開始以前（Pre-Term）
チームワーク強化実習（Team Building） ケース分析（Case Analysis） 倫理（Ethics）

1学期目（15.0単位）
組織マネジメント（Managing Organizations） 企業／市場入門（Understanding Firms & Markets）（3.0） 統計学およびデータ分析（Statistics & Data Analysis）（3.0） 財務会計／報告（Financial Accounting and Reporting）（3.0） 以下より1科目選択： 　マーケティング概念（Marketing Concepts）（3.0） 　基礎ファイナンス（Foundations of Finance）（3.0） 　オペレーションズ（Operations）（3.0）

2学期目（16.5単位）
ビジネス・コミュニケーション（Business Communication）（1.5） 戦略論（Strategy）（3.0） ビジネスのグローバル環境（Global Business Environment）（3.0） 未履修のコア科目 専門外科目必修（Breadth Courses）（6.0） 専修／選択科目（3.0）

3学期目（15単位）
専門分野（Specialization）／選択科目（13.5） 専門家責任（Professional Responsibility）（1.5）（3学期目または4学期目に履修）

4学期目（13.5単位）
専修／選択科目（13.5）

単位合計（60.0単位）

学生は、1年目と2年目の間にサマー・インターン、あるいはそのほかの正式な活動に従事することになる。

出願戦略上のアドバイス

　問われていることに的確に答えることだ。スターンは異なる視点から出願者を理解しようと、独自に作った課題を用意している。ミスがあるようなエッセーではいけない。自己紹介をするときには、そこでは何を伝えるのがふさわしいかを考えよう。そうして考えた内容をもとに、友人宛の手紙のように書き上げるとよいだろう。

海外のフルタイムMBAプログラム

285

就職支援

卒業生の主な就職先（職務）は次のとおり（2003年卒業クラス）。

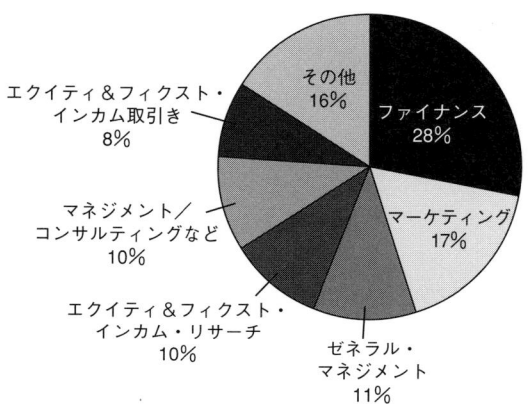

エクイティ＆フィクスト・
インカム取引き
8%

その他
16%

ファイナンス
28%

マネジメント／
コンサルティングなど
10%

マーケティング
17%

エクイティ＆フィクスト・
インカム・リサーチ
10%

ゼネラル・
マネジメント
11%

分野別卒業生の就職先

　レナード・N・スターン・ビジネススクールの所在地とその名声が物を言い、学生には非常に有利な就職チャンスがある。同校のすぐ近くに、世界的企業や金融機関の本社や採用担当者たちがいる。スターンのOffice of Career Development（OCD）のガイダンスのもと、採用担当者はプラス・アルファをもった人材を探し求めて、スターンに絶えず目を向けている。OCDは2年のプログラム期間を通して学生を支援し、キャリア・ゴールの見きわめと、インターンシップおよび就職のサポートを行なう。

　OCDは、スターンにおけるリクルートとインタビューのプロセスを容易にするだけでなく、就職先を探すためのプログラムやサービスをさまざまなかたちで提供している。その代表がCareer Development Program（CDC）だ。「カリキュラム」と呼んでもいいようなこの2年にわたるプログラムは、ワークショップ、パネル・ディスカッション、ミニコース、Q&Aセッション、模擬インタビュー、レジュメ批評などから構成されており、学生が全力を傾けキャリア・プランニングと就職活動に取り組み、成功できるようにするものである。校内には、学生が普段着からインタビュー用のスーツに着替えるための部屋も用意されている。

　OCDを窓口として、毎年350以上の企業がスターンを訪れる。またOCDは、採用企業

上位300社向けにレジュメ・ブックの発行と配付を行なっている。

2003年卒業生の採用数上位の企業は次のとおり。

アメリカン・エキスプレス（American Express Company）

ゴールドマン・サックス（Goldman Sachs & Co.）

モルガン・スタンレー（Morgan Stanley）

ATカーニー（A.T. Kearney）

IBM（IBM Corporation）

ファイザー製薬（Pfizer, Inc.）.

バンク・オブ・アメリカ（Bank of America）

J.P.モルガン・チェース（J.P. Morgan Chase& Co.）

プライスウォーターハウスクーパース（PricewaterhouseCoopers）

ベア・スターンズ（Bear Stearns & Co., Inc.）

生活環境

東京と同じようにペースの速いニューヨークは、すべての人に優しい街とはいえない。しかし、多様性を求めるなら、ほかの都市とは一味違う生活と学習体験を得ることができる。同校では、インタビューは必須と考えるべきであろう。合格者を見てみれば、そのほぼ100パーセントがインタビューに招かれている。インタビューの招待が届いたら幸運である。これまでインタビューを受けた出願者の半数以上が合格しているからだ。インタビューの機会を利用してNYUを訪れ、自分の目で見るべきだ。これこそがプログラムを判断する最善の方法である。

コロンビア・ビジネススクールがセントラル・パークの北に位置しているのに対して、スターンはコロンビアから南に115ブロックのところ、グリニッジ・ビレッジの中心に位置する。そこは、世界で最も活力あふれる地域の1つであり、またジャズの巨匠の多くが育まれた街でもある。あらゆる種類のカフェ、劇場、バー、ジャズ・スポット、書店、画廊、レストランを抱える「ビレッジ」は、眠ることを知らない街である。グリニッチ・ビレッジから徒歩でいける範囲には、ソーホーのショップやギャラリー、ユニオン・スクエアのトレンディなレストラン、あるいはさまざまな民族・階級からなるイースト・ビレッジがある。南に歩けば、チャイナタウン、リトルイタリー、トライベッカ、バッテリー・パーク・シティ、ウォール・ストリートがある。有名人に出会う

機会もあるかもしれない。北に行こうと南に行こうと、マンハッタンを最高に国際色豊かな都市にしている多様な文化と民族が織りなす万華鏡的世界を体験することだろう。

　スターンのキャンパスから歩いてすぐの距離に、ワンルーム・マンションと2ベッドルームのスイートからなる新築のNYU パラディウム・レジデンス・ホール（Palladium Residence Hall）があり、スターンの学生120名が生活している。部屋には家具がすべて備わっており、電話、ケーブル・テレビ、高速インターネット回線、キッチンなどもある。さらに、24時間のセキュリティ・サービス、専用の会議室や学習ルーム、食堂施設、オリンピックで使われるサイズのプールを含むスポーツ・センターなどがある。

‥‥日本人在校生および卒業生のコメント‥‥

　私は日本経済のバブルが崩壊する時期に勤めていた会社の財務体質、戦略、新規事業に興味を持ち始めたことがきっかけでMBAの取得を志しました。その頃は米国も情報スーパー・ハイウェイ構想が発表され、インターネットに火がついた頃でした。そういう意味ではMBA以外のことも含めて経済の変化と新たな価値観を吸収できる良い時期だったと思います。また、ニューヨークという土地柄でしょうか、国際性豊かであり、価値観が異なる学生が集まるSternは独特なカリキュラムとスクール・カルチャーによってすばらしい体験ができたと思います。

　私はファイナンスと情報システム・マネジメントのダブル専攻によって、事業の効率化、情報伝達手段、そして会社経営に欠かせない財務知識を学ぶことができたことはキャリア・プラン上、大変意味のあることだったと認識しています。特に現職である、米国の音楽放送企業であるMTVの日本法人を任される立場となってからは、当然ながらグローバルなビジネス環境はMBAでのコミュニケーション方法から考え方まで欠かせないことを多く学んだことが役立っています。たとえば、グループ・スタディではSternの特徴である国籍が異なる学生によって形成されることで多くの意見が得られ、自分の意見を通す方法も含めて自然と机上論だけでは語れない経験ができました。これはグローバルな環境でのビジネスだけではなく、日本企業内においても合併や、転職の過程で経験する企業文化が異なるバックグラウンドを持つ日本人同士でも有益な経験になると思います。

　今日の日本経済は益々、国際化を余儀なくされ、国内においてもビジネスのプロが求められています。そういう意味でもMBAでの経験はますます重要かつ必要不可欠な「場」になり、そこから吸収する内容は自分自身のモチベーションにかかっていると思います。私はMBAというのは「学問」という狭義な意味ではなく、多くの知識と経験を学ぶ「場」だと思っています。優秀な大学であればあるほど、優秀な学生が集まる「場」となり、優秀な教授も集まり知識が集結する「場」であり、重要なのはその「場」がどのような都市にあるかもポイントだと思います。Sternはオフィス街からも近いことで夜の授業などはパートタイムの学生との交流が可能です。よって、自分から求めれば多くのことをその「場」から吸収できます。それは必ず将来の自分のビジネスキャリアにとって有益な経験になることは間違いありません。

（Class of 1995　男性　音楽放送　代表取締役）

私が受験した2001年頃を含めSternは、日本人をあまりとらない、という話をしばしば聞いたことがあった。実際は、Admissionは排日的ということはまったくなく、いい学生がいればどんどん採用していきたいと考えている。ただ、80年代後半には、1学年に日本人が40〜50人ほどいた時代があり、その頃に比べれば現在は3、4名と当然数は少ないが、ほかの国の留学生と比べても大体同数となっている。これは現在留学生比率が40パーセント弱と非常に高く、国の数も増えているため、1つの国あたりの学生数は自ずと限られてくるからだ。また女性の比率も30パーセント強あり、学校の雰囲気はとてもリベラル。学生の特色としては金融関係の人がかなり多く、卒業後の進路も投資銀行を中心に金融を希望する人が多い。またEntertainmentが強いのも魅力的である。ニューヨーク大学がフィルムなどメディア系で強いメリットを生かせるよう、ニューヨーク大学内のスクールとのクレジットの交換がかなりできるようになっていて、Entertainment Certificateもとることができる。そのため、メディア系への就職を希望するSternの学生もかなりいる。

授業の構成としては、1年生はコア、2年生から専門という基本構成。1年生のコアのうち、いくつかの科目はWaiverテストを受けてパスすれば、履修する必要はなく、1年生の秋学期から選択科目を履修できる。有名な先生や人気のある授業は、やはりFinance系の科目に多い。私が履修したコア科目では、チームでのケース・スタディから理論の習得などをベースにそれぞれの選択専門科目を履修するための基礎知識の習得というかたちになっていて、Work loadとしてはやさしくもなくきつ過ぎることもないという程度。クラスではかなり活発な議論が交わされている。就職活動に関しては、8月末に始まるPre-Termからかなり活発に行なわれる。ニューヨークにあるという地理的メリットがかなりあり、9月中旬からコーポレート・プレゼンテーションがキャンパス内で頻繁に行なわれ、メジャーな企業、特に金融系はほとんどキャンパスにやってくる。またオフィスで行なわれるとしてもニューヨーク市内で行われることが多いため、地理的メリットはかなり大きい。

ニューヨークはビジネス、Art、Entertainment、スポーツ、音楽と活気あふれ魅力的な街である。最近Facultyに加わったある教授がは、「やはり一度はニューヨークで仕事がしてみたい」と言っていた。ニューヨークというとても魅力的な街の中にあるSternは同様に魅力的であり、すばらしい教授陣と学生を魅了して止まないのであろう。　　　　　　　　　　　　　　　　　　　（Class of 2004　男性　電気業界）

＊　　　＊　　　＊

NYUは以前よりFinanceの教授陣の質が高く、有名人が多く在籍します。DamodaranやAltmanなどは全米のビジネススクールでも知れわたっています。一方でManagement、Economics、Marketingなどの分野においてもアメリカを代表するような有名教授が1、2人いますが、Financeの教授陣ほどの厚みはないことは否めません。また、2002年春に就任したDean Cooleyは学校のResearch能力を高めたいという方針のようですが、どちらかというと実務家に近い教授が多いです。教鞭をとりながら企業のコンサルタントを兼務している教授や、本職を別に持ちながら学生を教えている教授も少なくありません。Goldman Sachsの元General Partnerが教えていたり、Metropolitan OperaのGeneral Managerが講義を行っていたりしており、彼らの体験談は非常に参考になります。

卒業後はFinance業界に就職する学生が比較的多いですが、出身業界は千差万別です。また土地柄か、起業して一発当てようという人間より投資銀行やコンサルタンティング・ファームに就職して年収何千万ともらい、早く引退しようと考えている人間が多いようです。そのほか、普段の生活においては学生同士のまとまりは比較的希薄という印象があります。これは学校の規模、場所柄、既婚者の数など、理由はいくつか考えられると思います。

就職活動においては、NYUの利点として就職活動における利便さが挙げられます。毎年定期的に採用する日本ベースの企業は必ずNYでプレゼンテーションや面接を行ないます。他校の学生のように数時間かけてNYまで足を運ばなくても済むというのは結構大きなメリットです。

（Class of 2003　男性　金融）

カリフォルニア大学バークレー校
ハース経営大学院
(Haas School of Business, University of California at Berkeley)

http://haas.berkeley.edu

設立年／1898年

基本情報

◆学生に関するデータ
卒業生数__3万6,000名
フルタイム在学生数__496名
日本人学生数
　2004年卒業クラス__7名
　2005年卒業クラス__7名
留学生の割合__35%
アジア人学生の割合__15%
平均年齢__29歳
入学時の平均実務年数__5.5年

◆履修期間と授業料
履修期間__21ヶ月
授業料__年間2万8,020ドル

◆主なランキング
『ビジネスウィーク』2002年13位
『USニューズ＆ワールドレポート』2004年7位
『フィナンシャル・タイムズ』2004年16位

◆テスト・スコアと合格率
GMAT要求スコア__n.a.
合格者平均GMATスコア__703
合格者GMATスコア分布(80%)__650〜750
TOEFL要求スコア__PBT:575
合格者平均TOEFLスコア__PBT:647
合格者平均GPA__3.55
出願者の合格率__11%
合格者の入学率__51%

✉ 問い合わせ先

●出願に関する問い合わせ
担当者名　Peter Johnson
eメールアドレス　mbaadms@haas.berkeley.edu
●奨学金に関する問い合わせ
URL　http://www.haas.berkeley.edu/MBA/finaid
●卒業生ネットワーク
URL　http://haas.berkeley.edu/alumni/

出願締切り　10月下旬、12月中旬、1月下旬、3月初旬

就職関連情報

◆サマー・インターンシップの主な採用企業

サン・マイクロシステムズ

リーマン・ブラザーズ

デロイト・コンサルティング(旧)

ゴールドマン・サックス

サムソン・グループ

◆卒業生の主な採用先

サン・マイクロシステムズ

リーマン・ブラザーズ

デロイト・コンサルティング

ゴールドマン・サックス

サムソン・グループ

◆卒業生の就職率と平均年収

卒業後3ヶ月時点の就職率

2001年＿85%

2002年＿88.5%

卒業後の平均年収(年俸＋契約金)

2001年＿11万ドル

2002年＿10万2,750ドル

school information

MBA Program

Haas School of Business

430 Student Services Building #1902

Berkeley, CA 94720-1902 U.S.A.

学習環境

　カリフォルニア大学バークレー校は、スタンフォードやUCLAとともにカリフォルニアのもう1つの宝である。すばらしい気候、親しみやすい学生、起業家精神、アジア系住民の存在感、チーム・スピリット。必要なときには集中し、そうでないときにはリラックスをする。日本人に最適なビジネススクールである。

　ハース経営大学院のフルタイム学生数は、1学年につき、およそ240名である。同校ではクラスの規模を今よりも大きくする予定はない。現在の規模のハースでいることを望んでいるのだ。同校の比較的新しい設備は、教室でも廊下でも学生と教授間の交流を促進するための工夫がなされている。2003年および2004年卒業クラスの2学年合計では、13名の日本人学生が学んでいる。2001年秋の入学を目指して出願した日本人は243名であった。翌年の2002年秋の入学では、出願最終ラウンドを待たずに前年とほぼ同数の224名がすでに出願していた。2001年秋に合格した日本人は10名、そのうち6名が入学している。合格した日本人の平均実務年数は6年であった。入学者全体の35パーセントが留学生で、アジア系学生の割合が目立っている。

　ハースとコロンビア・ビジネススクールの間には実務年数7年以上のエグゼクティブを対象としたJoint MBA Degreeプログラム（Berkeley-Columbia Executive MBA program）がある。このエグゼクティブMBAプログラム（EMBA）に参加すれば、ウォール・ストリートやシリコン・バレーのビジネス環境に触れることができる。フィナーレを飾るのはアジアでの実習プロジェクトである。修了すれば、カリフォルニア大学バークレー校とコロンビア・ビジネススクールからDual Degree（合同学位）を取得し、さらに、両校の持つ巨大なネットワークに参加できるようになる。授業は3週間ごとに、19ヶ月にわたってり開かれ、そのうち5セッションはニューヨークで行なわれる。

　アントレプレナーシップとグローバル・マネジメントに重点を置くのに加え、ハースではテクノロジー・マネジメント分野においても一流の学習・研究機会を提供している。たとえば、Management of Technology（MOT）プログラムは多様な分野から教授と学生を集め研究・指導するプログラムで、テクノロジー・マネジメントにおける重要な諸課題に取り組むものである。重点分野はエレクトロニクス、ソフトウェア、バイオテクノロジーであるが、対象はそれら分野だけに留まらない。MOTはハース経営大学院、College of Engineering、School of Information Management and Systemsが共同して取り組むプログラムである。

　そのほかにハースが優れている分野には、トップ・ランクに位置する不動産プログ

ラム、成長を遂げつつあるヘルス・マネジメント・プログラム、社会的責任とリーダーシップ（Leadership in Social Responsibility）などがある。

　カリフォルニア大学バークレー校においてアントレプレナーシップ、マネジメント・イノベーション、新規事業の構築などの研究と推進の中心がLester Center for Entrepreneurship & Innovation（LCEI）である。同センターは、起業家としてのキャリアに興味をもつ学生の課外活動の奨励と、ハースにおけるアントレプレナー関連のカリキュラムのサポートを行なっている。サンフランシスコ広域湾岸地域における起業家活動の重要な拠点でもある。

　LCEIは学生を対象とした多くの奨学金とともに、U.C. Berkeley Entrepreneurs Forum、Student Entrepreneurs Association、Partners for Entrepreneurial Leadership（PEL）、Berkeley Solutions Groupなどの起業家プログラムを実施している。このような起業家カリキュラムで重点が置かれているのは、リアルタイムな新規事業のプランニング、創造、構築である。選択科目として履修する場合や、プログラムの一部である場合もある。最終的にアントレプレナーシップの修了証書が授与される。

　1998年に始まったUC Berkeley Business Plan Competitionは、賞金額などから判断して、現在米国内でも有数のビジネスプラン・コンペである。これまでに3年続けてハースと工学部の学生の共同プランが優勝している。その中のプランの1つであるティンバー・テクノロジーズ（Timbre Technologies）は、東京エレクトロンに1億3,800万ドルで売却されている。以前の参加者たちも総額1億1,800万ドル以上に及ぶ新規事業資金を集めている。

　1999年にハースの学生が始めたコンペから生まれたのがNational Social Venture Competition（NSVC）である。2001年になり、ハースはコロンビア・ビジネススクールと、150万ドルの資金提供者であるゴールドマン・サックス財団とでパートナーシップを結び、NSVCの範囲を拡大した。NSVCには持続可能で、利益が得られ、そのミッションの中に社会的・環境的配慮を組み込んだ新規事業のビジネスプランが寄せられる。

　学生がイニシアチブを取りコースを立ち上げるのがハースの伝統である。各セメスターには、教授の指導のもとに学生が開始し運営する複数のコースがある。最近になって、学生が始めたコースには次のようなものがある。

　・テクノロジー分野の時事課題とトレンド（Technology Topics and Trends）
　・パーソナル・ファイナンス（Personal Finance）
　・投資ファンド管理（Investment Fund Management）

- ソーシャル・ベンチャー・アントレプレナーシップ
（Social Venture Entrepreneurship）
- マーケティングの諸課題（Topics in Marketing）
- コンサルティング（Consulting）
- 企業の社会的責任（Corporate Social Responsibility）
- セールス（Sales）
- アジアにおけるグローバル経営（Global Management in Asia）
- ゴルフ・ビジネス（The Business of Golf）（ハースの学生が楽しむことを知らないなどとは言えないことが、これでわかる）

教授陣

　バークレーMBAプログラムの土台を支えるのは、優秀な教授陣と質の高いカリキュラムである。教授陣は情熱をもって優れた指導を行ない、また、そうあり続けるために、学生から定期的に評価を受ける。現代の世界市場を形成する力となる経済、社会、政治、テクノロジーの研究において国際的に認められたリーダーとして、ハースの教授陣は、バークレーや世界中の他の一流大学の教授ともに分野の壁を越え重要な研究を行なっている。常に世界のビジネススクールトップ10にランクインする、それがハース教授陣に対する評価である。

　ハースの教授の中には、マーケティング、経済学、マネジメント分野で広く使われているテキストの著者がいる。ロバート・コール（Robert Cole）は、品質管理の分野で最も尊敬される権威の1人である。ヘイン・リーランド（Hayne Leland）とマーク・ルービンスタイン（Mark Rubinstein）は、証券分野で最高の見識をもつエキスパートである。ケン・ローゼン（Ken Rosen）の不動産市場予測は最も信頼のおける予測と考えられている。ドリット・ホフバウム（Dorit Hochbaum）は、サプライ・チェーン・マネジメント研究の第一人者である。デービッド・ティース（David Teece）は、発展しつつあるナレッジ・マネジメントの分野で引く手あまたの専門家である。また、オリバー・ウィリアムスン（Oliver Williamson）の取引費用経済学（Transaction Cost Economics）に関する先駆的研究は、国際金融、法律、社会学、組織理論、戦略的マネジメント、政治経済学などの多様な分野で大きな役割を果たしている。

　ハースの教授陣は、定期的に自らの研究成果をカリキュラムの新たな内容として盛り込み、MBAカリキュラムの再評価を通して、現在のマネジメントに関する諸課題を

適切に取り上げるようにしている。同校のコースにおいて、教授の最新の研究成果を誰よりも早く知り、さらに、マネジメントに関する新理論と原則の考案者から直接学ぶことが、学生にとって有益なのだ。

ハースでは、1クラスのサイズが比較的小さなことが、同校の校風として知られる活発な学生の参加、強い共同体意識とチームワークを生み出す要因となっている。授業の質を管理する目的から、学生が1〜7の段階で教授の評価を行なう。平均6以上の評価を得た教授がバーチャルクラブ「Club 6.0」に入るのを許可される。「Club 6.0」のリストは広くハースのコミュニティ内で発表されている。

人気教授陣

人気教授陣の専門分野と科目名は次のとおり。

教授	専門分野	科目／研究分野
デビッド・アーカー （David Aaker）	マーケティング戦略 （Marketing Strategy）	ブランド・エクイティと株利益の関連性 （Linking Brand Equity to Stock Returns）、 グローバルなブランド管理 （Global Brand Management）
デビッド・ロビンソン （David Robinson）	マーケティング（Marketing）	価格戦略（Pricing Strategy）、 品質管理（Quality Management）、 サービス・オペレーションズ （Service Operations）
デビッド・ティース （David Teece）	国際ビジネスおよび金融 （International Business and 　Finance）、 公共政策（Public Policy）、 経済学（Economics）	世界市場における企業の高効率体質 （Competitive Performance of Firms in 　Global Marketplace）、 革新と経営組織 （Innovation and Organization of Industry）
ハル・バリアン （Hal Varian）	オペレーションズ（Operations）、 情報技術 　（Information Technology）、 経済学（Economics）	情報技術の経済学 （Economics of Information Technology）、 IT戦略（Information Technology Strategy）

カリキュラム

2002年に、ハースはカリキュラムの改編を行ない、履修科目の選択に対する柔軟性と自由度を向上させた。新たに充実の度合いを増したコア科目は、1年目に会計から戦略までを含むマネジメントの基礎すべてをカバーする内容となった。また、斬新な数

多くの選択科目の中から選んで1年目から履修することも可能で、ビジネスの最先端を学ぶ最高の訓練となるだろう。学生は卒業までにどのような組織（新規企業や多国籍企業、コンサルティング会社や非営利団体など）にあってもリーダーたりえる知識とスキルを手にすることになる。

1年目

1年目のカリキュラムは次のとおり。

入学前
数量的手法ワークショップ（Quantitative Methods Workshop：オプション） コミュニケーション・ワークショップ（Communications Workshop：オプション） MBA オリエンテーション（MBA Orientation：必修）
秋
必修コア科目群　「A」（Required Core Courses "A"）1～7週目 　経営のためのデータ分析入門（Introduction to Data Analysis for Management） 　企業の意志決定のための経済学（Economics for Business Decision Making） 　組織行動（Organizational Behavior）
必修コア科目群　「B」（Required Core Courses "B"）9～15週目 　財務会計（Financial Accounting） 　ファイナンス入門（Introduction to Finance） 　マーケティング管理（Marketing Management）
必修コア科目　ミニ・コース（Required Core Mini Course） 　マネージャーとしてのコミュニケーション（Communicating as a Manager）
学生会議、スピーカー・シリーズおよびイベント：（Student Conferences, Speaker Series and events） 　女性によるリーダーシップ会議（Women in Leadership Conference） 　先端技術会議（Leading Edge Technology Conference） 　各種スピーカー・シリーズ（Various Speaker Series） 　消費関数（月2回の社交のイベント）（Consumption Functions）
冬
研修旅行（Study Tour：オプション） 　研修先はアジアまたは中南米。学生クラブが計画（Asia or Latin America, Organized by Student Club）
春
必修コア科目群　「A」（Required Core Courses "A"）1～7週目 　オペレーションズ・マネジメント入門（Introduction to Operations Management） 　世界経済におけるマクロ経済学（Macroeconomics in the Global Economy） 必修コア科目群　「B」（Required Core Courses "B"）9～15週目 　世界状況における戦略（Strategy in the Global Context） 　世界経済におけるビジネス倫理の管理（Managing Business Ethics in a Global Economy） 　選択科目2または3科目（15週間のフル・セメスター）
夏
インターンシップおよびサマー・ジョブ（Internships and Summer Jobs） 国際ビジネス開発コンサルティング・プロジェクト（International Business Development Consulting Projects） ザ・ワシントン・キャンパス（The Washington Campus：首都ワシントンでの実習）

2年目

2年目のカリキュラムは次のとおり。

秋（Fall）
選択科目4または5科目（Four or Five Electives：オプション） 国際交流プログラム（International Exchange Program：オプション）
冬（Winter）
研修旅行（Study Tour）（optional）
春（Spring）
選択科目4または5科目（Four or Five Electives）

出願戦略上のアドバイス

　ハースは750語程度の長いエッセーと複数の短い質問を出題してくる。じっくりと考え、短い質問はあなたの個性と企画力を示す目的で利用しよう。基本的に良い答えや悪い答えというものがあるわけではない。また、「引っかけ問題」の類でもない。あなたのプロフィールについてのさらなる情報を提供するための手段とすればよい。

就職支援

卒業生の主な就職先（職種）は次のとおり（2003年卒業クラス）。

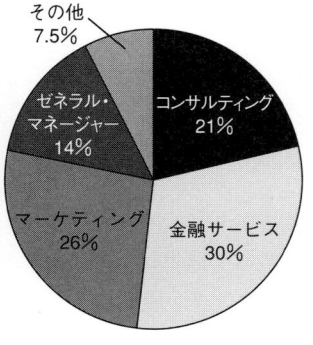

その他 7.5%
ゼネラル・マネージャー 14%
マーケティング 26%
コンサルティング 21%
金融サービス 30%

　バークレーのMBAホルダーは、世界で最も入社が難しい企業から大切にされる存在である。トップ・ランクの投資銀行、コンサルティング会社、テクノロジー会社、ベンチャー・キャピタリスト、そして、あらゆる規模の国際的企業がハースの学生や卒業生をインターン、フルタイムの社員として採用している。日本人を含め、ハースの卒業生は3主要分野で働く傾向がある。すなわち、金融サービス、コンサルティング、テクノロジーである。採用数の多い企業には、日本人MBAホルダーの採用も活発に行っているゴールドマン・サックスやマッキンゼーが含まれている。

　リクルート・センターは毎年、20の業界から250以上の企業の参加を得てオンキャンパス・インタビューを実施している。フルタイムの採用は秋セメスターと春セメスターにキャンパスで行なわれ、インターンシップは春セメスターに行なわれる。最近ハースのキャンパスでリクルートを行なった代表的企業は次のとおり。

20世紀フォックス（20th Century Fox）

フォード自動車（Ford Motor Company）

マッキンゼー・アンド・カンパニー（McKinsey）

ATカーニー（A. T. Kearney）

フランクリン・テンプルトン・インベストメンツ（Franklin Templeton）

メロン・キャピタル・マネジメント（Mellon Capital Management）

アクセンチュア（Accenture）

ガートナー・グループ（Gartner Group）

メリル・リンチ（Merrill Lynch）

アップル（Apple）

生活環境

　1960年代のカリフォルニア大学バークレー校は、世界に広がりを見せた学生運動の原動力となる学生急進主義発祥の地であった。バークレーの町を散歩してみれば、いまだにバークレーの過去のなごりをとどめる、ひげをはやしサンダル履きで物を売り歩く行商人に出会うかもしれない。しかし、サンフランシスコの路上で、愛と平和を支持して社会に抗議したヒッピーはもうキャンパスにはいない。バークレー校のある

丘の途中まで登ったところで、ハイテクで、しゃれたつくりの、それでいて過去の風情をセンスよく残す、そんなたたずまいのハースの校舎が見えてくる。

‥‥日本人在校生および卒業生のコメント‥‥

　Haasの特色は、240名程度の小規模スクールであること、学生1人ひとりがとにかく優秀かつ個性的であり、シリコン・バレーとの太いパイプを背景に、起業家精神がキャンパスにも満ちあふれていること、そしてとかくHaas＝テクノロジー・マネジメントに強い、という印象が強すぎるきらいがあるが、Health Management、Real Estate Management、Financial Engineering Managementなどの分野でも極めて質の高いコースが設けられていることが挙げられる。Berkeleyは15名のノーベル賞受賞者を輩出した米国屈指のアカデミアであり、Haasもたくさんの優秀な教授陣を誇っている。クリントン政権下で大統領経済諮問委員会の委員長を務めた前学長でもあるマクロ経済のLaur Tysonをはじめ、FinanceのRichard Stanton、Jonathan Leonard、AccountingのXiao-Jun Zhang、MarketingのRashi Glazer、戦略論のPaul Tiffany、HealthManagementのKristiana Raubeと枚挙に暇がない。

　Haasのカリキュラムのすばらしいところは、ケース・スタディ40パーセント、講義30パーセント、グループ・プロジェクト30パーセントという具合にTeaching Methodsを教科に応じてほどよく組み合わせている点にあり、高い学習効果を生み出しているといえよう。

　2003年度からSemi-quarter制度を導入し、7週間という短期間のうちに極めてIntensiveに会計、ミクロ経済などのコアをこなす1年目は、クラスの5パーセント程度が単位を落とすほど大変RigorousなAcademic Lifeとなる。それでも多くの学生はネットワーキングに余念がない。MBA体験の一部は学生間でのネットワーキングであると皆が公言して憚らない文化がHaasには醸成されており、キャンパスの裏山にあるTilden Park内にある美しい山岳コースでゴルフを楽しみ、夜はBerkeleyやSan Franciscoダウンタウンのクラブで友情を深めるのが常となっている。Haasの学生はEnergeticであり、寝る間を惜しんで学び、そして遊ぶ。その徹底振りには感服してしまう。

　州立大学であるため、学費が安いというのが多くの優秀な学生を引きつける大きなメリットとなっている反面、キャンパスのコピーが有料であったり、クラブ活動の資金源が手薄だったりというChallengeとなっていることは否めないが、このために学生は種々の活動において活動費用をSupportしてくれるスポンサー企業に献金を募るなどの必要に迫られ、Leadershipを発揮する最高のChanceともなっており、独立心旺盛なHaasの学生自治文化を形成している。

　Haasのもう1つの特色は、アジア系学生が全体の40パーセント近くを占めていることである。私は総合商社からの社費留学生であり、今後世界経済の主役としてさらなる成長が予想されるアジアでのビジネスに大変興味をもっているため、HaasのAsia Pacific ClubそしてHaasの学生によるイベントの中でも最大規模を誇るABC（Asia Business Conference）を通じてのアジア人脈の構築は私のビジネスマンとしての将来に大きく貢献してくれるものと期待している。　　　　　（Class of 2005　男性　総合商社　社費）

＊　　　　＊　　　　＊

　Haas Schoolは人種・文化の多様性に富むサンフランシスコ・ベイエリアに位置し、IT産業のお膝元であるシリコン・バレーにも車で1時間ほどの場所にあります。誰もが口をそろえていうのはその生活環境の良さです。気候がよく、食べ物もおいしく、文化やスポーツも十二分に楽しめるこの土地での生活は、本人だけでなく同伴される家族にとっても人生最高のものとなるでしょう。

　ダイナミックで多様な人々の活動からイノベーションを芽吹かせてきたこの土地柄を反映し、Haas Schoolもさまざまな出身・職業バックグラウンドを持つ学生間でのチームワークを重視する校風です。そのため必ず

299

といっていいほど授業にはグループ・ワークが含まれます。たいていは学生が自分で地元の企業へコンタクトを取り、実際の企業に起こる問題をクラスルームで習った手法を使い分析するというものになります。ビジネススクールではおなじみのものですが、Haasに関してはベイエリアのIT、バイオ関連という今後高成長を期待される分野を題材とできるところが強みでしょう。

　私はファイナンス方面でしたので、今は金融工学の専門コースも持つHaas Schoolの教授陣の授業は大変価値あるものでしたが、ストラテジー、マーケティング、HR、ORなど、どの分野に偏ることなく教授陣はそろっていると思います。いずれにしろ授業はMBAスタイルですので、多くの科目ではディスカッションでの発言を期待されるわけですが、日本人留学生としては、かつては注目された日本的手法が現在ではさほどでないことに面食らうでしょう。「日本では」という発言を捨て、グローバルに価値ある発言をしようと腐心することは、大変よい経験となると思います。

　卒業後の同級生は、自費の方は日本で就職したり、米国に残ったり、また派遣の方も転職した人も多く、現在では、金融、コンサルティング、事業会社の企画など、普通のMBAの転職先といえるところに散らばっています。MBAを多く採用するところはヘッドハンティング会社も含め日本から来てサンフランシスコなどでセミナーを開いていますので、職探しの機会はそこそこあります。ただし地元ベイエリアでの就職については私が当時いた時の勢いはないようです。

　当時考えていたより、「MBAの○○」などという本に書いてあるような、1つひとつの手法を実際に仕事で使うことは多くありません。Haasで学んだと今いえることは、もう少し大きな、問題解決の取り組み方やその心持であり、世界中の人との共同作業や議論を通して、いかなる問題にも対処できる自身を、Haasが与えてくれたと考えています。　　　　　　　　　　　　　（Class of 1998　男性　格付け会社）

海外のフルタイムMBAプログラム

バージニア大学
ダーデン経営管理大学院
(Darden Graduate School of Business Administration, University of Virginia)

http://www.darden.virginia.edu

設立年／1954年

基本情報

◆学生に関するデータ
卒業生数__7,000名
フルタイム在学生数__627名
日本人学生数
　　2004年卒業クラス__5名
　　2005年卒業クラス__7名
留学生の割合__27%
アジア人学生の割合__11%
平均年齢__27歳
入学時の平均実務年数__5.5年

◆履修期間と授業料
履修期間__21ヶ月
授業料__年間3万5,000ドル

◆主なランキング
『ビジネスウィーク』2002年12位
『USニューズ＆ワールドレポート』2004年11位
『フィナンシャル・タイムズ』2004年14位

◆テスト・スコアと合格率
GMAT要求スコア__n.a.
合格者平均GMATスコア__683
合格者GMATスコア分布(80%)__610～740
TOEFL要求スコア__n.a.
合格者平均TOEFLスコア__CBT：274
合格者平均GPA__3.4
出願者の合格率__18%
合格者の入学率__52%

✉ 問い合わせ先

●出願に関する問い合わせ
担当者名　**Dawna Clarke**　eメールアドレス　**Darden@Virginia.edu**
●奨学金に関する問い合わせ
URL　**http://www.darden.edu/financialaid/index/htm**
●卒業生ネットワーク
URL　**http://www.darden.virginia.edu/alumni/index.htm**

出願締切り | **10月下旬、12月初旬、1月中旬、2月中旬、3月下旬**

就職関連情報

◆サマー・インターンシップの主な採用企業

ドイツ銀行
JPモルガン
ブーズ・アレン・アンド・ハミルトン
デロイト・コンサルティング（旧）
ジョンソン・エンド・ジョンソン

◆卒業生の主な採用先

シティグループ
リーマン・ブラザーズ
メリル・リンチ
ユナイテッド・テクノロジーズ
JPモルガン

◆卒業生の就職率と平均年収

卒業後3ヶ月時点の就職率
2001年＿94％
2002年＿88％

卒業後の平均年収（年俸＋契約金）
2001年＿11万ドル
2002年＿10万ドル

✉ 問い合わせ先

●就職関連の問合せ先（Career Development Center）
担当者名　John Worth
eメールアドレス　CareerDevelopment@Darden.Virgina.edu
URL　http://www.darden.virginia.edu/career/index.htm
●卒業生のための就職支援
URL　http://www.darden.virginia.edu/acs/ar_serv.htm

Japan Admissionsへの問い合わせ先は次のとおり
担当者名　Rita Morrow
eメールアドレス　MorrowR@darden.virginia.edu

---

school information

Darden Graduate School of Business
Administration
University of Virginia
P.O. Box 6550
Charlottesville,
VA 22906-6500 U.S.A.

学習環境

　ダーデンは「南部のハーバード(HBS)」と呼ばれるビジネススクールだ。HBSと同様、ケース・スタディとディスカッションを指導法の中心に据えた、非常に厳しいプログラムを用意している。準備なしで行なわれるディスカッションで問題をとことん考え抜き、ゼネラル・マネジャーの立場を理解する。そのような能力を伸ばす最高のメソッドを提供してくれるのがダーデンである。

　ダーデンでは、基準に達しない学生に対しては、退学をすすめることがある。授業中のディスカッションが成績に占める割合は大きい。個人的な理由や勉強の厳しさゆえに同校を退学し、他校で改めてMBA取得を目指した日本人も過去にはいた。とはいえ、このようなことはハーバードを含め、他のMBAスクールでもあることだ。米国のビジネススクールで学ぶときに求められるものは、日本の大学と比較して非常に厳しい内容になっている。もし速いペースの英語のディスカッションに対応する能力が不足しているなら、留学前にできる限りの対策を取るべきだ。

　学生数1,800名あまりを擁するHBSと比較すると、ダーデンは小規模のビジネススクールである。例年の入学者数は300名程度である。新入生は60名ほどの4グループに分割され、さらに多様性のある学生6名の学習チームに割り振られる。プログラムの指導法の中心はケース・メソッドで、ビジネスの現場を教室に持ち込むために、実際のビジネス・ケースも用いられている。日々の授業では、活発なディスカッションやディベートがなされ、ケースが分析されていく。

　ダーデンのケース・メソッドが他校と異なるのは、ケースがいくつかの科目にまたがっている点である。すなわち、ファイナンスの授業で取り上げられるケースの中に、倫理やオペレーションの授業で扱われるポイントが含まれているのである。このような統合的アプローチにより、問題点の多角的分析が可能となる。

　クラスの規模が小さいため、コミュニティの結束は強まる。ダーデンは指導の質、教授へのアクセスのしやすさ、あるいは学生の満足度で高い評価を得ている。学生の要望に対応する中で、勉強量の均等化とコア科目の統合がなされ、ある週に使われるケースが別の科目でも使用できるようになっている。

　コミュニティを思わせる環境の一方で、同校は2002年のダーデン・グラウンズ(Darden Grounds)の拡張工事完成後、建物面積延べ34万平方フィートの最新設備を学生に提供している。最新式の教室を備え、キャンプ図書館(Camp Library)では10万冊を超える蔵書、1,000冊を超える定期刊行物、20のオンライン・データベースを利

用できる。

　同校はアジア、ヨーロッパ、ラテン・アメリカの11のビジネススクールとの間で交換プログラムを実施している。セメスター単位のプログラムやクォーター単位のプログラムがある。さらに、毎年春には「Global Business Experience (GBE)」と呼ばれる1週間の海外学習プログラムがシリーズで行なわれ、1、2年生ともに参加することができる。訪問先は毎年異なるが、通常ヨーロッパ、ラテン・アメリカ、中東、アジア地域になる。

　ダーデンで立派な成績を残す学生は通常、学業とその他の活動をバランス良くこなしている。30以上のクラブの中から選んで参加し、ビジネスに関するあらゆる興味を満たすこともできれば、さまざまなリクリエーションに参加することもできる。クラブのほとんどが特定分野のビジネス・リーダーを招いた講演やプレゼンテーションを開催している。そのほかにも、国際フード・フェスティバルや中南米カンファレンスといったスペシャル・イベント、地域コミュニティに対する援助活動のコーディネートなども行なっている。学生やその家族を対象に、勉強から離れたイベントを実施する組織もある。

教授陣

　ダーデンの教育は一級品である。教授が自らの研究のために指導をおろそかにすることはない。科目はよく練られており、教授へのアクセスもしやすい。定員オーバーの心配をすることなく、その著書を読んだことのある有名教授の授業を受けられる。在学期間を通じて、ダーデンの優れた指導の恩恵を得られるのだ。

　85名を超える教授陣は、研究や教材開発、コンサルティング、企業の取締役としての活動、エグゼクティブ・プログラムの指導を通してビジネス界との緊密な関係を維持している。教授のほとんどが民間セクターでの経験をもち、多くがコンサルタントとして活発な活動をしている。

　カリキュラムは絶え間なく改良され、毎年新たな科目やケースが加えられている。教授間の連携のもと、同様のコンセプトが異なる視点から指導される。ケース・メソッドに基づく指導、7対1の学生と教授の比率、平均45名というクラスの規模、教授へのアクセスのしやすさなどが、教授と学生の直接的、個人的なコンタクトを促進している。ダーデンで作り出されるケースの数は、ハーバードに次ぐ2番目の多さを誇っている。例年、同校では300のケースが作られており、その多くを他のトップ校が購入し

ている。

　このようなダーデンの指導教官が『ビジネスウィーク』や『フィナンシャル・タイムズ』で上位にランクされるも当然といえる。

人気教授陣

　人気教授の専門分野と科目名は次のとおり。

教授	専門分野	科目／研究分野
ロバート・ブルナー（Robert Bruner）	ファイナンス（Finance）	M&A（Mergers and Acquisitions）
ポール・ファリス（Paul Farris）	マーケティング（Marketing）、E-ビジネスにおける宣伝と広報（E-Business Advertising and Promotion）	消費者マーケティング（Consumer Marketing）、インタラクティブ・マーケティング（Interactive Marketing）
エドワード・フリーマン（Edward Freeman）	倫理（Ethics）	ビジネス倫理文献講読（Business Ethics Through Literature）
シャーウッド・フレイ（Sherwood Frey）	意思決定分析（Decision Analysis）	数量的分析（Quantitative Analysis）、グローバル交渉術講座（Cross Border Negotiation Seminar）

カリキュラム

　ダーデンのケース・メソッドを中心に据えた指導をさらに強化しているのが、1年目のカリキュラムの統合化である。そのなかで教授陣は互いに協力しあい、共通性のある課題をさまざまな視点から指導できるよう取組んでいる。つまり、学生はあるコースで取り上げられる問題を解決する際には、別のコースで習得したスキルを適用する必要がある。たとえば、オペレーション分野のコースで取上げられる問題を解決する際には、「計量分析」で学んだスキルが必要になる場合もあるということである。この指導法の最大の利点は、プログラムでの学習が実際のビジネスに則しているという点である。現実のビジネス環境では、マネジャーはさまざまなスキルを同時に使いこなさなければならないのだから。

1年目

1年目のカリキュラムは次のとおり。

1年目			
9月、10月	11月、12月	1、2月および3月上旬	3月下旬、4月、5月
会計学（Accounting）		マーケティング （Marketing）（続）	ビジネスと政治経済 （Business and the Political Economy）（続）
マーケティング （Marketing）	ビジネスと政治経済 （Business and the Political Economy）	組織行動 （Organizational Behavior）（続）	倫理（Ethics）
組織行動 （Organizational Behavior）	ファイナンス （Finance）	数量的分析 （Quantitative Analysis）（続）	ファイナンス（Finance）
数量的分析 （Quantitative Analysis）	オペレーションズ （Operations）	戦略（Strategy）	経営コミュニケーション術 （Management Communications）
			オペレーションズ （Operations）（続）

2年目

　いわゆる「専攻」がない代わりに、学生は2年目のカリキュラムを自らの関心に応じてカスタマイズすることができる。ケース・メソッドは2年目も指導法の中心であり、1年目の学習を基礎としてコースが展開される。2年目には33単位の取得が必要で、これは各セメスターで10科目を受けるペースになる。このうちの1つはリーダーシップ関連の選択科目にしなければならない。

　会計、ファイナンス、マーケティング、オペレーションズ、戦略などに力を入れて今後のキャリアを目指すことができるが、何を専門的に学ぼうと、ゼネラル・マネジャーとしての思考を身につけることになる。戦略分野はコンサルティングを志向する学生を対象としたもので、ダーデンはこの分野で採用担当者の求める人材を数多く育成している。次に示す戦略分野のコース項目を見るだけでも、ダーデンが戦略およびゼネラル・マネジメントに優れたビジネススクールであることがわかるはずだ。

コーポレート・ガバナンス（Corporate Governance）

企業戦略（Corporate Strategy）

企業力と合併後の事業統合・革新
　（Corporate Strength and Post-merger Integration Innovation）

戦略的変革を率いる（Leading Strategic Change）

国際ビジネス・マネジメント（Management of International Business）

経営方針の策定と経営管理方式（Management Planning and Control Systems）

複数当事者間交渉（Multi-party Negotiations）

戦略的提携（Strategic Alliances）

戦略的思考法―東洋と西洋の融合（Strategic Thinking：Integrating East and West）

変革の持続（Sustainable Innovation）

出願戦略上のアドバイス

　エンロンを代表とする一連の企業スキャンダルが生じるはるか以前から、ダーデンはカリキュラムにおいて倫理や価値に基づくリーダーシップに力を入れてきた。エッセーの中で強調すべきは、自身のリーダーシップがダーデンにおいてどのような貢献をもたらすかである。

　バージニア大学ダーデン経営管理大学院の2005年卒業クラスには、6名の社費留学生を含む、合計7名の日本人学生がいる。そのうち数名が米国での在住、もしくは留学の経験がある。もしかするとあなたは、ダーデンに入学するにはGMATで700のスコアが必要だと信じているのではないだろうか。実は、上記7名のうち、スコア700に達しているのは2名、残り5名のスコアは610〜690（平均650）であった。7名のTOEFLスコアの平均は267、全員がリスニング・セクションで25以上のスコアをマークしていた。

　ダーデンに入学するには、厳しいプログラムをやり通すだけの能力があることを示さなければならない。入試では、動機づけ、成熟度、粘り強さ、誠実さ、他者とともに働く能力、自信、自立心、リーダーシップなど、テストのスコアでは知りえない出願者の長所が評価されるからだ。対人スキルやコミュニケーション・スキルに秀でていると思うなら、インタビューを申し込もう。そうすれば、テストのスコアは高いがプレゼンテーション能力が弱い他の日本人出願者と自分とを差別化できるはずだ。

　同校への出願の締め切りは5回設定されており、どのラウンドにも合格者枠はあるが、なるべく早いラウンドで出願するよう奨励されている。早いラウンドでのほうが合格者がやや多く、入学率も高くなっている。

就職支援

卒業生の主な就職先（職務）は次のとおり（2003年卒業クラス）。

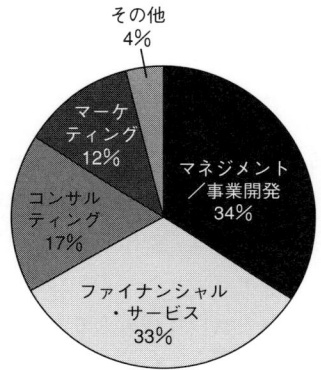

その他 4%
マーケティング 12%
コンサルティング 17%
ファイナンシャル・サービス 33%
マネジメント／事業開発 34%

分野別卒業生の就職先

　学生に対する就職センターのスタッフの割合がトップ校の中で最も高いのがダーデンだ。Career Development Center（CDC）は学生とMBAホルダーを探す企業の橋渡し的な役割を担っている。25業種から400社以上がキャンパス内外で活発なリクルーティングを行なっている。1999年に、CDCは新入生対象のキャリア戦略ワークショップであるCareer Disco Programを始めた。また、CDCはシリーズでキャリア・マネジメント・ワークショップを開催している。マルチメディア・レジュメ・ブック、ウエスト・コースト・ジョブ・フェア、ビデオ会議、卒業生キャリア・サービス・オフィスなどもCDCが行なう活動である。

　最も採用の多かった企業は次のとおり（2003年卒業クラス）。

ATカーニー（A.T. Kearney）

ファースト・アナポリス・コンサルティング（First Annapolis Consulting）

メリル・リンチ（Merrill Lynch）

ブーズ・アレン・アンド・ハミルトン（Booz-Allen & Hamilton）

ゼネラル・ミルズ（General Mills, Inc.）

ファイザー製薬　（Pfizer, Inc.）

シティバンク／シティグループ（Citibank/Citigroup）
IBMストラテジー・アンド・チェンジ（IBM Strategy & Change Org.）
リライアント・エナジー（Reliant Energy）
コノコ（Conoco, Inc.）

生活環境

　トマス・ジェファーソンの大学として知られるバージニア大学の所在地シャーロッツビルは、美しいブルーリッジ山脈の麓に位置する。小さな町のくつろいだ雰囲気を醸し出しているが、さまざまな体験が待ち受ける街でもある。これこそ多くの有名人がここに居を構える理由の1つだろう。

　シャーロッツビルと周辺のアルバマール郡をあわせた人口は12万人である。シャーロッツビルはワシントンD.C.から南に120マイル、州都のリッチモンドから西に70マイルに位置している。米国内2万5,000以上の市町村のコミュニティ情報を提供するePodunkは、2002年に、同市を米国内での小規模大学町としては最高ランクとしている。むろん、バージニア大学自体を小さな大学と考えるのは誤りである。校舎は威風堂々として植民地時代の面影を残しており、大学のコミュニティに積極的に参加する学生は、バージニア大学生徒会への当選を目指して活発なキャンペーン活動を繰り広げている。シャーロッツビルは米国を訪れる外国の要人がよく立ち寄る場所の1つでもある。これまでに同校を訪れた著名人には、ダライ・ラマ、元ソビエト連邦大統領ミハイル・ゴルバチョフなどがいる。また、日本の天皇皇后両陛下も同校を訪問している。

　自然を愛する人には、シャーロッツビルはとても魅力的な街に映るだろう。山と谷のおりなす眺めに息をのむに違いない。そのような景色がスカイライン・ドライブとブルーリッジ・パークウエイにあるため、車中から自然を堪能することができるのだ。

　シャーロッツビルに足を踏み入れると、遊び場のある公園、ハイキング・コース、ピクニック・エリアが目に入ってくる。シャーロッツビルの周囲の林の中にある小道（リヴァンナ・トレイル、Rivanna Trail）を通るハイキング、マッキンタイア公園でのピクニックなどを楽しむことができる。スキーなどのアウトドア・スポーツ派には、近郊に米国有数のリゾートがある。シャーロッツビルには、政治史に名を残す歴史的名所も数多く存在する。少し足を延ばせば、トマス・ジェファーソン、ウッドロー・ウィルソン、ジェームス・マディソンといった元大統領たちの家をめぐることができる。

世界中から集まる観光客のお目当ては、ジェファーソンの古典建築様式の建築物（ロタンダ）と、モンティチェロにあるジェファーソンの住んだ家である。

‥‥日本人在校生および卒業生のコメント‥‥

■総論
　Darden Schoolは、想像していた通りの「Boot Camp（新兵訓練所）」だ。学校プログラムは間違いなく厳しいがそれだけの価値は十分にある。学生は足を引っ張りあうことはなく、固い絆で結ばれ、お互いにサポートし合う。学問的にも人間的にも今の自分を越えたいと思う人にオススメだ。ダーデンの良さを5つ挙げるとすれば、(1)教授陣の質の高さと教授法、(2)カリキュラム、(3)学習法、(4)フレンドリーな教授や学生、(5)生活環境だろう。2年間みっちりビジネス・スキルや経営の思考プロセスを取得し、リーダーとしての感性を磨くには最適な学校だと思う。

■学習法
　Darden Schoolの学習特徴は、次の4ステップからなっている。

ステップ1：1人で学習（ケースや本を読み準備）
ステップ2：Learning Teamで学習（毎晩行なう。1チーム5〜6人からなる勉強会）
ステップ3：クラス（65人）でのケース・ディスカッション
ステップ4：復習（Peer tutoring、教授）

　上記ステップ1でまず自分で考え、分析をした後、2のLearning Teamで議論・協業する。この勉強会で1人では到底届かないレベルまで分析を深め、各自が翌日のクラス・ディスカッションに臨む。生徒65人の前で自分の論理を展開する。考えもしなかった考察や問題解決のアプローチがクラスメイトから出る。教授も自らの体験談や「スパイス」を加える。クラスルームのディスカッションほど楽しいものはない。そして、最後のステップは復習だ。
　ダーデンの学業は厳しいが、それをサポートする体制が整っている。1つはPeer Tutoring。いわゆるチューター制度で、2年生がマンツーマンでチューターを希望した1年生につく。1科目だけでも全科目でもチューターをお願いすることができる。もう1つは教授陣の対応だ。どの教授もいつでも相談に乗ってくれる。1対1で小部屋でレクチャーもしてくれる。こんなサポーティブな環境はほかにあるのだろうか。少数制でフレンドリーなコミュニティがあるからこそ実現できるのであろう。

■生活環境
　ダーデンは家族に対するケアが充実している。代表的な例がDarden Partners Associations http://student.darden.virginia.edu/dpa/index.htm だ。これは、生徒の家族で構成されている組織で、シャーロッツビルでの生活のサポートのみならず、さまざまなイベントや文化交流・社会活動が行なわれている。学校のイベントも家族が参加するものも多々あり、家族も学生とともに楽しむことができる。
　さらに、シャーロッツビルは全米の「Best 10 Small Cities」にも選ばれるだけあり、生活環境は非常に整備されている。ワシントンDCから南西に約2時間走ったブルーリッジ山脈の麓に位置し、緑が多く、治安も非常に良い。家族共々学生生活を十分に満喫することができるだろう。

（Class of 2004　男性　総合商社 自動車事業本部　社費）

私費での留学ということもあり、就職活動は学業と並んで留学生活の大きな部分を占めていました。この体験記の中では、就職活動に際し利用した情報源と、サマー・インターンシップ経験について報告します。

■就職活動情報源
（1）大学のキャリア・センター
　ダーデンでは、ディレクターを筆頭に、コンサルタント5人（面接やレジメの指導）、Operation team 5人（企業との連絡や学生の情報管理）、New business development team2人（米国内外の新規就職先となりうる企業の発掘）のチームで、MBA学生約660人のインターンシップとフルタイム・ポジション獲得のサポートを行なっています。インターナショナルの学生の就職率アップはキャリア・センターの大きな課題の1つであり、さまざまな国の企業にダーデンの学生を採用してもらえるよう尽力しています。私の場合、米国企業でのインターンを中心に考えていたため、キャリア・センターでの模擬面接やレジメの指導は非常に有効でした。
（2）キャリア・フォーラムや企業の就職説明会等のイベント
　特に日本企業への就職や、日本にある外国企業への就職を希望する場合、アメリカ各地で行なわれるキャリア・フォーラムや、企業が開く就職説明会へ参加するのが効果的です。私も年1回開かれるボストンでのキャリア・フォーラムに参加しましたし、ワシントンDCでの企業就職説明会にも出かけました。

■サマー・インターンシップ
　2社で計11週間働きました。1つはイリノイ州にあるコンサルティング会社で、欧州系製薬会社の売り上げ予測モデルを作るというプロジェクトに参加しました。もう1社は東京にある米国コンサルティング会社で、労働人口の減少が進む中でいかに日本経済を維持、成長させるかという課題に対し提案を行ないました。インターン終了後、このうちの1社に就職することが決まりました。ダーデンでは2003年11月現在、約20パーセントの2年生（2004年5月卒業予定者）がフルタイムのオファーをもらっています。
　就職活動は、私費でMBA留学される方の大きな課題の1つです。ダーデンではそういった方達へ十分なサポートを提供し、高い就職率を誇っています。　　　　　（Class of 2004　男性　自動車部品業界　私費）

＊　　　　＊　　　　＊

　ダーデンに入学が決まったときの正直な感想は、「自分がついていけるのか？」でした。海外で生活をしたこともなく、アメリカの地を踏むのも今回の留学が初めてという自分にとって、不安材料には事欠きませんでした。
　徐々に授業を楽しめるようになるにつれ、ダーデンのプログラムの良さを認識しだしています。MBAの目的は色々とあると思いますが、一言でいえば「経営者・マネジャーとしていかに効率的にディシジョン・メイキングをするか」に集約されると思います。その点を常に考えさせてくれるのが、ダーデンのプログラムです。
　ダーデンでは、1週間ごとに配布されるケースを中心に、副読本・関連レポートなどの情報を使いながら、課題を解決したうえで授業に臨むというものです。正直、どの課題も一筋縄ではいきません。「この会社の経営をどう評価するか？」「あなたのレコメンデーションは？その理由は？」という、ある種、非常に曖昧な質問です。この質問に対し、まずは自分で、このケースの目的、評価基準、前提条件、自分ならどうするか、その理由がリーゾナブルかどうか、という視点で分析を行います。その後、毎晩開かれるラーニング・チーム（5、6人の、1年間メンバーの変わらないチーム）のミーティングでそれぞれの視点を共有します。これにより、自分では思いつかなかったアイディア、フレームワークを得て、さらに翌日の授業の準備を進めます。授業ではさらにさまざまな意見や見方が出てきて、それを教授がマネージしながら、目的へと議論を進めていきます。とはいっても、教授が議論を完全にリードすることは稀で、教授は質問を投げかけ、それに生徒が答えていく、というスタイルで進められます。そして、授業が終了する頃には、当初あれほど難解だと感じていた課題に対して、自分なりの基準・判断ができるようになっています。これには本当に自分でも驚くくらいです。

生活環境も気に入っています。大都会の喧騒とは程遠く、都会が時に恋しくなるのも事実ですが、車で10分以内のところで生活に必要なものは揃いますし、何よりも安全です。女性が1人で夜にランニングしている風景も、ここシャーロッツビルでは何の違和感もありません。

（Class of 2005　男性　金融証券　社費）

* * *

「あの地獄のDardenに行くの?」日本を出国する前、よく言われた言葉です。なぜか受かってしまったDarden。帰国子女でもなく留学経験もなく、不安一杯の出国でした。

Dardenが地獄と呼ばれるのは、Dardenのユニークな教育システムのためだと思われます。

授業は100パーセント戦闘状態です。1年生はGeneral Managerとしての基本を身につけるため全員同じ科目をとります。授業の60名のクラス・メンバーは固定、座席も固定のため、先生も生徒もお互いの名前、バックグラウンドを熟知します。また日本人は1人のため、生徒、先生どこからでも質問が降ってきます。

先生からの突然のCold Callは特に大変です。「このレタスのPackage替える、替えない?」の質問に対し、「替えない。コストが高く値段が1ドル高くなり売れなくなるから」理由を言った瞬間、同級生から逆の意見が飛んできます。これを1つひとつ防御するのがCold Callを受けた人の責任です。

夕方はLearning Teamで次の日の予習を行ないます。メンバーはアメリカ人3名、マレーシア人、私の5名です。5名での白熱した議論に入っていくのは難しい。わかっているのに説明できない日々が続き、かなりストレスが溜まりました。

試験は8時間論文試験です。計算結果よりもどうしてその結論に至るかの過程が重視されます。

このようにDardenのシステムは、答えを出し、人に説明し、人を納得させてはじめて評価されるシステムとなっています。これは現実のビジネスを反映していると思われます。取締役の前で発表したり、株主の前で説明を行なったりと、現実社会では答えをどのようにCommunicateするかということが重要になります。Dardenにおいては毎日この訓練が意図的に組み込まれており、したがって英語力がなく、また人前で話す機会の少ない日本人にとっては地獄のDardenになるわけです。

地獄、地獄と強調しすぎましたが、生徒はとても協調的で、先生の方も教え方もすばらしいため、クラスではお腹を抱えて笑うこともしょっちゅうです。1年間でのクラスやLTでの交流を通じて、民族を超えて段々と混じってくるため、他の生徒との交流も他校に比べると多いと思います。アジア人だけでPartyを開いたりしたらクレームがきてしまうほどです。

MBAに期待するものは人それぞれ異なるのでしょうが、理論などは日本で本から勉強することも可能かもしれません。しかしながら他の生徒との交流やNegotiation能力、Communication 能力またLeading能力など、アメリカでしかできないことを獲得したいならば、一度Dardenに来てちょっと地獄を体験するのもいいのかもしれません。

（Class of 2004　女性）

イェール大学
経営大学院
(School of Management, Yale University)

http://www.som.yale.edu

設立年／1976年

基本情報

◆学生に関するデータ
卒業生数__4,343名
フルタイム在学生数__420名
日本人学生数
　　2004年卒業クラス__2名
　　2005年卒業クラス__3名
留学生の割合__24%
アジア人学生の割合__10%
平均年齢__28歳
入学時の平均実務年数__4.7年

◆履修期間と授業料
履修期間__21ヶ月
授業料__約3万5,000ドル

◆主なランキング
『ビジネスウィーク』2002年14位
『USニューズ&ワールドレポート』2004年14位
『フィナンシャル・タイムズ』2004年10位

◆テスト・スコアと合格率
GMAT要求スコア__n.a.
合格者平均GMATスコア__703
合格者GMATスコア分布(80%)__650~750
TOEFL要求スコア__PBT:600
合格者平均TOEFLスコア__PBT:654
合格者平均GPA__3.5
出願者の合格率__15%
合格者の入学率__62%

✉ 問い合わせ先

●出願に関する問い合わせ
担当者名　James Stevens　eメールアドレス　mba.admissions@yale.edu
●奨学金に関する問い合わせ
URL　http://www.mba.yale.edu/mba_admissions/admissions/ad_financialaid.htm
●卒業生ネットワーク
URL　http://mba.yale.edu/alumni/alumni_set.htm

出願締切り　11月中旬、1月中旬、3月下旬、5月中旬

就職関連情報

◆サマー・インターンシップの主な採用企業

アメリカン・エキスプレス
シティバンク／シティグループ
ゼネラル・エレクトリック
スタンダード＆プアーズ
ゴールドマン・サックス

◆卒業生の主な採用先

スタンダード＆プアーズ
アメリカン・エキスプレス
ゴールドマン・サックス
IBM
ブーズ・アレン・アンド・ハミルトン

◆卒業生の就職率と平均年収

卒業後3ヶ月時点の就職率
2001年＿97%
2002年＿76%

卒業後の平均年収（年俸＋契約金）
2001年＿11万4,174ドル
2002年＿10万4,243ドル

C9

海外のフルタイムMBAプログラム

✉ 問い合わせ先

●就職関連の問合せ先（**Career Development Office**）
担当者名　Coleen Singer　eメールアドレス　coleen.singer@yale.edu
URL　http://mba.yale.edu
●卒業生のための就職支援
URL　http://mba.yale.edu/alumni/alumni_set.htm

school information
....

Yale School of Management
135 Prospect Street
P. O. Box 208200
New Haven, CT 06520-8200 U.S.A.
....

学習環境

　自分の息子や娘がイェール大学に進学することは世の親の夢である。少なくとも
アメリカではそうである。全米ランキングで常にスタンフォードやハーバードをおさ
えて1位を獲得している法律プログラムをはじめ、実に多くの分野で高評価を受けて
いる。イェール経営大学院では、柔軟な履修制度を設けてこのような多彩な分野にお
ける実力を活かすことにより、同校ならではの一流の大学院教育を提供している。

　しかし、こうした事実にも関わらず、つい最近までイェール大学経営大学院に対す
る世間の評価は決して高くなかった。原因の一部は、学校側がプログラムの重点を経
営学に置くのか、公共政策中心に置くのかを決めあぐねていたことにある。実際、こ
の間に授与していた学位はMaster's of Public and Private Policy Management
（MPPM、公共・民間政策修士号）というものであった。

　1998年、イェールはこの学位に代わってMBAを設け、プログラムもMBA教育に伝
統的な、経営学中心のものに切り替えた。これにより、かつては目標が一貫していな
いと批判を受けていたイェール経営大学院が、現在では公共と民間の両部門における
強みという、他校には見られない多様性をもつプログラムになっている。『USニュー
ス＆ワールドレポート』は部門別MBAランキングの非営利組織部門で、イェールを第
1位にランク付けしているし、学生にも公共、民間部門の出身者が入り交じっている。

　また、ファイナンス、戦略、マーケティング、オペレーションズ・マネジメント、
公共機関および非営利組織の運営などといった伝統的な分野以外にも、イェールには
「リーダーシップ」というプログラムが存在する。そこでは「創造性と改革の実践とマ
ネジメント（The Practice & Management of Creativity and Innovation）」、「多様な
従業員間の協力マネジメント（Managing Collaboration in a Diverse Work Force）」、
「交渉過程マネジメント（Leading & Managing a Negotiation Process）」、「従業員心
理の把握（Emotional Intelligence at Work）」、「部門横断的な戦略的リーダーシップ
（Strategic Leadership Across Sectors）」といった科目を受講することができる。

　イェール大学は個人の能力のみを重視しているわけではない。学生が互いに刺激
を与え合うことで、知的能力や専門家としての成長を促し合う人間同士の交流が盛ん
な教育機関を目指している。

　『ビジネスウィーク』が各プログラムの卒業生を対象に行なった、出身校の校風に関
する意識調査の結果もこのことを証明している。「個人の業績を上げるために他者と
の協調を犠牲にするか？」と問いかけたところ、イェール大学経営大学院は、協調性

を重視する校風で知られるスタンフォード、ノースウェスタン、UCバークレー、UCLA、デューク、インディアナ、ダートマス、バージニアといった大学を退け、全米で最も多くのチーム・プレーヤーを有する経営大学院として第1位に輝いた。同じ調査の中でイェール大学経営大学院は、「多様な学生同士の交流を奨励する学校」として、また「同級生間の協力が高い学習効果をもたらす学校」として第5位を獲得している。同校はまた、学習指導の質という点でも10位以内を獲得している。

　同校の魅力は、その少人数制、柔軟性、多様性、チームワークといった特徴によって支えられている。平均的なクラス人数は25名で、中には学生が8名というクラスもある。このような少人数のクラスでは、学生間の交流も活発となり、チームワークや絆も強まりやすい。

　また、教官は高度な理論と実践の両方を融合することで、ケース・スタディを完全なものにしている。教官はほかにも、理論的な概念を現実の状況の中で理解できるよう、頻繁にビジネス・リーダーや著名な卒業生を招いて、ビジネスの現場についての情報を学生に提供する場を設けている。イェールは、ファイナンス、会計学、経済学、戦略、マーケティング、組織行動学、マネジメント、政治分析学などの実践的な分野で、確固たる基礎教育を提供している。

　イェールの学生は、さまざまな意味で多様性に富んでいる。在校生のうち24パーセント強が留学生で、その半数近くがアジア出身である。在校生の出身国は合計で50以上にのぼる。また、約3分の1が女性で、21パーセントがアメリカの少数民族である。生徒の出身分野もビジネスに偏らず、政府関連団体や非営利組織の経験者もいる。こうした多様性から幅広い意見が生まれるため、少人数制にもかかわらず、イェールで新鮮な視点が不足するということは考えられないのである。

　イェール大学経営大学院の「リーダーズ・フォーラム」は、世界で最も定評のある講演プログラムの1つである。例年、世界最高レベルの組織を運営する幹部らがイェールのキャンパスを訪れ、生徒や教授と交流する。多くの学生にとっての花形行事だ。最近ではウォーレン・バフェット（Warren Buffet）、C・マイケル・アームストロング（C.Michael Armstrong：AT＆TのCEO）やラルフ・シュレーダー（ブーズ・アレン・アンド・ハミルトンBooz-Allen & HamiltonのCEO）などがキャンパスを訪れた。

教授陣

「ベスト・アンド・ザ・ブライテスト（最も優秀で、最も明晰な）」とは、やや使い古された表現だが、イェールをはじめ、一流MBAの教官を言い表わすうえでこれほど適切な表現もないだろう。もう一点、喜ぶべきはイェール、バージニア、ダートマス、インディアナ、コーネルといった、質の高さで一目置かれているプログラムでは、看板教授が積極的に指導に関わっているということである。

　イェールの高名な教授陣は、メディアで引用されることも多く、学者であり、教師であると同時にピュリッツァー賞候補者、企業コンサルタント、ベストセラー作家、中には大統領のアドバイザーとしてすばらしい業績を築いている人物もいる。彼らの発言は学界だけにとどまらず、遠くウォール・ストリートやシリコン・バレー、北京や東京といった世界中のビジネスの中心地にまで影響を及ぼしている。

人気教授陣

　人気教授の専門分野と科目名は次のとおり。

教授	専門分野	人気科目／研究分野
アルトゥーロ・ブリス （Arturo Bris）	企業財務（Corporate Finance）	企業の株価コントロールの株式市場への影響（Effect of the market for corporate control on stock prices）、企業がコントロールする株式市場と資本構成の関係（Relationships between the market for corporate control and capital structure）
メーガン・ブッセ （Meghan Busse）	経済学（Economics）　企業間の戦略的相互作用（Strategic Interactions among Firms）	
バリー・ネールバフ （Barry Nalebuff）	マネジメント（Management）	事業戦略（Business Strategy）、意思決定（Decision Making）、ゲーム理論（Game Theory）、交渉術（Negotiation）
シャロン・オスター （Sharon Oster）	マネジメントとアントレプレナーシップ（Management and Entrepreneurship）	競合戦略（Competitive Strategy）、ミクロ経済学理論（Microeconomic Theory）、規制の経済学（Economics of Regulation）、非営利組織戦略（Non-profit Strategy）

カリキュラム

　イェール大学経営大学院では、2学年で18のコースを履修しなければならない。学生は初年度、組織経営に不可欠な基礎概念や方法論を学ぶ。学生は厳しいコア・カリキュラムをこなすことで、経営理論と経営実践の基本を身につける。そうして初めて、経営大学院で開講されているさまざまな上級コース、もしくはその他の研究科の開講コースの中から最大7科目を選択科目として履修することができるのだ。経営大学院の学生が参加している他分野の授業には、法律、森林環境学、医学部疫学・公衆衛生学、国際関係学、政治科学、コンピュータ・サイエンス、工学、経済学などの大学院授業が含まれる。

1年目

　1年目のカリキュラムは次のとおり。

コア科目
財務会計（Financial Accounting） 経営の戦略的環境（The Strategic Environment of Management） 財務報告I（Financial Reporting I）、または管理会計I（Managerial Controls I） リーダーシップ（Leadership）
データ分析I：確率モデルと統計分析による予測（Data Analysis I：Probability Modeling and Statistical Estimating） 　戦略的マネジメントにおける駆け引き（The Politics of Strategic Management）、または組織デザインと経営（Designing and Managing Organizations）
データ分析II：仮説検定と回帰分析（Data Analysis II：Hypothesis Testing and Regression） 　マーケティング・マネジメント（Marketing Management） 　経済分析（Economic Analysis） 　オペレーションズ・マネジメント（Operations Management） 　意思決定分析とゲーム理論（Decision Analysis and Game Theory） 　位置算定と投資／企業財務とオプション（Valuation and Investment/Corporate Finance and Options）

　1年次と2年次の合間の夏期は、インターンシップやその他の学校が許可した活動に充てられる。

2年目

　2年次は、コア・カリキュラムを通じて学んだ経営の基礎知識を元に、より発展した内容を学習する。選択科目と個人研究 (In-depth Study Requirement) を通して、特に関心のあるいくつかの課題を幅広く、かつ深く学習することで、最終学年を締めくくる。すべての学生は「個人研究」で興味のある特定分野を最低1分野選ぶことが義務づけられている。この修了要件を満たすには、次の2つの方法がある。1つ目は「シークエンス」と呼ばれるもので、複数の学問分野にまたがる高度な経営課題を取り扱うコース群から2コースを選択履修する方法、2つ目は「コンセントレーション」と呼ばれるもので、ファイナンス、戦略、マーケティング、リーダーシップ、オペレーションズ・マネジメント、公共マネジメント、非営利組織マネジメントといった分野のコース群から3コースを選択履修する方法である。

出願戦略上のアドバイス

　イェールではこれまで5つのエッセイを課していたが、1,000語のエッセイ1つに減らした。同校の審査官の言葉を借りると、「用紙から飛び出てくるような」、MBA取得を決意する契機となった「人生経験」を含めた、個人的な内容の、珠玉のエッセイを作成するよう心がけよう。公共組織に勤務する人間にとってイェールは良い選択だが、SOMを近年卒業した学生の半数は、民間セクターか公共セクターかはさておき、ファイナンス関連のキャリアを選択していることを記憶にとどめておこう。

　職務上の実績、リーダーシップや個人的資質も考慮しているが、イェールは起業スキルに長けた出願者を求めている。アントレプレナーと呼ばれるのに何も新たに会社を立ち上げる必要はない。既存の組織に勤めているのなら、自身の成し遂げた革新や、自主的な行動、そして独創的思考について取り上げることで、起業家的思考能力をもっていることを示そう。

就職支援

卒業生の主な就職先（職務）は次のとおり（2003年卒業クラス）。

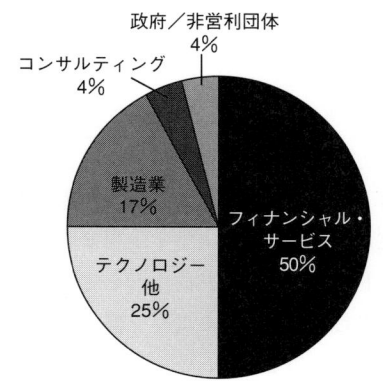

イェール大学経営大学院のキャリア・デベロップメント・オフィス（CDO）は、在学生の採用に関心のあるすべての企業に対して、その大小に関わらず、多様なサービスを提供している。採用担当者は9月初旬からキャンパスを訪れ始め、学生と非公式的に交流する。具体的な本採用やインターン採用の資格、組織内での昇進制度、特定業界やセクターにおけるキャリア・パスなどについて説明する。

2年目の学生を対象とした採用活動は10月初旬に始まる。春の採用は1、2年目の学生とともに1月に始まる。1年目の学生の採用活動は春タームの授業が始まる前の「スーパー・ウィーク」（1月6～10日）に始まる。1年目の学生のレジュメ集は11月中旬に各企業に送付されサマー・インターンシップ候補選抜に供される。2年目の学生のレジュメ集は9月下旬に送付され、主に本採用候補の選抜に使われる。

ニューヘイヴンのキャンパスでは、毎年400以上の企業が採用活動を行なう。2002年度に最も多くのイェール卒業生を採用した企業は次のとおり。

アメリカン・エキスプレス（American Express）

ヒューレットパッカード（Hewlett Packard Company）

国立公園局（National Park Service）

ベイン・アンド・カンパニー（Bain & Company）

ホフマン・ラ・ロシュ（Hoffmann-La Roche）

ネットワークアソシエイツ（Network Associates）

バイエル（Bayer）

ハネウェル（Honeywell）

ファイザー製薬（Pfizer）

ベア・スターンズ（Bear Stearns & Company）

生活環境

　イェールの大学院生や専門大学院生のほとんどがニューヘイヴンの住宅街もしくはコネチカット州の海岸沿いの民間経営住宅に住んでいる。大学学生課は地域の空き物件の長大なリストを管理しており、アパートや一軒家での共同生活を希望する生徒に物件の紹介をしている。そのほか、大学院住宅課が入学生のごく一部を対象にキャンパス内の空き部屋を手配しているし、大学関係者用として、キャンパス外の空き部屋をコンピューター上のデータベースでも管理している。キャンパス内の施設は家賃も手頃で非常に快適だが、数が限られており、入居を許される希望者はごくわずかである。幸い、キャンパス外の選択肢にも比較的安価で魅力的な物件がそろっている。

　イェール経営大学院の学生の3分の1以上は、パートナー同伴でやってくる。このために大学は、生徒のパートナーや家族も共同体の重要な一員と考え、彼らが積極的に共同体に参加できる環境を提供している。たとえば、「在校生パートナーの会（Partners Student Interest Group）」では、学生の伴侶やパートナー同士が交流するための社交の場を提供している。また、「パートナーの会」は単なる交流会としての活動にとどまらず、在校生のパートナーや家族がニューヘイヴンに転居したりビジネススクールの環境に順応したりするうえで必要な、さまざまな支援を行なっている。さらに、夕食クラブ、社交クラブ、読書クラブ、子供会など、さまざまな組織を運営しており、これは地域の保育事情、学校、家族向けの娯楽などについて知る絶好の情報交換の場にもなっている。学生のパートナーや家族は、このような交流会を通して地域の生活を楽しむだけではなく、世界に名だたるイェールの図書館、博物館、美術館や運動施設を利用することもできれば、ビジネススクールやイェール大学の学部開講科目を聴講することもできる。また、社会保障面の重要な特典として、大学の健康保険プランへの加入も許されている。

　あえて同校の短所を挙げるとすると、それはニューヘイヴンという立地である。同市がコミュニティの改善を目指して努力していることは確かだが、残念なことに未だ

多くの課題が残されている。キャンパスの片側にはコーヒー・ショップや書店をはじめ、大学町に特有の店が立ち並ぶ。しかし、キャンパスのもう片側へ足を向けると、多くの路上生活者のいる公園にたどりつく。

イェールでは、まるで自主的に周囲と隔絶した地域にいるような気分に駆られることがあるかもしれない。キャンパス内では安心して歩き回ることができるが、人口およそ13万人の町であるニューヘイヴンのそのほかの地域では、やや不安に思うことだろう。こうしたことから、同校の学生たちはキャンパス内でパーティーや集まりを催すことに楽しみを見出している。それ以外では、機会があれば町の外へ繰り出し、あてにできないアムトラックが時間通りに運行さえすれば、1〜2時間の距離にあるニューヨークかボストンに足を運ぶ。

ニューヨークのイェール・クラブは、イェール卒業生たちに「第二の故郷」として親しまれてきた。同窓会施設としては再大規模を誇るイェール・クラブは、マンハッタン中心部のグランド・セントラルの横、22階建てのビル内というすばらしい立地にある。

・・・・日本人在校生および卒業生のコメント・・・・

2001年10月、Yale創立300周年を祝うために世界中から集まった人々の中で、私は少し混乱していました。クリントン前大統領の演説に始まり、夜はポール・サイモンのコンサート、卒業生が作ったセサミ・ストリートのバードが登場した後に、ブッシュ大統領のビデオメッセージ、最後は花火で締めくくりました。米国における300年という歴史もさることながら、教育機関という定義を超えた底知れぬ影響力、求心力、スケールの大きさにただ戸惑うばかりで、自分の立ち位置が非常に場違いに思えたのを記憶しています。

振り返ればYaleで過ごした2年間は定義破壊の連続でした。「できる」と言われる人材のタレント・レベルの高さと奥深さ、キャリアパスの多様性、教育機関の人材育成にかける真剣さなど、気持ち良いほどみごとに自分の定義と勝手なイメージを崩されました。

あえてYaleという存在を定義付けるならば、110カ国以上から集まった1万1,270人の学生と3,049人の教授陣から成る集合体です（2002年秋学期時点）。全学年でビジネススクール465人、ロースクール649人と小規模に押さえた直接教育と課目の多様性が特徴です。たとえば図書館に行くと、ビジネスや法律を勉強している学生の隣で、人体解剖図に線を引く医学生などが見受けられます。一方、学部間の垣根は低く、特に大学院生は他学部の人気課目でも優先的に受講でき、単位も取れます。

オックスフォードやケンブリッジといった英国大学を規範としたコロニアルとゴシックを織り交ぜた建物、塔、中庭、アーチ、図書館、博物館などの学内施設に加えて、600エーカーにおよぶ運動施設と自然保護地域を所有しており、Yaleには何ともいえない余裕が感じられます。それは米国富裕層からの潤沢な寄付金から来るものなのか、300周年のスローガンにある「For Society, For Country, For Yale.」が示す奉仕精神の伝統からくるものなのか、小さな競争を良しとしない大らかさがあります。

これからビジネススクールを目指される方々の選択基準は多岐にわたり、特定科目の強さ、教授の質、交換留学制度、ランキング、就職の有利さなどいろいろと比較されていることかと思います。こうした基準に「総合教育機関としての質と求心力」を加えてみると、また違った見方ができるかもしれません。300年という歴史の中でYale School of Managementの25年はまだ始まったばかりですが、これからの発展に確信がもてるおもしろい場所であることは間違いありません。　　　（Class of 2003　男性　総合商社金融事業本部）

コーネル大学
ジョンソン経営大学院
(Johnson Graduate School of Management, Cornell University)

http://www.johnson.cornell.edu

設立年／1946年

基本情報

◆学生に関するデータ
卒業生数__約1万名
フルタイム在学生数__558名
日本人学生数
　2004年卒業クラス__6名
　2005年卒業クラス__8名
留学生の割合__32%
アジア人学生の割合__18%
平均年齢__28歳
入学時の平均実務年数__5.2年

◆履修期間と授業料
履修期間__21ヶ月
授業料__年間3万2,800ドル

◆主なランキング
『ビジネスウィーク』2002年11位
『USニューズ&ワールドレポート』2004年16位
『フィナンシャル・タイムズ』2004年11位

◆テスト・スコアと合格率
GMAT要求スコア__n.a.
合格者平均GMATスコア__672
合格者GMATスコア分布(80%)__610〜730
TOEFL要求スコア__CBT:267
合格者平均TOEFLスコア__n.a.
合格者平均GPA__3.31
出願者の合格率__22%
合格者の入学率__57%

✉ 問い合わせ先

●出願に関する問い合わせ
担当者名　Natalie M. Grinblatt　eメールアドレス　mba@cornell.edu
●奨学金に関する問い合わせ
担当者名　Ann W. Richards
URL　http://johnson.cornell.edu/admissions/costs
●卒業生ネットワーク
URL　http://www.johnson.cornell.edu/alumni.html

出願締切り　　10月中旬*1、11、1、3月中旬　　*1　早期出願者用締切り

就職関連情報

◆サマー・インターンシップの主な採用企業

リーマン・ブラザーズ
UBSウォーバーグ
ジョンソン・エンド・ジョンソン
J.P.モルガン・チェース
アメリカン・エキスプレス

◆卒業生の主な採用先

ジョンソン・エンド・ジョンソン
ドイツ銀行
スタンダード＆プアーズ
シグナ・コーポレーション
デロイト・コンサルティング

◆卒業生の就職率と平均年収

卒業後3ヶ月時点の就職率
2001年__92%
2002年__78%

卒業後の平均年収（年俸＋契約金）
2001年__11万7,889ドル
2002年__10万3,017ドル

✉ 問い合わせ先

●就職関連の問合せ先（**Career Management Center**）
担当者名　Karin Ash　eメールアドレス　jcsms@cornell.edu
URL　http://wwwwwwwww
●卒業生のための就職支援
URL　http://www.johnson.cornell.edu/cso/

---

school information

Office of Admissions
111Sage Hall
Johnson Graduate School of Management
Cornell University
Ithaca, NY 14853-6201 U.S.A.

学習環境

　コーネル大学はアイビー・リーグで最大の大学だが、ジョンソン経営大学院の規模は、アイビー・リーグの中でも意図的に小さく抑えられている。教室の内外でより密度の高い、より協力的な学習経験を作り出すことができるからだ。最高レベルと評価される他のMBAプログラムと同様、同校は、有名大学に属するビジネススクールとしての利点をもつ、すばらしいプログラムである。同校の学生はカリキュラムの25パーセントまでを他学部で受講することができる。その中にはホテル・スクールとして最高と評価されているホテル経営大学院の授業や、法科大学院での調停（Arbitration）や新興経済国におけるコーポレート・ファイナンスといった選択科目も含まれる。「コーネル大学の食事がおいしいのは、すばらしいホテル・スクールの存在のおかげだ」と、気の利いたことを言う日本人学生もいる。

　ジョンソン・スクールは自らを「Friendly School」であると宣伝している。それはもっともなことである。教授へのアクセスのしやすさはビジネススクールの中でも最高のランクにある。さらに、学生の要望に対しても対応は迅速である。学習環境は協力的であり、「学生に優しい」。同校では、「協力」が個々の学生が目標を達成するための手段となるような環境を創り上げている。一方、健全な競争をも同時に活用して、個々の学生の能力を最大限に引き出している。

　ジョンソンの学生は職務を十二分にこなせるだけの、しっかりとした知識と技能を身につけ、大学を巣立っていく。日本人学生がMBAを取得する一番の目的は、多様なチームで役立つ対人スキルの強化と問題解決のための創造的能力の養成である。同校の小規模なクラス編成と革新的なイマージョン・ラーニング（Immersion-Learning：短期の実地研修）は「教科書には載っていない」こうしたソフト・スキルを身につける機会としても魅力的である。

　リーダーシップや、成功するために欠かせないスキルは教室だけで学べるものではないというのがジョンソンの考えだ。経験が必要だというのである。この点を念頭に置き、同校では最新の研究成果を現実のビジネスと結びつける実地体験の機会を提供している。この一例が、上述のイマージョン・ラーニングである。リアル・タイムで体験しながら理論的バックグラウンドを身につけるイマージョン・ラーニングは、転職を考えている人やビジネスのバックグラウンドがない人にとって、特に貴重な経験となる。このイマージョン・ラーニングのおかげで、学生は1年目の春セメスターからすぐに専門の勉強に入ることができる。2004年秋に用意されているイマージョン・ラー

ニングのコースは次のとおり。

戦略的ブランド管理（Strategic Brand Management Immersion）
製造業（1学期間）（Semester in Manufacturing）
投資銀行業務（Investment Banking Immersion）
経営財務（Managerial Finance Immersion）
アントレプレナーシップと未公開株式
　（Entrepreneurship and Private Equity Immersion）
リサーチ、セールス、およびトレーディング
　（Research, Sales, and Trading Immersion）

　リーダーシップ・スキルズ・プログラム（Leadership Skills Program）は、リーダーシップ・スキルを学ぶあらゆる内容が網羅されたコースである。ワークショップ形式の実験的なミニ・コースだが、単位も取得できる。研修指導官はゼネラル・エレクトリック（General Electric）、マッキンゼー・アンド・カンパニー（McKinsey & Company）、スプリント（Sprint）といった企業や、コーネル大学の他学部、そしてプロの研修会社からやってくる。

　学生のイニシアチブにより、立ち上げから運営が行なわれているのが、ビッグ・レッド・ベンチャー・キャピタル・ファンド（Big Red Venture Capital Fund）である。同ファンドは、主に学生が計画した新規事業に対するシード・キャピタルの出資、ビジネス・アイディア・コンペのスポンサー、そしてコーネル大学のネットワークを通して成功したアントレプレナー、ベンチャー・キャピタリスト、ビジネスのプロたちに接する機会を提供している。学生が運営する基金にはカユガMBAファンド（Cayuga MBA Fund）もあり、こちらは1988年の設立以来S&P 500をしのぐ実績を上げてきた。

教授陣

教授と知り合いになり、ビジネスの基礎をしっかり学びたいと考える読者諸君にとって、ジョンソン経営大学院はすばらしい選択肢といえるだろう。指導教官が講義に打ち込む姿勢は真剣そのものであり、かつ身近な存在であり続けている。また、教職員と学生は力を合わせ、プログラムのさらなる向上に常に取り組んでいる。

同校の教授は学生の進捗状況に大きな関心をもち、1人ひとりの成功のために一歩踏み込んだ努力もしてくれる。同校の自習室では、提出締め切り直前の難しい課題について、学生から質問を受けている教授たちの姿が日曜日にも見られる。

教授のほとんどは「オープン・ドア」ポリシーを採用しており、授業外でもいつでも会うことができる。学生と仲良くなる教授も多く、自宅に学生のグループを招いて夕食をともにしながらディスカッションをすることも珍しくない。さらに、引き続きアドバイスやディスカッションを行なうために、卒業後もコンタクトを取り続けることを学生に奨励している。

人気教授陣

人気教授の専門分野と科目名は次のとおり。

教授	専門分野	人気科目／研究分野
ハロルド・ビアーマン・ジュニア (Harold Bierman Jr.)	投資 (Investment)、企業財務方針の決定要素 (Corporate Financial-policy Decisions)	企業財務上級 (Advanced Corporate Finance)
ダニエル・ハッテンロッカー (Daniel Huttenlocher)	情報科学と経営 (Information Science and Management)	革新的技術 (Disruptive Technologies)
ジョン・O・マクレーン (John O. McClain)	オペレーションズ・リサーチ (Operations Research)	オペレーションズ・マネジメント (Operations Management) 品質管理 (Quality Management)
モーリーン・オハラ (Maureen Ohara)	金融マーケットの効率性 (Finance Market efficiency)、代替取引システム (alternative trading systems)、規制方針 (regulatory policy)	
ヴィタラ・ラオ (Vithala Rao)	マーケティングと数量的手法 (Marketing and Quantitative Methods)	マーケティング・リサーチ (Marketing Research)

カリキュラム

　ジョンソンのカリキュラムは、主要な職種分野で強固な分析能力を養う構成となっている。履修方法も柔軟であるため、学生は自らの関心に応じたプログラム作りが可能である。ジョンソンの必修コア科目はMBAプログラムの土台であり、しっかりとした分析力を養成し、学生がどのようなビジネス環境においても必要となるスキルとツールを身につける基礎となる。コア・コースは、1年目の終了時点までに選択科目を最低2科目履修できるように組まれている。そのため、サマー・インターンの前までに専門分野の学習を始めることができるのだ。

1年目

　1年目のカリキュラムは次のとおり。

秋：前半
管理統計学（Statistics for Management） 財務会計（Financial Accounting） 組織経営（Managing and Leading Organizations）
秋：後半
経営ミクロ経済（Microeconomics for Management） 経営財務実地研修（Managerial Finance Immersion） マーケティング管理（Marketing Management）
春：実地研修（Immersion Learning）オプションA（以下から選択）
Eビジネス実地研修（E-Business Immersion） 経営財務（Managerial Finance） 投資銀行業務実地研修（Immersion in Investment Banking） ブランド・マネジメント関連の学習（1学期間）（Semester in Brand Management） 製造業（1学期間）（Semester in Manufacturing） アントレプレナーシップと未公開株式実地研修（Entrepreneurship and Private Equity Immersion）
春：オプションB
戦略（Strategy） オペレーションズ・マネジメント（Managing Operations） 選択科目（10単元）

2年目

　学生個々人の興味やキャリア・ゴールに合わせてカリキュラムを組めるジョンソンの柔軟性が、さらに明らかになるのが2年目である。80以上の選択科目に加え、学生は他学部や同大学の総合センターを十分に活用するよう奨励されている。コーネル大学のSchool of Industrial and Labor Relations、Law School、School of Hotel Administrationは、各分野での傑出したリーダー的プログラムとして認められている。FALCON Asian Languageプログラムは、依然として米国大学中唯一のフルタイムでのアジア言語学習プログラムである。

　通常のMBAプログラムに加え、次の共同学位（Dual Degree）プログラムが設置されている。学ぶ分野の幅広さと学位のもつ影響力に加え、取得単位を組み合わせることで、より短期間で2つの学位を取得できるというメリットがある。学生の約12パーセントが共同学位プログラムを専攻している。

アジア研究（Asian Studies）：文学修士号（MA）および経営学修士号（MBA）（6または7セメスター）
工学（Engineering）：工学修士号（Master of Engineering）および経営学修士号（MBA）（5セメスター）
人的資源管理（Human resource management）：産業関係／労使関係修士号（Master of Industrial and Labor Relations）および経営学修士号（MBA）（5セメスター）
法律（Law）：法学博士号（Juris Doctor）および経営学修士号（MBA）（8セメスター）
不動産（Real Estate）：不動産学修士号（Master of Professional Studies）および経営学修士号（MBA）（6セメスター）

出願戦略上のアドバイス

　エッセーでは、リーダーとしての経験に力点を置こう。それが合格の可能性を高める。日本の大学を卒業して間もない日本人学生が入学することもあるが、そのような出願者は、大学の課外活動やコミュニティ活動でリーダーとして活躍した実績をもっているはずである。組織やコミュニティへの貢献度をアピールしよう。

　同校の入学審査事務局は、GPAの評価基準が同一だとは考えていない。出身大学が厳しい評価をする校風であるなどという場合には、出願の際に強調するようにしよう。

就職支援

卒業生の主な就職先（職務）は次のとおり（2003年卒業クラス）。

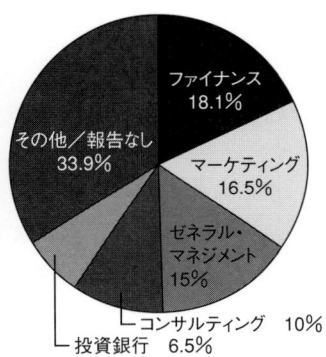

ファイナンス 18.1%
マーケティング 16.5%
その他／報告なし 33.9%
ゼネラル・マネジメント 15%
コンサルティング 10%
投資銀行 6.5%

　ジョンソン経営大学院のCareer Management Center（CMC）には5名の専属スタッフがおり、個々の学生にキャリアに関するサポートとアドバイスをしている。5名のスタッフのうち、1名は留学生専任である。

　CMCがキャリア・マネジメント・プログラムを始めたのは2002年の秋である。これは1セメスター間におよぶシリーズで、授業と双方向的ワークショップから構成され、生涯にわたるキャリア・マネジメント・スキルを指導するものである。

　就職センターは、学生がキャンパス内外で有名企業や中小企業のインタビューを受けるサポートをしている。授業のスケジュールや休暇の期間は、リクルートのサイクルに合わせて組まれている。

　2002～2003年にジョンソン経営大学院を訪問した企業（一部）は次のとおり。

アジレント（Agilent）

エクソンモービル（Exxon Mobil Corporation）

モルガン・スタンレー（Morgan Stanley）

エアープロダクツ・アンド・ケミカルズ（Air Products & Chemicals）

フリートボストン・ファイナンシャル（Fleet Boston Financial）

ファイザー製薬（Pfizer, Inc.）

アメリカン・エキスプレス（American Express）

フォード自動車（Ford Motor Company）

PRTM（ピッティリオ・ラビン・トッド＆マクグラス）

アナログ・デバイセズ（Analog Devices）

生活環境

　コーネル大学はニューヨーク州のイサカにある。同地は州の中心に位置し、ニューヨーク市から車で4時間の距離にある。米国で最も生活しやすい小都市の1つであり、美しい環境に包まれた、活気あふれるコミュニティである。美しい湖や川、そして森といった自然とアイビー・リーグの洗練が一体となっている。イサカは米国で「最も進んだ」街とも呼ばれており、真の意味での連帯感のある知的雰囲気を醸し出している。

　フィンガー・レイク地方の中で最大のカユガ湖も近くにあり、豊かな水に恵まれたイサカは、周辺地域と比べて夏は涼しく、冬は暖かい。勉強から離れるひとときを求めるのなら、冬以外の季節ではカユガ湖でボートや釣りを楽しむことができる。イサカからわずかな距離に、大きな滝がいくつかあるが、その中でも最大のタガノック滝はナイアガラの滝よりも大きく、米国東部で最大である。

‥‥日本人在校生および卒業生のコメント‥‥

「どういうスーツを着てジョンソンを卒業したいですか？」大抵のMBAコースにはそれぞれの特色があり、学生はその学校のイメージを着て卒業していくように見えます。しかしながらジョンソンには学校から与えられる特定のスーツはありません。生徒のキャリアは驚くほど多様ですし、特定の分野に卒業生が偏っていることもありません。

　カリキュラムにおいて小規模校であることと多様性を維持する方法としてジョンソンが採用しているのがイマージョンです。イマージョンは自分のキャリアに応じてプログラムをイージー・オーダーすると同時に、生徒個人が実際のビジネスの現場での作業をこなせる能力を育成するプログラムです。非常に大変なプログラムですが、サマー・インターン後には生徒全員がその有効性を語るようになります。近年、ジョンソンはイマージョンの改善に多大な労力を費やしており、メリルリンチのマネージング・ディレクターであったAlan Biloski氏をインベストメント・バンクのイマージョン担当教授として採用したのをはじめ、多くの実務家を担当教授として採用することにより、より実践研修の意味合いを強くしています。

「コーネルに行くと寿命が延びる」と言われます。ジョンソンのあるコーネル大学には全米一美しいと言われるキャンパス、森や滝、ゴルフ・コースまであり、自然環境は抜群です。しかしながらこういった環境だけが寿命を延ばすのではなく、抜群の環境の中で自分自身を見つめ、自分が学んだことを自分で仕立て、その後、自分のキャリア歩んでいくことが「寿命が延びる」ことの本当の意味だと思います。ホテル・スクールをはじめ、世界的に有名な他大学の講義を卒業単位の四分の一まで認めているのも、自分の学びたいことを自分で

仕立てることができるようにするためです。ジョンソンを卒業したときに着る新しいスーツがどうなるのか今から楽しみです。 (Class of 2004　男性　コンサルティング　私費)

＊　　　＊　　　＊

私がジョンソン・スクールを選択した一番大きな理由として、スモール・スクールでありながら柔軟なカリキュラムに魅力があったことが挙げられます。

特定の分野にFocusして体系的に学びたいと考えている学生には、イマージョンが用意されています。イマージョンでは、自分と同様の問題意識をもった人間と授業やグループ・ワークなどを通して1セメスター中、朝から晩まで付き合うことになります。一方、自分の興味をDiversifyしたいという学生には、ジョンソンの授業だけでなくコーネルの他学部からも選択することができます。私は、自分の将来のキャリア・ゴールが途上国でのビジネス展開だということから、Applied Economics and Management学部の授業を履修しています。2年目の冬休みには同学部が運営しているアフリカでの起業コンサルプロジェクトに参加する予定です。

未経験ながらもラグビー部に入ってしまったのですが、これが思いのほか楽しく、また学ぶことも多く、どっぷりと体育会系MBAの生活につかっています。秋と春学期にそれぞれ3回ぐらい宿泊を要する遠征試合があるのですが、遠征をこなすごとにチーム・メイトとの絆が強くなっていくのを感じることができます。また、自分の視野やネットワークを広げるという意味では、学内にあるさまざまなクラブに参加することにより実現できます。Industrial Labor and Relationsの院生とMBAの学生が合同で設立したSHRLOEというクラブに参加しているのですが、ここではHRや組織論などのトピックに合わせたワークショップなどの企画があり、これらのバックグラウンドがない私にとっては気軽に学ぶことができ、そしてMBA以外の学生とも知り合える有意義な機会となりました。

教授から授業中に、ここは実社会と違ってRisk Free Environmentなんだから、いろいろとチャレンジしてみなさいと言われるのですが、まさにその通りだと思います。自分が能動的に取り組むことによって無限に成長する機会を提供してくれる学校だなあと2年目になって感じています。 (Class of 2004　男性　通信)

＊　　　＊　　　＊

コーネル大学は、全米でも他大学に先駆けて、「higher learning for all people regardless of sex or color」というミッションを掲げ、女性やマイノリティ教育の向上に貢献してきた大学です。

だからというわけではないかもしれませんが、女性、マイノリティ教育向上の精神はJohnsonにも強く受け継がれており、Office for Women and Minorities in Businessを通してビジネスで活躍する女性、マイノリティを育て、社会における女性やマイノリティの向上に貢献する活動が積極的に行なわれています。具体的には、ビジネスやその他の分野で活躍する女性やマイノリティの方を招いてのディスカッションや、ランチなどが頻繁に企画され、女性、マイノリティが社会で活躍するための準備を強力にサポートしてくれています。

また、多くの女子学生は、Women's Management Councilに所属しており、そこでもビジネスにおける女性の立場や、女性特有の問題に関するディスカッションが行なわれたり、卒業生など、社会で活躍する女性を招いての企画も数多く行なわれています。

卒業された日本人女性の方々もそれぞれの分野で、男性に勝るとも劣らず(!)ご活躍されています。学校全体では約3割は女性ですし、アジア系の女性も数多く在籍しています。また、学校側も「ぜひ優秀な女性にアプライして欲しい」と言っています。

コーネルは、女性が学ぶ機会、活躍する機会の多い学校です。Diversificationと言う意味でも、コーネル精神と言う点からも、ぜひ女性の皆さんに(もちろん男性の方にも)積極的にアプライしていただければと思います。 (Class of 2003　女性　金融業)

ミシガン大学
ミシガン・ビジネススクール
(Michigan Business School, Uniersity of Michigan)

http://www.bus.umich.edu

設立年／1924年

基本情報

◆学生に関するデータ

卒業生数__2万2,397名

フルタイム在学生数__867名

日本人学生数

2004年卒業クラス__9名

2005年卒業クラス__8名

留学生の割合__27%

アジア人学生の割合__12%

平均年齢__28歳

入学時の平均実務年数__5年

◆履修期間と授業料

履修期間__20ヶ月

授業料__年間3万6,688ドル

◆主なランキング

『ビジネスウィーク』2002年8位

『USニューズ&ワールドレポート』2004年13位

『フィナンシャル・タイムズ』2002年23位

◆テスト・スコアと合格率

GMAT要求スコア__n.a.

合格者平均GMATスコア__692

合格者GMATスコア分布(80%)__640~740

TOEFL要求スコア__PBT:600

合格者平均TOEFLスコア__PBT:645

合格者平均GPA__3.33

出願者の合格率__19%

合格者の入学率__66%

✉ 問い合わせ先

●出願に関する問い合わせ

担当者名　Kris Nebel　eメールアドレス　umbsmba@umich.edu

●奨学金に関する問い合わせ

URL　http://www.bus.umich.edu/prostudents/mba/finaid/index.html

●卒業生ネットワーク

URL　http://www.bus.umich.edu/alumni/index.html

出願締切り　**11月初旬**[*1]、**1月上旬**[*1]、**3月初旬**　*1　留学生に望ましい締切り日

就職関連情報

◆サマー・インターンシップの主な採用企業

イーライリリーアンドカンパニー

フォード自動車

J.P.モルガン・チェース

ブーズ・アレン・アンド・ハミルトン

リーマン・ブラザーズ

◆卒業生の主な採用先

デロイト・コンサルティング

ATカーニー

ジョンソン・エンド・ジョンソン

シーベル・システムズ

イーライリリーアンドカンパニー

◆卒業生の就職率と平均年収

卒業後3ヶ月時点の就職率

2001年＿89％

2002年＿71％

卒業後の平均年収（年俸＋契約金）

2001年＿11万5,000ドル

2002年＿10万3,000ドル

✉ 問い合わせ先

●就職関連の問合せ先（**Office of Career Development**）
担当者名　Al Cotorone　eメールアドレス　ocd@umich.edu
URL　http://www.bus.umich.edu/companies/index.html
●卒業生のための就職支援
URL　http://mtrack.bus.umich.edu/Alumni/AlumniCareer.asp?
AlumniCareerServices

school information

University of Michigan Business School
701 Tappan Street
Ann Arbor, MI 48109-1234 U.S.A.

学習環境

　ミシガン大学ビジネススクールのことを、「チームワーク」や「緊密なコミュニティ」を謳っているMBAプログラムの1つに過ぎないなどと考えるようではいけない。日本人卒業生に言わせれば、同校はゼネラル・マネジメントにおいては他校を凌駕するプログラムであり、さらにファイナンス、マーケティング、アントレプレナーシップ、製造などの分野に優れたプログラムを提供してくれるプログラムなのだ。

　カリキュラムの柔軟さのおかげで、世界でもトップ・クラスの法科大学院で学ぶこともできれば、タウバー研究所(Tauber Institute)で製造業について学ぶこともできる。

　同プログラムは以前からアジアに関心をもち、この地域に造詣の深い教授を擁している。ミシガン大学ビジネススクールはワールド・クラスの大学の中にあって、多分野に秀でた中心的存在である。

　指導方法は変化に富み、講義、ケース・スタディ、プロジェクト・ワークを組み合わせて行なわれている。同校では、実践的・機能横断的応用とともに、指導分野の理論と詳細な知識に力点を置く教授が多い。

　同校のプログラムにおいて、チームワークは大前提である。レポート、プレゼンテーション、ケース・スタディに加え、ときには試験でさえチームで行なうことがある。

　ミシガン大学でMBAを取得する経験をより豊かなものにしてくれるのがクラスの多様性だ。同校には人種、国籍、専門分野が異なる学生が多く集まることから、教室内外でさまざまな物の見方に触れることは学生にとって意義深いものとなる。同校の画期的社内学習モデルは、MBA学生にとっても中心的な方法となっている。この方法をもとに、ミシガン大学ビジネススクールは高水準の能力とリーダーシップを身につけた卒業生を輩出しているのである。

　ミシガン大学のキャンパスは世界でも有数の、テクノロジー集積型キャンパスである。コンピュータ・ラボには150台を超える最先端のパーソナル・コンピュータが設置されており、マッキントッシュのコンピュータは15台、カラー・プリンター、スキャナー、そして130近いアプリケーション・ソフトがある。主な教室にはすべてコンピュータが備え付けられている。同じく備え付けのプロジェクターは、コンピュータやビデオの映像を映すだけでなく、キャンパスの衛星ネットワークと直接リンクしている。加えて、大学全体を結ぶワイヤレス・ネットワークのおかげで、学生は図書館の豊富な情報にラップトップ・コンピュータからアクセスすることができる。

教授陣

　ミシガン大学ビジネススクールは、ビジネス分野における一流の研究機関である。したがって、同校の教授が専門分野におけるエキスパートとしてトップであるのもうなずける。世界中の企業を相手にしたコンサルティングや、エグゼクティブ・プログラムでの指導を通じて、ビジネスの最先端を追い続けているのだ。同校のエグゼクティブ・プログラムは世界最大規模を誇っている。

　教授陣の専門性は幅広く、奥の深いものである。同校の10分野には総勢130名の指導教官がいる。1人ひとりの教授の指導と教授間の協力を通して、理論的、実務的な教育がダイナミックに展開されている。

人気教授陣

　人気教授の専門分野と科目名は次のとおり。

教授	専門分野	科目／研究分野
キース・クロッカー (Keith Crocker)	リスク・マネジメントと保険(Risk Management and Insurance)	オペレーション上のリスク・マネジメント(Operational Risk Management)
アニール・カルナーニ (Aneel Karnani)	企業戦略(Corporate Strategy)、国際ビジネス(International Business)	グローバル戦略マネジメント(Global Strategic Management)
トム・キニア (Tom Kinnear)	マーケティング(Marketing)	アントレプレナーシップ研究(Entrepreneurial Studies)
アンジェン・タコール (Anjen Thakor)	銀行業務(Banking)、ファイナンス(Finance)、企業財務(Corporate Finance)、金融仲介(Financial Intermediation)、非対象的情報の経済学(Economics of Asymmetric Information)	

カリキュラム

　ミシガン大学ビジネススクールのカリキュラムが、革新性の点で最高峰に数えられるのは当然といえる。同校のプログラムでは最初からリーダーシップ・スキルの養成が行なわれ、チームによるフィールド・プロジェクトも1年目のカリキュラムに組み込まれている。米国内外のフィールド・プロジェクトに関心があるのなら、クラスメイトと指導教授とともに「分野横断的実地プロジェクト」（MAP：Multidisciplinary Action Project）や、MAPのインターナショナル版であるIMAPに参加すべきである。

　アントレプレナーシップの何たるかを知りたいならば、Samuel Zell and Robert Lurie Institute for Entrepreneurial Studiesの「EMAP」フィールド・プロジェクトに参加して、ニュー・ベンチャーの創設を学ぶとよいだろう。300万ドルのWolverine Venture Fundの運営に携わるとか、スタートアップ企業でインターンシップをするのもよいだろう。同校にはアントレプレナーシップ関連の18科目、例えばベンチャー・キャピタル、転換期経済におけるプライベート・イクイティ・ファイナンス（Private Equity Finance in a Transitional Economy）などが用意されている。また、家業を継ぐ予定の日本人学生は、自主研究を「ファミリー・ビジネスをリードする」というテーマで行なってはどうだろう。

　プログラムは1年目のコア科目を中心に構成されている。コア科目ではビジネスにおけるあらゆる機能分野がカバーされており、学生がさまざまなコンセプトを実務に応用する能力が養われる。2年目の必修はコーポレート・ストラテジーのみである。

　フルタイムMBAプログラムを修了するには60単位が必要とされる。そのうち、少なくとも28.5単位は選択科目の中から取得することになる。学生は1つの分野に集中して学ぶこともできれば、より幅の広いゼネラル・マネジメントのカリキュラムを選択することもできる。正式な専攻というものは存在しない。

1年目

1年目のカリキュラムは次のとおり。

秋ターム
財務会計（Financial Accounting）（14週間） 実践的ミクロ経済学（Applied Microeconomics）（14週間） マーケティング（Marketing）（14週間） 企業戦略I（Corporate Strategy I）（7週間） 企業財務の諸原則（Principles of Corporate Finance）（7週間） 財務管理（Financial Management）（7週間） 世界経済（World Economy）（7週間）
冬ターム
応用ビジネス統計学（Applied Business Statistics）（7週間） 管理会計（Managerial Accounting）（7週間） 組織と組織行動（Human Behavior and Organization）（7週間） オペレーションズ・マネジメント（Operations Management）（7週間） 経営学選択科目（Business Elective）（7週間） 分野横断的実地プロジェクト（MAP：Multi-Disciplinary Action Project）：7.5単元の実地研修プロジェクト。 学生はチームを形成して、各チームは複数の機能分野にまたがるビジネス課題を分析し、改善案を提示する。 プロジェクトはプログラム1年目の最後の7週間に、全米各地にある受入先企業で実施される

2年目

2年目のカリキュラムは次のとおり。

選択必修科目
「倫理」（Ethics）もしくは「ビジネス関連法」（Business Law）
経営者としての文書作成（Managerial Writing）
学生は以下の3通りのいずれかで英作文能力に関する履修要件を満たさなければならない 　1. オンラインの論述能力審査で合格点を取得すること 　2. コミュニケーションの授業（各7週間）を2回履修すること 　3. LHC 522「経営者向け文書作成基礎」（Managerial Writing Fundamentals）を受講し、最終試験で合格点を取得すること
ミシガン大学アナーバー校の、経営大学院以外の研究科で開講している選択科目の履修
学生は知識の幅を広げるため、経営大学院以外の研究科で開校している選択科目の中から最大10単位を履修することができる

出願戦略上のアドバイス

　ミシガン大学ビジネススクールへの出願に際しては、なぜミシガンなのかを明確に
説明し、他の出願者と差別化を図ろう。それがうまくできなければ、不合格となる可
能性大が高い。他校用に準備したとわかるエッセーを使った「コピー・アンド・ペース
ト」などは絶対避けるべきである。

就職支援

　卒業生の主な就職先（職務）は次のとおり（2003年卒業クラス）。

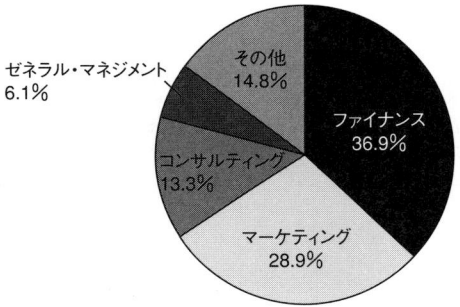

分野別卒業生の就職先

　キャンパスにおける企業のリクルート活動が最も盛んなビジネススクールの1つが、
ミシガン大学ビジネススクールだ。リクルート・シーズンには毎年、300社以上が同校
を訪れ、サマー・インターンシップや社員として採用する学生を探し求める。また、
同校のレジュメ・ブックを購入して学生のターゲットを絞ったり、M-Trackという同
校のオンラインでのジョブ・マッチング・ネットワーキング・サービスに求人票を送
付したりする。また同校が実施するウォール・ストリート・ウエスト・コースト・リク
ルート・フォーラムに参加する。
　Office of Career Development（OCD）は、国内でトップ3に入るとの評価を採用担

当者と学生の双方から得ている。OCDのスタッフはすべての学生に対して非常に活発な活動を行ない、キャリアの決定や「最適な」企業を見きわめる手助けをしてくれる。さらにスタッフは学生1人ひとりとともにレジュメやインタビューのスキル向上に取り組む。

OCDは数百社のオンキャンパス、およびオフキャンパス・リクルーティングを扱っており、その中で企業説明会の円滑な実施、毎年何千というオンキャンパス・インタビューの設定、企業とその企業に関心のある学生の橋渡しなどを行なっている。

毎年秋になるとOCDは、提供するサービスや就職先選定プロセス全般についての集中的、かつ包括的オリエンテーションを実施する。Career Trekと呼ばれるこのオリエンテーションは、キャリアの決定と、間近に迫るインターンシップや採用目当てのリクルーターの来校に対する備えとなる。Career Trekで行なわれるセミナーには、適職決定のための自己査定、エグゼクティブによる業界セミナー、レジュメ・ライティングとインタビュー・スキル指導などが盛り込まれている。

同校のオンラインによるマッチングとネットワーキング・サービスがM-Trackだ。M-Trackは最新式のオンライン・キャリア・データベースとネットワーキング・システムで、同校の学生が就職先を探す際の基礎となっている。M-Trackはインターネットを基盤としており、ビジネススクール内外からアクセスできる。学内でリクルートを行なう多くの企業に関しては、それら企業主催のイベントやインタビューのスケジュール情報なども掲載している。学生はオンキャンパス・インタビューの申し込みもそこでできる。

300社を超える採用企業の中から、代表的な会社を掲載しておこう。

デロイト・コンサルティング（Deloitte Consulting）

マッキンゼー・アンド・カンパニー（McKinsey & Company）

バンク・オブ・アメリカ・セキュリティーズ（Banc of America Securities）

ATカーニー（A.T. Kearney）

シティグループ／ソロモン・スミス・バーニー（Citigroup Salomon Smith Barney）

J.P.モルガン・チェース（J.P. Morgan Chase）

ジョンソン・エンド・ジョンソン（Johnson & Johnson）

ゴールドマン・サックス（Goldman Sachs）

リーマン・ブラザーズ（Lehman Brothers）

シーベル・システムズ（Siebel Systems）

生活環境

　寒さが厳しいアナーバーではあるが、あらゆる文化を「輸入」した、すばらしい大学町の魅力に賞賛の声があがっている。

　本書の執筆時には、同校の美術館ではロダンの展覧会が開催されていた。人気歌手がツアーの訪問先の1つとしてミシガン大学を入れるのはよくあることである。

　小さな町であるが、キャンパスの外でも、アナーバーの街には留学生の興味を満たすさまざまなイベントがある。ビッグ10カンファレンス・スポーツや米国内外の有名アーティストによるポップ、ロック、ブルースやジャズなどのコンサートがそれだ。「アナーバーにないものがあるって？そんな物はほかからもってくればよいのさ」とは、ミシガン大学ビジネススクールのある入学審査事務局スタッフの言葉である。アナーバーはデトロイトから車で30分の距離にある。しかし、キャンパスにはさまざまな「楽しいハプニング」があるのだから、空港に行く以外は、デトロイトに行こうと思うことはあまりないだろう。

　ミシガン大学を訪れる機会があるならば、滞在先にはキャンパス近くの、伝統あるベルタワー・ホテルがいいだろう。エスコフィエ・ホテルのレストランには、特上のワインもある。折り紙つきの場所だ。隣のテーブルでは、ビジネススクールの教授が旧ソビエト連邦や中国からの訪問客と食事をしているかもしれない。

ミシガンでは他のトップ10校同様にチャレンジングなカリキュラムが用意されていますが、協調性とチームワークを重んじている点が特徴的です。入学後最初の1週間はLeadership Development Programにてチームを組み、プロジェクト、ディスカッション、社会貢献活動などを通じチームワークとリーダーシップがいかにビジネスに重要であるかを学びます。LDPに続く実際の授業においてもチームワークが求められ、私も1年生として履修しているすべての科目において何らかのかたちでグループ・ワークを行なっています。たとえばCorporate Strategyでは週2回ケースを行ないますが、毎回6名のさまざまな国籍／経験をもつチームメイトとの侃々諤々のディスカッションを通じ、多様な切り口からケースを分析し授業に備えることができます。

著名な教授（Corporate StrategyのC.K. Prahaladなど）が揃っているミシガンでは、どの授業も豊富で最新の実例をもとにケースやディスカッションが進められます。驚くは、ミシガンのブランド力によりフルタイムの教授陣に加え、実社会にて活躍している（してきた）さまざまなリーダーを客員教授として呼び込むことに成功している点です。私が履修しているStrategies for Sustainable Developmentでは、BP Americaの元CEOで企業の環境戦略の分野で有名なSteve Percyが自身の経験を交えて教鞭を取っています。このような例は多くあります。

そのほかにも強みがあります。そもそも総合大学としてミシガンは全米屈指の大学であり、Law、Public Policy、Engineering、Medicalなどの各スクールとも一流で、Business Schoolはこれらのスクールと共同で開設している授業があり、多面的にビジネスを捉える試みが常になされています（いわゆる「Multidisciplinary Approach」）。MAP（詳細は他稿参照）において1年かけて学んだことを実際の会社で活用する機会があるのも、実践性を重んじる校風の現われです。また、志ある者へのサポート体制がしっかりしており、家族寮や保育園を学校が複数運営しているうえに、補助金制度も充実しています。学校が在るアナーバーという街の魅力も大きく、国際学園都市として文化的、学術的な雰囲気が漂うだけでなく、極めて治安が良いことも特筆すべき点です。

ミシガンはすばらしい環境の中で、バランスの取れた実践的なカリキュラムを通じ、まさに経営者に何が必要であるかを徹底的に考え、学ぶことができます。皆様が留学までに蓄積されたご経験とスキルを存分に生かすには格好の学校です。　　　　　　　　　　　　　　　　（Class of 2005　男性　総合商社　私費）

*　　　*　　　*

■MBAの授業

最初の1年は本当に苦労しました。とにかく読む量が膨大で予習をこなすだけで精一杯でした。授業でも積極的に発言が求められますが、1年目は情けないくらい発言できず、辛い思いをしました。ミシガンは1年目からグループでの学習が中心で、予習も宿題もほとんどがグループでの討議が中心です。グループでの発言も求められ、日々必死でした。成績は授業中のグループの貢献度の比重が重いため、グループ・メンバーに1人でも貢献できない人がいると、他のメンバーからキックアウトされてしまうことがあります。それをされないためにも、予習は必須でした。(日本の大学と違い、学校の名前よりも学校での成績が就職に大きく影響するようです)僕は、幸いメンバーに恵まれていたことと、前職（外資系財務）でのファイナンスの知識があったこと、数値分析能力がほかの人よりもあったため、結構重宝がられました。

1年目の最後の2ヶ月は4、5名のグループになり、実際の企業に派遣され、そこでいろいろと課題に取り組むこととなります。予習や宿題がない分、気楽ではありましたが、月曜から金曜まで朝9時から18時まで、実際の会社の社員の一員となり働く緊張感がありました。2ヶ月間、グループで過ごすので、メンバーとはかなり仲良くなります。卒業後の今でも一番の親友は、そのときの仲間たちです。

企業派遣の最後には、教授陣と会社役員の前で、課題の取り組みの成果を発表することとなります。いかに欧米社会でプレゼンテーションが重要かということを実感できました。どのように話すか、目配せはいか

にすべきか、容姿はどうすべきかなど細かな部分にも気を使い、聞き手に好印象を与える必要があります。

　2年目は、自分で授業が選択できるため、そして学校の雰囲気にも慣れたおかげで、比較的楽しく過ごせました。2年目は、多くの生徒は就職活動に忙しくなります（一部の人は、ゴルフに忙しくなっていましたが）。ミシガンはビジネススクール以外の授業も単位として認められていたため、僕は週の3分の1を統計学部での授業で過ごしておりました。金融工学や法律（ロー・スクール）などと兼務する人もいるようでした。もちろんビジネススクールの授業料以外は掛かりません。僕は、私費留学だったのですが、勉強を最優先と考えていたため就職活動を全く行ないませんでした。卒業直前までPhDの取得を教授と相談していたためでもあります（結局、費用の問題がありいったん日本に帰国して就職するという選択肢を選択しましたが）。

　日常生活に関してはよく言われることですが、日本人は日本人どうしで固まってしまいます（実際には、日本人以外の人たちも皆、同じ国や地域の人たちで集まっていたように思いますが）。日本人というよりアジア人で固まることがよくあるようです。確かに、アジア人同士だと考え方も似ており、集まると大変楽です。しかし、私はなるべくいろんな国の人とグループを組んで固まらないように心がけました。おかげで　私の友人は、トルコ人、アメリカ人、チェコ人、イギリス人、ジャマイカ人などバラエティーに富んだ人たちが多いです。会社の出張でアメリカへ行くときは、全米各地に広がる友人にその土地土地の穴場のレストランや観光地に連れていってもらえたりして、結構便利です。

■就職活動

　インターンシップは、古巣の外資系企業の本社で4ヶ月間働きましたので、実際には就職活動はしておりません。その会社では、各国に広がるブランチのファイナンスを管理するポジションを経験させてもらいました。また、子会社がNASDAQにIPOをするプロジェクトにも参加させてもらい、大変よい経験となりました。MBA入学前には3年間在籍していた会社ではありましたが、周りがさまざまな国の人たちで、日本人は1人もいないため、甘えが一切許されない緊張した環境でした。

　PhDへの進学を真剣に考えていたため、在学中は一切就職活動をしませんでした。また、就職するのであれば、MBAで学んだことが即戦力として活かせそうなベンチャーへの就職と決めていたため、就職活動は卒業後に帰国してから始めました。以前の職場の知り合いのつてで、今はとあるベンチャーの財務マネージャをしております。つい先日、ベンチャー・キャピタルや事業会社から総額270百万円の増資を成功させることができました。MBAでの学習が、実務での即戦力になるかというと私は「NO」だと思っていますが、そこでの知識や経験はいろいろな場面で役に立っていると思っております。MBAでの学習がなければ、百戦錬磨のベンチャー・キャピタリストとの交渉も不調に終わっていたことと思います。増資が成功に終わった次の目標は、2年後のジャスダックへのIPOです。ここでもこれまでの経験とMBAで学んだことをフルに活用し、さらなるチャレンジをしていくつもりです。

　MBA卒業後の進路としては、インベストメント・バンクやコンサルティングが通常です。コンペンセーションもそれなりにもらえるようです。ベンチャーの場合のコンペンセーションは、それらの就職口の半分以下だと思いますが、やりがいはあります。1人でやるべき仕事量や責任範囲も比べ物にならないくらいです。せっかくMBAでマネジメント学を学んできているのですから、ぜひマネジメント的ポジションを経験できる環境で試行錯誤しながら自分をブラッシュ・アップしてほしいと思います。　　　　　　（Class of 2001　男性　教育）

＊　　　　＊　　　　＊

　ミシガン大学Global MBAプログラム（GMBA[*1]）に参加することで、私の知的探求の旅は始まりました。このプログラムは、主にアジアからの社費留学生（Manager Level）を対象にし、16ヶ月という短期間（夏休み返上）で2年コースMBAと同単位数をそろえ、MBA学位を取得するものです。大きな特徴としては、日本、韓国にて7週間ずつ、残りをミシガン大学にて授業を受けるという3カ国対応プログラムです。今年は、日本、韓国、台湾、シンガポール、ブラジル、アメリカより38名の学生が参加しております。

MBA留学するにあたり、私が重要視したことは、「人脈構築」と「教授陣の質」の2点です。

第一の「人脈構築」という点では、まずGMBAの仲間との出会いです。彼らとは、合計14週間(日本、韓国にて)、寝食をともにし、生活面、勉学面でお互いに協力して生活するので、親密な交流を果たすことになります。そして、その友情をもってミシガン大学にてさらに1年間時を同じくするのです。次に2年コースMBAの仲間との出会いです。コア・コース終了後は、通常のミシガン大学MBA2年生に混じり、自分の関心に合わせて授業を履修します。ここで新たなネットワーク構築が可能なのです。私見になりますが、「人脈構築」とは、異なるコミュニティに参加し、さまざまな考え方に出会い、そのネットワークを広げることではないかと考えています。その意味では、GMBAプログラムでは、GMBAと2年コースMBAの2つのコミュニティに参加し、人的ネットワーク構築に最大限の成果をもたらすことになります。

第二の「教授陣の質」という点では、欲張りな私は、常に最高の教授陣を求めることにこだわり続けています。その意味でGMBAは大変に恵まれています。たとえ、Corporate StrategyのKarnani教授は常に学生の評価の高い教授ですが、彼は2年コースMBAのコア・コースではクラスをもっていませんが、GMBAでは受けもちます。彼に限らず、学生から高く評価される教授は、一般的に企業のコンサルタントとして活躍していることが多く(だからこそ授業でもビジネスの本質を伝えることができるのですが)、非常に多忙を極めております。そのため、短期間で行なわれるGMBAのクラスは教授にとってもまた好都合なのだと思います。そのほかにも、学生評価の高い教授、各DepartmentのトップなどがGMBAのクラスを受けもちます。

GMBAの苦しい部分としては、短期集中プログラムなのでコア・コースが本当にIntensiveになります。通常7週間で行なわれる授業が5日間で終了するので、授業内容を自分のものとする前に、授業が終わってしまうということもあります。しかし発想の転換をすると、時間管理と効率性を高めることに毎日挑戦していることになりますので、自分の許容範囲を常に更新していく喜びに出会うことになります。

現在までのところ、私の知的探求の旅は、苦難はあるものの順調に続いておりますが、これに満足することなくさらなる探求をしていきたいと考えています。　　　(Class of 2004　GMBA　男性　証券　社費)

*1　ミシガン・グローバルMBA(GMBA)プログラムは、16.5ヶ月で修了することができるが、通常のMBAと同じ授業内容を提供している。GMBAはその出願基準において通常のMBAと同じであるとされているものの、企業派遣の学生が中心で、競争率は通常のMBAほど高くない(筆者注)

カリフォルニア大学ロサンゼルス校
ジョン・E・アンダーソン経営大学院
(John E. Anderson School of Management, University of California at Los Angeles)

http://www.anderson.ucla.edu

設立年／1935年

基本情報

◆学生に関するデータ
卒業生数__3万1,515名
フルタイム在学生数__670名
日本人学生数
　2004年卒業クラス__5名
　2005年卒業クラス__7名
留学生の割合__28%
アジア人学生の割合__8%
平均年齢__28歳
入学時の平均実務年数__4.8年

◆履修期間と授業料
履修期間__21ヶ月
授業料__年間2万8,365ドル

◆主なランキング
『ビジネスウィーク』2002年16位
『USニューズ&ワールドレポート』2004年14位
『フィナンシャル・タイムズ』2004年21位

◆テスト・スコアと合格率
GMAT要求スコア__n.a.
合格者平均GMATスコア__700
合格者GMATスコア分布(80%)__650〜750
TOEFL要求スコア__n.a.
合格者平均TOEFLスコア__PBT：650
合格者平均GPA__3.7
出願者の合格率__15%
合格者の入学率__49%

✉ 問い合わせ先

●出願に関する問い合わせ
担当者名　Linda Baldwin
eメールアドレス　mba.admissions@anderson.ucla.edu
●奨学金に関する問い合わせ
URL　http://www.anderson.ucla.edu/programs/mba/faid/
●卒業生ネットワーク
URL　http://www.anderson.ucla.edu/alumni/

出願締切り
11月初旬、12月下旬*1、1月下旬、4月中旬
*1　留学生に望ましい最終締切り

就職関連情報

◆サマー・インターンシップの主な採用企業

デロイト・コンサルティング
リーマン・ブラザーズ
ウォルト・ディズニー・カンパニー
ドイツ銀行
メリル・リンチ

◆卒業生の主な採用先

デロイト・コンサルティング
モルガン・スタンレー
リーマン・ブラザーズ
マッキンゼー・アンド・カンパニー
メリル・リンチ

◆卒業生の就職率と平均年収

卒業後3ヶ月時点の就職率
2001年__85.9%
2002年__72.1%

卒業後の平均年収(年俸＋契約金)
2001年__約11万ドル
2002年__約10万5,000ドル

C9

海外のフルタイムMBAプログラム

✉ 問い合わせ先

●就職関連の問合せ先(**MBA Career Management Center**)
担当者名　Mary Albright-Smith
eメールアドレス　mary.albright-smith@anderson.ucla.edu
URL　http://www.anderson.ucla.edu/programs/mba/contacts.html
●卒業生のための就職支援
URL　http://www.anderson.ucla.edu/alumni/career.html

school information

The Anderson School Admissions Office
110 Westwood Plaza, suite B 201
Los Angeles, CA
90095-1481 U.S.A.

学習環境

　1935年に設立された、UCLAのアンダーソン経営大学院では670名のフルタイムMBA生が経営学を学んでいる。アンダーソンとUCLAの多くの大学院プログラムや学部は、世界でも常にトップ・クラスとの呼び声が高い。同校は、21世紀のゼネラル・マネジメントに備えたカリキュラムの多様性と革新性においては他のMBAプログラムを圧倒し、いくつかの重要な功績を残している。中でも6ヶ月におよぶコンサルティング・プロジェクトという、チーム作業を中心とした現場研修による経営学教育は、35年以上も実践されてきた。したがって、同校に受け入れられる日本人学生は、優れた学力だけではなく、チーム精神を大切にする校風に順応し、同校のコミュニティに貢献することのできる、バランスの良い人格のもち主が多い。同校は50ヵ国以上から学生が集まる、世界有数の国際的なプログラムでもある。

　さらに、アンダーソン経営大学院は、最新テクノロジーを完備した学校設備を誇っており、この点でも他校に抜きん出ている。ネットワーク環境が完備されており、学生と教員はごく自然にコンピュータ上で意思疎通しながら、バーチャル・コミュニティを形成している。校舎の中では3,000以上のネットワーク・ポートが教室内の全席と自習室、および図書館の閲覧室をつないでいる。

　アンダーソンの学生は、教室の外でも八面六臂の活躍をしており、そのほかのトップ・スクールと比べても群を抜いて活動的である。同校では、学年を通して企業レセプションや数々のクラブが主催する講演会が催されているし、校内のスポーツ競技やコミュニティ内のボランティア活動に精を出すこともできる。同校に存在する数多くの職業別クラブや社交クラブでは、ありとあらゆる種類のキャリア関係イベントや、社交イベントに参加することもできる。最も人気のあるクラブは次のとおり。

・エンターテインメント・マネジメント協会／スポーツ・ビジネス委員会
　（Entertainment Management Association／Sports Business Committee）
・投資およびファイナンス・クラブ（Investment／Finance Club）
・マネジメント・コンサルティング（Management Consulting）
・マーケティングの会（Marketing Association）
・ハイテク・ビジネスの会（High-Tech Business Association）
・オペレーションおよび技術マネジメントの会
　（Operations and Technology Management Association）

・アントレプレナーの会 (Entrepreneur Association)

教授陣

　アンダーソンの質の高い経営学教育の中心を担っているのが、各方面で高い評価を得ている国際的な教授陣である。同校の教授陣は一流の学術誌に多数の論文を執筆しており、また、革新的な研究によって数々の賞を受賞している。彼らはファイナンス、マーケティング、会計学、世界経済、政策と戦略、人材と意思決定、オペレーションと技術経営などの基本分野で最新の研究成果を活かした指導を行なっており、学生は研究の成果を存分に享受することができる。その一例として、アントレプレナー分野では、全米で右に出るものなしとされているウィリアム・コックラム（William Cockrum）をはじめとしたすばらしい教授たちとの協力体制のもと、ライバル校の多くに先んじてアントレプレナー分野で独特の地位を築き上げることに成功した。

人気教授陣

　人気教授の専門分野と科目名は次のとおり。

教授	専門分野	科目／研究分野
ウィリアム・コックラム （William Cockrum）	アントレプレナーシップ （Entrepreneurship）	起業ファイナンス（Entrepreneurial Finance）
エイミー・ドロレット （Aimee Drolet）	マーケティング（Marketing）、 心理学（Psychology）	消費者行動（Consumer Behavior）、 合理的宣伝の効果vs情緒的宣伝の効果 （Effectiveness of Rational vs. Emotional Advertising Appeals）
セバスチャン・エドワーズ （Sebastian Edwards）	ビジネス経済学 （Business Economics）	国際貿易と経済発展 （International Trade and Economic Development）、 国際ファイナンス市場 （International Financial Markets）
マービン・B・リーバーマン （Marvin B. Lieberman）	競争的戦略 （Competitive Strategy）	日米間の製造生産性の比較 （Japan-U.S. Manufacturing Productivity Comparisons）

カリキュラム

　UCLAの充実したプログラムを通して、すべての学生は卒業時までにマネジメントの主要分野すべてにおいて、リーダーにふさわしいレベルの知識を身につけることができる。国内でも最も評価が高く、最も合格の困難なプログラムの1つであるアンダーソンのフルタイムMBAは、国際的視点、起業家精神、そしてチームワークを特に重視している。試験を受け、要求点をクリアすればコア科目の免除も可能だが、免除分の単位に相当する選択科目を受講することが条件となっている。

1年目

　1年目のカリキュラムは次のとおり。

プレターム科目群(Pre-Term Courses)
経営基礎科目(Management Foundations)
秋学期
データ分析、統計学、および意思決定(Data Analysis, Statistics, and Decision Making) 財務会計(Financial Accounting) 経営経済学(Managerial Economics) マーケティングの諸要素(Elements of Marketing)
冬学期
経営財務(Managerial Finance) 組織における人的資源マネジメント(Managing Human Resources in Organizations) オペレーションズおよび技術マネジメント(Operations and Technology Management) 事業戦略(Business Strategy)
春学期
選択科目(4)

2年目

2年目のカリキュラムは次のとおり。

秋学期
応用マネジメント研究プロジェクト （Applied Management Research Project） 選択科目（3） 2学期間の履修となる「応用マネジメント研究プロジェクト」は、継続した秋～冬学期もしくは冬～春学期に履修することができる。

冬学期
応用マネジメント研究プロジェクト （Applied Management Research Project） 選択科目（3）

春学期
選択科目（4）

出願戦略上のアドバイス

もし、UCLAに出願してウェイト・リスト扱いになってしまったとしても、諦めない方がよい。2001年に補欠扱いになった受験者のおよそ10パーセントは合格を勝ち取っているからだ。また、同年の全受験者中7パーセントは再出願者だったが、その26パーセントが合格している（全出願者の合格率はこの割合を遥かに下回っていた）。もしUCLAがあなたの「ドリーム・スクール」で、1度目の受験に失敗し、そのほかのプログラムに進学する予定もないのなら、条件を十分に整えたうえで、再受験するべきである。

アンダーソンでは優れた対人スキル、コミュニケーション能力、そしてリーダーシップを兼ね備えた学生を求めている。他の一流MBAプログラムにも共通することだが、同校ではGMATスコアが並外れて高くても、人間的魅力に乏しい出願者は落とされる。同校に適しているのは、国際社会で物おじせずに活躍できる人物である。コミュニケーション能力や対人スキルに自信がある人は、こうした強みをエッセイで巧みに訴え、インタビューでも示すようにしよう。

就職支援

卒業生の主な就職先（職業）は次のとおり（2003年卒業クラス）。

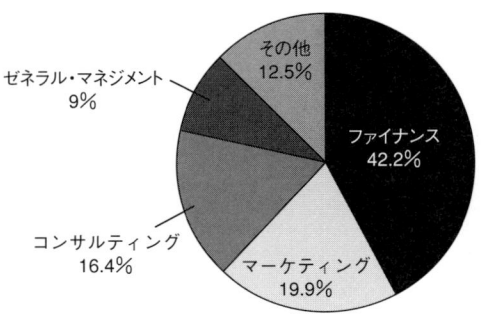

パーカー・キャリア・マネジメント・センターは、キャリア・プランニングや職探しのためのさまざまな情報源を提供するほか、ネットワーク作りや、採用情報を得るためのコネクション作りの場としても機能している。

アンダーソンの学生の52パーセントは西海岸の出身であり、卒業生の70パーセントが卒業後も西海岸にとどまる。それは西海岸の文化、ハイテク産業などの同地域独特のキャリア上の選択肢、そして温暖な気候などに魅せられてのことである。このことから、毎年の就職率は、カリフォルニア州内の経済情勢に大きく左右される。

サマー・インターンは卒業後の本採用への最も確実なルートであるが、そのインターン先を獲得するための競争は非常に厳しい。競争に勝つためには雇用市場の「穴場」を求めて、果敢にネットワーク作りを行なう必要がある。

キャンパス内の採用活動は、各クォーターに設けられる6週間の期間に合わせて展開される。2年目の学生を対象としたインタビューが始まるのは10月下旬で、それ以降は年間を通してインタビューを設定することができる。1年目の学生を対象としたインタビューは1月下旬に始まり、冬、春クォーターを通して設定が可能である。

最近アンダーソンで最も多くの採用を行なった上位10社は次のとおり。

アムゲン（Amgem）

シティバンク（Citibank）

ゴールドマン・サックス（Goldman Sachs）

マッキンゼー・アンド・カンパニー（McKinsey&Co.）

バクスター（Baxter）

デロイト・コンサルティング（Deloitte Consulting）

ガイダント（Guidant Corp.）

メリル・リンチ（Merrill Lynch）

BEAシステムズ（BEA Systems）

ドイツ銀行（Deutsche Bank）

生活環境

　文化や活動の多様性、またアジア地区との結びつきの強さでは、ロサンゼルスに勝る都市はまずないだろう。それに加え、キャンパス内に幼稚園や保育所を設けるなど、学生の家族に対しても細やかな配慮をしている。同校はロサンゼルス市内でも最高の立地、アメリカのエンターテインメント業界の真っ只中にある。エンターテインメントやメディア分野に興味をもつ学生にとっては、生きた学習の場が目の前に広がっている。出願活動の一環としてアンダーソンを訪れる予定があるのなら、何としてでもUCLAの校門からも見える、Wホテルに滞在する資金を工面しよう。辺りを散策して、家々のすばらしい庭園が互いに美しさやデザインの奇抜さを競い合っている様子に目を見張るのも一興である。

　UCLAで住居を探すのは至難の業だ。コツは学期開始の2〜4週間前、できるだけ早くから探し始めること、そして場所にこだわらないことである。まずは、キャンパスから徒歩圏の地域で「空き部屋有り（For Rent）」の看板を探し、どのような物件がどの程度提供されているのか把握しよう。不動産業者との交渉を開始したり、大学の住宅情報を頼るのは、その後にすべきだ。

　1年目には、ほとんどの学生がブレントウッド（Brentwood）、サンタ・モニカ（Santa Monica）、西LA、ウェストウッド（Westwood）などに居を構える。

　ユニバーシティ・アパートメント・サウスは、独身および既婚の大学院生専用の住宅設備である。これらはUCLAからおよそ5マイル程度の、パームズ／マービスタ地区（Palms／MarVista area）にある5つの独立したマンションから構成されている。空き部屋状況は建物によってまちまちである。家賃はすべての物件について月極で、500ドルのデポジット（敷金に相当）を払う必要がある。すべてのマンションはウェイティング状態になるので、合格が決定したら早めに申し込んだほうがよい。

UCLAのトム・ブラッドレー・インターナショナル・ホールは異文化交流の機会を豊富に提供してくれる施設で、キャンパス内で展開されるさまざまなプログラムや、サービスの拠点となっている。この施設はキャンパス内の異文化交流活動の中心として機能しており、世界各国から集まった学生、研究者、そして実務家たちの活発な知的交流を促すと同時に、個人間の友情を育むことのできる社交の場ともなっている。

国際交流オフィス（OISS：Office of International Students and Scholars）では、UCLAの留学生や外国人研究者、およびその家族に対して、入学時から学位取得の日まで、あるいは交換留学期間、研究期間、雇用期間が終了するまで、カウンセリングや法律上の助言を含むさまざまな支援を提供している。同オフィスでは移住やビザ問題、収入源および税金について、単位互換、保険、他国から送金された奨学金の発行などについての個別カウンセリングなどのさまざまなサービスを行なっている。同オフィスのスタッフは、留学生が新しい生活に適応する際に直面する数々の疑問に答え、UCLAの校風や制度をより理解するための手助けをしている。非常に親切な制度なのでぜひ活用しよう。

····日本人在校生および卒業生のコメント····

UCLAのビジネススクールであるAnderson Schoolは、アントレプレナーシップ、ファイナンス、インターナショナル・ビジネスなどで高い評価を受けており、実業家としての経験をもつ教授も多く、ダイナミックなリアル・ビジネスとアカデミックなフレームワークを結びつける授業が展開されています。授業は科目ごとに適度なバランスでレクチャーとケース・スタディが組み合わされ、ゲスト・スピーカーやフィールド・スタディなど、学生にとって最も効果的に構成されています。また、輝く太陽と青い空、赤レンガの校舎、チームワークを重んじるフレンドリーな学生たちが、2年間の学生生活に花を添えます。

その土地柄、学生はカリフォルニアをこよなく愛すLA出身者が25パーセント、LA以外のカリフォルニア出身者が25パーセント、留学生が25パーセントを占めます。そのため、シリコン・バレーなどのエンジニアや起業家のバックグラウンドをもつ学生の割合が高いことも同校の特徴です。アカデミックな面では、アントレプレナリアル・スタディで名を知られ、現在でも複数の企業、機関のディレクターを勤めるオズボーン、給料を全額アンダーソン・スクールに寄付しているファイナンスのコックラム、ガバナーのシュワルツネガーともつながりのあるリアル・エステートのサスマンなど、個性的でインターナショナルな教授陣が多様なカリキュラムを提供しています。

州立学校の特徴でもありますが、学校内外で行なわれるイベントは学生主体で進められ、資金集めから始まるさまざまな活動に多くの学生が参加します。特に、Entrepreneur Associationは学生の半数以上がメンバーであるといわれ、地元実業家や卒業生などによるスピーカー・シリーズやコンベンションなどが盛んに開催されています。

就職活動については、学校のキャリア・マネジメント・センターがサポートしていますが、日本での就職を希望する場合は、自分自身で積極的にジョブ・サーチをする必要があります。私自身は、キャリア・フォーラムやサンフランシスコ、LAで行なわれるレセプションに参加し、サマー・インターンシップ先を探しました。卒業後の就職先は、個人的なネットワークを活用しながら、日本に一時帰国して面接を受ける予定です。

最後に、受験を考えていらっしゃる方へのアドバイスですが、「人のアンダーソン」と言われる当校は、1人ひとりの個性と学校との相性を大事に見ています。ぜひキャンパスを訪問し、ご自身でアンダーソンの良さを確かめてみてください。キャンパスでお待ちしています。

（Class of 2004年　女性　エネルギー　私費）

＊　　　＊　　　＊

　1991年、米国Pennsylvania州Millersville大学を卒業し、サラリーマン生活を6年間経た後、企業派遣というかたちで再びアメリカで勉強する機会に恵まれた。Undergraduate時代は「金なし」、「語学力なし」、「知合いなし」の三重苦から始まり、卒業するまで5年を要するなど非常に苦労をしたが、最終的にはCum Laudeで卒業することができた。しかしAndersonでは、そのような経験と自信がFirst Quarterが始まるとともに脆くも崩れ去るとは想像もしていなかった。

　AndersonのオリエンテーションはTeam Buildingに重点を置き、一見軍隊風のトレーニングもあれば、小学生の体操教室のようなものもあった。個々のプログラムの説明を受けたとき、「大人がこんな恥ずかしいことできるかいな……」と思いつつ、周りの皆はいたってまじめ。プログラムをこなしていくうちに気づいたのは、表面上の行動ではなくそれを通じ周りの人達とコミュニケーションを図り、チームとしての一体感の醸成するのが目的であるということだ。このTeam Spritの考えは2年間のAndersonの生活において常に最も重要視される点であったといっても過言ではない。

　First Quarterが始まると、まず、予習量の多さと授業の進むスピードの速さに驚いた。Undergraduateで Businessを選考していたので、「なんとかなるだろう」と思っていたが大間違い。授業中のディスカッションの量と質についていくのに非常に苦労した。英語での学業から6年間離れていたとはいえ、ディスカッション内容を理解し、自分の意見をまとめ、それを理論的に説明するのは容易ではなく、過去の経験と自信は早々に失われた。

　そのような状況を切り抜けるためには、自身の最善の努力以外にキーとなったポイントはAndersonの Team Spiritである。多くの同級生が、苦しんでいるチーム・メイトに対しサポートを行ない、また、Group Workなどにおいて自ら困難なTaskに対し積極的に取り組んでいる姿に接した。「他の者を蹴落としてでも自分が」というSpiritではなく、高い視点に立って、関わるすべてのものに対し価値を提供するという姿に励まされた。

　AcademicにおけるAndersonの強みはなんといってもEntrepreneurに関する授業だ。あえてそれ以外の Academic Areaから印象に残った教授を挙げるとすれば、Economicsの教授であるDr. Edward E. Leamerである。彼の授業を通じGlobal Economicsを学ぶことにより6年間の就業から学んだことを改めてマクロの視点で振り返ることができた。また、ビジネスの世界で起きている事象を説明するためのプレゼンテーションへのこだわりも学ぶことができた。

　Andersonにおいて知り合った同級生、Faculty、Staffを通じてもっとも学んだことは、圧倒的なボリュームのAcademic Tasks、限られた時間、求められるOutputという環境下においてもSingle-mindedにならず、自分の生き方をバランスよく保ち、価値や成果を創出することであった。学生である限り学業の成果を出すことが求められるのは当然であるが、それ以外に、作業グループに対するリーダーシップやコミュニティに対するボランティア活動、自身の趣味や家族のためのプライベートな時間の確保も求められる。

　最後にこれからMBA取得を目指す方へのアドバイスとして、世の中の一部雑誌では「MBAは一種の肩書き」であると言われているが、決してそうとは思わないということを申し上げたい。自身のキャリアのステップアップのための「職業訓練校」であると同時に、自身の視野を広めたり、自身の生き方や価値観を見直す場になるに違いない。進学先を選別するときはそのような視点で学校を調べられることをおすすめする。

（Class of 1999　男性　製薬会社、経営企画部課長）

Andersonでの2年間は、夢のように楽しい時間でした。すばらしい級友、幅広い機会を与えてくれるプログラムと自由な校風、恵まれた環境の中で、今までの人生にない新しいチャレンジを毎日のようにできる日々でした。

　Andersonはチームワーク重視の学校です。ほぼすべてのクラスで異なるグループを組まされるので、いやでも友達が増えていきます。文化的な背景やキャリアが異なる多様な仲間とグループを作って、喧々諤々やるわけですが、おしなべてオープン・マインデッドでフレンドリーかつコンペティティブすぎないクラスメートが多かったため、つまらないストレスは比較的少なく、楽しくやれました。グループ・ワークの際は、ときに時間的および質的なプレッシャーのためお互い極限状態に近いところまでいくことがありましたが、ぎりぎりのところでの外国人との接し方を学べたことは勉強になりました。楽しいときもつらいときもお互いを思いやって励まし合い、いい結果が出れば褒め称えあい、失敗すればユーモアを交えて前向きな気持ちに切り替える、そういう前向きでかつ成熟した仲間が多かったと思います。

　MBA2年間を通じて何を身につけるのか、という目的を明確にもっている人ほどAndersonに向いていると思います。Andersonはアカデミック／ノンアカデミックにわたり、幅広く、かつフレキシブルなプログラムを提供してくれる学校ですから、2年間を自由にカスタマイズできます。逆に言えばこれをやりなさい、あれをやりなさいとお尻をたたいてもらいたい人には向いていないかもしれません。小生は、卒業後もいた会社に戻ってグローバルに新事業開発をやりたいと考えていましたから、経営戦略、アントレ、ファイナンス、M&A、多国籍企業経営に重点を置いて学びました。エリア的には中国に興味があったので、中国からの学生とのネットワークを積極的に築き、夏休みは北京の大学で2ヶ月間中国語を学びました。また小生のコアバックグランドはマーケティングなのですが、Andersonのマーケティング・クラブに入会し、P&G主催の広告セミナー（P&Gの広告部門のダイレクターが学校に来て実践的なセッションをやってくれる）のような企業イベントや、NestleUSAなどへの企業訪問参加を通じで、アカデミックでは得られにくい米国におけるマーケティングについて、より深く理解できました。これは現在の仕事（海外での新事業開発）で驚くほど役立っています。

　生活環境と学習環境もすばらしいです。南カリフォルニアのすごしやすい気候、人種と文化のるつぼであるLAの刺激的な文化環境、美しいUCLAのキャンパス、それに実は最も大事なことですが、AndersonのIT環境は抜群です。クラスルームの各座席にLANのジャックがあるのはもちろん、図書館、カフェとあらゆるところでLAN接続できますし、Anderson専用のIT部隊が常に強力に学生をサポートしてくれています。

　最後にこれからMBA取得を目指す方々へは、事前にできるだけ明確なキャリア・ゴールとMBAへの目的意識を築くことをおすすめします。2年間はあっという間ですし、サマー・インターンの面接は入学後すぐに始まります。MBA生活においては時間のマネジメントが学生の最大のテーマですが、自分なりの時間配分のポートフォリオを如何に戦略的に組めるかが、有意義なMBA生活を送れるかどうかの成否を握ると考えます。そのためにもMBAで何を得たいのかをある程度はっきり決めていることが大事です。GOOD LUCK!

（Class of 2002　男性　食品メーカー）

＊　　　＊　　　＊

　アンダーソン校に来てまず驚かされたのは、会う人がみんなフレンドリーであったことです。拙い英語でも一生懸命理解しようとし続けてくれる学生、入学後の今でも生活全般に惜しみないアドバイスをくれるアドミッション、相談をもちかければ議論を尽くしてくれる教授など、外国人学生でも過ごしやすい雰囲気に満ち溢れています。先日もクラスでプレゼンテーションを実施する機会がありましたが、ハンディの多い外国人学生によるこのような挑戦の後には、惜しみない賛辞が寄せられます。アントレ気質の強い校風も手伝い、チャレンジには全般的に寛容です。さらに見逃せないのが、ロサンゼルスの充実した生活環境です。ロサンゼルスでは娯楽、スポーツの機会には事欠きませんし、毎日抜けるような晴天が続きます（学業に悪影響を及ぼすこともありますが……）。アンダーソン校周辺は治安の良い地域ですし、各国の食材や生活用品はほぼすべて入手できます。特に家族同伴の方にとっては、配偶者やお子さんも含めて充実した生活を送ることの

できるこの環境は、何物にも代え難いものだと思います。

　一方で、このような恵まれた環境下ですら、英語が苦手な私にとっては日々苦労の連続です。教授のレクチャー、クラスメイトの質問が聞き取れないことから始まり、リーディング／ライティングの課題に異常に時間がかかる、文化や方言がわからずクラスメイトの日常会話が理解できない、アパート契約など交渉事が満足に進まないなど、苦労は学業のみならず生活全般に及びます。こうした苦労には、残念ながら特効薬はありません。特に最初の頃はこうした苦労に落ち込むことも少なくありませんでしたが、チャレンジ精神と好奇心を持ち続けることで状況も好転しつつあります。今も苦労は絶えませんが、対処法が徐々に身についてきています。やはり、こうした難局を克服するには、チャレンジする気持ちをもち続けることが一番大切ですね。

　アンダーソン校は高い知名度、充実した環境も手伝い、各種ランキングと比較して実際の競争倍率が高くなる傾向にあると思います。そのため、入念な準備をしたうえで出願することをおすすめします。選考の際は個性や多様性を重視する一方で、意外に人間的なバランスにも配慮している印象を受けます。また、近年はライティングを重視する傾向にありますので、その点にも配意されるとよいでしょう。加えて、アントレの強い学校ですので、出願の際には「いかに困難を乗り越える力があるか」をアピールするように心掛けました。今振り返ってみても、この戦略は間違っていなかったように思います。苦労の先には必ず充実した生活が待っていますので、アンダーソン校を目指している皆様、ぜひ合格をつかみ取って下さい！

（Class of 2005　男性　IT・通信関連　社費）

海外のフルタイムMBAプログラム

ノース・カロライナ大学チャペルヒル校 ケナン・フラグラー経営大学院
(Kenan-Flagler Business School, University of North Carolina)

http://www.kenan-flagler.unc.edu

設立年／1919年

基本情報

◆学生に関するデータ
卒業生数＿2万5,000名
フルタイム在学生数＿560名
日本人学生数
   2004年卒業クラス＿7名
   2005年卒業クラス＿5名
留学生の割合＿32%
アジア人学生の割合＿17%
平均年齢＿27歳
入学時の平均実務年数＿4年

◆履修期間と授業料
履修期間＿21ヶ月
授業料＿年間3万3,404ドル

◆主なランキング
『ビジネスウィーク』2002年18位
『USニューズ&ワールドレポート』2004年21位
『フィナンシャル・タイムズ』2004年12位

◆テスト・スコアと合格率
GMAT要求スコア＿n.a.
合格者平均GMATスコア＿680
合格者GMATスコア分布(80%)＿640〜710
TOEFL要求スコア＿n.a.
合格者平均TOEFLスコア＿n.a.
合格者平均GPA＿3.2
出願者の合格率＿30%
合格者の入学率＿n.a.

✉ 問い合わせ先
●出願に関する問い合わせ
担当者名　Sherrylyn F Wallace　eメールアドレス　mba-info@unc.edu
●奨学金に関する問い合わせ
URL　http://www.kenan-flagler.unc.edu/programs/mba/admissions/aid.html
●卒業生ネットワーク
URL　http://www.kenan-flagler.unc.edu/alumni/index.html

出願締切り　10月下旬、12月初旬、1、3月中旬

就職関連情報

◆サマー・インターンシップの 主な採用企業

IBM
リーマン・ブラザーズ
イーライリリーアンドカンパニー
Jジョンソン・エンド・ジョンソン
デロイト・コンサルティング

◆卒業生の主な採用先

IBM
ジョンソン・エンド・ジョンソン
ゴールドマン・サックス
リーマン・ブラザーズ
シティグループ

◆卒業生の就職率と平均年収

卒業後3ヶ月時点の就職率
2001年__90%
2002年__70%

卒業後の平均年収(年棒＋契約金)
2001年__9万6,763ドル
2002年__n.a.

✉ 問い合わせ先

●就職関連の問合せ先（**MBA Career Services**）
担当者名　Mindy Storrie　eメールアドレス　mindy-storrie@unc.edu
URL　http://www.kenan-flagler.unc.edu/programs/mba/career/index.html
●卒業生のための就職支援
URL　http://www.kenan-flagler.unc.edu/alumni_services/

---

school information

The Kenan-Flagler Business School
The University of North Carolina
At Chapel Hill
Campus box 3490 McColl Building
Chapel Hill, NC 2799-3490 U.S.A.

学習環境

　ノース・カロライナ大学はいわゆる「Public Ivy（公立アイビー・リーグ校）」の1つである。東海岸にある同校より古い8つの伝統的アイビー校（ブラウン、コロンビア、コーネル、ダートマス、ハーバード、ペンシルベニア、プリンストン、イェール）よりも低価格で多くの分野のすばらしい教育を提供していることで知られている。1919年に、商学部として設立されたノース・キャロライナ大学チャペル・ヒル校のケナン・フラグラー経営大学院は、今世紀の草分け的な経営学プログラムに数えられ、かつ最高の教育経験を提供する一握りのプログラムの1つである。

　大学自体の威光にも関わらず、バブコック（ウィスコンシン大学）やフクア（デューク大学）とともに、多国籍企業や新興企業が集うハイテク産業の中心地、いわゆるリサーチ・トライアングル（Research Triangle）の中に建つケナン・フラグラーは、これまでフクアの名声の影に隠れがちであった。この原因の一端は、予算事情によりプロモーション費用が制限されていたことにある。しかし、近年同校は自らのブランド価値を高めるべく、次のような強力なイニシアチブを取ってきた。

1. 戦略的提携

　ケナン・フラグラーは革新的でグローバルなEMBAプログラム、OneMBAの立案と、実行のためアジア、ヨーロッパ、南北アメリカの4つのトップ・ビジネススクールとパートナー提携を交わした。OneMBA（www.onemba.org）を特徴付けるのはアジア、ヨーロッパ、南北アメリカにおける4つのビジネス文化をまたにかける幅の広さで、4大陸で活躍するエグゼクティブ達の間にグローバル・ネットワークを結んでいる。

2. Global Immersion Electives（GIEs）

　他のトップ・スクールの学生が参加することも多いケナン・フラグラーのGlobal Immersion Electives （GIEs）は、主要ビジネススクールで行なわれている同様の試みの中でも、最も総合的なものの1つである。GIEsでは、学生に海外での体験学習と同時に、ケナン・フラグラーでの単位獲得の機会を与えている。ビジネス上関連のある時事的・全世界的課題と、特定の国や地域においてビジネスを行なううえでの実践的な方法についてのディスカッションとを組み合わせて提供している。学生はGIEsをヨーロッパ、南米、アフリカ、もしくはアジアで受講することができる（http://www.kenan-flagler.unc.edu/ip/GIE/gie.html）。

3. International Practica（国際的実習科目）

　2年目の学生は、実社会のクライアントを対象としたチーム単位の無料コンサルティングプロジェクトに参加する。海外オペレーションを拡張しようとしている米系組織、もしくはアメリカ国内で事業を行なう海外ベースの企業とのプロジェクトで、学生の仲介役はThe Office of International Programsが取り行なっている。

4. International Case-Writing Practica（国際的ケース執筆実習）

　上記のほかに、2年目の学生はアメリカ以外の国で、専任教官の指導のもとに素材選びとリサーチを行ない、新たな授業用のケースを作成する。学生は課題に取り組む前にケース・ライティングについての簡略なトレーニング・コースを履修し、実地調査と書籍資料の両方を用いてリサーチを行なう。

5. MBA Scorecard

　ケナン・フラグラー校は、外部の評判およびランキング、教育の質、キャリア上の成功、そして学生の評価といった側面における自らの発展振りをオンラインで追っており（www.MBAscorecard.unc.edu）、学生からのコメントを歓迎している。学生の要望に敏感であろうとする同校の姿勢は、高い評価を受けている。同校の学生はまた、コア科目と選択科目における指導、教官へのアクセスのしやすさ、最新の研究がクラスに反映されている度合い、そしてカリキュラム内でチームワーク・スキルが重要視されている度合いといった点で、「トップ10」に入るとしている。

　同校は、チーム重視の学習方法を導入している。また、総合的な経営学のカリキュラムに分野横断的、アントレプレナー的、そしてグローバルな重要事項を加えてきた。同校の学生は知識や経験、リーダーシップ・スキル、そしてバックグラウンドや経験の多様性に基づいて慎重に選択される。こうした要素がすべて、成長著しい研究・開発地域の中心部にある研究大学のトップ校で、親密な環境のもとに並存している。その結果、有能なリーダーを育て上げるためのオーダー・メイドかつインテンシブな体験が用意されたのである。

　各セクションは65〜70名と、比較的小規模であり、そのため個々の生徒への気配りはケナン・フラグラーの特長となっている。各学生はさまざまな職務経験、関心や文化的背景をもった5、6名のスタディ・グループに割りふられ、学年を通してチーム・プロジェクトに取り組む。ケースを論じ、課題を解き、構想を練り、またすべての場面で互いを支えあうことを学ぶ。グループは、1学年を通じて同じメンバー構成で、チー

ム作りに伴う喜びやもどかしさの点でも企業内のプロジェクト・チームのそれと似ている。ケナン・フラグラーのプログラムにおいて成功を修めるには、チームワークは欠かすことのできない要素であることから、同校のカリキュラムはスタディ・チームを支援するようにできている。

ケナン・フラグラーの学生にとって最大の課題の1つは、幅広い学習オプションやサブ・オプションの中から、どの分野に焦点を絞るのかを決定することではないだろうか。しかしご安心あれ、同プログラムは柔軟で、希望する学生は幅広い分野に関わることができる。7部門のキャリア専攻（Career Concentration）と3部門の特別専攻（Enrichment Concentration）から選ぶこともできるし、最先端の多様な選択科目群の中から独自のゼネラル・マネジメント・カリキュラムをデザインすることも可能である。

ケナン・フラグラーでは明日のアントレプレナー育成のために、CETV（Center for Entrepreneurship and Technology Venturing）を通じてアントレプレナーシップとベンチャー開発MBA（MBA in Entrepreneurship and Venture Development）などを含む、カリキュラム内外での幅広い機会を提供している。同センターはケナン・フラグラーとリサーチ・トライアングル地帯の豊かなアントレプレナー・コミュニティを結ぶパイプとなり、授業での講演者や、教官や学生のリサーチの機会など学習上の豊かな資源を提供している。同センターはまた、アントレプレナー同士のネットワーキング組織としてはアメリカで最高の部類に入る起業家育成委員会（Council for Entrepreneurial Development、www.cednc.org）などの組織とも提携している。

The Office of International Programs は、海外プログラム活動のコーディネートを行なっており、また、ケナン・フラグラーが奉仕するコミュニティにおける国際的ビジネス教育と、リサーチ強化のためのアメリカ教育省出資のプロジェクト、国際的ビジネス教育および研究センター（CIBER、Center for International Business Education and Research）の拠点でもある。

同校独特の資源となっているのが、フランク・ホーキンス・ケナン民間企業研究所（Frank Hawkins Kenan Institute of Private Enterprise）である。この国際的センターは、新たな知識を創出し、グローバルな競争力を増すための革新的な手法を実践してみせ、アントレプレナーの成長を助け、社会的・経済的な開発をする上での諸課題に人と資源を集結させるなど、さまざまな努力を通じて世界中の民間企業組織を強化している。

デジタル革命が商業、知識、そして政府に与えた影響を、学生がより理解できるようにケナン・フラグラーはCTAC（Center for Technology and Advanced Commerce）というeコマース・センターを2002年に立ち上げた。CTACはResearch Triangle 内の

ハイテク企業を活用している。同センターは、テクノロジーが市場と競争に及ぼした衝撃を理解しようと努める企業に対して、専門的なアドバイスを提供している。そして、新興企業に限らず、テクノロジーに適応しようと自己改革を行なう既存の企業に対しても支援の手を差し伸べている。CTACは、Center for Entrepreneurship and Technology Venturingと協同で学生の起業を促進・支援するため、ドット・コム会社のインキュベーターを運営している。学生はビジネス・プランを開発し、インターネット上の市場で自らの案を試すのである。彼らの一部は、MBAの取得を目指すと同時に、自らのドット・コム構想に出資してくれるベンチャー・キャピタルを探している。学生はe-ビジネスでの起業を実際に体験することにより学習するのである。

　ケース・スタディはクラスでの学習の重要な要素の1つであり、講義、プロジェクト、少人数グループによるディスカッションやゲストによる特別講演等と同様、最新の慣例や視点を反映している。いずれの国においても動じることなく任務を遂行できるMBAホルダーを育成するため、1年におよぶ「リーダーシップとコミュニケーション・スキル」のコースでは、リーダーに必要とされる一見捕らえ所のない能力や文化的な違いに対する気配り、書面、口頭、そして言語以外の手段によるコミュニケーションなどについて取り上げている。このコースではビジネス・レターを作成したり、プレゼンテーションを行なったり、ネットワーキングやインタビューを行なう際、またチームの有能なリーダーであり構成員であるために必要とされるスキルを磨くことができる。

　最後に、5キロのチャリティ・マラソンやHabitat for Humanity主催のゴルフ・トーナメントなど、数々の組織、クラブ、委員会やコミュニティにおける寄付金集めのイベントは、リーダーシップ経験と、クラスの外における社交の場を提供してくれる。

教授陣

　ケナン・フラグラーに対する周囲の評価を高め続けている決定打は、質の高い指導である。同校の専任教員は並外れてすばらしい授業を行ない、学生と緊密に関わり、ビジネスの現場と交流し、自らの専門分野でビジネスや産業に新たな知識を応用していることで有名である。

　ケナン・フラグラーの多様な教授陣は世界中で培った幅広い専門的知識をもっている。彼らの研究やビジネス・コミュニティへの参加を通して、教室の内と外の世界はさらに強く結び付くことになる。

環境ビジネスと持続可能な開発（Sustainable Development）の分野において、ケナン・フラグラーほどレベルの高い、奥行きのある専門性を提供しているビジネススクールはめったにない。この問題をビジネス教育とリサーチの最前線に引っ張り出すために、同校は数々の行動を起こしてきた。スチュアート・ハート教授（Stuart Hart）とジェームズ・ジョンソン教授（James Johnson）はケナン・フラグラーのSustainable Enterprise Initiative を率いており、この活動には教育、研究、数々のプログラムや活動、サービスと援助などが含まれている。このような活動で主体的な教授陣を有すればこそ、特にコア科目や選択科目における教育の質の高さやアクセスのしやすさなどの点で、学生が常時教員に「A」をつけるのも無理はない。

人気教授陣

人気教授陣の専門分野と科目名は次のとおり。

教授	専門分野	人気科目／研究分野
ピーター・ブルーズ（Peter Brews）	情報および技術マネジメント（Information and Technology Management）	企業戦略（Corporate Strategy）、グローバル戦略（Global Strategy）、戦略的IT（Strategic IT）
デビッド・レーベンズクラフト（David Ravenscraft）	ファイナンス（Finance）	評価（Valuation）、アンチトラスト（Antitrust）
D・クレイ・ワイバーク（D. Clay Whybark）	オペレーションズ（Operations）、テクノロジー（Technology）革新マネジメント（Innovation Management）	サプライ・チェーン・マネジメント（Supply Chain Management）、グローバル製造（Global Manufacturing）
バレリー・ザイタムル（Valarie Zeithaml）	マーケティング（Marketing）	関係マーケティング（Relationship Marketing）、顧客価値（Customer Equity）

カリキュラム

ケナン・フラグラーは最近カリキュラムを徹底的に見直したばかりである。現在はコーポレート・ファイナンス、顧客と製品マネジメント、Eビジネスとデジタル取引、アントレプレナーシップとベンチャー開発、グローバル・サプライ・チェーン・マネジメント、インターナショナル・ビジネス、投資マネジメント、マネジメント・コンサルティング、不動産などの専攻や、独特の持続可能な企業経営（Sustainable

Enterprise）というプログラムを開講している。同校のCenter for Sustainable Enterprise がコーディネートしているコース・ワークでは、都市再投資や少数民族経済開発、環境マネジメント・システム、社会的マーケティング、ライフ・サイクル・マネジメント、ファイナンスと持続性（Finance and Sustainability）、そして持続可能な開発（Sustainable Development）といった課題を網羅している。

1年目

1年目のカリキュラムは次のとおり。

1年生の全員がコア科目を通して、ゼネラル・マネジメント能力の修得を目指す。1学年はそれぞれが7週間程度の4つのモジュールに分けられており、各コースは1、2もしくは複数モジュールに渡って構成されている。

モジュール1と2では、学生は各モジュールにつき6コースを履修し、次のコースをすべて修得することになる。

・意思決定のための分析ツール（Analytic Tools for Decision Making）

・ビジネス・コミュニケーション（Business Communications）

・ファイナンスIおよびII（Finance I and II）

・財務会計（Financial Accounting）
   ※**財務会計分野のバックグラウンドをもつ学生は、クラス分け試験の結果が認められた場合、より高度な会計科目の履修をもって代えることも可能である。**

・指揮と経営I（Leading and Managing I）

・マクロ経済学（Macroeconomics）

・マーケティングI（Marketing I）

・ミクロ経済学（Microeconomics）

・オペレーションズ（Operations）

・戦略的思考（Strategic Thinking）

モジュール3と4では、学生は各モジュールにつき任意の選択科目1科目を含む5科目、および残りのコア科目すべてを履修する。

・事業戦略（Business Strategy）

・倫理（Ethics）

・グローバル環境（Global Context）

・産業経済学 (Industry Economics)
・技術およびビジネス革新 (Technology and Business Innovation)
・指揮と経営II (Leading and Managing II)
・マーケティングII (Marketing II)
・管理会計 (Managerial Accounting)
・ビジネス・プラン演習 (Business Plan Exercise)

2年目

2年目の専攻および選択科目は次のとおり。
キャリア専攻の一環として、学生は次の科目から選択することができる。

・企業財務 (Corporate Finance)
・顧客および製品管理 (Customer and Product Management)
・投資管理 (Investment Management)
・グローバル・サプライチェーン・マネジメント
　(Global Supply-Chain Management)
・経営コンサルティング (Management Consulting)
・不動産 (Real Estate)
・アントレプレナーシップおよびベンチャー開発
　(Entrepreneurship and Venture Development)

　加えて、特別専攻 (Enrichment Electives) を、科目自体への関心に基づいて、もしくは特定のキャリア専攻と関連させて履修することができる。Enrichmentは次の科目を含む。

・継続可能な企業 (Sustainable Enterprise)
・国際ビジネス (International Business)
・Eビジネスおよびデジタル・コマース
　(Electronic Business and Digital Commerce)

　専攻は義務付けられていない。ゼネラル・マネジメントを勉強したいと望む学生には選択科目を自ら組み合わせられる柔軟性がある。学生はまた、各々のゴールやキャ

リア・パスを促進してくれるようなインディペンデント・スタディもしくは実習プロジェクトを通して、より専門性の高いビジネス経験を得ることができる。チームによるアメリカ内外の企業を対象とした実習プロジェクトが教員指導の下で最近行なわれたが、そこには製鉄会社のための商品化ストラテジー開発、製薬会社のための資本構成および配当政策立案、そして交響楽団のためのマーケティング戦略立案などが含まれていた。

出願戦略上のアドバイス

　広い視野をもち、グローバルな状況を認識していることを示すべきである。入学審査事務局は、自らの文化を、より大きなコミュニティとの関連で理解する能力をもつ候補者を求めているはずである。

就職支援

　卒業生の主な就職先（職務）は次のとおり（2003年卒業クラス）。

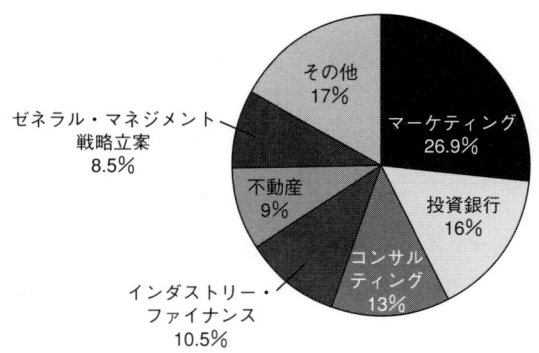

ケナン・フラグラーの学生のほとんどが自らのゴールを実現するため、入学とほぼ同じにキャリア・カウンセラーとの作業を開始する。同校は学生1人あたりに対するカウンセラーの人数が多いことを自慢としている。Office of Career Services（OCS）は独自に就職活動を行なう学生に対し、強力な支援システムを提供している。

　このプロセスは学年が始まる前の、キャリア診断（Summer Prep BookとCareer Assessment）で幕を開ける。OCSではインタビュー・スキル、ネットワーキング、効

果的な自己プレゼンテーション、ウェブ・ベースの求職活動、給与交渉スキル、模擬インタビューやレジュメ指導についてのクラスなどを通じて、就職活動のテクニックを伝授している。

最近の卒業生はアメリカ全土、および諸外国の幅広い職種と組織での就職先を確保している。そのうち多くがマーケティング、コンサルティング、そして投資銀行を含む金融サービス業に就職している。2002年にサマー・インターン先を求めた学生は100パーセントが無事成功を収めた。2001～2002年に最も多くの採用を行なった企業（一部）は次のとおり。

アクセンチュア（Accenture）
フランクリン・ストリート・パートナーズ（Franklin Street Partners）
リーマン・ブラザーズ（Lehman Brothers）
バンク・オブ・アメリカ・セキュリティーズ（Banc of America Securities）
ゼネラル・エレクトリック（General Electric）
M&M／マース（M&M Mars）
バイエル（Bayer Corporation）
グラクソ・スミスクライン（GlaxoSmithKline）
マッキンゼー・アンド・カンパニー（McKinsey&Co.）mpany
ベルサウス（Bellsouth Corporation）

生活環境

UNCの本拠地チャペル・ヒルは、ダーラムと、州都ラレイを含むリサーチ・トライアングルを構成する複数のコミュニティの1つである。人口140万人が集中する同地域には、3つの大きな大学と複数の小さな大学がある。

リサーチ・トライアングルにおけるチャペル・ヒルの立地は、活発なビジネス環境と、稀に見る優れた生活環境を同時に実現している。同地域は国際的ビジネスの中心地として栄えており、ノーテル、IBM、グラクソ・ウェルカム、レッド・ハット・ソフトウェアやSASといった幅広い種類のハイテク、医療、製造企業が拠点を置いている。もし小さな町に住みたいと思っているのであれば、チャペル・ヒルはまさにうってつけである。閑静な田舎風の雰囲気が、UNCの美しいキャンパスや温暖な気候と相まって、住むにも、学ぶにも、そして遊ぶにも最適の場所となっている。

　私がUNCに入学して一番気に入ったのが「国際性重視」の姿勢でした。グローバルな視点をもったビジネス・リーダーを育成するため、UNCは、Office of International Programという独立した組織を構えて学生の国際経験をサポートしています。以下に、UNCで単位が取得できる各種プログラムをご紹介します。

　まずご紹介したいのがGlobal Immersion Electives（GIE）というプログラムです。これは事前授業と約2週間の旅行、事後のレポート提出から構成される選択科目です。年度によりますが、南米、欧州、アジアなどの行き先から自分の興味に合わせて選ぶことができます。私は南米（ブラジル、アルゼンチン）のプログラムに参加しました。事前授業で現地の経済と文化に関して理解を深め、そのうえで現地の企業の方々と直接お話しできるというのは非常に貴重な経験でした。（もちろんフリー・タイムもたっぷり楽しみました。リオのビーチで飲んだカイピリーニャの味、初めてのパラグライダー体験……忘れられません。）

　交換留学もとても盛んで、2003年にはおよそ2割の学生が交換留学の制度を使って世界中に出ていきました。40校以上という豊富な選択肢の中から、興味のある分野、地域に合わせて選ぶことができます。私はかねてから欧州での経験を積みたいと考えていましたので、オランダのRSMに1セメスター滞在しました。UNCには交換留学生担当の専任スタッフがおり、渡欧前後の事務処理なども大変スムーズに進み、安心して充実した日々を過ごすことができました。アメリカとはまた違う生活スタイルや意思決定のプロセスを身をもって体験したことに加え、さらに多くの友人と出会えたことは一生の財産だと思っています。

　単なる勉強の場にとどまらず、本当に多彩な「体験」ができる場を提供してくれるのがUNCです。ぜひ皆さんにもこの興奮を味わっていただきたいと思います。　　　　　　（Class of 2004　女性　通信　社費）

＊　　　　＊　　　　＊

　温暖な気候と高い生活・教育研究水準で知られるノースカロライナには、能力と人格を兼ね備えた教授が多く集まります。また、Southern hospitalityと称される当地の人の良さが、講師陣と学生との親密さや、学生の要望・提案に極めて柔軟なプログラム運営に現れています。自身の大邸宅に学生全員を招待する会計学の教授にはじまり、多忙な中早朝7時からPhD.レベルの個人レクチャーをしてくれるデリバティブの教授、「金融リスク管理の特別講座を設けて欲しい」との要望に応えるべく年度途中でも奔走するファイナンスの教授陣、外国人学生に米国の文化・スラング、プレゼン特訓や病院の選び方、交通トラブル対応まで常にサポートするインターナショナル・コーチなど、ここの学生はUNCのリソースを余すことなく活用できます。カリキュラムは学生からのフィードバックに基づき、毎年見違えるほどがらりと変わります。これらすべて、「学校側はflexibilityとopennessを備えて待っている、学生側がそれに対して組織全体の視点からreasonableなアイデアをlogicalに提起し、それが認められ学校が進化し、その行動が評価される」好循環を形成しています。この、学校を良い意味で自分のものと感じて過ごす2年間、がUNCを愛してやまない卒業生を毎年作り出していると感じます。

　学生間の繋がりについて。妻子同伴留学の私は、妻が病気で二度手術を受ける経験をしました。発端は夜中の緊急入院だったのですが、その日のスタディ・グループ・メンバーの対応には感激しました。当校は駐車場スペースの問題からカー・プール通学をしますが、妻の体調が戻るまで私が機動的に動けるよう通学の足の手配（学校側への特例申請）から出られない授業のノート取り分担に至るまで。手術の日には複数のグループが別々に花束を抱えて玄関に現れ、また複数の友人が食事を作ってきてくれました。こういう環境や経験が人を変えるのだとつくづく思ったものです。大寒波で停電した日には、電気が早く戻った友人が小さな子のいる我が家のために家を明け渡してくれたこともありました。学生間の親密さを表す事例には、日常の学校生活について語るまでもなく、事欠きません。

　極めて私的な体験ばかりですが、少しでもUNCでの2年間についてイメージを描いていただければ光栄です。

　　　　　　　　　　　　　　　　　　　　　　（Class of 2004　男性　信託銀行　社費）

C9

海外のフルタイムＭＢＡプログラム

ここでは、私費留学生にとって最も気になるところである(はず)の就職関係のお話に焦点を絞りたいと思います。

■UNCからの就職

日本での知名度が現状それほど高くないので卒業後の就職に不安をお持ちの方がいらっしゃるかもしれません。それに対する私からの回答は、「大丈夫」です。くわしくは日本語ホームページを御覧頂ければと思いますが、日本での就職において過去の卒業生はマーケティング、投資銀行、コンサルティングとMBA後の主要進路全てにおいて一流企業の内定を勝ち取られています。もちろん進路は上記がすべてではありませんが、どこに就職するにしても十分射程圏内にある、と考えて間違いないかと思います。

■UNCにおける就職サポート体制

UNCにはOCS（Office of Career Services）があり、レジュメの書き方から面接のアレンジまで懇切ていねいに面倒を見てくれます。ただし、日本に限らずアメリカ以外の国での就職を考える際には、企業へのコンタクトや面接のスケジューリングは自身で行なわねばなりませんので、限定的な利用しかできないのが現状です。一方、学生主催で組織している業界別クラブがあり、業界に特化した面接対策セミナーや擬似面接などをかなり本格的に行なっています。コンサルティング業界はケース・インタビューという一風変わった面接形式を取ることもあり、個人的にはクラブを利用しての擬似面接は非常に役に立ちました。

■就職活動のヒント

私の場合「日本」での「コンサルティング業界」志望でしたので少々そちらに偏った話になりますが、就職活動を行なううえで役に立ったことを少しご紹介します。

・早めのスタートを切ること!

私費留学生の場合、大抵は2年生の夏休みにインターンを経験することになります。夏休みにも拘らず働いているという状況下、なかなか就職活動まで手が回らないのが正直なところなのですが（私の場合もそうでした）、可能な限り夏休みの時点で汗を流し、オファーを勝ち取られることをおすすめします。1社でもオファーがあるとその後本業（授業）にも安心して打ち込めますので……。

・万全の準備をして臨むこと!

自身を見つめ直し、キャリアビジョンを明確に持つことは就職活動の大前提ですが、体力的、精神的にハードな仕事であるコンサルティング業界では特に「この人はこの仕事を耐え抜いていくだけの覚悟ができているか」を試されますので、周到な準備が必要です。また、戦略系を目指すのであれば、皆さんの「出身企業を良くする方法」を戦略、プロセス、組織などあらゆる角度から一度徹底的に考え抜いて見られることをおすすめします。面接での迫力が一味違ったものになること請合いです。

（Class of 2003　男性　戦略系コンサルティング・ファーム シニア・コンサルタント）

＊　　　＊　　　＊

UNCの最大の特徴は、このプログラムに参加している学生の性格の良さにあります。アドミッションがきちんと学生を選んでいるということの表れなのか、学生は皆「いいヤツ」ばかりで、私は2年間の留学生活で嫌な思いをさせられたことは一度もありませんでした。学生だけでなく、MBAプログラムを支えるスタッフ・メンバーも非常に親切で、特に、勝手の分からなかった初期の頃はいろいろな面で助けられました。

UNCについてもう1つ申し上げたい点は、生活環境がすばらしいということです。UNCはチャペル・ヒルというこぢんまりとした町にありますが、治安が良く運転もしやすいので、ご家族を連れていらっしゃる方でも安

心して住むことができます。公立の小中学校も全米でトップ・レベルの水準にあります。南部には「Southern hospitality」と言われる、他人に親切にするという文化があると言われますが、留学生活を通じてこの文化の存在を本当に実感することができました。

　私は卒業後に、所属する組織が米国に設立した現地子会社に配属され、現在は米国での投資活動に従事しています。案件を評価する際には、キャッシュ・フローなどを利用した案件の経済的な価値を計算することは当然のこととして、カウンター・パーティーや、一緒に投資を行なうパートナーと交渉することも必要ですが、これらのすべての面においてビジネススクールで得た知識や経験が非常に役に立っています。ビジネススクールを経ずに今の部署に来ていたら、大した戦力になっていなかったであろうことは間違いありません。また、クラスメイトが全米のあらゆる業種にいますので、案件評価に必要な情報収集という面でもビジネススクールのネットワークは何物にも代え難い大きな財産となっています。

（Class of 2003　男性　金融業）

＊　　　＊　　　＊

　私は金融機関に勤務後、KFBSに私費留学し、卒業後は会計事務所のコンサルティング部門に勤務しています。

　現在の自分のキャリア形成は、無論KFBSでの2年間なくして語れないわけですが、それは学んだ知識や学校の就職支援はもちろんのこと、自分の進路について考えを整理する機会や指針を与えてくれたという意味で得がたいものでした。そういった観点からKFBSでの2年間を概観してみたいと思います。

　KFBSの特徴として1年目は全員がほぼ同じコア科目を取得し、それらをグループ単位で学習することが挙げられます。コア科目で経営学を体系的に網羅できたのは、自分の進路を見定める意味からもよかったと思います。またKFBSでは真の意味でのチームワークを体験するというか、チームへのコミットメントが求められます。特に私のいたチームは「ハード・コア」な部類に入るらしく、私以外はすべてアメリカ人、確実に1日の半分を一緒に過ごしました。そうなると考え方の違いや利害の不一致が顕在化することもあります。自分はInternational Studentだからと悠長なことはいっていられませんので、ときに口論し、ときにおどけて、なんとか課題を達成させることの連続でした。これを乗り切って1年を無事終了した達成感は格別です。苦労も多い反面、自分の仕事のスタイルは何か、どんな分野が自分に向いているのか、など多くを考える機会だったと思います。また、卒業後思い返すと、当時の経験が今になって非常に役立っていると感じます。

　2年生になるとConcentration（専攻）を選ぶことができます。選択方法は柔軟性に富んでおり、自分のキャリアに合わせたさまざまな組み合わせが可能です。私が選択したSustainable EnterpriseはKFBSの看板分野でもあり、多くの学生とビジネスのあるべき姿について「熱く」議論を重ね、他では得られないユニークな視点を獲得することができます。卒業を控えた最後の半年は、Practicumという制度を活用し地元のスタート・アップ企業のBusiness Planを作成するプロジェクトに参加しました（なお、EntrepreneurshipはKFBSが重視する分野の1つであり、私の同級生も何人か実際に起業しています）。実際に起業家と議論するのは、コンサルティング志望者にとってよいスキル・アップになり、さらに自分が学んだことの総整理を行う意味でも大変おすすめです。

　そのほか、毎週末のHappy Hourでのバカ騒ぎや、アメリカ人と組んだバンド演奏などもいい思い出です。

　ある教授が言った「君たちがここで学んださまざまな企業の戦略論はそのまま君たちのこれからのキャリアにもあてはまることだよ。だからこれは君たちの人生の勉強でもあるんだ」という言葉が、KFBSでの2年間を言い尽くしていると思います。　（Class of 2002　男性　会計事務所コンサルティング部門 マネジャー）

カーネギー・メロン大学
デイビット・A・テッパー経営大学院
(Davit A, Tepper School of Business, Carnegie Mellon University)

http://wpweb2k.gsia.cmu.edu/gsia/index/asp

設立年／1949年

基本情報

◆学生に関するデータ
卒業生数__8,000名
フルタイム在学生数__485名
日本人学生数
　2004年卒業クラス__18名
　2005年卒業クラス__10名
留学生の割合__28%
アジア人学生の割合__17.5%
平均年齢__28.5歳
入学時の平均実務年数__5.6年

◆履修期間と授業料
履修期間__21ヶ月(16ヶ月でも終了可)
授業料__年間3万6,750ドル

◆主なランキング
『ビジネスウィーク』2002年19位
『USニューズ&ワールドレポート』2004年17位
『フィナンシャル・タイムズ』2004年19位

◆テスト・スコアと合格率
GMAT要求スコア__n.a.
合格者平均GMATスコア__680
合格者GMATスコア分布(80%)__n.a.
TOEFL要求スコア__PBT:600／CBT:250
合格者平均TOEFLスコア__n.a.
合格者平均GPA__3.3
出願者の合格率__26%
合格者の入学率__48%

✉ 問い合わせ先

●出願に関する問い合わせ(**MBA Admissions and Financial Aid office**)
担当者名　Laurie Stewart
eメールアドレス　mba-admissions@andrew.cmu.edu
●奨学金に関する問い合わせ
URL　http://wpweb2k.gsia.cmu.edu/mba/newmba/financiala_aid.htm
●卒業生ネットワーク
URL　alumni.gsiz.cmu.edu/alumniweb/index.html

出願締切り　11月上旬、1月中旬、3月下旬

就職関連情報

◆サマー・インターンシップの主な採用企業

ジョンソン・エンド・ジョンソン

ブーズ・アレン・アンド・ハミルトン

シティグループ

ドイツ銀行

フォード自動車

◆卒業生の主な採用先

IBM

シティグループ

フォード自動車

ATカーニー

ジョンソン・エンド・ジョンソン

◆卒業生の就職率と平均年収

卒業後3ヶ月時点の就職率

2001年＿92％

2002年＿79％

卒業後の平均年収（年俸＋契約金）

2001年＿10万8,000ドル

2002年＿9万5,000ドル

✉ 問い合わせ先

● 就職関連の問合せ先（**Career Opportunities Center（COP）**）

担当者名　**Ken Keeley**　eメールアドレス　**kk4p@andrew.cmu.edu**

URL　**http://gsia.cmu.edu/afs/andrew/gsia/coc/index.html**

● 卒業生のための就職支援

URL　**http://gsia.cmu.edu/afs/andrew/gsia/coc/index.html**

school information

....

Carnegie Mellon University

Posner Hall 149 Schenley Park

Pittsburgh, PA 15213-3890 U.S.A.

....

C9

海外のフルタイムMBAプログラム

学習環境

　カーネギー・メロン大学デイビット・A・テッパー経営大学院は、トップ校の中でも最も革新性に富んだプログラムの1つである。同校は1958年にMBAプログラムのベースとなるコンピュータ・シミュレーションによるマネジメント・ゲーム（Management Game）を考案した。また、1971年には他校に先がけミニ・セメスター制（Mini-semester）を採用した（期間は7週間でミニ・セメスターが8タームある）。その翌年にはアントレプレナーシップを導入した。1999年にeコマースの学位を初めて設けたのも同校である。2003年に入ると、バイオテクノロジー、コンピュテーショナル・マーケティング、eビジネス・テクノロジーなどの分野の専門的学習を含むMBA trackシステムを導入した。

　テッパーのプログラムは、ファイナンス、オペレーションズ、テクノロジー、アントレプレナーシップの分野に優れ、量的分析に重きを置いている。ファイナンスを学ぶ学生は、GSIAのFASTトレーディング・ルームで理論を実践することができる。学生はリアル・タイムで取引を行ない、投資信託会社のリサーチ・チームと緊密な共同作業をする機会を得る。さらに、チームで現実のコンサルティングに取り組むチャンスがある。これまでに、バイエル社に対する「市場評価とプランニング」や、ヒュンデー社に対する「既存顧客と潜在的顧客に関する分析」などのプロジェクトが実施された。

　クラスの規模は比較的小さい。入学者は毎年240名程度で、留学生の割合が大きくなっている。学習量は非常に多いが、数字に強い日本人であればしっかりと対応できる。エンジニアリング、科学、経済、ビジネスなどのバックグランドがあれば役に立つだろう。とはいえ、半数は技術分野のバックグランドをもたない学生だ。最も重要なのは、同校の数量的分析力を必要とする厳しいカリキュラムをやり抜くことができると示すことである。入学前に、微積分学の2セメスター・コース分を終えておく必要がある。

　これまで定量的ファイナンス（Quantitative Finance）に関心のある日本人は、ファイナンス分野の定量的手法と情報技術を学ぶのに最もすぐれたコンピュテーショナル・ファイナンス・プログラムを選択してきた。日本人卒業生に、留学以前にロンドンで自らが勤めていた会社の起債に携わった経験者がいる。彼は現在、MBAプログラムで学んだことを応用し、会社のリスク・マネジメント・システムの改善に取り組んでいる。

　同校は、2004年の秋から8つのトラック（track）の中にカスタマイズ可能な約20のオプションを導入する。トラックとは、高度で、深く掘り下げた包括的選択コース・ワークのことで、学内の他の学部との共同のもとで開発、指導される。

提供予定科目（2004年秋学期）

- ・ゼネラル・マネジメント（General Management）
- ・オペレーションズ・マネジメント（Operations Management）
- ・アントレプレナーシップ（Entrepreneurship）
- ・資産運用（Asset Management）
- ・コンピュテーショナル・マーケティング（Computational Marketing）
- ・コンピュータ・サイエンス（Computer Science）
- ・バイオテクノロジー（Biotechnology）
- ・Eビジネス（E-Business）

教授陣

　テッパーの教授陣は革新的で活気があり、指導にも研究にも力を入れていることで知られている。研究は、理論と応用の両面から行なわれる。休職が可能であることや、企業、業界、政府のコンサルティングを行なうことが、このような研究を容易にしている要因の1つであり、経営管理理論の実務面における意義の探求をも可能としている。教授陣の学外での経験の恩恵を学生が受けているのだ。4名のノーベル賞受賞者が、GSIAの指導教官となっている。

人気教授陣

　人気教授の専門分野と科目は次のとおり。

教授	専門分野	人気科目／研究分野
ロバート・デイモン （Robert Dammon）	ファイナンス（Finance）	企業財務（Studies in Corporate Finance）、企業再編成（Corporate Restructuring）
ジョン・フッカー （John Hooker）	倫理および文化横断的マネジメント（Ethics and Cross Cultural Management）	経営環境およびビジネス倫理（Managerial Environment and Business Ethics）
アラン・メルツァー （Allan Meltzer）	政治経済（Political Economics）	資本主義2003（Capitalism 2003）
エゴン・バラス （Egon Balas）	オペレーションズ（Operations）	順序付けとスケジューリング（Sequencing and Scheduling）

375

カリキュラム

　ミニ・セメスター制の導入により、学生が幅広い分野で特色あるコースを数多く受講することが可能になった。受講できるコースが32を超える場合もある。

　カーネギー・メロン大学のビジネススクールが初めて作り出した、マネジメント・ゲームでは、複雑なコンピュータ・シミュレーションを通して、学生は消費財産業におけるチームワーク、意思決定、交渉、コミュニケーションなどの分野で互いのスキルを競い合う。

　5〜7人の学生が上級管理職の立場になり、マーケティング、ファイナンス、生産、研究開発（R&D）に関する戦略的意思決定を行なう。各チームは取締役（大手企業から招かれる場合がほとんどである）とミーティングを行ない、地元の労働組合の代表と労働契約を結ぶ。チームが法律上の助言を求める相手は、ピッツバーグ大学法学部の3年生である。マネジメント・ゲームは、テッパーの学生チームが、米国以外の大学の学生と競い合う機会でもある。

　フルタイムの学生は、1年目の終わりのサマー・インターンシップに参加せずに授業を取ることで、16ヶ月で学位取得に必要な条件を満たすことが可能である。1年目の終了後、夏期にも授業をめいっぱいとれば、2年目の年の12月末までにMBA取得に必要な条件を満たすことができる。早期卒業制度に興味のある学生は、入学許可が下りた後に申請することができる。これは企業派遣の学生と勤務先企業にとっては非常に魅力的なオプションである。

1年目

　1年目のカリキュラムは次のとおり。

ミニ1コース・シークエンス
財務会計（Financial Accounting） 経営経済学（Managerial Economics） 経営科学における数量的手法 （Quantitative Methods for Management Science） 確率・統計I（Probability and Statistics I） 組織における人間行動（Human Behavior in Organizations）
ミニ2コース・シークエンス
意思決定モデル（Decision Models） ファイナンス（Finance） マネジメントにおける文書コミュニケーション （Written Management Communications） 確率・統計II（Probability & Statistics II） 管理会計（Managerial Accounting）
ミニ3コース・シークエンス
マーケティング管理（Marketing Management） 製造およびオペレーションズ・マネジメント （Production／Operations Management） マクロ経済学（Macroeconomics）もしくは事業、政府および戦略（Business, Government & Strategy） 選択科目（最低1科目）
ミニ4コース・シークエンス
マネジメント・ゲーム（The Management Game） 経営環境（Managerial Environment）

2年目

2年目のカリキュラムは次のとおり。

ミニ1コース・シークエンス
マネジメント・ゲーム（完結）（The Management Game）（Conclusion） 選択科目（3科目）
ミニ2コース・シークエンス
選択科目（4科目）
ミニ3コース・シークエンス
選択科目（4科目）
ミニ4コース・シークエンス
選択科目（4科目）

出願戦略上のアドバイス

　MBAが自分のキャリア・ゴールに果たす役割を明確にする必要がある。テッパーで学びたいという理由を具体的に示すのだ。同校のプログラムを理解し、どのように自分にふさわしいのかを示そう。なお、同校はクラスの国際色を豊かにすることに高い関心があり、特に女子学生数の増加を望んでいる。日本人の女子志願者には注目すべきプログラムである。

就職支援

卒業生の主な就職先（職務）は次のとおり（2003年卒業クラス）。

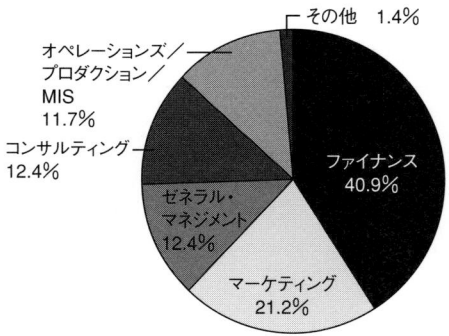

その他　1.4%
オペレーションズ／
プロダクション／
MIS
11.7%
コンサルティング
12.4%
ゼネラル・
マネジメント
12.4%
マーケティング
21.2%
ファイナンス
40.9%

　同校のCareer Opportunities Center（COC）は学生を直接サポートし、キャリア・プランの作成、サマー・インターン先の確保、卒業後の職探しの手助けをしている。Career Panel presentationでは、IS・ITコンサルティング、アントレプレナーシップ、ベンチャー・キャピタル、マーケティング、マネジメント・戦略コンサルティング、ファイナンスなどの職種が取り上げられている。個別のキャリア・カウンセリング、模擬インタビューとそのフィードバックを行なうセッションなども実施される。そのほかにも、レジュメのチェック、インターネットを使ったオンキャンパス・インタビュー、キャリア情報図書館、卒業生によるアドバイス、企業による説明会、卒業生に関するデータベースの提供など多くのサポートが行なわれている。
　キャンパス内で学生の採用をする企業はかなりの数にのぼる。さらに、COCは世界

の企業多数と幅広い関係を構築している。

　テッパーの卒業生の採用企業上位10社は次のとおり。

ATカーニー（A.T. Kearney）

コノコ（Conoco）

IBM（IBM）

BOCガス（BOC Gases）

ドイツ銀行（Deutsche Bank）

ジョンソン・エンド・ジョンソン（Johnson&Johnson）

キャンベルスープ・カンパニー（Campbell Soup Co.）

フォード自動車（Ford Motor Company）

メルク・アンド・カンパニー（Merck）

キャピタル・ワン（Capital One）

生活環境

　西ペンシルベニアに位置するピッツバーグは、今と昔が程よく調和した街である。1758年に誕生したピッツバーグは、実業家であった大学の設立者たちの時代の絶頂期以降、煙突と製鋼所の街として知られていたが、それも今や過去の話である。現在のピッツバーグはモダンな都市であり、すぐれたハイテク分野、現代美術、プロスポーツ施設を抱え、複数のフォーチュン500社企業が本社を構えている。その一方で、40万人以下の人口にとどまっているために、依然として小さな「町」の魅力をとどめている。ピッツバーグは米国内の大都市の中にあって、物価が手ごろな都市の1つである。

　CMUの学生のほとんどが、シェイディー・サイドやスクウィレル・ヒル周辺の、古風で、ほどほどの生活費ですむ地域に住んでいる。大学のすぐ近くには、市立図書館の本館やカーネギー・ミュージアムがある。後者は美術館と博物館を融合した、ピッツバーグ最高の文化施設である。GSIAはシェーンリー・パークと接している。シェーンリー・パークは500エーカーの広さの公園で、青々と樹木が生い茂ったジョギングコース、公共のゴルフコース、プール、テニスコート、野球場、スケート場などがある。

　鉄鋼の街というステレオタイプなイメージとは裏腹に、ピッツバーグは住むにも勉学にいそしむにも、とても適したところであるというのが最終的な結論といえよう。

■GSIAについて

「経営は科学ではない、アートである」、「ビジネスは結局人で決まる」などとよく言われます。GSIAはこの事実を認識しながらも、あえて数字やロジック、すなわち「科学的経営手法」がどこまで現実的なビジネスの問題を解決できるのか、その限界を突き詰め、それを確固たるスキルにトランスフォームして学生に身につけさせることを教育理念としています。Deanなどがよく「Not Just a Generalist, But a Highly Skilled Generalist」と言及するのはそのためで、高度な定量的分析スキルを身につけ、さらに定性的分析、ソフト・スキルを併せ持ったリーダーの育成がGSIAの目指しているものといってよいと思います。

数字を多用するため、文系出身者は、最初は相当苦労すると思います。しかし、教授からTAまで講義のフォローアップに相当熱心で、オフィス・アワーも全開、Emailの質問にも即答するような密で積極的な教育文化ができあがっています。決して楽ではありませんが、文系の学生でも十分についていけます。私も文系出身のため相当ハードな生活を送っていますが、だからこそ学ぶことが多いとつくづく感じます。また、理系の方は、すでに持っていらっしゃるスキルを存分に生かす土台がGSIAにはあるため、やはりメリットがあります。

GSIAは「ミニ・セメスター制」の先駆者です。通常の半分の期間に中間・期末試験と全米屈指ともいわれる課題量が課されるため、生活は相当ハードです。しかし、各人のコース設計の柔軟性が高く、幅広い分野が履修できるため、生徒の評判は上々です。

最初の4ヶ月（2学期）は必修科目中心、年明けから選択科目中心に移行していきます。講義とケースは大体50パーセントずつで、「理論の着実な習得」と「現実問題への適用」が両方重視されているように感じます。ある講義で学んだ技術が、他の講義で取り扱われるCross-functionalなコース設計が意図的に行なわれているのが印象的です。

人によりますが、グループ・ワークと個人ワークの比率は70対30といったイメージです。授業数も多いので、毎回メンツを変えていけば2年間で相当数の人間とグループ・ワークができるでしょう。

■就職活動、出願者へのアドバイス

一般的に学校のキャリア・オフィスは米国向け就職活動を積極的にサポートしています。就職活動の時期がくると、米国企業が毎日のようにセミナーにきたり、インタビュー・セッションをオンキャンパスで開催します。私は日本での就職を希望しているため、入学直後の9月から自主的に日本の外資系投資銀行やコンサルティングにコンタクトをとりはじめ、比較的短期間で目処をつけることができました。

「Why MBA & Why this school?」だけは、出願エッセーに書いた「建前」とは別に「本音」を突き詰めておくべきだと思います。その点、キャンパス・ビジットは非常に価値があると思います。日本人ウェブ・サイトなども、オフィシャルサイトとは違う「色」が見えて参考になるかもしれません（GSIAの日本人ウェブ・サイト：gsia.tripod.co.jp/index.htm）。　　　　　　　　（Class of 2004　男性　コンサルティング　私費）

*　　　　*　　　　*

GSIAは、もともと工学系の大学院が母体だったこともあり、ロボテックやソフトウェアの分野で高い評価を受け、MBAコースが属する経営大学院にも、全米屈指の金融工学コースやEコマース・コースを併設、約半数がエンジニア出身など、特徴あるMBAです。非常にフレキシブルなカリキュラムがこのコースの最大の魅力で、上記コースなど他学部の講義も自由に受講可能で、また、1年目の初期のうちから選択科目を受講でき、ミニ・セメスター制（2ヶ月）のおかげで多くの分野の授業を受講することができます。一般的に、MBAでは、特に1年目は、基礎科目に集中せざるを得ない学校が多く、特定分野の専門知識の習得を目指す方には、若干ストレスを感じることが多いのではないかと思われますが、CMUでは、それぞれの目標に見合った科目を中心に組むことも可能で、入学直後から、悪名高き「ヘビー・ワークロード」が容赦なく襲う、密度の濃い

2年間を送ることができます。

　私は、妻と子供を連れてきているため、治安、生活環境にも配慮してGSIAを志望しました。ピッツバーグは、全米で住みよい街ランキングで上位につけるなど、非常に良い治安、充実した医療施設、物価の安さ、公共交通の充実など、女性や家族持ちの人にはベストに近いロケーションだと思います。また、日本の田舎以上にフレンドリーな人々、日本人コミュニティの充実、留学生のステータスの高さもこの街の大きな魅力です。

　卒業後は、金融＆金融工学の知識を活かし、日本の金融機関の早期健全化に少しでも貢献したい、また、ジェネラルな面でも、数字に裏付けされた意思決定のロジックを行政に活かしたいと思っています。

　本当に自分の目標や状況にあった学校を見つけることは容易なことではありません。ホームページや書籍で伝えられることにも限界があります。いろんなルートで在校生にコンタクトを取って、生の情報を収集することを強くおすすめします。皆さんのご多幸をお祈りしています。

（Class of 2004　男性　行政）

＊　　　＊　　　＊

　初めてSに会ったのは、MBA最初の授業でのチーム分けのときだった。私が、自己紹介の最後に「自分は将来ベンチャー・キャピタリストとして成功したい。そのために勉強しに来た」と付け加えたら、Sから「それじゃあ、俺に何でも聞いてくれ。」という返事が返ってきた。彼はベンチャー支援機関出身だったのだ。彼とは同い年だったが、事実彼は経験豊富で、ベンチャーの奇跡も修羅場もよく知っていた。彼はマーケティングが得意で、私はファイナンスが得意だった。

　Tは、台湾系アメリカ人。自己紹介の後、今度は「将来、ぜひ俺に投資してくれよ」ときた。シリコン・バレーでベンチャー企業に勤めていたそうだ。TとはEntrepreneurshipの授業で一緒にビジネス・プランを書き上げた。彼は熱い人間で、私はクールな人間だった。彼は人の1.5倍の速さで喋りまくり、私は人の0.6倍のスピードで文法はでたらめだった。それでも成績は同じくらいで、いつも抜きつ抜かれつのデッド・ヒートを繰り広げていた。アジア系同士の親近感・連帯感のようなものもあった。

　スマートで上品な顔立ちが印象的なEはこう言った。「日本は大好きだ。株が下がってくれたお陰でずいぶんと稼げたからね」こちらはウォールストリートからの登場だ。2年生になってからしばらく学校で彼の顔を見かけなくなったと思ったら、パートタイムで地元のベンチャー・キャピタルで働いていた。彼とは「マネジメント・ゲーム」の授業で一緒のチームとなり、CEO役をしていた私の参謀兼COO兼CFO兼チーム内の苦情相談係兼ボードメンバーとの通訳（？）の役回りをすべて引き受け、大活躍してくれた。

　彼らに、「なぜベンチャー・キャピタリストになりたいのか」という説明の必要はなかった。お互いが先生であり、お互いが生徒であった。

　卒業後、Sは地元で一番のベンチャー・キャピタルに就職してステップ・アップし、Eは在学中に練り上げたビジネス・プランに基づいて理学部の知り合い達と一緒に会社を立ち上げた。Tは戦略コンサルティングのオファーを蹴って、シリコン・バレーに戻っていった。皆自分の道を歩んでいる。

　明後日から米国出張で、この3人に再会する。卒業して半年。私のよきライバル・同志達に会って話をするのはとっても楽しみであり、同時に「負けないぞ」という気持ちでいる。

（Cass of 2002　男性　金融）

＊　　　＊　　　＊

　現在、私費のMBA留学生が非常に増えているという話を聞きました。私費で留学をしてMBAを取得した私の経験が、今後、私費での留学を予定されている方に、少しでもご参考になれば幸いです。

■MBA留学をしようと思った経緯

　留学前、私は商社で働いていました。商社で貿易実務のノウハウを身につけ仕事をする中で、「一度会社の外に出て、自らを厳しい環境において勉強しながら、自分自身を客観的に見つめ直してみたい」と思ったこ

と、そして「これからのグローバルな時代に必要とされるビジネス・スキルをきちんと身につけたい」、と思ったことから、ビジネススクールへの留学を決意しました。その当時の私は、今思い出してもおかしいくらいに「留学に対する不安」よりも、「何としてでも留学したい」という思いが勝っていたことを懐かしく思い出します。何かをはじめるきっかけは、「強い思い」からスタートすることだと思います。

■カーネギーメロン大学ビジネススクールへの留学を通して学んだこと・得たもの
　CMUでの2年間は一言では言い表せないくらいに濃厚で充実、そしてタフな日々でした。留学中に学んだことは数知れませんが、「定量的な分析手法の習得」と、「自分に対する自信と謙虚な気持ち」を主たるものとして挙げたいと思います。

　・「定量的な分析手法の習得」
　入学前に大学レベルの微分・積分を終了していることが必須とされていることからも明白な通り、CMUでは多くの授業において定量的なアプローチ方法を用いています。「さまざまな制約の下、工場での最適な生産量はいくらか?」「コストをZZ％下げたいと思っている、XX分ごとに客が訪れるA銀行における窓口の対応職員は何人が適当か?」といったビジネス上のさまざまな課題を、定量的分析手法を用いて解決策を導きます。すべての意思決定が定量的な分析の結果だけをもとに下されるわけではないということは十分に理解したうえで、決断の裏づけ（もしくは決断の手助け）となる数値を導きだすためのさまざまな分析手法を習得できたことはCMUならではの得難い経験でした。

　・「自分に対する自信と謙虚な気持ち」
　文系出身の私にとって、多くの授業において定量的なアプローチ手法を用いるCMUでの2年間は、大変で、必死な毎日の連続でした。3時間の試験の最中、1時間もすると試験をやり終えて退出するクラスメイトを横目に、何度冷や汗をかいたことか。そして試験の平均点が毎回90点を超えるという現実を目のあたりにし、何度自己嫌悪に陥ったことか。今、思い出しても背筋が寒くなりますが、非常に優秀なクラスメイトに囲まれて、何度も自己嫌悪に陥りながらも何とかやり遂げた、という達成感は、「今後、何があっても頑張っていける」という自信となりました。そして同時にここまでやり遂げられたのも、多くのクラスメイトの助けがあってこそ、ということも骨身にしみています。そのため、「卒業したから、勉強はそれで終わり」というのではなく、自分の足りない点を今後もますます勉強して補強していかなくてはいけないと、気持ちを新たにしています。

■カーネギーメロンへの留学が就職をするうえでどのように役に立ったか
　私費の留学生にとっての大きな関心事は、卒業後の就職でしょう。私も勉強と試験の合間をぬって就職活動をしました。留学後にどういう会社に就職できるか、ということは、まさしくCMUでどれだけの付加価値を自分につけることができたか、というバロメーターになる、と考えていましたが、結果として、現在勤務している会社を含めて、3社からオファーを頂くことができました。就職活動をしていて感じたのは、企業の採用担当の方々がCMUに対して非常に好印象をもってくださっている、ということです。ほかのビジネススクールとは一線を画した特徴があること（数量的なアプローチ手法）、そしてビジネススクールの中でも一、二を争うタフなワークロードで学生が十二分に鍛えられていることから、企業サイドの評価が高くなっていることを実感しました。また文系出身の私にとって、CMUへの留学で、理系的な要素を自分のバックグラウンドに追加できたことは就職活動を行ううえでも、また今後のキャリア形成においても大きな強みとなりました。私費の学生にとって、「留学はリスクを伴った賭け」と思われている方も多いかもしれませんが、私は自信をもって「CMUへの留学は確実にリターンの見込める投資」といい換えられると思います。

■最後に

2001年5月19日のカーネギーメロン大学ビジネススクールの卒業式は、私の今までの人生の中で何にも代え難い記念日の1つです。当日は、卒業式用の黒いマントとハットを身にまとい、壇上でGSIAの学部長であったDr. Douglas Dunnから「Congratulations!」の言葉を受け取り、固い握手を交わした時には、「カーネギーメロンで2年間の勉強をやり終えた」という充実感が胸に染み入るのを感じました。ぜひこの感動を、留学をめざして頑張っている皆様にも味わっていただきたいです。そして、同じ学校の卒業生として御一緒できる日を楽しみにしています。

（Class of 2001　女性　IT業界）

＊　　　＊　　　＊

カーネギーメロン大学（CMU）のMBAプログラムは、理系分野に強い大学の特徴を活かして、オペレーションやプロダクションといった分野で特に強いということで知られていると思います。しかし、意外と知られていないのが、ファイナンスやアントレプレナーシップの分野においてもかなり強い学校であるという事実です。

都市銀行の派遣として、私はCMUのMBAプログラムの中でもファイナンスのクラスを中心に受講しました。いまや日本でもスタンダードになりつつあるEVAモデルの発案者であるスターン・スチュワート教授の授業やオプションのプライシング・モデルとして有名なHJMモデルの発案者の1人であるヘス教授の授業など非常に価値のある授業や、M&Aやスピンオフ、企業再生など実際のケースを題材にし、正確な定量分析に基づいたプライシングを実践したうえでのファイナンス戦略を議論する、コーポレート・リストラクチャリングのクラスなど、充実した非常にためになるクラスが多く、私も大変刺激をうけるとともに卒業後も活用できる数々の実用的な知識を身につけることができました。

しかし、刺激的なファイナンス関連のクラス以上に卒業後の私のキャリアに影響を与えたクラスがあります。それは、アントレプレナーシップ関連のクラスです。これもまた意外と知られていない事実ですが、ピッツバーグという町は実は起業が盛んで、起業の数も全米でシリコン・バレーに次いで2番目に多いのです。皆さんもご存知のとおり、ピッツバーグは、CMUの創始者でもあるアンドリュー・カーネギーの功績により鉄の町として一躍有名になりました。しかし80年代以降の鉄産業の衰退に伴い、次世代の産業を育てる必要が生じ、起業が盛んになった経緯があります。

アントレプレナーシップのクラスでは、数々の起業家の「生の声」を聞くことができ、彼らの迫力や情熱に随分と圧倒されました。私は今もその衝撃を忘れませんが、あるクラスで有名な起業家が起業について語るビデオを見る機会がありました。そして、その起業家が最後に、「すべては、あなたが決めるのです」と言ったのです。その時は、腑におちない言葉だったのですが、その一言が、留学中ずっと気になっていました。それまでの私は、銀行員として与えられた仕事を成し遂げることがすべてだと考えていたものですから、自分の仕事や人生はすべて自分で決められるという話に、ある意味「違和感」を感じたのだと思います。その後、クラスを通して行われるディスカッションの中で、メンバーたちが自分の意見を間違っていようが正々堂々と述べる姿をみるにつけ、自分自身がきちっとした自分の意見というものを持っていないことに気がつきました。

その後の試行錯誤の中で、「自分で考えること」「自己責任の上で行動すること」を身につけることができたと思います。私は、MBA終了後、派遣先の銀行にもどりましたが、2年後転職し、現在はベンチャー企業にてインキュベーション事業に取り組んでいます。特に人材のキャリア開発に力を入れております。昔の私を知っている友人はよく「なぜエリートコースを捨ててそんな苦労をするのか？」と聞いてきます。しかし、私は自分なりに人生を考えたうえで、人生において達成するべき目標のもとに今の仕事があると思っているのでまったく後悔していないし、仕事は結構大変ですが楽しんで日々暮らせています。自分で考え行動しているから、誰のせいにする必要もなく楽なのだと思っています。今の私の充実した生活は、CMUでのあの起業家との出会いを抜きには考えられないと思っております。

（Class of 1998　男性　人材開発コンサルティング）

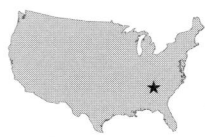

エモリー大学 ゴイズエタ経営大学院
(Goizueta Business School, Emory University)

http://www.goizueta.emory.edu

設立年／1953年

基本情報

◆学生に関するデータ
卒業生数__5,600名
フルタイム在学生数__312名
日本人学生数
　2004年卒業クラス__7名
　2005年卒業クラス__2名
留学生の割合__29%
アジア人学生の割合__13%
平均年齢__28歳
入学時の平均実務年数__5.5年

◆履修期間と授業料
履修期間__21ヶ月
授業料__年間3万580ドル

◆主なランキング
『ビジネスウィーク』2002年22位
『USニュース&ワールドリポート』2004年21位
『フィナンシャル・タイムズ』2004年16位

◆テスト・スコアと合格率
GMAT要求スコア__n.a.
合格者平均GMATスコア__675
合格者GMATスコア分布(80%)__640〜730
TOEFL要求スコア__PBT:600
合格者平均TOEFLスコア__PBT:640
合格者平均GPA__3.4
出願者の合格率__24%
合格者の入学率__46%

✉ 問い合わせ先

●出願に関する問い合わせ
担当者名　Julie Barefoot
eメールアドレス　admissions@bus.emory.edu
●奨学金に関する問い合わせ
URL　http://www.emory.edu/FINANCIAL_AID
●卒業生ネットワーク
URL　http://www.goizueta.emory.edu/alumni/

出願締切り　11、1、2月初旬

就職関連情報

◆サマー・インターンシップの主な採用企業

コカ・コーラ
デルタ航空
IBM
モトローラ
J.P.モルガン・チェース

◆卒業生の主な採用先

コカ・コーラ
デルタ・航空
IBMコンサルティング
バンク・オブ・アメリカ
J.P.モルガン・チェース

◆卒業生の就職率と平均年収

卒業後3ヶ月時点の就職率
2001年_97%
2002年_80.5%

卒業後の平均年収（年俸＋契約金）
2001年_10万8,959ドル
2002年_9万1,029ドル

✉ 問い合わせ先

●就職関連の問合せ先（**Career Management Center**）
担当者名　**David Bergheim**　eメールアドレス　**cmc@bus.emory.edu**
URL　**http://www.goizueta.emory.edu/career**
●卒業生のための就職支援
URL　**http://www.bus.emory.edu/alumnicareer**

school information

Office of Admissions
Goizueta Business School
Emory University
1300 Clifton Road
Atlanta, GA 30322 U.S.A.

学習環境

　1953年に設立されたエモリー大学ゴイズエタ経営大学院は、毎年約150名のフルタイム学生が卒業する、中規模のビジネススクールである。同校の使命は、その教育を通して理念をもつリーダーを国際的企業に送り出すことにある。エネルギッシュに最先端をいく学校で、米国の中でも速いペースで発展を遂げる都市にある。カリキュラムの刷新、テクノロジーの追加的導入、人材を集めるための投資、マイノリティーの登用などを優先課題として掲げているのは、1998年にロンドン・ビジネススクールからゴイズエタに移ってきたロバートソン（Robertson）学部長だ。1997年に最先端の設備を導入した同校は、さらなる成長を目指し、就職支援サービスの強化、リサーチ・センターや新たに加わった博士課程に対する資金の確保などに取り組んでいる。

　自発性と意欲のある学生がリーダーシップ・スキルを発揮する機会は、数え切れないほど用意されている。所在地がアトランタということを背景にして考えれば、そのようなチャンスはさらに大きくなる。アトランタは、フォーチュン500社に含まれる企業の数で全米第4位である。デルタ航空もその中の1社であるが、国際的企業の多くが同市に本社を構えている。

　ゴイズエタ経営大学院はより幅広く学びたいと考えている学生に対して、ロリンズ公衆衛生大学院、法科学院、キャンドラー神学大学院と共同で3つのジョイント・ディグリー・プログラムを用意している。

　同校の2年制MBAプログラムは、柔軟で生徒個々人に合わせたカリキュラムをユニークな特色と結びつけている。各セメスターの最初に学生が参加するのがリード・ウィーク（Lead Week）と呼ばれる革新的プログラムである。その後、12週にわたる授業が行なわれる。もう1つの特色が、フレックス・コア・コンセプトだ。これは、コア科目を学ぶ順序を各自で設定できるもので、第1セメスターという早い段階から特定のキャリア・トラックに沿った学習を開始することができる。これはサマー・インターンの競争において優位に立つことに結びつく。

　Lead Week中に行なわれる集中実習では、直後のセメスターでの12週間にわたる厳しい学習に備えるために、現実のビジネスに関する課題と直面することになる。フレックス・コア・コンセプトのおかげでコア科目を学ぶ順を各自が設定できるため、ただちに特定のキャリア・コースに取り組むことができる。プログラムの期間中は、選択科目11科目を、重要かつ取り組みがいのあるトピックから選択する。これらの選択科目と教授の監督の下で行なわれる学習科目を合わせて学ぶことで、学生は長期的

なキャリア・ゴールにふさわしいカリキュラムのカスタマイズを行なえる。同校では
マーケティング、ファイナンス、意思決定、情報分析、組織と経営、会計学などの13の
異なる分野の中から1つ、もしくは複数の専攻を選ぶことができる。

　ゴイズエタのフルタイム学生の約3分の1、指導教官の4分の1以上が米国以外の出身
者である。同校は世界の35のビジネススクールと提携しており、この提携校の間で、
学生の留学や単位取得も可能である。同校はエグゼクティブ・プログラムを通じて、
大手企業向けの独自プログラムを展開している。対象企業は、ドレスナー銀行（ドイ
ツ）、Lend-Lease（オーストラリア）、チューリッヒ・ファイナンシャルなどとともに、
アトランタをベースとしているホーム・デポ、コカ・コーラ、ロッキードなどがある。

　ゴイズエタのOffice of International Programsは学生と教職員が一体となり、海外
における豊富な学習機会の提供など、学業と課外活動両面の充実を図っている。

　ゴイズエタの教室は快適で、各机にはトップ校では標準的な設備となっているラッ
プトップ・コンピュータが設置されている。プロジェクターも各教室にあり、プレゼ
ンテーション用のデジタル映像などを映すことができる。このプロジェクターは演台
に据えつけられているコンピュータに接続しているため、インターネットにもアクセ
ス可能だ。さらに、どの教室にもリモコン、または操作用タッチ・パッドが壁面作付
けで備えられており、照明の調整や、スクリーンにケーブル・テレビを映すなどの操
作を行なうことができる。ゴイズエタの共用エリアに設置されているテーブルのほと
んどにもラップトップ・コンピュータが備え付けてある。エモリー・ライブラリーの
メディア・ラボでは、ウェブ・デザイン、フラッシュ・アニメーション、ビデオ、CDな
どの作成や印刷を行なうための最新機器が揃っている。

教授陣

　学生の顔と名前を覚えているのが、ゴイズエタの教授陣である。カリキュラムの95
パーセントはフルタイムの指導教官により行なわれる。研究では現実との関連性に重
点を置き、実際のビジネスにおける概念、方法、枠組みを構築して広めることに力を
注ぐ。ビジネス界との強力な結び付きのおかげで、市場の変化と、それに伴うビジネ
ス界からのニーズの所在が常にわかるようになっているのだ。

人気教授陣

人気教授の専門分野と科目名は次のとおり。

教授	専門分野	人気科目／研究分野
ジョー・ラビアンカ （Joe Labianca）	組織行動 （Organizational Behavior）	対立と交渉 （Conflict and Negotiations）
パトリック・ヌーナン （Patrick Noonan）	意思決定科学 （Decision Science）	意志決定と情報分析 （Decisions and Information Analysis）
アジェイ・コーリー （Ajay Kholi）	マーケティング（Marketing）	販売管理（Sales Management）
ニコラス・バレリノ （Nicholas Valerio）	ファイナンス（Finance）	デリバティブ資産分析 （Derivative Asset Analysis）

カリキュラム

　ゴイズエタ経営大学院のMBAプログラムのカリキュラムを構成するのは、グローバル・パースペクティブ（Global Perspectives）、コア科目の授業、そしてリード・ウィークだ。また集中モジュールやビジネスのシミュレーションも行なわれる。2つのセメスターにまたがるグローバル・パースペクティブで学生は、国際問題や異文化問題について分野を越えた研究をする。リード・ウィークの集中モジュールでは、経営コンサルティングのプロセス、市場の創造性、そしてキャリアの展望などを課題として取り上げ、海外研修旅行も行なう。

セメスター I
リード・ウィーク(LEAD WEEK):分析的問題解決セミナー(Analytical Problem Solving Seminar) 組織とマネジメント(Organization Management) 意志決定と情報分析(Decision&Information Analysis) 財務会計(Financial Accounting) 経済学(Economics) マーケティング(Marketing)またはファイナンス(Finance) ゴイズエタ・プラス(Goizueta PLUS)

セメスター II
リード・ウィーク(LEAD WEEK):集中モジュール(Focus Modules) 情報技術とオペレーションズ・マネジメント(Information Technology and Operations Management) 戦略論(Strategy) 選択科目　2科目

セメスター III
リード・ウィーク(LEAD WEEK):ゴイズエタ革新コンペ(Goizueta Innovation Competition) 管理会計(Managerial Accounting) 選択科目　4科目

セメスター IV
リード・ウィーク(LEAD WEEK):フォーカス・モジュール(Focus Modules) 選択科目　5科目

※各セメスターの選択科目は60科目から選択が可能である

出願戦略上のアドバイス

　エッセーでは、自分の対人スキルや、所属するコミュニティーや組織で発揮してきたリーダーシップをアピールすべきである。大きな実績について書く際は、最近の経験を反映したものに焦点を当てるようにしよう。チームにどのような貢献をしたのか、組織の中でどのようにイニシアチブを取ったのかを示すようにすることが肝要である。

就職支援

学生は、次のようなリソースとサービスを利用することができる。

セルフ・アセスメント

ゴイズエタではBusiness Career Interest Inventory（BCII）、Management and Professional Rewards Profile（MPRP）、Management＆Professional Abilities Profile（MPAP）といった要素で構成される、CareerLeaderというインターネット・ベースの自己評価プログラムを提供している。このプログラムを作成したのはハーバード・ビジネススクールの経営心理学者やキャリア・カウンセラーである。

個別キャリア・カウンセリングセッション

CMC（キャリア・マネジメント・センター）のスタッフが学生に対して行なう個別カウンセリングで、自己評価、求職戦略、レジュメ準備とインタビュー・スキルなどの相談に応じてくれる。

ヒューマン・リソース・コンサルタント

CMCが行なうヒューマン・リソース・コンサルタントは、インタビュー・スキルをはじめとして、ネットワーク作りから給与交渉までの役立つスキルを身につけるためのサポートを行なっている。

模擬インタビュー

コンサルタントが担当する模擬インタビュー・セッションに加え、エモリー大学では11月と2月の年2回、企業のリクルート担当者が参加する学内模擬インタビュー・イベントを主催している。少なくとも、どちらかに参加するよう強くおすすめしたい。

インタビュー・フィードバック

　オンキャンパス・リクルーティングの期間中、ゴイズエタは採用担当者に対して、インタビューをしたすべての学生に対するインタビュー評価表の提出を求めている。3つ以上の評価表がある学生は、企業名は明らかにはされないが、フィードバックを受け取る資格がある。

インダストリー・キャリア・パネル

　このパネルでは、実際の仕事内容の下調べと特定の業界で成功する秘訣がわかる。学生のクラブが主催するインダストリー・キャリア・パネルは年間を通じて行なわれる。

卒業生＆企業コンタクト

　CMCは卒業生と企業の連絡先に関するデータベースを整備している。同校の卒業生は、情報提供やレジュメのチェックなどの求職活動のサポートに時間を割くなど、大きな役割を果たしている。

就職支援

　卒業生の主な就職先（職務）は次のとおり（2003年卒業クラス）。

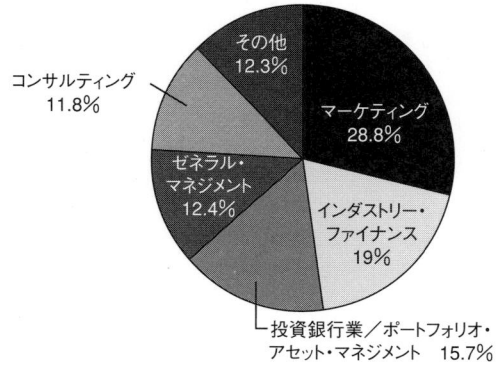

その他 12.3%
コンサルティング 11.8%
マーケティング 28.8%
ゼネラル・マネジメント 12.4%
インダストリー・ファイナンス 19%
投資銀行業／ポートフォリオ・アセット・マネジメント　15.7%　　※出典：『ビジネスウィーク』

2000〜2001年に同校の学生を採用した主な企業は次のとおり（一部）。

アクセンチュア（Accenture）
ベア・スターンズ（Bear Stearns&Company）
ベルサウス（BellSouth）
ボストンコンサルティンググループ（Boston Consulting Group）
シンギュラーワイヤレス（Cingular Wireless）
コカ・コーラ（The Coca-Cola Company）
コンパック（Compaq）
コックス・インタラクティブ（Cox Interactive）
クレディ・スイス・ファースト・ボストン（Credit Suisse First Boston）
デロイト・コンサルティング（Deloitte Consulting）

生活環境

　学生たちがゴイズエタ経営大学院の外の世界をのぞく機会はあるのだろうか。もちろん、そのような機会もあるはずだ。教授が授業で扱うケースの数を1つ減らし、学生が街へと出かけることができるチャンスもあるだろう。洗練された街であることに驚かされるはずだ。アトランタは誰でも何かを見つけられる街である。南部最大かつ多様な都市であるアトランタは（規模で勝るのはニューオリンズだけ）、社会、文化、エンターテインメントにおいて、あらゆる人々の要求を満たす多様性を誇っている。アメリカで「生活するのに最高の大都市」の7位に入ったアトランタには飛び切りの生活がある。アトランタは大都市ではあるが、多くの地域に「小さな町」の風情が残されているのだ。もちろん、さまざまな娯楽の機会もある。

　Emoryは、主にマーケティングの学校であると日本では認識されることが多いが、入学してみると必ずしもそうではないことに気づく。確かにマーケティング分野はケース・ディスカッションのハンドリングが巧みで、ストラテジーの観点、定量分析の観点で秀でた教授が揃っている。しかしその一方で、卒業生は投資銀行やコンサルティング・ファームを選択する人が多いのが実態である。コーポレート・ストラテジーやファイナンスを専攻する学生にとっても十分満足できるような環境が揃っている。

　私の場合は、入学の時点から卒業後コンサルティング・ファームに入ることを前提にビジネススクールを選択していた。Emoryにキャンパス・ビジットした際に理解したのは、ケース・ディスカッションを中心にしたプログラムが大変充実しており、また、ケース・ディスカッションに関しては、私が訪問した8校の中で最も活発で、学生1人ひとりの存在感を感じた学校であるということであった。クラスが充実しているだけでなく、訪問時に教授と議論したこと、在校生やアドミッションの対応などを含めて自分自身の感覚にフィットしたことを確認できたのが入学の決断につながった。

　現在卒業後2年半が経過したが、MBAプログラムの中で最も役立っているのはストラテジーやファイナンス・コースなどで学んだ分析の手法というよりも、むしろ根底の理論や考え方の部分であると思う。業務を行なっているだけではなかなか理解できない根底の理論について書かれた原書類を読破し、メンバーと議論することによって、世の中で一般に使われている考え方や数値の意味合いが深く吸収できることが最も価値があるように思う。実践の中で使用する分析手法などは業務を通じて習得、実行可能であるが、それらが何を意味しているかについて深く考え、議論に時間を割ける場を提供しているのがビジネススクールではないかと考える。したがって、入学時点で卒業後自分自身が何を専門として仕事をしていくのかが認識できていることが非常に重要であろう。

　入学前にある程度卒業後の進路が決まっていると、インターンおよび卒業後の就職活動がずいぶん楽になる。私はMBA1年目の冬に、ボストンや日本での面接を経て、コンサルティング・ファームでインターンとして3ヶ月間プロジェクトに関与し、コンサルティングの現場で、いかにビジネススクールで学んだことが活かせるものかということを実感した。このインターンシップの期間の経験は大変貴重なものであった。まず、自分自身がコンサルティングという業界でどの程度通じるものなのかテストできるということ、そして毎日の業務を通じて不足しているものを見つけ出し、MBA2年目にどの分野を強化して卒業を迎えるべきなのかを明確にできることである。インターンの経験を経て、2年目の秋と冬には、全米各地でのインタビューやオンキャンパス・インタビューを経て、現在のコンサルティング・ファームを選択した。最大の要因は、当社のパートナーとニューヨークでお会いしたことだった。コンサルティング・ファームはファームとしての名声ももちろん重要であるが、一緒に働く方とビジネスにおける価値観を共有できるかどうかは重要な点であると考えていた。その点において、最も良い出会いができたのが現在のファームである。

　これから入学される方々は、人生の中で非常に重要な期間を過ごすこととなる。入学時点において2年間という期間は非常に長いように感じるが、実際は非常に慌しい中で過ぎ去ってしまうものである。したがって、入学前に真剣にキャリアについて熟考し、どのようにビジネススクールで過ごすべきかをぜひ考えて欲しい。ビジネススクールでは次々と貴重な機会（クラス、ケースワークショップ、ゲストスピーチなど）が与えられるが、すべてを消化することは非現実的である。限りある時間の中で最大限の効果を得るためには、入学前からしっかりとしたプランをもてる人がビジネススクールを最も有効に利用できるはずである。ぜひ皆さんにもすばらしきビジネススクールでの生活を体感して欲しい。Go Goizueta!

（Class of 2001　コンサルティング）

C9

海外のフルタイムMBAプログラム

南カリフォルニア大学
マーシャル経営大学院
(Marshall School of Business, University of Southern California)

http://www.marshall.usc.edu

設立年／1922年

基本情報

◆学生に関するデータ

卒業生数__6万5,000名

フルタイム在学生数__581名

日本人学生数

　2004年卒業クラス__8名

　2005年卒業クラス__2名

留学生の割合__20%

アジア人学生の割合__18%

平均年齢__28歳

入学時の平均実務年数__4.6年

◆履修期間と授業料

履修期間__21ヶ月

授業料__年間3万4,000ドル

◆主なランキング

『ビジネスウィーク』2002年17位

『USニューズ&ワールドレポート』2004年20位

『フィナンシャルタイムズ』2004年24位

◆テスト・スコアと合格率

GMAT要求スコア__n.a.

合格者平均GMATスコア__690

合格者GMATスコア分布(80%)__640〜730

TOEFL要求スコア__PBT：600

合格者平均TOEFLスコア__PBT：640

合格者平均GPA__3.33

出願者の合格率__21%

合格者の入学率__48%

✉ 問い合わせ先

●出願に関する問い合わせ

担当者名　Keith Vaughn

eメールアドレス　marshallmba@marshall.usc.edu

●奨学金に関する問い合わせ

URL　http://www.marshall.usc.edu/Web/Graduate.cfm?doc_id=2407

●卒業生ネットワーク

URL　http://www.marshall.asc.edu/web/Alumni

出願締切り　**12月初旬、1月中旬*¹、2月中旬、4月初旬**

＊1　留学生に望ましい最終締切り

就職関連情報

◆サマー・インターンシップの主な採用企業

シティグループ

リーマン・ブラザーズ

メリル・リンチ

アメリカン・エキスプレス

ドイツ銀行

◆卒業生の主な採用先

シティグループ

アメリカン・エキスプレス

J.P.モルガン・チェース

リーマン・ブラザーズ

メリル・リンチ

◆卒業生の就職率と平均年収

卒業後3ヶ月時点の就職率

2001年＿95%

2002年＿84%

卒業後の平均年収（年俸＋契約金）

2001年＿10万3,000ドル

2002年＿9万2,600ドル

✉ 問い合わせ先

●就職関連の問合せ先（Career Resource Center）

担当者名　Tom Kozicki

eメールアドレス　tom.kozicki@marshall.usc.edu

URL　http://www.marshall.usc.edu/career

●卒業生のための就職支援

URL　http://www.marshall.usc.edu/web/Alumni.cfm?docid=4940

school information

Marshall School of Business

University of Southern California

Popovich Hall Room 308

Los Angeles, CA 90089 U.S.A.

C9

海外のフルタイムMBAプログラム

学習環境

　マーシャル経営大学院では理論と応用のバランスが程よく保たれた教育を行なっている。同校では起業家精神を重視し、国際的な視野をもち、ビジネスを迅速に処理する手段として先端技術を進んで取り入れ、ビジネス界に次々と現れる新しい専門分野にも積極的に関わっていくという方針を取っており、これらは同校独特の強みとなっている。ただし、コア科目の授業における1クラスの平均学生数は72名にのぼる。選択科目では1クラスあたり30名である。

　学生は1年目に体系的な学習（コア科目群）を行ない、2年目からは自らの関心に応じて選択科目を選ぶことができる。これら2年目の選択科目は、昼夜を通じてさまざまな時間帯に開講しており、クラスには、1年目にコア科目で机を並べて勉強した学生たちのほかにも、MBA.PM（MBA for Professionals and Managers）やIBEARといった、マーシャルの他のプログラムの学生たちも含まれており、彼らの参加によってクラス内での体験や、ネットワーキングの機会がより豊かなものになっている。

　教授陣と学生は分野横断的な視点に立ち、対人スキルやチームワークを重視しながら数々のビジネス課題に取り組む中で、リーダーや起業家としての能力を養い、国際社会に対する認識を高め、技術分野の知識を育んでいる。

　同校ではまた、1年目の学生全員に、海外での学習を義務付けるという、ビジネススクールとしては初の試みである環太平洋教育プログラム（PRIME：Pacific Rim Education）を実施している。同校で開講している次の4つのMBAプログラムすべてにおいて、海外へ移動しての学習が必修となっている。

・フルタイム（PRIME）
・パートタイム（PM.GLOBE）
・エグゼクティブMBA（ExPORT）
・IBEARに在籍する各国の留学生

　マーシャルMBA国際交換留学プログラム（IEP：International Exchange Program）に参加するMBAの学生はヨーロッパ、アジア、ラテン・アメリカ、オーストラリアにある26校の一流ビジネススクールで学ぶことができる。ほとんどの参加者は秋ターム、もしくは春タームを海外で過ごすが、夏にも3、4週間のプログラムが4回にわたり実施されており、そのいずれかに申し込むこともできる。

マーシャル国際ケース・コンペは、学部生主導の国際的なビジネス・イベントとしては最も名の通った大規模なもので、合衆国、中南米、アジア、ヨーロッパ、オーストラリア、および中近東のトップ校から多くの学生を引きつけている。

教授陣

　学生対教官の比率が比較的低く、各クラスが少人数であるため、教官は学生やビジネス・コミュニティと緊密な交流を保っている。また、環太平洋に位置し、ロサンゼルスの主要なビジネスや金融の中心地からも近距離にあることや、強力な卒業生ネットワークが存在することは、学生がネットワーキングを行ない、実地経験を積むうえで有利な条件となっている。

　マーシャルの教授陣には分野の権威が多く、その研究は経験、実践、そして学問の集大成である。また、教授の一部は人気のある教科書の執筆者であると同時に、数々の専門誌の編集者や編集委員会の一員としても活躍している。

人気教授陣

　人気教授陣の専門分野と人気科目は次のとおり。

教授	専門分野	人気科目／研究分野
ゲーリー・フレージャー（Gary Frazier）	マーケティング（Marketing）	流通経路マネジメント（Distribution Channel management）、マーケティング戦略（Marketing Strategy）
浜尾　泰（Yasushi Hamao）	国際ファイナンス（International Finance）	日本およびアジア太平洋地域の金融マーケットおよび企業財務（Japanese and Asia-Pacific financial markets and corporate finance）
スザンヌ・サバリー（Suzanne Savary）	マネジメント（Management）	ビジネス・コミュニケーション（Business Communication）、パフォーマンス管理（performance management）、エンパワーメント、チームワーク、および会社変革（empowerment,teamwork, and transforming companies）
ドロシー・パブロフ（Dorothy Pavloff）	アントレプレナーシップ（Entrepreneurship）	新興ベンチャー企業への投資（Investing in New Ventures）

カリキュラム

　マーシャルは、学問と実地体験を両立させた2年制のカリキュラムを作り上げた。1年目の「コア」と呼ばれる綿密に構成された一連の学習は、ビジネス・リーダーに必須の基本ツールや、職務上の知識を身につけさせるためのものである。この1年間は、要求の厳しい4ターム制のプログラムで、4つの緻密に計算されたタームをこなし、幅広い専門的・対人的なスキルを身につけるために費やされる。

　対照的に2年目は、自らの関心やキャリア上の目的に応じて1つ、もしくは複数の分野から選択科目を履修することができる。

1年目のカリキュラム

　1年目のカリキュラムは次のとおり。

ターム1
会計概念と財務報告（Accounting Concepts and Financial Reporting） 経営者のためのコミュニケーション（Communication for Management） 競争的戦略における時事課題（Contemporary Issues in Competitive Strategy） 経営経済学（Managerial Economics）

ターム2
応用経営統計学（Applied Managerial Statistics） マーケティング管理（Marketing Management） 企業財務（Corporate Finance）

ターム3
管理会計（Management Accounting） テクノロジーを通した価値の創造と把握（Creating and Capturing Value Through Technology） オペレーションズ・マネジメント（Operations Management） 国家経済における企業（The Firm in the National Economy）

ターム4
現代のビジネストレンド（Current Trends in Business） 組織を指揮する（Leading Organizations） グローバル経済戦略における時事課題（Contemporary Issues in Global Economic Strategy） PRIME（プライム）：大平洋岸におけるビジネス慣習（Business Practices in the Pacific Rim）

2年目

　マーシャル経営大学院は、学生が自ら選んだ専門分野でのコース選択を最大化するガイドラインを作成した。30単位の選択科目を特定の専門分野から履修することもできるし、自分だけの学習プログラムを作ることもできる。同校ではファイナンス、アントレプレナーシップ、テクノロジー分野での優れたプログラムを含む、さまざまな専攻分野の中からコースを選択することができる。コースの一部は次のとおり。

- エンターテインメント・ビジネス（Business of Entertainment）
- 起業とベンチャー・マネジメント（Entrepreneurship and Venture Management）
- ゼネラル・ファイナンシャル・マネジメント（General Financial Management）
- 企業財務（Corporate Finance）
- 投資と金融マーケット（Investments and Financial Markets）
- 不動産ファイナンス（Real Estate Finance）
- ヘルス・ケア顧問サービス業（Health Care Advisory Services）
- プロセス・コンサルティング（Process Consulting）

出願戦略上のアドバイス

　エッセーやインタビューでは、仕事やコミュニティに熱意をもって参加していることを示し、目指すゴールを明確に表現するよう注意しよう。同校では何が学べるのかを把握している点をアピールし、公私にわたるチーム作業、特に多国籍の参加者を含むチームでの作業を得意としていることを明らかにするとよい。

就職支援

　マーシャルのMBAキャリア・リソース・センターは、学生個々がキャリア上の目的を絞り込み、実現するための支援を行なっている。同センターは卒業直後の就職先を獲得するためのみならず、1つのキャリアを通じ、職業人として、そして個人として成長するために必要となる効果的なツールを身につけるための手助けも行なっている。

　マーシャルは5万人以上の卒業生を輩出している。同校の卒業生ネットワークの規

模は最大級だ。卒業生は、模擬インタビュアーに始まり、仕事に結び付きそうな関係者紹介まで、現役MBA学生の指導に多くの時間とエネルギーを注いでいる。新たなキャリアを開始する、もしくはこれまでのキャリアの幅を拡げようと考えているのであれば、マーシャルの卒業生ネットワークはかけがえのないものとなるはずである。

　最近最も多くの卒業生を採用した10社、および各社が採用した卒業生の合計を次に示す。

会社名	採用人数(人)
マテル（Mattel）	9
ウェルズ・ファーゴ銀行（Wells Fargo）	6
アジレント・テクノロジー（Agilent Technologies）	4
リーマン・ブラザーズ（Lehman Brothers）	4
メリル・リンチ（Merrill Lynch）	3
バンク・オブ・アメリカ（Bank of America）	3
ベア・スターンズ（Bear Stearns）	3
デロイト・コンサルティング（Deloitte Consulting）	3
トヨタ自動車（Toyota）	3
バークレイズ（Barclays）	3

就職支援

　卒業生の主な就職先（職務）は次のとおり（2003年卒業クラス）。

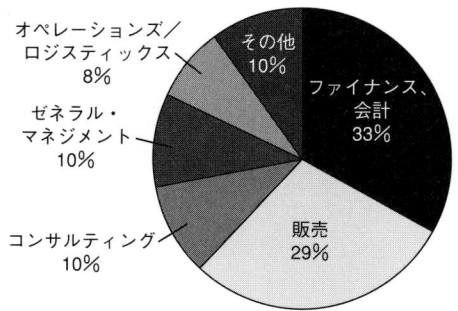

オペレーションズ／ロジスティックス
8％

ゼネラル・マネジメント
10％

コンサルティング
10％

その他
10％

ファイナンス、会計
33％

販売
29％

※『ビジネスウィーク』より

生活環境

　マーシャル経営大学院と南カリフォルニア大学は共に、住民が「ダウンタウン・ロサンゼルス」として捉えている地域から2マイル程度の場所にあり、その地域で展開している活発なビジネスとの交流も可能である。UCLAとは異なり、同校が位置しているのは、市内の中ではそれ程魅力的とはいえない地域である。

　ビジネス、金融、芸術、そして文化などの分野で、今まさに世界の中心都市としての地位を築きつつあるロサンゼルスは、GNP国別ランキングで第10位を獲得しているカリフォルニア州経済の半分以上を担っている。全米第2の規模を誇り、東京と同様、環太平洋地域で最も大きな経済都市の1つである。第2次世界大戦後、ロンドン、香港、ニューヨークが重要な企業拠点として頭角を現したのと同じく、ロサンゼルスも同じく西海岸にあるより小規模なシアトルとともに、主要なビジネス中心地の1つとして自らの地位を固めた。

　今日、全米エンターテインメント産業の60％近くが南カリフォルニア地区、特にロサンゼルスに集中している。ハイテク業界にとってのシリコン・バレーにあたるのが、エンターテインメントとメディア産業にとっての南カリフォルニアである。

　アメリカにとって、環太平洋への最も重要な玄関口であり、近年はラテン・アメリカやヨーロッパとの交流においても重要性を増している同市は、世界的なビジネスの重役たちと顔を合わせ、インターンシップ先を獲得し、コンサルティング・プロジェクトを実行し、キャリア形成のためのコネを作る機会もふんだんにある。

　南カリフォルニアの気候は温暖で、テニス、セイリング、ハイキングやゴルフを1年中楽しむことができる。さらに、マーシャル経営大学院は海岸から車で20分の範囲にあり、冬期や春期には雪上でスキーのできる山岳地帯へも1時間半以内の距離にある。また、文化的な催しも豊富である。ロサンゼルスには数々のすばらしい舞台芸術グループや世界的に有名な美術館や博物館があり、そのうち3つはマーシャル経営大学院から通りをはさんだ向かい側にある。

　ロサンゼルス地区はレイカーズ、クリッパーズ、ドジャース、エンジェルス、キングスやマイティー・ダックスといった、同地区をホームとするスポーツ・チームを複数抱えており、スポーツ関連のイベントも目白押しである。それに加え、夜がふけてからもコメディー・クラブや、さまざまなレストラン、ナイトクラブなど、幅広い娯楽の選択肢がある。

■Bridge gaps among people thorough business.

「ビジネスを通じ世界の人々の距離を縮めたい」をテーマに総合商社で働いてきた。これを追求するために、もっと自分を磨かねばならないと感じての留学だった。Real Worldのビジネスは、組織で行なわれ、「個」のresourceやquality/abilityを使い、「組織として最大のValue」を生み出すことが目標になる。自分を磨く場は、Teamを強く意識したコミュニティでなければと思っていた。

■Diversity

これはB-Schoolの醍醐味の1つだが、外国人比率だけでは図れない。Marshallでは70パーセント強が米国人だが、Asian Americanの比率が非常に高い。彼らはMelting Potである米国、とりわけCaliforniaの歴史そのもの。彼らが米国社会で受け入れられてきたように、Marshallは外国人である我々を受け入れ、我々から学ぶ、共に成長するコミュニティなのだ。

Marshallには、よりよい学校にしよう、というパワーが溢れている。それがランキングを押し上げているのだと感じる。
（Class of 2003　男性　総合商社勤務）

　　　　　＊　　　＊　　　＊
—「1人の天才にできることよりも天才たちの力を結集したグレート・グループが達成することの方が優れている」　ウォレン・ベニス—

グループ・ワーク重視はUSCのMBAカリキュラムの特色の1つだ。大半の科目でグループ課題が要求され、その成績に占める割合も高くなっている。したがって、プログラム全体を通じてチームで勉強したり議論したりすることが多く、チームワークを通じてグループの力学を体得することになる。

1年目の必修科目では、学生のプロフィールを考慮して偏りがないよう学校側が4〜6名のグループを前期と後期に決める。私の場合、前期のグループは自然とお互いが仲良くなり、グループ課題以外でも頻繁に集まったりパーティーしたりした。仕事上の付き合いを越えて親しくなると、チームの運営は非常にスムーズだった。反対に後期のグループは全員がみな仲良くというわけにはいかず、集まるのは必要最小限にして電子メールでやりとりするのが多かった。その結果、お互いの進捗が把握できず、プロジェクトの締め切りぎりぎりまで分担した作業が終わらずに冷や汗を流したこともあった。

2年目の選択科目では、学生が自由にグループを作れるようになる。フルタイムの学生に加え、働きながらMBA取得を目指すパートタイムの学生とも机を並べる。課題はより実践的となり、実際の企業を相手にコンサルティングやリサーチをするプロジェクトもあった。コンサルティング・プロジェクトで、私はクライアントの発掘からインタビュー、提案書作成、データ収集・分析、プレゼンテーションまで実務さながらの活動を実施した。私がパーティーで知り合ったベンチャー企業のCEOとコンサルティング契約した関係上、クライアントとの交渉の第一線に私がたち、プロジェクトの役割分担やスケジュール管理でも終始チームをリードした。4人のチーム・メイトはすべてパートタイムの学生で、彼らの昼間の仕事と時間の調整をつけるのに苦心した。しかしながら、お互いの異なるバックグランドを有効に活用し、短期間ながらも密度の濃いプロジェクトができたことは大きな自信になった。

グループ・ワークの経験は卒業後にも活かされている。プロジェクトごとにメンバーが変わり、短期間で成果をださなければならないコンサルティングという職業にチームワークは不可欠だからだ。最大限の力が発揮できるよう日々自分を磨きつづけている。

（Class of 2002　男性　経営コンサルティング業界）

私は私費学生としてのコメントを申し上げたいと思います。

MBAだけでなく、幅広いネットワークを作れるのがUSCの特徴です。たとえば、私の所属した不動産クラブにはMBAの学生だけでなく、不動産学科や建築学科の学生なども参加しており、LUSKセンターという不動産センターには、全国の不動産関係アルムナイが集まり、南カリフォルニア最大の不動産ネットワークを形成しております。私的に不動産に関する業界の人間で集まり、情報交換をすることも多々ありますし、実際の取引で、相手側がUSCのアルムナイだったという経験もあります。日本のUSCアルムナイ・ネットワークも最大規模で、いろいろなエリアの卒業生が日本中におります。加えて、LAには多くの日本人ビジネスマンも駐在しており、それらの方々とのネットワークを築く機会にも大変恵まれております。授業やレセプションに訪れる有名企業のCEOたちゲスト・スピーカーからも、多くのことを学びました。

MBAの学生、特に私費学生にとってMarshallは、就職活動の優位さも計り知れません。卒業後の就職を決めるのに最も重要なサマー・インターンシップ獲得のための活動は、秋の新学期が始まるとすぐに始まります。授業に慣れることすらままならないこの時期に、いかに効率良く就職活動ができるかが大変重要です。LAには主要な投資銀行やコンサルティング会社が訪れますので、授業と就職活動を効率良く行なうという点でも、このLAの立地の優位さは無視できないものです。大都市の学校以外の学生がレセプションへの参加やインタビューに丸1日を割かざるを得ないといった実情を考えると、このことも大きなメリットだとご理解いただけると思います。もちろん、USCのネットワークも就職活動において威力を発揮します。

（Class of 2001　男性　外国投資銀行本部不動産投資銀行部アソシエイト）

＊　　　＊　　　＊

USCのMarshall School of Businessでの2年間は、ビジネス知識やスキルを集中的に習得できただけでなく、異文化に身を置いて多くの人と接することにより、自分の視野を大いに広げることができたと感じている。入学当初は、皆が早口で自己主張するグループ・ミーティングで全く発言できなかったり、授業中に「君が会社のエレベーターでCEOと2人きりになったら、30秒間で何を売り込む？」と突然指名されて何も言えなかったり、自信喪失の毎日であった。しばらくするとそれが悔しさに変わり、数値分析などで貢献したり、プレゼンテーションを無理やり買って出たりして、何とかサバイブする術を身につけたのであるが、そんなときに助けてくれた友人たちにはとても感謝している。彼らとはいまでもメールを交換するが、それぞれに新しいことに挑戦し、サバイブしている様子を聞くと、自分も頑張らなくてはと発奮させられるのである。

また、Marshallの売りでもあるEntrepreneurshipの授業などでゲストとして来る起業家たちの、事業に対する熱意やリスクを踏まえたうえでの意思決定の速さなども、大企業流のやり方に慣れきった私にとっては大きなカルチャー・ショックであった。これらの経験を通じ、私の人生やキャリアに対する考え方は、現状維持型から未来志向型にかなり変化したような気がするのである。

次に日常生活についてであるが、ロサンゼルスでの生活は快適そのものであり、今でも戻りたいというのが本音である。私が住んでいたウェストウッドという地域は非常に治安が良く、家族連れの日本人たちも多く住んでいる。温暖な土地柄のせいか、ビジネススクールにも明るい雰囲気が漂っており、中庭で太陽を浴びながら勉強やチーム・ミーティングを行なっているのが日常の風景である。また、ロサンゼルスはスポーツ、文化、エンターテインメント、自然など、チャレンジすることが山ほどある。確かに勉強は忙しいが、自分なりのペースが掴めれば、時間を作り出すことは充分可能であると思う。私は、テコンドー道場やヒップホップ・ダンス・スクールに通ったり、地元中学生の国語（英語）のボランティア教師をやったりと、日本では考えつかなかったことにも挑戦し、学外の人とも数多く接することもできた。帰国してつくづく感じることだが、やはり留学中の2年間はまたとない非日常生活である。学生に戻った特権を利用し、勉強以外も大いに楽しみ、体験することをぜひおすすめしたい。

（Class of 2001　男性　ホテル業界 マーケティング）

海外のフルタイムMBAプログラム

ジョージタウン大学
マクドノー経営大学院

(Robert E. McDonough School of Business,Georgetown University)

http://www.msb.edu

設立年／1981年

基本情報

◆学生に関するデータ

卒業生数_3,800名

フルタイム在学生数_528名

日本人学生数

　2004年卒業クラス_12名

　2005年卒業クラス_11名

留学生の割合_35%

アジア人学生の割合_12%

平均年齢_28歳

入学時の平均実務年数_4.9年

◆履修期間と授業料

履修期間_21ヶ月

授業料_年間3万888ドル

◆主なランキング

『ビジネスウィーク』2002年30位

『USニュース&ワールドリポート』2004年24位

『フィナンシャル・タイムズ』2004年12位

◆テスト・スコアと合格率

GMAT要求スコア_n.a.

合格者平均GMATスコア_663

合格者GMATスコア分布(80%)_610〜720

TOEFL要求スコア_PBT:600／CBT:250

合格者平均TOEFLスコア_n.a.

合格者平均GPA_3.3

出願者の合格率_24%

合格者の入学率_41%

✉ 問い合わせ先

●出願に関する問い合わせ

担当者名　Monica Gray　eメールアドレス　mba@georgetown.edu

●奨学金に関する問い合わせ

URL　http://www.georgetown.edu/students/student-aid

●卒業生ネットワーク

URL　http://msb.georgetown.edu/alumni/alumni.htm

出願締切り　　12月初旬、2月中旬*1、4月下旬

*1　奨学生締切り、および留学生に望ましい最終締切り

就職関連情報

◆サマー・インターンシップの主な採用企業

J.P.モルガン・チェース
シティグループ
プロクター・アンド・ギャンブル
ニューヨーク銀行
バークレイズ・キャピタル

◆卒業生の主な採用先

シティグループ
アメリカン・エキスプレス
ゼネラル・エレクトリック
プロクター・アンド・ギャンブル

◆卒業生の就職率と平均年収

卒業後3ヶ月時点の就職率
2001年_86%
2002年_83%

卒業後の平均年収（年俸＋契約金）
2001年_10万1,000ドル
2002年_9万3,000ドル

✉ 問い合わせ先

●就職関連の問合せ先（**Career Management Center**）
担当者名　**John Flato**　eメールアドレス　**jrf@georgetown.edu**
URL　**http://mba.georgetown.edu/career-mnanagement/career.htm**
●卒業生のための就職支援
URL　**http://alumni.georgetown.edu/careerservices/**

school information

The MBA Program
Georgetown University
Box 571148
Washington D.C. 20057-1221 U.S.A.

学習環境

　ジョージタウン大学のMBAプログラムは、1981年の設立当初から、グローバルなビジネス世界への対応に重きをおいてきた。ビジネス界の新たな潮流にしっかりと対応するために、同校は1998年にMBAカリキュラムの見直しを行なっている。約2年にわたる幅広い学内調査と、教授、学生、卒業生、採用企業などからフィードバックを受け、現代ビジネスの現実に正面から取り組んだカリキュラムを立ち上げたのである。

　ジョージタウン大学には有名な国際関係学部（School of Foreign Service）があり、マクドノーは公共サービス、特に国際ビジネスや行政サービスに関心のある日本人におすすめのビジネススクールだ。国際ビジネス外交コース（International Business Diplomacy Course）を優秀な成績で終えたビジネススクールの学生は、ビジネススクールと国際関係学部の複合プログラム（joint program）に申し込む資格を手にする。同プログラムを修了すると国際ビジネス外交（IBD：International Business Diplomacy）の修了証書を手にすることになる。このプログラムを修めるには、IBDのコース6つを履修する。必修となるのは会計とファイナンスで、選択科目は国際銀行業務（International Banking）、コーポレート・ファイナンス、政治的リスク分析、ビジネスと投資誘致交渉（Business and Investment Negotiations）、国際戦略提携である。

　マクドノー経営大学院には独特の雰囲気がただよっている。クラスの内外で力が入れられているのはチームワーク、協力、そして学生同士の友好的な競争である。規模の小さなクラス構成により、学生同士や指導教官、そして事務局のスタッフなどが互いに親しくなる。スタディ・グループでともに学ぶ学生同士は、心からお互いを支え合う仲間であり、卒業後も長く続く結びつきとなる。このような気のおけない友たちとの関係が作り出す雰囲気が、キャンパス内やワシントンDCにおける活発な生活へとつながっている。

　学生同士の協力、クラス・ディスカッションにおける貢献、グローバルな視点などに力点を置くマクドノーには、リーダーとしての能力と実績をもち、異文化に対する理解があり、明確なキャリア・ゴールと、社会を変革しようという気概に満ちた学生が集ってくる。同校に入学する典型的な学生は4、5年の職務経験（金融サービス、コンサルティング、官公庁、テクノロジー、教育、非営利セクターなど）を積んでいる。現在の学生の35パーセントは留学生であり、その出身国は40か国に及んでいる。

　MBAプログラムでは、会計、決定科学、経済学、ファイナンス、マーケティング、マネジメントなどといったゼネラル・マネジメントの基礎を学ぶ。夏期になると、学

生はインターンシップか海外プログラムのいずれかを選択することができ、2年目には全員が1週間の海外研修に参加する。世界中のさまざまな都市、すなわちロンドン、ローマ、プラハ、香港、ホー・チ・ミン市、デリー、ブエノスアイレス、サンパウロなどで、企業を対象としたプロジェクトに参加するものだが、学生はプロジェクトの対象企業のある国に赴いて、経営のトップに対して結果報告を行なう。また、コースは学生それぞれの関心とキャリア・ゴールに応じて選択することができる。

プログラムを通じて、国際マネジメント戦略や倫理的な意思決定、そして対人面やチームワークおよびプレゼンテーションなどで高い能力を示すことなどに力点が置かれている。

教授陣

ジョージタウンの教授の多くは、かつて企業や政府において何らかの職務に就いていた経験がある。また、海外での在住、勤務、研究経験者も多い。同校の伝統の1つは、学生と教授間の交流が盛んなことである。学生は教授たちに相談を持ちかけやすく、彼らの協力を得ながら研究プロジェクトや今後のキャリア決定に取り組んでいる。さらに教授はビジネススクール内のクラブのアドバイザーを務めている。教授の専門性を活用することで、学生は専門分野に関するイベントの企画に役立てている。学生と教授とのユニークな関係は、学生が行う研究活動のサポートにおいても有益なものである。

人気教授陣

人気教授陣の専門分野と人気科目は次のとおり。

教授	専門分野	人気科目／研究分野
ジョニー・ヨハンセン (Johny Johansson)	国際マーケティング戦略（主に日本とヨーロッパ）(International Marketing Strategies)	マーケティング(Marketing) インターナショナル・ビジネス (International Business)
カスラ・フェルドース (Kasra Ferdows)	製造オペレーション (Manufacturing Operations)	グローバル・オペレーションズ・マネジメント (Global Operations Management)
ケン・ホーマ(Ken Homa)	戦略的プランニング (Strategic Planning) マーケティング(Marketing)	マーケティング(Marketing) オペレーションズ(Operations)
リチャード・スウィーニー (Richard Sweeney)	ファイナンス(Finance)	国際金融(International Finance)

カリキュラム

　集中的なチーム学習、複数の専門分野を統合した科目、そして多くの選択科目といったカリキュラムの構成は、学生に相互の関連性と複雑さを増しつつあるビジネスにおける諸課題を予測、分析、解決するツールとスキルを身につけさせるものである。

　マクドノーでは6週のモジュールからなるコア・コースに加え、各タームのはじめに集中統合学習 (intensive integrative experiences) が行なわれる。この「統合学習」はチームによる約1週間のカリキュラムである。ここでは、さまざまな機能分野における諸課題とツールを含むビジネスにおける重要なテーマに焦点が当てられる。

1年目のカリキュラム

1年目のカリキュラムは次のとおり。

秋
統合的体験学習（Integrative Experience）
国際ビジネスの理解（Understanding International Business） （国際企業1社を「生の」ケースとして取り上げ、その中で該当企業の上級管理職が国際的なビジネスチャンスについて語る）
6週間
財務会計I（Financial Accounting I） 数量的手法 I（Quantitative Methods I） 組織行動（Organizational Behavior） 戦略論（Strategy） 経済学（Economics）
6週間
財務会計II（Financial Accounting II） 数量的手法 II（Quantitative Methods II） ファイナンスI（Finance I） マーケティング（Marketing） オペレーションズ・マネジメント（Operations Management）
春
6週間
管理会計（Management Accounting） ビジネスと公共政策（Business and Public Policy） ファイナンスII（Finance II） 経済学と国際ビジネス（Economics＆International Business） 選択科目　1科目
統合的体験学習（Integrative Experience）
国際ビジネスにおける競争（Competing in International Business） 特定産業に集中して分析を行なう
6週間
テクノロジーとナレッジ・マネジメント（Technology＆Knowledge Management） 経営コミュニケーション論（Management Communication） ビジネス倫理（Business Ethics） 選択科目　2科目

2年目のカリキュラム

2年目のカリキュラムは次のとおり。

秋
1週間:
新しいビジネス・トレンド (New Business Trends) 情報および通信技術がファイナンスなどのビジネス機能にどのような変化をもたらすかについて考察する
6週間:
選択科目　5科目
6週間:
選択科目　さらに5科目
春
6週間(グローバル統合的体験学習の準備期間):
意志決定サポート・システム(Decision Support Systems) 選択科目　3科目
グローバル統合的体験学習(Global Integrative Experience)
チーム中心のコンサルティング・プロジェクトで9日間の海外研修を行なう
6週間:
選択科目　さらに5科目
1週間(1Week):
違いを生みだす(Making a Difference)

出願戦略上のアドバイス

　目指すゴールを明確にしたうえで、ジョージタウン大学の文化を理解していることを示そう。同校は国際ビジネスに重きを置くゼネラル・マネジメント・プログラムである。国際ビジネスに興味があると述べるだけでは物足りない。「国際ビジネス」があなたの目指す大まかなゴールであるのなら、そこに向かうキャリアの道筋をはっきりと述べるとよい。

就職支援

卒業生の主な就職先（職務）は次のとおり（2003年卒業クラス）。

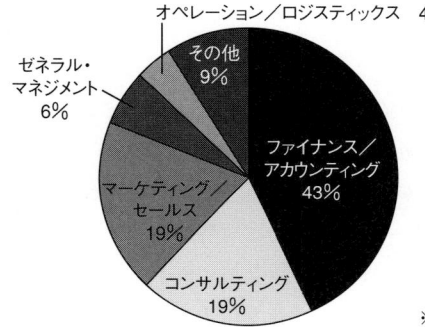

オペレーション／ロジスティックス　4%

ゼネラル・マネジメント 6%

その他 9%

ファイナンス／アカウンティング 43%

マーケティング／セールス 19%

コンサルティング 19%

※『ビジネスウィーク』より

　同校では、キャンパス内で数多くのリクルート・プログラムを実施してインターンシップや本採用のための機会を提供している。またオンラインでフルタイム、パートタイム、インターンシップについての情報の閲覧もできる。さらに同校では、イベント、プレゼンテーション、フォーラムなどを通じて、企業の経営上層部や多国籍企業に勤める卒業生などと接する機会を設けている。また、個別に就職活動をサポートするアドバイス・セッションも行なっている。加えて、ワークショップ、セミナー、卒業生によるプレゼンテーション、レジュメ批評、インタビューの模擬練習などのサービスが利用できる。活発な採用活動を行なっている企業は次のとおり。

アメリカン・エキスプレス（American Express）

シティグループ（Citigroup）

リーマン・ブラザーズ（Lehman Bros.）

クレディ・スイス・ファースト・ボストン（CSFB）

コミュニティー・ウェルス・ベンチャーズ（Community Wealth Ventures）

メリル・リンチ（Merrill Lynch）

ゼネラル・エレクトリック（General Electric）

輸出入銀行（EXIM Bank）

モルガン・スタンレー（Morgan Stanley）

ミラー・ブルーイング（Miller Brewing Co.）

生活環境

　ジョージタウン大学はポトマック川と米国の首都ワシントンを見わたす位置にあり、すぐそこに政府機関、ハイテク地域、そして豊かな文化がある。名所や無料のアトラクション、切れ目なく開催される数々の特別な催しなど、ワシントンDCでは年間を通してさまざまな経験ができる。

　有名な地理的名所にとどまらず、ワシントンDCには都会の活力があふれている。ジョージタウンのキャンパス周辺には飾らないカフェと流行りのショップが軒を連ね、ダウンタウンには数多くの新しいレストランがある。Uストリートにはたくさんの粋なジャズ・クラブがあるし、ケネディ・センターでは世界的に有名なパフォーマンスが行われている。ウォーター・スポーツの愛好家はポトマック川でカヤックやヨットなどを楽しめる。周囲には米国の偉大なリーダーたちの功績を伝える数々の大理石の記念建造物がある。

　日本の「お花見」に思いをはせる日本人留学生諸君は、ご懸念には及ばない。毎年3月の終わりから4月初めに、ワシントンでは桜祭りが行われる。1912年に当時の東京市からワシントンDCに日米親善のシンボルとして3,000本の桜が送られた。ポトマック川に沿って咲く桜は見事なものである。例年開催される行事には、パレードや日米協会主催の「桜祭り」などがある。

　ジョージタウン大学がワシントンDCにあることは、政府機関や世界銀行のような国際機関に関心のある日本人にとってさらなる利点といえる。街中にある通りや公園は広く、ジョギング好きには格好のトレーニング・コースとなるだろう。歴史や芸術に造詣の深い向きには、スミソニアン博物館以上の博物館などは考えられないだろう。航空宇宙博物館を訪れたら、ぜひIMAXシアターでBlue Planetを見るといい。宇宙から見る地球の眺めは涙が出てくるほど感動的なものであり、日本列島の映像も長きに渡って登場する。

　住む場所を探し始めるのは、早ければ早いほど良い。可能であるならば、前もってワシントンDCに飛ぶといいだろう。コロンビア特別区とその周辺の住宅市場は非常に逼迫している。2003年には、空き室率は2パーセント以下であった。この事実1つ取っても、部屋代は予想していたよりも高くつくはずだ。需要が供給をはるかに上回っているのだから、空き室がうまるのも早い。夏の終わりになればなるほど、周辺の大学の学生がワシントンDCで部屋探しをするのと重なり、争いは厳しさを増す。

「可能性を蓋然性に変える」能力。2年間の留学成果を端的に表現すればこの言葉に凝縮されるような気がします。もともと経営学を修めたいと思ったきっかけは、それまでの日常につきものの業務判断において、果たして合理的な、あるいは効率的な裏付けのもとに行なっているかどうか、漠然とした疑問をもっていたからでした。

実際の留学生活は、予想していたとおり充実したものでした。私の場合、渡米までに10年間の実務経験があり、日本の企業における業務推進ではすでに1つのスタイルができあがっていました。また、当然に不動産業界のあるセグメントにおいてはプロフェッショナルであるとの自負もありました。こうした背景に上積みされたものは、一面で以前の自分を見直し、修正させてくれると同時に、業務を通じて感じていたいくつかの「成功法」にしかるべき理由があることを体系立てて理解させてくれた、その得がたい経験です。特に、国際戦略論のPaul Almeida教授、戦略分析論のRobert Grant教授、そして最も心に残り、履修に苦労したマーケティングのKen Homa教授の講義内容は、Georgetownでの生活の集大成ともいえる内容を提供してくれました。多くの級友と課題の攻略に眠れない日々をいったい幾度過ごしたことか、そこでの集中と達成感は卒業後4年を経過してもなお、昨日のことのように思えるほど密度の濃いものでした。

米国でMBAを取得することの意義は千差万別でしょうが、私なりの解釈は、(1)先端に居るビジネス・パーソンならば当然に会得している共通言語を手に入れる、(2)国境を越えた大局的な思考が可能になる、そして(3)世界的な人的ネットワークを構築できる、というものです。その点でMcDonough Schoolは設立から20年と、比較的若い部類のMBAプログラムですが、近時の躍進は、全米最古の名門カトリック大学・ジョージタウン大学の大学院としてカリキュラム、教授陣などさまざまなものが正しく推進されてきたことと、米国の政治経済の中心地ワシントンDCという立地上の利点が、明日のリーダー達を引き寄せてきたことの証左でしょう。

冒頭の言葉はGeorgetownで得たものが昇華され、自身の「眼力」に繋がっていることに対する実感をしたためたものです。専門性をさらに高めていくこともMBAの価値の1つだとは思いますが、多様な領域を学ぶことは、卒業後の実務において驚くほどの結果をもたらしてくれます。今、それまで勘や経験則としていたフワフワしたものが消え、合理的、合目的的判断を追求している自分があるのもGeorgetownのプログラムによるところが多いと思っています。また、大学、大学院の別なく全卒業生がHoyasネットワークで結ばれ、ビジネスやプレジャーで、思わぬ場面で同窓に出会うことも予想外の喜びです。

(Class of 2000　男性　不動産業)

C9

海外のフルタイムMBAプログラム

テキサス大学オースチン校
マコームズ経営大学院
(The McCombs School of Business, University of Texas at Austin)

http://mba.mccombs.utexas.edu/

設立年／1922年

基本情報

◆学生に関するデータ
卒業生数＿1万5,000名
フルタイム在学生数＿804名
日本人学生数
　2004年卒業クラス＿5名
　2005年卒業クラス＿13名
留学生の割合＿24%
アジア人学生の割合＿14%
平均年齢＿28歳
入学時の平均実務年数＿5年

◆履修期間と授業料
履修期間＿21ヶ月
授業料＿2万6,729ドル

◆主なランキング
『ビジネスウィーク』2002年21位
『USニューズ＆ワールドレポート』2004年17位
『フィナンシャル・タイムズ』2004年30位

◆テスト・スコアと合格率
GMAT要求スコア＿n.a.
合格者平均GMATスコア＿678
合格者GMATスコア分布(80%)＿560〜800
TOEFL要求スコア＿n.a.
合格者平均TOEFLスコア＿PBT:654
合格者平均GPA＿3.36
出願者の合格率＿27%
合格者の入学率＿51.9%

✉ 問い合わせ先

●出願に関する問い合わせ
担当者名　Matt Turner
eメールアドレス　McCombsMBA@bus.utexas.edu
●奨学金に関する問い合わせ
URL　http://www.utexas.edu/student/finaid/
●卒業生ネットワーク
URL　http://texasmba.bus.utexas.edu/alumni.asp

出願締切り　　**11月初旬**[*1]、**2月初旬**[*2]、**4月中旬**（すべて**Rolling Base**）
　　　　　　　　　*1　早期出願者用締切り　*2　留学生に望ましい最終締切り

就職関連情報

◆サマー・インターンシップの主な採用企業

デルコンピュータ
モトローラ
IBM
シティバンク
メリル・リンチ
デロイト・コンサルティング

◆卒業生の主な採用先

デルコンピュータ
シティバンク
イーライリリーアンドカンパニー
ジョンソン・エンド・ジョンソン
バークレイズ・キャピタル

◆卒業生の就職率と平均年収

卒業後3ヶ月時点の就職率
2001年 95%
2002年 69%

卒業後の平均年収（年俸＋契約金ほか）
2001年 12万8,000ドル
2002年 11万4,000ドル

✉ 問い合わせ先

●就職関連の問合せ先（**Ford Career Center**）
担当者名　Sharon Lutzs　eメールアドレス　utzs@mail.utexas.edu
URL　http://texasmba.bus.utexas.edu/careers/
●卒業生のための就職支援
URL　http://cso.bus.utexas.edu/alum/

school information

....

McCombs School of Business
The University of Texas of Austin
MBA Program Office
1 University Station, B 6004 Austin, Texas 78712 U.S.A.

....

学習環境

　マコームズが特に強みとしているのは主にテクノロジー、アントレプレナーシップ、会計などの分野であるが、そのほかにもプライベート・エクイティ、不動産、エネルギー・ファイナンス分野などでも革新的なプログラムを展開している。特にエネルギー・ファイナンスは、合衆国きっての石油・ガス産出地域であるテキサス州ならではといえる。不動産プログラムでは、不動産と都市土地経済、不動産金融、土地開発計画と不動産法といった主題を扱った科目を選択できる。こうした科目はファイナンス、不動産、法律、そして地域企画などの分野を縦横しており、担当教官は不動産、金融マーケット、証券化および金融リスク・マネジメントなどに精通している。

　同校主催の「MBA投資ファンドL.L.C（The MBA Investment Fund L.L.C）」は、学生が経営する民間投資企業としては法的に初めて認知されたものであると同時に、全米最大の学生ファンドの1つでもある。同ファンドはおよそ65名の投資家を抱え、個人や組織顧客を対象とした成功志向証券ポートフォリオ（growth-oriented equity portfolio）、価値志向証券ポートフォリオ（a value-oriented equity portfolio）、そして年金ポートフォリオ（endowment portfolio）の3種類の投資商品により1,500万ドルを取り扱っている。

　起業家を目指すマコームズの学生は、同校の「MOOT CORP」に参加することができる。これは、法科大学院でしばしば行なわれる「Moot Court」という活動をもじったものである。参加者はチームを組んでビジネス・プランを考案し、例年行なわれるコンペで賞金獲得を目指して争う。

　第19回のテキサス大MOOT CORPコンペ（2001年）では、自宅用子宮頸癌テストのマーケット・プランを考案した学生チームが優勝し、同計画を実現するための立ち上げ資金として10万ドルを勝ち取った。

　ITやeビジネス・スキルをカリキュラムに取り込み、有効なコンピュータ・スキルや分析ツールを教え、学生に新たな事業を立ち上げるための自信を植え付けるプログラムとして、マコームズの卒業生が同校を非常に高く評価していることも、テクノロジーやアントレプレナーシップ分野における同校の高い実力を考えれば不思議はない。卒業生はそのほかにも同校の対人スキルを重要視した方針や、最先端の指導を行なっている点も称えている。

教授陣

　マコームズの魅力として、同校の学生はしばしば、教授陣の質の高さとアクセスの
しやすさについて言及する。同校の教授陣が行なう研究は各方面で強い影響力がある
と高い評価を受けており、同校の学生はこれら最新の知識を日々教室で直接享受する
ことができる。教授陣は産業界とも緊密に交流しており、それを糧として、授業の中
でも実社会の課題を扱ったり、実習を多用したりすることで、より効果的な教育を実
現している。教授陣はフィールド・スタディやゲスト講演、コンサルティング・プロ
ジェクトなどを通し、常に産業界の現実を教室に持ち込んでいる。これと引き換えに、
実業界や政界のリーダーたちも、マコームズの教授陣を訪れ、その知識と専門性の助
けを乞うている。

人気教授陣

　人気教授陣の専門分野と科目名は次のとおり。

教授	専門分野	人気科目／研究分野
アンドレス・アルマザン （Andres Almazan）	ファイナンス（Finance）	企業財務(Corporate Finance)、金融仲介(Financial Intermediation)、銀行理論および契約理論(Banking and Contract theory)
ジョン・ドジェット （John Doggett）	経営（Management）	グローバル競争(Global Competition)、国際マーケティング(International Marketing)
プラブュデブ・C・コナーナ （Prabhudev C. Konana）	経営科学（Management Science） 情報システム（Information Systems）	Eビジネスの価値評価(e-Business Value Assessment)、サプライ・チェーン・マネジメント(Supply Chain Management)、企業間調達(B2B Procurement)、次世代電子ブローカレージの設計(Design of Next Generation Electronic Brokerages)
ビジェイ・マハジャン （Vijay Mahajan）	マーケティング（Marketing）	製品普及(Product Diffusion)、マーケティング戦略およびリサーチ手法（Marketing Strategy and Research Methodologies）

417

カリキュラム

　マコームズのカリキュラムは非常に柔軟である。コア科目は、MBAプログラムの第1〜3セメスターで履修する9つの必修授業（27時間）から構成される。その条件さえ満たせば、学生は1年目の春セメスターから選択科目を受講し、学習内容を自らの関心に応じて決定することができる。なお、専攻の選択は義務付けられていない。

1年目

　1年目のカリキュラムは次のとおり。

秋学期
統計学／意思決定分析（Statistics／Decision Analysis）（3 単元） 財務会計（Financial Accounting）（3単元） 情報技術（Information Technology）（3単元） ミクロ経済学（Microeconomics）（1.5単元） オペレーションズ（Operations）（1.5単元） 上記に加え、以下から1科目を履修 　ファイナンス（Finance）（3単元）、マーケティング（Marketing）（3単元）

春学期
戦略論（Strategy）　（3単元） 以下から1科目を履修（秋学期に未履修の科目） 　ファイナンス（3単元）、マーケティング（3単元）、　選択科目（3科目）（9単元）

2年目

　2年目のカリキュラムは次のとおり。

秋学期
管理会計（Managerial Accounting）（1.5単元） マクロ経済学（Macroeconomics）（1.5単元） 以下の「人材マネジメント（Managing People）」系科目から1科目を履修 　交渉の技と科学（Art and Science of Negotiation）（3単元） 　人的資源の創造と管理（Creating and Managing Human Capital）（3単元） 　人材および組織管理：コンサルタントの視点（Managing People and Organizations：Consultant's Perspective）（3単元） 上記に加え、選択科目を3科目（9単元）

春学期
選択科目（5科目）（15単元）

出願戦略上のアドバイス

　インタビューは必須ではないが、受けることをおすすめする。テキサス大学オースチン校に進学したいと考えていて、コミュニケーション能力に自信があるのなら、キャンパス内インタビューを申し込もう。多くの日本人受験者が、キャンパス訪問の日程を組む際「ローン・スター」(LoneStar：テキサス州の俗称)を素通りしてしまう。ほかの出願者と差をつけるためにも、旅行日程にオースチンを組み込むべきである。

　州外住民の授業料と諸経費は、2003年度入学者用で年間約2万7,000ドルである。さらに、日本人出願者も応募できる奨学金があり、実際、成績優秀者に与えられる奨学金を獲得した日本人もいる。

就職支援

　卒業生の主な就職先(職務)は次のとおり(2003年卒業クラス)。

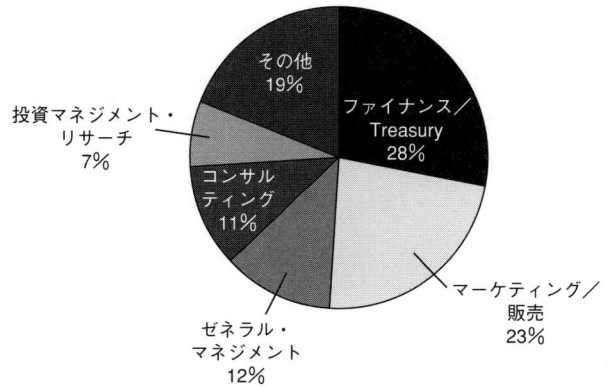

　マコームズのフォード・キャリア・センター(FCC)では、インターネット・ベースの求人システム、テレビ・ビデオ会議インタビュー、ウェブ上で公開される履歴書ブック、そしてMBA学生専用の、膨大な資料をもつ就職図書館などを提供している。

　同センターのキャリア・アドバイザーは、留学生や米国人学生が海外で就職するための手助けに従事している。FCCは例年数千件のインタビューを実現させている。また、キャリア向上や就職活動のためのセミナーも主催している。それ以外にも、ケー

419

ス・インタビューや、レジュメ作成、カバー・レター、給与交渉などを課題としたワークショップを開催したり、大勢の企業重役をキャンパスに招いて、MBA修了後のさまざまなキャリア・パスについて語ってもらったり、MBAキャリア・フェアやキャリア・トレックの企画を手助けしたりするなど、さまざまな活動を展開している。

　企業の採用担当者は、常にマコームズを卒業生採用対象校のベスト10に数えており、例年500社以上がテキサス大学のキャンパスを訪れている。これら採用担当者を迎えるため、FCCでは43室のインタビュー・ルーム、採用担当者専用のラウンジ、作業スペースを備えた、重役会議室並みのインタビュー専用施設を用意している。また、更衣室やスーツ用のロッカーが備わっており、学生が労せずしてインタビューの準備ができるよう工夫されている。

　昨年マコームズを訪れた企業の一部は次のとおり。

3M
ドレスナー・クラインオート・ワッサースタイン（Dresdner Kleinwort Wasserstein）
メリル・リンチ（Merrill Lynch）
EDS（EDS）
マイクロソフト（Microsoft Corporation）
エリクソン（Ericsson, Inc.）
ミラー・ブルーイング（Miller Brewing Company）
アーサー・D・リトル（Arthur D. Little）
アーンスト＆ヤング・コンサルティング（Ernst＆Young Consulting）
モルガン・スタンレー・ディーン・ウィッター（Morgan Stanley Dean Witter）
ATカーニー（Exxon Mobil Corporation）

生活環境

　テキサス大学のあるオースチン市は、テキサスの州都である。この中規模の都市は、ハイテク施設を完備した近代都市としての面目を保ちながら、小さな町のもつ魅力的な側面も残している。大学近辺の地域には芸術と文化の香りが漂い、テキサス全土に見られる魅力的なヒスパニック文化の趣きもある。

　オースチン市は数々の美しい湖、公園や遊歩道に恵まれ、春には一面をブルーボンネットという青い花が覆う、かの有名なテキサスの田舎の丘陵地帯にも程近く、アウ

トドアを愛する人々には格好の街である。ナイト・ライフも賑やかで、気候も摂氏15度から30度程度と、非常に過ごしやすい。さらに同市は生活上のあらゆるサービスを提供しながらも、同規模の他市にくらべれば道路が空いている。オースチンでは勉強に必要な静かな生活を維持しながら、活気溢れるビジネス環境に身を置くことができ、ハイテク時代のビジネス・ライフに取り残される心配をしなくてもすむ。

‥‥日本人在校生および卒業生のコメント‥‥

■チームワーク：グループ・プロジェクト

　テキサス州はその州旗に代表されるように、独立色が非常に強い州です。かつて合衆国に統合されるまで1つの共和国であったことが、団結力や協調性を高めている1つの理由だと思われます。マコームズもその性質を受け継いでおり、学生同士が助け合う協調性の高い風土が伝統として深く根付いています。

　チームワークをはぐくむ1つの方法がグループ・プロジェクトです。McCombsでは、ほとんどの授業で必ずグループでの課題が与えられます。セメスターを通じて分析するような大掛かりなプロジェクトもあれば、各週の宿題さえもグループでの提出を要求される場合もあります。最初のセメスターではコア・クラスが多く、コホートと呼ばれる固定されたクラスで授業を受けますが、学校側がコホート内をさらに5名前後のスタディ・グループに分け、セメスターを通じて同じグループで課題を実施することになります。通常、チーム内の留学生の割合は1名ですが、私の所属した6人のチームはアメリカ以外の国籍を持つものが4名（インド、台湾、韓国、日本）もいて、まさに多用なバックグラウンドと国籍が混じったインターナショナル・チームでした。ファイナルのプレゼンの直前は、毎日5時間以上のミーティングで激論を重ねたりもしましたが、チームは本当に密度の濃い付き合いになり、彼らとの関係は一生の財産になると確信しています。

　また、Plusと呼ばれるセメスターの中間点に設けられている2週間の実地プロジェクトがあります。5名前後のチームで実際の企業から委託を受けたプロジェクトについて分析を実施するのですが、事前に用意された100以上のプロジェクトから自分が興味をもったものを選択できる仕組みになっています。ただし、必ずそのプロジェクトに参加できるわけではなく、すでに決まっているチーム・リーダーにメンバーの採用権限があり、インタビューなどを通過して初めてチームに加入することができます。また既存のプロジェクトの中に自分にフィットする案件がなければ、自らがチーム・リーダーになってプロジェクトを作ってしまうことも可能です（実際、私と同じスタディ・グループの友人は、スポーツ関連ビジネスのプロジェクトを自ら立ち上げていました）。Plusは短期間にリアル・ビジネスにおける成果物を要求されるため、いかにチームが効果的かつ効率的に機能するかが最大のポイントとなります。短い期間ではあるものの、チームとの付き合いは非常に深いものになります。

■求職活動

　フォード・キャリア・センター（FCC）と呼ばれる専門組織が、フルタイムで学生の就職活動をサポートしています。FCCはキャリアセッション（業界説明、自己分析ツールによる性格診断など）、各企業のリクルーターの誘致、インタビューの模擬練習講座などを積極的に推進しています。さらに1年生のそれぞれに2年生のメンターがつき、Resumeの指導をしてくれるシステムがあります。この制度は非常に重宝しました。自分でメンターを選択できるので、バックグラウンドや卒業後の志望キャリアが似ている方を選び、Resumeへのアドバイスだけでなく業界事情や面接への対応方法など、幅広い視点からのアドバイスをもらうことができました。

　昨今、留学生の米国内での就職は非常に厳しい状況が続いているようですが、FCCはこの状況にも迅速に対応し、インターナショナル専門のアドバイザーを準備するとともに、留学生も採用対象にしている企業の情報を毎日のように提供してくれています。　　　　（Class of 2005　男性　会計事務所（前職）　私費）

海外のフルタイムＭＢＡプログラム

インディアナ大学
ケリー経営大学院
(Kelly School of Business, Indiana University)

http://www.kelley.indiana.edu/mba

設立年／1920年

基本情報

◆学生に関するデータ
卒業生数＿7万7,000名
フルタイム在学生数＿550名
日本人学生数
　2004年卒業クラス＿6名
　2005年卒業クラス＿6名
留学生の割合＿30%
アジア人学生の割合＿n.a.
平均年齢＿28歳
入学時の平均実務年数＿5年

◆履修期間と授業料
履修期間＿21ヶ月
授業料＿年間2万4,201ドル

◆主なランキング
『ビジネスウィーク』2002年20位
『USニュース&ワールドリポート』2004年23位
『フィナンシャル・タイムズ』2004年36位

◆テスト・スコアと合格率
GMAT要求スコア＿n.a.
合格者平均GMATスコア＿651
合格者GMATスコア分布(80%)＿580～710
TOEFL要求スコア＿PBT：580
合格者平均TOEFLスコア＿PBT：630
合格者平均GPA＿3.35
出願者の合格率＿22%
合格者の入学率＿45%

✉ 問い合わせ先

●出願に関する問い合わせ
担当者名　James Holmen　eメールアドレス　mbaoffice@indiana.edu
●奨学金に関する問い合わせ
URL　http://www.kelley.indiana.edu/mba/prospective/finaid
●卒業生ネットワーク
URL　http://www.kelley.indiana.edu/alumni

出願締切り　　12月、2月、3月初旬

就職関連情報

◆サマー・インターンシップの主な採用企業

ブリストル・マイヤーズスクイブ
プロクター・アンド・ギャンブル
イーライリリー・アンド・カンパニー
シティバンク
クラフト・フーズ

◆卒業生の主な採用先

イーライリリー・アンド・カンパニー
バンクオブアメリカ証券
ブリストル・マイヤーズスクイブ
ジョンソン・エンド・ジョンソン
JPモルガン

◆卒業生の就職率と平均年収

卒業後3ヶ月時点の就職率
2001年_86%
2002年_74%

卒業後の平均年収（年俸＋契約金）
2001年_10万1,000ドル
2002年_9万5,000ドル

 問い合わせ先

●就職関連の問合せ先（**Graduate Career Services**）
担当者名　**Dick McCrachen**　eメールアドレス　**dmccrack@indiana.edu**
URL　http://www.kelley.indiana.edu/gcs
●卒業生のための就職支援
URL　http://www.kelley.indiana.edu/alumni

school information

MBA Program
Kelley School of Business
Indiana University
127 East Tenth Street, Suite 2010
Bloomington, IN 47405-1703 U.S.A.

C9

海外のフルタイムMBAプログラム

学習環境

　ケリーのMBAプログラムは非常に協力的なものであり、授業以外における教授、学生、職員間のつながりが協同作業を機能させる鍵となっている。ケリーで学ぶ学生はグローバルなものの見方とはどういうことかを理解することになるだろう。同校では留学生の占める割合が30パーセントにおよんでいるからだ。

　ケリーにはリーダーシップ養成の機会が数多く設けられている。すべての学生はMBAオリエンテーション期間中、リーダーシップ開発研究所（Leadership Development Institute）が開発した一連のリーダーシップ養成演習に参加する。そのほかにも、カリキュラムに沿った学習と平行して、ワークショップ、学生組織、アカデミーなどに参加することが可能だ（詳細はカリキュラムの節を参照）。

　ケリーの学生が積極的に課外活動に参加していることはよく知られている。実際、クラブなどの組織に参加している学生の割合は全体の90パーセントを超える。国際ビジネス協会、ビジネスで活躍する女性学生の会、学生起業家クラブ、アジア人MBA協会、同性愛者・異性愛者間ビジネス提携などの多様な選択肢がある。

　さらに、ケリーには最新の学習設備がある。2002年に3,300万ドルをかけて完成したケリー大学院・エグゼクティブ教育センター（Kelley School Graduate and Executive Education Center）ではMBA、会計学、そしてエグゼクティブ・プログラムが行なわれている。同センターのスペースは柔軟に利用できるようになっており、そのおかげで教室の大きさもさまざまにできる。小会議室は30以上になり、ほかにも大きさの違う会議室が6つ以上用意されている。センターの中心には「フォーラム」と呼ばれる集合スペースも用意されている。ここでは学生や教授、さらにはセンターへの訪問者たちが集い、意見を交換したりディスカッションをしたり、コーヒーを飲みながらおしゃべりに興じたりすることができる。教室には最新の教育機材が備え付けられている。建物には無線／有線のインフラが整っている。さらに、2つの大きなコンピュータ・ラボがあり、ラップトップ・パソコンのためのデータ・ポートは2,600個用意されている。4種類のデータ・ベースを備えたトレーディング・ルームもあり、ビジネススクールの学生はすぐれたリサーチ機能を活用しながら、リアルタイムの株取引を行うことができる。世界中の人々がオーディオ・ビデオリンクを通して、ケリーにアクセスすることが可能である。小さな中西部の町の「バスケ強豪大学」に、これほど設備が整ったビジネススクールがあることを知って驚く向きも多いかもしれない。

教授陣

　ケリーの強みは、その教授陣にある。教授たちはすばらしい資格をもち、熱心で、多様性も兼ね備えている。その多くが一流の学術誌、たとえば『Journal of Economics and Governance』、『Journal of Accounting and Public Policy』、『Journal of Competitive Intelligence』、『Journal of Marketing』などで編集委員を務めている。

　またケリーの教授は幅広い分野の専門職協会のメンバーとなっており、それらは以下の協会を含む。

Association of Computer Machinery、Institute of Electrical and Electronic Engineers、American Finance Association、American Economic Association、Econometric Society Institute of Management Sciences、Operations Research Society of Americaなど。

　ケリーにはその卓越した指導内容を評価されてNational teaching awardsを受賞している教授も少なくない。東ヨーロッパ、中央アメリカ、シンガポール、韓国など、世界中で指導した経験をもつ教官たちである。

　教授たちのこれまでのコンサルティング経験は総合的に非常に優れたものである。1つ例を挙げよう。ミシェル・フラティアンニは、最近、経営学・公共政策学部学部長に任命されたが、彼はブリュッセルの欧州委員会の経済アドバイザー、米国大統領経済諮問委員会のシニア・エコノミスト、そしてエストニア、イタリア、ラトビア、リトアニア、ベトナム各政府のアドバイザーを歴任している。また、同教授は民間企業のいくつかに対してもコンサルティングを行なってきた。実社会でのこれほど華麗なビジネス経験を有する教授に接することができるのは、かけがえのないことである。

人気教授陣

人気教授陣の専門分野と科目名は次のとおり。

教授	専門分野	人気科目／研究分野
ジェフリー・コビン （Jeffrey Covin）	アントレプレナーシップと戦略的マネジメント（Entrepreneurship and Strategic Management）	戦略的マネジメント （Strategic Management）
F・ロバート・ジェイコブス （F. Robert Jacobs）	オペレーションズ・マネジメント （Operations Management）	Eビジネス（E-Commerce）、 セルラー・マニュファクチャリング （Cellular Manufacturing）、 エンタープライズ・リソース・プランニング （ERP：Enterprise Recourse Planning）
アイダリン・ケスナー （Idalene Kesner）	戦略的マネジメント （Strategic Management）	コーポレート・ガバナンス （Corporate Governance）、 合併と買収（M&A）
ロバート・クレムコスキー （Robert Klemkosky）	ファイナンス（Finance）	派生証券（Derivatives Securities）

カリキュラム

　インディアナ大学ケリー経営大学院は他のMBAプログラムと比べれば日本ではブランド・イメージが定着しているとはいえないかもしれない。しかし、そのプログラムは一流であり、トップ校の基準を満たすものである。

　とりわけ、同校のプログラムが高く評価されているのは次の点である。

・教授間で指導内容についての調整が行なわれており、指導全般の質が高い
・授業の中で最先端のコンセプトについての指導、現在の研究内容についての説明、そして戦略的思考の養成が行なわれている
・就職のためのトレーニングが充実している
・教授にアクセスしやすい
・リーダーシップ・スキルの養成に力を入れている
・学生に有益なコンピュータ・スキルと分析ツールを身につけさせている

ケリーのMBAプログラムでは革新的・総合的コア・カリキュラムが用意されており、2003年秋には、微調整を反映した新たな改良が施されている。国際的に著名ですぐれた指導を行なう教授陣、真新しい最新鋭の設備（2003年春の時点ではまだ新校舎に「芸術作品」を配置している最中であった）、教授、そして企業のエグゼクティブとの交流ができるすばらしい機会がケリーにはある。

　また、同校にはケリー・ダイレクト（Kelly Direct）と呼ばれるオンラインMBAプログラムがあるが、これは最も歴史のあるものの1つであり現在最高峰の1つに数えられている。このプログラムは一般の人も企業もともに利用できるもので、たとえば現在ゼネラル・モーターズは社内向けのMBAプログラムで利用している。

　これらの特徴と中西部の親しみやすい街、比較的手頃な学費と生活費を合わせると、付加価値の高いMBAプログラムに必要とされる要素がそろっていることがわかるだろう。ケリーはビジネススクールの中でも「隠れた宝石」の1つである。

　ビジネススクールのほとんどが1年目のコア・カリキュラム（MBAプログラムを学ぶための厳しい「新兵養成訓練」）をファイナンス、マーケティング、ミクロ経済学、オペレーション、経営情報システムといった機能分野を中心として組んでいる。しかし、ビジネスの現場における問題解決では、個々の機能分野が関連を持たない細胞のように孤立して存在するということはない。これは組織の中で昇進していくにつれて、直面することとなる現状である。すなわち、ファイナンスに関わる提案の評価をしているファイナンスの専門家は、会計、税、人的資源、プランニング、および投資についても考慮する必要があるということだ。学生はコア科目全体で単一の評価を受ける。このこと自体が教授間の連携と指導に関する統一性を生みだす原動力となっている。コア科目間の孤立を避けるために、分野ごとに独立した学習を完全になくそうとしていることはケリーにとって良いことである。コア・カリキュラムは3つのブロックに分けられ24週間におよぶが、ビジネスにおける機能を重視するのではなく、その状況と問題点に焦点を当てている。

　各ブロックの概要は次のとおり。

ブロック1：マネジメントと意思決定の基礎
市場機能の仕組み 財務データの分析法 数量分析ツールを用いて未加工データを有用な情報に変える方法 不適切な決定をもたらす「思考トラップ」を避けるためのクリティカル・シンキング能力の向上法

ブロック2：新たなビジネスチャンスの見きわめと評価
新規ベンチャーから新製品開発まで、さまざまなビジネス機会について取り上げる 最も魅力的な機会を見きわめる 総合的な状況分析を行なう方法を身につける 提示した意見に対する顧客の反応から未来技術とその影響にいたるまで、あらゆる事柄を見きわめる能力を育成する

ブロック3：既存業務のマネジメント
採算管理：価格と費用 抵抗の兆しの発見と対応、特定方法 重要なオピニオン・リーダーの見きわめ インフォーマルな組織ネットワークの管理 顧客の要求への対応 組織変革の先導

　コア・カリキュラムの残りの8週間では、卒業後の就職へのステップとなるサマー・インターンに向けた準備として、選択科目を自由に選ぶことができる。

　ケリーの専攻分野は、Eビジネス、経済コンサルティング、ファイナンス、マーケティング、ベンチャー立ち上げとビジネス開発、戦略的経営コンサルティングなど多岐にわたる。さらに、コース・ワークと実務への応用を複合した「アカデミー（Academies）」と呼ばれる専門分野も設けられている。現在、このアカデミーでカバーされるのはコンサルティング、アントレプレナーシップ、国際的活躍（Global Experience）、医療関連経営（Health Care Administration）、投資銀行業とキャピタル・マーケット、投資マネジメント、小売業と消費者マーケティング、スポーツとエンターテインメント、テレコミュニケーションなど広範囲におよんでいる。

　このアカデミーはアドバイザーとなる教授と協力する貴重な機会となるだけでなく、就職に向けた、ネットワーク作りなどの活動機会となっている。学生は、教授と学生自身の理論を「実践」で試すことができるのである。たとえばコンサルティング・アカデミーでは、コンサルティング会社とともに実際の業務に携わり、アントレプレナーシップ・アカデミーでは、アントレプレナーと呼ばれる起業家たちの会社でインターンとして働く。国際的活躍アカデミーでは、国際的ビジネス・シーンで活躍する経験豊かなリーダーたちの指導を受けながら、参加企業を通して現実のケースに取り組む。医療関連経営アカデミーでは、学生が参加するのはコンサルティング・プロジェクト、フォーラム、コンファレンス、主要企業の査察訪問などである。

ケリーは2003年秋用にカリキュラムを改定した。その中でさらに重点が置かれているのが、同校のこれまでのカリキュラムの2大特長であったリーダーシップ養成演習とアカデミーである。ともに規模が拡大し、すべての学生に受講が義務付けられる。なお、新たなカリキュラムの特徴は次のとおり。

アカデミー集中期間（各タームのはじめに実施される）

キャリアの専門家が指導し、キャリア関連特有の知識やスキルの養成を目的に構成されている。

コア・カリキュラムのさらなる統合

ケリーの学生はコア・カリキュラム全体で1つの評価を受けることになる。この方針により、教授間で通常では行なわれないような連携が促進されることになる。

新設のリーダーシップおよび専門性養成（L＆PD：Leadership and Professional Development）コース

学生は、自らのリーダーシップ・スキルの評価を受けると同時に、他者のリーダーシップ・スキルを評価する方法についても学ぶ。

1年目の春セメスター

選択科目を20科目から選択し、履修を開始できる。

出願戦略上のアドバイス

　ケリーに提出するエッセーに、同校の顔色をうかがうがごとき内容を書いているようではいけない。問われている事柄に的確に答えつつ、自分独自の見解も示すとよい。クラスメイトの少なくとも50パーセントは転職を計画しているだろう。自分の今後のプランが確定していなくても、何をしたいか、そしてそれが自分の経験や才能とどのように結びついているのか、またケリーで学ぶことが目標に到達するうえでどのように役に立つのかについては考えておくべきだろう。

就職支援

卒業生の主な就職先（職務）は次のとおり（2003年卒業クラス）。

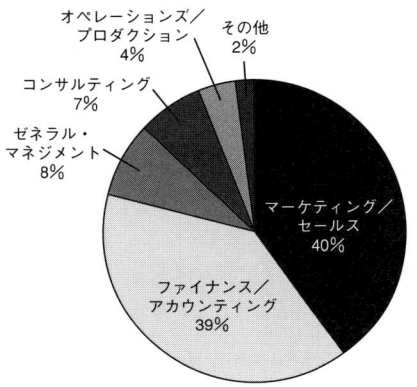

オペレーションズ／
プロダクション
4%

その他
2%

コンサルティング
7%

ゼネラル・
マネジメント
8%

マーケティング／
セールス
40%

ファイナンス／
アカウンティング
39%

　ケリーはIBM、イーライリリー、プロクター・アンド・ギャンブルなどの多国籍企業数社との間に関係を構築しており、さらに、コンサルティング会社や金融関連企業にネットワークを拡大し、密接な活動を開始している。さらに、同校は情報技術と投資分野においてもすばらしい評価を得ている。米国内のあらゆる地域から100以上の企業が、年に最低一度はマネジメント職のリクルートを行なうためにケリーを訪れている。2001〜2002年の採用数上位10社は次のとおり。

バンクオブアメリカ証券（Banc of America Securities）

カミンズ（Cummins）

クラフト・フーズ（Kraft Foods）

バークレイズ・キャピタル（Barclays Capital）

イーライリリー・アンド・カンパニー（Eli Lilly）

ファイザー（Pfizer）

ブリストル・マイヤーズスクイブ／ミードジョンソン株式会社
　（Bristol Myers Squibb／Mead Johnson）

フォード自動車（Ford Motor Co.）

プロクター・アンド・ギャンブル（Procter＆Gamble）

ブラウン・アンド・ウィリアムソン（Brown＆Williamson）

生活環境

　インディアナ大学は、米国内でも有数のすばらしいキャンパスを誇り、さらにワールド・クラスの文化・スポーツイベントを数多く主催している。このような特徴が加わることによって、プロフェッショナルの養成と課外活動がバランス良く行なわれる独特の環境を作り出している。

　インディアナ大学があるブルーミントンは、インディアナ州の中南部に位置している。人口わずか6万5,000人のこの都市は、親しみやすさと中西部の小さな町の素朴な魅力を備えているが、活動、サービス、お店やレストランなどの幅はもっと規模の大きい街のそれと同じだ。たとえば、レストランの種類は多く、中華、タイ、日本、韓国、インドはもとより、チベット、ギリシャ、ケージャン、イタリア、メキシコ料理まで多彩である。最近ブルーミントンは米国内で最も生活してみたい都市の1つに選ばれている。その選考基準は経済、個人の安全、住宅、サービス、レジャー活動などであった。

　バスケットボールが好きな向きには、お楽しみが待っているだろう。インディアナ大学は大学バスケットボールの一流所である。同大学のバスケットボール・チームであるフージャーズは、5年連続でナショナル・チャンピオンシップを獲得していたが、2002年のプレーオフ最終戦でメリーランド大学に敗れ、6連覇を逃している。

　州都インディアナポリスまでは車で50分の距離にある。シカゴまでは車で北に4時間の距離である。にもかかわらず、ブルーミントンはいくぶん孤立した感のある街であり、この点をケリーの学生はマイナス点としてあげている。一方で、最近卒業したある日本人女性は、彼女にとってブルーミントンでの生活は自然に触れ、公害のない環境を体験する機会となったと話していた。

　ケリーの学生の10パーセントがキャンパス内で生活をしている。キャンパス内の居住施設で9ヶ月の契約を結ぶことができた学生は、食事を作る必要もなく、クラスメイトとすぐに連絡を取ることができる。独身学生はシングル、またダブル・ルームのどちらかを選択し、妻帯者は最大で3部屋のベッドルームがあるマンションから部屋を選択することになる。残りの90パーセントはキャンパス外に住んでいる。この最大の理由は、キャンパスから出てブルーミントンで生活するほうが驚くほど安くつくからだ。家賃は手ごろで、1カ月450ドルの1ベッドルームのマンションから、850ドルの3ベッドルームの幅である。もっと大きな都市にある大学の場合は、700〜2,000ドルになるところである。

■Kelleyの特色

　1820年創立の名門Public Schoolインディアナ大学の経営学部であるKelley School of Business（Kelley）の生徒数は、1学年約250名と小規模なため、学生、教授、スタッフとの関係が非常に緊密です。教授陣は研究やコンサルティング活動だけでなく、「教える」ことに非常に強くコミットしています。チームワークを重視するカルチャーがあり、アサインメントはほとんどチーム単位で課されます。1つの分野に偏ることなく、ファイナンス、マーケティング、ストラテジー、アントレプレナーシップと、さまざまな興味をもつ学生が集まっているため、クラス内、チーム内でバランスの取れた議論が展開されます。またクラスの約30パーセントが外国人留学生で、インド、中国、韓国、日本、南米、欧州からアフリカまで、世界各国から学生が集まっています。卒業生のCisco Systems会長ジョン・チェンバース氏をはじめとした多くの方からの寄付により、Kelleyは2002年にMBA専用の新校舎をオープンしました。Public Schoolであるため、他のトップ・スクールに比して学費はかなり安く、費用対効果は相当高いといわれています。詳細は日本人学生が運営するサイトをご覧ください。

（http://members.at.infoseek.co.jp/Kelleyschool/）

■おすすめの授業・教授

　『ビジネスウィーク』誌の科目別ランキングによると、マーケティング（6位）、マネジメント（8位）、ファイナンス（10位）とバランス良くTop10に評価されるKelleyは、また同誌の「Where the best teachers are」ランキングでも3位に評価されています。ここでは各科目のおすすめの授業、おすすめ教授をご紹介します。

＜マーケティング＞
Dan Smith：2年次の選択科目Marketing Strategy担当。Kelleyで最も人気のあるスーパー・スター。
Shailendra Jain：1年目のコア授業でのマーケティング担当。エネルギッシュでユーモア溢れる授業。
＜マネジメント＞
Idie Kesner：Harvard Business Reviewにもよく寄稿している有名教授。コア授業の戦略論を担当しながら、MBAプログラム・チェアとして2004年からのカリキュラム革新など、強力なリーダーシップを発揮。
Paul Friga：元マッキンゼー・コンサルタントで「マッキンゼー・マインド」の共著者。Kelleyのコンサルティング業界における知名度アップに尽力。
＜ファイナンス＞
Richard Shockley：Real option理論の大家。Kelleyはリアル・オプション関連のすばらしい授業が揃っています。
Jeffrey Fisher：Top MBAスクールの不動産ファイナンスの授業では彼が執筆した教科書が使われています。
（Class of 2004　男性　外資系メーカー　私費）

＊　　　＊　　　＊

■住み心地のよい街

　大阪、京都で育ち、東京、ロンドンと暮らしてきた私と妻にとって、最初ブルーミントンに来たときは、なんと退屈な田舎に来てしまったのだろうと愕然としたものです。しかし、2年弱ここに住むうちに、いつしか私も妻も四歳の娘もこの街が大好きになっていました。緑の多い美しい街とキャンパスは、紅に染まる秋、白銀の冬もとても魅力的でしたし、人口の半分が学生ということもあって、街全体が学生や留学生に友好的で、子どもや女性も安心して暮らせる街でした。大学にはファイン・アートやミュージック・スクールもあるので、美術やコンサートなどのアート関連のイベントも楽しめました。物価も安く、平和で暮らしやすい街といえるでしょう。

■インディアナMBAの特徴

　私がインディアナ大学ケリー・スクール・オブ・ビジネスについて感じた特徴は3つあります。1つはバランスの取れた、精緻に設計されたコア・カリキュラムです。1年目のコアでは、最初の数週間で会計、統計、クリティカル・シンキング、経営戦略といった概念的な科目を学んだ後、ファイナンス、マーケティング、ミクロ・マクロ経済といった実用的な必須科目に入り、そこからさらにオペレーション、情報システム、人事、管理会計、インターナショナル・ビジネスといった応用的な分野まで幅広くカバーします。しかも幅広いだけではなく、これら科目間が相互に関連しており（これを「インテグレーティッド・コア」と呼びます）、現実のビジネスの意思決定をシミュレートするよう設計されています。経営に必要な知識をばらばらではなく、現実に近い一連のつながりの中で学ぶことがもっとも効率的であり、それをケリーは提供しようとしているわけです。

　2つ目はケリーは製造業に相当力を入れたスクールだということです。授業のケースなどで取り上げられるのは製造業が中心ですし、マーケティングを専攻する生徒が3割以上と、非常に高く、その多くは製造業のマーケティング職に就きます。ファイナンス専攻の学生もやはり3割ほどいますが、製造業のファイナンス職に就く人も多いようです。そういった意味で、特に製造業でのキャリアを目指す人にとっては最適のプログラムだといえるでしょう。

　3つ目の特徴としてティーチング・クオリティの高さが挙げられます。私はマーケティングを中心として戦略、ファイナンスまで幅広く選択したのですが、どの分野でもケリーの教授陣の質は満足のいくものでした。世界的に有名な権威といったような人こそあまりいませんが、みな授業は分かりやすく、生徒の声をよく聞き、パーティなどでも生徒と触れ合う時間を大切にする親しみやすい雰囲気の教授が揃っていました。

■私のキャリア形成について

　私の場合、日本の大企業に入社してから、社内ベンチャー部門で生産の立ち上げをしたり、サプライ・チェーンを構築したりといった業務に携わっていたのですが、効率良く生産や購買業務を進めるためには、マーケットからの正確な情報や事業全体を俯瞰する視点が欠かせず、いつしか、マーケティングや事業運営全体に興味をもつようになっていました。また、それまでの私の業務のやり方も行きあたりばったりの力任せといったことが多く、このままではきちんとした仕事のやり方が身につかないというあせりもあり、ビジネススクールでビジネス全体をきちんと学んだうえで、マーケティングへのキャリア・チェンジをしようと考え、会社にMBA留学させてもらうよう志願しました。

　留学後は海外の現地法人でブランド・マネージャーとして、マーケティングを担当することになりますが、やはりMBAなくしてこうしたキャリア・チェンジは容易ではなかったと思います。今後はこれをステップとして、グローバルな経営者としての道を歩んでいきたいと考えています。

（Class of 2003　男性　電子部品メーカー　マーケティング（ドイツ勤務））

パデュー大学
クラナート経営大学院
(Krannert Graduate School of Management, Purdue University)

http:/www.mgmt.purdue.edu

設立年／1958年

基本情報

◆学生に関するデータ

卒業生数＿n.a.
フルタイム在学生数＿320名
日本人学生数
　2004年卒業クラス＿10名
　2005年卒業クラス＿16名
留学生の割合＿40％
アジア人学生の割合＿20％
平均年齢＿27歳
入学時の平均実務年数＿4年

◆履修期間と授業料

履修期間＿21ヶ月
授業料＿年間2万4,988ドル

◆主なランキング

『ビジネスウィーク』2002年26位
『USニュース＆ワールドリポート』2004年24位
『フィナンシャル・タイムズ』2004年30位

◆テスト・スコアと合格率

GMAT要求スコア＿n.a.
合格者平均GMATスコア＿658
合格者GMATスコア分布(80%)＿590〜720
TOEFL要求スコア＿n.a.
合格者平均TOEFLスコア＿n.a.
合格者平均GPA＿3.35
出願者の合格率＿30％
合格者の入学率＿44％

✉ 問い合わせ先

●出願に関する問い合わせ
担当者名　Ward Snearly
eメールアドレス　krannert_ms@mgmt.purdue.edu
●奨学金に関する問い合わせ
URL　http://www.mgmt.purdue.edu/programs/masters/
●卒業生ネットワーク
URL　http://www.mgmt.purdue.edu/alumni/konline/home.htm

出願締切り	12、2月初旬

就職関連情報

◆サマー・インターンシップの 主な採用企業

ガイダント
ヒューレット・パッカード
ダウ・アグロケミカル
イーライリリー・アンド・カンパニー
ゼネラル・エレクトリック

◆卒業生の主な採用先

ガイダント
IBM
ゼネラル・エレクトリック
プロクター・アンド・ギャンブル
バークレイズ・キャピタル

◆卒業生の就職率と平均年収

卒業後3ヶ月時点の就職率
2001年_95%
2002年_78%

卒業後の平均年収（年俸＋契約金）
2001年_9万5,000ドル
2002年_9万2,000ドル

C9

海外のフルタイムMBAプログラム

✉ 問い合わせ先

●就職関連の問合せ先（**Management Placement Office**）
担当者名　Alan Ferrell　eメールアドレス　ferrell@mgmt.purdue.edu
URL　http://www.mgmt.purdue.edu/departments/gcs/
●卒業生のための就職支援
URL　http://www.mgmt.purdue.edu/departments/gcs/

school information

Krannert Graduate School of Management
Purdue University
MGMT, KRAN
403 West State Street
West Lafayette, IN 47907-2056 U.S.A.

学習環境

　1958年に設立されたパデュー大学クラナート経営大学院は「お買得な」ビジネスス クールとして高く評価されている。同校のブランドのもつ価値は他のトップ校と同等 であるとはいえないかもしれないが、充実したプログラムと他校より手ごろな費用が これを補っている。さらに、同校には学費の援助を目的としたさまざまな助手手当 （授業補助、研究補助、事務管理補助）が用意されている。

　クラナートのプログラムは、エンジニアリングや科学などの技術的バックグラウン ドをもつ人には特に魅力的なものである。オペレーションや数量的スキルといった分 野における指導に優れていることはよく知られている。また、ファイナンスや戦略の カリキュラムは高い尊敬を集めている。得意分野における質の高い教育は、費用以上 の価値をもつものである。

　クラナート経営大学院の1年目を「新兵訓練のアカデミック版」だという人もいる。 ほかにも、「厳しい」とか「充分に統合された」などと形容する人もいる。プログラム は幅広い分野を網羅しており、学生はビジネスのプロとして必要とされる分野の数々 の重要な側面について学ぶ。

　クラナートの学生は多様なメンバーで構成されるチームの中で学びながら、勉強と 遊びを両立する方法を身につける。多くの学生にとって、同校の規模の小ささが思い がけない恩恵をもたらしてくれるだろう。学生と教授の間には本当の意味でのチーム ワークと友愛がある。学生総数320名程度の小さな集団であるから、その中に飲み込ま れてしまうことも、そうあることではないだろう。廊下で出会うときには、文字通り 「Hi」という挨拶が交わされる。教授が個々の学生のために割く時間も多い。このよう な友好的な態度は、クラナートをはじめ、中西部各地のプログラムでよく見受けられ る。クラナートでは学生と教授の距離が近いという高評価を得ている理由の1つは、ビ ジネススクールの規模の小ささと同校の教授たちの献身的姿勢にある。

　クラナートは学生にインターナショナルな体験をさせることに特化したプログラム を多数用意している。「新ヨーロッパにおけるビジネス（Business in New Europe）」と 呼ばれるプログラムは、5月に授業が終了した直後、学生がインターンシップに入る前 にパリで行なわれる。学生はまたドイツのハノーバーにあるドイツ国際経営管理大学 院（GISMA：German International Graduate School of Management and Administration）で8週間を過ごすこともできる。

教授陣

　クラナートの教授は非常に親しみやすく、また、学生とともに考え、成功に資する「強み」を与えてくれることで知られている。教授としてだけでなく、友達や相談相手にもなる。卒業生たちに言わせれば、クラナートの教授陣は専門分野においてトップ・クラスであり、指導能力も尊敬に値するとのことである。

人気教授陣

　人気教授陣の専門分野と科目名は次のとおり。

教授	専門分野	人気科目／研究分野
ケマル・アルティンケメル (Kemal Altinkemer)	経営情報システム (Management Information Systems)	Eコマース(E-Commerce)、コンピュータ通信ネットワーク(Computer Communication Networks)、ニューラル・ネットワーク(Neural Networks)
パトリック・J・G・デュパルク (Patrick J.G. Duparcq)	マネジメント(Management)	上級管理職のためのE ビジネス戦略とインターネット・マーケティング(E-Business Strategy and Internet Marketing for Executives)
ジョン・マコーネル (John McConnell)	ファイナンス(Finance)	企業財務(Corporate Finance)、投資(Investments)、資本市場(Capital Markets)
マイク・ワッツ (Mike Watts)	経済学(Economics)	経営財務(Managerial Economics)、国際労働経済学(International Labor Economics)

カリキュラム

　フルタイムMBAは60単位からなるプログラムで、コア・コース(35単位)は経営のあらゆる機能分野からなる。学べる分野には、アカウンティング、ファイナンス、マーケティング、戦略的マネジメント、オペレーションズ・マネジメントなどがある。さらに分野横断的なオプション(Interdisciplinary Option)として、ゼネラル・マネジメント、インターナショナル・マネジメント、生産管理の3つが用意されている。

2年間のカリキュラム

2年間のカリキュラムは次のとおり。

1年目
モジュール1：秋セメスター（8単元）
ミクロ経済学（Microeconomics） 財務会計（Financial Accounting） 数量的手法 I（Quantitative Methods I） 経営コミュニケーション能力（Managerial Communication Skills） 組織における行動（Behavior in Organizations） 管理職育成シリーズ（Management Development Series）
モジュール2：秋セメスター（9単元）
原価会計（Cost Accounting） 財務管理 I（Financial Management I） マーケティング管理 I（Marketing Management I） 数量的手法 II（Quantitative Methods II） 経営コミュニケーション能力（Managerial Communication Skills） 管理職育成シリーズ（Management Development Series）
モジュール3：春セメスター（8単元）
財務管理 II（Financial Management II） マーケティング管理 II（Marketing Management II） 戦略的マネジメント I（Strategic Management I） オペレーションズ・マネジメント I（Operations Management I） 管理職育成シリーズ（Management Development Series）
モジュール4：春セメスター（8単元）
戦略的マネジメント II（Strategic Management II） オペレーションズ・マネジメント II（Operations Management II） 管理職育成シリーズ（Management Development Series） 選択科目　2科目

2年目
モジュール5：秋セメスター（8単元）
事業法（Business Law） 情報システムの原理（Principles of Information Systems） 選択科目　2科目
モジュール6：秋セメスター（6単元）
マクロ経済学（Macroeconomics） 選択科目　2科目
モジュール7：春セメスター（8単元）
選択科目　4科目
モジュール8：春セメスター（5単元）
選択科目　2科目

※経営コミュニケーション能力（1単位）を除くすべての科目は2単位。

出願戦略上のアドバイス

　クラナートに入学するためには「コンピュータ屋」である必要はない。同校にはミュージシャンなどを含め、技術分野のバックグランドをもたない人が入学している。とはいうものの、「テクノMBA」として知られるプログラムをやり遂げるために必要な数学的能力があることは示す必要がある。オペレーションやテクノロジー分野のバックグランドがあり、分析スキルに優れているのであれば、クラナートは出願先リストに加えるべきビジネススクールといえる。

就職支援

卒業生の主な就職先（職務）は次のとおり（2003年卒業クラス）。

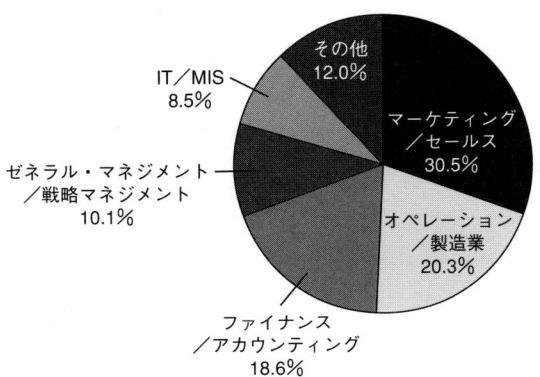

クラナートは就職フェアを開催し、学生が企業ネットワーク作りをするサポートを行なっている。また、同校は全国規模で行われる就職フェアや留学生専門の就職フェアにも参加している。クラナート・ジョブフェア（Krannert Job Fair）は毎年10月最初の金曜日に開催される、採用活動シーズンの幕開けを告げるイベントである。このフェアの直後からオンキャンパスの採用活動が始まる。正社員を探している企業のほとんどが10月〜12月初旬に活動を行なっている。インターンの採用活動が開始されるのは11月中旬で、3月初旬まで続く。

2000〜2002年にキャンパス内で留学生の採用活動を行なった企業（一部）は次のとおり。

アクターナ（Acterna （formerly WWG））
カミンズ（Cummins Engine Company）
IBM（IBM）
イーゴン保険グループ（Aegon Insurance Group）
サイプレス・セミコンダクター（Cypress Semiconductor）
インガーソル・ランド（Ingersoll-Rand）
アメリカン・エレクトリック・パワー（AEP）
ディーア・アンド・カンパニー（Deere&Company）

ジョンソン・エンド・ジョンソン（Johnson & Johnson International）
アジレント・テクノロジー（Agilent Technologies）

生活環境

クラナート経営大学院に決めた要因の1つに、ウェスト・ラフィエットの街を挙げる学生もいる。安全は、この地で生活する大きなメリットだ。ウェスト・ラフィエットは凶悪犯罪と窃盗が最も少ない都市として、米国内でもトップにランクされている。

ウェスト・ラフィエットはインディアナポリスから北西に1時間、シカゴからは南東に2時間の小さなコミュニティである。閑静な地方の環境は「楽しい」と呼ぶにはふさわしくないが、学生同士の交流を強力に推し進めるものである。街に暮らす人たちはクラナートのあるウェスト・ラフィエットのことを、小さな町のすべての利点があり、国際的な雰囲気もかもし出していて、学生が気に入りそうだと述べている。大都市志向の人には、ふさわしい場所ではないだろう。

ウェスト・ラフィエットは学生が家族を連れて入学するには特に良い街である。静かな環境で、子供には良い教育が受けさせられる。さらに、生活費は他のトップ校のある街と比べてかなり低い。「ユナイテッド・ウィーク」に行なわれる家族ぐるみのイベントは、学生とその家族がクラナートでの学生生活に慣れる手助けをしてくれる。

・・・・日本人在校生および卒業生のコメント・・・・

Krannert Schoolではグループ・プロジェクトを中心にしたワークロードになります。新校舎の完成により20以上のスタディ・ルームができました（各定員5、6名）。ディスカッションに集中できる、理想的な環境です。

周辺は治安が良く、大学町として理想的な環境。家族のいる方には最適です。単身であっても、大学周辺の飲み屋などに行くと、いつも若い大学生が一杯。英語力に自身のある人は、たくさんの人と知り合う機会もあるでしょう。

ここPurdueは、中西部という日本とつながりが少ないロケーションであることからも、MBA取得後に米国での仕事を探す方には不利かもしれません。ただ、日本に帰国することを前提としている方、特に製造業のオペレーションに興味のある方には、おすすめのスクールだと思います。将来の自分のキャリア・プランに合わせて自分に合った学校探しをしてください。

資金面で不安のある方は、事前にTA／RAなどのアシスタントシップの申し込みをするとよいでしょう。ここPurdueは（日本人を除いて）多くのインターナショナル学生に対して職を提供しています。学費の一部が免除になるほか、福利厚生がたっぷりつき、1年間で100万円近く節約できます。

大学の就職サポートは、インターナショナル学生に対してもとても親切。かといってアメリカでの職探しは簡

単ではないのですが、親身に相談に乗ってくれます。レジュメ添削やモック・インタビューは無料で提供しています。
（Class of 2004　男性　コンサルティング業界　私費）

＊　　　＊　　　＊

■環境

ビジネススクール（以下BS）の新館が2003年に完成し、少数のBSながら最高の施設が用意されています。全学生にいきわたる各種機器とスペース。50億を投じたこの新館は、環境という点においてすべてのニーズを満たしてくれると思います。いったん校舎を出ると、そこは人口7万人の大学都市。うち4万人が大学関係者ということもあるのでしょう、極めて平和な町です。最寄りの大都市はシカゴで、2時間半ほどの距離にあります。

■授業

BSの方針でしょう。良くも悪くも1年目は押し付け型の叩き込み。相当なワークロードが課されます。8週間を1区切りとしているため、4週間ごとに中間、期末が繰り返されます。課題を解くという点においては、チームワークを重視し、チームとしての成果を求めます。チーム内の相互評価、および授業中のコールド・コール（いわゆる「指名」）で個人としての成果、クラスへの貢献を要求する教授が多いのも特徴でしょう。

2年目になると選択が増えてきます。特徴的な授業としてはE-business Consultingが挙げられます。実際の企業に対し、16週間のコンサルティングを行なうというものです。IBM、アクセンチュア、シスコ、イーライリリー、インディアナ州などからの依頼に取り組み、教授のほか、各企業で働くクラナートの卒業生が学生側のサポートにあたります。

学生の6割がエンジニア出身ということもあり、必然的に数字を用いた解析が重視されます。しかし驚くべきは、難易度の高い内容であっても、基本的な理論を積み重ねて解答に導くという点です。企業の現場を想定しているのでしょうか、これは多くの在校生が認めるパデューのすばらしい点です。オペレーション分野における授業の質は高く、全米トップ3という高い評価を受け続けています。

■その他

米国では少ない1年生MBA、またHRに特化したMBAもユニークな一面で、近年注目を集めているようです。少人数制でとにかく娯楽の少ない田舎です。必然的に週末は集まり、飲み、語らいます。あなたとは違う人種、経歴、価値観。触れるだけでなく、摩擦し、浸り、混ざりあえるのがパデューMBAの最大の魅力です。
（Class of 2004　カード業界　男性私費）

＊　　　＊　　　＊

■入学の経緯など

私は私費で留学することが決まっていたため、（1）授業料が安い公立校、（2）自分の専門分野の人事／HRが強そうな学校に絞って準備をしました。クラナートについては当初MBAコースへ出願していたものの、学校側から「専門性を活かす意味からMSHRMで入学しないか」という提案をもらいました。取得学位がMBAでなくなることに不安がありましたが、どちらも共通カリキュラムを履修できること、自分の専門性を伸ばせることからMSHRMに決めました。

■環境

冬が北海道なみに寒いという点を除けば、非常に住みやすい環境です。周りに遊びの誘惑がないので学業に集中できますし、カレッジ・スポーツが盛んな学校なので、キャンパス・ライフも充実できます。そのほか、治安が良い、物価が安い、自然に恵まれているためアウトドアに最適などの利点があるうえ、子育てにも適

していると思います。

■学校のカリキュラム

　クラナートでは基本的にチームで課題に取り組むため、チームでどのような役割を果たすのかが重要となります。日本人の場合、データ計算で貢献するケースが多いようです。また、入学直後のモジュールでは、チームにメンターと呼ばれる指導員（2年生）がつき、学校生活についていろいろと相談にのってくれます。印象に残っているのは、Ranga助教授のOrganizational Change（組織変革）という授業です。組織変革についてのテキストやケースをとにかく読み、考え、チームで討論をする授業で非常におもしろかったです（この先生とは今でも交友が続いています）。また、人事情報システムの授業で地元企業へのシステム・コンサルティングを課題として与えられたのも印象に残っています。

■就職活動

　まずクラナートの就職支援体制は、全米のビジネススクールの中でも上位に入るほど手厚いもので、その手厚さは留学生に対しても例外ではありません。留学生専門の就職カウンセラーが個別に指導をしてくれます。

　私には、卒業後、休職していた企業に復帰するという選択肢がありましたが、中長期的にどのような人材になりたいかを考えた末、転職することにしました。同級生から「元の会社に義理があるかもしれないが、ビジネススクール卒業というメリット、チャンスを活かすべきだ」という助言を多くもらったのも考え方が変った要因だと思います。転職活動は、HRコンサルティングを第1希望、事業会社の人事を第2希望として進めていきましたが、（1）採用凍結、人員補充を行なわない企業が多かった、（2）HRの場合、空きポジションに対して補充するという考え方が強く、卒業直前にならないと採用試験を受けることができなかったなどという事情もあり、最終的に転職先が固まったのは、卒業前後の時期でした。最終的に複数のコンサルティング・ファームから内定をいただき、業務内容などから現在の勤め先に決定しました。

（Class of 2003＜MSHRM＞男性　コンサルティング HRコンサルタント　休職／私費）

＊　　　＊　　　＊

■大学を取り巻く環境

　私は私費留学で、妻と渡米しました。Krannertを選んだ理由は、Operation、定量分析が強いこと、州立大学のため学費が安いこと、インディアナという土地柄、生活費が安いこと、全米で住みたい町に選ばれたこともある安全な街で、日本企業もあり家族にも安心、さらに全米屈指の理工系のPurdue大学のビジネススクールのため、留学生比率が高かったことなどが挙げられます。

■カリキュラム

　ケース、レクチャー、演習、チーム・プロジェクトのバランスが良いカリキュラムで、特にExcelを用いた定量的な分析は幅広い授業で行なわれ、計算の得意な日本人には取り組みやすく、役に立つ授業でした。

　経営工学を修了しシンクタンク出身の私は、Manufacturing＆Technology Management（MTM）という学際専攻を取りました。Product Designや地元企業にコンサルティングをするグループMTMのProjectでは、理工系のPurdueならではで、チーム・ディスカッションを通じ、興味深い体験ができました。また、96年当時からE-Commerceの授業も開講されていました。MTMでは授業以外にセミナーや教授宅でのパーティーなどもあり、メーカー幹部を目指す学生や教授との交流もできました。

■就職活動

　Management Placement Officeは充実した米国内の採用情報以外に、留学生向けにジョブ・フェアの

情報提供もしており、オーランドなどに繰り出しました。また個人的にボストンで行なわれる日本企業のジョブ・フェアなどにも参加しました。日本企業の米国での採用活動の情報を集めて、米国で面接を受けたり、帰国時にも複数企業の面接を受けたりもしました。就職活動ではネットや他大学の日本人留学生からの情報収集、帰国時の活動が肝心だったと思います。

　サマー・インターンは、東京にある外資系コンサルティング・ファームで2ヶ月間行ないました。2年時は、複数のコンサルティング・ファームやメーカーからマーケティング、経営企画などのオファーをもらいました。

　　　（Class of 1998　男性　ネットビジネスコンサルティング、マネージャー　ロータリー奨学生／私費）

＊　　　　＊　　　　＊

■スクールの環境

　Purdue大学は、中西部・インディアナ州の片田舎に位置します。シカゴとインディアナポリスを結ぶハイウェイの中間地点であるため、車さえ運転できれば生活には不自由しませんし、遠くてもせいぜい車で10〜15分程度の通学時間も魅力です。ここが米国であることを忘れてしまうくらい安全な町であるため、家族帯同の留学生にも安心して学業に臨める環境だと思います。

　私の場合、企業派遣とはいえ、1年限定という制約があったため、米国でビジネス初級者にも門戸を開いている1年コースを探すのに苦労しましたが、Purdueに決めた主な理由は、(1)2年コースと同じ授業に参加できること、(2)数値解析を用いたDecision Scienceの分野に長けていること、(3)比較的少人数でスタッフの対応が親切、ていねい(特に留学生に対して)であることが挙げられます。

■カリキュラム

　1年コースでは、卒業に必要な最低49単位(うち必修35単位)を5つのモジュールで履修しますので、必然的に2年制MBAよりも負荷が大きくなります。具体的には、10月以降モジュールごとに、2年コースの4コマに加えてさらに1コマ以上履修する必要があります。当然のことながら、授業への出席と積極的な参画が成績にも影響し、さらには、チーム単位での宿題や課題が頻繁に課されるため、チームメイトとのミーティングに費やす時間が増えていきます。私の場合、英語でのコミュニケーションに慣れない頃に欲張って、5教科計16名とチームを組んでしまったため、時間調整に手間取り、自分自身の勉強時間に制約が出てしまったことが反省点です。しかし、その反面、選択科目では数多くの上級生ともチームを組むことができ、より豊富な知識や情報を吸収し、短期間でも幅広いネットワークを築くことができたことが、非常に有益であったと確信しています。

　選択科目を選ぶ際は、1年コースの学生に優先権が与えられているため、人気の高い科目でも、まず問題なく履修できます。財務や会計に重きを置いていた私は、Bagnoli教授の「決算書分析」と「税務戦略」をおすすめします。Teaching Awardの受賞経験もある会計学の教授ながら、企業分析に必要な実践的なスキルを、会計分析にとどまらず、財務、企業戦略分析の分野まで幅広く、バランス良く、分かりやすく教えてくれます。ここで得たスキルは、帰国後、M&Aをはじめ種々の企業再編のプロジェクトに携わっている現在の私の基礎となっています。

　とにかく何事にも「今しか経験できない！」と思って積極的にチャレンジし、自分の存在をアピールすること。月並みではありますが、これがビジネススクールで成功を収め、充実した生活を送るための秘訣です。

　　　（Class of 2002＜1年コース：MSIA＞　男性　エネルギー業・営業企画部門主任）

ワシントン大学 セントルイス
ジョン・M・オーリン経営大学院
(John M. Olin School of Business, Washington University, St. Louis)

http://www.olin.wustl.edu/

設立年／1917年

基本情報

◆学生に関するデータ
卒業生数＿1万3,000名
フルタイム在学生数＿298名
日本人学生数
　2004年卒業クラス＿13名
　2005年卒業クラス＿10名
留学生の割合＿31％
アジア人学生の割合＿28％
平均年齢＿29歳
入学時の平均実務年数＿5.5年

◆履修期間と授業料
履修期間＿21ヶ月
授業料＿年間3万1,450ドル

◆主なランキング
『ビジネスウィーク』2002年24位
『USニューズ＆ワールドレポート』2004年29位
『フィナンシャル・タイムズ』2004年27位

◆テスト・スコアと合格率
GMAT要求スコア＿n.a.
合格者GMATスコア＿651
合格者GMATスコア分布(80％)＿590〜710
TOEFL要求スコア＿PBT：590／CBT：243
合格者平均TOEFLスコア＿PBT：627
合格者平均GPA＿n.a.
出願者の合格率＿35％
合格者の入学率＿40％

✉ 問い合わせ先

●出願に関する問い合わせ
担当者名　Brad Pearson　eメールアドレス　mba@olin.wustl.edu
●奨学金に関する問い合わせ
URL　http://www.olin.wustl.edu/mba/adm/finaid.cfm
●卒業生ネットワーク
URL　http://www.olin.wustl.edu/alumni/default.cfm

出願締切り　11月上旬、1月上旬、3月初旬、4月下旬

就職関連情報

◆サマー・インターンシップの　主な採用企業

シスコシステムズ
IBM
ベア・スターンズ
ガイダント
バンク・オブ・アメリカ

◆卒業生の主な採用先

エマーソン
ガイダント
スリーエム
バンク・オブ・アメリカ
シティバンク

◆卒業生の就職率と平均年収

卒業後3ヶ月時点の就職率
2001年__85%
2002年__79%

卒業後の平均年収（年俸＋契約金）
2001年__10万4,000ドル
2002年__9万5,000ドル

✉ 問い合わせ先

●就職関連の問合せ先（**Weston Career Resources Center**）
担当者名　**Greg Hutchings**　eメールアドレス　**recruit@olin.wustl.edu**
URL　**http://www.olin.wustl.edu/wcrc/alumni.cfm**

---

school information

Olin School of Business
Campus box 1133
Washington University in St. Louis
1 Brookings Drive
St. Louis, Mo
63130-4899 U.S.A.

学習環境

　ワシントン大学は1917年にビジネススクールを設立し、1950年にMBAプログラム、1958年に博士課程、1983年にはエグゼクティブMBA、そして2002年には復旦大学との提携の下、上海でのエグゼクティブMBAを立ち上げた。

　オーリンは、手応えのあるカリキュラムや、選択科目の占める割合の大きさ、実体験を通して学ぶ機会の多さなどの点で、他校と一線を画している。同校では、自分で学習プログラムを組むことができるため、自らの強みや興味をさらに伸ばし、知識の幅を広げ、ビジネス・スキルを磨き、それまでの人生や仕事、課外活動などで培ってきた経験を統合することができる。コア・コースの1クラスあたりの平均学生数は72名、選択コースでは38名である。

　オーリンでは最新のMBA入学クラスの学生の写真や情報を掲載した「フェイシーズ（Faces）」と呼ばれる学生名簿をインターネット上で公開しており、在学生1人ひとりについて互いに知ることができるようにしている。個人の写真や情報は、ネット上の検索機能やさまざまな分類リスト、さらにクラスごとの顔写真掲載ページなどから検索することができる。

　卒業生ネットワークは、自らのオーリンでの体験を、在校生や入学を検討する人々と共有したいと希望する有志によるものである。同校はまた、卒業生と在校生が交流するためのイベントも頻繁に催している。その1つである一連の「プロとの昼食会」は、毎回少人数の在校生が、卒業生をはじめビジネス界で活躍する面々と、打ち解けた雰囲気の中で話し合うことのできるイベントである。さらに、卒業生の多くは学生クラブを訪問したり、講義を行なったり、在校生と模擬インタビューを行なったり、キャリア・パネルで講演したり、非公式のメンターをかってでたりするなどしている。

　サイモン・ホールはMBA学生のさまざまな活動の中心となっている施設である。この8万平方フィートの施設内には、広々とした学生専用ラウンジや教室、セミナー・ルーム、教官研究室、主要なデータ・システムへの接続を完備した大規模な図書館、コンピュータ・ラボ、グループ学習用の個室、学生組織やクラブ専用の部室、そしてデリカテッセン（調製食料品店）などが収容されている。また、MBA学生は全員ノート・パソコンの所有を義務付けられており、ノート・パソコン専用のコンピュータ・ラボも設けられた。現在ではすべての教室の座席に電源と100Mb／秒のネットワーク接続が備え付けられている。ワイアレスLANもアップ・グレードされ、現在では学内の公共施設全域を網羅している。

教授陣

　オーリンの誇るすばらしい教授陣には、学者、研究者、そして経営者たちがいる。彼らは知識と知名度と栄光の追求を原動力として、マーケティング、アントレプレナーシップ、国際ビジネス、金融マーケット、そしてテクノロジーといった分野の第一線で活躍し続けている。教授陣が受賞した賞や成し遂げた功績のごく一部を挙げると、バッテリーマーチ奨学金（Batterymarch Fellowship）、グッゲンハイム奨学金（Guggenheim Fellowship）、連邦準備銀行のエコノミストとしての活躍などがある。学術面での功績ではシカゴ大学に今一歩及ばないものの、堂々たる成果である。また、教授陣はオーリンに赴任する前に、世界各地の一流大学で学問を修め、学生を指導した経験をもっている。コア・カリキュラムにおける指導の質は高く、密に連携して指導を行なっている教授陣は、学生にとって身近な存在である。彼らは研究よりも学生の指導を優先している。

　学生はそれぞれのコースの終了時に、授業で扱った課題やその提示方法に対する評価を学長に提出する。この評価結果はオーリンの図書館で閲覧することができるので、学生は科目選択の際に参考にしている。

海外のフルタイムMBAプログラム

449

人気教授陣

人気教授陣の専門分野と科目名は次のとおり。

教授	専門分野	人気科目／研究分野
マイケル・ゴーディニア (Michael Gordinier)	マネジメント (Management)	統計学(Statistics)、経営科学(Management Science)、財務計画(Financial Planning)、投資(Investments)、保険(Insurance)
グレン・マクドナルド (Glenn MacDonald)	経済学(Economics)、戦略論(Strategy)	産業ダイナミクス(Industry Dynamics)、産業組織(Industrial Organization)、技術変化(Technological Change)、経済の成長と変動(Economic Growth and Fluctuations)
トッド・ミルボーン (Todd Milbourn)	ファイナンス(Finance)	企業財務(Corporate Finance)、管理職のキャリア課題(Managerial Career Concerns)、経営報酬(Management Compensation)、非対称情報の経済学(Economics of Asymmetric Information)
ジェローエン・M・スウィンケルス (Jeroen M. Swinkels)	経営経済学および戦略 (Managerial Economics and Strategy)	経営方針および戦略(Business Policy and Strategy)、ミクロ経済学／産業組織論(Economics：Microeconomics／Industrial Organization)、組織の経済学(Economics：Organizational Economics)、経営戦略(Management Strategy)、技術経営(Technology Management)

カリキュラム

　オーリンのMBA学生は卒業までに、60単位を取得することになっている。連続した4セメスター間在籍するが、各セメスターはおよそ15単元で構成されており、それぞれ2つのミニ・タームに分かれている。全科目の3分の2近くが選択科目である。学生はコア科目の大半を1年目の第1セメスターで取り終え、次の第2セメスターからは選択科目を受講し始める。毎年90の選択科目が開講されている。

　1年目の最初のミニ・タームでは、経営上の基本課題を理解したり分析したりするために不可欠なモデルやツールを身につける。2つ目のミニタームでは、ファイナンス、マーケティング、オペレーションといった、企業内の主要な機能分野が取り上げられる。「キャリア戦略マネジメント」は、フルタイムMBAでは必修科目となっており、キャリア・マネジメント戦略の構築における各段階を通して、オーリンの学生を導いてくれる。

オーリンでは、専攻の選択を義務付けていないが、特定の学問分野やキャリアに興味をもつ学生のために、同校の教授陣は「トラック」と呼ばれる複数の履修プランを用意している。これら「トラック」では、学生の需要に最も対応し、かつ最も効果的であると思われるおすすめの選択科目の組み合わせが用意されている。さらに、「トラック」は学生が授業以外での体験も、たとえば学生団体、課外活動、キャリア・センターでの資料など、オーリンでの体験を実り多いものにするためのさまざまな手段を選択する際の指針となっている。

　第1セメスター終了以降のカリキュラムでは、各学生は自らの学習上、またキャリア上の目的に沿って組むことができる。同校ではまた、地球規模の視野と体験を得る手段として、短期や長期の海外体験学習機会を提供している。

出願戦略上のアドバイス

　オーリンでは、出願者の実務経験の長さよりも質を重要視している。したがって、実務経験の長さが多少短くとも、リーダーとしての成功例やリーダーの素質をもっていることを明確に示すことができれば、同校への合格を勝ち取ることができる。

就職支援

卒業生の主な就職先（職務）は次のとおり（2003年卒業クラス）。

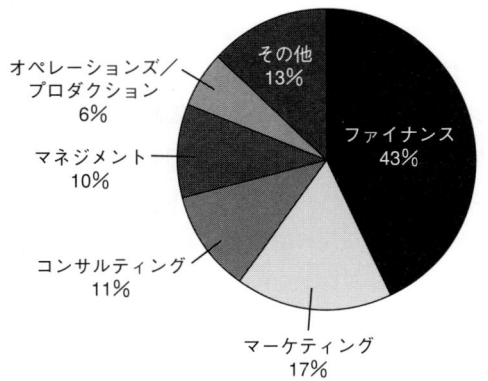

オペレーションズ／
プロダクション
6%

その他
13%

ファイナンス
43%

マネジメント
10%

コンサルティング
11%

マーケティング
17%

過去12ヶ月に最も多くのオーリン卒業生を採用した上位10社は次のとおり。

1	エマーソン（Emerson）
2	ガイダント（Guidant）
3	スリーエム（3M）
4	バンク・オブ・アメリカ（Bank of America）
5	シティバンク（Citibank）
6	ノーブル・インターナショナル（Noble International Ltd.）
7	ウェルズ・ファーゴ（Wells Fargo）
8	アメリカン航空（American Airlines）
9	ベア・スターンズ（Bear Stearns）
10	キャピタル・ワン（Capital One）

　オーリンの就職部、ウェストン・キャリア・リソース・センター（WCRC：Weston Career Resources Center）では就職活動の各段階を通して、さまざまな情報やサービスを提供している。同センターでは、学生個々に助言を与えたり、就職活動のノウハウを伝授したり、ネットワーク形成のための催しを紹介し、求人情報を含むさまざまな印刷資料やインターネット上の情報を提供するなどの支援を行なっている。

　「eリクルーティング」はキャリア・センターが管理する、インターネットを利用したオンライン求人システムで、キャンパス内インタビュー、企業説明会、レジュメの紹介など、あらゆる用途に使用されている。

　キャンパス内インタビューは、キャリア・センターの中で行なわれる。学生はeリクルーティング上で求人を検索し、希望先に応募することができる。インタビューを申し込むためには、カバー・レターとレジュメを提出すればよい。募集側は応募者の中からインタビュー候補者を選び、日取りを決定する。インタビューは30分から1時間程度の長さで、場合によっては複数のインタビュアーが参加することもある。キャンパス内インタビューに申し込むことができるのは、正規の登録学生のみである。また、インタビューのためにキャンパスを訪れる企業の多くは、キャンパス内で企業説明会も催している。

同センターのアドバイザーは学生に対して、キャリア・マネジメント戦略から実行までを通して、コンサルティングを行なっている。コンサルティングの中では、自己評価の結果や就職戦略についての話し合い、レジュメやカバー・レターの批評、ネットワーク作りの方法の考案、交渉戦略や、模擬インタビューおよび結果についての話し合いなどが行なわれている。同センターでは、学生主催のクラブと協力して産業分野別のワークショップを開催し、各学生が興味をもっている分野をよりよく知るための手助けをしている。そのほかのワークショップには、ネットワーク作りの技術を磨くものや、カバー・レターとレジュメ作成、およびそれらの添削ワークショップなどがある。また、オーリンでは海外交流課（Office for International Students and Scholars）などを含め、留学生が数々の問題を乗り越える手助けを行っている。同オフィスはビザおよび移民関連の問題について相談にのったり、異文化に適応するための訓練やオリエンテーションを開催するなど、留学生を対象にさまざまな面で支援を行っている。さらに、キャリア・センターにも留学生専門のキャリア・アドバイザーがいる。

　オーリンの学生は全員、「キャリア・コネクションズ」と呼ばれる大学規模のオンライン・データベースを利用することができる。そこにはキャリアに関する情報収集を行なう在校生と自らの知識を分かち合いたいと考える5,000名以上の卒業生が登録している。また、キャリア・センターでに登録した学生は、米国をはじめ世界4,000社以上の企業のコンタクト先を掲載したWCRCコンタクト・データベースを利用することもできる。さらに、同センターでは、学生クラブ主導の「ロード・ショウ」と呼ばれる企業訪問ツアーの実行を手伝っている。同ツアーでは、学生が興味のある都市を訪れて、特定産業分野の企業を訪問したり、オーリン卒業生や企業の採用担当者とのネットワーク作りのためにレセプションを開催したり、採用インタビューを設定したりする。過去実現された企画には、ニューヨークのトップ企業を訪れる「ウォール・ストリート週間」や、ヒューストン、シリコン・バレー、そしてシカゴなどへの都市訪問がある。ただし、移動にかかる経費や移動手段の手配は、すべて学生が算段しなければならない。

海外のフルタイムMBAプログラム

生活環境

セント・ルイスで学んだり勤めたりした日本人は誰しもがこの町を愛するようになる。ある日本人のオーリン卒業生は、上司を説き伏せて卒業後もしばらくアメリカに滞在する許可を取り、同市にある製薬会社で働くことにしたほどである。

セント・ルイスも、ニュー・オーリーンズやナッシュビルと同様、マーク・トウェインの世界を彷彿とさせる。ミシシッピ河畔にあり、上記の都市や、より大都市のシカゴなどと同じく、セント・ルイスの文化には音楽、特にブルースが強く根付いている。アメリカ音楽史の地図をひも解けば、ニュー・オーリーンズのジャズがセント・ルイス、メンフィス、シカゴを結ぶ「道」を辿って、ブルース、ラグタイム、ロックンロールへと変化していく、音楽の伝播と発展の歴史を見ることができる。マイルス・デイビスも、チャック・ベリーも、ティナ・ターナーも、セント・ルイスゆかりのミュージシャンである。

もちろんセント・ルイスには音楽以外の魅力も満載だ。家族とともにフォレスト・パークに足を運び、動物園、美術館、科学センターや博物館などの無料アトラクションを楽しもう。子どもたちと一緒に、タートル公園の巨大影像によじ登って遊ぶのもよい。同市は米国きってのスポーツ都市であり、カーディナルズ、ラムズ、ブルースなどのスポーツチームの応援に出かけるのもおすすめだ。修復されたスコット・ジョプリン邸で、かの作曲家のラグタイムを演奏することもできれば、博物館や歴史的名所、そしてミシシッピ川とミズーリ川の合流地点に足を運び、ルイスとクラークが1804年に敢行した冒険の足跡を辿るのもいい。ミシシッピ川を外輪船で下ることもできる。とにかく、セント・ルイスでは学生、その家族、友人の全員を楽しませるのに事欠かない。

ワシントン大学とオーリン経営大学院はセント・ルイス郊外にあり、市内で最も大きな公園に接している。大学キャンパスは美術館、博物館、科学センター、スケート・リンク、そして世界的に有名な動物園といった数々の娯楽施設から歩いて数分程度の距離である。

セント・ルイス中に魅力的で住みやすい価格の住居が散らばっており、そのほとんどはワシントン大学から約3キロ圏内にある。学生の大半がキャンパス付近の便利な場所や、ワシントン大学が提供するシャトル・バスのルート沿いに住むことができている。

■キャリア形成のについて

　私は、留学前にコンサルティング業に従事していた際、あるプロジェクトを契機に投資ファンド業に携わりたいと考えるようになりました。自分は会計、税務、ITシステム、人事・組織関連と、雑多な経験を積み上げてきましたが投資ファンド業界には必須である財務の知見がなく、これを修得するための効率的な方法と考えたのがビジネススクール留学でした。目的が明確だった分勉強すべき内容も明確で、それに的確に応えてくれた教授陣・大学には感謝しています。ただ、投資ファンドは人材を広く公募しないことから、大学のキャリア・サービスは自分にとって無意味でした。

　1年目には、ファンドに就職するためのステップとして、投資銀行、戦略コンサルティング、投資ファンドのうちから2社でインターンをしようと考えました。結局、外資系投資銀行と外資系投資ファンドに採用されました。投資銀行には、留学生向け就職説明会にて、投資ファンドへのステップとして考えていることを率直に述べましたが、意外にすんなりと採用してもらえました。外資系投資ファンドへは旧知のお客様にお願いし採用してもらいました。インターンは自分が留学1年目に勉強した理論が実際の現場でどう活用されているのか確認できる場であると同時に、インターン先企業が自分のキャリア・イメージに適合するかどうかを検証できる意義深い機会でした。

　2年目には、インターンでの経験をもとに一層精緻になったキャリア・イメージを基に、就職活動を開始しました。何しろ採用情報が少ない業界でしたので、考えられる情報源はすべて活用し、見つけた募集にはすべて応募しました。当初応募したファンドからは、1年近くも先のポジションは保証できないとの回答ばかりでしたが、年を越して2月頃からようやく面接へと呼ばれ始めました。この頃、留学前の勤務先やインターン先、「滑り止め」からオファーを頂戴し、家族を抱える身としての不安から安易な選択をしかねない状況にあったのも事実です。このときには、自ら退路を断ち背水の陣を敷くことを選びました。

　現在の仕事を始めてしばらく経ちますが、留学前の経験と留学中に得た知識が最大限活用できる自分が想い描いていた職務であり、本当に充実した毎日を送っています。今の幸せな自分があるのは、辛い時期にも諦めなかったこと、多様な方々より有意義なアドバイスを頂戴できたことに尽きると考えます。結果に至るプロセスは人それぞれですが、なぜ勉強するのか明確な目標を持ち、その実現に諦めず邁進することが、学業・就職活動の両面において最大の効果をもたらすものと考えます。

（Class of 2003　男性　投資ファンド マネジャー　私費、奨学金付）

＊　　　　＊　　　　＊

　私は留学前に勤めていた会社を退職し、私費でMBA留学したので、当然、就職活動をしながらのキャンパスラ・イフを過ごしました。就職活動は入学早々に始まります。毎年秋口に開催されるボストン・キャリア・フォーラムが企業とのファースト・コンタクトの場となると思いますが、それに向けて前もってレジュメやインタビューの準備をきっちりとしておくことが大切です。入学してまだ何も学んでいないうちから就職活動が始まってしまうことに少々疑問をもってしまいますが、他の学生がそのタイミングで動いてしまうのであれば、出遅れないためにも万全の準備をしておくことは必要でしょう。フォーラムは2日間という限られた時間しかないので、希望の企業とのスケジューリングをつめておくことも重要です。MBA留学を目指す方々は将来のキャリア・パスというものをしっかりと描いているでしょうから、闇雲に会社のブースを回るのではなく、自分が何をしたいのかをしっかりと見据えての企業訪問ができるでしょう。一年目のキャリアフォーラムではインターンシップ探しが目的になります。インターンシップは企業側にとっても学生側にとっても極めて重要なシステムです。学生にとっては自分の能力をアピールできる絶好のチャンスです。インターン中に自分の能力が高く評価されれば、フルタイムでの採用に直結することが多く見られます。ですから、「所詮はインターンだから」とは思わずに、真剣にインターン探しをしてください。

私の場合、留学1年目のキャリア・フォーラムはアメリカ同時テロの直後に開催されました。参加企業が大幅に減ってしまい、私が就職を希望していたコンサルティング・ファームはほとんど参加しませんでした。したがって、ほとんどボストン観光で終わってしまいましたが、その後、年明けには独自で企業訪問をして今の職場でインターンシップのオファーをもらいました。1月半におよぶインターンで能力を認めてもらい、留学2年目のはじめにはフルタイムのオファーをもらいました。そのため、留学2年目は勉強だけではなく、その他の活動を含め、有意義なアメリカでの生活を過ごすことができました。

　留学1年目の最初の半年は、その後キャリアパスと留学生活を左右する非常に重要な時期です。慣れない環境の中で勉強も大変だとは思いますが、ぜひ、就職活動にも力点をおいて、有意義な留学生活を送ってください。

（Class of 2003　男性　メーカー系コンサルティング　私費）

＊　　　　＊　　　　＊

　私がMBA留学を決めたのにはいくつか理由があります。主な理由として将来のオプションを広げたかったということです。長年、女性にチャンスが与えられることが少ない会社で働いてきましたので、キャリア・アップとか、ステップ・アップというよりは、少しでも選択肢を増やしたかったというのが正直なところです。

　人生で大きな受験をしていないことや、大学では英文学を専攻していたこと、経済、統計、会計、ファイナンスなど、基礎知識もなかったことなどから、勉強では結構苦労しましたが、せっかく学生に戻ってアメリカに来たので、できるだけ多くの経験をしたいと考えました。友人にアクティブな人が多かった影響で、生徒会活動や委員会活動にも参加し、アメリカ的リーダーシップを学べたと思っています。特に、2年生の1年間入学希望者の面接員としてアドミッション・コミティーの人たちと働いたことは、いい経験になりました。

　暗中模索で始めたインターンシップ探しも、険しい道のりでした。インターンや就職活動の際、クラスメイトとのネットワークは役立ちました。特に、日本人の私費の友達とは、日本の企業に関して、惜しみなくお互いの情報、経験をシェアし協力し合いました。アメリカ人の友人も、心あたりがあれば、電話番号などをくれました。就職活動は1人でするもの、という人もいるでしょうが、お互い自分のことを先に考えがちな就職活動の中、クラスメイトと助け合えたことは、精神的にも励みになり、とてもいい経験になりました。

　入学して、授業を受けているうちに、マーケティングとストラテジーに興味が湧き、コンサルティングをやってみたいと思うようになりました。商社、航空会社で働いてきた私にとって、まったく違う業界への門戸は狭く、苦労しましたが、クラスメイトの多くがすでにインターンシップを始めた5月の終わりになって、前職でトレーニングの経験があったことなどから、人事系コンサルティング会社へのインターンが決まりました。インターンを探している7、8ヶ月間は、なかなか手ごたえを感じることができず、少し投げやりにもなりましたが、開き直っていろいろな会社（米国、アジア、日本）に直接電話をかけはじめて1ヵ月後に、希望していた職種に決まったときは、努力が報われた気持ちでいっぱいでした。インターンをしている間に、卒業後はこの経験を生かしてビジネス／マネージメント・コンサルティングを目指したい、という気持ちが強くなりました。

　インターン探しをしているときに知り合った現在の会社の面接がその頃進んでおり、サマー・インターンでの人事コンサルティング経験が合否を決めたようです。希望職種に直接つながるような経験がなかったので、今までのすべての職務経験の1つひとつがこれからの仕事にどのように役立つかを真剣に考えました。このことで、今までの経験はどのような小さなことでも大事にしなくてはいけないということ、小さなネットワークも大切に育てていると実を結ぶという教訓を学びました。

　今でも、留学時代の友人、学校関係者、就職活動で出会った人たちなどとのネットワークは大事にしています。

（Class of 2002　女性　コンサルティング　国際事業部シニアコンサルタント）

＊　　　　＊　　　　＊

■リーダーシップとの出会い

　英語でのコミュニケーション能力は全く大したことない私ですが、一念発起してアメリカのビジネススクール

に通ったことがありました。基本的に良い学校で、いろいろ勉強になったのですが、私の目から見て、アメリカ人たちとアジア人達との間には、なにかしっくりしない溝がありました。

　ある時、意を決して、アメリカ人達とアジア人達の関係がうまくいっていないことを学長（現学長のグリーンバウム氏）に申したことがありました。私とすれば、学長にもの申すだけでも、儒教の影響が強いアジア的な価値観からすると、かなりがんばったことでした。ところが、私の申し入れを聞いた学長の返事は、私に、言葉自体は穏やかでしたが、リーダーとはこういうもので、自分もこうあるべきだと思わせる強烈な一言でした。

　学長はこう言いました。「わかった。私はその問題を解決するプロジェクトを今ここで立ち上げる。リーダーには君を任命する」

　私が予想していたのは、学長はいったん私の申し入れを預かり、気が向けば、学生課の担当者に一言掛けてくれて、運が良ければ学生課の担当者から私に話があるのではないかという展開でした。私がこうした展開を予想したのは、責任を回避して、とろとろと物事を進める日本的組織の慣行にとらわれてしまっていたからです。

　学長の発想は、問題は今すぐ解決する、解決するのは問題を発見した者だ、というものでした。愚かなことに、私は問題の解決に取り組む以前から、組織は複雑で、ちょっとしたことでも複雑な組織の構造を律儀に通して解決を進めなくてはならないと思い込んでいたのでした。

　学長の一言は、私にとっては、まさに、一閃の雷光でした。組織には、問題を解決するには複雑な過程があるのだと思い込ませる魔力があるのではないかと思います。ぼけっとしているとその魔力にかかって、問題は解決できないものだと思い込まされてしまいます。

　私の場合、この出来事がきっかけで、大きく自分が変わったと思っています。組織の中での職位も気にしなくなり、やるべきと思ったことは自分でやるというスタンスに変わりました。権限のあるなしにかかわらず、自分がやらなくては誰もやりそうもないことは自分で拾うようになり、活動の範囲が広がり、大きな変化でした。そして、いろいろな活動を通して、自分自身も誰かがリーダーシップに目覚める瞬間を作りたいと思うようになりました。

　このきっかけを作ってくれたのがオーリンであり、現学長のグリーンバウム氏でありました。そういう意味で、私にとってはオーリンでの生活は本当にかけがえのないものでした。

（Class of 1998　男性　メーカー経営戦略部門 技師）

オハイオ州立大学 マックス・M・フィッシャー経営大学院

(Max M. Fisher College of Business, Ohio State University)

http://fisher.osu.edu

設立年／1916年

基本情報

◆学生に関するデータ

卒業生数＿5万6,000名

フルタイム在学生数＿300名

日本人学生数

　2004年卒業クラス＿0名

　2005年卒業クラス＿0名

留学生の割合＿30％

アジア人学生の割合＿20％

平均年齢＿28歳

入学時の平均実務年数＿4.8年

◆履修期間と授業料

履修期間＿21ヶ月

授業料＿年間2万5,285ドル

◆主なランキング

『ビジネスウィーク』2002年40位

『USニューズ＆ワールドレポート』2004年19位

『フィナンシャル・タイムズ』2004年25位

◆テスト・スコアと合格率

GMAT要求スコア＿n.a.

合格者平均GMATスコア＿665

合格者GMATスコア分布(80%)＿590〜710

TOEFL要求スコア＿CBT：250

合格者平均TOEFLスコア＿CBT：270

合格者平均GPA＿3.27

出願者の合格率＿29％

合格者の入学率＿41％

✉ 問い合わせ先

●出願に関する問い合わせ

担当者名　Terina Matthews

eメールアドレス　fishergrad@cob.osu.edu

●奨学金に関する問い合わせ

URL　http://fisher.osu.edu/macc/tuition/international.html

●卒業生ネットワーク

URL　http://fisher.osu.edu/alumni/

出願締切り　11、12、1月中旬、3月中旬*1、4月下旬

＊1　留学生に望ましい最終締切り

就職関連情報

◆サマー・インターンシップの主な採用企業

アメリカン・エレクトリック・パワー
バンク・ワン・コーポレーション
デイトン・スーペリア
フォード自動車
グラクソ・スミスクライン

◆卒業生の主な採用先

アクセンチュア
アメリカン・エレクトリック・パワー
アシュランド
CSCコンサルティング
フォード自動車

◆卒業生の就職率と平均年収

卒業後3ヶ月時点の就職率
2001年_n.a.
2002〜2003年_80%

卒業後の平均年収(年俸＋契約金)
2001年_n.a.
2002〜2003年_8万5,580ドル

✉ 問い合わせ先

●就職関連の問合せ先(**Career Development Office**)
担当者名　**Jeffrey D. Rice**　eメールアドレス　jrice@cob.ohio-state.edu
URL　http://fisher.osu.edu/career/grad/job_search.htm
●卒業生のための就職支援
URL　http://fisher.osu.edu/career/

school information

Fisher College of Business
The Ohio State University
2100 Neil Avenue
Columbus, OH
43210-1144 U.S.A.

C9

海外のフルタイムMBAプログラム

学習環境

　フィッシャーは常にプログラムの向上に努めている。同校は、能力の高い意欲的な教官を募り、学生とビジネス・コミュニティとの密接な交流を可能にすることで、ますます名声を高めており、MBA社会での影響力を伸ばしつつある。

　フィッシャーは実体験を通した学習やリーダーとしての能力を養成することを基本として、チーム学習を中心に、質の高いカリキュラムを展開している。学生数が1学年あたり150名ほどという少人数制のため、教授間および学生間の交流は非常に活発である。こうしてクラスメイトの全員や教官達と個人的に親睦を深めることができるため、強固なネットワークを築くことが可能となっている。同プログラムはさらに、学生が一流企業や組織の最高幹部の面々と交流する機会も頻繁に設けている。

　カリキュラムはチーム学習中心のため、学生各々が自ら考えることが前提だが、そこに学生間の協力が加わって初めて、着実な進行が可能となる。こうした授業は、最先端の設備を備えた6棟の建物からなる真新しいキャンパスで受けることができる。

　少人数の学生グループがさまざまな規模の企業を対象にコンサルティングを提供するプログラムは、同校で最も高い効果を上げている実体験学習プログラムの1つである。それぞれの「学生ビジネス・ソリューション・チーム（BST：Student Business Solution Teams）」は20週間にわたって経営戦略、マーケティング、ファイナンシャル・サービス、オペレーションズ、ロジスティクスや情報システムといった分野に関連した実際の経営課題を解決することに没頭する。各チームは綿密な分析を行ない、クライアント企業の経営上層部に提案する解決策を練る。過去のBSTのプロジェクトには、ビジネス・ソフトウェア・アプリケーションの市場潜在力を評価するものや、運送、およびロジスティクス関連企業のマーケティング・プランの開発、そして企業買収の行程を通じてある企業を支援するものなどがあった。

　「エグゼクティブ・リーダーシップ・セミナー（Executive Leadership Seminar Series）」は、企業における実際のリーダーの役割について、より本質的な理解を得る手助けをしてくれる。それぞれのセミナーでは、主要企業の重役たちが、リーダーとしての独自の流儀や哲学を貫くことにより、自らの所属する組織をいかに変革してきたかを語る。パネリストとの質疑応答を通して、学生はそれぞれのリーダーたちの哲学がもたらす影響や、それぞれが信ずるところを実現するために乗り越えなければならなかった苦境について、くわしく学ぶことができる。過去のパネリストとしては、ユナイテッド・リテール（United Retail）、ゼロックス（Xerox）、ヴァルヴォリーン

（Valvoline）といった企業の最高幹部も含まれている。

　学生投資マネジメント（SIM：Student Investment Management）の授業では、学生1人ひとりがオハイオ州立大学の寄附基金ポートフォリオの管理の一部を任される。最初500万ドルで開始した同ポートフォリオは、現在では市場価値にして2,250万ドルと4倍になっている。この授業では、各学生が証券アナリストとして、1学期間にわたり、特定の1銘柄の動向を観察すると同時に、もう1つの新たな銘柄の調査を行なうのだが、学生はビデオ会議の設備を通して、ウォール・ストリートをはじめとした世界中のトレーダー、アナリスト、エグゼクティブたちと生で意見交換を行ない、株式市場や企業リーダーの動向について、最新の情報を得ることができる。授業で使用される電光の相場表示板（NASDAQからの寄附）のデジタル・モニターには、常に最新の株価が写し出されている。

　オハイオ州立大学は学生組織の宝庫である。学生はこれらの組織を通して教室外の活動に参加して楽しむと同時に、リーダー経験を積むこともできる。フィッシャー内で展開される学生組織は、特定のビジネス分野に関するもの（MBAファイナンス協会やマーケティング協会など）や、さまざまな団体の利益を代表するもの（ビジネスに携わる女性MBAの会など）から、幅広いビジネス分野にまたがったもの（「ネット・インパクト」など）まで多岐にわたる。

教授陣

　フィッシャーの教授陣はその能力や、学生指導、研究を通しての影響力によって、同校の学生のみならず、他の主要大学に勤める同分野の教授たちからも高く評価されている。同校は学生の要求に素早く対応するよう日々努めており、教育の質を保つためにさまざまな工夫を凝らしている。教授の中にはマーケティング、会計学、倫理、ロジスティクス、製造業や交渉術などの分野でベストセラーとなった教科書を執筆している者もいる。同校はまた、中国研究の分野では全米有数の研究拠点として知られている。

人気教授陣

人気教授陣の専門分野と科目名は次のとおり。

教授	専門分野	人気科目／研究分野
W・C・ベントン・Jr. （W.C. Benton, Jr.）	オペレーションズおよびシステム管理 （Operations and System Management）	調達および資材管理（Purchasing and materials management）
ジェイ・バーニー （Jay Barney）	アントレプレナーシップ（Entrepreneurship）、戦略的マネジメント（Strategic Management）、エージェンシー理論（Agency Theory）、組織変革（Organizational Change）	組織戦略および政策（Organizational Strategy and Policy）、製造計画および管理（Manufacturing Planning and Control）
デイヴィッド・ハーシュライファー （David Hirshleifer）	ファイナンス（Finance）	ファイナンス理論（Theory of Finance）、買収と企業支配（Takeovers and Corporate Control）、投機市場（Speculative Markets）
H. ラオ・ウナーバ （H. Rao Unnava）	マーケティング（Marketing）	マーケティング管理および戦略（Marketing Management and Strategy）、消費者行動（Consumer Behavior）、人間の記憶プロセス（Human Memory Processes）、国際マーケティング（International Marketing）

カリキュラム

同校の1年目のカリキュラムは次のとおり。

秋クォーター
財務会計および報告（Financial Accounting＆Reporting） 経営経済学（Managerial Economics） 組織行動とチームワーク能力（Organizational Behavior＆Teamwork Skills） ビジネス統計学（Business Statistics） 専門能力の開発（Professional Development）
冬クォーター
原価会計（Cost Accounting） ファイナンス ― 投資決定（Finance-Making Investment Decisions） マーケティング管理（Marketing Management） オペレーションズ・マネジメント（Operations Management） 意思決定と意思決定モデル（Decisions＆Decision Models）
春クォーター
マクロ経済学（Macroeconomics） 法的環境と規制環境（Legal＆Regulatory Environment） 戦略構築および実行（Strategy Formulation＆Implementation）

　フィッシャーでMBAを取得するには、上記のコア・コースの42単元および56単元の選択科目を含む授業を履修し、少なくとも1分野の専攻をもつことが義務付けられている。特に重点的に取り上げられている分野には、次のようなものがある。

・企業財務管理（Corporate Financial Management）

・投資管理（Investment Management）

・マーケティング管理（Marketing Management）

・オペレーションズとロジスティックス（Operations＆Logistics）

・コンサルティング（Consulting）

・学際的研究（Interdisciplinary Studies）

出願戦略上のアドバイス

　フィッシャーの審査基準は、1に実務経験、2にGMATスコアである。とはいえ、GMATでそれほど高いスコアを獲得できなかった場合も、優れた実務経験で十二分に補うことができる。また日本国内で取得した修士号は、実務経験にほぼ相当するものと見なされる。このように同校は、実務経験の少ない出願者も受け入れているが、その場合、出願者は実務経験以外の面で優れた能力を有することを明らかにし、クラスに貢献できることを説得力のある主張で示さなければならない。オプショナル・エッセーはそうした主張を行なう場の1つである。

就職支援

　卒業生の主な就職先（職務）は次のとおり（2003年卒業クラス）。

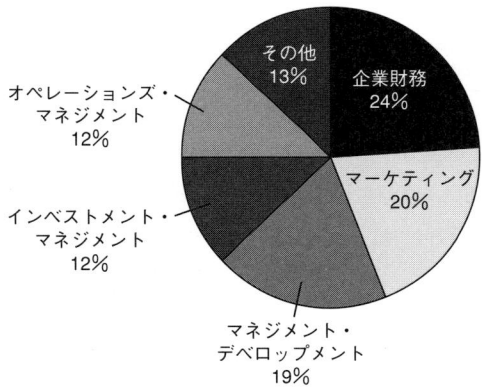

　例年200社以上の企業がオハイオ州立大学のキャンパスでリクルート活動を展開する。2001年にはキャンパス内で1400件以上の面接が行なわれた。これは2年目の学生1人あたりに9件以上という計算である。さらに、フィッシャー経営大学院は企業重役との昼食／夕食会や、企業説明会の機会を設けて、ビジネス界の人々と学生とを積極的に引き合わせている。

　近年、オハイオ州立大学で最も活発にリクルート活動を行なった上位10社は次のとおり。

アメリカン・エレクトリック・パワー（American Electric Power）

フォード自動車（Ford Motor）

ナイソース（Ni Source）

バンク・ワン・コーポレーション（Bank One Corp）

グラクソ・スミスクライン（Glaxo Smith Kline）

オーエンズ・コーニング（Owens Corning）

バクスター・ヘルスケア（Baxter Healthcare）

IBM

プロクター・アンド・ギャンブル（Procter＆Gamble）

バイシス（BISYS）

生活環境

　他の多くの中西部の小都市と同様に、コロンバスは良好な治安と友好的な住民に恵まれた、学問を修めるにも生活するにも快適な環境である。

　フィッシャーにおけるMBA学生のキャンパスでの毎日は、他校のそれと同様に、学生は講義、スタディ・グループでの学習、インターンシップ先や就職先を確保するためのインタビュー、さまざまな学生組織のミーティングといった活動に勤しんでいる。米国内の他の地域にある主要校と比較するとやや多様性に乏しいものの、学生は友好的で親切である。

　また、キャンパス外では、オハイオ州立大学の付属施設を利用できるほか、コロンバス市内では、その文化に触れたり、娯楽や生活の中のさまざまな楽しみを得ることができる。オハイオ州コロンバスには同州内のビジネス、教育、研究、文化や政治機能が集中し、精力的に活動している。2002年に同市が獲得したランクキングには、中西部で起業家が活動しやすい都市で第1位（『Entrepreneur Magazine』）、米国内で最も活発に雇用が行なわれる都市で第2位（『Smart Money Magazine』）などがある。また世界で最も優れたゴルフ・コース100のうち、4つが同市にある（『Golf Magazine』）。

　さらに、コロンバスには国内でも有数の映像芸術と文芸の活動拠点がある。全国的に高名なウェクスナー・アート・センター（Wexner Center for the Arts）は、オハイオ州立大学のキャンパス内にあるのだ。同校のキャンパスは、コロンバス市のダウンタウンからわずか2マイルの距離で、9,400万ドルをかけて建設されたコンベンショ

ン・センターや、大規模な美術館、科学・産業センター、シティ・センター・ショッピング街がある。また、ダウンタウン周辺のショート・ノース（Short North）、ブルワリー・ディストリクト（Brewery District）、ジャーマン・ビレッジ（German Village）などの地域には、多くのレストランやナイト・クラブ、ギャラリーなどが立ち並んでいる。

　そのほかにもコロンバスには有名な動物園、市内に広がる美しい公園地帯や自転車専用道路、セーリングやボート遊び、そしてウォーター・スキーを楽しむのに最適な溜め池、湖に河川、全国的に名高いゴルフ・コースの数々とPGAトーナメントが開催されるミアフィールド（Muirfield）、そして低価格の居住施設などもある。

‥‥日本人在校生および卒業生のコメント‥‥

■Ohio StateのMBAプログラムについて

　市販のガイドブックなどには、オハイオ・ステート（オハイオ州立大学）のMBAプログラムは、定量的（Quantitative）な分析に強みがあるとの説明がありましたが、実際にオハイオ・ステートで勉強してみて確かにその傾向があると思いました。私自身は銀行からの派遣生でもあり、コーポレート・ファイナンスを専攻し、選択科目もコーポレート・ファイナンス、インベストメント・マネジメント、アカウンティング、リアルエステートなど、ファイナンス関連の授業から選びましたが、教授陣や提供されている授業は、質、量ともに十二分に満足のいくものでした。2000年、2001年の卒業生も卒業前、卒業後もファイナンスに関わる仕事に就かれている方が大多数を占めます。

■キャリアとの関係

　私は銀行からの派遣留学生でしたが、留学前は主に法人顧客を担当する支店／部署にいました。留学後は銀行に戻りM＆Aのアドバイザリー業務を行なう部署に配属され、現在は銀行と証券会社の合弁会社である投資銀行でM＆Aのアドバイザリー業務に従事しています。語学も含めてMBA留学中に身につけたことは非常に役立っています。私自身は、卒業後銀行に戻ることが決まっておりインターンも就職活動もしませんでした。

■その他

　オハイオ州立大学（オハイオ・ステート）は、日本ではあまり知名度が高くありませんが、米国では特に大学フットボール（アメリカン・フットボール）が強いことで有名です。キャンパスには日本人学生は少ないのですが、キャンパスがあるコロンバス（市）の近郊にはホンダの工場があり、コロンバスに住む日本人が多いため、日本食のレストランが充実し、日本食材を扱うスーパーマーケットもあります。治安も心配なく、物価も安く、寒がりの私にとっては、冬が寒いことを除けば非常に暮らしやすいところでした。

（Class of 2000　男性　日系投資銀行M＆Aアドバイザリー部門 次長）

C9

海外のフルタイムMBAプログラム

メリーランド州立大学カレッジ・パーク校 ロバート・H・スミス経営大学院

(Robert H. Smith School of Business, University of Maryland, College Park)

http://www.rhsmith.umd.edu

設立年／1947年

基本情報

◆学生に関するデータ

卒業生数__4万名
フルタイム在学生数__446名
日本人学生数
　2004年卒業クラス__2名
　2005年卒業クラス__2名
留学生の割合__40%
アジア人学生の割合__23%
平均年齢__28歳
入学時の平均実務年数__5年

◆履修期間と授業料

履修期間__21ヶ月
授業料__年間2万3,814ドル

◆主なランキング

『ビジネスウィーク』2002年25位
『USニューズ＆ワールドレポート』2004年42位
『フィナンシャル・タイムズ』2004年18位

◆テスト・スコアと合格率

GMAT要求スコア__n.a.
合格者平均GMATスコア__665
合格者GMATスコア分布(80%)__n.a.
TOEFL要求スコア__PBT：600
合格者平均TOEFLスコア__PBT：634
合格者平均GPA__3.35
出願者の合格率__24%
合格者の入学率__47%

✉ 問合せ先

●出願に関する問い合わせ
担当者名 Sabrina White eメールアドレス mba-info@rhsmith.umd.edu
●奨学金に関する問い合わせ
URL http://www.rhsmith.umd.edu/fullmba/FinancialAid.htm
●卒業生ネットワーク
URL http://rhsmith.umd.edu/alumni/

出願締切り | 11月中旬、1月初旬、2月中旬

就職関連情報

◆サマー・インターンシップの主な採用企業

ブーズ・アレン・アンド・ハミルトン
シティバンク
ゴールドマン・サックス
ハネウェル
アーンスト＆ヤング

◆卒業生の主な採用先

シティバンク
ハネウェル
ブーズ・アレン・アンド・ハミルトン
アーンスト・アンド・ヤング
インテル

◆卒業生の就職率と平均年収

卒業後3ヶ月時点の就職率
2001年＿87％
2002年＿76％

卒業後の平均年収（年俸＋契約金）
2001年＿9万5,000ドル
2002年＿8万8,000ドル

C9

海外のフルタイムMBAプログラム

✉ 問い合わせ先

●就職関連の問合せ先（**Career Management**）
担当者名　Sylvia Frankel　eメールアドレス　sfrankel@rhsmith.umd.edu
URL　http://www.rhsmith.umd.edu/gcmc/
●卒業生のための就職支援
URL　http://www.rhsmith.umd.edu/alumni/careers.html

---

school information

Masters Program Office
The Robert H Smith School of Business
2308 Van Munching Hall
University of Maryland U.S.A.

学習環境

　1947年に設立されたロバート・H・スミス経営大学院は、現代のマネジャーに必要とされる広範かつ卓越したスキルを網羅した、分野横断的なMBAプログラムを米国内で最も早く立ち上げたビジネススクールの1つである。e-ビジネス関連コースに含まれる選択科目は、サプライ・チェーン・マネジメント、e-コマース、ファイナンシャル・エンジニアリング、テクノロジー・マネジメント、グローバル・ナレッジ・マネジメントなどであるが、トップ校の中にあってその幅広さは最高クラスである。e-ビジネス関連の47のコースを擁し、学位取得に必要な単位の40パーセントが選択科目にあてられているので、各人が独自の関心とキャリア・ゴールに合わせたカリキュラムを組むことができる。

　同校は「ネットセントリック・ビジネス・ラボラトリー（NetCentric Business Laboratory）」と呼ばれる、独自の施設を立ち上げている。ここでは、いかなる機種のコンピュータであろうと参加する者全員が滞りなく作業を遂行できるコンピュータの配置環境のもとで、学生はe-コマース、金融取引、サプライ・チェーン・マネジメントといった分野を融合的に探求することができる。サン・マイクロシステムズ、オラクル、TIBCOソフトウェア、シスコシステムズ、EDSとの提携により設立されたこの研究所は、学生に今日のネットワーク化されたビジネスの手法を実地で経験させるものである。

　同校が誇るのはプログラムの中で育まれる学生間の仲間意識であり、この仲間意識と競争の組み合わせ（「co-opetition」と愛情を込めて呼ばれている）こそが、スミスの提供する数々の行事や活動の直接の効果といえるものである。プロフェッショナルの養成を目指したスミス・コンサルティング・フォーラム、全国社会起業ビジネス・プラン・コンペ（National Social Venture Business Plan Competition）、インフォーラム・テクノロジー・カンファレンス（InForum technology conference）といったイベントは、学生が実際のビジネスを経験し、企業のトップ・エグゼクティブや他の学生とのネットワーク作りを行なうための機会となっており、MBAプログラムをより充実したものとしている。また、経営学を学ぶ女性のゴルフ・イベント、スミス・スクール・サッカー・チーム、カラオケ・オープン・マイク・ナイトといった社交イベントは、学生やその家族がお互いを知り、卒業後も続く友情を築く機会を提供している。

　スミス経営大学院のMBAプログラムの特徴は次のとおり。

・集中実習期間（Experiential Learning Modules）

　1週間にわたる集中コースのシリーズ。学生がビジネス倫理、グローバル・マーケット、ビジネス・政府間関係といった現代の経営問題を集中して学ぶプログラム。

・MBAコンサルティング・プロジェクト（MBA Consulting Projects）

　1セメスターにわたるプログラム。学生がチームを作り、フォーチュン500社を含むさまざまな民間企業や公共団体に対してコンサルティングを行ない、現実の問題に取り組む。

・ビジネスにおける情報管理やナレッジ・マネジメントの果たす役割とその応用に関する見解を重視

・マネジメントとその他分野について大学院レベルの学習を組み合わせ、合同学位（Dual Degree）を取得できる機会を提供

　法律、公共マネジメント、インフォメーション・テクノロジー、テレコミュニケーション、ソーシャル・ワークなどとの組み合わせにより、目的に対応したスキル習得を目指す。

・チームワーク、リーダーシップ、インターパーソナル・コミュニケーションにおいてカギとなる能力の習得

教授陣

　スミス経営大学院では、学生に対する教授の割合が驚くほど高く、教室では活発なやりとりが交わされ、また、教授へのアクセスもしやすい環境にある。
　過去2年間に、新たに加わった教授陣の数は28名にのぼる。このような教授たちの専門分野は同校の推し進める各分野の強化戦略に添うものであり、同時に同校をIT、ナレッジ・マネジメント、アントレプレナーシップ、クロスファンクショナル・カリキュラムなどの分野で際立たせるのにも貢献している。

人気教授陣

人気教授陣の専門分野と科目名は次のとおり。

教授	専門分野	人気科目／研究分野
ブルース・ゴールデン （Bruce Golden）	意思決定と情報技術 （Decision and Information Technologies）	ネットワーク最適化 （Network Optimization）、 物流管理 （Distribution Management）
ステファン・ローブ （Stephen Loeb）	会計学（Accounting）	会計学とビジネス倫理（Accounting and Business Ethics）
ハルック・ウナル （Haluk Unal）	国際金融 （International Finance）、 日本の銀行制度 （Japanese Banking System）	銀行経営（Bank Management）
メグ・バンデウェーゲ （Meg VanDeWeghe）	マネジメント（Management）、 投資銀行業務 （Investment Banking）	戦略的プランニング （Strategic Planning）、 リスク管理（Risk Management）

カリキュラム

　コア・カリキュラムの1年目の科目を学習することで、それぞれに独立した分野の関連性について充分に理解したうえで基礎を築くことができる。学生はそれ以降、自分が目指すキャリアに直接結びつく、より特化したカリキュラムを作ることができる。

　しっかりとした基礎を形成するコア・カリキュラムにおいて重点がおかれているのは次の点である。

・世界規模の諸課題
・チームワークとリーダーシップ・スキル
・対人およびコミュニケーション・スキル
・キャリア・スキル
・職能分野を超越した専門性を身につけること
・1つもしくは2つの職能分野について、幅広い知識と確実な理解を身につけること
・昨今の経営課題の詳察
・概念的、分析的、技術的なスキルを養成すること

集中実習期間では、採用する学生に企業が求める、次の学習を行なっている。

・今日の経営課題に重点を置いた、1週間単位の集中コース
・実体験学習
・ビジネス・エキスパートの面々とのネットワーク作りの機会

　教室から現場への橋渡しをしてくれるMBAコンサルティング・プロジェクト（MBA Consulting Projects）の目的は次のとおり。

・理論とその実地での応用をバランスよく提供すること
・学生が実社会での経営課題の数々を目の当たりにする機会を提供すること
・学生に創造的な問題解決能力を育む機会を与えること

　プログラムの2年目は主として選択科目から構成されており、関心のある1分野、あるいは2分野について特定のスキルを身につけることができる。修了に必要な54単位のうち30単位が必修科目で、24単位が選択科目である。学習できる分野には、従来からあるファイナンス、会計、マーケティングなどの分野とビジネス・テレコミュニケーション（Business Telecommunications）、Eサービス（e-Service）、サプライ・チェーン・マネジメント＆ロジスティクス（Supply Chain Management＆Logistics）といった、より専門的な分野がある。2003年秋、ビジネス・テレコミュニケーション分野では、テレコミュニケーション・ネットワークのマネジメント（Management of Telecommunications Networks）、ビジネス上の諸課題に対応したテレコミュニケーション・ソリューションの構築法（Design of Telecommunications Solutions to Business Problems）、テレコミュニケーション技術と競争戦略（Telecommunications Technology and Competitive Strategy）などを含む、合計8科目の選択科目が提供されていた。

出願戦略上のアドバイス

　スミス経営大学院における学習の約60パーセントはチームワークに関係する。エッセーでは、チームワーク力や、個人的・職業的成長、自身の人間的成熟度を強調すべきである。インタビューに招待されたら（志願者の約40〜50パーセントがインタビューに呼ばれている）、上司の視点で自分の得意／不得意を説明できるように準備して

おこう。

就職支援

卒業生の主な就職先（職務）は次のとおり（2003年卒業クラス）。

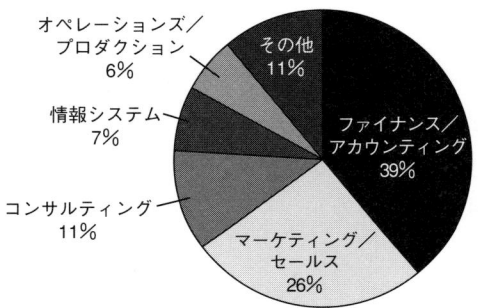

就職課（OCM：Office of Career Management）は、インターンや本採用の求人を紹介したり、そのためのトレーニングを提供することで、サマー・インターン先や就職先を探している学生を採用企業と結びつけている。また、OCMのスタッフは同校の学生と連絡を取りたいと考えている企業に対し、修士レベルの人材を確保するためのリクルート戦略を立案するという専門的なサービスを提供している。

最近、最も多くの学生を採用した上位10社は次のとおり。

アンダーソン・コンサルティング（Andersen Consulting）

マリオット・インターナショナル（Marriott Int'l.）

AT&T（AT&T Corp.）

ブーズ・アレン・アンド・ハミルトン（Booz Allen Hamilton）

アクセンチュア（Accenture）

IBM（International Bus. Mach）

シティグループ（Citigroup Inc.）

インテル（Intel Corp.）

ジョンソン・エンド・ジョンソン（Johnson&Johnson）

デロイト・コンサルティング（Deloitte Consulting）

生活環境

　メリーランド州立大学は、メリーランド州プリンスジョージ郡にある。ここは変化に富んだ地域であり、ボルチモアとワシントンDC間を結ぶ地区の中心に位置している。プリンスジョージ郡はワシントンDCと隣接し、ボルチモアの境界から37マイル南にある。プリンスジョージ郡は広大で、500平方マイル近い広さがある。都会の雰囲気を持っているが、風光明媚でのどかな場所も多い。スミス経営大学院はワシントンDCの生活しやすい「郊外の小さな町」にあり、DCからは、車で道に迷っているうちにいつのまにか大学キャンパスに行き当たってしまうほど近い所にある。

　メリーランド州立大学がワシントンDCとボルチモアとの間の郊外に位置することから、同校の学生は大都市圏のいたるところに住んでいる。キャンパス内に生活する約1万2,000名の学生に加え、数千人がキャンパスから歩ける距離の地域やシャトル・バス（Shuttle-UM）でわずかの距離に生活している。キャンパスまでは公共交通機関やシャトル・バスが使える利便性があるので、学生は地域内のさまざまなコミュニティにある、数多くの物件の中から住居を選ぶことができる。

　メリーランド州立大学から海外からの学生に各種情報やサービスを提供しているのが海外交流部（IES：Office of International Education Services）である（http：//www.umd.edu/ies）。

・・・・日本人在校生および卒業生のコメント・・・・

　メリーランドは歴史ある独立13州の1つですが、当校はその南端、ワシントンDCの都心から地下鉄で25分の郊外にあります。

　当校の魅力としては、内容・設備ともに整った学習環境の良さ、都会に近いロケーション、生活環境の良さ、公立校としての学費の安さなどが挙げられると思います。

　学習環境の良さでは、充実した教授陣と幅広い選択科目が挙げられます。評価の高いITやSupply-Chain Managementに偏重のコースかと入学前に危惧しましたが、実際には多様な選択科目があり、最近は志望者の多いファイナンス分野にも力を入れてきています。友人の中には海外の提携校に行ったり、短期のInternational Study Tripsに参加したりした人もいました。また、学年全体で200人ほどと比較的人数が少ないので、親切な教授陣とコンタクトが容易な点も気に入っています。設備面でも2002年完成の校舎の広い教室は大変快適ですし、Financeのクラスではコンピュータ完備の特別室でロイターを使っての演習など、面白い授業を受けました。クラスメイトはほとんどがお互いの名前を知る仲で、Competitive, but cooperativeと表現されるとおり勤勉で気持ちの良い性格の人が多く、MBAに付き物の大変なグループ・ワークにも楽しさがあります。実際の企業をチームでコンサルティングする秋学期のGroup Field Projectは、アメリカのビジネスの現場を垣間見るだけでなく、チームワークについて考えるのにも良い経験となりました。

立地環境では、大学周辺で日本人を見かけることは稀ですが、ワシントン・エリアですので気候・食べ物を含め生活に不便はありません。治安も平均的なレベルだと思います。ワシントンの文化に触れられるのと、NYをはじめどこへ行くにも交通が便利なのは大きな魅力です。また、メリーランドはハイテク・バイオベンチャーの集積地でもあり、ゲスト・スピーカーの話しを聞いたり、Dingman Centerを通じて実際のプロジェクトに参加したり、インターンをしたり、とさまざまな機会でこれらの企業に触れる機会があります。

　学費については割愛しますが、留学生でもGAをしている人は多いです。

　留学目的は人それぞれなので学校に求めるものも人により違うとは思いますが、私としては以上の点で大変満足しています。皆様のご参考になれば幸いです。　　　　　　（Class of 2004　男性　製造　社費）

＊　　　＊　　　＊

　私は95〜97年にかけての2年間、Smith School（当時は、Maryland Business School）に留学致しました。

　スミス・スクールでは、講義とCase Studyがバランス良く構成されていたように思います。授業でやった内容を中心にCaseを使って実際の場面を想定し、意思決定をする過程を通して、授業そのもの理解が深まったように思います。

　スミス・スクールのカリキュラムの中で何といっても大きな特徴として、Group Field Project（GFP）があります。これは2年目に全員必修で行われるもので、4、5名の小グループに分かれ、それぞれのグループがクライアント企業を持たされ、そこでコンサルティングを行なうというものです。私のグループのクライアントはメリーランド州の地方銀行でした。当時その銀行がインターネットを使用したサービスを顧客に始めようとしており、私たちのグループの課題は、導入への方法論および、想定されるリスクに関する解決方法を示すといったものした。このプロジェクトでは、定期的にクライアント企業を訪問したり、企業側からの様々な要望にも応えていくなど、かなりハードなものでしたが、米国企業を実際に見れたことは私にとって大変貴重な経験となりました。

　ところで私は最近、会社の仕事以外に会計やマネジメントに関する専門学会に所属し活動しております。そこでは、実務家や大学の研究者の研究発表を聞く機会があります。そのような時に強く感じることは、日本の大学は企業との接点が極端に少ないといったことです。とりわけ、企業での実務経験のない教員や研究者の発表を聞いていると、対象となっている企業へのアプローチが不十分に思われます。これは日本の企業がこうした研究者に対して、企業秘密を盾に十分な情報を提供していないのと、日本の研究者の間にも企業へのフィールド・ワークを軽視するといった雰囲気があるといわれております（因みに最近増えてきた日本のビジネススクールにおいても、企業との結びつきが弱いと聞いています）。その点、米国のビジネススクールは、企業との関わりが非常に強いのです。実際スミス・スクールの教授陣も、大学以外に企業のコンサルタントを兼務している方がほとんどです。このため時には、GFP以外の授業でも、その先生のクライアント企業のコンサルティングに関わることもあります。私の場合Human Resource関連の授業で、担当教員のクライアント企業の人事制度や報酬制度に絡むコンサルティングをグループで行いました。これにはビジネススクール本来の目的である、実学教育重視の姿勢が強く感じられます。

　このようにスミス・スクールでは、実学にも直結した授業も数多くあり、これからMBAを目指される方にとって、厳しいながらも、充実したビジネススクール・ライフを送ることができるもの確信しております。

　　　　　　　　　　　　　　　　　　　　　　　　　　（Class of 1997　男性　メーカー勤務）

ロチェスター大学
ウィリアム・E・サイモン経営管理大学院
(William E. Simon Graduate School of Business Administration, University of Rochester)

http://www.simon.rochester.edu

設立年／1958年

基本情報

◆学生に関するデータ
卒業生数＿1万名
フルタイム在学生数＿416名
日本人学生数
　2004年入学者数＿13名
　2005年入学者数＿12名
留学生の割合＿46％
アジア人学生の割合＿22％
平均年齢＿29歳
入学時の平均実務年数＿6年

◆履修期間と授業料
履修期間＿21ヶ月
授業料＿年間3万2,100ドル

◆主なランキング
『ビジネスウィーク』2002年27位
『USニューズ＆ワールドレポート』2004年37位
『フィナンシャル・タイムズ』2004年22位

◆テスト・スコアと合格率
GMAT要求スコア＿n.a.
合格者平均GMATスコア＿647
合格者GMATスコア分布(80%)＿n.a.
TOEFL要求スコア＿n.a.
合格者平均TOEFLスコア＿CBT：250
合格者平均GPA＿3.2
出願者の合格率＿27％
合格者の入学率＿41％

✉ 問い合わせ先

●出願に関する問い合わせ
担当者名　Pamela A. Black-Colton
eメールアドレス　mbaadm@simon.rochester.edu
●奨学金に関する問い合わせ
URL　http://www.simon.rochester.edu/prostudent/index.asp
●卒業生ネットワーク
URL　http://www.simon.rochester.edu/alumni/alumni-shell.htm

出願締切り　12月中旬、2月初旬、3月中旬、6月初旬

就職関連情報

◆サマー・インターンシップの主な採用企業

イーライリリー・アンド・カンパニー

ジョンソン・エンド・ジョンソン

ボシュロム

J.P.モルガン・チェース

シグナ・コーポレーション

◆卒業生の主な採用先

キャップジェミニ・アーンスト＆ヤング

デロイト・トゥーシュ・トーマツ

ジョンソン・エンド・ジョンソン

メリル・リンチ

NTTドコモ

◆卒業生の就職率と平均年収

卒業後3ヶ月時点の就職率

2001年_95%

2002年_69%

卒業後の平均年収（年棒＋契約金）

2001年_10万ドル

2002年_9万4,000ドル

問い合わせ先

●就職関連の問合せ先（**Career Management Center**）
担当者名　**Lisa M. McGurn**
eメールアドレス　mcgurn@simon.rochester.edu
URL　http://www.simon.rochester.edu/corp/corp-shell.htm
●卒業生のための就職支援
URL　http://www.simon.rochester.edu/alumni/alumni-shell.htm

school information

MBA／MS Admissions
William E. Simon Graduate School of Business
Administration
University of Rochester
305 Schlegel Hall
Rochester, NY 14620 U.S.A.

学習環境

　ウィリアム・E・サイモン経営管理大学院は、ウォールストリートで最も鋭敏なアントレプレナーの1人であり、元財務長官でもある人物の名前が付けられたビジネススクールである。全生徒中の留学生の割合が最も高いビジネススクールとしてもトップにランクされており、学生の半数近くが留学生である。規模の小さなビジネススクールで、秋期（9月）には約180名が、冬期（1月）には約70名がそれぞれ入学している。このような要素があいまって非常に多様性の高い多文化的MBAプログラムを作り出している。日本人学生はサイモンでアメリカ人学生に続いて2番目に大きなグループを構成しており、セミナーやインフォーマルなエスニック料理パーティーなどで、日本文化をサイモンのコミュニティに紹介している。

　このように国際性豊かなクラスを維持するのは並み大抵のことではない。学校側は新しい学生とその家族が到着した際、在学生ボランティアに出迎えてもらい、歓迎の意を示そうと努めている。米国で新たなMBA生活を始める第一歩としてはなんともやさしい心遣いである。

　サイモンは出願者に対して、数量的能力があることを期待しているが、入学するためには「コンピュータ屋」でなければならないといったステレオタイプは捨てる必要がある。ただ、教養学部（リベラル・アーツ）の出身者は、すでに微積分学・統計学やミクロ経済学を履修した経験があること、あるいはこれらの科目を履修するつもりであることを示しておくのが賢明といえよう。

複合学位（Joint-Degree）プログラム

　MBAプログラムの期間中、あるいはさらに1年の期間延長で、2つの学位を取得することができる。サイモンからMBAを取得すると同時に、学内の他の高い評価を受けているプログラムから修士以上の学位を取得することができるのだ。選択できるのは、ミクロ生物学／免疫学（バイオテクノロジー）〔Microbiology／Immunology (Biotechnology)〕、麻酔学（Anesthesiology）、公衆衛生学（Nursing or Public Health）などである。これらの分野では、ベビー・ブーム世代が熟年に差し掛かりつつある中、熟練したプロを求める声が急速に増加しつつある。1999年の秋には、5年間で修了できるM.D.／MBAの複合学位制度が導入された。

　サイモン経営管理大学院は東海岸のシカゴ大学経営大学院（GSB）と呼ばれてきた。

教授の多くがGSBで博士号を取得しており、両校とも財務管理の分野においてすばらしい指導を行なってきているが、サイモンは経済学を基に、分野を超えた構成のカリキュラムを提供している。このアプローチの根底には、マネジメントにおいてなされる決定の中で、経済原則に関係のないものはほとんど存在しないという理念がある。

サイモンではテキストによるケースと実践的学習を平行して行なっている。そして、教授陣、職員、学生間の連携のおかげで、学生はリーダーとしての優れたスキルを伸ばしていくことができる。同校はチームワークを実践するために、クラスを45名の「コホート（cohort）」と、さらなる課題にともに取り組むための小さな「チーム」に分ける。それぞれのチームは3つの異なる出身国の学生で構成されることになる。さらに同校では、学生の運営するビジョン・プログラム（VISION Program）で一体感を築き上げ、コーチ・メンター・プログラム（COACH Mentor Program）と個別カウンセリング・サービスにおいては、留学生を含む学生に対するサポートを行なっている。

分野横断的プログラムのもと、サイモンの学生は組織において発生する問題にはファイナンス、会計、オペレーション、マーケティングなどの問題が同時に複数組み込まれていることを理解する。カリキュラムではこのような原理と国内外いずれのビジネス状況にも応用できる組織についての包括的理解を身につけることができる。

教授陣

サイモンの教授陣の国際的知名度は、その先駆的研究と効果的な指導方法のたまものである。60名からなるフルタイムの教授陣は、同分野の専門家たちの評価で、常に米国内のトップ20に選ばれている。毎年、教授たちは知的好奇心を存分に刺激する授業を教えるのに平行して、現代ビジネスの手法に直接影響を与える重要な研究を行なっている。

同校のすぐれた研究と最先端のカリキュラムに対する名声こそが、世界でも有数の学者をサイモンに引きつけ、とどめおくゆえんとなっている。ファイナンス、会計、組織構築などの分野における今日の企業コンセプトのベースの多くは、サイモンで生み出されたものである。

同校の教授たちは教室、研究、勤務時間内や社交行事などで学生と交流するようにしており、近づきやすい存在として学生たちから捉えられている。

人気教授陣

人気教授陣の専門分野と科目名は次のとおり。

教授	専門分野	人気科目／研究分野
マイケル・バークレー (Michael Barclay)	ファイナンス(Finance)	企業財務(Corporate finance)、企業負債の構造(Structure of Corporate Liabilities)、投資信託の税務管理戦略(Tax-management Strategies of Mutual Funds)
ジェームズ・ブリックリー (James Brickley)	経済学(Economics)、 マネジメント(Management)、 ファイナンス(Finance)	組織の経済学(Economics of Organizations)、企業支配権(Corporate Control)、企業財務(Corporate Finance)、報酬制度(Compensation Policy)、フランチャイジング(Franchising)、金融(Banking)
ダン・ホースキー (Dan Horsky)	マーケティング(Marketing)	マーケティング活動に関する消費者と企業行動の分析(Analysis of Consumer and Firm Behavior as They Relate to Marketing Activities)
ピーター L. ワースドープ (Peter L. Waasdorp)	マネジメント(Management)、 マーケティング(Marketing)、 アントレプレナーシップ (Entrepreneurship)	ビジネスおよび製品企画(Business and Product Planning)、新製品開発(New Product Development)、製造プロセス再構築(Manufacturing Process Re-engineering)、プロダクト・マーケティング(Product Marketing)、品質および顧客満足の管理(Quality／Customer Satisfaction Management)

カリキュラム

　MBA取得には67単元の授業履修と3.0のGPAが必要とされている。学生は通常10週のクォーター6つを経て、プログラムを修了する。1月入学を選択すれば、フルタイムプログラムを18ヶ月で終えることも可能である。なお、1月入学の場合も、学位取得に必要な要件は秋入学の学生と同じである。

1年目のカリキュラム

1年目の分野横断的コアカリキュラムは3クォーターにわたり、この間に学生は必修コース9科目と2クォーター連続の経営コミュニケーション論（Management Communication）の授業を履修する。基礎を固める第1クォーターで学ぶのは、企業財務会計（Corporate Financial Accounting）、応用統計学とデータ解析（Applied Statistics and Data Analysis）、管理経済学（Managerial Economics）、資本予算と企業目標（Capital Budgeting and Corporate Objectives）などである。

第2クォーターはeコマースとテクノロジーに焦点が当てられる。コースにはマーケティング・マネジメント（Marketing Management）、オペレーション・マネジメント（Operations Management）、コンピュータと情報システム（Computers and Information Systems）などがあり、これらはすべてeコマースや自由選択科目を履修する上で重要なものばかりである。自由選択科目の履修は、インターンシップの前に専門分野に集中して学習することを可能にする。

第3クォーターに入ると、マーケットについての基本的な理解を前提として学習が行なわれ、組織におけるインセンティブとコントロールという問題について深く検討する。1年目のこの最終クォーターに履修するコースには、管理会計とコントロール（Accounting for Management and Control）、組織経済理論（Economic Theory of Organizations）と選択科目2科目がある。

2年目のカリキュラム

2年目は各学生が自らの目標や目的に合わせてカリキュラムを組むことができる。修了要件にはなっていないものの、学生のほとんどは提供されている14分野の専攻の中から1分野、もしくは2分野を修める選択をしている。学生は学期ごとに異なる数の科目を履修できるが、この目的は、より柔軟なプログラムを提供し、また場合によってはプログラムをより短い期間で修了できるようにすることである。

一般的に、2年目の学生は1つのクォーターで4科目ではなく3科目を履修する。さらに、2年生の一部には同校の海外交換プログラムに参加する者もいる。

海外のフルタイムMBAプログラム

専攻と選択科目

　サイモンではMBAプログラムに参加する学生がそれぞれ異なる興味や目標を抱いていることを考慮して、14の専攻分野から自分が追求してみたい11の選択科目を選ぶことができる制度をとっている。健康科学マネジメント（Health Sciences Management）、公共会計学（Public Accounting）、ビジネスと公共政策（Business and Public Policy）などの専門的な分野も選択肢に含まれている。各分野の選択科目では、コア科目で学んだ原則の応用、実施、統合が行なわれる。

出願戦略上のアドバイス

　サイモンは書類選考通過者のほぼ全員をインタビューに招いている。インタビューでは、留学後の学習においても、その後のキャリアにおいても成功する確信があることを強調しよう。入学審査事務局が懸念しているのは、合格者の入学率の低下、つまり、出願者が同校への入学を希望するようなことを言いながら、合格後に入学を辞退することである。サイモン以外にどこに出願しているのか、そしてそのプログラムがサイモンとどのような共通点があるのかについて説明できるように準備しておこう。

就職支援

　卒業生の主な就職先（職務）は次のとおり（2003年卒業クラス）。

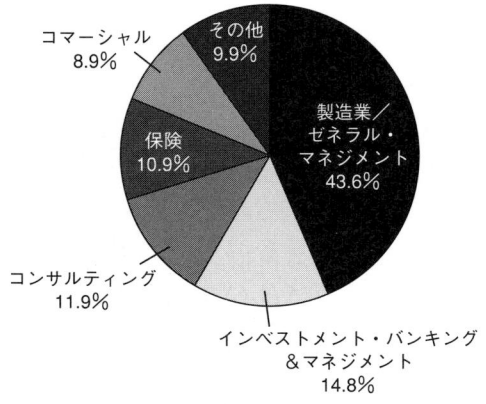

コマーシャル 8.9%
その他 9.9%
製造業／ゼネラル・マネジメント 43.6%
保険 10.9%
コンサルティング 11.9%
インベストメント・バンキング＆マネジメント 14.8%

サイモンは積極的にリクルート活動をサポートしており、企業は秋、冬、春の3クォーターを通してキャンパス内でリクルート活動を展開している。2001～2002年の10月～4月の期間に行なわれた求人インタビューは2,500を超えていた。米国内だけでなく、遠くヨーロッパから参加した採用担当者もいた。サイモンでのリクルート活動を最も活発に行なっている企業（一部）は次のとおり。

ボシュロム（Bausch&Lomb）
エクセラス・ヘルス・プラン（Excellus Health Plan, Inc.）
J.P.モルガン・チェース（JP Morgan Chase&Co.）
ベア・スターンズ（Bear Stearns&Co.）
ファニー・メー（Fannie Mae）
リーマン・ブラザーズ（Lehman Brothers）
シティグループ（Citigroup）
フォルト・キャピタル（Forte Capital）
マニング&ネイピア・アドバイザーズ（Manning&Napier Advisors）
デルファイ・オートモーティブ・システムズ（Delphi Automotive Systems）

生活環境

　ロチェスター大学リバーキャンパス（River Campus）内にあるサイモンは、ジェネシー川の川岸にあり、ロチェスターの中心街から5キロの位置にある。サイモン経営管理大学院は、大学内の7つのプログラムおよびカレッジの1つで、その7つの中には、米国でも有数の音楽学校であり、ニューヨークのジュリアード音楽院と並ぶ名門校として評価されているイーストマン・コダック音楽学校も入っている。

　ニューヨークの北西500キロに位置するロチェスターは、伝統と革新が独特なハーモニーを奏でる都市である。ロチェスターにはジョージ・イーストマン・ハウス、ストロング・ミュージアム、ジェネシー・カントリー・ビレッジ、セネカ・パーク動物園など、数多くの魅力的な博物館や施設がある。そのほかにもハイランド・パーク、エリー運河、ソネンバーグ・ガーデン、レッチワース州立公園などがある。また、フィンガー・レイク地域（Finger Lakes Region）には多数のワイナリーもある。加えて、数多くのゴルフコースもあり（2003年秋の時点で10コース）、学生が勉強をひとやすみして腕前を披露してくれるのを待ち構えている。

　サイモンに来て、ただ知識を習得することと、それを応用できるようになる能力とは全く違うということを知りました。そうなのです。サイモンではまさにこの応用力を身につけさせることに主眼を置いているのです。そのため、どのクラスを履修しても、以下のような特徴が共通しています。

　まず、科学的で定量的な分析が重視されます。意思決定に役立つさまざまな数量的モデルを学ぶだけでなく、実際のアサイメントでは、言葉だけの理論ではなく、数字という客観的な指標に置き直し、説明することを求められます。コンセプトとかではなく、現場の人間でも分かる具体的なストーリーを数字と組み合わせながら作ることを強く求められます。

　次の特徴は、チーム・アサイメントによる応用力の養成です。教授の講義が終了すると、その内容を実際のケースに応用するためにチーム単位でのケース・アサイメントが必ずといっていいほど出されます。このプロセスにより、学んだ理論、フレームワーク、モデルなどを使って「考えること」に徹底的に慣れさせ、その分析力、問題解決力の確実なスキル習得を目指しているのです。そのため、アサイメントも多いですし、その難易度は自分1人説けるような、なまやさしいものではなく、チームメイト同士で議論を重ねてはじめて解決できるようになっています。そのため、授業を受けていないときの生活のほとんどは、チーム・ミーティングの準備をしているか、チーム・ミーティングそのものを行なっているといっても過言ではありません。サイモンはそれだけチームワークを重視しています。逆に、チーム・アサイメントさえきちんとやっていれば、中間テストや期末テストで落第することはまずありません。

　最後の特徴は、教授陣のオープン性とフレキシビリティです。教授はどんな質問にも親切に対応してくれますし、学生の希望が多ければ、補習を行なってくれたりします。また、教授同士がよく相談をされているようで、よく授業が連携されています。「誰々教授の授業で教わったと思うが、これをここではこういう風に使うこともできる」という具合に、同じツールの違った応用方法なども教えてくれます。1年目の冬学期のとき、1つのケースに対して、オペレーションの教授とマーケティングの教授が共同で授業を行なったときは、ビジネスを違う面から見つめるとそこから導かれる結論も大きく異なり、簡単なものではないことを知りました。

　私は妻子と一緒にロチェスターに来ました。田舎街なので治安も全く心配要りません。また、日本食のレストランが3件ほど、日本の食材店も3件以上あります。どんな和食でも食べられるわけではありませんが、困ることはありません。

（Class of 2004　男性　印刷業　社費）

＊　　　　＊　　　　＊

　サイモン・スクールのコア（必修）科目は大きくレクチャー（講義）、ラボ（演習）、アサインメント（宿題）で構成され、ビジネスの基本言語となるコンセプトが（イヤでも）しっかりと身につくこととなります。まずレクチャーを中心として基本的なフレームワークを学びますが、決して教授からの一方的な情報提供ではなく、学生からも自発的で活発な意見や質問が投げかけられたりします。ラボでは豊富な演習問題を使用して基本的なコンセプトに対して多面的に取り組むため、レクチャーで習った内容をより深く理解することができます。そしてタイムリーに課せられるアサインメントに主にチームワークで取り組むことで、実践的な思考のフレームワークをしっかりと自分のものにすることができます。レクチャーおよびアサインメントでは、さまざまなケース・スタディが扱われ、基本的なビジネス・スキルを現実的な問題に応用する能力が身につきます。

　選択科目については、私はサイモンがファイナンスとならんで高く評価される所以である「ストラテジー（競争戦略・組織戦略）」を中心に履修しています。この分野におけるサイモンのクラスは本当にすばらしく、私は何度、目から鱗が落ちたか知れません。定量的アプローチも机上の空論や数字遊びに終わらず、真に実践的な思考のフレームワークとして消化することができます。ビジネスを含めた現実の社会のさまざまな事象を分析するにあたり、サイモンに来る前と今とでは、物の見方が自分でも驚くほど大きく変わりました。

　また、サイモンの特長として強調されるチームワークも実にすばらしいものであり、私は教授や授業のディス

カッションから学ぶものと同じくらいに重要なものをチーム・ディスカッションから学んでいます。コア9科目では学校から指定されたメンバーでチームを組み、選択科目では自分でチームメイトを探すことになりますが、私はいずれにおいてもすばらしい知識や経験をもった仲間とチームを組むことができています。勉強だけでなく、人間としても本当に尊敬できるすばらしい仲間ばかりです。比較的小規模な学校で昼夜を問わず学校で一緒にディスカッションする仲間ですから、学生間のプライベートでの付き合いも深くなります。アメリカ人だけでなくアジアや南米、ヨーロッパなどからの留学生の比率が高い（30〜50パーセント）ことも、この学生間の交流をより豊かなものにしています。

ストラテジーをはじめとする幅広い分野でのマネジメントスキルを養い、多彩なバックグラウンドの学生と交流するというサイモンでの経験は、今後の自分のキャリアのベースとなることは間違いありません。本当にサイモンに来てよかったと感じながら、勉強に追われ悲鳴をあげている毎日です。

（Class of 2004　男性　通信サービス　社費）

＊　　　＊　　　＊

私は現在、アメリカのコンサルティング会社で働いていますが、ビジネススクール在学中の就職活動から、実際に勤務して得た経験も含め、日本人のアメリカでの就職について紹介させていただきます。

まずはメリットについてです。アメリカで、さらに、日系ではなく米国企業で働くことにより得られる経験、スキルは、大きな財産になるはずです。MBAのコースの大部分は言うまでもなくアメリカのビジネスにおける理論、実践に基づいていますが、日々の業務はまさにその応用・実践です。一例として、私がサイモン・スクールで学んだコーポレート・ガバナンスの知識は、現在携わっているコンサルティングの業務に直接役立っているだけでなく、日米の企業統治の比較検討における視野を広げることにもつながっています。

しかし、アメリカ国内での就職経験、または国外でも同業種での職務経験がない場合、就職活動はかなり厳しくなります。とはいえ、アメリカでは労働市場の流動性が高いことから、一度足場（現地企業での経験）ができればその後は自身の努力やネットワークによって、比較的早い時期でのキャリア・アップも可能です。

アメリカの、いわゆる優良企業（規模の大小、存続年数の長短に関わらず）では、MBAは単に資格の1つであり、それに加えた自己の差別化（例：同業種での経験、修士号以上の学位など）ができなければ採用されません。残念なことに、日本人であることや、日本での就業経験（いくつかの国際的大企業での主要ポジションを除く）は、十数年前とは違い、大きなプラスにはなりません。私の場合は、在学中に行ったインターンシップでの経験（後述）を前面にアピールしました。

最近、労働ビザの発給数が大幅に減らされたことから、外国人のアメリカでの就職が厳しくなったといわれますが、OPT（卒業後1年間有効、労働ビザの代替として使用可能）を利用することもできますし、まずは、どのようにインタビューをこなしジョブ・オファーを得るかに集中するべきでしょう。ジョブ・オファーが得られれば、ビザ取得にあたり、企業は尽力してくれます（インタビューの過程でビザが必要であることを適切にコミュニケートすれば、採用はその事実を含め決定されるため）。

サマー・インターンシップは、地元ロチェスターの会社でコンサルティング・インターンとして働きました（インターンシップ終了後のパートタイム勤務も含め計10ヶ月）。最大の収穫は、戦略立案のノウハウを学んだこと、プレゼンテーションの実践機会が豊富に得られたこと、フルタイムの就職活動に向けた知識とネットワークを積む材料としてインターンシップの経験を利用できたことです。さらに、インターンシップを経験した後には、クラスメイトとの業界情報交換もより効果的にできるようになりました。

（Class of 2002　女性　コンサルタント）

ヴァンダービルト大学
オーエン経営大学院
(Owen Graduate School of Management, Vanderbilt University)

http://mba.vanderbilt.edu

設立年／1969年

基本情報

◆学生に関するデータ
卒業生数__5,700名
フルタイム在学生数__428名
日本人学生数
　2004年卒業クラス__3名
　2005年卒業クラス__8名
留学生の割合__24%
アジア人学生の割合__14%
平均年齢__29歳
入学時の平均実務年数__4.7年

◆履修期間と授業料
履修期間__21ヶ月
授業料__年間3万345ドル

◆主なランキング
『ビジネスウィーク』2002年28位
『USニューズ＆ワールドレポート』2004年45位
『フィナンシャル・タイムズ』2003年28位

◆テスト・スコアと合格率
GMAT要求スコア__n.a.
合格者平均GMATスコア__643
合格者GMATスコア分布(80%)__570～720
TOEFL要求スコア__PBT:600
合格者平均TOEFLスコア__PBT:628
　　　　　　　　　　　　　CBT:267
合格者平均GPA__3.29
出願者の合格率__46%
合格者の入学率__47%

📧 問い合わせ先

●出願に関する問い合わせ
担当者名　Todd Reale
eメールアドレス　admissions@owen.vanderbilt.edu
●奨学金に関する問い合わせ
URL　http://mba.vanderbilt.edu/mba/finaid.cfm
●卒業生ネットワーク
URL　http://www.vanderbilt.edu/alumn

出願締切り	11、1月下旬、3月中旬

就職関連情報

◆サマー・インターンシップの 主な採用企業

バンク・オブ・アメリカ
アメリカン・エキスプレス
フェデックス
サラ・リー
デロイト・コンサルティング（旧）
GEキャピタル

◆卒業生の主な採用先

バンク・オブ・アメリカ
ヒューレット・パッカード
GEキャピタル
ゼネラル・モーターズ
メリル・リンチ

◆卒業生の就職率と平均年収

卒業後3ヶ月時点の就職率
2001年＿90%
2002年＿80%

卒業後の平均年収（年俸＋契約金）
2001年＿10万4,500ドル
2002年＿8万7,250ドル

✉ 問い合わせ先

●就職関連の問合せ先（**Career Management Center**）
担当者名　Melinda Allen
eメールアドレス　melinda.allen@owen.vanderbilt.edu
URL　http://mba.vanderbilt.edu/cmc/index.cfm
●卒業生のための就職支援
URL　http://www.vanderbilt.edu/alumni/onlineserv.htm

school information
....

MBA Admissions Office
Owen Graduate School of Management
Vanderbilt University
401 21st Avenue South Nashville, TN 37203 U.S.A.
....

C9

海外のフルタイムMBAプログラム

学習環境

　同校は、各方面での能力をバランス良く備えた学生を求めている。入学審査事務局は、出願者の学歴や実務経験の質を重要視する。世界の地域別に専門の審査官が担当しており、大学ごとの成績評価基準の違いを考慮に入れた判断を行なっている。学業成績などで突出した候補者に関しては実務経験が絶対条件とはならないため、学部卒業後すぐに出願することもできる。したがって、経験は短いが学業面で優秀な成績を修め、大学のコミュニティ活動でも大きな貢献をしているのなら同校への出願を視野に入れてもよいだろう。

　ちなみに、オーエン経営大学院の校舎は、高名な日系アメリカ人建築家でヘルムート・オバタ＋カッサバム（HOK：Hellmuth, Obata＋Kassabaum）の共同設立者でもあるギョー・オバタ氏のデザインによるものである。

　ヴァンダービルトに在籍する日本人学生、自称「ヴァンディーズ（Vandies）」は、同校の配慮の行き届いた学習環境や学生たちが友好的であることに大変満足している。例年200名程度の学生しか受け入れない少人数制や、学生と教官の比率が10対1といった要素も学生に好評である。オーエンの少人数クラスは、日本の大学では一般的な講堂規模の巨大クラスとは対照的であり、日本人学生にとっては新鮮に感じられるだろう。

　学生は、ヴァンダービルトの強みであるファイナンスやマーケティングといった定番分野に加え、「エンファシス（Emphases）：強調分野」と呼ばれる専門科目群から学ぶこともできる。これはe-コマース、ブランド・マネジメント、アントレプレナーシップ、医療、環境マネジメントなど、ヴァンダービルト大学全体の開講科目から選ぶことのできる独特のプログラムである。中でも、このプログラムの先駆けとなった「e-コマース・エンファシス」は、1994年に2人のヴァンダービルト教官が、誕生間もないインターネット・メディアの商業化について行なっていた研究から発展したものである。彼らは他の多くの研究者に先んじて、インターネットの発展がもたらす「情報格差（digital divide）」の影響を調査していたのである。

　同校は、学生が授業で学習した内容を、起業家的発想やリーダーに必要なスキル両方の養成と実践に結び付けるための、最高の環境を整えていることで知られている。チームを重要視し、コミュニケーションを強く意識した校風により、学生が教授陣や事務職員と気兼ねなく交流できる学習環境が実現されている。

　また、オーエンは技術的に最も進んだビジネススクールの1つであり、学生はマネジ

メント・ホールや中庭、そしてキャンパス内の「スターバックスコーヒー」においてですら、ワイヤレスでインターネットに接続することができる。

教授陣

　教授陣と学生はしばしば研究パートナーとして共に研究を行ない、論文を共同執筆する。教授陣はアドバイザーとして頻繁に学生の相談にのり、学生が目標を達成するための学習プログラムを作り上げている。また、一部の教授は「住み込みプログラム（Faculty in Residence Program）」の一環として、学生と共に寮で寝起きしており、寮での生活を一層多彩で興味深いものにしている。

　ヴァンダービルトのMBAプログラムはその学問分野において高い評価を得ている。教授陣の研究は広く出版され、ファイナンス関係で頻繁に引用されている。教授陣は、学術的な研究、実社会でのビジネス経験、熱意、いずれの面においても不足のない授業を行なっており、学生から大きな賞賛の声を浴びている。実際、同校がランキングで好成績を修めているのは、学生が同校の教授陣との公式、および非公式な場での交流に満足していることが大きな要因の1つである。

　オーエンの経営学の助教授、ナンシー・リー・ハイアー氏（Nancy Lea Hyer）が『Reorganizing the Factory：Competing Through Cellular Manufacturing』の共著で、製造業のノーベル賞と言われている新郷賞（Shingo Prize for Research & Professional Publication Award）を受賞していることは、日本人志願者の興味を引く点だろう。この賞は、製造工程改善の分野で世界的な権威とされている日本人工業技師、新郷重夫氏にちなんでいるのだから。

人気教授陣

人気教授陣の専門分野と科目名は次のとおり。

教授	専門分野	人気科目／研究分野
ジョセフ・D・ブラックバム (Joseph D. Blackburn)	オペレーションズ (Operations)	時間ベース競争（Time-Based Competition)、組織の改編（Transforming the Organization)、オペレーション企画および管理（Operations Planning＆Control)
トシアキ・イイヅカ (Toshiaki Iizuka)	戦略（Strategy)	企業戦略（Corporate Strategy)、グローバル戦略（Global Strategy)、グローバル企業の経営（Managing the Global Enterprise)
ロナルド・W・マスリス (Ronald W. Masulis)	ファイナンス（Finance)	吸収と合併（Mergers＆Acquisitions)、ベンチャー・キャピタル（Venture Capital)、企業価値マネジメント（Corporate Value Management)、企業財務方針（Corporate Financial Policy)
フレデリック・E・タルボット (Frederick E. Talbott)	経営（Management)	経営上の問題解決とコミュニケーション（Managerial Problem Solving and Communication)、高度な専門的プレゼンテーション（Advanced Professional Presentations)、リーダーシップと広報（Leadership and Public Relations)

カリキュラム

　オーエンのカリキュラムは61単元で構成され、そのうち23単元が全学生必修のコア科目である。残りの38単元では12単元を専攻分野で履修し、残りは他の専攻分野、あるいは、経営学関連の選択科目を履修することができる。各セメスターは2つの「モジュール」（各7週間）に分かれている。秋セメスターはモジュールⅠとⅡ、春セメスターはモジュールⅢとⅣで構成されている。

　コア・カリキュラムは4つのモジュールにわたっており、会計学、ミクロ経済学、コミュニケーション論、統計学、ファイナンス、マーケティング、オペレーション、国際ビジネス、リーダーシップ、そして戦略的マネジメントといった科目が提供されている。第2セメスター、および2年目を通じて学生は、1つまたは2つの専攻分野（コンセントレーション）から学習することになる。専攻分野では（特定の分野から）12単元以上の科目を履修することが条件である。ほとんどの学生は第1専攻をファイナンス、E

コマース、人事・組織パフォーマンス（HOP： Human and Organizational Performance）、マーケティング、オペレーションといった分野で修得する。そのほかにも学生は会計学、組織マネジメント、もしくはインフォメーション・テクノロジーといった分野を第1専攻とすることもできるし、これらの分野を第2専攻に選んで、第1専攻で学んだ内容の補足とする学生も多くいる。さらに、専攻分野に加え、ブランドのマネジメント、アントレプレナーシップ、環境マネジメント、医療、もしくは国際経営といった「エンファシス」が設けられている。「エンファシス」が認められるには、1分野で8単元以上を履修する必要がある。

　コア・カリキュラムは次のとおり。

1年目：秋セメスター

会計入門（Introduction to Accounting）　4単元
経営経済学（Managerial Economics）　2単元
経営財務（Managerial Finance）　2単元
チームおよび組織の先導（Leading Teams and Organizations）　2単元
経営者向けプロフェッショナル・ライティング（Professional Writing for Managers）　1単元
戦略的コミュニケーション（Strategic Communications）　2単元
マーケティング管理（Marketing Management）　2単元
オペレーションズ・マネジメント（Operations Management）　2単元
経営統計学（Managerial Statistics）　2単元

1年目：春セメスター

世界経済におけるビジネス（Business in the World Economy）　2単元
戦略的マネジメント（Strategic Management）　2単元

コア科目の単元数合計　23単元

出願戦略上のアドバイス

　オーエンの受験では、GPAやGMATといった学業面での条件が奮わなくても、職場やコミュニティにおいて、バランスの良い経験を積んでいることを示すことで埋め合わせることができる。また、出願の中でキャリア上のゴールを表明する際は、卒業後の分野を転向するか否かに関わらず、入学までのキャリアで育んだ仕事上のスキルがどのように活かされるのかはっきり述べるよう注意したほうがよい。

就職支援

卒業生の主な就職先（職務）は次のとおり（2003年卒業クラス）。

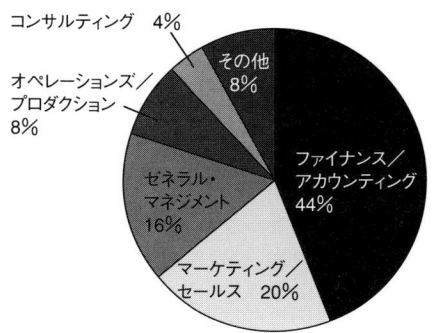

コンサルティング 4%

オペレーションズ／
プロダクション
8%

その他
8%

ゼネラル・
マネジメント
16%

ファイナンス／
アカウンティング
44%

マーケティング／
セールス 20%

オーエン経営大学院の就職部、キャリア・マネジメント・センター（CMC）は積極的に学生を支援している。同センターが展開するサービスには、インターネット上の「キャリア・リーダー」という自己診断プログラム、キャリア・カウンセラーとの個別ミーティング、キャリア・ワークショップ、卒業生との懇談会、カリキュラムに組み込まれた講義などがある。

2年目に入ると学生は、センターの助けを借りながらフルタイムの就職先を目指した就職活動を始める。同センターではキャリア・ディベロップメント計画作成、模擬インタビュー、ネットワーク作り目的のイベント開催、各地でのマーケティング活動、学生クラブの都市訪問（を行なう際の手助け）、レジュメ・ブックの作成、そしてカウンセリングなど、学生の就職を助けるためのさまざまな活動を展開している。

キャンパス内インタビューを行なうためオーエンを訪れる企業(一部)は次のとおり。

スリーエム（3M）

エクソンモービル（ExxonMobil）

モルガン・スタンレー・ディーン・ウィッター（Morgan Stanley Dean Witter＆Co.）

アメリカン・エキスプレス（American Express）

フェデックス（Federal Express）

ノキア（Nokia）

AT＆Tワイヤレス（AT＆T Wireless）

フォード自動車（Ford Motor Company）
ファイザー（Pfizer Inc.）
バンク・オブ・アメリカ（Bank of America）

生活環境

　オーエンはナッシュビル市のダウンタウンからおよそ1.5マイル程の距離にある。テネシー州都であるナッシュビルは、最も個性的な南部都市の1つであり、ジョン・グリシャムの『法律事務所（The Firm）』を含むいくつかの作品は同市を舞台としている。夏はかなり蒸し暑いものの、比較的温暖な気候や、ミシシッピ川周辺の風光明媚な環境、そして活発なビジネスなどが相まって、ナッシュビルは生活や勉学にも、余暇を楽しむにも快適な場所となっている。同市の人口は100万人近くにのぼり、立地の面でも米国の人口の半数の人々が住む地域から1,000キロ以内と理想的である。同市は、銀行業、ファイナンス、医療、出版、自動車製造、そして保険業といったビジネスの中心地となっている。また、ナッシュビルにはノーテル（Nortel）、ジェネスコ（Genesco）、HCA：ザ・ヘルスケア・カンパニー（HCA the Healthcare Company）、アラジン（Aladdin Industries）、ゲイロード・エンターテインメント（Gaylord Entertainment）、ピレリ（Pirelli）、そしてサターン（Saturn）といった多くの米国企業や国際企業の拠点がある。

　「南部のアテネ」ことナッシュビルは、カントリー・ウェスタン音楽のメッカであり（この種の音楽をお好みなら、憶えておくとよいだろう）、ロックの伝説エルビス・プレスリーの住まいであった、グレーシーランドの近くである。ロックンロールやブルースを聴きに、ビール・ストリートへ足を運んでみよう。「グランド・オール・オプリー」（Grand Ole Opry：有名なカントリー音楽の公開ラジオ番組）の公開録音を見物に行こう。センテニアル・パークにあるパルテノンは、ギリシャのパルテノン神殿の実物大レプリカであり、中には美術館と博物館がある。ほかにもチークウッド植物園やファイン・アーツ・センター、ナッシュビル・トイ・ミュージアム、カントリー・ミュージック・ホール・オブ・フェイム＆ミュージアム、テネシー州立博物館と公文書館などを含む、たくさんの博物館や歴史的名所があり、余暇や探索の場所に困ることはないだろう。

　1学年が約220人と小規模であること、学生、教授比が10対1とビジネススクールの中では最良であること、半年だけのコア科目、年間4学期制、120科目以上の選択科目により、自分の目的に合った授業を選択し、MBAをカスタマイズできることがVanderbilt MBAの大きな特徴です。そのため、私のように、マーケティングを中心に据えながらも、興味あるファイナンス、ストラテジー、オペレーションの授業も取り、ゼネラル・マネジメント・スキルを高めたいと考えている人には自信をもっておすすめできます。昨年から、実際の会社が抱えている問題を、教授の指導の下に解決する「Project」が始まり、在学中に実ビジネスを経験する機会が大幅に増えました。

　自慢のビジネススクール専用図書館は、グループ・ミーティング用の会議室や、勉強するための机、本やデータの検索をサポートしてくれる、司書の方など、「No.1 Business School Library」を自認しているだけあり、非常に充実しております。データベースにはインターネットからもアクセスでき、レポートの作成時に必要なデータ収集には威力を発揮します。

　また、日本人を含めた留学生のうち、半分以上が学校から奨学金を受給しており、私自身、授業料半額免除により、2年間で400万円弱の経済的余裕ができ、経済的負担がだいぶ軽くなりました。

　就職活動については、私自身が日本での就職を希望しているために、10月に開かれるボストン・キャリア・フォーラムで面接を受け、日本にて外資系の会社でサマー・インターンを行ない、そこから内定をいただき、就職活動を終えました。

　各社のオンキャンパスのリクルーティングも活発で、就職活動状況は常にeRecruitingというシステムでアップデイトされています。留学生に対するキャリア・センターのサポートが少ないことが学校に対する大きな不満となっておりましたが、最近は徐々に改善されつつあり、留学生だけを対象にしたインフォメーション・セッション、面接練習の機会を設けられました。

　知名度は低いですが、ランキングでも頻繁にHidden Gemと称されるように、教育水準、学生の質は高いと思います。興味を持たれましたら、ぜひ、学校のホームページ、または、日本語のホームページにアクセスし、お気軽メールで問い合わせください。　　　　　　　（Class of 2004　男性　元自動車メーカー勤務）

＊　　　　＊　　　　＊

　Vanderbilt MBAの特徴は、選択科目の多様性と学生数の少なさにあります。コア・カリキュラムがほぼ半年で終了するため、残りの1年半をじっくりと自分の専攻分野、あるいは、専攻でなくとも興味のある分野、に費やすことができます。私は、社費留学で、人事を専攻するべく派遣されているのですが、帰国後に社内における仕事の可能性を広げるために、マーケティングも同時に専攻しています。それに加えて、ストラテジーも専攻に加えられるだけの単位を取得していますし、個人的に興味のあるヘルス・ケア、アントレプレナーシップなどのクラスもとっています。入学前にはあまり考えなかったことですが、ここまで自分のキャリアを自由に幅広く考えながら授業の選択ができる学校に（結果的に）入学できたことは非常にラッキーだったと思っています。

　上述のとおり、人数の少なさのわりに選択科目の数が多いため、20人以下のクラスがたくさんあり、英語の苦手な私でも授業に積極的に参加できる雰囲気であることも、私のMBA生活を楽しいものにしてくれている大きな要因だと感じています。また、グループ・プロジェクトを課すクラスも非常に多く、そうしたクラスは、ケース・スタディ主体のクラスよりもむしろ実践的であり、得るものが大きいと感じています。ちなみに、一番楽しかったプロジェクトは、卒業生のVenture企業の採用戦略を構築するというもので、実際に起業のプロセスに携わることができたという意味で、非常にやりがいのあるプロジェクトでした。

　交換留学制度が充実しているのも1つの特徴です。私は、オーストリアのウィーン大学との交換留学に参加しました。アメリカとは全く違う視点（こうまで違うものかという驚き）で学んだMBAの経験は、私の留学全

体の最も大きな成果の1つといえます。

　勉強以外にも、毎週木曜日には学校のロビーでビア・パーティーがあり、そのほか、International Food Festival、Latin Night Party、Casino Night、Halloween Partyなど、数多くのイベントに積極的に参加することによって、210人の同級生のほとんどと知り合いになることができます。

　最後に、日本には馴染みの薄い、テネシー州ナッシュビルの紹介をしておきます。まさにアメリカ合衆国の田舎の州都という感じで、地域の人々は温かく、治安は良く、道路は広くて空いていて、新鮮な魚がない以外は日本食に困ることもなく、カントリー・ミュージックのメッカであり、アメリカン航空のハブ空港（各地へのアクセスが便利）を要する、刺激は若干足りないものの、非常に住みやすい街です。

（Class of 2004　男性　化学メーカー　社費）

＊　　　＊　　　＊

　邦銀から派遣された現役学生です（2004年卒業予定）。留学直前には、最先端の金融技術や制度を習得、体験するためにNew York支店を希望し、4年半勤務いたしました。主としてTaxやGeneral Administrationなどの管理セクションに籍を置きました。引き続き、Corporate FinanceやProject Financeに従事したいと考えておりましたが、今般のMBA派遣は、その理論的支柱を補強するために、換えがたい体験となっております。

　日本人でNashvilleと聞いて、南部テネシー州の州都で、別名『音楽の首都』といわれているところだとご存知の方は何人いらっしゃるでしょうか？恥ずかしながら、小生は合格発表をもらうまで、正確な位置すら知りませんでした。しかし、住めば都とはよくいったものです。治安良好の中規模都市で、日本人の居住者も駐在員や学生を中心に、予想以上に多いです。日本食料理や雑貨も、そこそこ手に入ります。2年間みっちり勉強するには理想的な都市ではないかと考えています。

　小生は銀行からの派遣でもあり、ファイナンスを専攻しております。必須科目であるManagerial Finance（Finance全般の基礎コース）以外はグループによる課題が課されます。平均すると一コース（7週間）あたり3〜5程度の課題で、全体の成績の半分程度はこの課題で評価されます。グループは自主的に組むのが原則ですが、知己のアメリカ人にアプローチすると、快く受け入れてくれるので、それほど苦にはなりません。ただし、特にCorporate Finance系のグループ・ワークは、骨が折れます。たとえば、ある会社の株価や価値についての算出をする場合、自分が算出した回答は○○ドル、と簡潔ですが、その背景にはいくつもの計算や理論が控えており、それを英語でアメリカ人が納得するように説明するには、自分が本当に理解しつくしていないとできないことです。それだけに、完成後の充実感はこの上ありません。

　小生が最も興味をもって学習したのは、International Financial Markets and Instrumentsという科目で、担当はHans Stoll教授です。多国籍企業が直面する金利リスクや為替リスクなどをどのようにヘッジするかがこのコースの眼目です。当然、通貨先物、通貨スワップ、通貨オプションなど、専門でない限り銀行員でも敬遠しがちな内容を、わかりやすく、簡潔に、実例を通じて触れられるため、すっと入っていけました。円は国際通貨で、ドルに対する通貨としてユーロとともに頻繁に登場します。さらにCase Studyでは、日本人にとって非常に身近な東京ディズニーランドがテーマになっており、金融業務を仲介した邦銀の名前も登場しておりました。

　日本人にとっては、Vanderbilt大学は知名度が必ずしも高いとはいえません。しかし、その内容は（手前味噌になりますが）、教授陣や生徒の質といい、カリキュラムの内容といい、非常に満足できるものです。これから受験される皆さん、MBA上位校が日本人の合格者を絞りつつある昨今、Owen at Vanderbilt Universityを出願大学のリストに加えてはいかがでしょうか。　　（Class of 2004　男性　銀行　社費）

＊　　　＊　　　＊

　Vanderbilt大学は、鉄道王コモドア・ヴァンダービルトによって19世紀終わりに設立された大学です。日本

での知名度はやや低いですが、MBA、法学部、医学部、教育学部などの評価が高く、アメリカ国内ではDuke、UNC、、Emoryなどとともに南部の名門校として名を馳せています。また、庭園のように美しいキャンパスと赤レンガで統一された校舎も自慢です。

　Owenの特徴としては、4module制(1 module=8 weeks)を採用し授業選択の幅が広いこと、1学年約220人と少人数であり学生同士の交流が盛んであること、グループ・ワーク志向が強いこと、IT投資に力を入れていること(今年から携帯電話からでも校内無線LANに接続できるようになります)などが挙げられます。企業受けの良い学校でもあり、不況の中でも堅実に優良企業へ卒業生を輩出しています。グループ・ワークは英語力の低い私にとって負担が大きいのですが、同級生との交流をより深め、コミュニケーション能力を磨く絶好の場です。2年目にはコツもつかみかなり楽しめるようになりました。気軽に3階にある教授室を訪れ、質問や相談ができることもOwenの魅力の1つだと思います。毎週木曜日の夕方にはロビーにてビア・パーティーが開かれ、ほろ酔い気分で会話を楽しむことができます。

　大学が位置するナッシュビルは治安が良く、緑があふれ、気候も比較的温暖で非常に暮らしやすい地域です。日本人奥様のコミュニティがいくつかあること、日本食材にほとんど不自由しないこと(内陸のため魚介類の鮮度は良くありませんが)、近隣の教会での無料英会話レッスンなどは家族同伴者にはありがたいです。アメフト、バスケの2大カレッジスポーツが弱いのが少し寂しいところではあります。

　私は金融機関から社費で留学しました。米国のファイナンス、コーポレート・ガバナンス理論からは学ぶべきところが非常に多く、留学の意義を強く感じます。今後の業務上でのチャンスの拡大、幅広いビジネス知識の習得、英語力の向上、視野の広がり、ネットワーキング、カルチャー・ショックなど、MBA留学で得られたものは測り知れません。MBAで学んだ知識をいかに実践の場で活用していくかが今後の私の大きなテーマでもあり、楽しみでもあります。

　バイアスのかかった意見ではありますが、ランキング、コミュニティ、生活環境等を総合的に勘案するとOwenは非常に満足できるMBAスクールだと思います。(2年在籍時に執筆)

（Class of 2003　男性　金融　※2年在籍時に執筆）

　　　　　　　　＊　　　　　＊　　　　　＊

■卒業後の就職

　私は日本企業と外資系企業の経理部門で計4年半ほど働いた後、自費でOwenに留学し2001年に卒業しました。卒業後の就職としてアメリカでの就職と日本に帰国しての就職が考えられますが、私は日本に帰国して外資系企業の経理財務系のポジションで就職することに主眼をおいていました。

　Owenではキャリア・マネジメント・センター(CMC)が企業へのアプローチやレジュメ、面接の準備など、就職活動全般をサポートします。留学生でもアメリカでの就職を希望する人はCMCを大いに活用します。留学生向けのセミナーを行なうなど、留学生にも配慮をしていました。また、2年生が1年生のメンターとしてつき、模擬面接など、就職活動のサポートをするシステムもありました。企業が大学を訪問する際には、前もってネットに求人広告が掲示され、面接を希望する学生はそこからレジュメを提出します。企業側は訪問時に気に入った学生を面接します。留学生がアメリカでいいポジションを見つけるのは簡単ではありませんが、いい条件で就職した同級生の留学生もたくさんいました。

　日本に帰国して就職する場合には、基本的には自力で探すことになりますが、レジュメや面接の準備などでCMCを活用することはもちろんできます。日本人卒業生リストを使って企業にアプローチすることも可能です。そのほか、Owenのシステムではありませんが、日本人留学生対象のキャリア・フォーラムも年に何回かありました。私もフォーラムを出発点に何社か面接を進めていきました。2年目の冬休みには日本に一時帰国し、何回か面接を受けました。結果としては外資系企業6社からオファーをもらい、帰国直後に外資系メーカーの財務部門で働き始めました。その後転職して今は外資系不動産金融会社の経理部門で働いています。

　OwenへのMBA留学が知識や思考力の向上に役立ったことはもちろんですが、それと同時に転職時の

有利さも顕著に感じます。外資系企業の採用者の多くはいいビジネススクールでMBAを取得していることを高く評価しているようです。Vanderbilt大学はアメリカ人の間ではとても評判がよく、特にアメリカ人と面接をすると非常にウケがいいです。もちろん入社した後は実績勝負ですのでOwenで学んだことを活かして実績をあげるべく仕事に取り組んでいます。能力面とチャンスの面のいずれにおいても、OwenでのMBA取得はキャリアアップする大きな助けになっています。　　　　　（Class of 2001　男性　外資系不動産金融会社）

ノートルダム大学
メンドーザ経営大学院
(Mendoza College of Business, University of Notre Dame)

http://www.nd.edu/~mba/020718/index.shtml

設立年／1921年

基本情報

◆学生に関するデータ
卒業生数__5,000名
フルタイム在学生数__327名
日本人学生数
　　2004年卒業クラス__2名
　　2005年卒業クラス__2名
留学生の割合__23%
アジア人学生の割合__14%
平均年齢__27歳
入学時の平均実務年数__4.4年

◆履修期間と授業料
履修期間__21ヶ月
授業料__年間2万7,800ドル

◆主なランキング
『ビジネスウィーク』2002年29位
『USニュース&ワールドレポート』2004年29位
『フィナンシャル・タイムズ』2004年48位

◆テスト・スコアと合格率
GMAT要求スコア__n.a.
合格者平均GMATスコア__664
合格者GMATスコア分布(80%)__590〜740
TOEFL要求スコア__PBT:600
合格者平均TOEFLスコア__PBT:621
合格者平均GPA__3.4
出願者の合格率__23%
合格者の入学率__52%

✉ 問い合わせ先

●出願に関する問い合わせ
担当者名　Mary Goss　eメールアドレス　mba.1@nd.edu
●奨学金に関する問い合わせ
URL　http://www.nd.edu/~finaid/
●卒業生ネットワーク
URL　http://www.nd.edu/~mba/020718/alumni/index.shtml

出願締切り　11月中旬*1 1、4月中旬　*1　早期出願者用締切り

就職関連情報

◆サマー・インターンシップの主な採用企業

n.a.

◆卒業生の主な採用先

シグナ

ゼネラル・エレクトリック

ヒューレット・パッカード

ハネウェル

IBM

◆卒業生の就職率と平均年収

卒業後3ヶ月時点の就職率

2001年＿94％

2002年＿87％

卒業後の平均年収（年俸＋契約金）

2001年＿9万3,650ドル

2002年＿8万2,500ドル

 問い合わせ先

●就職関連の問合せ先（**Career Management Center**）
担当者名　Lee Svete　eメールアドレス　svete@nd.edu
URL　http://careercenter.nd.edu/grad.php
●卒業生のための就職支援
URL　http://www.nd.edu/~mba/020718/alumni/career_services.shtml

school information
....
276 Mendoza College of Business
University of Notre Dame
Notre Dame, IN 46556 U.S.A.
....

学習環境

　多くの人が「ノートルダム」と聴けば大学フットボールを思い浮かべるのではないだろうか。「ファイティング・アイリッシュ」の愛称で知られる同校のフットボール・チームは、米国中の忠実なファンに支持されており、ファンの中には同校のキャンパスに足を踏み入れたこともない人々もいる。ノートルダム大学が単に地域に根づいたカソリック大学にとどまらない知名度を誇っているのは、このフットボール・チームによるところが大きい。とはいえ、同校は勉強面でも優れた大学であり、米国をはじめ世界中から学生を引きつけている。同校の卒業生は、世界中に230以上ある同窓会支部を通して活動している。1916年に創立されたノートルダム・クラブ・オブ・ニューヨークも、そうした卒業生支援支部の1つである。同校は充実した卒業生ネットワークを展開しており、最高だとうたわれるフットボール・チーム同様、メンバー同士の結束も強い。

　メンドーザ経営大学院では、学生の誰もが歓迎されていると感じることのできる、家族的な環境作りを心がけている。教授陣は、研究よりも学生指導を最優先に考えており、優れた指導からもそのことが伺える。同校では、学生に対して社会貢献を奨励しており、その結果、ほとんどの学生が奉仕活動に従事している。学生数は300名余りと、学生と教授陣は親しく交流している。

　倫理はノートルダムの経営学教育の中心となっている。同校のカリキュラムは、学生に責任感と誠実な意思決定とはどのようなものか教えることを意識して構成されている。いくつもの必修科目や選択科目でビジネスにおける倫理上の課題を取り上げている。人によっては多すぎると感じるかもしれない。

　新しく就任した学長の努力を反映して、同校は米国の一流校の仲間入りを果たそうという気概に満ちている。

　クラスの中でも外でも細やかな指導を享受できるため、学生は専門家として自分の能力を最大限に伸ばすことができる。ノートルダムが過去5年間で大幅にランキングを伸ばしていることからも分かるように、キャロリン・ウー学長とその下で働くスタッフは、プログラムを改善しようという熱意に満ちており、改革実行への意思も堅い。同校では学生の意見を反映させて多くの改善を行なっており、コア・コースにおける指導の質を改善し、予算を増加したりしている。

教授陣

　メンドーザの教授陣の多くは、倫理をリーダーとして欠かせない素質の一部として教えている。近年教授陣の1人が全米マーケティング協会（AMA：American Marketing Association）から最高の表彰を受けている。

人気教授陣

　人気教授陣と彼らの役職は次のとおり。

教授	専門分野
ジョン・アフレック・グレイブズ （John Affleck-Graves）	ノートルダム・ファイナンス・チェアー （Notre Dame Chair in Finance）
ジョージ・エンダール （Georges Enderle）	アーサー・F・アンド・マリー・J・オーニール国際ビジネス倫理客員教授 （The Arthur F. and Mary J. O'Neil Visiting Professor of International Business Ethics）
ユウサク・フルハシ （Yusaku Furuhashi）	レイ・W・アンド・ケニス・G・ヘリック経営管理学チェアー （Ray W. and Kenneth G. Herrick Chair of Business Administration
ロジャー・D・ファン （Roger D. Huang）	ケニス・R・マイアー国際投資管理チェアー （Kenneth R. Meyer Chair of Global Investment Management）
リー・クラエウスキ （Lee Krajewski）	ウィリアム・アンド・キャシー・デイリー製造戦略教授 （William and Cassie Daley Professor of Manufacturing Strategy）
ウィリアム・L・ウィルキー （William L. Wilkie）	アロイシウス・アンド・エレノア・ネイス・マーケティング教授 （Aloysius and Eleanor Nathe Professor of Marketing）

カリキュラム

1年次のカリキュラムは次のとおり。

秋セメスター

コア科目（Core Courses）

会計学（Accounting）
マーケティング管理（Marketing Management）
ミクロ経済分析（Microeconomic Analysis）
統計学（Statistics）
ビジネス倫理（Business Ethics）
事業プロジェクト・コラボレーション（Enterprise Project Collaboration）

経営コミュニケーション論（Management Communication Elective）（1科目選択）

マネジメント・スピーキング（Management Speaking）
マネジメント・ライティング（Management Writing）
傾聴と応答（Listening and Responding）
事業計画の作成と提示（Writing and Presenting a Business Plan）
企業広報（Corporate Communication）

春セメスター

コア科目（Core Courses）

財務管理（Financial Management）
マクロ経済環境（Macroeconomic Environment）
組織行動（Organizational Behavior）
オペレーションズ・マネジメント（Operations Management）
自由選択科目（Free Elective）

経営コミュニケーション論（Management Communication Electives）（1科目選択）

マネジメント・スピーキング（Management Speaking）
マネジメント・ライティング（Management Writing）
傾聴と応答（Listening and Responding）
企業広報（Corporate Communication）

2年次のカリキュラムは次のとおり。

秋セメスター

倫理選択科目（Ethics Electives）（1科目選択）

マーケティング倫理（Marketing Ethics）
職業における精神性（Spirituality of Work）
国際化と多国籍企業の企業責任（Globalization＆Multinational Corporate Responsibility）

国際ビジネス（International Business）

多国籍金融市場（Multinational Financial Markets）
グローバル・マーケティング（Global Marketing）
応用国際財務管理（Applied Global Money Management）
自由選択科目（Free Electives）

春セメスター

企業戦略と経営企画（Corporate Strategy＆Planning）

倫理選択科目（Ethics Electives）（1科目選択）

マーケティング倫理（Marketing Ethics）
国際ビジネス倫理（International Business Ethics）
ファイナンスおよび銀行業務における倫理（Ethics in Finance＆Banking）
職業における精神性（Spirituality of Work）

国際ビジネス選択科目（International Business Electives）（1科目選択）

国際会計（International Accounting）
多国籍財務管理（Multinational Financial Management）
国際経営（International Management）
国際的な製造（International Manufacturing）

出願戦略上のアドバイス

　ノートルダム大学はコミュニティへの参加を非常に重要視している。ボランティア活動を熱心に行なっていたり、自身のコミュニティに進んで貢献しているのであれば、同校の求める学生像と一致しているため、テスト・スコアが比較的低くとも、学校にとって魅力のある出願者となる。仕事ひとすじの「働きバチ」にとってはなじみにくい校風かもしれない。

就職支援

卒業生の主な就職先（職務）は次のとおり（2003年卒業クラス）。

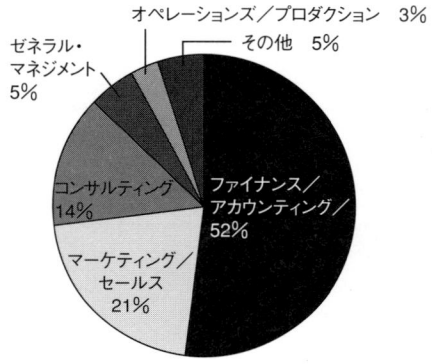

オペレーションズ／プロダクション　3%
その他　5%
ゼネラル・マネジメント　5%
コンサルティング　14%
ファイナンス／アカウンティング／　52%
マーケティング／セールス　21%

　近年状況は好転しているものの、ノートルダムの就職実績への評価は分かれるところである。年平均100社以上が採用のためキャンパスを訪れる。同校は他校でも見られるようなインターネット上の情報資源のほかに、同校独特のNDネットワークスというプログラムを運営している。このプログラムは、ノートルダムの強い愛校心に支えられた膨大な卒業生ネットワークを利用して、学生が米国内外の世界中の希望地域で求人を探す手助けをするために開発された。また、就職部では、アトランタ、ボストン、シカゴ、ロサンゼルスなどへの都市訪問の企画も行っている。

　同校の卒業生を最も多く採用している企業の一部は次のとおり。

シグナ（Cigna）

ゼネラル・エレクトリック（General Electric）

ヒューレット・パッカード（Hewlett Packard）

ハネウェル（Honeywell）

IBM（IBM）

フォード自動車（Ford Motor Co.）

ジョンソン・エンド・ジョンソン（Johnson&Johnson）

クラフト・フーズ（Kraft Foods）

キーン・コンサルティング・グループ（Keane Consulting）

生活環境

大学院生専用住宅は、キャンパス内の、歩いて通学できる距離にあり、家賃もそれほど高価ではない。大学院生向けのキャンパス内住宅はすべて学部生用の住宅とは別に確保されている。また、同校は家族連れの学生専用の住宅も用意している。キャンパス内に住む学生は、容易に大学のコンピュータに接続することができる。

メンドーザの学生のほぼ半数は、キャンパス近くに多くあるマンションや小型の貸家に住んでいる。ノートルダム大学の長所の1つが、大学近隣に手ごろな物件が豊富なことである。ほとんどのマンションや貸家は、キャンパスから5マイル以内にある。

ノートルダム大学はシカゴからは南東へ90分程度で、インディアナ州のサウス・ベンドという町の近くにある。大都市とは言い難いが、多くの一流ビジネススクールの周辺環境を考えれば、比較的治安も良く、生活費も安価である。大都市の活気に欠ける点は、キャンパス内のさまざまな活動が補ってくれる。さらに、フットボールの試合がある週末には、町のバーやレストランが大変なにぎわいを見せる。

‥‥日本人在校生および卒業生のコメント‥‥

ジョージタウン、ボストン・カレッジと並び、米国カトリック系三大大学の1つであるノートルダム大学は、日本では無名ですが、『U.S.ニュース＆ワールドリポート』の総合大学ランキングで10位台にランキングされていることからもわかるとおり、米国では非常に有名な大学の1つです。ノートルダムのMBAについては、大学がアングラを主体としたリベラル・アーツ・カレッジとして発展した経緯もあり、歴史が浅いものの、すでにトップ30として認知されており、将来性豊かなプログラムといえます。卒業生は愛校心が強いことで知られ、そのネットワークも広範です。日本でいえば慶応義塾に似た校風だと思われます。

プログラムの内容は非常にオーソドックスです。ケースとレクチャーもバランス良く配置されています。その中で他のプログラムと一線を画しているのは、倫理とビジネス・コミュニケーション（ライティング、スピーキング、リスニング）への注力（必修）でしょう。普段軽視しがちなこれらの科目も、腰を落ち着けて取り組んでみると、目から鱗が落ちる思いがするものです。

分野別では、ファイナンス（特にインベストメント）に、F. Reillyなど著名な教授が多く、専攻する学生も多いように思われます。選択科目には、ベンチャー・キャピタルやスポーツ・ビジネスなどのユニークなものも開講されており、1セメスターをチリないしロンドンで過ごすプログラムもあります。

ノートルダムのあるインディアナ州のサウスベンドは、決して大きな街ではありません（アパートの賃料が安い点も魅力の1つ）が、ここでの学生生活は決して勉強一辺倒ではありません。ナショナル・チャンピオンになった回数が最多を誇り、映画「Rudy」でも有名なアメリカン・フットボールの観戦は、秋学期の楽しみの1つです。シカゴまでも車で1時間半程度の距離にあり、週末の楽しみには事欠きません。

就職など、勉強以外での学校側のサポートも充実してきており、アメリカ中西部の美しいキャンパスで過ごす2年間が、充実したものになることは間違いありません。 (Class of 2004 男性)

ノートルダム大学はインディアナ州北部、人口20万人程度の小さな町に位置しています。残念ながら2時間かけてシカゴまで行かないと、近くに都会といえる場所はありません。またそのような時間もないので、あまり出かけるという話も聞きません。しかし、逆に、アメリカで密度の濃い学生生活を送りたいという人にはおすすめの場所です。

　MBAの規模は1学年120名程度（うち日本人2名）と小さく、特に1年目は必修科目が多いため、アメリカ人や留学生のクラスメイトと過ごす時間が長くなります。カリキュラムもチームワークを重視しており、少人数のチームの中で留学生としてクラスに貢献しやすい環境にあります。専門分野としては、ゼネラル・マネジメント、ファイナンスに加え、倫理、起業家養成に重点を置いており、著名なゲストによる講演が頻繁に開かれます。必修科目が多く融通が利かない（経理経験者も経理入門から始めさせられる）のが難ですが、チームワークで得る経験とのトレードオフと考えています。

　2年目から選択科目の履修が本格的に始まります。私は来期フランク・ライリー教授の証券投資分析を楽しみにしています。ライリー教授はCFAテキストの著者で、ノートルダムMBAの人気教授の1人です。またファイナンスの演習ではノートルダム大学基金の一部を学生が運用する機会を与えられますが、これも人気科目の1つになっています。そのほか、スタディ・アブロードとして、2年間のうち1学期を英国（ロンドン）もしくはチリ（サンティアゴ）キャンパスにて受けるプログラムも人気です。

　就職活動は昨年との比較で考えると堅調で、今年は3月半ば現在でMBA卒業予定者の45パーセントがすでにオファーを受けています。卒業生のネットワークは全米でもトップの評価を受けており、キャンパス・インタビューも頻繁に行なわれます。ただし、留学生のためにノートルダムMBAと特別な就職プログラムを設けているグローバル企業は少なく、外国人としての就職活動には自助努力が求められます。私も現在インターンシップの就職活動中ですが、学校を通じてだけの活動では機会が限られており、ネットワーキング、キャリア・フォーラムなどへの積極的な参加が必要だと感じています。

　ノートルダムMBAは、外国人留学生にも奨学金を出す、数少ないトップ30プログラムです。インド、中国といった発展途上国出身者に限らず、日本人にも奨学金の機会が与えられていますので、自費で留学予定の方はお問い合わせください。
（Class of 2005　男性）

＊　　　＊　　　＊

　私は現在、ノートルダム大学の2年MBAプログラムに在籍し、2004年5月に卒業予定です。日本の大学卒業後、半導体メーカーの海外営業部にて約3年間勤務し、離職後CPAを取得、現在ノートルダムMBAプログラムにてファイナンス、アカウンティングを専攻しています。

　ノートルダム大学はChicagoより車で約2時間、Michigan湖の真下に位置し、豊かな自然の中にあるため、のんびりとした雰囲気の中にあります。

　当ビジネススクールは、2004年現在、『ビジネスウィーク』のランキングにおいて29位に位置付けされ、今後数年でトップ20入りを目指すべく、学内では教授陣、就職課を含め、ランキング・アップへの情熱にあふれています。

　当校の大きな特徴の1つに小規模のクラス編成が挙げられます。1学年約165人ほどですが、職歴、年齢、出身地と多様性に富んでいます。学生同士は協力的でお互いを尊重しあう雰囲気があり、クラスメイトとの交流はグループ・プロジェクト、パーティー、毎週の飲み会を通じ、自然と深まります。こうした交流は卒業後も盛んで、全世界に約240のアルムナイ・ネットワークが存在します。また、倫理を重んじるカソリック大学としてビジネス界より注目を集めるとともに、全米屈指のフットボール伝統校としても有名で、シーズン中は約8万人を収容する学内のスタディアムが満席となります。

　当校は4セメスター制で、前半の2セメスターは主にコア科目を履修します。コア科目ではグループ・ワークが必須で、5〜6人で構成されるチームに留学生は通常1、2名です。グループは1セメスターを通じて固定され、科目ごとに毎週のようにグループによる課題があり、チームワークが非常に重要視されます。グループ・プ

ロジェクトでは、個人の戦略立案能力を磨くとともに、戦略の実行段階でいかに効率良く個々の能力を引き出して成果を最大限にするかが重要です。これらを限られた時間内に達成していくことで、変化に対し、迅速かつ的確に対応する能力を養っていきます。英語の苦手な日本人は、こうした環境の中でグループに貢献していくのは難しいですが、自分のスタンスを確立していくことで卒業後の大きな自信につながると思います。Core以外でも、9割方の科目でグループ・ワークが必須となり、チーム・メンバーは自由に決められます。

　ケースとレクチャーのバランスは、科目にもよりますが2対3ほどの割合です。レクチャーで得た知識をさらに拡大解釈してタイムリーにケースで試せるようプログラムされていて、非常にバランスが取れています。

　私費留学生の方にとって、卒業後の就職は最大の関心事であると思います。日本人学生の就職活動は主に次の方法を通じて進められます。インターネットでのジョブ・サイト検索、キャリア・フェア（ボストン、フロリダ、ニューヨーク、サンフランシスコ）、オンキャンパス・リクルーティングなどです。アメリカでの就職を希望される方にとって、オンキャンパス・リクルーティングは最大のチャンスとなります。12〜5月にかけて、Chicagoエリアを中心とした企業より週3、4件ほどの求人募集が、就職課を通じてきます。このうち半数ほどの企業がキャンパスでのインタビューを行なうので、非常に効率良く就職活動を進められます。しかし日本人としてのメリットを活かせる求人はほとんどなく、また面接に呼ばれる学生数にも限りがあるため、個人のバックグラウンド、能力を戦略的にアピールして求人募集のポジションとマッチさせていくことが重要です。

　就職活動は長期のリサーチと時間を必要とします。それに対して2年間の留学生活は非常に短く、学業と両立させながらいかに効率良く自分でスケジュールを立て、タイム・マネジメントをするかが重要です。

（Class of 2004　男性　半導体メーカー　私費）

INSEAD
（インシアド）

http://www.insead.edu

設立年／1957年

基本情報

◆学生に関するデータ

卒業生数__1万3,200名

フルタイム在学生数__836名

日本人学生数

   2004年7月卒業クラス__9名

   2004年12月卒業クラス__9名

留学生の割合__91%

アジア人学生の割合__18%

平均年齢__29歳

入学時の平均実務年数__4.9年

◆履修期間と授業料

履修期間__10ヶ月

授業料__4万3,500ユーロ*1

*1　企業派遣の場合は5万9,000ユーロ

◆主なランキング

『ビジネスウィーク』2002年1位（米国以外）

『フィナンシャル・タイムズ』2004年1位（米国以外）

◆テスト・スコアと合格率

GMAT要求スコア__n.a.

合格者平均GMATスコア__703

合格者GMATスコア分布（80%）__660〜730

TOEFL要求スコア__PBT：620

合格者平均TOEFLスコア__PBT：660

合格者平均GPA__n.a.

出願者の合格率__n.a.

合格者の入学率__n.a.

✉ 問い合わせ先

●出願に関する問い合わせ（**Admission Office**）

担当者名　n.a.　eメールアドレス　mba.info@insead.edu

●奨学金に関する問い合わせ

URL　http://www.insead.edu/mba/admissions/admissions_financing.htm

●卒業生ネットワーク

URL　http://www.insead.edu/alumni

出願締切り　　1月入学　3月下旬頃、5月中旬頃、7月上旬頃

             9月入学　10月上旬頃、11月下旬頃、1月中旬頃

就職関連情報

◆サマー・インターンシップの主な採用企業

アクセンチュア
ATカーニー
イーライリリーアンドカンパニー
ゴールドマン・サックス
マッキンゼー・アンド・カンパニー

◆卒業生の主な採用先

マッキンゼー・アンド・カンパニー
ボストンコンサルティンググループ
ベイン・アンド・カンパニー
ブーズ・アレン・アンド・ハミルトン
ATカーニー

◆卒業生の就職率と平均年収

卒業後3ヶ月時点の就職率
2001年＿87％
2002年＿86％

卒業後の平均年収（年俸＋契約金）
2001年＿11万8,750ドル
2002年＿10万3,000ドル

✉ 問い合わせ先

●就職関連の問合せ先（**Management Services**）
担当者名　Claire Lecoq　eメールアドレス　n.a.
URL　http://www.insead.edu/mba/careers/index.htm
●卒業生のための就職支援
URL　http://www.insead.edu/alumni/career_services

school information

Boulevard de Constance 77305
Fontainebleau, Cedex, France

学習環境

INSEADはフォンテンブローとシンガポールの2か所にキャンパスを構えている。入学は両キャンパスともに年2回で、9月（翌7月卒業予定）と1月（同年12月）である。学生は、在学期間中にできるだけキャンパス間を移動するようすすめられている。ここ数年では、75名を超える学生がコア科目や選択科目を両方のキャンパスで履修した。

INSEADに新しく加わったシンガポール・キャンパス設立の背景には、同校が長年アジア教育に関心を抱いてきたことと、地域センターを通して同地での教育に関わり続けてきたことがある。キャンパスで教壇に立つINSEADの教授陣は、シンガポール・キャンパスのほうが、より自由なアントレプレナーの雰囲気に満ちていると強調する。さらに、最新のテクノロジーにより、両キャンパスの学生が「同時に」講義を受講することも可能となっている。

ヨーロッパ・キャンパスでは、1回の入学につき1学年300名程度のMBA学生を受け入れている。一方、シンガポール・キャンパスでは1学年が約115名である。ヨーロッパ・キャンパスにはおよそ50ヵ国からの学生がいるが、特定国の出身者がクラス内で優位を占めることはない。

フルタイムの正規MBAプログラムは、1年間の密度の濃い学習で構成される。最終的にインターナショナルMBA（IMBA）の取得となる入学条件には、たとえば英語と日本語というように、英語を含む2か国語に堪能であることが求められる。卒業までには、これに加えて一定レベルの第3外国語を身につけることが条件となっている。

INSEADの学生は、4、5名でスタディ・グループを組む。グループは年令、国籍、性別、学歴、過去の経験などの多様な側面に基づいて選考される。その目的は、実世界の縮図さながらのビジネス観や文化観の対比をグループ内部に作り出すことである。

学生の総合的な評価は試験結果、授業参加、個人課題やグループ課題、プロジェクトなどの一連の評価に基づいて行なわれる。カリキュラムそのものは柔軟なため、選択科目履修の全期間、もしくは一部の期間で、キャンパスと科目の両方を、自らのキャリア上の目標に合わせて自由に組み合わせることができる。

プログラムは5つのターム（各8週間）で構成され、各タームは「ピリオド」と呼ばれる。各ピリオドは試験で締めくくられ、その後に短い休暇がある。1月と9月の入学のいずれも、学習の進行ペースは変わらないものの、1月のプログラムには7週間の夏期休暇が含まれるため、こちらを選択すれば短期のインターンシップに参加することもできる。ハイテク・バブル時代には、夏までに内定を獲得した一部の学生の中には、夏

期休暇終了後も大学には戻らず、結局プログラムを修了しない者もいた。

教授陣

　INSEADには、常勤と非常勤合わせて145名の、20以上の国々を代表する教官がいる。彼らは、国際政治学や経済学といった学術分野にも大きく貢献している。

　教材のほとんどはINSEADの教授陣が生み出したものである。2001年度には、INSEADで開発された数々のケースはその前の数年間に引き続き、ヨーロッパ・ケース・クリアリング・ハウス・アワード（European Case Clearing House Awards[*1]）を総なめにした。研究の結果、教材は絶え間なく開発、更新されている。そのため、学生は、変化の早いビジネス世界に対応した、新鮮で実践的なコースから多くを学ぶことができる。

人気教授陣

　人気教授の専門分野と科目名は次のとおり。

教授	専門分野	人気科目／研究分野
メアリー・オサリバン （Mary O'Sullivan）	マネジメント戦略 （Management Strategy）	コーポレート・ガバナンス （Corporate Governance）
ルーシー・テプラ （Lucie Tepla）	ファイナンス（Finance）	デリバティブの時価評価（Derivatives Pricing）、企業財務（上級）（Advanced Corporate Finance）
ルド・ヴァン・デル・ヘイデン （Ludo Van der Heyden）	技術マネジメント （Technology Management）	技術革新 （Technological Innovation）
デービット・ヤング （David Young）	会計と管理 （Accounting & Control）	転換期経済（Economies in Transition）、価値創造経営（Value-based Management）株主価値創造のための経営システム改革（Aligning Management Systems to Promote the Creation of Shareholder Value）

[*1]　European Case Awards：NPO法人のE.C.C.H.（European Case Clearing House）が、毎年、優秀なケース・スタディ作者に贈る賞。大賞のほかファイナンスやマーケティングなど6つの分野で授与される

カリキュラム

1年間のカリキュラムは13.5のコア・コースと最低10の選択コースで構成さる。すべての授業は独特の国際的観点から行なわれている。

INSEADのMBAは、次の5つのピリオドで構成される。

ピリオド1　ビジネス基礎科目Business Fundamentals（Business Fundamentals）
統計学、ミクロ経済学、ファイナンス、会計学、組織行動論などの基礎コース
ピリオド2　職種別コア科目（Core Functional Skills）
第1タームのコースワークを、コーポレート・ファイナンス政策、管理会計学、オペレーションズ、組織統卒、マーケティング、戦略論などの学習を通じて統合する
ピリオド3
情報システムとマネジメント、国際政治分析学などを含む、グローバルおよびIT関連
ピリオド3、4、5
選択コース（90コースの内10コースを選択）で構成される「オーダー・メイド」のカリキュラム：あらかじめ教員の了承を得たうえで、特定主題のプロジェクトに関するレポートを提出し、選択コース1単位に代えることも可能

INSEADの学生には上記のうち、少なくとも1つのピリオドを入学時とは異なるキャンパスで過ごす権利が保証されている。

MBA学生のグループはプログラムの最終ピリオドに行なわれるビジネス・プラン・コンペ（Business Plan Competition）への参加を奨励されている。優勝者には、キャンパス内で起業する機会と、そのための経費が提供される。

アジアのビジネスについて学ぶには、次のような選択肢がある。

中国のビジネス（China）

国際ビジネス・システム比較（Comparing World's Business Systems）

アジア圏における文化とマネジメント（Culture & Management in Asia）

アジア圏のマネジメントにおける倫理問題（Ethical Dilemma in Managing Asia）

国際的マネジメント行動と人的資源マネジメント（International Management Behavior & HRM）

日本のビジネス（Japan）

文化横断的マネジメント（Managing Across Cultures）

大陸をまたにかけたMBAをお望みだろうか。INSEADでは、フォンテンブローとシンガポールの両方で勉学ぶ機会があるだけではなく、ウォートンとの間に結ばれたINSEADウォートン提携に基づき、交換留学生としてウォートンで学ぶこともできる。2001年11〜12月にかけて、9名のINSEAD生がこの交換留学制度を通してウォートンで学び、23名以上のウォートン生が、2002年1〜6月にかけてフォンテーヌブローもしくはシンガポールで学んでいる。

　ジョンズホプキンス大学高等国際関係大学院（SAIS）とINSEADのMA／MBA合同プログラムで学ぶことにで得られる知識の幅と実力を想像してみてほしい。ワシントンDCにあるSAISで国際関係学のMAを取得し、それに加えてINSEADのフォンテーヌブローやシンガポール校、またはフィラデルフィア（ウォートン校）でMBAを取得することも可能なのだ。

出願戦略上のアドバイス

　INSEADの入学審査は、長期にわたる複雑な過程を経て行なわれる。同プログラムに出願するのであれば、早期の出願をおすすめする。そうすれば、INSEADの合格通知を手にしてから、ほかの選択肢とはかりにかける時間も得られるのだ。

就職支援

　卒業生の主な就職先（職務）は次のとおり（2002年卒業クラス）。

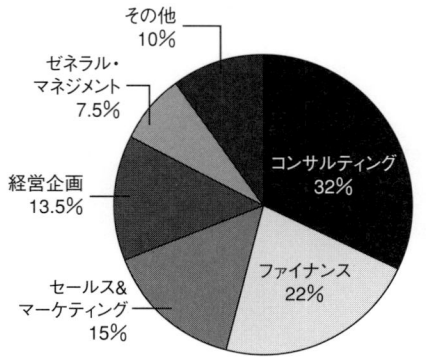

その他 10%
ゼネラル・マネジメント 7.5%
経営企画 13.5%
セールス＆マーケティング 15%
コンサルティング 32%
ファイナンス 22%

分野別卒業生の就職先

　INSEADの就職部、キャリア・マネジメント・サービス（CMS）は、フォンテンブローとシンガポールの両キャンパスですべての正規業務を展開している。CMSはプログラム参加者に自己評価ツール、カウンセリング、就職活動テクニックに関するアドバイスなどを提供し、INSEAD卒業後も学生のキャリア戦略展開の手助けを行なう。ただし、CMSは職業斡旋所ではないため、プログラム参加者は在学中に、各々のキャリア上の目標を達成できるよう、継続して大いに努力する必要がある。

　すべてのキャリア関連の情報をMBA学生に配信するため、CMSは専用のイントラネット・サイトを運営している。キャリア関連のウェブ・サイトにもリンクした充実のサイトである。それに加え、INSEAD内部向けのデータベースにより卒業生全員のコンタクト先や、CMSの人事関連のコンタクト先へもオンラインでアクセスすることができる。

　INSEADでは学年ごとに、学生の履歴書集を作成している。学生1人につき1ページのこの冊子は、求人活動のためキャンパスを訪れるすべての企業に配付される。ほかにも多くの企業がこの冊子の取り寄せを希望している。

　両キャンパスで採用活動を展開した企業の一例は次のとおり。

アクセンチュア（Accenture）

モルガン・スタンレー（Morgan Stanley）

ラファージュ（Lafarge ）

ATカーニー（AT Kearney）

MTVアジア（MTV Asia）

ノヴァルティス（Novartis）

イーライリリーアンドカンパニー（Eli Lilly）

ニューウェル・ウィンドウ・ファッション（Newell Window Fashion）

ユニリーバ（Unilever）

ゴールドマン・サックス（Goldman Sachs）

生活環境

INSEADのヨーロッパ・キャンパスでは立地上、2つの異なる地域の最良の部分を享受することができる。歴史的に有名なシャトーと1万9,000ヘクタールの森林に取り囲まれた小さなフォンテンブローの町に位置する一方で、世界の大都市の中でも最も美しい都市の1つ、パリからはわずか65キロの距離にあるのだ。学期中は忙しすぎてフォンテンブローでも大した観光はできないだろうが、休暇中は間違いなくパリを訪ねることになるだろう。都市全体の大きさに関わらず、パリの中心部は驚くほど1箇所に集中しており、散歩には理想的な街である。

パリは、国際性と文化のすばらしさにおいて、世界中を見渡しても互角に勝負できる都市は稀であろう。よほどのことがない限り、パリでまずい食事に出くわすことはない。パリにはまた、大規模な日本人コミュニティがあり、彼らを訪ねて楽しむこともできる。パリ市民に対してはもちろん、パリを訪れる人々に対するサービスを向上していこうという努力には、畏敬の念を覚えることだろう。一部のタクシー・ドライバーは無愛想かもしれない。しかしこれは、世界中の大都市に共通するので、気にとめなければよいのだ。

グローバルな活動を「バーチャル・リアリティー」の外へ拡大するために、INSEADは2000年、第2の本格的な常設キャンパスをシンガポールに立ち上げた。

シンガポールはいわゆる都市国家で、1つの島であると同時に独立国家でもある。個人的に、筆者は同市を東南アジアのマイアミとして捉えている。歴史上の偉大なる都市国家の数々と同じように、同市は最高度の文明と秩序を提供している（ただし、秩序に関しては、行き過ぎかもしれない、つい最近まで、公共の場でガムを噛むことは違法行為とされていたのだから）。同市には、世界中から集結する一時的な住民に加え、中国人、マレー人、インド人が合わせて3,500万人住んでいる。人口の4分の1近くは、海外駐在員もしくは外国人労働者である。

シンガポールには西洋文明と、東洋特有の静けさが共存しており、両半球の要素が心地よく混ざりあっている。また、同地のレストランの種類の多さと質の高さは驚異的である。友人をチャイナタウンに案内する楽しみもあれば、ウォーター・スポーツに興じたり、シンガポールのありとあらゆる種類のエスニック・レストランでおいしい食事を楽しむこともできる。

　私は卒業して約3年後に起業した。正直、INSEADに行かなければ全く違ったキャリアを歩んでいただろうと思う。INSEADで過ごしたことにより、気づかないうちに、中・長期的な環境分析と事業戦略を行なう能力に自信をつけることができた。INSEADでのさまざまな経験の中でも、高い視点から事業環境・社会環境を俯瞰することを意識した授業構成と、グローバルを通り越してコスモポリタンともいえる多様性はとりわけ重要であったと思っている。

　最も影響を受けた授業は、わずか10人と少人数だった「戦略的提携」（選択科目）だ。起業時に他企業との提携を成功させるうえで、複数の企業が競争しながら協力することにより全体的な企業価値を増加させる「Copetition」の事例を数多く学んだことが、非常に役立った。また、名物教授De Bettigniesによる「ビジネス倫理」（選択科目）にも影響を受けた。このクラスを通じて、長期的な視点から企業の「在るべき姿」について深く考えたおかげで、目先のキャリアにとらわれず、大学技術の実用化という事業を通じて社会的価値に貢献することに、迷ったり気負ったりすることなしに、素直に向かうことができたと思っている。

　授業以上にINSEADを特徴づけるのが、その多様性だ。2002年には70カ国からの学生がMBAに参加した。文化的差異のマネジメントに長けたヨーロッパ出身者が多数を占める環境下で、多様な価値観を認め合う風土が自然に醸成されている。北米やアジアからも相当の割合が参加しており、真にインターナショナルな交流ができる。国際政治の授業でイスラエル人とパレスチナ人が議論する場に居合わせることなど、そう経験できるものではない。ちなみに、プログラム前半のコア・コースで私が所属したグループ（5名）の国籍は、スイス、フランス、イタリア、イギリス、日本（私）であった。これだけ国際的な環境下で学ぶと、日本にしか住んだことのない私のような人間でも、世界各国のビジネス感覚が分かったような気になるから不思議なものだ。

　とはいえ、10ヶ月のプログラムなので、2年制のビジネススクールよりはハードなスケジュールである。初めての異文化体験だったため、周囲にうまく溶け込めず精神的にまいった時期もあった。しかし、このような経験があったからこそ、起業後の孤独感に耐えることができたと思っている。

　プライベートでは、フランスらしく、始終開かれるシャトーでのパーティー（といっても、年2回開催されるフォーマルな「Ball」を除けば、非常にカジュアル）が醍醐味である。また、絵画やオペラが好きな人は、パリから車で1時間弱という立地は願ってもないだろう。個人的には、私のアパートのすぐ近くにあったフォンテンブロー城と、車で訪れたノルマンディーの田舎の美しさは今でも目に焼き付いて離れないほどである。

（Class of 1999-July　会社経営　男性）

*　　　*　　　*

　INSEADの最大の特徴は、その学生や教授の背景や国籍の多様性にあるといえるだろう。アメリカのビジネススクールも国際化に努めてはいるものの、多くの場合、学生の70パーセント程が米国人で、残りは「Rest of the World」としてくくられてしまう。それに比べINSEADでは、私の学年の例でいえば44カ国から300人が集まっていて、教室の中で単一支配的な国籍はなく、それゆえにだれもがマイナーだと感じることもない。キャンパスには1月入学と9月入学の生徒が同時に在籍し、加えて当時より学生数も増えているので、現在は多様な背景を持つ学生や教授陣が常時1,000人ほど集まっていることになる。

　学生に"Where are you from?"と聞いても"What do you mean?"と聞き返される。なぜなら生まれは南アフリカ、育ったのはイギリス、大学はアメリカ、仕事はシンガポールと日本、などというバックグラウンドの学生が多いからである。平均年齢も比較的高く、そういう意味でも豊富なビジネス経験をもった学生が集まっている。

　INSEADで過ごした1年間は私の人生の中でも最も楽しく充実していた年といっても過言ではない。授業の内容やセーヌ河のほとりの小さな村での生活も思い出深いが、その1年の最も大きい価値は、そこで知り

合うことのできたすばらしい仲間達だ。これほど経歴が多彩で、かつ話しても楽しい、刺激的な人間の集団はそれまで経験したことがなかった。卒業後も多くの友人と頻繁に連絡を取り合っており、どこかに旅行をするときも世界中に散らばる友人を訪ねていく。この「つい」連絡を取りたくなる、「思わず」会いたくなる友人を世界中にたくさんもてたことが、INSEADでの一番の財産であろう。

　INSEADはアルムナイ・ネットワークの重要性を強く認識しており、多くのリソースとエネルギーをかけてその維持、活性化に努めている。学校からは紙および電子媒体で頻繁に連絡がくる。また地域ごとに組織化され、さまざまなイベントを通して情報交換やネットワーキングがなされている。

　卒業後、私はシリコン・バレーでのスタート・アップに創業メンバーとして参画、その後ベンチャー・キャピタルにしばらく勤めた後、現在は日本のアニメ・マンガをアメリカに広める会社のマネジメントに加わっている。仕事はいろいろと変わったが、それぞれのポジションで何度となくINSEADの同窓生やアルムナイに連絡をとり、情報やアドバイスをもらうことがあった。INSEADはシンガポール・キャンパスの開校とともにますますアジアでのプレゼンスも強めている。これからの発展が楽しみである。

　（Clas of 1998-Dec.　出版・エンターテインメント業界　女性　Senior VP, Finance & Operations）

ロンドン・ビジネススクール (LBS)
(London Business School)

http://www.london.edu

設立年／1965年

基本情報

◆学生に関するデータ
卒業生数__1万6,000名
フルタイム在学生数__624名
日本人学生数
　2004年卒業クラス__7名
　2005年卒業クラス__5名
留学生の割合__88%
アジア人学生の割合__19%
平均年齢__28歳
入学時の平均実務年数__6年

◆履修期間と授業料
履修期間__21ヶ月
授業料__年間2万985ポンド

◆主なランキング
『ビジネスウィーク』2002年4位(米国以外)
『フィナンシャル・タイムズ』2004年2位(米国以外)

◆テスト・スコアと合格率
GMAT要求スコア__n.a.
合格者平均GMATスコア__685
合格者GMATスコア分布(80%)_640~740
TOEFL要求スコア__n.a.
合格者平均TOEFLスコア__PBT：630
合格者平均GPA__n.a.
出願者の合格率__19%
合格者の入学率__n.a.

✉ 問い合わせ先
●出願に関する問い合わせ(**Admission Office**)
担当者名　David Simpson　eメールアドレス　mbainfo@london.edu
●奨学金に関する問い合わせ
URL　http://www.london.edu/mba/Admission/Financial_Aid/financial_aid.htm
●卒業生ネットワーク
URL　http://www.london.edu/alumni/

出願締切り
10月下旬頃、1月上旬頃、2月下旬頃、4月下旬頃

就職関連情報

◆サマー・インターンシップの主な採用企業

モルガン・スタンレー
リーマン・ブラザーズ
バークレイズ・キャピタル
シティグループ
ドイツ銀行

◆卒業生の主な採用先

バークレイズ・キャピタル
ATカーニー
メリル・リンチ
ドイツ銀行
モルガン・スタンレー

◆卒業生の就職率と平均年収

卒業後3ヶ月時点の就職率
2001年＿87％
2002年＿76％

卒業後の平均年収（年俸＋契約金）
2001年＿6万632ポンド
2002年＿7万1,600ポンド

✉ 問い合わせ先

●就職関連の問合せ先（**The Career Management Centre**）
担当者名　Graham Hastie　eメールアドレス　talent@london.edu
URL　http://www.london.edu/alumni/Career_Management_Centre/
career_management_centre.html
●卒業生のための就職支援
URL　http://www.london.edu/alumni/Career_Information/career_
information.html

school information

London Business School
Regent's Park
London NW1 4 SA,
United Kingdom

C9

海外のフルタイムMBAプログラム

学習環境

　大きな国際都市で学びたいと考え、さらに、非常に国際的かつアメリカ式ではない2年制プログラムでのMBAを考えているのなら、LBSをおすすめする。フルタイムMBAでは学年の80パーセントが英国以外からの留学生で、日本人は、2002年度卒業クラスに在籍した12名と、2003年度卒業クラスに在籍した9名も含まれる。取材時より過去5年間に235名の日本人がLBSへ出願した。合格率32パーセント、入学率が73パーセントで計算した場合、1年あたり平均で約11名の日本人学生が合格していることになる。

　LBSの強みはファイナンス、戦略、アントレプレナーシップ、マーケティングなどの分野である。同プログラムでは専攻の選択を義務付けておらず、学生のほとんどが卒業後にファイナンスやコンサルティング分野のキャリアを選択している。

　指導の大部分は、スケジュールに従った講義形式で進められる。授業は積極的な参加を求めるスタイルで、ケース分析やディスカッションが頻繁に取り入れられている。プロジェクトも多く、個人研究、コンピュータ・シミュレーションやラボ活動のほかにも、ふんだんなグループ・ワーク、フィールド調査や現地訪問などが行なわれている。

　一般的に学生は、1ターム中に4、5コースを受講する。この中には、週に一度の3時間授業が含まれていることが多い。それに加えて、学生は最低でも同程度の時間をグループ・ミーティングやグループ・ワークなどの自主的な学習に費やしている。

　コア・コースの単位を取得するにはほとんどの場合、試験でコースごとの合格条件を満たす必要がある。選択コースに関しては、合格最低ラインである50以上の評価を獲得する必要がある。LBSは絶対評価制である。

　LBSでは、「スリー・ストライク（Three strikes and out）」制度と呼ばれる、やや寛大な落第制度を採用している。つまり、2コースまでであれば、落第しても学位が授与されるということである。

　学生は十分な準備をして授業に臨み、クラスや自分のグループでのディスカッションに活発に参加することが求められる。コースごとの詳細な評価基準は、学期の最初に明示される。

教授陣

　LBSの教授陣は世界中で認められている。同プログラムには、100名以上の研究者が20ヵ国以上の国から招聘されており、現代ビジネスの実践と理論に貢献している。教授陣の55パーセント以上はイギリス国外から招かれており、研究の大半は国際的なテーマに関わるものである。

　最先端の研究を行ない、多くの賞を獲得し、著作を発表しているLBSの教授陣は、アドバイザーやコンサルタントとして、実業界、各種団体、政府組織など各方面で需要が高い。教官のこうした学外での活躍によって、同校の教育や研究が実社会との関連性を保っている。LBSの教授陣は常に、世界でもっとも優れた教授陣として数えられている。

人気教授

　人気教授の専門分野と科目名は次のとおり。

教授	専門分野	授業／研究分野
デレク・バン （Derek Bunn）	意思決定科学 （Decision Sciences）	ビジネス予測（Business Forecasting）、意思決定技術（Decision Technology）、電力とエネルギー経済学（Electricity and Energy Economics）
ナイジェル・ニコルソン （Nigel Nicholson）	組織行動論 （Organizational Behavior）	家族経営におけるリーダーシップ（Leadership in Family Firms）、進化心理学のビジネスへの応用（Dusiness Applications of Evolutionary Psychology）、パーソナリティ論とマネジメント開発（Personality and Management Development）
リチャード・ポーテス （Richard Portes）	経済学（Economics）	国際マクロ経済学（International Macroeconomics）、国際ファイナンス（International Finance）、欧州統合化（European Integration）
ポール・レノルズ （Paul Reynolds）	アントレプレナーシップ （Entrepreneurship）	アントレプレナーシップと国家の経済成長（Entrepreneurship and National Economic Growth）、起業プロセス（The Start-up Process）、組織研究デザイン（Organizational Research Design）

523

カリキュラム

LBSのカリキュラムでは、次のような革新的な指導法を実践している。

シャドウイング・プロジェクト (Shadowing Project)

学生は任意の経営者1名を、プロジェクト期間中の1週間にわたり「シャドウ（行動をともにして観察すること）」して、リサーチ・レポートをその人物に提出する。

2年目の課題

2名の学生でチームを組んで、現実のコンサルティング・プロジェクト（報酬付き）に取り組む。

アントレプレナー・サマー・スクール

学生は、1年目と2年目の合間に専門家委員会にビジネス・モデルを提示することを通して、ビジネスにおける能力を実践的に開拓することができる。自ら起業するもよし、既存の組織におけるゼネラル・マネジメント上の目標をかかげるもよし、である。

夏期インターンシップ

学生は第1学年終了後の3ヶ月の間でインターンを行なう（報酬平均は1ヶ月1,700ユーロ）。フルタイムの内定に向けた、ネットワーキング作りの絶好の機会である。2001年度には、221の企業がLBSの学生にインターンの機会を提供した。その中には、優秀な日本人を求めていることでも知られる、次の著名企業が含まれる。

アクセンチュア（Accenture）

ATカーニー（A.T. Kearney）

ベイン・アンド・カンパニー（Bain & Company）

ブーズ・アレン・アンド・ハミルトン（Booz Allen & Hamilton）

ボストンコンサルティンググループ（Boston Consulting Group）

シティバンク（Citibank）

デロイト・コンサルティング（Deloitte Consulting）

ドイツ銀行（Deutsche Bank）

イーライリリーアンドカンパニー（Eli Lilly & Co.）

フォード（Ford Motor Company）

　LBSのMBAの履修期間は21ヶ月にわたる。最初の9ヶ月間（3ターム）、学生は16のコア・コース（コア科目）を履修することになる。2年目には、学生は70以上の選択コース群の中から12コースを選ぶことができる。

　1年目のコア・コースは次のとおり。

1年目（コア・コース）

第1ターム
経営者のためのグローバル・リーダーシップ診断（Global Leadership Assessment for Managers） ゼネラル・マネジメント入門（Understanding General Management） ファイナンス（Finance） 財務分析入門（Understanding Financial Analysis） 戦略（Strategy） 組織行動マネジメント（Managing Organizational Behavior） 管理経済学（Managerial Economics）
第2ターム
ファイナンス（前タームより継続）（Finance） 意思決定とリスク分析（Decision and Risk Analysis） ビジネス倫理と企業の社会責任（Business Ethics and Corporate Social Responsibility） マーケティング（Marketing） プロフェッショナル・ディベロップメント・プログラム（PDP）（Professional Development Programme） オペレーションと技術マネジメントOperations and Technology Management シャドウイング・プロジェクト（The Shadowing Project） MBAコミュニケーションプログラム（The MBA Language Programme）
第3ターム
マーケティング（前タームより継続）（Marketing） 管理会計（Management Accounting） 国際マクロ経済学入門（Understanding the International Macroeconomy） 情報マネジメント（Information Management）

2年目

　2年目のカリキュラムは柔軟である。学生は多くの選択コースの中から12の科目を選び、そのほかにもコンサルティング・プロジェクトとプロジェクトのパートナー、交換留学への参加もしくは第3外国語の修得の有無を、自ら決定することができる。

交換留学制度

LBSでは交換留学に参加する機会もある。毎年約35パーセントのMBA2年生が選抜され、海外の30以上のビジネススクールで1タームを過ごす。この制度に参加しているアメリカの大学にはUCB、UCLA、シカゴ、コロンビア、コーネル、ダートマス、MIT、ミシガン、NYU、ウォートン、USCなどが挙げられる。そのほかにもヨーロッパ、南アメリカ、アフリカやアジアの一流校とも交換留学提携を行なっている。日本では慶應と一橋が提携に参加している。

出願戦略上のアドバイス

LBSでは学生数を増やす予定はない。入学志願者は最低でも2年から3年の実務経験があることが望ましい。合格者の平均実務経験年数は5年以上である。

LBSのインタビューは、多数あるMBAプログラムの中でも、最も包括的なものの1つである。入学審査官のみならず、同校卒業生や英語会話学校の教員をも動員して、一般会話能力から討論能力までを見る。そのため、インタビューは最低でも3時間はかかる。2月にLBSが自らのインフォメーション・セッションのために東京を訪れる際に行なわれることが多い。インタビューは次に示す3部構成となっている。

インタビューの構成

1. 一般的な形式のインタビュー	入学審査官1名、もしくは1名以上の卒業生と
2. 特定のケース・スタディに関するグループ・ディスカッション	5名強の出願者と指導官1名と
3. 英語によるコミュニケーション能力の試験	都内の外国語専門学校のネイティブ・イングリッシュ・スピーカーの英語教員と

LBSのインタビューに招かれる日本人は「ショート・リスト」（書類審査を通過した少数の合格候補者）に含まれており、合格の可能性は高い。ただし、それも難関のインタビュー試験を通過することができればの話だ。しっかりと準備をして臨んでほしい。

就職支援

卒業生の主な就職先（職務）は次のとおり（2003年卒業クラス）。

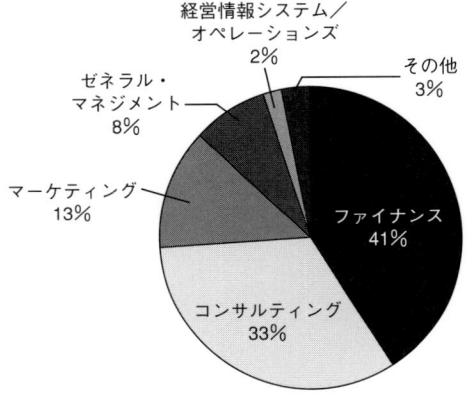

- 経営情報システム／オペレーションズ 2%
- その他 3%
- ゼネラル・マネジメント 8%
- マーケティング 13%
- ファイナンス 41%
- コンサルティング 33%

分野別卒業生の就職先

　LBSの就職部、キャリア・マネジメント・センターでは、学生がキャリア構築上の戦略を立てるための支援を行なっており、ハーバード大学で開発された「ビジネス・キャリア・インタレスト・インベントリー」を使用したセッションなど、幅広い種類のワークショップを開催している。同センターはまた、学生のプレゼンテーション・スキルを上達させる手助けも行なっており、レジュメやカバー・レターの書き方、インタビューに関するセッションも設けている。内定を提示された際の交渉術に関する指導までも提供している。

　さらに、次の点に関して支援をしている。

・定期的なキャンパス・プレゼンテーションを含む、企業情報の提供
・MBAの雇用と就労許可の問題に関する相談
・採用企業に関する充実したデータベースと図書館
・学生の「バイオグラフィー・ブック（経歴を冊子にまとめたもの）」という、LBS学生のレジュメの配付（2002年は「バイオ・ブック」を通じて60パーセントの学生に企業から接触があり、学内で行なわれた採用活動を通じて55パーセントがサマー・インターンシップ先を見つけたとのレポートを発表している）

近年日本人学生を採用した主な企業は次のとおり。

オランダ証券（ABN AMRO Security）
アドバンテッジパートナーズ（Advantage Partners）
アジア開発銀行（Asian Development Bank）
大和証券（Daiwa Securities Group Inc.）
フォード（Ford）
GEエジソン生命（GE Edison）
モルガン・スタンレー（Morgan Stanley）
日興證券（Nikko Securities Co.）
東レ（Toray Industries）
アクシアム（AXIOM Co.）

生活環境

　LBSでの生活は勉強だけではない。授業中に同級生と交流するだけではなく、広く多様な社交の場が設けられている。その中にはラテン・アメリカ人学生クラブ、アジア人学生クラブ、起業家クラブ、女性実業家クラブ、パートナー（参加者の同伴者）クラブ、などの学生クラブも含まれる。LBSではスポーツも盛んである。ラグビー・クラブは例年デューク大学で開催されるMBAラグビー・ワールド・カップに参加している。サッカー・チームは例年ダートマス大学で開催されるMBAサッカー・ワールド・カップで栄光を勝ち取ろうと力を尽くす。
　「ロンドンに飽きたと人が言う時は、人生に飽きた時だ。ロンドンには人生で手に入るすべてがあるのだから」。サミュエル・ジャクソンが1777年に述べたことばは、そのまま現在においても使える。ロンドンは世界でもっとも国際的な都市の1つであり、行政、立法、ビジネス、ファイナンス、芸術、そしてポップ・カルチャーの中心地である。住民や訪問者に対し、文化や社交の面で他に並ぶものがないほど、さまざまな機会を提供するロンドンは、限りない可能性と意外性の街である。ロンドンに住むのは、同市を探検し、身近に感じる絶好のチャンスである。

以下の概略からロンドンで得られる体験の一部がわかる。

- ・159の劇場
- ・8,500軒のレストラン
- ・230のクラブ
- ・3,700軒のパブ
- ・13のフットボール（サッカー）チーム

　世界で最も進んだ金融の中枢とウェスト・エンドに隣接するLBSは、19世紀に作られた優雅なナッシュ・テラスの高台にあり、リージェント・パークを見下ろしている。それのみならず、同プログラムはロンドンのどの地域にも容易に訪れることのできる位置にある。ウェスト・エンド、コベント・ガーデン、サウス・バンク、そして世界の金融街として名高いシティのどの地区もがキャンパスから15〜25分の距離にある。世界最高の映画館、劇場、公園、店、美術館といった膨大な選択肢にも容易にたどりつくことができる。

　ロンドンに住むために必ずしも高額の生活費は必要ないが、物価は決して安価ではないことを覚悟しておくべきである。最高級のホテルではコーヒーが1杯1,500円もすることがある。ロンドンは学生人口が多い。市内の至る所で特別料金を設けて、学生に割引料金を提供している。

　東京の住人にはロンドンの地下鉄網の有り難みがわかるはずだ。地下鉄はロンドンで人気の高い、安全な交通手段だが、効率と清潔さにかけては東京の地下鉄には及ばない。通称「チューブ」は月〜土曜にかけては午前5時〜夜12時まで、日曜には午前7時〜午後11時30分まで運行している。ラッシュ・アワー（月〜土曜の朝8時〜9時30分と夕方5時〜6時30分まで）の地下鉄は非常に込み合うこともあるが、道路は常に混雑しているため、重宝されている。バス網も便利で料金はチューブより安い。

　私は日本の都市銀行からの企業派遣で2001〜2003年までの2年間、LBSのMBAコースで学びました。LBSを選んだのは、その国際性の豊かさや、ファイナンスや企業戦略に強いという理由に加え、ロンドンが金融の中心であること、家族の生活環境・治安面での不安がなかったことも大きく影響しました。

　同校のプログラムは1年目にコア科目、2年目に選択科目を受講する形式になります。1年目は6名程度のグループ（私の場合は米国、英国、ペルー、イタリア、インド、日本）でさまざまな課題に取り組むのですが、その価値観や今までのビジネスの経験も全く異なる中においては、意見が簡単にまとまることはありません。その意見対立をマネージし、解が1つではない中において、それでも意見を集約していくための論理構成力などは随分と鍛えられたと感じています。卒業時には修士論文の代わりに、Second Year Projectという課題が課せられます。これは2〜3人でペアを組み、実際の企業へのコンサルティングを行なうものですが、顧客探しからコンサルティング内容、料金交渉まで、すべて自分たちで行ないます。私は船舶会社に対するリスク要素を含めたキャッシュ・フロー・モデルの構築を行ないました。この知識と経験は、今の仕事にも非常に役立っています。この実践的なプログラムもLBSの特長の1つです。

　学校生活以外では、ロンドンのシティで働いている日本人グループによるバスケットボールの集まりに参加しました。授業の関係で思うようには参加できませんでしたが、それでも実際にシティで働いている金融機関の人達と交流をもてたのは、ロンドンならではの経験でした。

　私は2003年7月にLBSを卒業後、銀行へ復職し、現在はM&A業務に携わっています。同業務はMBAの知識が全面的に活かせる分野でもあり、充実した日々を送っています。しかし一方で、LBSで交流のあった級友達の多様なライフスタイルに触れることで、将来の自分の進む方向性についても、（既存の路線にとらわれない）さまざまな可能性があるということを認識させられました。将来、友人と起業することも選択肢の1つとして考えています。

　今後、皆さんがMBA留学を目指されるに際してのアドバイスとしては、大学院をランキングだけで判断しないようにすることを挙げたいと思います。LBSもそうですが、どの大学院にもそれぞれ特色があります。個人の意識によって、2年間で得られるものは全く違ってくると思います。私の場合、LBSでは、本当の意味での国際性とその中における個人のかかわり方を学ぶことができたと感じていますが、ほかの学校では全く別のものを得ることができるかもしれません。十分な調査をしてから自分の目的意識に合致する学校を選ぶことが有益な留学生活を送るうえで大切だと思います。

（Class of 2003　男性　銀行証券、財務開発本部　社費）

＊　　　＊　　　＊

　私がMBA留学に求めていたものは、①経営の基礎的なスキルセットを身につける、②一生ものの人的ネットワークを築く、③後悔のないキャリア・チェンジをする、の3点でした。

　以下、上記3つの目的に照らして今までのMBA留学を振り返ってみたいと思います。

■経営の基礎的なスキルセット

　LBSでの授業は、3時間1コマをケース・ディスカッション50パーセント、講義50パーセントで構成するのが一般的です。学生・教授ともにクオリティが非常に高く、自分が描いていたとおりの勉強ができています。FinanceとStrategyの教授陣が有名ですが、そのほかの分野でもDecision Risk AnalysisやEntrepreneurshipの授業は非常に質が高いと思います。一風変わった授業の例を挙げるとすれば、今学期Managing Entertainment & Experienceという授業を取りました。Euro Disneyなどを立て直した企業再生の専門家が教える授業で、Entertainment業界（テレビ、音楽、映画、テーマパークなど）を中心に、さまざまなケースを扱いました。結果的に私は自分にぴったりの学校と巡りあいましたが、学校選びの

際には、学校の得意分野と授業の形式（CaseとLectureの比率）の2つが本当に自分に合っているかどうかを十分に吟味することが重要です。

■人的ネットワーク

　MBAの2年間を終える時点で一生もののネットワークを築くことは私の大きなテーマの1つです。級友、フラットメイト、テニス仲間以外に交友関係を広げるために、私は1年目の秋からASIA CLUBのCo-Chairを務めています。ゲスト・スピーカーを招致し、旧正月のパーティーを企画し、中国、日本への合計2週間のTripも主催しました。前後の学年やMBA以外のプログラム（MIF・EMBA・Sloan）の学生と出会える機会を多く提供してくれることもクラブ活動の大きなメリットです。勉強以外の時間を共有する人をどれだけ増やせるかが、一生付き合える友達を1人でも多く作る秘訣だと思います。

■キャリア・チェンジ

私は前職の不動産会社を退職し、MBA留学をしています。キャリア・チェンジを図る人間にとっては、MBAの2年間プラス事前準備期間すべてが就職活動期間となります。私の場合も、留学前の情報収集、1年目秋のボストン・キャリア・フォーラム、面接、サマー・インターン、フルタイムの面接と、今日までほぼ間断なく就職活動を続けてきました。なかには、学校のプロジェクトやクラブ活動を通じて就職先を見つける学生も多くいます。インターンやさまざまなプロジェクトを通じて興味のある業界を経験し、また多様なバックグラウンドをもつ仲間から客観的な意見を聞けるという点において、MBAは後悔のないキャリア・チェンジをするための最高のステップだと思います。また、今後MBAに進まれる日本の方には、無給でも構わないので、サマー・インターンを経験することを強くおすすめします。他業界での経験、2年目への意識の変化など、フルタイムの就職先を勝ち取る以外にもとても多くのものが得られるはずです。

（Class of 2004　男性　前職不動産業界　私費）

＊　　　＊　　　＊

　卒業してからもう3年以上経ってしまい、カリキュラムなどは変更になっていると思われますので、もっぱらLBSでの就職活動に関して書きたいと思います。

　まず私の就職活動ですが、サマー・ジョブの獲得から始まりました。もともと自費で来ていたとはいえ、会社を休職していた身分でしたので、卒業後は元の会社に戻るつもりでした。しかし、良い機会なので、どこかよいサマー・ジョブ先があればと思い、就職活動を始めました。オランダで3年働いていたこともあり、もうヨーロッパで就職をする気はなく、日本での就職先を探していました。前職はシステム・コンサルタントをしていたので、違う業界に興味をもち始め、いろいろと話をしてまわりましたが、まったく相手にされませんでした。まず年齢が33と高齢であり、なおかつその年齢で新しい業種の仕事で良い給料の会社は皆無だったのが現状です。日本での就職は、どの業種だろうと、やはり前職の経験がものをいいます。MBAは単なるプラス・アルファ程度にしか考えていません。さらに、MBAだからという点を評価して雇ってくれる会社はありません。企業がなぜMBAにリクルートしにくるかというと、いい人材がいる可能性が高いからという理由だけからなのです。日本の企業が東大・早稲田・慶応の学生を取りたがるのと同じ理由です。ですので、必ずしも「MBAに入れた」イコール「企業が欲しい人材」ではないということを肝に銘じなければいけません。

　就職までのプロセスは、興味のある企業に直接レジュメを送り、人材バンクなどにも登録したりと、自分でやれることはすべてやりました（日本での就職活動がメインでしたので、学校の就職課は使いませんでした）。このような就職活動を通じて、多種多様な業種の企業の担当者と話すことと、学生同士のコミュニケーションなどにより、入学当初考えていたキャリアとは相当変わったことに自分自身驚きました。今まで自分がいたコンサルティング業界には、戻ることは二度とないなどとは夢にも思いませんでしたから。金融系は自分の性格上合わないと理解できたり、就職活動プラスMBAで自分が結局何をしたいのかが明確になったことが一

番大切な経験です。結局自分は自分で新規の事業をやってみたい人間なので、そういう会社にいくのがベストだとわかったのです。卒業後ベンチャー企業に内定が決まっていたのですが、ネット・バブルが崩壊し、急遽別の会社に勤めることになりました。とりあえずアメリカの大手の会社で、社内コンサルタントのようなかたちで就職しましたが、結局1年半年で辞めることになり、現在のベンチャー企業に就職しています。今はやりたい仕事ができているのですが、やりたかった仕事でも現実は厳しく、長時間労働で、売上に日々頭を悩ませて大変です。しかし、後悔は全くありません。

就職活動で一番苦労したのは、日本への往復の費用です。最終的には面接を受けに何度も日本に戻らなくてはならないですから。自費の方はある程度この就職活動分の余裕があったほうがいいと思います。私はどちらかといえばクラスでは劣等生でしたので、私より若くてはるかに優秀な学生が多く、就職活動もそんなに苦労していなかったように思います。

（Class Of 2000　男性　携帯電話関連業界 事業開発部 マネジャー）

＊　　　＊　　　＊

■リージェンツ・パークのほとりで

LBSは、ロンドンでも最も大きい公園の1つであるリージェンツ・パークのほとりにある。その手入れの行き届いた庭は、四季のいずれでも美しく見るものの心をなごませる。

ロンドンはヨーロッパの政治、経済、文化の中心であり、あらゆる好奇心を満たしてくれる。ロンドン留学は、自分の視野を広げる絶好の機会であった。

■授業内容

LBSの授業ではファイナンスと戦略論が特によかったが、ここでは、授業の特徴を中心に紹介したい。

・国際色豊かなスタディ・グループ

LBSのスタディ・グループは、その国際性に特徴がある。6人のグループの中に同じ国籍の人は1人もいなかった。考え方や得意分野が違う人たちが集まって議論をするというのは、それだけでも「世界を知る」いい勉強になる。

・先生との距離が近い

LBSは1クラス60名と人数が少なく、先生が全員の顔と名前を覚えられる。授業後に先生の部屋に質問に行くことも多かった。また、卒業後も続く先生との親交は大きな財産である。

・「シャドウィング・プロジェクト」

LBSでは1年目に「シャドウィング」というプロジェクトがある。どこかの企業のマネジャーに朝から晩までついてまわり、詳細な行動記録をつけるというものである。私BTの部長を「シャドウ」したが、「議論の行なわれる会議」や「ドアの開いている個室での作業」などを目にすることができ、貴重な経験になった。

■課外活動

授業以外では、「パートナーズ・クラブ」に入った。これは、休日を利用して、家族といっしょにロンドン近郊の観光地を巡るというクラブであり、美術館に行ったり、海をながめに行ったりした。勉強に追われて家族サービスがおろそかになりがちな留学生にはもってこいであり、自分の気晴らしにもなった。

■留学で得たもの

・会社の業務へ直接役に立つ

企業派遣だった私は、会社に戻ると「経営企画部」に配属され、新規事業開発の担当になった。ベンチャーへの出資、社内ベンチャー制度の創設等初めての仕事が多かったが、MBAで学んだビジネス・プランニングやファイナンスの知識が役に立った。また、現在の仕事もロンドンで出会ったPFIの推進であり、

留学が直接仕事に結びついている。
・証券アナリストに合格
　帰国後、忘れないうちにと思い証券アナリストの試験を受けてみたら、なんとか合格できた。金融機関出身でない私が合格できたのは、もちろんMBAでの勉強の成果である。
・世界中で講演
　学会などの国際会議では、講演者に応募するのに大学教授の推薦状が必要なことがある。私はLBSの教授にお願いしている。これまでに香港、オランダ、ニュージーランド、ノルウェーの国際会議に講演者として招かれた。また、そういう会議で恩師に会うのも楽しみの1つである。

（Class of 1994　男性　情報通信サービス）

＊　　　＊　　　＊

　私がLBSを卒業してから8年以上経ちました。MBAを取得した目的は当然仕事に活かすためでしたが、卒業直後も今もそのとき勉強したことが役に立っています。留学前は米国系大手コンサルティング・ファームで働きましたが、帰国後はより自分自身の働きが全社経営に直結するようなところで働きたいと思い、40人弱しか従業員がいない、システム開発やコンサルティングを手がける日本企業に入りました。コンサルティング・マネジャーのころはクライアント企業向けに業務プロセス改革、ビジネス・プランニング策定支援、提携戦略などのプロジェクトを実施しました。これらのプロジェクトではLBSで勉強した戦略、会計、マーケティングのアプローチ方法やスキルが直接使えるので助かりました。入社した5年後には会社も上場し、やがて社員数も5倍近くに増え、私も執行役員という立場になってクライアント向けプロジェクトだけでなく自社の経営をどのように進めていくかにエネルギーを注ぐようになりました。この段階になるとLBSで勉強した企業成長論（EntrepreneurやSmall Businessが成長過程でどのような問題に直面していくか）とか人事や組織論も役立ちました。今から思えば、1年目はGeneral Managementを重視し、専門性よりもビジネス分野全般を広く履修させられたのが良かったと実感しています。これからMBAをとった後に会社を経営しようとする人はもちろんですが、専門職でキャリアをスタートする人でもやがてはマネジメントに近くなっていくでしょうから、そのときのために自分の専門分野以外にも広く勉強しておくことをおすすめします。

　LBSでは、教科ごとに勉強した成果をより実践かつ複合的（Interdisciplinary）に使う機会がありました。1年目が終わった夏はサマー・ジョブを米国系出版社のロンドン・オフィスで、ある事業企画のフィージビリティスタディを行ない、2年目在学中にはLBSのプログラムに組み込まれたコンサルティング・プロジェクトで世界規模のメディア会社を顧客にして新規事業分野に進出するとしたときに、何がこの企業にとってよいか分析、調査、提言しました。私は自費留学でしたので、顧客企業からフィーをもらいながら勉強する機会を得られたのは大変有意義でしたし、経済的にも少し助かりました。また、ロンドンは英国企業の本社だけでなく他国企業のメイン・オフィスがあるので、エグゼクティブがLBSのクラスに来て話をしてもらう機会にも多く恵まれました。LBSは金融のイメージが強いようですが、これら実ビジネスとの接点はあらゆる業種において機会があり、金融以外のビジネス分野を目指す人にも充実した2年間が過ごせると思います。

（Class of 1995　ITサービス会社 ディレクター）

C9

海外のフルタイムMBAプログラム

IMD（アイ・エム・ディー）
(International Institute for Management Development)

http://www.imd.ch/mba

設立年／1990年

基本情報

◆学生に関するデータ
卒業生数＿5万名
フルタイム在学生数＿90名
日本人学生数
　2004年卒業クラス＿2名
留学生の割合＿95％
アジア人学生の割合＿13％
平均年齢＿30歳
入学時の平均実務年数＿7年

◆履修期間と授業料
履修期間＿10ヶ月
授業料＿年間5万5,000スイス・フラン

◆主なランキング
『ビジネスウィーク』2002年3位（米国以外）
『フィナンシャル・タイムズ』2004年3位（米国以外）

◆テスト・スコアと合格率
GMAT要求スコア＿n.a.
合格者平均GMATスコア＿670
合格者GMATスコア分布（80％）＿600〜750
TOEFL要求スコア＿n.a.
合格者平均TOEFLスコア＿n.a.
合格者平均GPA＿n.a.
出願者の合格率＿12.5％
合格者の入学率＿85％

✉ 問い合わせ先

●出願に関する問い合わせ（**Admission Office**）
担当者名　**Katty Ooms Suter**　eメールアドレス　**mbainfo@imd.ch**
●奨学金に関する問い合わせ
URL　http://www.imd.ch/mba/admissions/?display=179&displaysub=true
●卒業生ネットワーク
URL　http://www.imd.ch/alumni

出願締切り　**2、4、6、8、9月初旬頃**

就職関連情報

◆サマー・インターンシップの主な採用企業

n.a.

◆卒業生の主な採用先

ゼネラル・エレクトリック
フォード
マッキンゼー・アンド・カンパニー
イーライリリーアンドカンパニー
キャピタル・インターナショナル

◆卒業生の就職率と平均年収

卒業後3ヶ月時点の就職率
2001年__91%
2002年__86%

卒業後の平均年収（年俸＋契約金）
2001年__12万ドル
2002年__11万ドル

✉ 問い合わせ先

●就職関連の問合せ先
担当者名　Julianne Jammers　eメールアドレス　n.a.
URL　http://www.imd.ch/mba/careerservices
●卒業生のための就職支援
URL　http://www.imd.ch/alumni

school information

IMD MBA Office
Ch de Bellerive 23, PO Box 915
Lausanne, Vaud 1001, Switzerland

学習環境

　IMDは1990年の1月、2つの異なるビジネススクールを引き継ぐかたちで設立された。その2つとは、1946年にアルカン社がジュネーブに設立したIMIと、1957年にネスレ社がローザンヌに設立したIMEDEである。IMDのプログラムは短期集中型（例年1月より10ヶ月間）で、国際的であり（95パーセントが外国人）、参加者間の活発な交流を求めている（コミュニケーションが重要視される）。入学審査は非常に厳しく、毎年世界中から700名以上の願書が殺到するが、最終的な受け入れ枠は90名である。国別の出願者数では、日本が世界で6番目である。

　IMDでは、学生に最低3年の実務経験を求めている（平均フルタイム実務年数は約7年）。選考時には、TOEFLの受験を義務付けていない。さまざまな内容を網羅したインタビューを行なえば、英語能力は充分審査できると考えているからだ。実際、IMDの授業についていくには、会話と筆記の両方で優れた英語能力が要求される。

　実務経験の年数よりも重要視されるのが、職務内容の質である。出願者が職務で担っていた責任の増加具合い、仕事から得た知識の幅と深み、所属組織に与えた影響などが審査される。相当の経験が期待されているため、出願者の平均年令は30歳と、ほかのプログラムに比べて若干高めである。

　IMDがプログラムの対象として想定しているのは、主に28～33歳の出願者である。10年後の38歳前後には企業におけるリーダーシップ・ポジションの有力候補にあげられ、さらに40代半ばにはリーダーとして活躍するような人材だ。リーダーシップを行使するために必要な能力を育てることが、プログラムの重要な目標の1つなのである。IMDの学習環境を最も有効に活用するには、強力なリーダーシップを発揮するための土台が必要となる。知識、洞察力、勇気、貪欲な学習意欲、他者への配慮と理解、集団の士気を鼓舞するとともに統率する力などの要素だ。ほかにも、母国以外の国での居住経験や、国際的なキャリア、外国語能力なども考慮している。

　同校は、出願書類の背景にある出願者の人間性にも関心をもっている。入学審査委員会の一員がインタビューを行ない、各出願者の職歴や功績などを理解するよう努めている。出願者にとっても、実際にIMDを訪れて在校生に会い、IMDというプログラムが自身に適しているかを検討することは重要である。

　IMDも、出願者がキャンパスを訪問して、終日行なわれているディスカッション・ミーティングに参加するよう強くすすめている。ディスカッション・ミーティングは、45分間のインタビュー、即興プレゼンテーション、IMDの教授指導によるケース・ス

タディ、在校生との昼食会および授業の聴講などで構成される。

優れたコミュニケーション能力とキャリアをもちながら、テスト・スコアが比較的低い日本人出願者はなおさら、IMDキャンパスを訪れることをおすすめしたい。

教授陣

IMDの教授は学生と同様に国際的で、52名の教授陣は19の異なる国の出身である。IMDの教授陣は、教育、研究とともに、多様な産業の一流企業でのコンサルティング業務を平行して行なっている。同校は教育の質を保証するための工夫も凝らしている。教授陣の契約は能力主義であり、終身雇用契約は存在しない。これは他のMBAプログラムに先んじる試みであり、より優れた業績をあげるための強い動機付けともなっている。

人気教授陣

人気教授の専門分野と科目名は次のとおり。

教授	専門分野	人気科目／研究分野
デレク・F・アベル (Derek F. Abell)	戦略(Strategy)、 マーケティング(Marketing)	戦略的マーケティング(Strategic Marketing)、テクノロジー産業におけるリーダーシップ(Leadership in Technology-based Industry)ほか
ジャン・フィリップ・デシャンプ (Jean-Philippe Deschamps)	技術マネジメント (Technology Management)	革新マネジメント (Managing the Innovation Process)
一條和生	組織行動とマネジメント (Organizational Behavior and Management)	組織的知識創造による革新の実現 (Innovation Through the Process of Organizational Knowledge Creation)
ジャン・ピエール・レーマン (Jean-Pierre Lehmann) 彼は『ジャパンタイムズ』に一連の示唆に富む記事を執筆している。また、Dominique Turpinとともに、「日本におけるマネジメント」分野の「電通」教授であり、日本専門家として名が通っている	国際政治経済(International Political Economy)	東アジアの社会経済・ビジネス上の力学(Socio-economic and Business Dynamics of East Asia)、開発途上国におけるグローバリゼーションの影響(The Impact of Globalization on Developing Countries)ほか
ショーン・ミーハン (Sean Meehan)	マーケティング、コーポレート・ストラテジー(Marketing Corporate Strategy)	マーケット指向の性質と効率性、および顧客価値の創造過程(The Nature and Effectiveness of Market Orientation and Customer Value Creation Processes)ほか
ドミニク・タービン (Dominique Turpin)	戦略およびマーケティング (Strategy and Marketing)	現在以下のテーマで日本に関する書籍を執筆中:1.日本の新しいビジネスリーダー、2.彼らのビジネスモデルについて、3.経営における、彼らの理想と哲学について

カリキュラム

　IMDは、CEOの育成に力を入れている。典型的で、ありふれた中間管理職ではない、ビジネス界のCEO達である。1学年90名の少人数制を採用しており、真に優秀な学生が世界中から選抜され、密度の濃いプログラムを体験している。この少人数制プログラムを通して、学生は互いのことをよく知るようになるだろう。IMDは、意志の弱い人や、コミュニケーション能力が高くない人にはおすすめできないが、「素質」があれば、10ヶ月のプログラムの結果、別人となって修了証を手にすることができるだろう。

　スイスの都市ローザンヌに位置するIMDは、世界で最も革新的なプログラムの1つを2002年1月スタートのフルタイムMBAクラスで開講した。同プログラムはリーダーシップ、アントレプレナー的思考法、ネットワークなどを中心としている。改革の多くは、IMDの学長のショーン・ミーハン（Sean Meehan）が考案したものである。彼は、IMDにおけるマーケティングとチェンジ・マネジメントの「マーティン・ヒルティ（Martin Hilti）」教授でもある。

　新しいMBAプログラムのポイントとなる要素は次のとおり。

グループ・リーダーシップ・エクスペリエンス

　国際ビジネスを統率するために必要な能力について学ぶ。プログラムの第1週は、リーダーシップとチーム作りの訓練を中心としている。そのほかには、プログラムの前半と後半の合間に、紛争で破壊された国家に学生がグループで赴き、1週間の滞在期間中、その国のリーダーたちと会い、経済を立て直すうえでの数々の重要課題や、実際に取られている方策などについて、話し合いと分析を行なう。

　近年のプログラムの滞在先はボスニア・ヘルツェゴビナであった。ローザンヌ帰国後すぐに、学生は気づいた点をレポートにまとめる。もちろん、1週間でリーダーへと変貌するわけではない。学生がこの旅行の体験で得るのは、地球上のある地域ではとてつもない困難に直面している人々がいる、という事実の認識である。学生たちがエリートとしての意識をもっているならばなおさら、自らの幸運と、より大規模な共同体においてリーダーが果たしている役割について、より深い感謝の念を抱くことができるはずである。

ダイナミック・ラーニング・ネットワークス

　学生たちは、ビジネス関連の主題に強い関心をもつ者が参加できるバーチャル・ネットワークの構築と運営を行なっている。その成果として、新たな知識が生み出されている。MBAの学生チームは、討論会を主催し、オンラインの特別イベントを実現させ、ネットワーク上の情報を総合する。MBA学生はこうしたフォーラムの立ち上げと発展に大きな役割を果たしている。これらのフォーラムはIMDのMBA学生、MBAやEMBAの卒業生、そしてIMDラーニング・ネットワークスに所属する140以上の企業の重役らの参加によって成立している。IMDの卒業生は卒業後も将来にわたってネットワークに参加することができる。

アントレプレナーシップ・プロジェクト

　MBAの学生チームは、起業家と共同で実際のビジネス・プランを作成し、それらの起業企画をベンチャー・キャピタルに売却する。このプロジェクトは、起業につきものの難題や起業のためのスキルが、事業規模にかかわらず、どのような企業においても応用可能なことを理解するのを目的としている。

利害関係マネジメント

　多数の利害関係が交錯する状況でのリーダーシップのもつ重要性について学んだり、従業員、顧客、政府、NGO、金融業界、そしてメディア間において常に変化し、かつ対立することが多い利害や考え方、優先順位にどう対応すべきかを学ぶ。

　1年間のプログラムの終了間際にIMDのMBA学生は「リーダーシップ・カンファレンス」に参加する。同カンファレンスでは国際ビジネス、政治、社会の主要メンバーが一堂に会する。こうしたすばらしいリーダーたちを目の当たりにすることは、学生が各々のリーダーシップ・キャリアにおいて次の段階に進むうえで大きな励みとなる。

1～5月
リーダーシップ・エクスペリエンス(Leadership Experience) コア科目(Building Blocks) 試験
6月
リーダーシップ・エクスペリエンス(Leadership Experience) ダイナミック・ラーニング・ネットワークス(Dynamic Learning Networks) アントレプレナーシップ・プロジェクト(Entrepreneurship Projects) 模擬インタビュー
7～10月　国際マネジメント(International Management)
国際コンサルティング・プロジェクト(International Consulting Projects) 選択科目(EMBA学生と共同) 企業採用活動
11月　プロジェクト・プレゼンテーション
IMDアニュアル・カンファレンス(IMD Annual Conference)

出願戦略上のアドバイス

　IMD出願者として、豊富な実務経験やリーダーシップの素質、英語での優れたコミュニケーション能力を備えた適材であるという自信があるなら、挑戦してみる価値はある。注意してほしいのは、同校はインタビューでの審査方法が独特で、合格を判断するうえで欠かすことのできない要素であるということだ。全出願者の約3分の1がキャンパスに招かれ、インタビューを受ける。

　インタビューの質問は多岐に渡っており、出願者は即興のプレゼンテーションを行ない、ケースを分析し、さらに一般的な質問にも答えなければならない。ケースは事前に知らされることが多いが、返答を前もって丸暗記するのは避けたほうがよい。それよりも、カバーすべき重要ポイントについて考えておくほうが賢明だろう。

　また、インタビュアーがIMDの学長の可能性もあるので、驚かないように。

就職支援

卒業生の主な就職先（職務）は次のとおり（2003年卒業クラス）。

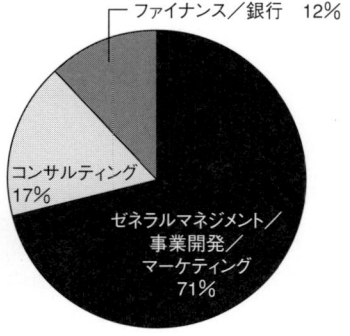

ファイナンス／銀行　12%

コンサルティング
17%

ゼネラルマネジメント／
事業開発／
マーケティング
71%

分野別卒業生の就職先

　IMDは少人数制度を採用しているため、各学生の要求に細かく対応した就職支援を提供することができる。IMDのキャリア・サービスが提供している主要なサービスは次のとおり。

各種講演会

　卒業生や産業界の代表を招き、さまざまなキャリア・パスや、産業、職業、キャリア・マネジメント上の課題について語ってもらう。

模擬インタビュー

　夏期休暇の直前に、卒業生によるビデオ録画つきの模擬インタビューを行なう。学生は後で自分が採用担当者の目にどのように写っていたのかを確認することができる。

MBAショート・プロフィール

　就職活動を行なう学生全員の略歴を作成し、3,000社以上の世界の主要企業と、IMD

のエグゼクティブ向けプログラムを受講している2,000名以上の企業経営者に配付している。

MBA学生のレジュメ、ポートフォリオ

学生1人につき1ページのレジュメが掲載された冊子を、世界の250以上の組織に配付している。

ネットワーク

例年、膨大な数の求人がIMDのネットワークを通じて寄せられている。このネットワークは、IMDキャンパスで受講している企業重役、教授陣、起業パートナーや関係者、国際的コンサルティング・プロジェクトやIMDの卒業生などにより構成されている。

IMD卒業生

IMD卒業生ネットワークは、MBAの卒業生と、個人向け、企業内向け、公共向けプログラムに参加している企業重役によって構成されている。IMDの卒業生の90パーセント以上はすでにリーダーとなっている。その半分以上が上級管理職で、30パーセント以上は取締役や理事会レベルである。40を超える卒業生クラブが5大陸にまたがって27カ国にあり、ショート・プログラム修了者を含めれば5万人以上の企業重役が140カ国で活躍している。

IMD求人情報掲示板

IMDで公開されているすべての求人票に加え、INSEAD、LBS、MBA-Exchange.comで公開されているすべての求人情報にアクセスすることができる。

IMDオンライン・キャリア・フェア（2月）

学生は企業の代表者とオンラインのディスカッションを通じて交流し、オンラインで応募し、電話やビデオ・カンファレンスによるインタビューを設定することができる。

例年、100以上の国際企業がIMD生をリクルートしている。昨年キャンパスを訪れた

リクルート企業の一部は次のとおり。

アクセンチュア（Accenture）

イーライリリーアンド・カンパニー（Eli Lilly）

ラザール（Lazard）

エーゴン（Aegon）

エマソンエレクトリック（Emerson Electric）

マラコン・アソシエーツ（仮）（Marakon Associates）

アメリカン・エキスプレス（American Express）

フィデリティ投信（Fidelity Investments）

マッキンゼー・アンド・カンパニー（McKinsey & Co.）

アストラゼネカ（Astra Zeneca）

生活環境

　IMDは比較的小さく、友好的なコミュニティのため、入学してすぐに環境に適応することができるだろう。キャンパスはアルプス山脈とジュラ山脈の間にある西ヨーロッパ最大の湖、ルマン湖の岸にほぼ接している。スイスはヨーロッパで最も美しい国の1つであり、同時に、最も国際的な地域の1つでもある。休暇には西のツェルマットに旅行して偉大なるマッターホルンを見に行こう。山を走る小さな列車に乗ってスイス・アルプスの絵のような村々を過ぎれば、まるで絵葉書の中にいるような気分を味わえる。

　ローザンヌ・ジュネーブ地区には、数々の大企業、国際銀行、政府組織、NGO、国連、WTOやオリンピック委員会など、多くの国際的機関の欧州、または国際業務統括本部がある。IMDにあって、国際性とはまるで空気のように当たり前に存在するものなのだ。

　10ヶ月という期間を、少人数で構成される多国籍で優秀、かつ多様な背景をもつ人々に囲まれて過ごすことで、生涯続く友情を培うことができる。こうした絆作りは、少人数制の集中的プログラムと、参加者の多様性が可能にするものである。IMDのMBAは非常に要求の厳しいプログラムであるが、学生は1年を通じてさまざまな活動やスポーツ・イベントの企画にも時間を割いている。時間が足りないと不満を漏らす学生も一方にはいる。しかしそれは、集中的な学習プログラム参加を選んだ代償であ

る。2年間に分散された、ゆったりとしたペースの学習プログラムでより多くの時間を課外活動に割くことのできる生活も選ぶことができたはずなのだから。

余暇を利用するならば、スイスや他のヨーロッパ出身のIMD学生たちと家族同伴のラクレットと寿司のパーティーを開いてみてはどうだろう。

ローザンヌは「オリンピック・キャピタル」の別名をもつ、比較的小規模なスイスの都市で、人口はおよそ12万5,000人である。混みあってはいないが、それなりの規模ではあるので、洒落たレストランや店、文化的な催し物も多く、テアトル通りのオペラ・ド・ローザンヌではオペラやバレエを上演している。また、町中や周辺部、湖上や山中にあるさまざまなスポーツ施設を利用することも可能だ。ちなみに、2006年のトライアスロン世界大会は、ローザンヌで開催される。

MBAプログラムでは、居住施設の用意はないが住居を借りることができる。希望者には入学審査事務所が援助している。

・・・・日本人在校生および卒業生のコメント・・・・

現在、ラグジュエリー・ファッション・ビジネスにおいて日本法人の代表をしております。現在のポジションも今後の可能性もひとえにIMDとめぐり合ったお蔭と日々感謝をしており、また、1人でも多くの日本人の方にIMDを体験していただきたいと強く思っております。

IMDのMBAが現在の私を語るうえで一番役に立っている点は、①IMDというブランド力、②IMDを卒業したという自信、③IMDで学んだことを実践できたネットワークといえると思います。①のIMDのブランド力は特に私のいるヨーロッパのファッション・ビジネスでは強く、IMD出身というだけで、良くも悪くも違う眼で見られます。②の自信は、クラブ活動の合宿を終えた後の試合における自信に似ています。あれだけのつらい厳しい思いをしてここまで来ているのだから負けるはずがない。目的を達することができないはずがないという強い信念です。③ネットワークは小さな学校故の強い結びつきがあり、前職での代表の仕事はIMDのプロジェクトがらみのスカウトであり、その後もビジネスにおいてもIMDのネットワークで受けた恩恵は数え上げるときりがありません。

小さいながらも一国一城の主としてあらゆる状況に対応し、自分自身で判断することが要求される環境において、それ以前には、なんらマネジメントの経験がなかった私が結果を残すことができているのも、IMDで学んだことを1つひとつ思い出しながらこなしてきた結果だと思っております。

また、外資の宿命として本国のトップや投資家と渡り合うことが頻繁にありますが、IMD生活での議論の経験をフルに生かしています。理論武装をし、テクニックを使い、主張を強く押し通し、と通常の日本におけるビジネス経験だけでは身につきにくい物がしっかりと自分自身に根づいているのは、IMDでのグループの仲間との徹夜での議論の賜物でしょう。グループとは言っても、5人居ればその5人がすべて違う大陸で育ち、違う専門分野で働き、そこで名を挙げてIMDにきた猛者でした。

IMDの他校とはちがう特性として、研修やプログラムでIMDに来ているエグゼクティブの方々と交流ができるという点も見逃せません。これはビジネスにおける世界的な人脈を育成するうえで大変役に立ちました。

私の場合は私費での留学のため、家族を伴い非常に心細い出発でしたが、IMDでの仲間の屈託のない自信に触れて本当に眼からうろこが落ちる思いでした。会社を辞めて、もし卒業できなかったらどうしよう、就

職できなかったらどうしよう、健康を崩したらどうしよう、と不安だらけでした。しかし、ほとんどの生徒が同じ状況なのに、彼らはこれを「リスク」とは捉えていませんでした。彼らにとってはIMDに来ることは飛躍のためのステップなのです。

「これはリスクではなくチャレンジだよ」という親友の言葉が現在の私の仕事に大きく役に立っています。

1人でも多くの方がIMDに挑戦しともにOBとして日本を内側から変えていくことを祈念して私の体験談をさせていただきます。　　　　　　　　　　　　（Class of 1999　男性　ファッション・ビジネス　代表取締役）

＊　　　＊　　　＊

IMDでの1年は、噂をはるかに超える体育会系スパルタ教育でした。入学する前からファイナンスなどのテキストが3冊送られてきて、授業がスタートする前までに、すべて読んでおくようにという指示がきた頃から感じてはいましたが、初日（1月9日）はいきなり夜中の1時までグループ・スタディ・ルームというたこ部屋に押し込められていました。限られた時間、膨大なケースの量、グループ・メンバーや教授陣からのプレッシャーなど、プログラム開始からIMDとはChaos、Pressure、Panic、Frustration、Anxietyを意味するものでした。ただ、実際のビジネスも常に混乱とプレッシャーがつきもので、それらプレッシャーを精神的に乗り越えることも学校側は学生に対する課題として与えていた様です。

IMDのプログラムはケース・スタディを中心として、そのケースをスタディ・グループで事前に討議します。翌日、学生90人全員で受けるレクチャー・ルームで本番の討議・プレゼンテーションをするという形式になっています。レクチャーでは各学生は積極的にClass Participationすることが義務付けられています。Investment Bank出身の学生だったらM&Aのケースでは各々の経験・ノウハウをクラスにContributeするということが求められています。90名の前で発言するのは、最初はかなり抵抗がありましたが、徐々に慣れていくもので、とてもよいトレーニングになっています。中途半端な意見を言おうものなら、90名の学生から凄い勢いで非難を浴びます。毎日が戦いです。よって、レクチャーでは教授からはビジネス理論を中心に学び、実際の具体例、経験などは学生から学ぶといった感じです。

IMDはFinance、Marketing、Accounting、経営戦略等のHard Skillはもとより、国際感覚を磨き、問題解決能力を養うなどのGlobal Leaderとして必要なSoft Skillのトレーニングの比重が高いように感じます。各スタディ・グループにはIMDとは関係を持たないコンサルタントが1名つきます。このコンサルタントを通じて、グループ内の人間関係の問題、Team Buildingの向上、個々の悩みなどを話し合ったりします。Team Buildingの一環で、スイスの冬山をグループ・メンバーとコンサルタントで登るという野外活動もありました。面白いもので、このようなアウトドア体験をすると、徐々に自分たちの気持ち、考えを率直に話せる雰囲気ができあがり、自然とチームが団結します。グループ・メンバーからは定期的に自分に対するフィードバックを受けます。自分の良いところ、向上すべきところを各メンバーから言い渡されます。相手の顔を見て、はっきり自分の考えを伝えるというのは簡単なようで案外難しいものです。精神面の良いトレーニングとなりました。

1年を通して辛かったことも多かったですが、後半からは学生全員プラス教授陣でボスニアヘルツェゴビナを1週間訪問したり、実践的なInternational Consulting Project（企業コンサルテーションで私はVodafone社のMarketing戦略に取り組みました）などもあり、学生達との密な付き合いも含め、生涯忘れることのない本当にすばらしい1年だったと思い出されます。実際に職場に復帰し、IMDで学んだことは体の心底まで浸透していることも現在痛感しており、あらゆる局面でIMDの経験が自信となり役立っています。

（Class of 2002　男性　総合商社宇宙航空機本部　課長）

C9
海外のフルタイムMBAプログラム

トロント大学 ジョセフ・L・ロットマン経営大学院

(Joseph L. Rotman School of Management, University of Toronto)

http://www.rotman.utoronto.ca

設立年／1951年

基本情報

◆学生に関するデータ

卒業生数__2万名

フルタイム在学生数__492名

日本人学生数

 2004年卒業クラス__0名

 2005年卒業クラス__0名

留学生の割合__43%

アジア人学生の割合__16%

平均年齢__28歳

入学時の平均実務年数__5年

◆履修期間と授業料

履修期間__20ヶ月

授業料__年間2万9,000カナダドル

◆主なランキング

『ビジネスウィーク』2002年5位（米国以外）

『フィナンシャル・タイムズ』2004年6位（米国以外）

◆テスト・スコアと合格率

GMAT要求スコア__n.a.

合格者平均GMATスコア__668

合格者GMATスコア分布（80%）__610〜740

TOEFL要求スコア__CBT：250

合格者平均TOEFLスコア__n.a.

合格者平均GPA__n.a.

出願者の合格率__32%

合格者の入学率__63%

✉ 問い合わせ先

●出願に関する問い合わせ（**Admission Office**）

担当者名　Cheryl Millington　eメールアドレス　mba@rotman.utoronto.ca

●奨学金に関する問い合わせ

URL　http://www.rotman.utoronto.ca/degree/torontomba/

●卒業生ネットワーク

URL　http://www.rotman.utoronto.ca/alumni.htm

出願締切り	4月下旬頃

就職関連情報

◆サマー・インターンシップの主な採用企業

n.a.

◆卒業生の主な採用先

カナダ・コマース銀行
ベイン・アンド・カンパニー
シティグループ
スコシア銀行
マニュライフ生命保険会社

◆卒業生の就職率と平均年収

卒業後3ヶ月時点の就職率

2001年＿n.a.
2002年＿77%

卒業後の平均年収（年俸＋契約金）

2001年＿n.a.
2002年＿7万5,000米ドル

✉ 問い合わせ先

●就職関連の問合せ先（**Career Management Center**）
担当者名　Karen Theriault　eメールアドレス　**n.a.**
URL　http://www.rotman.utoronto.ca/career.htm
●卒業生のための就職支援
URL　http://www.rotman.utoronto.ca/alumni/career.htm

---

school information

Joseph L. Rotman School of Management
University of Toronto
105 St. George St.
Toronto, Ontario
Canada M5S 3E6

学習環境

ロットマン経営大学院は、カナダにおけるビジネスの中心地、トロントの都心部にある。そのため、多くのビジネス・リーダーとも頻繁な交流がある。同校の立地は、学生が実社会で多様な体験や観点を得る機会を提供することにつながり、このことが質の高い教育を可能としている。

1998年以来、ロットマン経営大学院の学長はロジャー・マーチン（Roger Martin）である。マーチンは戦略コンサルティング会社モニターの共同創立者で、HBSの卒業生である。彼は90パーセントもの給与減額という悪条件にもかかわらず、母国カナダに戻った。トロントを米国以外のビジネス・スクール・ランキングで10位以内にするという使命を果たすためにである。その目標が5年足らずで達成されたという事実は、多くの認めるところである。

マーチンは同校の再興にあたり、「統合的思考の持ち主」を創出することに焦点を当てた。同校のプログラムは、伝統的なMBAコースやモデルはすべて網羅している。しかし、このプログラムはそれだけでは終わらない。優秀で意欲的な教授陣による、画期的な分野統合プログラムがあるのだ。今日ではダイアモンドの原石とみなされているロットマンだが、例年のランキングで上昇し続けている事実を見ると、将来的にロットマンの学位から得られる利益は、より大きなものとなるはずである。

すばらしい授業での学習経験を提供する一方、同校は、クラブ、コミュニティ活動や「思考訓練（thought exercises）」といった課外での、より自由な学習を行なうための環境作りにも力を入れ、バランスのとれたプログラムを提供している。

小規模なコミュニティのため、何にでも参加は容易で、努力さえ惜しまなければ、さまざまな機会が与えられる。

教授陣

ロットマンは82名の専任教授陣を擁している。カナダのビジネス・スクールで教鞭をとるカナダ王立協会のフェロー7名のうち、5名はロットマンの教授である。

人気教授陣

人気教授の専門分野と科目名は次のとおり。

2年間のプログラムスケジュール

教授	役職名	担当分野
ロジャー・マーチン （Roger Martin）	学部長	戦略的マネジメント教授（Professor of Strategic Management）
ローレンス・ブース （Laurence Booth）	ストラクチャード・ファイナンスのCIT教授（CIT Chair in Structured Finance）	ファイナンス教授 （Professor of Finance）
パトリシア・エリソン （Patricia Ellison）	カナダ情報技術マーケティング研究所責任者（Executive Director, Canadian Centre for Marketing Information Technologies）	マーケティング教授 （Professor of Marketing）
ジェフリー・ローレンス・カレン （Jeffrey Lawrence Callen）	会計学のロットマン教授（Rotman Chair in Accounting）	会計学教授 （Professor of Accounting）
マリアン・P・フェルドマン （Maryann P. Feldman）	技術革新とアントレプレナーシップのジェフリー・S・スコール教授（Jeffrey S. Skoll Chair in Technical Innovation and Entrepreneurship）	経営学教授（Professor of Business Economics）
オデッド・バーマン （Oded Berman）	ビジネスとテクノロジーのシドニー・C・クーパー教授（Sydney C.Cooper Chair in Business and Technology）	オペレーションズ・マネジメント教授（Professor of Operations Management）

カリキュラム

　同校のカリキュラムは、統合的な思考を重要視している。このアプローチは、新たなモデルの創出により、現代ビジネスの諸課題に取り組めるよう促すものだ。ファイナンス、会計学、組織行動論、人的資源、マーケティング、その他の科目をより大きな枠組みの中で組み合わせることで、今日のビジネスを取り巻く環境がもたらす、現代ならではのビジネス課題を解決する方法を学ぶことができる。

1年目

1年目のカリキュラムは次のとおり。

第1ターム
財務会計学I（Financial Accounting I） 管理経済学（Managerial Economics） 統計学I（Statistics I） 組織行動論I（Organizational Behavior I） 価値観、判断、意思決定（Values, Judgment and Decision Making）
第2ターム
ファイナンスI（Finance I） 財務会計学II（Financial Accounting II） 統計学II（Statistics II） マーケティング（Marketing I ） 戦略I（Strategy I） 経営交渉術（Managerial Negotiations）
第3ターム
ファイナンスII（Finance II） 組織行動論II（Organizational Behavior II） マクロ経済学（Macroeconomics） マーケティングII（Marketing II） 戦略II（Strategy II）
第4ターム
リーダーシップ（Leadership） 統合的マネジメント課題（Integrative Management Challenge） オペレーションズ・マネジメント（Operations Management） 管理会計学（Management Accounting）

2年目

　2年目は必修コースがない。学生は90以上の選択コース群の中から履修する科目を選ぶことができる。2つのタームに分かれており、4クォーター制だった1年目とは異なる。フルタイムMBAのプログラムを修了するためには、学生は1タームにつき5コース、年間10コースを修得する必要がある。

　選択科目は次から選ぶことができる。

会計学（Accounting）

経営学（Business Economics）

ファイナンス（Finance）

人的資源マネジメント／組織行動論
　（Human Resource Management/Organizational Behavior）

管理情報システム（Management Information Systems）

マーケティング（Marketing）

オペレーションズ・マネジメント（Operations Management）

戦略マネジメント（Strategic Management）

個人研究（Independent Research）

出願戦略上のアドバイス

　ロットマン経営大学院では、TOEFLCBTの要求スコアを最低250、ライティング・セクションは同5.0と定めている。そのため、特にライティングに関しては訓練を怠らないよう注意すべきである。同校は、すべての書類を受理した2、3週間後には出願者に結果を通知するようにしている。早期出願ラウンドでの場合は、特にその傾向が強い。

就職支援

卒業生の主な就職先（職務）は次のとおり（2003年卒業クラス）。

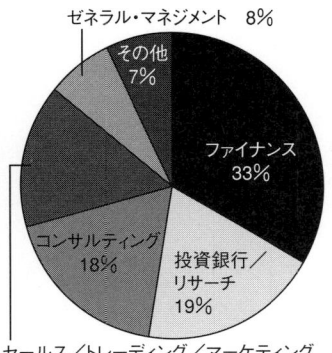

ゼネラル・マネジメント　8%
その他 7%
ファイナンス 33%
投資銀行／リサーチ 19%
コンサルティング 18%
セールス／トレーディング／マーケティング　15%

分野別卒業生の就職先

コーポレート・コネクションズ・センターは卒業生、教授陣、企業重役や相談役などを通して、有力企業や新興企業を区別することなしにパートナー関係を築いている。昨年1年間に、30以上の企業がキャンパス内で採用活動を行なった。

採用活動は通常最終学年の初秋に開始されるが、有望な採用企業は9月と10月に採用活動を行なう。キャリア・フェアは例年、早春に開催される。主な採用企業は次のとおり。

カナダ・コマース銀行（CIBC）

ベイン・アンド・カンパニー（Bain Consulting）

シティグループ（Citigroup）

スコシア銀行（Scotia Bank）

マニュライフ生命保険会社（Manulife Insurance）

ATカーニー（AT Kearney）

RBC フィナンシャルグループ（RBC Financial）

バークレイズ・キャピタル（Barclays Capital）

カナダ輸出開発公社（Export Development Corp）

メリル・リンチ（Merrill Lynch）

JPモルガン（JP Morgan）

ゼネラル・モーターズ（General Motors）

デロイト・コンサルティング（旧）（Deloitte Consulting）

モントリオール銀行（Bank of Montreal）

トロント・ドミニオン銀行（TD Bank）

生活環境

トロントは、住むにも、働くにも、純粋に訪れるにも最高の都市である。生活の質もすばらしく、信用できるサービスを提供している同市は、世界でも最も安全な都市の1つである。五大湖の最東端、オンタリオ湖の岸辺に横たわる人口200万人あまりの都市で（トロント市を含むトロント地区には約450万人のカナダ人が住んでいる）、同

市には多額の投資も集中している。したがって、銀行、金融サービス、映画やテレビ産業、ファッション産業など、就職機会も幅広い。また、芸術活動が盛んな点も同市の誇りである。

‥‥日本人在校生および卒業生のコメント‥‥

トロント大学でMBAを取得しました。現在、情報機器製造メーカーで企業戦略を立案する部門で働いています。トロント大学での経験は自分にとって、大変意義深いものでした。

Rotman School of Management（Rotman）では、1年目は経営一般について幅広く学びます。学生のチーム単位でレポートを提出することが大部分を占め、個人での課題提出はほとんどなかったように記憶しています。さまざまな科目にチームワークで課題に取り組むことはとてもいい経験でした。英語が母国語ではないので、最終的にレポートにまとめるのはネイティブ・スピーカーに任せて、チームに負荷のかかるほかの仕事に積極的に取り組むようにしました。適材適所で効率良く課題をこなすことができているかどうかで、チームの評価（成績）も変わっていたように思います。

2年目になると選択科目制になるので、好きな科目を取りました。Rotmanはファイナンス分野で有名なので、ファイナンス専攻の生徒が多いです。私は企業戦略のコースを主に取りました。また、私は経営学部であるRotmanのほかに、Munk Centreアジア地域学研究所にも在籍していましたので、そこでの授業と研究論文にも力を入れました。

トロント大学の良い点は、他学部の科目も取ることができるので、さまざまな学部にいる世界的にも著名な教授陣の教えを請うことができることだと思います。ビジネス・スクールと他の学部では、同じ大学の修士課程レベルでも求められることが全く異なるということを感じました。両方経験できて良かったと思います。

クラスメイトの印象に関してですが、ビジネススクールはネットワークづくりに励む人が多く、社交的な人が多いと感じました。アジア地域学の方では、学者肌というか、コツコツ個人で勉強に励む人が多いと感じました。私はチームワークも好きだけれど、コツコツと1人で勉強することも多いタイプなので、双方の良いところを取れたと感じています。

現在は、海外市場も含めた企業戦略の立案や評価をする部署にいます。まだ仕事を始めたばかりですが、Rotmanで学んだことが直接活かせている気がします。アジア地域学で学んだことは、近い将来、他のアジア諸国の人たちと直接働く機会で役立つのではないかと思っています。Rotmanは近年、世界のランキングでも高い評価を得ています。ビジネスに加えて何か他の科目で付加価値を身につけたいと考える人にとっては特に検討に値する学校だと思います。　　　　　　　（Class of 2003　女性　情報機器製造メーカー）

ナヴァラ大学IESE（イエセ）ビジネススクール

(IESE Business School, University of Navarra)

http://www.iese.edu

設立年／1964年

基本情報

◆学生に関するデータ
卒業生数＿2万3,500名
フルタイム在学生数＿432名
日本人学生数
　2004年卒業クラス＿2名
　2005年卒業クラス＿2名
留学生の割合＿70%
アジア人学生の割合＿4%
平均年齢＿27.5歳
入学時の平均実務年数＿4.9年

◆履修期間と授業料
履修期間＿19ヶ月
授業料＿年間2万8,350ユーロ

◆主なランキング
『ビジネスウィーク』2002年8位（米国以外）
『フィナンシャル・タイムズ』2004年4位（米国以外）

◆テスト・スコアと合格率
GMAT要求スコア＿n.a.
合格者平均GMATスコア＿672
合格者GMATスコア分布（80%）＿610〜710
TOEFL要求スコア＿CBT：250
合格者平均TOEFLスコア＿CBT：268
合格者平均GPA＿n.a.
出願者の合格率＿23%
合格者の入学率＿72%

✉ 問い合わせ先
●出願に関する問い合わせ（**Admission Office**）
担当者名　**Alberto Arribas**　eメールアドレス　**mbainfo@iese.edu**
●奨学金に関する問い合わせ
URL　http://mba.iese.edu/aid.html
●卒業生ネットワーク
URL　http://www.iese.edu/alumni

出願締切り
11、1月下旬頃、3月初旬頃、4月下旬頃

就職関連情報

◆サマー・インターンシップの 主な採用企業

バークレイズ・キャピタル
メリル・リンチ・インターナショナル
リーマン・ブラザーズ
マッキンゼー・アンド・カンパニー
フォード

◆卒業生の主な採用先

マッキンゼー・アンド・カンパニー
ジョンソン・エンド・ジョンソン
バークレイズ・キャピタル
シティグループ法人／投資銀行部門
アクセンチュア

◆卒業生の就職率と平均年収

卒業後3ヶ月時点の就職率
2001年＿95%
2002年＿74%

卒業後の平均年収（年俸＋契約金）
2001年＿9万ドル
2002年＿7万1,000ドル

✉ 問い合わせ先

●就職関連の問合せ先（MBA Career Services）
担当者名　Kathleen Dolan　eメールアドレス　n.a.
URL　http://www.iese.edu/en/Programs/MBA/MBACareerServices/
　　　MBACareerServices.asp
●卒業生のための就職支援
URL　http://www.iese.edu/alumni/career/eindex.html

school information
···

IESE Business School
Avenida Pearson 21 0804
Barcelona Spain
···

学習環境

　IESEはヨーロッパ初の2年制MBAプログラムで、1964年にハーバード・ビジネスス
クールの支援を得て設立された。そのため、同校のプログラムはハーバード方式に基
づいて構成されている。その後1980年に、IESEは世界初の2か国語（スペイン語と英語）
によるMBAプログラムを立ち上げた。

　同校は常に、欧州で最も優秀なMBAプログラムのベスト5の1つに数えられている。
知的欲求を満たすに十分なゼネラル・マネジメントに重点を置いたプログラムを売り
にしている。多くの学問分野を横断的に統合した実践的な手法でビジネス上の課題に
挑むカリキュラムは、多国籍のメンバーから成るチームで行われるグループ・ワーク
や、ケース・ディスカッションと講義を中心とした授業で構成されている。

　プログラムで要求される学習の80パーセントはケース・スタディ関連である。個人
研究、もしくはアントレプレナーシップの必修科目では、実社会でのプロジェクトが
課されている。学生はこれらの科目を、英語かスペイン語のいずれでも受講すること
ができる。同校ではまた、初級～中級レベルのスペイン語力をもつ学生を対象に、ス
ペイン語の集中講座を開講している。

　IESEの学生は、1年目にいくつかのスタディ・チームに振り分けられる。それぞれの
チームは、できるだけ多様なバックグラウンドをもつ学生が含まれるように構成され、
MBAの専任教授陣の1名がディレクターとしてあてがわれる。ディレクターの役割は、
それぞれの学生の能力を、知識、スキル、価値観の3つの側面から観察し、彼らがプロ
グラムから最大限の効果を引き出せるよう助言を与えることである。

　ディレクターのもう1つの役割は、統率の取れた効率の良いチームが実現されるよ
うに気を配ることである。そのためにディレクターは、各学生が知識や能力を存分に
発揮できるような、協力的な雰囲気作りに努める。

教授陣

　IESEの教授陣は、75名の専任教官と、42名の非常勤教官で構成されており、管理職
向けのプログラムでも教鞭を取ったり、一流企業のコンサルタントを勤めたり、企業
の取締役会に参加するなどの活動を通して、世界中のビジネス・コミュニティと強い
結びつきを保っている。ハーバード・モデルを中心としているIESEでは、ケース・ス

タディを中心としたカリキュラムを組んでおり、多くのビジネス・ケースを生み出している。13ヵ国から集結した専任教授を抱える教授陣の指導や研究は、非常にグローバルな視点と内容を有している。IESEの教授陣は、全学生に広く門戸を解放し、学生の個人的成長を助けようと日夜砕身しており、そのことに誇りをもっている。

人気教授陣

人気教授の専門分野と科目名は次のとおり。

教授	専門分野	人気科目／研究分野
フランシスコ・イニエスタ (Francisco Iniesta)	マーケティング(Marketing)	マーケティング・チャンネルのマネジメントおよびフランチャイズ化(Management and Franchising of Marketing Channels)、新製品開発(New Product Development)
ベアトリス・ムニョス・セカ (Beatriz Munoz-Seca)	製造、テクノロジーおよびオペレーションズ・マネジメント (Production, Technology and Operations Management)	ナレッジ・マネジメント(Knowledge Management)、オペレーション戦略(Operating Strategy)、プロセス革新(Process Innovation)
ペドロ・ヌエニョ (Pedro Nueno)	アントレプレナーシップ (Entrepreneurship)	テクノロジーと革新(Technology and Innovation)、民営化とそのプロセス(Privatization and Turnaround Processes)、産業協定(Industrial Alliances)、ジョイント・ベンチャーと企業買収(Joint-Ventures and Acquisitions)、サプライ・チェーン・マネジメント(Supply-Chain Management)
ハビエル・サントマ (Javier Santoma)	ファイナンス(Finance)	ポートフォリオ管理(Portfolio Management)、企業財務(Corporate Finance)、新興企業の保険とファイナンス(Insurance and Finance for New Companies)

カリキュラム

IESEでは、提供する3つの異なるセクションから授業での言語を選択することができるようになっている。その内の2つでは英語のみによる指導が行なわれている。3番目のセクションでは2か国語、すなわち英語とスペイン語の両方で授業が行なわれる。

IESEのカリキュラムは次のとおり。

フルタイム MBA

1年目

8月（プログラム開始前）
- スペイン語集中講座（第3、4週の月〜金に開催）

9月（プログラム開始前）
- スペイン語集中講座
- 会計学入門（Pre-Accounting）
- 数量的手法の初歩（Basic Quantitative Methods）

10月〜12月（第1ターム）
- 意思決定分析（Decision Analysis）
- 財務会計（Financial Accounting）
- ビジネス課題分析（Analysis of Business Problems）
- マーケティング・マネジメント（Marketing Management）
- 組織行動論（Organizational Behavior）
- コスト会計（Cost Accounting）
- キャリア・マネジメント（Career Management）
- ビジネス・スペイン語（Business Spanish）

1〜3月（第2ターム）
- オペレーション・ファイナンスと資本予算（Operational Finance & Capital Budgeting）
- 管理会計（Managerial Accounting）
- オペレーションズ・マネジメント（Operations Management）
- マーケティング戦略（Marketing Strategy）
- 倫理、リーダーシップ、そして価値観（Ethics, Leadership and Values）
- 予測手法（Forecasting Methods）
- 経営コミュニケーション（Managerial Communications）
- ビジネス・スペイン語（Business Spanish）

4〜6月（第3ターム）
- 企業財務（Corporate Finance）
- オペレーション戦略（Operations Strategy）
- 事業、国家、そして国際経済（Business, Government & International Economy）
- ゼネラル・マネジメント（General Management）
- 人的資源マネジメント（Human Resources Management）
- 交渉術（Negotiation）
- E-ビジネス（E-business）
- ビジネス・スペイン語（Business Spanish）

6〜9月　（第4ターム）
- 企業インターンシップ（Corporate Internship）

2年目

10〜12月（第5ターム）
- 選択科目（6科目）
- 交換留学

1〜4月（第6ターム）
- アントレプレナーシップ（Entrepreneurship）
- 選択科目（5科目）

1年目のコア・カリキュラムは、ゼネラル・マネジメントを中心に構成されたプログラムの基礎。2年目に開講されている70の選択科目では、学生自身の専門的関心に基づいて、職種別に特化することができる。

　グローバル・エグゼクティブMBAのカリキュラムは次のとおり。

グローバル・エグゼクティブMBAのカリキュラム

第1モジュール（2003年6月5～20日）

- ビジネス課題分析（Analysis of Business Problems）
- 財務会計（Financial Accounting）
- 管理会計（Managerial Accounting）
- 意思決定分析（Decision Analysis）
- マーケティング・マネジメント（Marketing Management）
- 組織行動論（Organizational Behavior）

第2モジュール（2003年9月1～12日）

- オペレーション・ファイナンス（Operational Finance）
- オペレーションズ・マネジメント（Managing Operations）
- マーケティング（Marketing）
- 経営コミュニケーション術（Management Communication）
- 管理会計（Managerial Accounting）

第3モジュール（2003年11月24～12月5日）

- 国際経済（Global Economics）
- リーダーシップと倫理（Leadership and Ethics）
- 企業財務（Corporate Finance）
- 競争と戦略（Competition and Strategy）

第4モジュール（2004年2月9日～20日）

- 市場、競争、そして国家（Markets, Competition and Government）
- E-ビジネス（E-Business）
- ニュー・エコノミーにおけるリーダーシップと変革（Leadership and Change in the New Economy）
- シリコン・バレー・モデル（Silicon Valley Model）

第5モジュール（2004年4月5日～5月7日）

- 組織構成（Structuring Organizations）
- アントレプレナーシップ（Entrepreneurship）
- ITベース・マネジメントにおける情報システム（IT-based Management Info. Systems）
- 位置算定、合併およびM&A（Valuation, Mergers and Acquisitions）

第6モジュール（2004年7月19日～7月30日）

- 新興経済（Emerging Economies）
- プロジェクト単位マネジメント（Management by Projects）
- 中国ビジネス（China Experience）
- 人的資源マネジメント（Human Resource Management）
- 文化横断的マネジメント（Cross-Cultural Management）

交換留学制度

　IESEは、世界有数のビジネススクールの多くと交換留学提携を行なっている。毎年、入学審査に通過した60名程度のMBA学生が、次に示す大学院のいずれかで、2年目の最初のセメスターを過ごしている。これらの提携先MBAプログラムも同様に、同数の学生をIESEに派遣している。2003〜2004年の提携先（一部）は次のとおり。

カリフォルニア大学バークレー校ハース経営大学院

中欧國際工商学院（中国）

シカゴ大学経営大学院

コロンビア・ビジネススクール

コーネル大学ジョンソン経営大学院

バージニア大学ダーデン経営管理大学院

デューク大学フクア経営大学院

HEC（アッシュ・ウ・セ）経営大学院（フランス）

IAE, Instituto de Altos Estudios Empresariales, Universidad Austral（アルゼンチン）

INCAE, Instituto Centroamericano de Administracion de Empresas（コスタリカ）

IPADE, Instituto Panamericano de Alta Direccion de Empresa（メキシコ）

出願戦略上のアドバイス

　一般的な傾向と同様、IESEでも一貫してアジアからの出願が増え続けている。出願者全体の6〜8パーセントはアジア人である。昨年度の出願者総数は前年度比で20パーセント増えたが、その多くは次の4カ国、すなわちインド、日本、中国、そしてシンガポールに集中していた。

　2003年卒業クラスは合計216名で、36カ国から集まり、入学前に80カ国での実務経験を有していた。この年学生の70パーセントは留学生で、残りがスペイン人であった。

過去5年間では25名の日本人がIESEに出願している。そのうち11名が合格し、5名が在籍した（2000年に入学した2名を含む）。

　IESEではTOEFLの合格最低点を250（CBT）と定めており、リスニングのスコアを重視している。合格者の平均スコアは268（同）。2003年度卒業クラスのGMAT平均スコアは672で、80パーセントスコア分布は610〜710であった。実務経験は2年以上と定められているが、在校生の平均は約5年である。

　ある程度スペイン語の能力があるのなら、それは出願の際の強みにはなるだろう。しかし、合格するためにスペイン語の語学力を証明する必要はない。むしろ、スペイン語やスペイン文化に対する興味、そしてキャリアの方向性が何らかのかたちでEUとつながりをもっていることを強調したほうがよい。

　これは、必ずしも欧州での就職を考えている場合だけを指すのではない。在日日系企業であってもEUに事業利益のある会社への就職を検討している場合や、起業なども含まれる。母国語がスペイン語以外の合格者は、プログラム開始前にIESEでスペイン語の集中講座を受講し、それ以降も継続してスペイン語の指導を受ける。授業は初級〜上級まで能力別クラスで進行する。

就職支援

　卒業生の主な就職先（職務）は次のとおり（2003年クラス）。

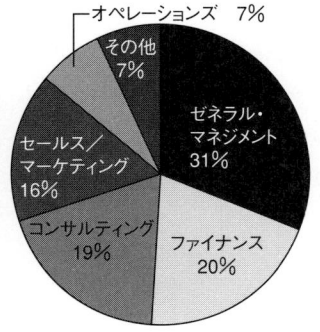

オペレーションズ　7%
その他　7%
セールス／マーケティング　16%
コンサルティング　19%
ゼネラル・マネジメント　31%
ファイナンス　20%

分野別卒業生の就職先

IESEはすばらしい就職支援制度を備えており、広範にわたる地域、職種、産業での就職機会を学生に仲介している。昨年度は、国内外の350以上の企業の代表者が、IESEの学生を対象に正社員やサマー・インターンシップのポジションに向けてのインタビューを行なった。その中には、次のような会社が含まれていた。

マッキンゼー・アンド・カンパニー（McKinsey & Company）
ジョンソン・エンド・ジョンソン（Johnson & Johnson,）
シティグループ法人／投資銀行部門（Citigroup Corporate & Investment Bank）
モルガン・スタンレー（Morgan Stanley）
リーマン・ブラザーズ（Lehman Brothers）
アクセンチュア（Accenture）
アウディ（Audi）

本採用のためのキャンパス内採用活動は例年、10月に始まる。1年目の学生を対象とした夏期インターンの採用活動が開始するのは1月である。一般的にコンサルティング業界や金融業界の採用活動開始は大変早く、もしこれらの業界での就職を考えているのであれば、10〜12月にかけて行なわれる説明会を逃さないように気をつけよう。メーカー、科学薬品、製薬、一般消費材、サービスその他の業界は、一般的に1月以降にキャンパス内採用活動を開始する。

ヨーロッパとアメリカ双方で採用活動を行なう多国籍企業の採用スケジュールは、かなり早い時期に設定されており、アメリカでの採用シーズンに合わせ、秋タームに採用活動を行なう企業が多い。ヨーロッパやスペインの会社のほとんどは冬ターム中に採用活動を行ない、その内の何社かは晩春に土壇場の求人をたずさえてキャンパスを訪れる。

生活環境

スペインは、世界で最も豊かな異文化体験を提供してくれる国の1つである。のんびりとした気さくな国民性で知られ、活気のある経済はハイテク産業と、成長を続ける

ファッション産業によって支えられている。スペインのブティックでは、エレガント
な衣類を手頃な価格で手に入れることができる。それらは、ヨーロッパの他の有名ブ
ティック、有名ブランドと充分に張り合うことのできるものである。食事はおいしい
うえに安価である。タクシーやバスをちょっと利用すれば、旧市街の中心部にも到着
する。ランブラス通り沿いを散策したり、伝統料理のパエリャを食したり、屋外のカ
フェでコーヒーを楽しむのもよいだろう。

　バルセロナは、散歩をするのにもってこいの都市だ。多くの並木に縁取られた広い
通りがたくさんあり、探検すべき場所は尽きることがない。中でも、ピカソ美術館に
は絶対に足を運ぶべきだ。パリのピカソ美術館とともに、ここには数々の最高傑作が
所蔵されている。

‥‥日本人在校生および卒業生のコメント‥‥

　IESEは、比較的小さなプログラムであり、フルタイムMBAの生徒は毎年210人程度しか受け入れていま
せん。友好的な環境を意識しており、生徒全員がお互いを知り、そしてその経験・知識・観念を学ぶこと、つ
まり大規模プログラムでは得られない体験を重要視しているのだと思います。
　キャンパスはバルセロナの豪華住宅地、ベドラルベスに位置しています。ちょっと町外れですが、校庭
や建物はお屋敷を改造した面影があり、独自性を保った、ゆったりとした学院です。残念なことに、寄宿舎や
体育館、運動場が存在しないので、そのことを不便に感じることは時にあります。カタルニア州はスペイン国
内でもっとも文化・歴史・自然に満ちた地域です。地中海とピレネー山脈に挟まれた優雅なバルセロナ市内
での生活はとても刺激的です。また物価は安く、公共輸送機関・設備も整っており通勤や余暇に大変便利
です。将来、家族を築くには最高の場所だと思います。

■学習環境
　米国のハーバード・ビジネススクールと一緒で、授業・教育制度の形式は現実的な経営上のチャレンジ
を重視したケース・スタディが中心です。討論やプレゼンテーション、体験的学習、個人およびグループによ
るプロジェクトなどの実践的教育手法を、効果的・複合的に組み合わせたものとなっています。したがって教
授陣も、実務や調査の経験が豊富でかつバランスがとれた教員が多く、彼等が指導的な役割を果たすか
たちになっています。
　生徒は2年間で30課目以上、合計1,600プラス辺りのケース・スタディを勉強します。課目ごとに必ず2
〜3個のグループ・プロジェクトが含まれており、1年生はプログラム開始時に委員会によってあらかじめグ
ループ分けされていますが(7〜9名)、2年目には、自由に個人別でチーム・メンバーを選択するシステムに
なっています。
　プロジェクトは、全般的に経営力を身につけるために必要とされる技術の習得を目的に、幅広い範囲に
亘って行なわれます。以下はその一例です。
　・過去に行われたM&Aの投資銀行業務（合併と買収）の上演-企業の査定価格を算出・交渉、起業
　　家精神を備えるための模擬ビジネス・プランの作成
　・サービス業や産業の企業戦略・業務管理の最適化
　個人的には次の2教授が特に「お気に入り」です。まずマーケティングのJose Luis Nueno Iniesta教授。

彼はスペイン大手のInditex／Zara（ファッション店舗・チェーン店）やスペイン国を代表するサッカー・クラブReal Madrid F.C.のマーケティングなどのコンサルティング業務も行なっています。一方、Manuel Baucells Alibes 教授は意志決定理論学専門でありMSエクセルの天才です。確率・統計・情報工学に関して欧米の企業にコンサルタントとしてもサービスを提供しています。

プログラムはハードですが、私はIESEでの生活をより充実させようと、できるだけ多くの活動に参加してきました。大学の文化交流会会員としてジャパン・デスクを担当し、多くのチャリティ・イベントにも参加して慈善団体の活動を手伝っています。またスポーツにも興じ、HEC（France）で毎年開かれている運動会では（2002年欧州MBA OlympicでIESEは優勝しました）、個人参加の水泳では背泳ぎ2位、平泳ぎ1位、キャプテンを務めたローラー・ブレードでは1位、同じくベイビー・フットでは5位でした。サッカーもDFでプレーしました。

MBAは体力、精神、そして時間的な面での要求が結構激しいため、家族や大学との時間をうまくマネージするのに努力が必要です。私が特に苦労したというか最も緊張したのは、昨年、2003年の12月に妻の出産と学校の試験が重なりそうになった時期です。結局、苦労や危機に「必勝克服法」などはありませんが、自信をもって物事に取り組んで進んでいくことが大切だと思います。

■就職活動など日本人志願者へのアドバイス、

私は2つの企業でサマー・インターンを経験しました。まず6〜7月はカサ・アジア社で通信事業市場調査を行ないました（Casa Asia ーBarcelona www.casaasia.es）。Telefonicaを通じてスペイン国内に導入されたNTT DoCoMoのi-modeが、市場や企業にどの用なインパクトを与えたのか、ビジネス・チャンスは何か、将来性をもったコンテンツとは何かなどについて60ページのレポートを提出しました。もう1社は8〜9月にインターンをした米州開発銀行です（Inter-American Development Bank ： Washington D.C. www.iadb.org）。地域業務第一局・開発プロジェクトについての市場調査を行ない、インフラストラクチャー、経済、社会開発動向に重点を置いたレポートをし、ボリビア国を主体として、企業修正法、政策制度に注目し、他国の経験と比べて中期的な見通しや結論を報告しました（対照国：他のラテンアメリカ・カリブ海諸国、南韓国、トルコ）。

大手戦略コンサルタント会社、グローバル・インベストメント・バンク（金融機関）など欧米の企業は必ず年2回行なわれる就職フェアに参加します。残念ながらIESEでは、日本人のみならず全般的にアジア系生徒がまだまだ少数派のため、アジア人に対して特別な求人活動があるわけではありません。また就職サポート体制としての企業とのリンクは弱いです。日系企業が徐々に撤退している中、就職先に欧州企業を狙い、しかも他国語（英語やスペイン語）に自信がある方でないと、就職活動では厳しい場面に遭遇するかもしれません。

ただ、「アメリカの経営学理論がもっとも最新で権威がある」と考えている方々に対しては、ここ数年の世界的政治・経済を振り返って見ればわかるように、欧州やアジアでの動きが非常に活溌であること、しかもそこには米国トップ校に匹敵するレベルのMBAプログラムが多く存在することを知ってほしい気がします。したがって、もっと個人の需要に合ったプログラムや教養が存在しているという事を承知のうえで、出願先や進学先を決めた方がいいと信じます。的は絞らずに偏見なく、というのが私のアドバイスです。

（Class of 2004　男性　金融　私費）

＊　　　　＊　　　　＊

グループ・プロジェクトではファイナンスのプロジェクトが印象に残っています。各グループが買う側、買われる側に分かれ、企業買収における戦略の立案・交渉・価格決定を行ない、結果についてプレゼンテーションをします。みんな自分のことのように真剣になり、非常に白熱した交渉を行なったのを覚えています。

IESEには人気教授が多数存在するのですが、不思議なことに、ファイナンスやアカウンティングのような数学系の教授の方が、ソフトな科目を教えている教授よりもおもしろく、人気があります。個人的にはマクロ

経済のペドロ・ビデラ教授がおすすめです。非常に分かりやすく、身近なトピックをマクロ経済の観点から解説してくれます。

　バルセロナの生活環境はIESEを選ぶうえでの大きな魅力だと思います。特に、ヨーロッパの生徒については、バルセロナだからIESEを選んだという生徒も。みんな、授業で忙しいながらも、バルセロナの気候やおいしい食べ物を堪能しています。

　苦労した点は、MBAとスペイン語学習の両立です。IESEでは卒業までにMBAの単位を履修する事に加え、ビジネス・レベルのスペイン語の習得を目標にしています。スペイン語がネイティブでない生徒については入学1ヶ月前より集中講座に参加し、学期中もレベルに応じて週2、3回、スペイン語のクラスへの参加が必須とされています。1年次はスケジュールが非常に過密なため、なかなか思うようにスペイン語が上達せず、苦労したのを覚えています。私の克服法としては、夏期休暇を利用してバルセロナ大学のスペイン語講座に参加、その後再度IESEの集中講座にも参加し、上達を試みました。未だに十分とはいえませんが、大分上達できたと思っています。

　就職活動についてですが、IESEは積極的に求職をサポートしている反面、そのサポートの大半は欧州での求職に限定されており、欧州以外での就職を希望する学生は独自に求職活動を進める必要があります。特に、日本での就職についてはほとんど情報が流れてこないため、気が付くとすでにインターンの応募を締め切っていたというケースも。日本での就職を希望される方については、入学する以前から気になる会社の採用スケジュールなどの情報収集を行なうことをおすすめします。　　（Class of 2004　男性　小売業　私費）

＊　　　　＊　　　　＊

　IESEは毎年、ヨーロッパ・北南米を中心に40カ国ほどのフルタイムMBA学生を受け入れています。バックグラウンドが異なるこれら学生からの国際的で幅広い観点を非常に大切にしたケース・スタディ中心のプログラムで、米Harvard経営学大学院とは40年以上にわたる協力関係を築いています。授業では、教授がオーケストラの指揮者のようにディスカッションを引き出し、より深く深く討論の質を高めていきます。それぞれの生徒が異なるバックグラウンド（職歴、出身国、文化知識）を有しているため、互いに敬意を払いつつ討論に挑戦していきます。競争と協調のバランスは他のビジネス・スクールと比べても優れていると信じています。

　教授陣もすばらしいですが、私はとりわけTim Sutton教授がお気に入りです。ワシントン大学（シアトル）でアカウンティング博士号を取得した彼は、欧州の国際会計学に加えて米国の会計基準にも明るく、欧米の会計標準動向、M&Aに不可欠な知識を基本から懇切ていねいに教えています。これは会計学の知識100パーセント・ゼロだった私が言うので間違いないです。特に1年生の1学期のAccountingの授業は圧巻で、たった3ヶ月間でここまでAccountingを勉強できるなんてとても思えないというほど中身の濃いものでした。

　アメリカの経営学と欧州ビジネスをともにきちんと捉えた教授達、出身国に偏りがないインターナショナルで真摯な姿勢の学生とともに2年間学べることは、今後のキャリアに大きく役立つと思います。日本人と欧州人は伝統・文化的背景から共感性があり、今EUを中心に大きく発展を遂げようとしている欧州を、生活を通して肌で感じながら学べることは大きなメリットだと思います。

　　　　　　　　　　　　　　　　　（Class of 2005　男性　建設会社 エンジニア　社費）

エラスムス大学
ロッテルダム経営大学院
(Rotterdam School of Management, Erasmus University)

http://www.rsm.nl

設立年／1969年

基本情報

◆学生に関するデータ
卒業生数＿2,700名
フルタイム在学生数＿320名
日本人学生数
　2004年卒業クラス＿5名（2月卒）
　2005年卒業クラス＿11名
留学生の割合＿94%
アジア人学生の割合＿30%
平均年齢＿29歳
入学時の平均実務年数＿5.7年

◆履修期間と授業料
履修期間＿15ヶ月
授業料＿年間3万4,000ユーロ

◆主なランキング
『ビジネスウィーク』2002年7位（米国以外）
『フィナンシャル・タイムズ』2004年7位（米国以外）

◆テスト・スコアと合格率
GMAT要求スコア＿n.a.
合格者平均GMATスコア＿630
合格者GMATスコア分布（80%）＿n.a.
TOEFL要求スコア＿n.a.
合格者平均TOEFLスコア＿n.a.
合格者平均GPA＿n.a.
出願者の合格率＿35%
合格者の入学率＿70%

✉ 問い合わせ先

●出願に関する問い合わせ（**Admission Office ― Marketing & Admissions**）
担当者名　**Suzanne Whyte**　eメールアドレス　**swhyte@rsm.nl**
●奨学金に関する問い合わせ
URL　http://www.rsm.nl/programs/index.html
卒業生ネットワーク
URL　http://www.rsm.nl/alumni

出願締切り	6月中旬頃

就職関連情報

◆サマー・インターンシップの主な採用企業

アーサー・D・リトル

ゴールドマン・サックス

ボストン・コンサルティング・グループ

ドイツ銀行

イーライ・リリー・アンド・カンパニー

◆卒業生の主な採用先

n.a.

◆卒業生の就職率と平均年収

卒業後3ヶ月時点の就職率

2001年＿97%

2002年＿87%

卒業後の平均年収（年俸＋契約金）

2001年＿8万8,000ドル

2002年＿8万ドル

✉ 問い合わせ先

●就職関連の問合せ先（**Career Management Center**）

担当者名　**Hugh Lailey**　eメールアドレス　**n.a.**

URL　http://www.rsm.nl/sitemap/index.html

●卒業生のための就職支援

URL　http://www.rsm.nl/alumni

school information

Rotterdam School of Management

PO Box 1738

3000 DR Rotterdam

The Netherlands

学習環境

RSMの強みの1つは、その国際性にある。世界中のビジネス・スクールの中でも珍しいほど国際的な環境を備えており、協調性を重んじる校風である。オランダは、留学生を快く迎え入れる国だ。大概のオランダ人は流暢な英語を話すし、外国人に対して親切である。RSM生の94パーセントは留学生で、その中の約30〜35パーセント程度が日本、中国、台湾、インドネシア、韓国といったアジア諸国の学生である。

例年、4〜8名の日本人学生が入学している。最近は、私費学生の割合が増えている。

RSMがトップ・ビジネススクールとして世界的な評価を得て、ビジネス・リーダーや、世界各国の企業採用担当者、大学教員の間でも大いに名を馳せているのは、その実績が正当に評価された結果である。そのため、革新的なMBAプログラムに参加し、国際的な環境に身を置きたいと考える、高い能力をもつ学生たちを世界中から引き寄せている。

同プログラムは幅広い分野を網羅しているが、特に国際金融、IT、そしてマーケティングなどが強いジャンルとして知られている。RSMのセールス・ポイントとなっているのは「人」である。50ほどの国々から160名ほどの学生が集まる環境のため、学生は嫌でも他者の意見を尊重し、さまざまな文化に対する理解を深めることになる。こうした、国際色豊かで、ゆったりとした気風の学生の間では、必要以上に競争心を露にした態度は不愉快なものと考えられているため、友好的な学習環境が形成される。

グループでの学習は、同プログラムに欠かせない要素である。RSMではチームワークを重んじているが、それは現実のビジネスの世界において、マネジメント上の課題に対処する際の方法だからである。各チームをさまざまな文化背景、学歴、職歴をもつ学生で構成することで、多様な問題解決方法を見出し、批評しあうことができる。チームは年度を通じて数回再編成されるため、学生は多くのクラスメイトとともに緊密に学習することができる。

RSMでこうした協調性を重視する学習環境をより豊かにしているのが、近代的な設備である。2000年に開設された新しいRSMの建物には、8つの大規模な舞台形式の教室、数々のセミナー・ルーム、学生用ラウンジ、ビジネス図書館、カフェテリア、そして職員オフィスが収容されている。3つのコンピュータ・ルームには70台のデスクトップ・パソコンに加え、ノート・パソコン用の差し込み口も55ヶ所用意されている。主要な教室には最新のオーディオやマルチメディア機器が設置され、さらには高速ビデオ会議用の設備、ケーブル・テレビ、ノート・パソコン用の差し込み口なども完備されている。

教授陣

　あえてRSMで改善の必要がある分野を挙げるならば、教授陣だろう。学生は国際的な校風については口をそろえ絶賛しているが、共通の嘆きは授業の質があまり良くないということである。指導手法に不平を漏らす学生もいれば、内容自体についての不満を訴える学生もいる。しかし、その反面アクセスしやすく、柔軟な対応を示す教授陣に対する賞賛の声も存在する。RSMは大勢の優秀な教授を抱えているし、教室での授業を改善すべく前進を続けている。

人気教授陣

　人気教授の専門分野と科目名は次のとおり。

教授	専門分野	科目／研究分野
G・W・J・ヘンドリクス （G.W.J.Hendrikse）	方法論（Methodology）	組織論（Organization Theory）、 農業協力（Agricultural Cooperatives）
B. カツィー （B. Katzy）	意思決定と情報科学（Decision and Information Sciences）	革新とテクノロジー （Innovation and Technology）
A・A・バン・デン・ベルゲ （A.A.van den Berghe）	ファイナンス（Finance）	財務管理と保険 （Financial Management and Insurance）
E. ワーツ （E. Waarts）	マーケティング（Marketing）	競争と戦略的マーケティング・マネジメント （Competition and Strategic Marketing Management）

カリキュラム

　RSMのフルタイムMBAプログラムでは、15ヶ月間の集中的な、実践重視のマネジメント教育を行なっている。同校のゼネラル・マネジメント教育は、学術面でのレベルの高さと、実社会への関連性を兼ね備えており、学生はこれらの利点を享受しつつ、さらにインフォメーション・テクノロジー（MBA／MBI）、ファイナンス、マーケティング、ストラテジー、そしてアントレプレナーシップなどの分野におけるマネジメント教育を集中して学ぶことができる。同校のカリキュラムにはインターンシップ、選択科目、および海外で1セメスターの交換留学といった選択肢も用意されている。

第1セメスター：10〜1月
経済的ビジネス環境（Economic Environment of Business） ビジネスの数量的基盤（Quantitative Platform of Business） 組織行動論（Organizational Behavior） 管理会計（Managerial Accounting） 管理情報システム（Management Information Systems） 管理科学（Management Science） 経営コミュニケーション術（Managerial Communication）

第2セメスター：1〜4月
戦略的マネジメント（Strategic Management） オペレーションズ・マネジメント（Operations Management） 人的資源マネジメント（Human Resource Management） マーケティング・マネジメント（Marketing Management） 財務管理（Financial Management） テクノロジー・マネジメント（Management of Technology）

第3セメスター：4〜7月
12週間のインターンシップ 学生は特定の企業、もしくはNPOで12週間に渡るインターンシップに参加する。同インターンシップはカリキュラムの一部であり、学生は参加先企業に関する企業分析レポートを提出する義務がある。

第4セメスター：9〜12月
選択科目、ミニ・コース 、もしくは交換留学

出願戦略上のアドバイス

　RSMの入学審査では、読み、書き、会話ともに高い英語能力を備えているかどうかを重要視している。学校全体の文化に貢献できるかどうかという点も重要な審査基準である。合格を勝ち取る日本人に共通しているのは、自らのバックグランドに対する誇りと、自国の文化的背景を活かして何らかの貢献をしたいという希望である。それに加えて彼らは、こうした要素を率先してクラスメイトと分かち合い、日本での自らの経験や、マネジャーとしての経験について語ろうとする意欲も旺盛である。つまり、RSMではより積極的な態度で学習に臨むことができるということだが、出願にあたってはこうした能力があることをはっきりと示す必要がある。

　合格者の平均GMATスコアはおよそ630で、範囲は550〜780程度である。数学セクションのスコアは、数量関係の授業で発揮できる能力の良い目安と捉えられているため、この分野での高スコアが肝心である。さらに、RSMでは明確な英語能力を示す意味で十分なTOEFLスコアを求めており、その裏付けは後に行なわれる個人インタビューの場で求められる。

　入学審査のインタビューは、MBAツアーやワールドMBAツアーのために東京を訪

れる同校のスタッフや教員、もしくは日本在住の卒業生により英語で行なわれる。合格者には、最低でも2年間の実務経験を有することが要求されている。ちなみに実務経験の平均は約6年である。フルタイムの学生は毎年合計160名ほど入学するが、ここ2、3年内に200名への増加を予定している。

就職支援

卒業生の主な就職先（職務）は次のとおり（2001年卒業クラス）。

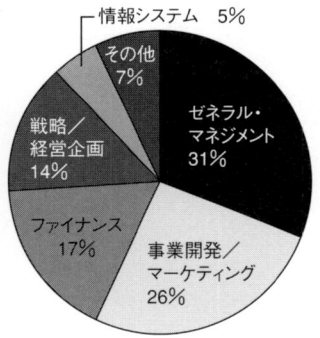

分野別卒業生の就職先

　例年RSMのキャリア・マネジメント・センター（CMC）では、一連のキャリア・ワークショップを開催しており、学生は就職活動で成功するために必要なスキルや知識をここで身につけることができる。ワークショップは、学生が効果的なCV（レジュメ）やカバーレターを作成し、国際的な雇用市場について調査し、効果的にネットワークを築くために必要なスキルを身につける手助けとなるよう設計されている。またケース・スタディ・インタビューなどを実施し、学生のインタビュー対策の手助けもしている。

　第1セメスターでは、CMCは学生がRSMのインターネット上のCVプラットフォームで自らのスキルや仕事上の業績を宣伝する場を設ける。企業の採用担当者にはこのプラットフォームを自由に参照する権利が与えられており、RSMにおけるすべてのCVをウェブ上で検索することができる。

　CMCはまた「RSM卒業生ギャラリー」と呼ばれる2年目のフルタイム学生全員のCVブックを作成している。この冊子はCMCと交流のある世界中の採用担当者に郵送され

る。このような情報提供がきっかけとなり、積極的に採用活動を行う企業が学生に直接勧誘することもしばしばある。

　CMCでは、例年最初の2つのセメスターを通じて、企業をキャンパス内での就職関連イベントに招待している。夕方のプレゼンテーションは9〜3月にかけて行なわれる。これらは通常、1時間のプレゼンテーションおよび質疑応答、その直後の、お酒を交えながらの非公式な交流の機会で構成されている。RSMの卒業生が企業側の代表として出席することも多く、RSMの在校生全員がプレゼンテーションに参加することができる。

　しかし、なんといっても最も重要なのは、CMCがキャンパス内で多くの1次インタビューを実現させているという点である。これらのインタビューは通常金曜日に行なわれるが、この曜日は特にCMC関連の活動に割り当てられており、カリキュラムの他の要素と衝突しないよう設定されている。採用シーズンは9〜4月の間で、主な採用企業は次のとおり。

フォード自動車（Ford Motor Company）
三井物産（Mitsui & Co.）
アクセンチュア（Accenture）
ゼネラル・エレクトリック（General Electric）
フィリップス（Philips）
ベイン・アンド・カンパニー（Bain & Company）
ゴールドマン・サックス（Goldman Sachs）
プライスウォーターハウスクーパース（PricewaterhouseCoopers）

　これまで数々のビジネススクールが、国際的な活動範囲を拡げるために、さまざまな技術・戦略上の試みを展開してきた。RSMもまた複数の連携型プログラムに参加することで、世界のより広い地域に影響を及ぼしている。同校の参加するOneMBAは、世界規模の連携関係であり、提携先は北米、アジア、南米、ヨーロッパの各地に存在する。RSMをはじめとして、ノース・カロライナ大学、香港中華大学、ブラジルのジェトゥリオヴァルガス財団ブラジル経済研究所（Fundacao Getulio Vargas）、メキシコのEGADE−ITESMなどがこのOneMBAに参加している。

　RSMでの総決算が、インターンシップへの参加である。学生はこれまで世界各地の、さまざまな産業におけるインターンシップに参加している。その中で実行されたプロジェクトには、ヨーロッパでのベンチャー・キャピタル、アジアでの技術開発、珍しい所ではアメリカのNFLのためのマーケティング・プロジェクトなどもあった。ある

企業派遣の日本人銀行員は、インターンシップが特に貴重な経験だったと語っている。彼はRSM卒業後、派遣先企業に戻った際にリスク・マネジメント分野での勤務を予想していたので、オランダ有数の銀行のリスク・マネジメント・グループでインターンを行なったのだった。

　RSMは、金融マネジメントの12ヶ月修士プログラム（MFM）も開講している。特別プログラムは例年9月に開始するが、財務評価、リスク・マネジメント、ファイナンス上の意志決定などの分野に特化している。2001〜2002年には13カ国から20名の学生がMFMに参加していた。

生活環境

　オランダ人は最も背の高い国民としての世界記録をもっている。オランダ人男性の平均身長は184cm（6フィート強）、女性の平均身長は170.8cm（5フィート7インチ）である。オランダで飛行機から空港に降り立ったとたん、そびえるようなオランダ人警備員に遭遇しても怯えないように。オランダ人は、非常に心優しい国民なのだ。

　オランダ、すなわち「ネーデルラント」とは「低地」の意である。これは、国土の60パーセントが海面にあることに由来している。事実、大規模な堤防やダム設備なしには、今頃この国は水底に沈んでいることだろう。ネーデルラントの気候は穏やかで、涼しい夏と温暖な冬に恵まれている。もっとも、1月や2月に数回、唐突に寒い日々が訪れることもある。ある日本人によればオランダは、地域によっては彼自身が育った北海道を思い起こさせるとのことだ。

　ロッテルダムは世界最大の商業港である。ラインモンド地区の経済、社会、文化の中心、工業の中心であり、オランダ最大の都会でもある。ラインモンド地区には100万人強、市内にはほぼ59万人が住んでいる。

　ロッテルダムでは幅広い分野の芸術に触れることができる。数多くの劇場や映画館、催しの中にはインターナショナル・フィルム・フェスティバルもある（www.filmfestivalrotterdam.com）。国際的な文化が集中する同市には古い時代の芸術、現代芸術と共に高名な美術館がたくさんある。市内に散在する市立公園では、さまざまな娯楽を楽しむことができるし、北海の浜辺は清々しい散歩を楽しむのに格好である。ロッテルダム周辺の地域ではウォーター・スポーツを楽しむ機会もふんだんにある。

　キャンパス内には寮がないため、ほとんどの学生は市内、もしくは大学からおよそ5キロ以内の地域に住んでいる。大半の学生は大学近辺にある複数の居住施設のいずれ

かを利用している。その1つ「エラスムス・インターナショナル・ハウス」（Erasmus International House）はRSMへ徒歩で通える範囲にあり、定員は77名である。ここには家具付きの1人部屋が用意され、バスルームとキッチン設備は共同である。「De Shans」もキャンパスから徒歩圏内にあり、定員は32名だ。キッチンとバス付きの1人部屋、キッチンとバス共同の1人部屋のいずれかを選択できる。「De Shans」の部屋ではいずれも家具の一部が備え付けになっている。「De Snor」は定員30名。キッチンとバス付きの1人部屋とキッチンとバス共同の1人部屋の2種類が用意されている。

「De Snor」も、すべての部屋に家具の一部が備え付けられている。ここからRSMへは自転車で5分程度である。「De Koningslaan」は定員35名で（内5名まではパートナー同伴可）、部屋は家具の一部が備え付けで、キッチンとバスは共同である。ただし、パートナーを同伴する学生にはキッチンとバス付きの部屋があてがわれる。この施設はキャンパスから自転車で15分以内の距離にある。

都市中心部の地区である「Schiedamse Vest」にある建物は12名の学生を受け入れており、各部屋は設備が共同で家具は一部が備え付けである。RSMはパートナーや子供同伴でロッテルダムにやってくる学生のために、市内のいくつかの絶好の立地にアパートを用意している。市の中心部にある「De Plaza」、大学近辺の「Hoge Filterweg」、市の北東部にある「Zevenkamp」などである。これらのアパートはすべて2〜3の寝室があり、家具は完備されている。大学は安全で親しみやすい雰囲気のロッテルダム旧市街にあり、日本人の学生も安心して快適に暮らしている。

····日本人在校生および卒業生のコメント····

「去年の今頃は、みんなとクリスマス・パーティをやってたね。楽しかったね」

日本に帰国して9ヶ月。最近、妻とロッテルダムでの日々のことを話すことが多くなりました。妻と3歳の子供を連れての私費留学でしたが、クラスメートやその家族と苦楽を共にした日々がとても懐かしいです。私にとってのMBA留学は、私のみならず家族にとっても大きなチャレンジでした。このレポートでは、私にとって、家族にとって、RSMならでは！といったチャレンジをご紹介します。

■グループワーク

私の留学した年の学生数は160人、そこに約50ヵ国の国籍の人たちがいました。最も多いドイツ人ですら8人しかいないほどです（ちなみに、日本人は4人でした）。つまり、クラスにマジョリティが存在しないのです。このような状況でグループを組むとどうなるかというと、大体において全員が別国籍になります。各国からやってきた「できるヤツ」と毎日のようにケース分析やレポート作成を行なうのは大変な作業ですが、これこそがまさにRSMの真骨頂です。多様なバックグラウンドや価値観をもつ人たちと「産みの苦しみ」を経験したい人にRSMはオススメです。

■インターンシップ

　RSMのプログラムの大きな特徴は、インターンシップが必須であることです。この壁を乗り越えないと卒業できないとなると、自ずとインターン・サーチにも力が入りました。「インターンを決めなきゃ！」という気持ちと「コンサルティングをやりたい！」という気持ちで、わざわざ面接のためだけに日本まで戻った結果、運良く某コンサル・ファームからオファーをもらうことができました。4月から7月までの4ヶ月間、どっぷりプロジェクトにアサインしてもらうという貴重な経験を積むことができました。なお、卒業後にそのコンサル・ファームに就職する選択肢もあったのですが、休職している元の会社に戻ることにしました。しかし、このコンサル・ファームでお世話になった方々とは、今でも懇意にさせて頂いています。

■Socializing

　「勉強ばかりが留学の目的ではない！」というのがRSMの多くの学生の共通した認識です。週末のスポーツ・イベントに参加することはできませんでしたが、パーティーには家族を連れてよく顔を出しました。私の家でも、日本では考えられないような大勢の人を招いてのパーティーが何度かありました。みんなで餃子やおにぎりを作ったり、習字コンペしてみたり、と家族ともども、みんなと楽しい時間を共有しました。

　MBA取得後は、古巣のシステムコンサルティング会社に復職しました。いつかクラスメイトと仕事をすることができたらいいなぁ、なんて思っています。　　　　　（Class of 2003　男性　情報サービス業　マネジャー）

＊　　　　　＊　　　　　＊

　4年前、オランダ・ロッテルダム市という奇妙な立地のMBAを選択し、15ヶ月間を、47カ国から集った152名の同僚と貴重な時間を過ごしました。RSMはまさに、国連のような環境であり、最初の半年間は、ことあるごとにぶち当たる、新しい文化の壁に悩まされたものです。今となってはそれも大変貴重な体験であり、卒業後の転職先である欧州系製薬会社という実にマルチナショナルな環境の中で、現在のような仕事をしていることはRSMでの経験なしにはおそらく考えられなかったと思います。

　RSMでの毎日は、新しい世界への挑戦の日々でした。私は商社を辞め、また理解ある妻のサポートのもと、幸いにも全く自由な立場でMBAに挑むことができました。すなわち、何のしがらみもない中で、全く知らない世界を思うままに自由に歩き回ることができたのです。

　RSMは、授業・講師の質こそ米州の超一流校には及ばないかもしれませんが、グループ・ワーク、プロジェクトが非常に多く、他文化・人種に非常に興味を持った同僚たちとともに、自分達でしっかりと考え、何もないところからソリューションを見つけるという訓練を徹底的にできる学校でした。これは、将来の自分の進路を考えるうえでもよい機会となりました。18ヶ月の生活を通して、真っ白の画用紙の中に自分の思うこと、進むべき方向を自分自身で、きっちりと描けるようになったことは私にとって幸運でした。これは、整った環境のもと、一流の先生から教えられさえすればできるようになるものではありません。就職に関しても、相当な努力はしましたが、悲壮感のようなものは一切ありませんでした。確かに、欧州の学校は知名度の面で多少のハンディはありますが、かなりの確立で1stコンタクトは得られ、その後は自分次第でありますから、MBAの中で自分の将来をしっかりと考えることのできたRSMの友人は、ハッピーな思いをしている人が他校に比べても多いと思います。

　RSMでの生活では、私も妻も何の収入もなく、金銭的には厳しかったはずなのですが、他校に比べ安価な授業料や物価にも助けられ、欧州の各地を旅行し芸術、食、自然、人を存分に楽しむこともできました。現在の会社の中で、欧州の人間と話をすると、食・ワインの話や、欧州のさまざまな人間模様の話などで盛り上がり、すぐに友達になれるのは、欧州で時間の許す限りワインの産地を巡り、ほろ酔い加減で得た経験と、感性が存分に活きていると感じます。

　RSMでの18ヶ月は、自分で作るもの。そして、自分に最も適した人生を一生懸命に探し、その人生の出発に必要なエネルギーを十分に充電する時間。そのような時間を得たいと思いたったら、RSMはおもしろい選択肢の1つになるのかも知れません。　　　　　（Class of 2002　男性　欧州系製薬会社）

ウェスタン・オンタリオ大学
リチャード・アイヴィー経営大学院
(The University of Western Ontario, Richard Ivey School of Business)

http://www.ivey.uwo.ca

設立年／1922年

基本情報

◆学生に関するデータ
卒業生数＿1万7,500名
フルタイム在学生数＿599名
日本人学生数
　　2004年卒業クラス＿3名
　　2005年卒業クラス＿1名
留学生の割合＿40%
アジア人学生の割合＿n.a.
平均年齢＿29歳
入学時の平均実務年数＿5.2年

◆履修期間と授業料
履修期間＿16ヶ月
授業料＿年間3万カナダドル

◆主なランキング
『ビジネスウィーク』2002年6位（米国以外）
『フィナンシャル・タイムズ』2004年10位（米国以外）

◆テスト・スコアと合格率
GMAT要求スコア＿600
合格者平均GMATスコア＿662
合格者GMATスコア分布（80%）＿n.a.
TOEFL要求スコア＿PBT：600／CBT：250
合格者平均TOEFLスコア＿n.a.
合格者平均GPA＿n.a.
出願者の合格率＿n.a.
合格者の入学率＿n.a.

✉ 問い合わせ先

●出願に関する問い合わせ（**Admission Office**）
担当者名　Joanne Shoveller　eメールアドレス　mba@ivey.uwo.ca
●奨学金に関する問い合わせ
URL　http://www.ivey.uwo.ca/mba/4_finances.htm
●卒業生ネットワーク
URL　http://www.ivey.uwo.ca/ivey_alumni/

出願締切り　10、12、1、2、3、4月上旬頃

就職関連情報

◆サマー・インターンシップの 主な採用企業

シティグループ

ATカーニー

ドイツ銀行

フォード自動車

ジョンソン・エンド・ジョンソン

◆卒業生の主な採用先

ATカーニー

アンダーセン・コンサルティング

ボストン・コンサルティング・グループ

シティグループ法人／投資銀行部門

デロイト・アンド・トゥッシュ

◆卒業生の就職率と平均年収

卒業後3ヶ月時点の就職率

2001年＿n.a.

2002年＿75%

卒業後の平均年収（年俸＋契約金）

2001年＿n.a.

2002年＿n.a.

海外のフルタイムMBAプログラム

✉ 問い合わせ先

●就職関連の問合せ先（**Career Management**）

担当者名　Wendy Whyte　eメールアドレス　recruit@ivey.uwo.ca

URL　http://www.ivey.uwo.ca/recruiting

●卒業生のための就職支援

URL　http://www.ivey.uwo.ca/ivey_alumni/

---

school information

MBA Program Office, Room 2G02

Richard Ivey School of Business

The University of Western Ontario

1151 Richmond Street North London, Ontario

Canada N6A 3K7

学習環境

　リチャード・アイヴィー経営大学院は、ウェスタン・オンタリオ大学の一部である。長年カナダ随一のビジネススクールとされており、世界的にも最高峰のMBAプログラムの1つに数えられている。同校の80年あまりの歴史の中で、1万7,000名以上の学生が、ケース・スタディを主な指導法とするアイヴィー流のマネジメント教育を受けてきた。

　アイヴィーは質の高いMBA教育を行なっているため、授業料は決して高い投資ではない。論より証拠で、1万7,000人の同校卒業生の6人に1人がCEO、COO、プレジデント、もしくはマネジング・ディレクターの肩書きをもっている。ケース・スタディ重視の同校はまた、大量のケース・スタディを生産しており、これらは数々のMBAプログラムで使用されている。アイヴィーはカナダのHBS（ハーバード経営大学院）との異名を持つ。これは、同校がケース・スタディ指導を重要視した学校当局の「経営方針」に基づき、多くのケースを生み出していることに起因する。

　アイヴィーの学生はまず理論を学び、日々それらを実社会の状況に当てはめて考えている。さらに、ゼネラル・マネジメントの視点を取り入れることで、学習はより豊かなものとなっている。2年間のプログラムの中で600件のビジネス・ケースを解決することにより、アイヴィーの学生は実社会のビジネスで決断を行なう際に付きものの重圧や不明瞭性にも慣らされるのである。このような経験は、好機を見抜き、想像力豊かに問題を解決し、リーダーとしての数々の重要なスキルを身につける手助けとなる。さらに、すべてのケースはビジネス・ミーティングとして扱われており、クラスの全員が実社会さながらの経験を分かち合うことができる。

　アイヴィーの学生は、自信をもって問題を解決できるようになる。それが会計、マーケティング、人事、その他どの分野の問題であろうと、また、トロント、シンガポール、リオ、どこで起きようとも同じである。そして、好機を逃さずに自らの考えを売り込むことができる自信を身につけるのである。

　多くのアイヴィー生が最も心を踊らせる学習経験は教室の外にある。例年5月に、「リーダー・プロジェクト（Leader Project）」の一環として、50名以上の学生が東欧とキューバを訪れ、経営の基礎概念に関する3週間の授業を受けもつ。これは、市場経済の成長をその目で確かめ、国際ビジネスを実体験する絶好の機会である。それに加え、「チャイナ・ティーチング・プロジェクト」では4名のアイヴィー生を1ヶ月間北京に送り、清華大学で教鞭を取らせている。多くのMBA学生は42の提携大学との交換留学に

参加しており、提携先にはロンドン・ビジネススクールや、慶應ビジネススクールも含まれている。

　アイヴィーでの体験は非常に国際的なものである。2002年卒業クラスの構成を見てみよう。

40パーセントが留学生で、31カ国語が話されていた
42パーセントは英語以外の言語を母国語としていた
52パーセントは北米以外で仕事をした経験があり、その勤務先は40カ国に上っていた
77パーセントが北米以外を旅行した経験があり、彼等が訪れた国は57カ国を数えた

教授陣

　アイヴィーの専任教授陣は優れた教師であり、研究者である。アジアのビジネス・ケースは彼らが中心となって生み出しており、同校は経営学分野では有数の研究拠点になっている。アイヴィーの研究の大きな特徴は、それが現実のマネジャーたちにとって大きな意味をもつということだ。研究成果は最高レベルの学術誌に掲載されているが、マネジメント・ジャーナルやビジネス雑誌などにも掲載されており、大学の出版物を通して現実のビジネス界の人々に共有されている。アイヴィーの研究は、小売業からリーダーシップ、ジョイント・ベンチャーから国外のコンテンツ規制まで、マネジメントの実践や政府の方針に直接的な影響を与えているのである。こうした活発な研究活動とケースの執筆により、アイヴィーの教授陣は、時事問題に関する学生の理解を深め、より効果的な経営の新手法も開発している。

人気教授陣

人気教授の専門分野と科目名は次のとおり。

教授	専門分野	人気科目／研究分野
ポール・ビーミッシュ （Paul Beamish）	国際マネジメント （International Management）	国際ジョイント・ベンチャーおよび企業提携（International Joint Ventures and Alliances）、日本の対外直接投資（Japanese Foreign Direct Investment）
エリック・モース （Eric Morse）	起業戦略分析および実践（Entrepreneurship Strategic Analysis & Action）、アントレプレナーシップ（Entrepreneurship）	
マーク・バンデンボッシュ （Mark Vandenbosch）	マーケティング（Marketing）	マーケティング・マネジメント（Marketing Management）、戦略的マーケット・プランニング（Strategic Market Planning）
ロバート・ホワイト （Robert White）	ファイナンス（Finance）	金融マーケット（Financial Markets）、戦略的ファイナンシャル・プランニング（Strategic Financial Planning）

カリキュラム

　アイヴィーの1年目は総合的なプログラムであり、漠然と関連した科目の単なる寄せ集めではない。今日のグローバルな環境の中で必要不可欠なスキルや手順を身につけることができる作りとなっている。1年目の授業はすべて必修である。クラスは連日午前8時から午後12時40分まで行なわれる。さまざまな科目を大胆に組み合わせることで、総合的な学習効果が得られるスケジュール構成となっている。この相関性の強い学習制度では、科目ごととクラスごとの評価も行なわれるが、1年目のプログラム全体での合格条件を満たさなければ、2年次に進級することはできない。

　2年目になると、学生は自身のニーズとキャリア上の目的に則して、自ら学習プログラムを組むことができる。アイヴィーでは、学生が自分自身の学習の幅や専門性を自由に選択することができるよう、1ターム間は特定機能分野に集中したり、選択科目を通して知識の幅を広げたり、または個人研究により専門性を磨いたりすることに費やせる、柔軟なシステムをとっている。

出願戦略上のアドバイス

　アイヴィーでは学生を選抜する際、学力、実務経験、職務上の功績、対人スキル、そして職務上また地域社会との関わりにおいていかにリーダーとしての素質を発揮してきたかなどの点に着目している。

就職支援

　卒業生の主な就職先（職務）の割合は、次のとおり（2003年卒業クラス）。

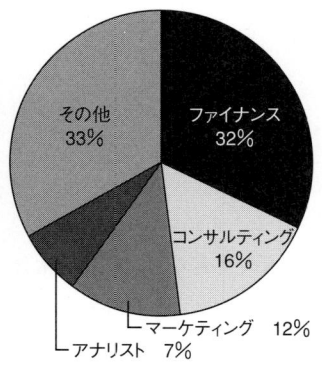

分野別卒業生の就職先

　アイヴィーのキャリア・プレイスメント・センターは、ウェブ上でデータベースと求職案内の掲示板を提供している。求職者はネットワーク上で求人票に目を通すことができる。学生はサマー・インターン先を探したり、本採用の求人を見つける際、目指すキャリアを同掲示板を通して効率良く絞り込むことができる。

　アイヴィーで採用活動を行なうのに先立ち、企業の多くは他校の場合と同様、MBA学生を対象とした企業説明会を行なっている。この場で企業代表者は学生と交流して、事業内容や雇用機会について語り合う。一方、学生はこの機会を利用して洞察を深め、目標を研ぎすまし、インタビューに向けてより有利な立場を獲得するために自らを売り込むことができる。

ごく最近のタームでは、300以上の企業が採用活動を行った。採用が多かった企業は次のとおり。

カナダ・ロイヤル銀行（RBC）
メリル・リンチ（Merrill Lynch）
カナダ・コマース銀行（CIBC）
モニターグループ（Monitor）
アーンスト＆ヤング（Ernst & Young）
スコシア銀行（Scotia Bank）
クレディ・スイス・ファースト・ボストン（CSFB）
香港上海銀行（HSBC）
デロイト・コンサルティング（旧）（Deloitte Consulting）
KPMG（KPMG）

生活環境

　アイヴィー経営大学院は、トロント市とミシガン州デトロイト市の中間地点にある、オンタリオ州ロンドン市のウェスタン・オンタリオ大学敷地内にある。ロンドン市は「複数の村の集まり」と形容され、散歩や買い物、レジャーを楽しむには理想的である。同市はまた「森の町」の異名をもち、通りや公園沿いを木々が彩っている。

　人口33万人のロンドン市は、中規模の大学都市だ。さまざまなサービス業、軽工業、商業の中心地でもある。ロンドン市民によると、この街はコミュニティとしての親密な雰囲気が損なわれない程度に小規模でありながら、さまざまな催しや娯楽を提供するには十分な規模となっている。こうした比較的小さなカナダの都市では、多くの住民は玄関の鍵をあけたままにしておくほど、安心して暮らしている。街から1時間以内の距離には五大湖の内の2つの湖や公園が広がっている。

　アイヴィーは、学生の同伴者たちに対しても充実した支援を行なっている。例えば、「セクションV」というクラブでは、MBA学生のパートナーたちが顔を合わせ、同じ立場の者同士で交流する機会を設けている。セクションVは、コーヒー・クラブ、クリスマス・パーティーなど、さまざまな交流の機会を企画している。パートナーの多くはロンドン滞在中に仕事をもつことを考えるが、セクションVは地元のビジネス・コミュニティでも活発に行動し、メンバーの職探しを助けている。

‥‥日本人在校生および卒業生のコメント‥‥

　最新の戦略論、金融工学、組織論などを学びたい方、またはMBAという学位を利用して日本でよりよい職を得たいと考えられている方にはRichard Ivey School of Businessはすすめられません。戦略論はポーターくらい、リアル・オプションもカバーせず、おまけに日本では知名度が低く就職には全く役にたちません。では、どのような目的を持たれた方には最高の教育機関となるのでしょうか。カリキュラム・学生生活・就職状況を通じて、紹介していきたいと思います。

■カリキュラム
　Richard Ivey School of Businessの授業は、ケース・ディスカッションを100パーセントとした授業です。2年間で約600ケースをこなします。100パーセント・ケース・ディスカションとは、講義がほとんど0パーセントということであり、各自がケースを議論する前に予習し、その背景にある理論を独学する必要があります。ケースからは多々ある問題点をアッカムの刃のように研ぎ澄まし、ビジネスの真の問題点を見つめます。そして、経営者の視点から解決するための決断を下すという一連の思考プロセスを600件ほどこなすことで、経営者の能力を養います。ケース学習のメリットは、（1）常に、財務、製造、マーケティング、戦略、組織学など各分野の交差点で学べる、（2）議論するという能力が身につく、（3）実際に自分で問題を解き、決断を下す、（4）多種業界の構造・特徴について幅広く学ぶなどが挙げられます。その反面、Iveyのケースのデメリットは（1）最新の理論ではない、（2）カナダの中小企業のケースが多く、グローバルな観点が少ないという点です。

■学生生活
　1年目は、週6日は、16時間勉強、6時間睡眠、2時間食事というストイックな生活で、ほかに何かをするというゆとりがありませんでした。クラスメートの大半はカナダ人か中国人であり、アメリカ人1名、とEUから4名くらいと、非常にdiversityに乏しいクラスでした。もちろん日本人は学年で私1人でした。

■就職支援状況
　Iveyにて日本における就職支援はゼロ。カナダにいて、タイムリーな日本の就職状況の情報を得るのは大変に困難であり、すべては各自のネットワークにかかっています。さらに、日本においてはIveyのブランド力は一部のトップ外資系企業を除いてはほとんどなく、非常に大変です。

■最後に
　いろいろな意味で非常に厳しい学校です。経営学をしっかりと学びたいという意欲のある方には最高の大学院ですが、ネットワーク、就職時にプラスということはあまりないと思います。　（Class of 2003　男性）

＊　　　　＊　　　　＊

■Why Ivey?
　戦略系コンサルティング会社へ転職したあと、分析力や経験不足を痛感した私は、それらを補えると考えたケース・スタディ主体のスクールを望んでいました。私費ゆえCost AdvantageのあるスクールということでIveyにたどり着きました。
　CDP（Consultant Development Program）というストリームがあったことも同校を選んだ理由の1つです。戦略ファーム・コンサルタントによるワークショップに加え、戦略の上級コース、コンサルティング・ファームのマネジメント論、プロフェッショナル・サービスとしての倫理を学びました。また、CDPを選択した場合、フィールド・プロジェクトが有償、すなわち、実際のコンサルティング会社と同様、フィー徴収であることも特徴として挙げられます。

■Ivey Difference: More "Big Picture & Insight"

　実際のビジネスにおいて一番必要なことは、状況判断・意思決定だと思われます。そのためには、膨大な情報から必要なものだけを、「微に入り細に入る」分析よりは動物的センスによって嗅ぎ分け、迅速に方向性を打ち出すことが求められます。実際、Iveyは基本的にケース100パーセントというスクールで、グループ・ワーク、中間・最終試験に至るまでケースが使用されます。中日（なかび）や自習日などなく、基本的に月曜から金曜日まで週15ケースをこなし、その負荷は並大抵のことではありません。自分の中で「選択・集中」を行ない判断する、明らかに自分の能力を超えた力を発揮するという状況に常に置かれるのです。また、協調的な環境を特色として打ち出すスクールもあるでしょうが、「制約条件下や不利な状況の中、いかにして結果を最大化するか？」がBusiness Realityにおけるリーダーの役割です。まさにIveyは「縮図」でした。目指される方は、「これからいい思いをする」ためではなく、「これからのつらい時を乗り切る」ために、知識習得や人脈づくりではなく、サバイバル術や自己変革のケース体験を是非BenefitとしてIveyで学んでいただきたいと思います。

■Career Change?

　自らのキャリアを変えるためにMBAを目指される方が多いとは思いますが、最近はMBA自体がコモディティ化している傾向にあります。気をつけたいのは、MBAは全能ではなく、それまでの考え方や経験をもとにMBAをトリガーとして、要所要所「どこまで本質に気づけるか、近づけるか」ということに尽きると思います。エッセイでは建て前を書かざるを得ないこともありますが、素直に自分と向き合った時、自らにとってその後のキャリアにAdvantageとなるのかよく考えてください。本質に触れたとき、Iveyは決して他に引けを取るスクールではないことを保証いたします。　　　　　　　　　（Class of 2000　戦略コンサルティング・ファーム マネジャー）

＊　　　　　＊　　　　　＊

■なぜ、Iveyを選んだか

　北米のケース・スクールで、かつ、日本人の少ない環境で学びたかったこと、Teachingに定評のある学校だったことの2点がIveyを選んだ理由です。しかし、実際の決め手となったのは、現役の学生や交換留学生の話を聞いて、非常に満足度が高い学校であったことです。

■就職活動とその後のキャリアについて

　私が留学していた当時は外国人留学生が少なく、大学の就職支援はカナダ人学生を対象にしたNYの投資銀行、米系戦略コンサルティング・ファーム、カナダ国内の企業に限定されていました。そのため、就職活動では学校に頼らず、自らアメリカや欧州で開かれるジョブ・フェアに参加しました。また、国際的に働いている卒業生にアドバイスをもらいながら、グローバルに働ける会社を捜しました。

　ケース・スタディで徹底的に鍛えられていたこと、日本人留学生が1人という環境でコミュニケーション能力に磨きがかかっていたことを買われ、卒業後は米系多国籍企業の金融部門のマネジメント・トレーニーとして採用され、visibilityの高いプロジェクトで2年半に渡って世界を飛び回りました。この経験はビジネススクールで学んだことを実践に移す絶好の機会となり、身体で学んだアメリカ流のビジネスの進め方は、現在の自分を支える貴重な財産となっています。その後、職種、業界を超えた転職を重ねましたが、この一連の経験は常に高く評価してもらえます。

■海外のケース・スクールでMBAを取得することの意義

　変化の早い現代においては、MBAで学ぶ勉強の内容はあっという間に陳腐化してしまいます。では、わざわざ留学してMBAを取得することの意義は何なのでしょうか。それは、世界で通用する思考プロセスや行動パターンを身につけることと、世界に広がる卒業生のネットワークを手に入れることに集約されると思います。限られた情報や時間の中でいかに最良の決断を下していくかは、ケース・スタディを通した訓練なくして短期

間で身につけることは難しいものです。また、悩みのレベルが同等、もしくはそれ以上の他人の知恵を借りることができるのは、効率良く職業経験を積んでいくうえで大きな強みとなります。そして、これらは長期にわたる財産です。

■MBA私費留学の投資回収
　帰国子女でない私にとって、討論中心のMBAカリキュラムでは、壁にぶつかりっぱなしで、人生で最も厳しい体験でした。しかし、周囲の人々に助けられながら2年間を乗り越えることで国際的な舞台で働くという目標を達成できたのは、留学したからこそ手に入った収穫でした。その後、一貫して多国籍企業で働いていますが、世界のアリーナで戦うことのできるビジネス・センスを持ち合わせた上で、日本人として日本のビジネスがわかるというのは非常に大きな強みです。この経験があるからこそ現在の自分があり、MBAへの投資は十分に回収できたと信じています。　　　　　　（Class of 1996　女性　IT企業Financial Controller）

＊　　　＊　　　＊

　授業のほとんどがケースで行なわれるのが、アイヴィーのプログラムの最大の特徴といえます。
　1年目は、コア10科目に関して、月曜から金曜まで週5日間、午前中に1日3コマの授業（1コマ80分）をこなします。午後は、ラーニング・チームでの勉強、その後は自習や宿題になります。チームによってその成果、集まる頻度は異なりますが、異なる国籍の人々との討議の仕方やそのプロセスを体験する点でプラスになります。
　ケース・メソッドということで、授業時間の多くがケースに関する生徒間での議論や発言で占められます。理論中心の習得に比べ、個人の問題意識の持ち方や実務経験の有無によってその議論から学び取ることにばらつきがあるかもしれません。さらに授業中の発言での貢献が成績の約3割程度を占めるため、英語の聞き取り能力と話す能力の充実がかなり求められます。授業での発言が少ないと、教授から呼び出しをくらう生徒もいます。私もその1人でした。1年目の試験はすべてオープン・ブック方式です。4時間ケース試験やラーニング・チームでの48時間レポート、シミュレーションなどが成績の対象となります。
　1年生全員にメンターとして教授がつきます。勉強におけるさまざまな相談に乗ってもらえる心強い味方です。私のメンターの教授からのアドバイスは、どんなに忙しくてもしっかり寝なさいというものでした。ウサギの目をして毎日4時間の議論についていくことはできないからです。単純なアドバイスですが、ここアイヴィーで勉強をこなしていくうえでは、最も大切なことです。1年目は、自身の時間管理と勉強する能力の限界を試され、そしてストレッチされるような経験になりました。その分乗り切った時の自信が身につくのも確かです。
　アイヴィーは世界で2番目にケースの産出量が多く、アジア関連のケースに関しては世界一になっています。自主的な取り組みとして、学生は特定の教授の指導の下、ケースを作成することができます。もちろん実際の授業で使用されたり、他のビジネススクールで販売されることを前提にしています。私も経験しており、結構骨の折れる地道な作業ではありますが、その得するものが非常に多いのも確かです。
　最後に、MBAとは言っても、時間的制約もあり、経営のすべてを学べるわけではないので、自分の興味と将来のキャリア志望に沿ったプログラム選択を行うことが大切かと思います。
　　　　　　　　　　（Class of 2004　男性　前職:半導体業界　セールス・マネジャー　私費）

海外のフルタイムMBAプログラム

ケンブリッジ大学 ジャッジ経営学研究所

(Judge Institute of Management Studies, Cambridge University)

http://www.jims.cam.ac.uk/

設立年／1990年

基本情報

◆学生に関するデータ

卒業生数＿650名
フルタイム在学生数＿124名
日本人学生数
　2004年卒業クラス＿0名
留学生の割合＿82％
アジア人学生の割合＿28％
平均年齢＿29歳
入学時の平均実務年数＿6年

◆履修期間と授業料

履修期間＿12ヶ月
授業料＿年間2万3,000ポンド

◆主なランキング

『フィナンシャル・タイムズ』2004年13位
（米国以外）

◆テストスコアと合格率

GMAT要求スコア＿n.a.
合格者平均GMATスコア＿680
合格者GMATスコア分布（80％）＿620〜740
TOEFL要求スコア＿n.a.
合格者平均TOEFLスコア＿n.a.
合格者平均GPA＿n.a.
出願者の合格率＿24％
合格者の入学率＿66％

✉ 問い合わせ先

●出願に関する問い合わせ（**Admission Office**）
担当者名　Simon Learmount　eメールアドレス　mba-enquiries@jims.cam.ac.uk
●奨学金に関する問い合わせ
URL　http://www.jims.cam.ac.uk/programs/mba/finance/finance_f.html
●卒業生ネットワーク
URL　http://www.jims.cam.ac.uk/alumni/alumni_f.html

出願締切り	4月下旬

就職関連情報

◆サマー・インターンシップの主な採用企業

n.a.

◆卒業生の主な採用先

バークレイズ・キャピタル
ボストン・コンサルティング・グループ
シティバンク
ゴールドマン・サックス
国際通貨基金

◆卒業生の就職率と平均年収

卒業後3ヶ月時点の就職率

2001年__75%

2002年__82%

卒業後の平均年収（年俸＋契約金）

2001年__9万2,000ポンド

2002年__8万4,000ドル

✉ 問い合わせ先

●就職関連の問合せ先（**Career Connections**）
担当者名　Frances Meegan　eメールアドレス　careers@jims.cam.ac.uk
URL　http://www.jims.cam.ac.uk/programs/mba/careers/careers_f.html
●卒業生のための就職支援
URL　http://www.jims.cam.ac.uk/alumni/alumni_f.html

school information

The MBA office
Judge Institute of Management
Trumpington Street
Cambridge
CB2 1AG
United Kingdom

学習環境

　1990年に設立されたジャッジ経営大学院（Judge Institute of Management）は、発展途上の新興校ではあるが、ケンブリッジという偉大なる伝統をもった世界一流の大学を母体としている。ケム川に架かる橋（ケンブリッジという町の名称はここからきている）は875年に建設された。

　ハーバード大学を創設したアメリカの移民ジョン・ハーバード（John Harvard）は1627年にケンブリッジに入学している。その60年後同校では、アイザック・ニュートンが『プリンキピア・マテマティカ』（Principia Mathematica：自然哲学の数学的諸原理）を執筆し、その中で近代物理学の基礎原理を説いている。

　ケンブリッジ大学の教授陣は60のノーベル賞を受賞しており、その数でシカゴ大学やコロンビア大学と肩を並べている。

　授業は学生の活発な参加を基本としている。1学年はおよそ120名で、2つの「ストリーム（stream）」と呼ばれる学級に分かれて学ぶ。各学級は比較的小規模で、すべてのメンバーが互いを把握し、ディスカッションをはじめとしたさまざまな活動に参加する。必要に応じて学年全体の授業も行なわれるが、授業の大半は自分のストリーム、もしくはさらに小人数のグループで行なわれる。

　授業の形態は、扱う内容別に必要に応じて異なる。多くは意見を交換しあうセミナー、もしくはケース・スタディをめぐるディスカッションの形式をとっている。これらの授業では教授陣が進行役を務め、学生の持つ幅広い経験を引き出し、それを糧としている。

　プログラムの大部分を占めるプロジェクトや課題は、各学生、もしくは少人数のグループごとに指導が行なわれる。MBAにおける学習やプロジェクト活動のほとんどは4、5人のグループで行なわれる。学生の多様な文化的、職業的背景が活かされるようにとの配慮からである。

　12ヶ月制のジャッジのプログラムは、リーダーの養成に力を入れていることで知られる。さらに、学校側はケンブリッジ・アントレプレナーシップ・センター（Cambridge Entrepreneurship Center）を通して、起業を望む学生を支援しており、その結果、卒業生の多くがMBA取得後に起業している。

　また、ジャッジ経営大学院はATカーニー（AT Kearney）やIBM、BP、MITなどの優れた企業や教育機関と、企業パートナー制度やエグゼクティブ向け教育プログラムを通じて、協力関係を築いてきた。

プログラム期間中に学生は、ケンブリッジを取り巻く活発なハイテク産業の企業を含む、最先端企業を対象とした2つのコンサルティング・プロジェクトに参加する。このプロジェクトの研究論文を作成する中で、彼らはより自身の関心に則した学習に徹することができるのだ。

教授陣

ジャッジの教授陣は、ケンブリッジMITインスティテュート（Cambridge-MIT Institute）を通じてMITと交流を持つことで多くを享受している。一方、学生は、著明なゲスト・スピーカーを招いての講演会、および、企業と合同で行なわれる数々のイベントを通して、ビジネス界から最新の情報を得ることができる。

ジャッジ経営大学院は、5大陸のすべてから教授陣を招いている。彼らは世界中で培われた専門知識を活かして、21世紀のビジネスに影響を及ぼす複雑な諸問題にメスを入れている。教授陣は少人数の学級で、学生と協力しあいながら授業を進めている。学生1人あたりの教員数は並外れて多く、学生と教員間の緊密な交流を奨励するケンブリッジ800年来の伝統はジャッジにおいても健在である。参加者の協力、多様性、そして異文化間交流は、同プログラムを支える根本的な強みとなっている。

専任教授陣は70名で、その他にも社会／政治科学、東洋学、経済学、政治学などの他学部専属の合同教員がいる。ジャッジ経営大学院は、特定の主題ごとに形成された、学問分野別の研究グループ、分野横断的なリサーチ・センターや研究グループなどで構成されている。

また同プログラムでの学習は、コンピューター、図書、広報、庶務・事務など、幅広い分野の専門スタッフによって支えられている。

人気教授陣

人気教授の専門分野と科目名は次のとおり。

教授	専門分野	科目／研究分野
サンドラ・ドーソン (Sandra Dawson)	経営学 (Management Studies)	組織構造と転機(Organizational Structure and Change)、技術移転と知識の分配(Technology Transfer and Knowledge Sharing)、医療マネジメントおよび医療政策(Health Management and Health Policy)
ピーター・ヒズコックス (Peter Hiscocks)	アントレプレナーシップ (Entrepreneurship)	革新マネジメント(Innovation Management)、アントレプレナーシップとベンチャー企業(Entrepreneurship and New Business Ventures)、組織構成(Organizational Design)
ニック・オリバー (Nick Oliver)	マネジメント(Management)	日本のマネジメント・システム(Japanese Management Systems)、無駄のない生産と高性能製造(Lean Production and High Performance Manufacturing)、新製品開発(New Product Development)、ベンチマーキング(Benchmarking)
クリストス・ピテリス (Christos Pitelis)	国際ビジネスと産業戦略 (International Business & Industrial Strategy)	国際ビジネス理論および戦略(International Business Theory and Strategy)、対外直接投資(Foreign Direct Investment)、国内競争(National Competition)、産業政策および競争力政策(Industrial and Competitiveness Policies)、民営化と規制の緩和(Privatization and Deregulation)、新興経済と過渡期(Transition and Emerging Economies)

カリキュラム

　ジャッジ経営大学院はフルタイムの1年制プログラムで、5つのフェーズ（Phase）に分かれている。第1〜第3フェーズにかけては、幅広い内容の必修授業、課題、実戦的チーム・プロジェクトをこなし、選択科目を履修し始める。強力なコア教育により、卒業後どのようなキャリアに進むにしても必要となるであろうマネジメントの基礎が形作られる。

　第4、第5フェーズには、各学生が自らの関心を発展させ、それに則してカリキュラムを組む。幅広い選択科目や自ら選択した課題による個人プロジェクトにより、将来のキャリアに向けた勉強を行なうことができる。

　選択必修科目の多くでは、各分野の権威である、より広い範囲の教授陣から指導を

受けることができる。そのほか、ケンブリッジ大学の教員や、他大学や実業界から派遣される教員が指導する授業もある。

第1フェーズ(9～10月)	オリエンテーション
第2フェーズ(10～1月)	経営の基礎(Foundations for Managing)、アントレプレナーシップ・コンサルティング・プロジェクト(Entrepreneurship Consulting Project)
第3フェーズ(1～4月)	状況対応型マネジメント(Managing in Context)、選択科目群I(Electives I)、企業コンサルティング・プロジェクト(Corporate Consulting Project)
第1フェーズ(4～6月)	最終履修コア科目群(Final Core Modules)、選択科目群II(Electives II)
第5フェーズ(6～9月)	個人プロジェクト(Individual Project)

出願戦略上のアドバイス

　国際的な経験があるということ、自分が参加することで、ジャッジの多様なクラスをさらに豊かにすることができるという点を強調しよう。GMATは少なくとも630以上を目指すべきだが、セクションごとにバランスのとれた能力を示す必要もある。同様にTOEFLでも総合得点はPBTで600以上、とりわけライティング・セクションで優秀なスコア(5.0以上)を修めることを目標にしよう。同校では、国際英語力試験(IELTS)も認めており、こちらは東京、大阪、名古屋にあるブリティッシュ・カウンシル(http://www1.britishcouncil.org/jp/japan.htm)で受験することができる。

　2002年度、ジャッジには120余名のMBA学生中3名の日本人学生が在籍していた。彼らは同校入学前に早稲田大学と東京大学の学部を卒業し、NTT、昭和シェル、国際協力銀行などに勤務していた。ジャッジは近年受け入れ枠を大幅に拡大しており、審査基準に見合う日本人学生を1人でも多く受け入れようとしている。同校では他の国際的なMBAプログラムと同様に、早いテンポの英語によるディスカッションにおいて優れたコミュニケーション能力を発揮できることが必要不可欠とされている。

就職支援

卒業生の主な就職先（職務）は次のとおり（2003年卒業クラス）。

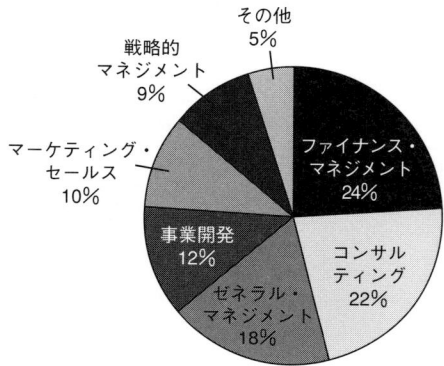

分野別卒業生の就職先

ジャッジ経営大学院キャリア・コネクションズでは、次のようなサービスを提供している。

・MBAプログラムを通じた個人への進路指導や進路に関するアドバイスの提供
・例年のプロフィールブックの作成。卒業見込みの学生1名につき1ページのレジュメを掲載し、世界中の主要な採用企業に送付する。在校生向けウェブページの「Your Profile」ボタンをクリックするだけで、プロフィールをオンラインで修正／作成することができる
・キャンパス内で行なわれる企業のMBA採用プレゼンテーション、および面接の設定
・MBA-Exchange.comとの提携。MBA学生は同システムを通してオンラインで求職案件にアクセスできる。画面上のMBA-Exchangeボタンをクリックすることによりウェブサイトを閲覧できる
・学生を対象としたワークショップやセミナーの主催。求人への応募方法、インタビューやネットワーキングのテクニック、キャリア計画の方法、産業分野別の傾向などのテーマを扱う
・ハーバード・ビジネススクールが開発したキャリア計画用ツールである、Career

Leader onlineへのアクセス

・Career Resource と Insider Guide Libraryの使用権
・世界規模のネットワーク「Cambridge Alumni in Management（管理職にある卒業生のネットワーク）」へのつながり
・高い評価を得ているゲスト講演シリーズにより、経営の理論と実践とを結び付け、ビジネス・リーダーと直に接する機会を提供
・豊富な情報源と専門家のサービスを提供。すべての産業分野において、主要な採用企業に関する情報を把握している大学全体のCareers Serviceの利用権
・例年のCamConnectキャリア・フェア開催。ケンブリッジを取り巻く「シリコン・フェン（Silicon Valleyならぬ Silicon Fen。「フェン」とは沼地のこと）」のハイテクやベンチャー企業が参加する

近年ジャッジ経営大学院の卒業生を採用した企業（一部）は次のとおり。

ATカーニー（A T Kearney）
エリオ・アンド・カンパニー（Elio & Company）
NTL（NTL）
アブカム（Abcam）
ユーレックス／ドイツ証券取引所（Eurex/Deutsche Borse）
NTTコミュニケーションズ（NTT Communications）
エイアイジー投信投資顧問株式会社（AIG Investment）
フィニッシュ・エルコテック（Finnish Elcoteq）
オックスブリッジ・キャピタル（Oxbridge Capital）
アルテラ・パートナーズ（Alterra Partners）

生活環境

　ケンブリッジは、英国の伝統をモザイクのように結集させた、騎士ランスロット卿の姿を彷彿とさせる町である。ロンドンまでは電車で1時間ほどの距離にある。
　ケンブリッジ大学のカレッジとは全寮制の個別のコミュニティである。この制度のもと、学部生には少人数制教育が、大学院生には住居と食事や、社交、娯楽、スポーツ施設などが保証されている。

多くのカレッジでは社交や娯楽イベントが目白押しで、そのほかにも多くのクラブや協会を主催している。スポーツはケンブリッジでの生活に欠かせない要素であり、ほとんどのカレッジには個別の競技場やスポーツ施設がある。例年、学生の一部がカレッジ、ときには大学全体の代表として競技会に参加する。カレッジ制度は、ジャッジの学生が他学部の大学院生と交流する重要な機会を提供している。ケンブリッジ大学は経済学やファイナンス、法学、国際関係論など多くの分野で優れた大学院教育を行なっており、これら他学部の学生もジャッジの学生と同様、複数のカレッジに散在しているのである。

　ジャッジでは、MBAの学生も経済学、文学、およびその他の分野の学生たちとともに、ケンブリッジにある31の全寮制カレッジの1つに住むことになる。ちなみに最も古いカレッジであるピーターハウス（Peterhouse）は1284年に設立された。カレッジ制度もまた、ジャッジでこそ得られるユニークな体験や学習の多様性をより豊かなものにしている。学舎となるのは、才能ある専門家の手により現代建築の傑作へと作り変えられた、かつてのケンブリッジ大学病院である。非常に美しい建物である。また、ジャッジ経営大学院は新たな改築の候補として現在のMBA施設に隣接するもう1つの古い建物に目をつけており、学校の拡張に備えている。

　学生はカレッジ内にある住居に住むこともあるが、ほとんどのカレッジが、それとは別にケンブリッジ市内の家屋やホステルに大学院生向けの住宅を用意している。自身で住宅を探す学生に対しては、ケンブリッジ市内に多くの賃貸住宅やアパートがあり、大学の住宅組合が適当な物件を見つける手助けをしてくれる。

　ケンブリッジは典型的な学生町である。カフェやパブ、クラブ、書店が夜遅くまで営業しており、映画や劇、コンサートなども豊富である。町には教会やカレッジの中世建築からジャッジ経営大学院の校舎のようなすばらしい現代建築まで、幅広い時代に跨がった最高の建築群が溢れている。夏には川べりが人々の憩いの場となる。

　大学が国際的に高い評価を受けていることから、ケンブリッジは国際都市でもあり、世界中から集まった学生や、教員、そして訪問客でにぎわう国際都市としての顔をもつ。

　クラスメイトの出身地、バックグラウンドは極めてバラエティに富む。英国、米国、中国出身者が最大数を占めるが、いずれもせいぜい1割程度で、次いでロシア、インド、イタリア、日本などがそれぞれ5名程度、そのほかの中米の島国やアフリカ、東南アジアの途上国出身者などさまざま。バックグラウンドもコンサルタント、金融、エンジニアリング、軍隊（意外と多い）、工場管理、ヘッドハンティングなどとさまざま。男女比は3対1～4対1で、特に中国や香港などのアジア系の女性が多いのが目についた。

　世界各国から生徒が集まっており、学期の始め頃はその多様性にとまどうこともあるかもしれないが、1年間のチーム・プロジェクト、クラス・アクティビティなどを通して国際色豊かなクラスメイトとの親交は深まり、プログラム終了時には、出身地の違いといった表面的なことはあまり気にならなくなる。本当の意味でのInternationalismを経験できる。

　5名のチームごとに約1ヶ月を要して企業へのコンサルタント・プロジェクトを実施するプログラムがある。各チームは基本的に世界中どこの国のどのようなプロジェクトを実施してもよい。自分は中国人の女性2名、デンマーク人1名、イタリア人1名とともに、中国の蘇州に滞在し、オランダの大手電機メーカーのビジネス拡大にかかわるコンサルタント・プロジェクトを実施した。英国Cambridgeでの学習のみならず、世界を舞台に多様なメンバーとともに貴重な経験を得られた。

　クラスの雰囲気は極めて協調的。「もっと競争をしたい」との不満をもらしている学生も一部いるほど。1クラスは60名程度のストリームに分けられ、学期ごとにリシャッフルされる。総勢でも120名程度のため、すぐに全員顔なじみとなる。MBA取得の最終条件が「個人の総合平均点が○○点以上」というものであり、「何割の生徒が取得できない」というような仕組みではないことや、チームによるプレゼンテーションやチーム・レポートが比較的大きなウエイトを占めることなどが、強調的な環境を作るのだと考えられる。生徒間の熾烈な競争を好む人には物足りないかもしれないが、協調的で良好な人間関係を好む日本人には好ましい雰囲気があるといえるだろう。

　プログラムの構成については、学期によって若干負荷の偏りがあるように感じることもあったが、自分の興味ある分野に注力して学習する時間も得られるため、明確な学習目的分野をもっている生徒には極めて有用。逆に、「会社をやめて、1年間であらゆることを詰めこんで、何かあらたな専門性を……」と漠然と考えている人には物足りないと思う時間もあるだろうが、それをむだな時間にするか、有効活用するかは自分次第。生徒数は増加傾向にあるようだが、適性人数のストリームに分割される体制が継続され、パソコンなどの施設も増強されるのであれば、現在のプログラムの特徴が損なわれることもないだろう。

（Class of 2004　男性　私費）

C9

海外のフルタイムMBAプログラム

Chapter10

海外のエグゼクティブMBAプログラム

【日本人のエグゼクティブに人気のあるEMBAプログラム】※アルファベット順

シカゴ大学経営大学院（GSB）

コロンビア大学 コロンビア・ビジネススクール

デューク大学 フクア経営大学院

エモリー大学 ゴイズエタ経営大学院

IMD（アイ・エム・ディー）

ロンドン・ビジネススクール（LBS）

ノースウェスタン大学 ケロッグ経営大学院

ニューヨーク大学 レナード・N・スターン・ビジネススクール

ペンシルベニア大学ウォートン校

スタンフォード大学経営大学院 スローン・プログラム

テキサス大学オースチン校 マコームズ経営大学院

カリフォルニア大学ロサンゼルス校　ジョン・E・アンダーソン経営大学院

本章では、24のEMBAプログラムを紹介する。いずれも正式な学位を授与する、一流のプログラムである。

【そのほかの主要なEMBAプログラム】 ※アルファベット順

ケース・ウェスタン・リザーブ大学 ウェザーヘッド大学院

コーネル大学 ジョンソン経営大学院

ジョージタウン大学 マクドノー経営大学院

ナヴァラ大学 IESE（イエセ）ビジネススクール

パデュー大学 クラナート経営大学院

エラスムス大学 ロッテルダム経営大学院

カリフォルニア大学アーバイン校 経営大学院

ノース・カロライナ大学チャペルヒル校 ケナン・フラグラー経営大学院

南カリフォルニア大学 マーシャル経営大学院

ヴァンダービルト大学 オーエン経営大学院

ワシントン大学 ジョン・M・オーリン経営大学院

ウェスタン・オンタリオ大学 リチャード・アイヴィー経営大学院

C10

海外のエグゼクティブMBAプログラム

スタンフォードの1年制スローン・プログラムは、「中間管理職向け」プログラムとして公表されているが（授与される学位は経営学分野の理学修士号）、本著ではEMBAのグループに加えている。優れたプログラムであり、また合格条件が他の掲載プログラムとほぼ同じ要素で構成されている点、とりわけ長期の実務経験を重要としていることを考慮したうえでの判断である。

The crowd will follow a leader who marches twenty paces ahead of them, but if he is a thousand paces ahead of them, they will neither see nor follow him.
— Georg Brandes, Ferdinand Lasalle, 1881

シカゴ大学経営大学院 (GSB)

(Graduate School of Business, University of Chicago)

http://gsb.uchicago.edu/

設立年／1943年

基本情報

◆学生に関するデータ
EMBA在学生合計数＿509名[*1]
留学生の割合＿15%[*2]
アジア人学生の割合＿n.a.
平均年齢＿36歳[*1]
入学時の平均実務年数＿12年[*1]

◆履修期間
履修期間＿20ヶ月

◆主なランキング
『ビジネスウィーク』2003年2位
『フィナンシャル・タイムズ』2003年2位

◆出願者の合格率と入学率
出願者の合格率＿n.a.
合格者の入学率＿n.a.

◆インタビューの有無
有り

◆勤務先のスポンサーシップ
必要

◆備考
*1 3か所のプログラムについての数字
*2 EMBAプログラム-ノース・アメリカ2002年入学の
クラス

✉ 問い合わせ先

●出願に関する問い合わせ
担当者名　Patricia Keegan　eメールアドレス　xp@gsb.uchicago.edu

出願締切り　5月上旬頃

---

school information

Executive MBA Program North America
450 North Cityfront Plaza Drive Chicago, Illinois 60611 U.S.A.

概要

シカゴのエグゼクティブMBAプログラムは3か所で開講している。シカゴ、シンガポール、バルセロナである。開講している授業は3キャンパスですべて同じだが、スケジュールは若干異なる。3つのプログラムはいずれも20ヶ月で終了する。

シカゴEMBAプログラムの出願倍率は非常に高く、受け入れ人数の上限はどのキャンパスにおいても1学年85名程度である。また、10年を超える有意義なビジネス経験と、学士号、またはそれに相当する資格を有することが出願条件となっている。

シカゴEMBAプログラム（ノースアメリカ）の授業は、隔週の金曜日と土曜日にシカゴのダウンタウンで行なわれる。学生は、密度の濃い体系的なカリキュラムを通して強固な経営知識の枠組みを修得することができる。また、鋭い分析スキルに加え、創造的な解決力や、現職での職務内容や勤務地域、および産業を超越した視点を身につけることができる。クラスは、各5〜6名からなる複数のスタディ・グループに分けられる。各グループは、顔を突き合わせて、あるいは電子ネットワークを利用してともに課題を進めたり、授業の予習を行なったりしている。

同プログラムは、フルタイムのプログラムと同じ顔ぶれの教授陣が教えている。また、このプログラムに特徴的なのが、バルセロナとシンガポールのEMBA学生とともに1週間にわたる現地滞在型の学習期間を体験できる制度だ。バルセロナの校舎はバルセロナ有数の高級住宅街の中心部に位置しており、通りを渡った真向かいには伝説的建築家、アントニ・ガウディのすばらしい商業デザインがある。

こうした現地滞在型の学習期間はプログラムの提供する視点を広げるのみならず、グローバル規模でさまざまなプロフェッショナルとネットワークを築く機会を与えてくれる。シンガポールやバルセロナ・キャンパスの学生もプログラム中にシカゴを二度訪れる。

カリキュラム

シカゴ経営大学院のエグゼクティブMBAプログラムでは、すべての学生が共通の内容の授業を受講する。授業の組み合わせと順序は学年ごとにあらかじめ設定されている。

コロンビア大学
コロンビア・ビジネススクール
(Columbia Business School, Columbia University)

http://www.gsb.columbia.edu

設立年／1967年

基本情報

◆学生に関するデータ
EMBA在学生合計数＿574名
留学生の割合＿16%[*1]／36%[*2]／2%[*3]
アジア人学生の割合＿7%[*1]／6%[*2]
平均年齢＿34歳
入学時の平均実務年数＿11年

◆履修期間
履修期間＿20ヶ月[*1,2]／19ヶ月[*3]

◆主なランキング
『ビジネスウィーク』2003年15位
『フィナンシャル・タイムズ』2003年4位

◆出願者の合格率と入学率
出願者の合格率＿49%
合格者の入学率＿90%

◆インタビューの有無
有り

◆勤務先のスポンサーシップ
必要

◆備考
＊1 NY-EMBA:NY-EMBA 金・土曜プログラム
＊2 EMBA Global:ロンドン経営大学院と共同運営
＊3 Berkeley-Columbia EMBA:カリフォルニア大学
バークレー校のハース経営大学院と共同運営

✉ **問い合わせ先**

●出願に関する問い合わせ
担当者名　**Dave Evers**　eメールアドレス　**emba@columbia.edu**

出願締切り　10月初旬（NY-EMBA：1月入学）、6月初旬（NY-EMBA：9月入学）
3月上旬（EMBA Global、Berkeley-Columbia EMBA：5月入学）

---

school information

Business/Law Building, Room 404 1125
Amsterdam Ave. New York, New York 10025 U.S.A.

概要

　同校は、アメリカからEU、アメリカ東海岸から西海岸にわたり、複数の大陸や文化を横断するプログラムを提供している。すでに国際ビジネスのリーダーとして活躍してきたコロンビアは、LBSやハースのEMBAとの提携により、さらに優れたプログラムへと、飛躍を遂げようとしている。

　学生は、コロンビアのフルタイムMBAの学生と同等の学位を授与される。受講する科目の数も、修得する単位の数も、フルタイムMBAと同様である。EMBAグローバルの卒業生は正規のMBAの学位と恩恵をコロンビアとLBSの両方から得ることができる。これは、バークレー―コロンビアEMBAについても同様である。

　学生は20ヶ月でMBAを取得（バークレー―コロンビアEMBAでは19ヶ月）する。5つあるタームはそれぞれが4科目の授業で構成される。合計約20科目のうち、6〜10科目は選択必修科目、8〜12科目はコア科目で、合計約60単位を取得できる。教室で直接指導を受ける時間はおよそ600時間と、通常のMBAをやや下回るが、これは2年目の科目で実地でのプロジェクトを重視しているためである。

カリキュラム

　フルタイムのMBAカリキュラムと同じように最初の3タームはコア科目を集中的に履修する。最後の2タームが特に上級管理職向けの教育となっており、ここでは選択科目とチーム・プロジェクトに重点が置かれている。NY-EMBAの金、土曜プログラムの最初の2タームは、各ターム開始直後に行なわれる5日間の合宿で幕を開ける。この合宿で学生は、クラスを越えて親睦を深めることができる。

　各EMBAプログラムの開始と同時に、クラスは「クラスター（Cluster）」と呼ばれる60〜65名程度のグループに分けられ、最初の2タームの授業はすべてこの顔ぶれで受講することになる。クラスターは、その後の3、4、5タームでも継続され、ネットワークとしてプログラム修了後も末永く継続する。

　通常5〜7名の学生で構成されるスタディ・チームは、EMBAでの学習に欠かせないものである。これは、プログラムの半分近くがグループ・ワークを基本にしていることを考えるとなおさらである。学生は履修期間中いつでも任意のチームへ参加できるが、大半はコア科目の受講期間を通して同一のチームにとどまる。

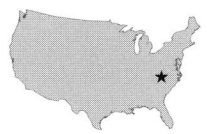

デューク大学
フクア経営大学院
(The Fuqua School of Business, Duke University)

http://www.fuqua.duke.edu

設立年／1984年

基本情報

◆学生に関するデータ
EMBA在学生合計数__107名(W)／100名(G)
留学生の割合__32%(W)／56%(G)
アジア人学生の割合__22%(G)
平均年齢__35歳(W)／38歳(G)
入学時の平均実務年数__11年(W)／14年(G)

◆履修期間
履修期間__20ヶ月(W)／19ヶ月(G)

◆主なランキング
『ビジネスウィーク』2003年4位
『フィナンシャル・タイムズ』2003年3位

◆出願者の合格率と入学率
出願者の合格率__n.a.
合格者の入学率__n.a.

◆インタビューの有無
有り

◆勤務先のスポンサーシップ
必要

✉ 問い合わせ先

●出願に関する問い合わせ
担当者名　Lina Bell　eメールアドレス　libell@mail.duke.edu

出願締切り | 4、7月上旬、10月初旬（Weekend）
8月中旬、11、2月初旬（Global）

---

school information

The Fuqua School of Business,
Duke University PO Box 90127 Durham, North Carolina 27708-0127 U.S.A.

概要

　デュークは2つの大きく異なる性質のエグゼクティブMBAプログラムを開講している。MBAウィークエンド・エグゼクティブ（MBA Weekend Executive、左の表では「W」）とMBAグローバル・エグゼクティブ（MBA Global Executive、左の表では「G」）である。ここでは2つのプログラムを個別に取り上げたい。

ウィークエンド・エグゼクティブ（Weekend Executive）

　ウィークエンド・エグゼクティブ・プログラムは事業経営の基本に基づいている。学生は、職場という生きた「ビジネス実験室」とフクアのキャンパスを月に2回往復する。この行き来により、職場の経験を教室へもち込んで分析し、そこで得た知識を職場に戻って即座に応用することが可能となる。

　同プログラムが特に力を入れて育成しようとしているのは、次の能力である。

・創造性豊かで、かつ知識に裏付けられた意思決定分析力
・複雑な課題や競争上の難題に対応するための戦略的思考力
・リーダーシップと、チームで効果的に作業する能力
・ビジネスのさまざまな業務を横断した職務知識
・口頭および書面による、経営者としてのコミュニケーション・スキル
・分析、コミュニケーション、プレゼンテーションのためのコンピュータ・スキル
・経営における国際的視点

グローバル・エグゼクティブ（Global Executive）

　グローバル・エグゼクティブは、国際企業に勤務する上級管理職を対象とした革新的なMBAプログラムである。参加する上級管理職の実務経験は平均14年で、世界中から集まっている。世界各地にプログラムの拠点を設け、また最先端の通信技術を活用しているため、学生は居住地や勤務地が世界中どの地域にあっても履修期間19ヶ月のこのプログラムに参加することができる。海外合宿での授業と、インターネットを媒介とした長期の学習を組み合わせた指導法こそ、同プログラムの特徴といえよう。

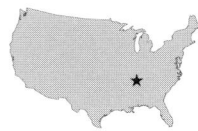

エモリー大学
ゴイズエタ経営大学院
(Goizueta Business School, Emory University)

http://www.goizueta.emory.edu

設立年／1978年

基本情報

◆学生に関するデータ
EMBA在学生合計数__55~60名[*1]／20~25名[*2]
留学生の割合__20%[*1]／19%[*2]
アジア人学生の割合__7%[*1]／4%[*2]
平均年齢__36歳[*1]／39歳[*2]
入学時の平均実務年数__11年

◆履修期間
履修期間__16ヶ月[*1]
　　　　　20ヶ月[*1]

◆主なランキング
『ビジネスウィーク』2002年8位
『フィナンシャル・タイムズ』2002年10位

◆出願者の合格率と入学率
出願者の合格率__50~60%（平均）
合格者の入学率__83%

◆インタビューの有無
有り

◆勤務先のスポンサーシップ
必要

◆備考
*1 Weekend EMBA：週末型のEMBAプログラム
*2 Modular EMBA：集中型のEMBA

✉ **問い合わせ先**

●出願に関する問い合わせ
担当者名　David Hanson　eメールアドレス　David_Hanson@bus.emory.edu

出願締切り　**10月初旬（Weekend）／7月下旬（Modular）**
（ともにローリング・アドミッション方式）

---

school information

Goizueta Business School
1300 Clifton Road, Atlanta, Georgia 30322-2710 U.S.A.

概要

　週末型と集中型の2つのエモリー・エグゼクティブMBAプログラムは、ともにジョージア州アトランタ市にあるエモリー大学のメイン・キャンパスで開講している。柔軟性のある形式で提供されている両プログラムだが、最大の相違点は、コース・スケジュールである。いずれのプログラムにおいても、修了のあかつきにはエモリー大学から正規の経営学修士号（MBA）が授与される。

　同校のEMBAプログラムに合格するためには、出願者はTOEFLで最低250（CBT。PBTでは600）を取得しなければならない。

ウィークエンドEMBA（Weekend EMBA：週末EMBA）

　1979年以来、ゴイズエタはウィークエンド・エグゼクティブMBA（WEMBA）形式のプログラムを提供してきた。WEMBAの履修期間は16ヶ月、期間中に木曜の授業も何回かあるものの、授業は隔週の金曜日と土曜日に行なわれている。学生は1学期間に最低4科目を受講する。

モジュラーEMBA（Modular EMBA：集中型EMBA）

　ゴイズエタは、2002年の9月、2つ目の形式となるモジュラー・エグゼクティブMBAプログラムを開始した。これは20ヶ月のプログラムで、参加する上級管理職は遠隔教育と9回の「モジュール」と呼ばれる合宿（各クオーター1週間）の組み合わせをこなすことにより、ゴイズエタのMBAを取得することができる。計9回のモジュールのうち8回はアトランタにあるキャンパスで開催され、1回は例年異なる海外の地域で開催される。プログラムの70パーセントは教授陣や他のクラスメイトと直接顔を合わせる形式で、30パーセントは遠隔教育の形式で進行する。

海外のエグゼクティブMBAプログラム

IMD（アイ・エム・ディー）
(International Institute for Management Development)

http://www.imd.ch

設立年／1998年

基本情報

◆学生に関するデータ
EMBA在学生合計数＿73名
留学生の割合＿76％
アジア人学生の割合＿7％
平均年齢＿39歳
入学時の平均実務年数＿15年

◆履修期間
履修期間＿15ヶ月

◆主なランキング
『ビジネスウィーク』2003年6位
『フィナンシャル・タイムズ』2003年19位

◆出願者の合格率と入学率
出願者の合格率＿n.a.
合格者の入学率＿n.a.

◆インタビューの有無
有り

◆勤務先のスポンサーシップ
必要

✉ 問い合わせ先

●出願に関する問い合わせ
担当者名　Marianne Vandenbosch　eメールアドレス　info@imd.ch

出願締切り　**10月初旬（早めの出願が望ましい）**

---

school information
....

IMD International Institute for Management Development
Ch. de Bellerive 23 P.O. Box 915
Lausanne CH-1001 Switzerland
....

概要

　IMDのエグゼクティブMBAは、35歳以上で平均15年以上（最低10年）の実務経験者を対象としたプログラムである。最も有力なのは、マネジメント経験が豊かで、キャリアの中で着実かつ速いスピードで成長を遂げ、リーダーとしての突出した素質と好奇心を合わせもつ出願者だ。

　エグゼクティブMBAではIMDのフルタイムMBAと同じ教授陣が教壇に立っている。EMBAの教員が自らの専門分野における最新動向に遅れを取らずにいられるのは、実地調査を基本とする研究と、国際企業の最高管理職を対象に行なっているマネジメント・コンサルティングのたまものである。

　また、同プログラムは年間を通して複数回の開始時期を設けている。出願書類の審査や、合格判定をローリング・アドミッション方式で行なっているため、授業開始日の数ヶ月前でも定員に達してしまうことがある。プログラムへの参加を巡る競争は厳しいため、出願者本人と出願者の所属組織の間で出願の意向が固まり次第、即座に出願プロセスを始めるようおすすめする。通常、出願から3週間以内に結果を受け取ることができるはずである。また、出願者はインタビューのためIMDキャンパスに招かれたり、電話によるインタビュー、もしくはビデオ会議に参加するよう要請されることもある。

　プログラムは17週間あまりの教室での授業と、「ディスカバリ・エクスペディション（Discovery Expedition）」、およびそれらを補佐する内容の遠隔学習で構成されている。プログラムは、職場を離れてコース・ワークに時間を費やすことになる5回のモジュールに分けられており、最短で16ヶ月、最長で4年以上をかけて履修することができる。授業は月～金曜日の8時30分～18時30分にかけてと、土曜日の朝に行なわれる。さらに、毎晩の数時間は翌日の準備に費やすことになる。

ロンドン・ビジネススクール（LBS）

(London Business School)

http://www.london.edu/emba

設立年／1982年

基本情報

◆学生に関するデータ
EMBA在学生合計数__190名／65名[*1]
留学生の割合__64%／65%[*1]
アジア人学生の割合__10%／15%[*1]
平均年齢__33歳／32歳[*1]
入学時の平均実務年数__9年／10年[*1]

◆履修期間
履修期間__24ヶ月

◆主なランキング
『フィナンシャル・タイムズ』2003年6位
『ビジネスウィーク』2003年23位

◆出願者の合格率と入学率
出願者の合格率__n.a.
合格者の入学率__n.a.

◆インタビューの有無
有り

◆勤務先のスポンサーシップ
必要

◆備考
*1 EMBA-Global
*2 EMBAでは9月入学に関しては5月15日より前、1月入学に関しては8月31日より前に出願した受験者を優先

✉ 問い合わせ先

●出願に関する問い合わせ
担当者名　Katy Turrell　eメールアドレス　emba-office@london.edu

出願締切り　特定の締切日は明示されていない[*2]

---

school information
....

London Business School Regent's Park
London NW1 4SA United Kingdom

....

概要

　学生の大半は30代前半で、実務経験の平均は10年である。幅広い産業からさまざまな経歴の持ち主が集まっている。さらに、パートタイムのプログラムには珍しく、クラスの約半数が外国人のため、変化に富む非常に多様なクラスが形成されている。

　通常のエグゼクティブMBAのほかに、同校ではコロンビア大学と共同でEMBAグローバルを運営している（コロンビアEMBAのプロフィール参照）。

カリキュラム

　同校のEMBAプログラムの履修期間は2年、開始時期は年に2回、1月と9月に設けられている。1年目には、コア科目の授業が隔週の金曜日と土曜日を通して行なわれる。こうした日程のおかげで、学生は勉強と、教授陣や他の学生との交流に専念することができる。学生と、その雇用主たる組織がともに月2回の金曜日に「犠牲を払って」いるということで、平等なパートナー関係の構築が促されると同時に、学生は新しく学ぶ概念をいかに自らの組織へ応用できるかについて余裕をもって考えることができる。このほかにも、2年の履修期間中に計5回、1週間継続して学習を行なう期間（Block Week）が設けられている。この間、グループはコア科目で取り扱う内容の中から1つの大きなテーマに集中して学習することができる。プログラムの開始後最初の集中学習週間は泊まり込みで行なわれる。総じて、1年目には学生は、平日の勤務日のおよそ40日間（集中学習週間を含む）をプログラムに費やすよう求められる。

　プログラムの必修には2回の研修旅行も含まれている。1年目には、学生はヨーロッパの1都市を訪れ、幅広い種類の企業を訪ねる。過去訪問した都市には、ワルシャワ、アムステルダム、デュッセルドルフ、キエフなどがある。2年目には、学生は海外を1か所訪れる。訪問先は南アフリカもしくはインドで、特定の会社内で「ミニ・コンサルティング」プロジェクトを実行することになる。

海外のエグゼクティブMBAプログラム

ノースウェスタン大学
ケロッグ経営大学院
(Kellogg School of Management, Northwestern University)

http://www.kellogg.nwu.edu/emp

設立年／1976年

基本情報

◆学生に関するデータ
EMBA在学生合計数__420名
留学生の割合__31%
アジア人学生の割合__n.a.
平均年齢__37歳
入学時の平均実務年数__15年

◆履修期間
履修期間__24ヶ月

◆主なランキング
『ビジネスウィーク』2003年1位
『フィナンシャル・タイムズ』2003年7位

◆出願者の合格率と入学率
出願者の合格率__n.a.
合格者の入学率__n.a.

◆インタビューの有無
有り

◆勤務先のスポンサーシップ
必要

✉ 問い合わせ先

●出願に関する問い合わせ
担当者名　Julie Cisek Jones　eメールアドレス　emp@kellogg.nwu.edu

出願締切り　9月初旬、10月中旬

---

school information
....

2169 Sheridan Road
James Allen Center-EMP
Evanston, Illinois 60208-2800 U.S.A.

....

概要

　ケロッグのエグゼクティブ・マスターズ・プログラム（EMP:Executive Master's Program）は履修期間2年のゼネラル・マネジメント・プログラムで、修了時には経営学修士号（MBA）が授与される。EMPは上級管理職を目指して能力を磨こうと考えている中間管理職、もしくはもてる能力をより向上させたいと考えている上級管理職を対象としている。

　出願者の選定にあたり、入学審査委員会は、スキルやバックグラウンドの面では多様性を重視しながら、組織内での経営責任の面では、同程度の高い地位にある学生を集めるべく努めている。出願者は、勤務先からの支援が保証されていることが条件である。

　同プログラムへの出願にあたり、学士保持者はGMATスコアを提出する必用がない。学士非保持者に関しても、GMATもしくはCLEP（College Level Examination Program:大学レベル試験プログラム）で相応のスコアを示すことができれば審査の対象とみなされる。

カリキュラム

　ケロッグのEMBAプログラムには9月開始のものと1月開始のものとがある。9月開始のプログラムは遠隔地に住む学生を対象としており、授業は毎週ではなく、隔週の週末に行なわれる。学生は金曜日の朝にエヴァンストンへ移動し、金曜日の午後、土曜日終日、そして日曜日の朝に授業を受ける。金曜日と土曜日は、アレン・センターが宿泊場所として提供されている。個人指導や、スタディ・グループのミーティングも週末中に行なわれる。プログラムは各12週間のクォーター6回で構成されており、学生は各クォーターにつき4科目を履修する。また、各学年の始まりには1週間の合宿が予定されており、学年の合間には夏期休暇が用意されている。

ニューヨーク大学
レナード・N・スターン・ビジネススクール
(Leonard N. Stern School of Business, New York University)

http://www.stern.nyu.edu/executive/

設立年／1982年

基本情報

◆学生に関するデータ
EMBA在学生合計数__約120名
留学生の割合__14%(マネジメント)
　　　　　　　27%(ファイナンス)
アジア人学生の割合__n.a.
平均年齢__33歳(マネジメント)／34歳(ファイナンス)
入学時の平均実務年数__10.5年(マネジメント)
　　　　　　　　　　7年(ファイナンス)

◆履修期間
履修期間__22ヶ月

◆主なランキング
『ビジネスウィーク』2003年13位
『フィナンシャル・タイムズ』2003年5位

◆出願者の合格率と入学率
出願者の合格率__27%(マネジメント)
合格者の入学率__56%(マネジメント)

◆インタビューの有無
有り

◆勤務先のスポンサーシップ
必要

✉ 問い合わせ先
●出願に関する問い合わせ
担当者名　Rosemary Mathewson　eメールアドレス　Executive@stern.nyu.edu

出願締切り　11月中旬、2、5月下旬

---

school information
....

NYU Stern School of Business Executive MBA Program
44 W.4th St., Suite 10-66 New York, New York 10012 U.S.A.
....

概要

ニューヨーク大学スターン・ビジネススクールEMBAは、エグゼクティブMBAの中で唯一、ゼネラル・マネジメントに加えファイナンスという専門分野を設けている。学生数は各専門分野につき約60名で、こうした少人数制度が教授陣と学生との交流をより緊密なものにしている。教授陣は、スターンのフルタイムMBAプログラムの教授陣からの選りすぐりである。というのも、エグゼクティブMBAで教鞭を取ることができるのは、プログラムから招待を受けた教授に限られるからだ。

学生は、4〜6名程度で構成されるスタディ・グループへ割り振られ、このグループでともに課題をこなし、プレゼンテーションを行なう。この方法が、グループのメンバー間に強く個人的な関係を育むのである。このようにチーム作業を重視することは、ビジネスの現場を的確に反映した結果でもある。教授陣がアドバイザーとしてグループの指導にあたる。

スターンEMBAの入学審査基準は非常に厳しい。出願者は所属組織により、前途有望で優れた素質を備えた人材だとみなされていることが必須の条件である。入学審査委員会が各出願者の学歴および職歴を審査するにあたって特別の注意を払うのは、職務上の能力をいかに伸ばしてきたかという点である。

カリキュラム

学生は、プログラム開始以前にファイナンスもしくはゼネラル・マネジメントいずれかの専門分野を選択する。ファイナンス分野は、年に1回、8月に開始する。マネジメント分野は年に2回、1月と8月に開始時期を設けている。さらに、1月開始のマネジメント分野では、ヘルス・ケア産業トラックという専門コースを選ぶこともできる。このコースでは、ヘルス・ケア産業に特化した選択科目を履修することができる。

8月開始のマネジメント、ファイナンス両分野のプログラム履修期間は22ヶ月で、授業は毎週末金曜日、もしくは土曜日に行なわれる（曜日は毎週入れ替わる）。1月開始のマネジメント分野のプログラムでは、授業は隔週の金曜と土曜の2日間を通して行なわれる。

ペンシルベニア大学
ウォートン校

(The Wharton School, University of Pennsylvania)

http://www.wharton.upenn.edu/mbaexec/

設立年／1975年

基本情報

◆学生に関するデータ

EMBA在学生合計数__184名[*1]

留学生の割合__n.a.

アジア人学生の割合__n.a.

平均年齢__34歳[*1]

入学時の平均実務年数__10年[*1]

◆履修期間

履修期間__24ヶ月

◆主なランキング

『ビジネスウィーク』2003年3位

『フィナンシャル・タイムズ』2003年1位

◆出願者の合格率と入学率

出願者の合格率__25%[*1]

合格者の入学率__93%[*1]

◆インタビューの有無

奨学金希望者は必須

◆勤務先のスポンサーシップ

必要

◆備考

*1 フィラデルフィアで開講されている「ウォートンMBA
フォー・エグゼクティブ・イースト」と、サンフランシスコで
開講されている「ウォートンMBAフォー・エグゼクティブ・
ウェスト」を総合したデータ(2002年入学クラス)

✉ 問い合わせ先

●出願に関する問い合わせ

担当者名 Catherine Molony eメールアドレス wemba-admissions@wharton.upenn.edu

---

出願締切り | 2月初旬

---

school information

Wharton School, University of Pennsylvania

224 Steinberg Conference Center, 255 S. 38th Street

Philadelphia, Pennsylvania 19104-6355 U.S.A.

概要

　ウォートンMBAフォー・エグゼクティブは、幅広い能力的基盤をもち、現代の複雑で変化が速いグローバルなビジネス・シーンにおける諸課題に対応する能力を備えたリーダーを育成することを目的に作られたプログラムである。同プログラムではスタディ・グループやプロジェクトを通じて優れたチームワークを養成している。学生は多様な背景をもつプロフェッショナルで、互いの協力を促す学習環境のもとで学んでいる。

　エグゼクティブ・プログラムはウォートンのフルタイムMBAプログラムと同じカリキュラム、教授陣、クラスメイトの質を誇る。また、授与される学位および卒業に必要な単位数も同じであり、卒業式も合同で行なわれる。

　カリキュラムは凝縮されており、学生は現職を離れることなく2年間でMBAを取得することができる。授業はフィラデルフィアとサンフランシスコにある最新設備を完備したキャンパスで隔週行なわれ、ニューヨーク、ワシントン、ロサンゼルス、シアトル、フェニックス、といったさまざまな地域からの通学を容易にしている。学生は遠い所ではロンドン、サンパウロ、香港、そして東京から通っている。

　プログラム・スケジュールには次のものが含まれる。

・隔週に行なわれる週末の授業（金曜および土曜日）
・2年の履修期間を通して複数回行なわれる4日間連続の授業
・1週間の海外研修セミナー

　同プログラムの学生の大半は、フルタイムMBAプログラムの学生よりも実務経験が長く、組織の中でより高い地位についている。また、業務内容が複雑化するほど、分野を超越した洞察力が問われるようになることから、ウォートンでは各分野の強みを統合した、分野横断的な学習法を採用している。教授陣はさまざまな分野にまたがる統合的な授業やケース・スタディを提供しており、同期生はあらゆる職業分野から多様な視点をもって貢献している。このように、ウォートンのMBAのコア・カリキュラムは総合的なアプローチをとっており、学生は組織のすべての部分におけるビジネス課題を確実に理解できるようになっている。

スタンフォード大学経営大学院 スローン・プログラム

(Stanford Sloan Program, Graduate School of Business, Stanford University)

http://www.gsb.stanford.edu/sloan/

設立年／1957年

基本情報

◆学生に関するデータ
EMBA在学生合計数＿54名
留学生の割合＿63％
アジア人学生の割合＿33％
平均年齢＿n.a.
入学時の平均実務年数＿13〜14年

◆出願者の合格率と入学率
出願者の合格率＿n.a.
合格者の入学率＿n.a.

◆インタビューの有無
受けることが望ましい

◆履修期間
履修期間＿10ヶ月

◆勤務先のスポンサーシップ
必要

◆主なランキング
『ビジネスウィーク』2002年2位

✉ 問い合わせ先

●出願に関する問い合わせ
担当者名　Bruce McKern　eメールアドレス　executive_education@gsb.stanford.edu

---

出願締切り　2月中旬

---

school information
....

Stanford Graduate School of Business
518 Memorial Way
Stanford University
Stanford, CA 94305-5015 U.S.A.
....

概要

　スタンフォード大学のスローン・プログラムは、厳密にはMBAプログラムではない
が、提供する多くの内容においてそれと同等である。同プログラムはフルタイムで、10
ヶ月の履修期間終了のあかつきには経営学の理学修士号が取得できる。定員は54名で、
学生はスローン・フェロー（Sloan Fellow）として受け入れられるが、対象となるのは
実務経験が8年以上あり、キャリア上初めてゼネラル・マネジメントのポジションに昇
進した、もしくは近いうちに昇進が見込まれる上級管理職である。スローン・フェロー
の大半が所属企業の援助を受けて就学している。

　スローン・プログラムのカリキュラムは、優れたゼネラル・マネジャーとなるために
必要な、すべての分野における能力を磨くことができるように構成されており、学習
上の要求は厳しい。プログラムを終了するためには56単位の取得が義務付けられてお
り、そのうちコア科目が36単位を占める。また、最大6科目までの受講が許されている
選択科目は、2年目のMBA学生や、博士課程の学生とともに受講することになる。9月
に実施される一連のコースでは、プログラム開始前に、履修期間中に使用する予定の
諸ツールに関する自らの知識を復習し、更新することができる。スタンフォード経営
大学院の、世界的に知られた大勢の教授陣と交流できるのは、魅力の1つである。

　スローン・プログラムでは、通常のコース・ワーク以外にも、リーダーシップについ
て学ぶ機会がある。スローン・リーダーシップ・セミナー（Sloan Leadership Seminar）
では、年間を通して大勢の国際的なビジネス・エグゼクティブ達を教室に招いており、
学生は彼らの体験談から学ぶことができる。そのほかにセメスターの合間の研修旅行
や、卒業直後に行なわれる海外研修旅行の場でも、数々のリーダーと出会う機会がある。

　スタンフォード・スローン・プログラムへの出願者のほとんどは勤務先の援助を保
証されている。援助の具体的な内容には、学費、給与または生活費、書籍代、研修旅行
費、その他諸経費の支給などが含まれる。勤務先からこれらの援助を得られなかった
場合は、自費でプログラムに参加することもできるが、自費学生の受け入れ枠は限ら
れており、自費での入学を希望する場合は、出願する際にその旨を伝える必要がある。

　出願者は、8年以上の実務経験を有し、仕事上の業績でも成長していることを示すこ
とが望ましい。また、基本的にはその内5年以上をスポンサーとなる組織で管理職に就
いていることが望ましい。

テキサス大学オースチン校
マコームズ経営大学院
(McCombs School of Business, University of Texas at Austin)

http://www.bus.utexas.edu/optionii

設立年／1981年

基本情報

◆学生に関するデータ
EMBA在学生合計数__146名[*1]
留学生の割合__30%
アジア人学生の割合__22%
平均年齢__34歳[*1]／33.5歳[*3]
入学時の平均実務年数__11年[*1]／10.3年[*2]

◆履修期間
履修期間__14ヶ月[*1,3]／21ヶ月[*2]

◆主なランキング
『ビジネスウィーク』2003年8位
『フィナンシャル・タイムズ』2003年21位

◆出願者の合格率と入学率
出願者の合格率__61%
合格者の入学率__95%

◆インタビューの有無
有り

◆勤務先のスポンサーシップ
必要

◆備考
*1 オプションⅡ
*2 ダラス
*3 メキシコ・シティ

✉ 問い合わせ先
●出願に関する問い合わせ
担当者名　C. Courtland Huber　eメールアドレス　inquiry@optionii.bus.utexas.edu

出願締切り　6月中旬[*1,2]／3月下旬[*3]

school information
....

Option II MBA Program
P. O. Box 7337
Austin, Texas 78713-7337 U.S.A.

....

概要

　テキサス大学オースチン校マコームズ経営大学院では、3通りのEMBAプログラムを開講している。オプションII（Option II EMBA）、ダラス（EMBA at DFW：TxEMBA）、メキシコ・シティ（EMBA in Mexico City）である。

　オプションIIとは、学力的な条件を満たし、最低でも5年間の実務経験を有する職業人が、現職を継続しながらMBAの取得を目指すことができる2年制のプログラムである。授業は隔週の週末に設定されており、金曜日と土曜日にマコームズ経営大学院キャンパスで行なわれる。出願者には最低5年間の実務経験と、GMATのスコア提出が義務付けられている。

　同プログラムの最大の特徴は、履修期間中に開催される各1週間、計4回のエグゼクティブ・セミナーである。このほかに、プログラムは4セメスターにおよぶコース・ワークで構成されている。海外セミナー以外のセミナーはすべてキャンパス外のオースチン市内にあるカンファレンス・センターで開催される。

　オプションIIの学生のほとんどは、スポンサーとなる組織からさまざまな形式の援助を受けている。多くの組織は、学生に多額の学資援助を行なっている。しかし、これらの組織はそれ以外にも、オプションIIの学生が、2年間の履修期間中に各1週間、計4回のセミナーと、週末に開催される32回の授業に参加するため職場を離れなければならない点についても理解を示しているのである。

　テキサス・エグゼクティブMBAプログラム・アット・DFW（ダラス・フォートワース：TxEMBA）は、北部テキサスに住む現職の社会人を対象としている。同プログラムの履修期間は21ヶ月で、授業は隔週末の金曜日と土曜日に開講している。TxEMBAは、フルタイムの現職に就きながらMBAを取得したいと望むマネジャーや、上級管理職で学力上の条件を満たす者を対象としている。プログラムの内容と指導教授陣はオプションII EMBAと同じである。

　エグゼクティブMBAイン・メキシコ・シティは同校独自のプログラムで、メキシコ在住の専門家を対象としている。2年間の履修で2つの学位を同時に取得することができる。無事卒業すると、テキサス大学オースチン校からは経営学修士号（MBA）を、メキシコにあるモンテレイ工科大学からは管理学修士号（Master's of Administration）を取得することになる。指導言語は英語である。

C10

海外のエグゼクティブMBAプログラム

カリフォルニア大学ロサンゼルス校
ジョン・E・アンダーソン経営大学院
(John E. Anderson School of Management, University of California at Los Angels)

http://www.anderson.ucla.edu

設立年／1983年

基本情報

◆学生に関するデータ
EMBA在学生合計数__144名
留学生の割合__13%
アジア人学生の割合__3%
平均年齢__38歳
入学時の平均実務年数__14年

◆履修期間
履修期間__14ヶ月

◆主なランキング
『ビジネスウィーク』2003年7位
『フィナンシャル・タイムズ』2003年13位

◆出願者の合格率と入学率
出願者の合格率__54%
合格者の入学率__47.3%

◆インタビューの有無
有り(招待ベース)

◆勤務先のスポンサーシップ
必要

✉ 問い合わせ先

●出願に関する問い合わせ
担当者名　Alex Duke　eメールアドレス　emba.admissions@anderson.ucla.edu

出願締切り　5月上旬

school information
....

The Anderson School/UCLA
110 Westwood Plaza, Collins Center, Rm. A101f
Los Angeles, California 90095 U.S.A.

概要

　アンダーソン経営大学院の2年制エグゼクティブMBAプログラムは、全日制のプログラムを受講するために職場を離れることを望まない、経験豊かな経営者を対象としている。アンダーソンのEMBAプログラムは、優れた素質をもつ専門家を対象に、最新のビジネス環境がもたらす難問を取り扱い、不安定で変化の激しいビジネス界で、彼らが効果的なリーダーとして活躍するための訓練を提供している。

　UCLAのEMBAプログラムは、学生に対しすばらしい配慮を見せている。たとえば、週末の授業期間中の食事はすべて学校側が用意するし、宿泊場所もキャンパス敷地内の、アンダーソン経営大学院にも近いUCLAゲスト・ハウスが確保されている。また泊まり込みで参加できるプログラムのため、学生はアメリカ西部のいたる所から参加することができる。プログラムのスケジュールは早めに配付されるので、格安航空券も入手しやすく、通学の費用を抑えることができる。加えて、駐車場の確保、履修登録、教科書や教材の購入、奨学金の手続きなどはすべてスタッフが受けもっており、スケジュールや読書課題も、充分な余裕をもって配付してくれる。

　各学年の学生数は72名のみである。学生の平均実務年数は14年で（うち7年は管理職業務）、その学歴や専門分野は幅広い。プログラムの学生に対する要求は厳しく、各学生は授業への出席や課題の提出を完璧にこなすよう期待される。学生が教室外での授業準備に費やしている時間は平均で週25時間である。このことから出願者は、所属組織がプログラムへの参加を認めている旨を明記した書類を提出するよう求められる。さらに、出願書類の推薦状は、出願者が所属組織の中で有望な管理職候補とみなされている旨を明示したものでなければならない。

カリキュラム

　同校は、学期間に3週間の休暇を設けた3つの学期（1学期は16週間）で構成されており、隔週末の金曜日と土曜日に授業を行なっている。プログラムは9月に始まり、同時期に入学した学生は全員が同じスケジュールで授業を受ける。

　プログラムは「経営課題解決（Managerial Problem Solving）」と呼ばれる5日間にわたるキャンパス外でのプログラムで幕を開ける。学生はこの機に互いに知り合い、プログラムの意図や要求を理解するようになる。

ケース・ウェスタン・リザーブ大学
ウェザーヘッド経営大学院
(Weatherhead School of Management, Case Western Reserve University)

http://www.weatherhead.cwru.edu

設立年／1979年

基本情報

◆学生に関するデータ
EMBA在学生合計数＿64名
留学生の割合＿5％
アジア人学生の割合＿5％
平均年齢＿39歳
入学時の平均実務年数＿15年

◆出願者の合格率と入学率
出願者の合格率＿84％
合格者の入学率＿100％

◆インタビューの有無
有り

◆履修期間
履修期間＿21ヶ月

◆勤務先のスポンサーシップ
必要

◆主なランキング
『ビジネスウィーク』2003年21位
『フィナンシャル・タイムズ』2003年33位

✉ 問い合わせ先

●出願に関する問い合わせ
担当者名　Barbara Bohlman　eメールアドレス　emba@weatherhead.cwru.edu

出願締切り　7月下旬

---

school information

George S. Dively Building
Weatherhead School of Management
10900 Euclid Avenue
Cleveland, Ohio 44106-7166 U.S.A.

概要

ウェザーヘッド経営大学院のEMBAプログラムでは、上級管理職の学生64人を受け入れている。学生たちは週に1度、金曜もしくは土曜日に（曜日は毎週入れ替わる）キャンパスに集まり、終日かけてコア・カリキュラムとして定番的な科目の授業を受ける。最後の第4セメスターには、各人の興味に合わせた選択科目を履修できる。

プログラムは4つのセメスターで構成され、21ヶ月の履修期間内に、上記の授業に加えて3日間ないし4日間の集中合宿が計3回開かれる。これらの合宿は、リーダーシップを養成し、グループで課題に取り組み、チーム・スキルを向上させることを目的としたものである。

教授陣は、ケース・スタディ、シミュレーション、講義、個人指導などのさまざまな方法で指導を行なっている。

最初の合宿で、学生たちは各8名程度のスタディ・グループに分けられる。卒業まで、同じグループに属すことになる。

1年目の最終セメスター中の3月の休暇に、10日間の海外実習が設けられている。過去には、ブダペスト、スロベニア、モスクワ、ウィーン、ストックホルムなどの国や都市が研修先に選ばれている。

プログラムの開始にあたり、学生とともにその配偶者たちを招いた特別ワークショップが開かれる。ここでは、プログラムへの参加にあたり不安に思っている点について話し合い、プログラムで体験できることや受講に際して心掛けるべき点についての説明を受ける。

コーネル大学
ジョンソン経営大学院
(Johnson Graduate School of Management, Cornell University)

http://www.johnson.cornell.edu

設立年／1999年

基本情報

◆学生に関するデータ
EMBA在学生合計数＿93名
留学生の割合＿13%
アジア人学生の割合＿6%
平均年齢＿34歳
入学時の平均実務年数＿12年

◆履修期間
履修期間＿22ヶ月

◆主なランキング
『ビジネスウィーク』2003年14位

◆出願者の合格率と入学率
出願者の合格率＿82%
合格者の入学率＿61%

◆インタビューの有無
有り

◆勤務先のスポンサーシップ
必要

✉ 問い合わせ先

●出願に関する問い合わせ
担当者名　Tom Hambury　eメールアドレス　emba@cornell.edu

出願締切り　ローリング・アドミッションズ方式

school information
....

S.C. Johnson Graduate School of Management,
Cornell University
142 Sage Hall
Ithaca, New York 14853-6201 U.S.A.
....

概要

　22ヶ月の履修期間を要するジョンソン経営大学院のEMBAプログラムは、4つのタームから構成される。学生たちは各タームの最初に、ニューヨーク州イサカにあるコーネル大学のキャンパスで行なわれる1週間の合宿に参加する。毎年7月に始まるプログラムの受講人数は50人程度で、その約4割はニューヨーク出身者である。

　グローバルな提携関係をもたない米国国内EMBAプログラムの常として、大半の学生は北米の出身である。

　産業界のさまざまな分野から管理職クラスのマネジャーが同プログラムに参加している。出身分野の内訳は次のとおり。

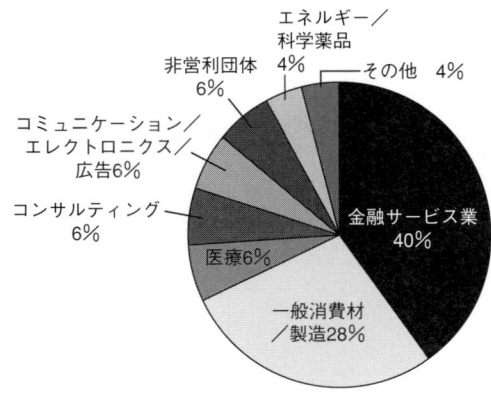

　1週間の合宿の合間の授業は週に1度、土曜日もしくは日曜日に（曜日は毎週入れ替わる）IBMパリセーズ・エグゼクティブ・コンファレンス・センター（IBM Palisades Executive Conference Center）で行なわれる。マンハッタンから24キロの距離にあるこの立地は、ニューヨークで勤務しながら週末の授業に出席する学生たちにとって、たいへん便利なものとなっている。

　EMBAプログラムはジョンソン経営大学院のフルタイムMBAプログラムと共通の教授陣が担当している。この点は同プログラムの大きな強みとなっている。というのも、ジョンソン経営大学院の指導レベルは超一流だからだ。

ジョージタウン大学
マクドノー経営大学院
(McDonough School of Business, Georgetown University)

http://www.msb.edu

設立年／1944年

基本情報

◆学生に関するデータ
EMBA在学生合計数＿95名
留学生の割合＿19％
アジア人学生の割合＿2％
平均年齢＿38歳
入学時の平均実務年数＿16年

◆履修期間
履修期間＿18ヶ月

◆主なランキング
『ビジネスウィーク』2003年11位
『フィナンシャル・タイムズ』2003年15位

◆出願者の合格率と入学率
出願者の合格率＿50％
合格者の入学率＿91％

◆インタビューの有無
受けることが望ましい

◆勤務先のスポンサーシップ
必要

✉ 問い合わせ先

●出願に関する問い合わせ
担当者名　Annette Allgood　eメールアドレス　msb-iemba@georgetown.edu

| 出願締切り | 5月下旬（ローリング・アドミッションズ方式） |

---

school information
....

3520 Prospect Street, NW Box 571224
Washington, DC,
Washington D.C. 20057 U.S.A.
....

概要

　ジョージタウン・インターナショナル・エグゼクティブMBAプログラム（IEMBA）
は18ヶ月間の集中的なプログラムである。数量的分析をはじめとした実践的な経営学
教育に力を入れており、国際性を重視することで知られている。主に、豊かなマネジメ
ント経験を有する在職者を対象としている。

　教授陣から卒業に必要な取得単位数やコア科目の内容に至るまで、フルタイムの
MBAプログラムと共通しており、修了のあかつきにはフルタイムMBAと同じ学位が
授与される。また、ジョージタウンIEMBAは、フルタイムMBAプログラムと同様、国際
的なビジネススクールの認証機関、AACSBによる認証も受けている。

　IEMBAは出願資格として、最低8年間の実務経験を義務付けている。さらに、英語以
外の母国語を話す学生には、TOEFLスコアの提出も要している。また、プログラム開
始までに、学部レベルの財務会計の授業を最低1学期間履修しておく必要がある。

　授業は隔週末の金曜日と土曜日に、メイン・キャンパスで行なわれる。したがって出
願にあたっては、隔週金曜日の欠勤に関する雇用主の承諾書も必要となる。

　秋入学の願書受付締切は5月下旬だが、入学審査がローリング・アドミッションズ方
式（通年受付方式）で行なわれているため、受け入れ人数に達した時点で受け付け終了
となる。合格の可能性をより確実にするためには、できるだけ早い時期に出願するこ
とが望ましい。

カリキュラム

　同校のIEMBAは18ヶ月間のプログラムで、論理的順序に沿って構成された授業と、
チームでの作業を中心とした問題解決プロジェクトのほか、集中的な学習を行なう1週
間の「合宿」が、履修期間中、一定期間ごとに計4回設けられている。同プログラムは、
国際事業マネジメント、戦略分析、経営コミュニケーション論、企業・政府関係論とい
った、経営学の根本分野を強化することに重点を置いており、学生は国際的に活躍す
るビジネス・リーダーに必要不可欠な実践的マネジメント・スキルを身につけること
ができる。ビジネスの現状を反映したカリキュラムと熟練した教授陣、そして少数精
鋭の経験豊かな学生による総合的かつ独創的なプログラムといえよう。

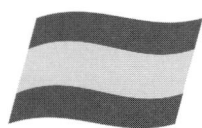

ナヴァラ大学
IESE(イエセ)ビジネススクール
(IESE Business School, University of Navarra)

http://www.iese.edu/gemba

設立年／2001年

基本情報

◆学生に関するデータ
EMBA在学生合計数__32名
留学生の割合__75%
アジア人学生の割合__0%
平均年齢__35歳
入学時の平均実務年数__10年

◆履修期間
履修期間__15ヶ月

◆主なランキング
『ビジネスウィーク』2003年25位以下
『フィナンシャル・タイムズ』2003年23位

◆出願者の合格率と入学率
出願者の合格率__60%
合格者の入学率__73%

◆インタビューの有無
有り（招待ベース）

◆勤務先のスポンサーシップ
必要

✉ 問い合わせ先

●出願に関する問い合わせ
担当者名　Bonnie Sofarelli　eメールアドレス　globalemba@iese.edu

出願締切り　11月下旬、2月上旬、4月上旬

---

school information
....

Avenida Pearson 21
Barcelona 8034 Spain
....

概要

　IESEのグローバルMBAは、少なくとも8〜10年の実務経験のある経験豊富な上級管理職を対象としている。15ヶ月間のプログラムは、移動が多く多忙を極める上級管理職のライフスタイルを考慮した構成となっている。また、すべての授業を合宿形式で行なうため、コミュニティ体制のもと、充実した支援を受けることができる。同プログラムは単にフルタイムのMBAプログラムを凝縮しただけのものではなく、特に上級管理職のニーズに応えることを目的に構成されている。

　バルセロナ、シリコン・バレー、上海という3つの異なるビジネス環境で、経験豊かな専門家たちと交流することは、学生にかけがえのない経験をもたらしてくれる。現地での企業訪問や地域の専門家から得られる情報を通して学生は、世界各地の異なるビジネス環境における多くの新発見をものにする。

　グローバルEMBAで指導するのは、多くの国際企業からの依頼を受けて研究や分析、そしてコンサルティング・サービスなどを提供している秀逸な教授陣である。IESEがケースをはじめとするビジネススクール教材の生産量でずば抜けた成果を誇っているのも、彼らの努力に負うところが大きい。同校の教授陣は、経営学理論における学説上の進展と、理論の実践的応用の両面で貢献している。豊富なビジネス経験や活発なコンサルティング活動を高水準の研究活動と融合させることで、学問上の研究が実践と結びつき、IESEの教授陣を常に時代の最先端たらしめている。

　IESEグローバルEMBAでの学習は要求が厳しいうえに、グループ学習を中心としているため、同校では世界各地で行なわれる授業において、豊かな知識と経験を駆使して貢献できる意欲的かつ高い能力をもった参加者を募っている。幅広い産業と、職種からの出願が奨励されている。

カリキュラム

　合宿期間と在宅期間の学習プログラムは一貫したカリキュラムで統一されており、履修期間中に途絶えることなく着実に知識を積み重ねられることが保証されている。同時に、参加者同士が交流し、人間関係を築き、互いから学びあうことを奨励する学習環境作りが行なわれている。2週間の合宿が計7回開催されるため（開催地はバルセロナ、シリコン・バレー、そして上海）、学生は国際的な視野を広げることができる。

パデュー大学
クラナート経営大学院
(Krannert Graduate School of Management, Purdue University)

http://www2.mgmt.purdue.edu

設立年／1983年

基本情報

◆学生に関するデータ
EMBA在学生合計数＿311名
留学生の割合＿19％[*1]
アジア人学生の割合＿5％[*2]
平均年齢＿35歳
入学時の平均実務年数＿12年

◆履修期間
履修期間＿2年間(EMB、IMM、EMBA)
　　　　3年間(Weekend EMBA)

◆主なランキング
『ビジネスウィーク』2003年16位
『フィナンシャル・タイムズ』2003年14位

◆出願者の合格率と入学率
出願者の合格率＿50％
合格者の入学率＿n.a.

◆インタビューの有無
なし

◆勤務先のスポンサーシップ
必要

◆備考
*1 4種類のプログラムを提供―(1)EMBプログラム、(2)国際経営修士プログラム(IMM)、(3)ウィークエンドEMBAプログラム、(4)ドイツ国内で受講するEMBAプログラム
*2 ウィークエンドEMBAプログラム以外は勤務先のスポンサーシップが必用

✉ 問い合わせ先

●出願に関する問い合わせ
担当者名　JoAnn Whitford　eメールアドレス　keepinfo@mgmt.purdue.edu

出願締切り　6月上旬(EMB、Weekend EMBA)／11月下旬(IMM)／2月下旬(EMBA)

school information
....

Purdue University
425 West State Street, KCTR 206
West Lafayette, Indiana 47907-2056 U.S.A.
....

概要

　パデュー大学のEMBプログラム（Executive Master's Business Program）は、所属組織内で上級管理職の候補となっている中堅マネジャーのニーズに即した、2年間のカリキュラムを提供している。このプログラムは、履修科目の取り合わせにおける独自性と、合宿期間の合間に行なわれるインターネットでの通信教育に重きを置いているという点で、従来のEMBAプログラムと一線を画している。

　同プログラムでは、2週間の合宿が2年間（22ヶ月）のプログラム期間中に計6回、一定期間をおいて開催される。このようなカリキュラム上の工夫により、学生は職場での責務をまっとうしながら、日々変化するビジネス環境において必要とされる幅広い経営スキルを身につけることができる。

　一般のMBAプログラムとは異なり、同プログラムのカリキュラムは、遠方に住む学生でも履修できるよう考慮されている。22ヶ月の履修期間内に、オリエンテーション合宿から卒業合宿まで、2週間の合宿が計6回あり、合宿の合間にはインターネットによる通信教育が行なわれる。この教育スタイルによって、学生は日々の職務をまっとうしながらも、自らの学習目標に達することができる。学生はアメリカ国内外から集まっており、多様性に富む学習環境が生まれている。

　プログラムは毎年7月、オリエンテーション合宿で幕を開ける。履修科目ではケース・スタディが多用される。大半の科目ではコンピュータを使った分析が欠かせない要素となっている。同期に入学した学生たちは、同じ科目を履修して、一緒に卒業する。最後の合宿は海外実習である。教室での授業のほかに、工場見学や、政府関連機関や多国籍企業からスピーカーを迎えての講演などが行なわれる。アジアおよびヨーロッパ諸国が近年の実習先となっている。

　1991年に始まった国際経営修士プログラム（International Master's in Management Program）(2)は、EMBプログラムを基準に設計された。EMBAプログラムと同様、2週間の合宿と通信教育というカリキュラムだ。

　国際経営修士（IMM）プログラムはEMBプログラムとほぼ同様のカリキュラムで、およそ2年の間に2週間の合宿が計6回行なわれる。学生は北米や欧州のみならず、中南米、アジア、中東諸国からも集まっている。

　ウィークエンドEMBAプログラムは、現職を維持しながらMBA取得を目指す、インディアナ州中北部および中部在住の専門職従事者を主な対象としている。履修期間は3年間で、授業はパデュー大学における秋から春セメスターの毎週土曜日に行なわれる。

# エラスムス大学
ロッテルダム経営大学院
(Rotterdam School of Management, Erasmus University Graduate School of Management)

http://www.rsm.nl

設立年／1991年

基本情報

◆学生に関するデータ
EMBA在学生合計数＿85名[*1]／20名[*2]
留学生の割合＿40%[*1]／45%[*2]
アジア人学生の割合＿約5%
平均年齢＿35歳
入学時の平均実務年数＿8年

◆履修期間
履修期間＿24ヶ月[*1]／21ヶ月[*2]

◆主なランキング
『ビジネスウィーク』2003年25位
『フィナンシャル・タイムズ』2003年50位

◆出願者の合格率と入学率
出願者の合格率＿n.a.
合格者の入学率＿n.a.

◆インタビューの有無
有り（招待ベース）

◆勤務先のスポンサーシップ
不要

◆備考
*1 EMBA
*2 OneMBA：エグゼクティブを対象としたモジュール式のプログラム

✉ 問い合わせ先
●出願に関する問い合わせ
担当者名　Connie Tai　eメールアドレス　info@rsm.nl

出願締切り　12月初旬（EMBA）／6月中旬（One MBA）

school information

Burg. Oudlaan 50
Rotterdam 3062PA Netherlands

632

概要

　ロッテルダム経営大学院の2つのエグゼクティブ向けMBAプログラムは、実践的かつ知的レベルの高い教育を提供している。各方面を満遍なく取り込んだビジネス・プログラム、優秀な教授陣、さまざまな分野から集まる同期生とのすばらしい交友を実現している。

　同校のEMBAプログラム（Executive Master of Business Administration Program）は、学生が仕事から離れる時間を最小限に抑えながら、MBAを取得できるように設計されている。また、学術的にも一流の水準を誇るゼネラル・マネジメント・プログラムで、刻々と変化するビジネス環境の鍵を握る重要な要素に焦点を当てている。

　OneMBAプログラムでは、世界の4大陸に点在する5校が提携関係を結び、独自の国際マネジメント教育を行なっている。提携校は次の4校である。

・中国、香港中文大学（CUHK：The Chinese University of Hong Kong）
・ブラジル、ジェトゥリオ・ヴァルガス財団（Fundacao Getulio Vargas）
・メキシコ、モンテレイ工科大学経営学大学院（EGADE-ITESM：The Monterrey Tech Graduate School of Business Administration and Leadership）
・アメリカ合衆国、ノース・カロライナ大学チャペルヒル校ケナン・フラグラー経営大学院（The University of North Carolina at Chapel Hill, Kenan-Flagler Business School）

　OneMBAプログラムでは、各地域の教授たちがそれぞれの地域でカリキュラムを進行するが、コア科目は全提携校に共通である。プログラムの期間中には、学生たちが国際チームを組んで学ぶ機会が3度あり、異文化間の交流や、バーチャルな国際的チーム作業を通じて、さまざまなスキルを養う。

　ロッテルダムの2つのエグゼクティブ向けMBAプログラムの入学審査過程は厳しく、多岐にわたる。出願には、最低4年間の充実した内容の実務経験を有することが条件とされている（OneMBAプログラムでは7年間）。選考においては、出願者の現在に至るまでのキャリア上の進展や、職務上の業績、および所属組織の業績への貢献度などが重視される。特に、出願者がどのような職業的目標を定め、同校のプログラムが彼らの計画にどう適合するのかを知ろうとする。

カリフォルニア大学
アーバイン校 経営大学院
(Graduate School of Management, University of California, Irvine)

http://www.gsm.uci.edu

設立年／1984年

基本情報

◆学生に関するデータ
EMBA在学生合計数＿189名
留学生の割合＿4％
アジア人学生の割合＿2％
平均年齢＿37歳
入学時の平均実務年数＿12年6ヶ月

◆履修期間
履修期間＿21ヶ月

◆主なランキング
『ビジネスウィーク』2003年25位以下
『フィナンシャル・タイムズ』2003年26位

◆出願者の合格率と入学率
出願者の合格率＿83％
合格者の入学率＿77％

◆インタビューの有無
有り(招待ベース)

◆勤務先のスポンサーシップ
不要

問い合わせ先
●出願に関する問い合わせ
担当者名　Tony Hansford　eメールアドレス　gsm-mba@uci.edu

出願締切り　4、7月初旬

school information
....

202 GSM-Admissions
UC Irvine
Irvine, California 92697-3125 U.S.A.

概要

　カリフォルニア大学アーバイン校経営大学院のEMBAプログラムは、現在組織内でゼネラル・マネジメントの職にある人物、もしくは今後その可能性のある人物を対象としたゼネラル・マネジメント教育を行なっている。また、同プログラムでは、カリキュラムの一部は選択科目としており、自らの関心に沿った科目を履修することができる。21ヶ月の履修期間中、授業は隔週の金、土曜日の2日間に行なわれ、2年目の6月に全課程が終了する。同校のEMBA学生は9〜14年の実務経験を有している。

　同プログラムは、上級管理者向けのマネジメント教育に焦点を当てながら、とりわけ技術革新がビジネスにもたらす影響を重視している。プログラムの目的は、有能な上級管理者やリーダーになるために必要な、次のような素養を身につけるための手助けをすることである。

・ビジネス概念やビジネス・ツール、それらを現実のビジネス場面で適用することができる深い知識
・情報評価、問題解決、意思決定に必要とされる分析スキル
・情報を戦略的に用いる力
・国際デジタル経済と、刻々と変化するビジネス・モデルについての理解
・リーダーシップ、コミュニケーション、チームワーク、およびビジネス倫理を護る者としての優れた能力

　EMBAプログラムはゼネラル・マネジメントの授業に焦点を当てているため、ファイナンスや会計学など、特定の実務分野の専門的教育を受けたい方には、同校のフリー・エンプロイドMBAプログラム（Fully Employed MBA Program：フルタイム勤務者向けの、パートタイムMBAプログラム）の受講をおすすめする。

　カリキュラムには3回の合宿が組み込まれており、そのうちの1回は海外で実施される。過去にはブリュッセル、香港、オランダなどの地域で開催された。

C10

海外のエグゼクティブMBAプログラム

ノース・カロライナ大学チャペルヒル校 ケナン・フラグラー経営大学院

(Kenan-Flagler Business School, University of North Carolina at Chapel Hill)

http://www.kenan-flagler.unc.edu

設立年／1986年

基本情報

◆学生に関するデータ

EMBA在学生合計数__273名
留学生の割合__15%
アジア人学生の割合__14%[*1]／7%[*2]／15%[*3]
平均年齢__34歳
入学時の平均実務年数__11年

◆履修期間

履修期間__21ヶ月[*1]／20ヶ月[*2]／24ヶ月[*3]

◆主なランキング

『ビジネスウィーク』2003年5位
『フィナンシャル・タイムズ』2003年31位

◆出願者の合格率と入学率

出願者の合格率__n.a.
合格者の入学率__n.a.

◆インタビューの有無

有り

◆勤務先のスポンサーシップ

必要

◆備考

*1 One MBA
*2 ウィークエンド
*3 イブニング

✉ 問い合わせ先

●出願に関する問い合わせ
担当者名　Penny Oslund　eメールアドレス　emba@unc.edu

出願締切り

2、6月中旬[*1]、3、6、9月下旬[*2]、3、5月上旬[*3]

---

school information

CB 3490, McColl Building
University of North Carolina at Chapel Hill
Chapel Hill, North Carolina 27599-3490 U.S.A.

概要

　ノースカロライナ大学ケナン・フラグラー経営大学院では、3種類のEMBAプログラムを提供している。各プログラムの特色は次のとおり。

OneMBA 国際プログラム (OneMBA Global Program)（9月開始）

　世界各地にある4つのビジネススクール（中国の香港中文大学、オランダのエラスムス大学ロッテルダム経営大学院、メキシコのモンテレイ工科大学経営学大学院、ブラジルのジェトゥリオ・ヴァルガス財団）と提携することで、多様性と国際性という面では群を抜くEMBAプログラム。履修期間は21ヶ月。月に1度週末に行なわれる授業に加えて、ヨーロッパ、アジア、南北アメリカ各地で計4回の合宿が行なわれる（詳細は、ロッテルダム経営大学院のEMBAプログラム案内を参照）。

ウィークエンド・プログラム (Weekend Program)（1月開始）

　13もの州から学生たちがチャペルヒルに通ってくる。履修期間は20ヶ月、授業は隔週の週末（金曜日と土曜日）の終日に行なわれる。加えて、1週間の合宿が2回ある。学生たちは30以上の科目から8〜10の選択科目を選び、自らの興味に即した分野で学位を取得を目指す。

イブニング・プログラム (Evening Program)（8月開始）

　履修期間は24ヶ月、授業は月曜日と木曜日の晩に行なわれる。チャペルヒルから車で1時間圏内に住むワーキング・プロフェッショナルたちにとっては便利なものとなっている。このプログラムにおいてもウィークエンド・プログラムと同様、自らの興味に即して単位を履修することができる。

　入学を認められるには、フルタイムで最低でも5年、望ましくは8年の実務経験を有することが求められる。またリーダーとしての能力や、上級管理職の任務をまっとうするための素質も示さねばならない。実務経験年数が標準に満たない場合も、勤務先企業の推薦があれば出願することができる。その際企業側は、出願者に経営者としての素質が認められる旨、および出願者がプログラムに参加するにあたり相当な額の金銭的援助を行なう意思があることを推薦状で明示する必要がある。

C10

海外のエグゼクティブMBAプログラム

南カリフォルニア大学
マーシャル経営大学院

(Marshall School of Business, University of Southern California)

http://www.marshall.usc.edu

設立年／1985年

基本情報

◆学生に関するデータ

EMBA在学生合計数＿149名
留学生の割合＿n.a.
アジア人学生の割合＿n.a.
平均年齢＿39歳
入学時の平均実務年数＿15年

◆履修期間

履修期間＿約22ヶ月

◆主なランキング

『ビジネスウィーク』2003年12位
『フィナンシャル・タイムズ』2003年16位

◆出願者の合格率と入学率

出願者の合格率＿n.a.
合格者の入学率＿n.a.

◆インタビューの有無

有り

◆勤務先のスポンサーシップ

必要

📩 問い合わせ先

●出願に関する問い合わせ
担当者名　Evan Bouffides　eメールアドレス　uscemba@marshall.usc.edu

出願締切り　｜　12月中旬、1月下旬、3月中旬、5月初旬

---

school information

University of Southern California
Marshall Executive MBA Program
Hoffman Hall 801
Los Angeles, California 90089-1428 U.S.A.

概要

　南カリフォルニア大学マーシャル経営大学院のEMBAプログラムは、より高度なビジネス知識を身につけ、上級管理職に必要とされるリーダーシップ・スキルを深めたいと願う中級、上級マネジャーを対象としている。同プログラムは特に、「洞察力のあるゼネラリスト」となることが求められている人々を考慮した内容になっている。カリキュラムは同校のフルタイムMBAプログラムと同様のレベルであるが、一般的なMBAプログラムとは異なる教育形態をとっている。

　同校独自の「テーマ別」カリキュラムは柔軟で、現代のビジネス環境の変化にも速やかに対応できる。カリキュラムが従来の科目に固定されていないため、ビジネス界での変化に合わせて新しい教育内容を導入することができる。それでも、学生たちは履修期間が終了するまでに、一般的なプログラムにおけるすべての学習要素を履修することになる。

　入学審査委員会は、入学志望者のこれまでの学業上、職務上、およびその他の個人的業績を評価する。EMBAプログラムの学生のプロフィールは、典型的なMBA学生のそれとは異なる。同プログラムの平均的学生像は、17年の実務経験がある39歳のエグゼクティブで、現在組織内で意思決定を担う重職に就いているというものだが、これは、同校がこのプログラムを、平均16年の実務経験をもつ上級管理職や専門家の要望に合わせて設計していることに起因する（最低8年以上の実務経験をもつ者であれば入学対象となるだろうが、少なくとも3年間は意思決定を担う重職についていることが求められている）。

　学生はフルタイムで働きながら、22ヶ月でEMBAプログラムを修了する。授業は週に1度、金曜日か土曜日に終日行なわれる（曜日は毎週入れ替わる）。授業には、2回の国内合宿と1回の海外合宿の、合計3回のキャンパス外合宿も含まれる。2回の国内合宿は、1年目のはじめに6日間、2年目の終わりに2日間で予定されている。海外合宿は7日間の海外実習で、2年目の秋に予定されている。

　カリキュラムはエグゼクティブが日々直面する経営課題に対応した、10の分野統合的な「テーマ」で構成されている。すべてのテーマに関して、個々の授業が行なわれる順序は綿密に設定されており、主題ごとに関連した複数の異なる職種を統合的に学習するための工夫がなされている。自らの指示が会社の業績全体に及ぼす影響に基づいて評価される企業重役と同様に、学生たちもテーマごとに評価を受け取る。

ヴァンダービルト大学
オーエン経営大学院

(Owen Graduate School of Management, Vanderbilt University)

http://www.mba.vanderbilt.edu

設立年／1978年

基本情報

◆学生に関するデータ
EMBA在学生合計数＿116名
留学生の割合＿4％
アジア人学生の割合＿4％
平均年齢＿34歳
入学時の平均実務年数＿12年

◆出願者の合格率と入学率
出願者の合格率＿73％
合格者の入学率＿85％

◆インタビューの有無
有り

◆履修期間
履修期間＿21ヶ月

◆勤務先のスポンサーシップ
必要

◆主なランキング
『ビジネスウィーク』2003年20位
『フィナンシャル・タイムズ』2003年50位以下

✉ 問い合わせ先

●出願に関する問い合わせ
担当者名　Martin Rapisarda　eメールアドレス　emba@owen.vanderbilt.edu

出願締切り　6月中旬

---

school information
....

Owen Graduate school of Management
401 21st Ave. S.
Nashville, TN 37203 U.S.A.
....

概要

　オーエン経営大学院のEMBAプログラムは8月に始まり、2年間、4つのセメスターをかけて履修する。授業は隔週の週末2日間、金曜日と土曜日に行なわれる。第1セメスターは、インディアナ州ニュー・ハーモニーで開かれる1週間の合宿から始まる。この合宿と国際合宿を除き、すべての授業はヴァンダービルト大学のキャンパスで行なわれる。第2、3、4セメスターの1回目の授業は通常より1日長い週末3日間（木〜土）にわたって行なわれ、第4セメスターにもこの3日間の授業がもう1度用意される。学生たちはスタディ・グループに分かれ、通常、1週間もしくは2週間に一度の頻度で集まり、課題について論議したり、プロジェクトを完成させたりする。集まりは、直接会う場合とオンライン集合とがある。

　1年目最初の1週間合宿、「エグゼクティブ・リーダーシップ・モジュール（Executive Leadership Module）」では、学生たちはロール・プレイや、さまざまなリーダーシップ・スタイルに関するケース分析などに取り組む。

　また、「国際企業におけるマネジメント（Managing the Global Enterprise）」の科目の一環として行なわれる国際合宿では、学生たちが海外の実習先に赴く。最近では、メキシコシティ、サンパウロ、ブエノスアイレス、香港、中国、ブリュッセル、アムステルダム、ブダペスト、ウィーンを訪れている。

　2年目の「戦略プロジェクト（Strategy Project）」は、プログラム受講中に学んだ概念を実際のビジネスの場で応用する、統合的な実地訓練の場となっている。学生たちはグループごとに、実在する一企業の戦略計画を立て、その企業の経営陣や大学院の教授陣、業界アナリストたちを相手に発表する。

　オーエン経営大学院のEMBAプログラムでは、通常のコースに加えて、希望者を対象に「ヘルス・ケア・マネジメント（Health Care Management）」のコースも用意している。このコースを選択する学生は、2年目に、ヘルス・ケア・マネジメントに関する3科目を受講することになる。ヘルス・ケア・マネジメントについての知識を広げ、その知識を実際の問題解決のために活用することを目的とした科目だ。このコースを選択する学生はまた、海外への実習旅行にも参加するが、実習中のミーティングは主にヘルス・ケア業界の関係者と行なうことになる。「戦略プロジェクト」の科目でも、ヘルス・ケア団体に関するプロジェクトに取り組む。

　プログラムには、学生の配偶者向けのイベントも企画されており、「パートナーズ・デイ」（1年目に開催）や「スプリング・ディナー・ダンス」などが開催される。

C10

海外のエグゼクティブMBAプログラム

ワシントン大学
ジョン・M・オーリン経営大学院
(Olin School of Business,Washington University in St. Louis)

http://www.olin.wustl.edu/execed

設立年／1983年

基本情報

◆学生に関するデータ
EMBA在学生合計数＿220名
留学生の割合＿9％
アジア人学生の割合＿3％
平均年齢＿37歳
入学時の平均実務年数＿14年

◆履修期間
履修期間＿18ヶ月

◆主なランキング
『ビジネスウィーク』2003年17位
『フィナンシャル・タイムズ』2003年36位

◆出願者の合格率と入学率
出願者の合格率＿93％
合格者の入学率＿82％

◆インタビューの有無
有り

◆勤務先のスポンサーシップ
必要

✉ 問い合わせ先
●出願に関する問い合わせ
担当者名　Doris Drewry　eメールアドレス　embainfo@olin.wustl.edu

出願締切り　ローリング・アドミッションズ方式

school information
....

Olin school of Business
1 Brookings Drive
Saint Louis, MO 63130 U.S.A.
....

概要

　ミズーリ州セントルイスに位置するワシントン大学オーリン経営大学院は、2つの
EMBAプログラムを提供している。両プログラムとも履修期間は18ヶ月で、授業はキ
ャンパス内のチャールズ・F・ナイト・エグゼクティブ・センター（Charles F. Knight
Executive Center）にて行なわれる。カリキュラムはリーダーシップ、戦略、ゼネラ
ル・マネジメントに焦点を当てている。通常、受講者は最低でも7年間のマネジメント
経験が求められるが、ずば抜けた素質を有する出願者についてはこの限りではない。
学生たちは、職種の異なるメンバーから成る5〜7人のスタディ・グループに分かれる。

　合宿制EMBAプログラム（Residential Executive MBA Program）は9月に始まり、
毎月1回、週末の週3日間、木、金、土曜日に授業を受ける。履修期間中にはオリエンテ
ーション合宿、リーダーシップ養成合宿、上海での国際合宿と、1週間の合宿が3回あ
り、参加が求められる。希望者は4回目の合宿として、ロンドンでサマー・プログラム
に参加することもできる。

　リーダーシップ養成合宿では、安定を生み出すマネジャーとしての義務と、創造的
に変化に対応していくリーダーとしての義務を、どう折り合いをつけ両立させていく
かを学ぶ。

　合宿制EMBAプログラムには「シニア・エグゼクティブ・フォーラム（Senior
Executives Forum）」が含まれ、世界各地から招かれるゲスト・スピーカーから、企業
リーダーシップについての展望について話を聞く機会が設けられている。

　ウィークエンドEMBAプログラム（Weekend Executive MBA Program）は1月に始
まり、授業は隔週で金曜日と土曜日の2日間行なわれる。1週間の合宿が、オリエンテ
ーション合宿と上海での国際合宿の2回あり、参加が求められる。希望者は3回目とし
てロンドンでのサマー・プログラムに参加することも可能である。

　ウィークエンドEMBAプログラムは、「インテグレイティブ・ケース・エクスペリエ
ンス（Integrative Case Experience）」というケース・コンテストで締めくくられる。
履修中に学んださまざまな考え方を、ケースという集大成的な経験で統合させるコン
テストだ。

　また、両方のプログラムの受講生が「グローバル・タイクーン（世界の覇者）」と呼
ばれるバーチャルな国際市場シミュレーションゲームに参加しチーム対抗で競い合う
3日間の授業もある。

ウェスタン・オンタリオ大学
リチャード・アイヴィー経営大学院
(Richard Ivey School of Business, University of Western Ontario)

http://www.ivey.uwo.ca

設立年／1991年

基本情報

◆学生に関するデータ
EMBA在学生合計数__268名
留学生の割合__n.a.
アジア人学生の割合__n.a.
平均年齢__37歳
入学時の平均実務年数__14年

◆履修期間
履修期間__24ヶ月

◆主なランキング
『ビジネスウィーク』2003年25位
『フィナンシャル・タイムズ』2003年12位

◆出願者の合格率と入学率
出願者の合格率__n.a.
合格者の入学率__n.a.

◆インタビューの有無
有り(招待ベース)

◆勤務先のスポンサーシップ
必要

✉ 問い合わせ先

●出願に関する問い合わせ
担当者名　Paul Bishop　eメールアドレス　execmba@ivey.uwo.ca

出願締切り　6月初旬

---

school information
....

1151 Richmond Street North
London, ON
n/a N6A 3K7 Canada
....

概要

　アイヴィー経営大学院のEMBAプログラムでは、マーケティング、オペレーションズ、ファイナンス、会計学、マネジメント行動の分野における、幅広く充実した基礎知識を学生たちに与える。したがって、たとえば、これまで主に管理会計に携わってきた学生には、その科目が比較的やさしく感じられるかもしれない。一方、マーケティングやオペレーションはもっと手強い科目となるだろう。幸いなことに、どのクラスもさまざまな職業分野で活躍し、自分の見解や専門的知識を提供することのできる経験豊富なマネジャーたちで溢れている。

　プログラムの修了時には、学生たちは、企業の各業務分野がどのように寄与して包括的な企業目標が達成されるのか、明確なイメージをもつようになる。また多様な業務に対応できるようになり、複数の業務領域にまたがるチームやプロジェクトを統率できるようになる。

　学生たちはケース・スタディに取り組むことで自分の考えを発展させ、発表し、そして擁護する力を養う。同校で学んだゼネラル・マネジメントの視点は、学生たちの分析力や意思決定力、実行力、プレゼンテーション力を向上させ、職務上の枠を超えた、経営者レベルの責務を担うことができるようにする。ケースの多くは、授業を担当する教授たちが開発している。

　成績評価は、記憶力ではなく、実践的で、現実に即したビジネス・スキルがどれくらい向上しているかを測ることを目的としている。多くの試験はケース・スタディに基づいて行なわれる。個人によるものであろうが、グループによるものであろうが、プロジェクトへの取り組みは評価の重要な要素となる。学生たちは主に、少人数の学習グループに分かれて、ケースやプロジェクトの準備を協力して行なう。

　2年目の終わりには、世界経済において注目される地域を訪ねる10日間の海外実習旅行がある。その国のエグゼクティブたちに会い、最良のビジネス実践例を比較するなど、マネジメント経験を広げる良い機会となっている。近年では、南アメリカ、東南アジア、中国本土、香港、東ヨーロッパを訪ねている。

　授業は週に1度、曜日を毎週入れ替えつつ金曜日か土曜日に、トロント郊外のミッシサウガと、トロント中心部にある2つのキャンパスで行なわれる。隔週の日曜日と月曜日に2日連続で受講するコースは、ミッシサウガ・キャンパスでのみ提供される。

　出願者は、実務経験、学業的バックグラウンド、GMATのスコア、雇用者からの支援や紹介状などから総合的に審査される。

Chapter11

国内のMBAプログラム

【日本語でのフルタイム・プログラム】

青山学院大学大学院 国際マネジメント研究科

一橋大学大学院 商学研究科

慶応義塾大学大学院 経営管理研究科

【英語でのフルタイム・プログラム】

一橋大学大学院 国際企業経営戦略研究科

国際大学大学院 国際経営学研究科

立命館アジア太平洋大学 経営大学院

早稲田大学大学院 アジア太平洋研究科

本章では、日本で受講できる13の主要なMBAプログラムを紹介する。

【パートタイム・プログラム】

神戸大学大学院 経営学研究科

マギルMBAジャパン

日本大学大学院 グローバルビジネス研究科

多摩大学大学院 経営情報学研究科

テンプル大学ジャパン エグゼクティブMBA

筑波大学大学院 ビジネス科学研究科

産能大学大学院 MBAコース

To travel hopefully is a better thing than to arrive,
and the true success is to labor
— Robert Louis Stevenson, Virginibus puerisque, 1881

青山学院大学大学院
国際マネジメント研究科

(GSIM：Graduate School of International Management)フルタイムMBAコース

http://www.gsim.aoyama.ac.jp

設立年／1990年

基本情報

◆学生に関するデータ
卒業生数＿約670名
在学生総数＿137名
　（1年次：75名／その他：62名）
留学生の割合＿7％
平均年齢＿35歳
入学時の平均実務年数＿14〜15年

◆主な出身企業
キヤノン、NEC、住友銀行、AIU保険、トーメ
ン、その他外資系企業など

◆履修期間
入学時期＿4月
履修期間＿2年もしくは3年

◆授業料
1年次＿133万9,000円
　（入学金29万円を含む）
2年次＿103万7,000円

◆奨学金
日本育英会第一種奨学金
　（無利子月額8万5,000円）
日本育英会奨学金きぼう21プラン
　（月額5〜13万円）
青山学院万代奨学金（貸与型奨学金）
銀行提携教育ローン

◆専攻
マネジメント、ファイナンス、マーケティング、
会計学、オペレーションズ＆インフォメーショ
ン・システム

 問い合わせ先

eメールアドレス　n.a.
電話番号　03-3409-8025　ファックス番号　n.a.

 出願期間と募集者数

出願期間
第1期：6月中〜下旬　第2期：11月初〜中旬　第3期：1月中〜下旬
募集者数　年度により異なる

出願、就職関連情報

◆出願資格

昼間クラスを履修する者で、大学を卒業した者、入学時までに卒業見込みの者、もしくは大卒と同等以上の学力があると見なされた者

◆合格率と入学率

出願者の合格率__85%
　（一般：82%／職業人：88%）
合格者の入学率__92%
　（一般：100%／職業人：84%）
合格者TOEIC平均スコア__765

◆選考方法

提出書類の審査と面接審査により受験者を総合的に評価して合否を判断する総合審査方式（AO：Admissions Office方式）

◆出願書類

必要提出書類
1.　入学志願票・受験票・写真票
2.　出身大学の卒業（または卒業見込み）証明書
3.　志望理由書
4.　課題レポート

◆修了要件

所定科目の履修および単位取得のみを条件とし、卒論の提出を義務付けないコース・ワーク型プログラム。最低48単位の取得

◆主な就職先

これまでは夜間中心のプログラムだったので、ほとんどが現職を継続していたが、全日制中心のプログラムへ移行中のため、今後変化が予測される

◆就職支援ネットワーク

卒業生ネットワーク（ホームページ）__n.a.
卒業生のための就職支援__n.a.

school information

〒150-8366　東京都渋谷区渋谷4-4-25
青山学院大学大学院国際マネジメント研究科

特色

　同校のMBAプログラムは、1990年に「国際ビジネス専攻」として開設され、2001年4月に専門大学院国際マネジメント研究科（GSIM：Graduate School of International Management）に改定された。ファイナンス分野に定評があり、主に社会人を対象にした、夜間中心のプログラムで、欧米の主要MBAプログラムを意識した経営学の基礎知識を、質の高いカリキュラムの中で提供してきた。特に米カーネギー・メロン大学テッパー経営大学院とはオンラインで同時授業を行なうなど、密接な交流を続けてきた。

　同校は2004年4月からフルタイムMBAを中心とした専門職大学院として開講するが、プログラムの向上のために第三者による継続的評価を受けることが可能になった。つまり同校は、数年前からビジネススクールの国際認証機関であるAACSB[*1]の認証獲得に向けた準備を行なっており、同機関の指定するカリキュラムに合わせて大幅なプログラム改編を2003年に実施したのだ。所定単位の取得のみ（卒論なし）で学位が取得できる「コース・ワーク」制を導入し、入試も書類選考方式に変更した。選考枠も「フルタイムMBA」（全日制）と「フレックス・タイムMBA[*2]」（昼夜開講制）の枠を別個に設け、従来夜間を中心に開講されていた科目の多くを昼間の時間帯へ移動させることで、フルタイムを主体としたプログラムへと移行した。

　ファイナンス分野や国際性という独自の強みをもち、卒業生も多い同校は、すでに社会人から高い評価を得ているが、今後は、これまでに獲得した揺らぎのない信頼と指導経験を基礎として、世界で通用する人材を生み出す本格的ビジネススクールへと生まれ変わろうとしている。

カリキュラム

　1年次前期に18単位の必修基礎科目を履修したあと、後期からマネジメント、ファイナンス、マーケティング、会計学、オペレーションズ＆インフォメーション・システムの5専攻に分かれ、2年間で合わせて48単位以上を履修する。中でもユニークなのが、

＊1　AACSB（The Association to Advance Collegiate Schools of Business：米国ビジネススクール協議会）とは、1916年に米国で設立されたビジネススクールの認定機関のこと。提供される教育が一定の基準を満たすビジネススクールにのみ認定を与えている。全米で約350校（全体の約3分の1）、ヨーロッパで8校が認定を受けている
＊2　2年もしくは3年で修了可能なコース

オンラインのテレビ会議システムを介して提携校である米国のカーネギー・メロン大学テッパー経営大学院と共同で行なう、「国際ビジネス・シミュレーション」と「FAST」だ。

　国際ビジネス・シミュレーションでは、学生6、7名のチームが仮想企業の2年間の経営計画を英語で作成し、数時間のプレゼンテーションを行なって、取締役会の承認を得ることを目指す。FASTでは、LAN上に構築された模擬市場を使い、証券のトレーディングやファンド管理を体験できる。カーネギー・メロンの教授陣や学生と共同で授業を進行するため、この2つの授業はすべて英語で行なわれる。

　専攻は次の5つ。マネジメント、ファイナンス、マーケティング、会計学、オペレーションズ＆インフォメーション・システム。

　2003年度の開設科目は次のとおり。

必修	ミクロ経済学、マクロ経済学、統計分析I、組織行動、マネジメント、ファイナンス、マーケティング、アカウンティング、オペレーションズ・マネジメント
選択	経営数学、統計分析II、ビジネス・ヒストリー、企業と法律、コーポレート・ガバナンス、異文化コミュニケーション、プレゼンテーション・スキル、国際マネジメント特論選択科目
マネジメント専攻	グローバル・マネジメントなど14科目
ファイナンス専攻	コーポレート・ファイナンスなど14科目
マーケティング専攻(選択)	戦略的マーケティングなど14科目
会計学専攻	国際会計など14科目
オペレーショズ＆インフォメーション・システム(選択)	オペレーションズ・リサーチなど13科目
演習その他	専攻5分野の演習、およびインターンシップ、マネジメント・ゲーム、FAST

交換留学制度

　交換留学の制度はないが、複数の海外大学院と提携しており、客員教授を招聘したり、共同でオンライン授業を行なったりしている。

就職動向

　現時点では夜間クラスに通う社会人学生が大半であり、現職に戻る学生がほとんどだが、今後フルタイム・プログラムへの移行に伴い、変化が予想される。

インターンシップの主な採用先

東芝、NEC、ファイザー製薬、新日鉄、新生銀行、日本政策投資銀行、大和証券SMBCなどと提携している。

今後

日本のMBAプログラムは従来、フルタイムの英語プログラムが主流の海外MBAとは対照的に、現職の社会人を対象とした夜間プログラムがほとんどであった。しかし、近年、海外ビジネススクールへの企業派遣枠が縮小され、自費留学を検討する社会人が増加するにつれて、国内で取得可能なMBAへの関心も高まり、パートタイム、フルタイムともに、優良プログラムが国内で増えつつある。特に近年は、将来的には国際的にも通用する可能性を秘めたフルタイム・プログラム（立命館、一橋ICS、早稲田など）が増加しており、今後どちらが主流となっていくのかが注目される。

パートタイムMBAとして知名度と信頼を築いてきたプログラムは、それを活かして国際的に開かれたフルタイムMBAを目指すこともある。GSIMもこの道を選んだ。フルタイムの国際的なMBAプログラムとして確固たる評価を確立するまでには、留学生の受け入れ体制の整備や国内外でのマーケティング、および本格的な就職支援機関や公式の卒業生組織の設置など、数々の課題が存在する。しかし、同校はAACSBによる認証を受けることを目標としていることから、欧米の主要ビジネススクールの学長やビジネス界のキー・パーソンなどから構成される同協議委員会の評価を受ける準備段階に入っており、これらの課題に関しても、改善に向けて真剣な取り組みがなされていくと思われる。

修了後の進路について、日本のビジネススクールを修了しても転職市場での評価は低く、思うような転職は難しいという意見をよく聞く。私は、修了後に転職を果たした者の1人であるが、確かに現実は甘くない。ただしこれは、過去にある程度のキャリアがあるが、ビジネススクールを修了することで、それとは全く別のキャリアを歩みたいと考えている場合である。過去のキャリアを活かしながら、ある程度のポジションを狙っていくのであれば、ビジネススクールの経験はマイナスにはならない。青山の同期でも、転職をしている人は少なからずいるが、コンサルティングを除けば、自分の業務の延長線上でのキャリア・アップのパターンがほとんどで、収入的にも満足のいく結果を残している場合が多いようである。自分自身に関しては、転職に際して、前職（IT職）からのキャリア・チェンジを意識していたが、人材紹介会社やヘッドハンターなどを通すと、過去のキャリアしか見てもらえない場合も多く、苦労した。転職活動の過程で、紹介による外資系企業の内定もいただいたが、最終的には新聞での求人に応募するかたちで、消費者マーケティングの研究を行なう研究員としての職を得ることになった。

修了して得られたことは、「マクロな視点」「人とのつながり」の2つであろう。企業活動に従事する者は、業務範囲の視点で物事を考えがちであるが、青山で財務やマーケティングなどひととおりのことを学ぶことによって、ほかの領域の視点からも物事を検討し、より全体を意識した行動をとることができるようになった。「人とのつながり」については、青山の強みでもあるが、多様な年齢やバックグラウンドをもった人々が「仲間」として集うので、勉学の面だけではなく、社内では議論できないキャリアの悩みや世間話を通じて自分の視野が広がったし、修了後にビジネスとしてのつながりができる場合もあり、今でも継続的にその関係を保っている。

最後に、修了生として青山のビジネススクールについてコメントしておきたい。現在は専門職大学院として欧米型のビジネススクールを志向し、カリキュラムも教授陣も充実させていく様相である。ただ、修了生として若干気がかりなのは、青山の強みであったファイナンスの教授や講師陣が、他大学院のファイナンス・コースの新設とともに、移籍するケースが散見されることである。ファイナンスに強い青山MBAという特徴は、今後も継続されてほしいと思う。　　　　　　　　　　　　　　（2003年卒業　男性　研究所 研究員）

＊　　　　＊　　　　＊

■グループで取り組むプロジェクト

グループで取り組む授業で印象深いのは、「マネジメント・ゲーム」だ。米カーネギー・メロン大学や中国の大学などと合同で経営シミュレーションを行なう授業で、4人でチームを作り、学生が執行役員となって、実際の企業を経営するように経営戦略を練り、その成果を競い合う内容。教授やOBが取締役として参加するので、プレッシャーも相当だ。実際の経営を疑似体験できる貴重な授業である。

■お気に入りの教授

私が特にお世話になったのは、井手教授だ。野村證券などで豊富な実務経験をもつ井手教授の担当する「コーポレート・ファイナンス」では、株主価値重視経営など企業経営に必須な知識を得ることができた。私自身も実務を経験しているので、この科目や「経営マネジメント論」「M&A」など、実務家肌の教授の授業はおもしろかった。そのほかの授業も含めて、教授とはよく議論した。自分の意見を述べることで、考えがブラッシュ・アップされた。

■生活環境

苦労した点は、「時間」を作ることだ。仕事を続けながら平日の夜間と土曜日に授業を受け、さらに課題や読書をするため、家族の理解がないと通うのは難しいと思う。

C11

国内のMBAプログラム

■大学院で培ったもの

　この大学院に通い、得たものの1つに「人脈」があると思う。親しくしていただいた「ロジスティクス戦略」の先生をお客様に紹介したこともあるし、公認会計士や元大手商社のトップなど、教授、学生を問わず、仕事に活きる人脈が広がった。

　大学院の授業を通して、「実務で経験した"点"が"線"になり、さらに体系化されていく」のを実感した。また、教授やほかの学生との活発な議論や経営シミュレーションを通して、知識が血肉化され、さらに応用力も磨かれた。私自身も在学中に法人営業部へ異動し、大手企業からベンチャー企業まで、それぞれの顧客のニーズに対応したコンサルティング色の強い営業スタイルを行なうことができ、大学院で学んだことを確実に反映している。修了後は、社内公募に合格し、投資銀行部門（証券会社）に異動となり、現在は経営コンサルティングができるインベストメント・バンカーを目指している。　　　（2003年卒業　男性　証券会社　社費）

一橋大学大学院
商学研究科

経営学修士コース

http://www.hit-u.ac.jp/commerce/graduate/mba_syoukai.html

設立年／1996年

基本情報

◆学生に関するデータ
卒業生数＿n.a.
在学生総数＿約50名
留学生の割合＿0％
平均年齢＿n.a.
入学時の平均実務年数＿n.a.

◆主な出身企業
n.a.

◆履修期間
入学時期＿4月
履修期間＿原則2年

◆授業料
1年次＿80万2,800円
　（入学金28万2,000円を含む）
2年次＿52万800円

◆奨学金
日本人学生には、国内の一般的な奨学金
制度が適用される（育英会など）
　http：//www.ics.hit-u.ac.jp/ib/aid.htm

◆専攻
コース分けなし

 問い合わせ先

eメールアドレス　info@cm.hit-u.ac.jp
電話番号　042-580-8000　ファックス番号　n.a.

出願期間と募集者数

出願期間　9月の第1週　　　　募集者数　43名（2003年度）

出願、就職関連情報

◆出願資格

4年生大学卒業もしくは同等の資格と学力をもつ者で、社会人経験者や企業に在籍中の者が望ましいが、優秀な新卒生も受け入れている

◆合格率と入学率

出願者の合格率＿n.a.
合格者の入学率＿n.a.

◆選考方法

入学試験方式。第1次試験（英語、小論文）の合格者に対する第2次試験（口述審査）および出願書類の結果を総合して合否を決定

◆出願書類

1. 入学志願票
2. 写真票
3. 卒業（見込み）証明書
4. 成績証明書
5. 推薦書（人事部長、直属の上司、もしくは指導教官による）
6. 健康診断書
7. 将来計画書（これまでに行なってきたこと、研究科で学びたいこと、その進め方、方法、修了後の計画について。2,000字程度で4部。ワープロ可）

◆修了要件

コア科目6科目12単位以上、演習8単位（古典講読2単位＋ワークショップ6単位）を含め、合計32単位以上の取得、ワークショップ・レポートの作成および提出

◆主な就職先

一般企業、コンサルティング会社、民間研究機関、国際機関など

◆就職支援ネットワーク

卒業生ネットワーク（ホームページ）＿n.a.
卒業生のための就職支援＿n.a.

school information

〒186-8601　東京都国立市中2-1
一橋大学商学研究科事務室

特色

　同校は、2つのフルタイムMBAプログラムを開講している。本項で取り上げる「商学部大学院商学研究科経営学修士コース」は成立が若干早く、都内で開講されているICS（「国際企業戦略研究科」）とは大きく異なる特徴をもつカリキュラムである。

　商学研究科MBAの授業は国立（くにたち）キャンパスにて日本語で行なわれる。MBAプログラムの「定番」であるマネジメントやマーケティングといった科目に加え、多様な経営課題に対処する思考力を養うため、社会科学の諸古典の学習にも重点を置いている。世界の第一線で活躍する研究者として業績のある教員が多く、教育方針もビジネス戦略に直接応用できるマネジメント、財務、そしてオペレーションズの知識に加え、アカデミックな学習を通して問題の本質を見抜くための分析能力や思考力を育て、既存の考え方の枠を打破することのできる経営者を育成しようとしている。

カリキュラム

　授業はコア科目、選択科目、演習（古典購読とワークショップ）で構成される。専攻は、特にコース分けされていない。

　1年次の夏学期は、必修のコア科目を通して企業経営および企業環境に関わる基礎的な理論と分析方法を学び、問題発見能力や分析能力を身につける。また、1年次の必修演習科目である古典購読の授業は、社会科学の原典を読みこなすことで、経営者に必要なより普遍的な視点を身につけることを目的とする、社会科学の殿堂の一橋らしい必修科目である。2年次は、経営に関するより高度な分析視点やモデル化の方法など、よりレベルの高い分析ツールを身につけることになる。また、事実上の卒論となる「ワークショップ・レポート」作成のため、自らの研究テーマに沿ってワークショップ（ゼミ）を受講する。

　2年間のプログラム・スケジュールは次のとおり。

1年次	2年次
コア科目: 経営戦略、経営組織、企業財務、財務会計、管理会計、マーケティング、国際金融、企業データ分析、企業と産業の経済学、理論構築 **演習:** 古典購読	**コア科目:** 理論構築の方法(経営哲学) **ワークショップ(演習):** 戦略、産業、組織・人事、会計・財務、金融、マーケティング、技術・イノベーション、eコマース
選択科目(2年間共通): 日本の経済と産業、技術戦略、アジア産業論、日本経営史、eコマース論、ロジスティクス・マネジメント、戦略分析、企業評価分析、証券基礎論、資本市場分析、人材マネジメント、金融工学、競争・協調分析、ベンチャー・ファイナンス論、特別講義	

交換留学制度

　希望者は一橋大学大学院共通の留学制度を利用できるが、カリキュラムの一部としては組み込んでいない。

就職動向

　民間の研究機関や、企業の調査・企画部門、国際機関など、アナリストやリサーチャーとしての活躍が目立つ。

就職支援制度

　公式機関はないが、企業と提携して商学研究科独自に就職支援を行なっている。また、学生同士で独自に情報交換なども行なっている。

今後

　教員や授業の質は申し分ないとされており、日本国内のみならずアジア全域で評価が高い。同学は今後、「日本型MBA」の雛形となることを目指している。国際的に開か

れたビジネススクールを目指すのであれば、学生の選抜方法、使用言語、PR方法などの面で、さまざまな国からの留学生に対応した方針をとることも必要かと思われる。

一橋は、都内にも別に国際企業戦略研究科（ICS）という高レベルのフルタイムMBAプログラムを開講しているが、こうしたややアカデミックな日本語によるカリキュラムが、かえってICSとは異なる受講者層を引きつけている。今後はこれら2つのプログラムがそれぞれどのような人材の輩出を目指していくのかが注目される。

‥‥日本人在校生および卒業生のコメント‥‥

■一橋MBAコースで得たもの

　私は、2002年3月に一橋大学大学院商学研究科経営学修士コース（MBAコース）を修了し、現在機械工具メーカーに勤務しています。我々は同コース第1期生です。クラスの約4分の1はアジア各国からの留学生で、残りの日本学生は3名を除き、私費学生でした。私も大学卒業以来9年間勤務した会社を退職して進学しました。

　一橋MBAコースは、社会人経験を前提とした独自のカリキュラムが組まれています。1年時には、経営戦略、財務会計、経営組織などのコア科目を履修し、経営学全体のフレームワークを学習します。純粋な理論講義は、経験してきた実務と乖離していることも多く、最初の3ヶ月はアカデミックな世界に違和感を覚えました。伊丹教授の「経営戦略」では、毎週A4版2枚のレポートと、授業での厳しいディスカッションが課されました。これにより、膨大な資料を分析し、自分の意見を論理的に表現する習慣がついたと思います。2年次は、修士論文に相当するワークショップ・レポート執筆に専ら時間を割きました。夏学期中にテーマを選定し、翌年1月に完成させます。この作成に1年次に学習した知識を総動員することになります。

　2年次は、同時に就職活動をしなければなりません。私は、大学院で学んだ知識を基に会社で起こっている問題点を見つけ、その解決を現場で実行したいと考え、メーカーの経営企画職を目指しました。幸い、希望の職種に就くことができました。

　国内MBA取得者の就職市場での評価は、まだ確立されていないと思います。在学中に英語と簿記の勉強も進めて資格を取得したことは、自己の能力を客観的にPRするのに有効でした。

　一橋MBAで学んだことを一言で表すと「現実の混沌とした事象を理論適用して具体化する」能力の習得にあると思います。日々ビジネス現場で起こっている一見無秩序に見える出来事も、理論によってパターン化できるのです。これは理論的な知識なしにはできません。2年間就学に専念する経済的、精神的負担は大きいですが、必ずそれ以上のものが得られると思います。希望の仕事に就いた今、私は思い切って進学した自分の「意思決定」は正しかったと考えています。この原稿が、多少でも進学に興味をもっている方々の参考になれば幸甚です。

　　　　　　　　　　　　　　　　　　　（2004年卒業　男性　機械工具メーカー　経理部　私費）

$$* \qquad * \qquad *$$

■私のMBA体験とキャリア形成

　私は、8年間金融機関で主に融資審査担当者としてのキャリアを積んだ後に退職し、一橋大学大学院商学研究科MBAコース（日本では数少ない全日制コース）に進みました。

　一橋大学大学院商学研究科MBAコースの講義は、コア科目と選択科目、そして演習と分かれており、広範な知識と専門性を実践的に養う構成となっています。

　たとえば、コア科目の経営戦略では、本コースのディレクターであり、経営学の大御所でもある伊丹敬之先生から学びます。具体的なケースに基づいて毎回レポートを提出し、ケースと生徒のレポートを題材にし

ます。先生と生徒との間でテンポのよいディスカッション（知的なバトル！）を行ないながら、経営戦略とはどのように考えることなのか、論理だった「正しい」考え方を学びます。選択科目の戦略分析では、組織論で著名な沼上幹先生から学びます。実践を重視した講義から具体的なケースに展開し、ロジックとデータに基づいて、戦略の有効性の検証を徹底的に行ないます（詰めが甘いと、徹底的に切り刻まれてしまう！！）。また人材マネジメントでは、戦略的人材マネジメント論で著名な守島基博先生から学びます。大量の資料を読み込みながら講義そしてケースと展開し、グループによる実際の企業を対象としたフィールド・ワークによってレポートを仕上げます（優しさの中にも厳しさが）。

　ほかにも企業価値経営論の伊藤邦雄先生や、国際金融の小川英治先生、経営システム論の伊藤秀史先生など、日本でトップの教授陣が揃っています。また、企業との交流も盛んで、実務責任者の講演や役員を招いてのプレゼンも数多くあります。はっきり言って、生徒が「教授陣をいかに使いこなせるか」が重要になり、その意欲と能力がなければせっかくの教授陣が宝の持ち腐れになります。

　2年生から始まる演習で私は、伊丹敬之先生と軽部大先生が指導する戦略ワークショップに所属し、実証分析によるレポートを提出しました。また、このワークショップ・レポートを提出後に戦略ワークショップでは、その1年間の企業の戦略分析を行ないます。その成果は、東洋経済新報社から「企業戦略白書」として出版しています。2年間は、本当にレポートとミーティングに明け暮れた毎日でした。

　生徒のキャリアは、非常にバラエティに富んでいます。留学生が2割、企業派遣が1割のほかに、社会人経験を問わない本コースならではの社会人未経験者が2割ぐらい、超ベテランも1割以上はいます。したがって経験の量も内容も多様なので、最初は議論の土台がないことによって軋轢が生じ、かみ合わない歯がゆさを感じました。しかし、時間が経つことによってお互いの理解が進むと、逆に多様であることによって、常識や前提にとらわれない創造的な議論が展開できるようになりました。

　8年間金融機関でキャリアがある私の就職活動の決め手となったのは、やはり人的ネットワークでした。現在は、自分を活かせる仕事、活力と成長を感じられる組織、家族の幸せという3つの最適解として、メーカー系コンサルティング会社の組織、人事コンサルタントとして活動しています。

（2003年卒業　男性　メーカー系コンサルティング会社 コンサルティング部門　私費）

＊　　　　＊　　　　＊

■開き直って「学ぶ」ことに熱中できた2年間

　会社を休職してMBAコースで学ぼうと考えたとき、すでに36歳の一児の母親であった。米国会計事務所系コンサルティング会社の戦略コンサルティング・サービス部門でマネジャー（一般企業での初級管理職）に昇進したばかりのことである。最近の女子学生のような仕事に対する確固とした気構えがなかったにもかかわらず、家族や上司が仕事を続けることを支援してくれたおかげで結婚、出産という、女性が仕事を続けていくうえでの関所をそれほど意識せずにスルッと通過してしまった。そうなると、自分はこの先定年退職するまで仕事を続けているかもしれない、という現実が妙に具体的に迫ってきたのが36歳、マネジャーへの昇進時であった。そんなことを考えると無性に「学ぶ」ことに熱中したくなったというのが当時の偽らざる心境で、「学ぶ」機会さえ得られればMBAコースであるという必要性は全くなかった。コンサルティング会社には確かにMBA取得者が多いが、私の会社ではMBA取得者だからといって昇進面で優遇されるようなことはなかったからである。都心部で生活する家族に負担をかけられなかったため、首都圏内で社会人も受け入れている社会科学系大学院ということで情報収集したところ、コース内容と教授陣で私のニーズに最も合致したのが国立の一橋大学商学研究科MBAコースだった。私の会社には大学院就学のための制度がなかったので当然自費就学であるが、会社は快く私の希望に応じてくれた。

　国内外の他のMBAコースのプログラムを知らないが、国立でのプログラムは少なくとも私のニーズはかなり満たしてくれた。コンサルティング会社には、即実践に役立つ方法論や業界情報が社内データベースにあふれているが、国立のプログラムでは日本企業での具体的なケースを題材に自分の頭で深く考えることに

重点が置かれていた。複数のカリキュラムを通じて企業の戦略、組織運営、財務会計といった分野について深く考えることができた。同時に、日本企業ならではの経営のクセについても大局的に理解することができた。当初の期待以上に良かったと感じているのが、古典的な名著といわれる書物を真面目に読むことの大切さを教えられたことである。簡単に読めるノウハウ本は本屋にあふれているが、国立では正式なカリキュラム外でも数人の有志が先生を囲んで古典的名著を輪読、ディスカッションしようという雰囲気がある。カリキュラムを通じてグループ・ワークが多いというのも国立プログラムの特徴の1つである。30代後半の私は自分より若い人たちとグループを組んでディスカッションすることが多かったが、特に印象深かったのが旧社会主義国からの若い優秀な留学生達の「学ぶ」ことに対する真摯な姿勢である。ついついMBA取得後のキャリア・アップを目先の目的にしがちな日本人学生達よりよほど純粋に、日本的経営を学ぶことに熱中しているように映り、新鮮だった。

　幸か不幸か、就学中に会社が大手コンピュータ・メーカーの傘下に入り、同僚のコンサルタントが少なからず退職していった。会社がこんな時期にひとり「学ぶ」ことだけに集中していていいのだろうか、という不安を感じた時期もあった。しかし、コンサルティングという仕事には知識や経験不足による明らかな間違いやミスはあっても、唯一絶対的な正解というものはない。ほかの仕事をほとんど知らないけれどもホワイト・カラーの仕事に共通していえることかもしれない。どんな状況においても徹底的に自分で考えて解を探すしかないという開き直りの姿勢を習得できたことが私にとってこの2年間の最大の収穫である。

（2004年卒業予定　女性　外資系戦略コンサル　私費）

慶應義塾大学大学院
経営管理研究科
MBAプログラム

http://www.kbs.keio.ac.jp

設立年／1962年

基本情報

◆学生に関するデータ
卒業生数＿約2,000名
在学生総数＿93名（2004年卒業クラス）
留学生の割合＿4〜5%
平均年齢＿31歳
入学時の平均実務年数＿n.a.

◆主な出身企業
4割程度が主要上場企業の派遣学生
（具体的な企業名は非公開）

◆履修期間
入学時期＿4月
履修期間＿2年

◆授業料
1年次＿216万8,600円
（入学金31万円を含む）
2年次＿185万7,000円

◆奨学金
慶応義塾大学奨学金
（年額60万円：期間1年で5名）

小泉信三記念大学院特別奨学金
（月額3万円：期間1年で1名）

日本育英会大学院奨学金
（月間貸与額8万5,000円）

各種奨学金
（地方公共団体、社／財団法人など）

✉ 問い合わせ先
eメールアドレス　gakukbs@info.keio.ac.jp
電話番号　045-564-1185　ファックス番号　n.a.

出願期間と募集者数
出願期間　秋期募集：9月中旬、春期募集：12月初旬〜1月上旬
募集者数　秋期：60名、春期：10名

出願、就職関連情報

◆出願資格
学士以上、または同等以上の学力があると
判断された者

◆合格率と入学率
出願者の合格率＿39%
合格者の入学率＿86%

◆選考方法
第1次試験：書類選考
第2次試験：1.　面接試験
　　　　　　2.　筆記試験
　　　　　　　　a.　小論文
　　　　　　　　b.　英語

◆出願書類
1.　入学志願票
2.　入学志願者調書（職歴、学歴についての
　　自己評価およびエッセイを含む）
3.　出身大学の卒業（見込）証明書
4.　出身大学の成績証明書

◆修了要件
所定単位の取得、および卒業論文の提出

◆主な就職先
n.a.

◆就職支援ネットワーク
卒業生ネットワーク（KBS同窓会）
　　http：//www.kbs-obkai.com/

卒業生のための就職支援
　　上記同窓会を通じて

school information

〒223-8523　神奈川県横浜市港北区日吉本町2-1-1
　　　　　　慶應義塾大学大学院経営管理研究科

特色

　慶應ビジネススクール（慶応義塾大学大学院 経営管理研究科）は1962年に設立された日本で最も古いフルタイムMBAプログラムである。設立当初からフルタイムの2年制カリキュラムのもとで日本の大学院教育の長所である少人数制を保ちながら、ケース・メソッドを中心とした米国モデルのビジネス教育をいち早く取り入れてきた点でも、長年にわたって他の国内ビジネススクールと一線を画してきた。さらに、2003年現在、国内で唯一のAACSB（米国ビジネススクール協議会）認証プログラムでもある。

　各方面で活躍中のOBも多いことから、これまで国内の企業採用担当者の間では、おそらく最も名の通ったプログラムであった（もっとも、近年国内のフルタイム・プログラム同士の競争が激化しており、そうした状況も変化しつつある）。

　国内MBAに関しては、就職に際して「ブランド価値」がさほど意味をもたないのが通例ではあるが、豊富な卒業生ネットワークが得られる点、そして採用担当者の間でプログラムに対する信頼が確立されている点は同校の大きな魅力となっている。ただし、交換留学制度は存在するものの、授業はすべて日本語で行なわれ、外国人留学生もほとんどいない点は、母国語による高レベルの学習を重要視した結果とはいえ、今や国内のフルタイムMBAの中では異色となっている。

カリキュラム

　ケース・メソッドの多用を特色とする同校は、日本社会や企業に独自のケースを数多く生産していることでも知られ、その多くは他校プログラムでも利用されている。2,000件以上のケースを常備している同校では、学生が卒業までに500〜700件のケースをこなすことを義務付けている。

　指導者のほとんどは海外有名校にてMBAや経営学博士号を取得しており、指導能力に長けていることは無論、活発に研究を行なっている。ディスカッションはすべて日本語で行なわれるがレベルは高く、学生に対する要求も厳しい。

　そのほか、ビジネス・ゲーム、フィールド・スタディ、ロール・プレイング、ディベート、交渉ゲームなど、欧米のスクールで多用される数々の実習的手法を、国内では最も早く取り入れてきた。

　2年間のプログラム・スケジュールは次のとおり。

1年次	2年次
入学合宿 1学期（4〜8月） 基礎科目および専門科目 2学期（9〜12月） 基礎科目および専門科目、ビジネス・ゲーム合宿 3学期（1〜3月） 基礎科目および専門科目	1学期（4〜8月） 専門科目およびゼミナール 2学期（9〜12月） 専門科目およびゼミナール、国際プログラム（派遣） 3学期（1〜3月） 専門科目およびゼミナール、国際プログラム（受け入れ）、修士論文発表会、学位授与式

専攻科目である経営管理の基礎科目（1年次履修）は次のとおり。

基礎科目 （1年次履修）	会計管理、経営科学、経済・社会・企業、財務管理、生産政策、総合経営、組織マネジメント、マーケティング
選択科目 （1・2年次履修）	戦略コンサルティングなど42科目
演習その他	ビジネス・ゲーム、ケース・メソッド教授法、その他会計管理など15科目

交換留学制度

主な交換留学先は次のとおり。

アメリカ	コロンビア大学、シカゴ大学、ノースウェスタン大学、ハワイ大学、ペンシルベニア大学、ミネソタ大学
カナダ	ヨーク大学、ウェスタン・オンタリオ大学
欧州	ストックホルム経営大学院、WHU経営大学院、ロンドン・ビジネス・スクール、HEC、IESE、ESSEC
南太平洋地域	AIM（フィリピン）、ニュー・サウス・ウェールズ大学

就職動向

企業人事採用担当者の間でも名声が定着しており、外資系企業を含む各方面で多くのOBが活躍している。

就職支援

学校ホームページ上に、学生のみ閲覧可能な学校独自の求人票ページがある。

今後

授業はすべて密度の濃い日本語で行なわれているため、決して外国人留学生向けとはいえない。そのため、欧米のビジネススクールでは大きな魅力となっている国際的な人脈作りは、同校では不可能であるが、その反面、語学力の壁がないため、学生や授業の質は高い。ただし、近年設立された主要MBAプログラムの多くが国際的に活躍する人材の育成を視野に入れて、英語のカリキュラムを導入したり、多くの留学生を受け入れたりしている中、同校が今まで通り日本語のみのプログラムを継続していくのかが注目される。

また、すでに多くの卒業生が各界で活躍しているにもかかわらず、他校と比べてのアドバンテージーがホームページ上などでもほとんど紹介されておらず、今後他の有力新興プログラムと競争していくためにも広報活動は検討課題の1つと思われる。

····日本人在校生および卒業生のコメント····

■KBS、3つのアドバンテージ

私は、2002年3月にKBSを卒業し、現在は外資系コンサルティング・ファームで働いております。ここでは、簡単にKBSの長所と私の就職活動について触れさせて頂きたいと思います。

私はKBSの長所は、大きく3つあると考えています。

1つ目の長所は、先生方が非常に熱心であり、遠隔授業をはじめ、どの授業も大変工夫されていることです。結果として生徒が積極的になり、非常に活発な授業が行なわれていました。

2つ目の長所は、学生の多様なバックグラウンドです。授業とは別にグループ・ワークなどを通じ、級友からも多くの刺激を受けました。年齢や職業経験など、さまざまなバックグラウンドをもつ級友と、学問はもちろん、人生観などについて語り合うことができたことは今後のキャリアにおいて非常に大きな財産になるであろうと考えています。加えて、さまざまな業界から同期が集まっているということは、卒業後大変ありがたいことが多いです。とりわけ私のような仕事をする者にとっては、貴重な情報を教えてもらえる、重要なネットワークにもなっております。

3つ目の長所は、国際交換プログラム（IP）の充実です。KBSは欧米のトップ・スクールとIPを行なっています。私はKBS2年次に、IPに応募しドイツに留学する機会を与えて頂きました。外国の学生とともに勉強するということは、KBSとは違った意味で勉強になり、学ぶことが多かったと考えています。このようなIPは、国内ではKBSが最も充実していると思います。今後ビジネスがますます国際化されていくことを考えれば、これはKBSの大きな長所であるといえるでしょう。

最後に簡単に就職活動について触れさせて頂きます。就職活動に関しては、KBS主催の就職フォーラムなどが開催され、多くのバックアップを受けることができましたが、組織だったものではないため、欧米のビジネススクールのバックアップ体制と比べるとこの点は弱いかもしれません。しかし、KBSの場合はゼミの先生が親身にアドバイスを行なってくれるので、全体として、就職活動においても私は非常に満足するサポートを受けることができました。特に、採用過程において、KBSの先生方から、いろいろなアドバイスをもらえたことが非常に大きかったと考えております。

このように、私はKBSで非常に充実した2年間を過ごすことができました。MBAへの進学を考えている皆様の参考になれば幸です。

（2002年卒業クラス　男性　外資コンサルティング会社 コンサルタント　私費）

＊　　　＊　　　＊

「経営」について全く知らずに入学した私には、入学当初は見ること聞くこと初めてのことばかりで、かなりの刺激と焦りを感じたものだ。中でも一番苦労したのは、「自分の考えを人に伝え、説得する」ということだった。これまでの社会経験の中では、大勢の人たちの前で、自分の考えを話すようなシーンはあまり求められてこなかったからだ。だが「1回の授業で必ず発言する」というような義務を自分に課すことで、なんとか克服していった。KBSでは「他者への貢献」を強く求められるが、これらの授業やグループでの議論を通じて、自分の考えを伝えることこそが他者への貢献につながるのだと改めて実感した。

また1年次は、とにかく時間がない。1日につき2ケース、週10ケースを扱う授業では、予習が特に重要となる。私の場合、1ケースに約4時間を費やしており、平日だけでは間に合わず、週末も利用しなければならなかった。特に単身赴任中の夫の元に行くときは、往復の新幹線を利用して予習をしていたものだ。このように、家庭と勉学をいかに両立するかが第二の苦労であった。この点に関しては、家庭をもつ者であれば誰しも同じだろう。同級生とは、家族以上に過ごす時間が長いため、自ずと結びつきは深まっていく。再度社会へ出たときには大きな財産となることは間違いない。しかしその代償として、ある程度家庭を犠牲にせざるを得ない状況となる。私の場合、夫の理解があったからこそ、単身赴任という手段をとることを家族全員に納得してもらい、この2年間を有益に過ごすことができたのだと考えている。

2年次には、さまざまな選択肢が広がる。2学期を利用して交換留学に行く者、企業でインターンをする者、修士論文に没頭する者などさまざまだ。私の場合、授業やゼミを受けながら、某電機メーカーの新規事業部でインターンをして過ごした。企業へ新サービスの企画を提案したことから始まったのだが、未知の世界であったIT業界のマーケティングを体験するとともに、2名の新入社員のマネジメントまでも実戦することができた。また、勤める会社以外を知る機会を得られるというのは、まさに学生ならではだ。

最後になるが、生涯の中でこれほどまでに勉強をし、これほどまでにさまざまな体験を通じて私自身を成長させる時期はないと感じている。間もなく卒業するが、教授陣およびこの2年間を助け合った仲間たちには、本当に感謝をしている。　　　　　　（2004年卒業予定　女性　建築設備メーカー 営業、企画　私費）

 一橋大学大学院
国際企業経営戦略研究科
(ICS：Graduate School of International Corporate Strategy)

http://www.ics.hit-u.ac.jp/jp/

設立年／2000年

基本情報

◆学生に関するデータ
卒業生数＿＿約50名
在学生総数＿＿75名
　（1年次：45名／2年次：30名）
留学生の割合＿＿n.a.
平均年齢＿＿n.a.
入学時の平均実務年数＿＿n.a.

◆主な出身企業
n.a.

◆履修期間
入学時期＿＿10月
履修期間＿＿2年*1

*1　卒論を早期に完成すれば、1年半もしくは1年間での学位取得も可能

◆授業料
1年次＿＿80万2,800円
　（入学金28万2,000円を含む）
2年次＿＿約40万円（推定）

◆奨学金
日本育英会第一種奨学金
　（無利子月額8万5,000円）
日本育英会奨学金きぼう21プラン
　（月額5〜13万円）
大和證券グループ奨学金
　（年間200万円：5名、100万円：4名）
アムウェー・ジャパン奨学金
　（2年間300万円：2名）

◆専攻
国際経営戦略

 問い合わせ先

eメールアドレス　info@ics.hit-u.ac.jp
電話番号　n.a.　ファックス番号　03-4212-3006

出願期間と募集者数

出願期間　1月最終週〜2月第2週目金曜日。TOEFL、GMATは別途
募集者数　34名

出願、就職関連情報

◆出願資格
4年生大学各学部卒業以上、もしくは同等
の資格に加え、実務経験3年以上の者

◆合格率と入学率
出願者の合格率＿n.a.
合格者の入学率＿n.a.
TOEFL要求スコア＿600（CBT：250）

◆選考方法
総合審査方式（AO式）で、提出書類の審査
（1次審査）、面接（2次審査）を経て受験者
の総合的評価を行ない、合否を判断
1次審査　書類審査
2次審査　対面式もしくは電話インタビュー

◆出願書類
1. 顔写真入り願書（A用紙）
2. 卒業証明書
3. 成績証明書
4. エッセー解答（B用紙）
5. 学業指導者もしくは職務上の指導者
   による推薦状2通
6. TOEFLスコアレポート
7. GMATスコアレポート
8. 健康診断書
9. 検定料3万円
10. 支払い証明書
11. 返信用封筒

◆修了要件
大学所定単位数の取得と、卒業論文または
研究レポートの提出

◆主な就職先
n.a.

◆就職支援ネットワーク
卒業生ネットワーク（ホームページ）＿n.a.
卒業生のための就職支援＿n.a.

school information

〒101-8439　東京都千代田区一ツ橋2丁目1番2
学術総合センター内
一橋大学大学院 国際企業戦略研究科

C11

国内のMBAプログラム

特色

　多くの和製フルタイムMBAプログラムが試行錯誤を続けている中、創立以来、日本の経済・経営学教育を牽引してきた一橋大学は、現時点での国内MBAプログラムの方向性を体現する2つの対照的なMBAプログラムを成功させている。

　1つ目は、前述した国立キャンパスの商学部MBAプログラムである。このプログラムは、学生の選抜も試験方式で行ない、就職経験のない学部新卒生も受け入れており、日本語によるアカデミックなカリキュラムを特徴としている。また、一橋の伝統に則り、アジア諸国からの留学生を数多く受け入れている。

　ここで取り上げる国際経営戦略研究科MBAコース（MBA in International Corporate Strategy）は、大手町に近い都心の一橋キャンパスで全授業を英語で行なうプログラムである。欧米で一般的なAO方式での選考基準に基づき、実務経験3年以上の社会人のみを受け入れている。学生および教員の質、運営システムやカリキュラムなど、あらゆる面で世界と互角に渡りあうことのできるMBAプログラムを目指しているのである。TOEFLのスコアも600（CBTで250以上）と、欧米の中堅校以上で一般的な出願条件が設けられていることからも、すべて英語で行なわれる授業に対して質の高い貢献ができる学生を選抜しようという学校側の真剣な姿勢が伺える。教員のほとんどはアメリカの一流大学院で学位を取得しており、そのうち半数程度がスタンフォード、UCバークレー、MIT、ミシガン、ハーバード、バージニア、ジョージ・ワシントン、カーネギー・メロンなど、トップ・スクールのMBA保持者で、さらにその何名かは母校で教壇に立った経験ももつ。

　このような世界トップ・レベルの教育を身をもって体験している教授の半数以上はまた、外資あるいは日系の一流企業での実務経験があり、教育、実践ともにトップ・クラスのキャリアの持ち主が揃っている（メリルリンチ、富士エレクトロニクス、マッキンゼー、博報堂、住友銀行など）。さらに同校は、留学生を対象とした奨学金制度も充実しており、優秀な留学生の獲得に意欲的である。

　良い学校を作るためには、優秀で意欲的な学生を集めることが不可欠だが、優秀な学生を集めるためには、刺激的かつ魅力的な学習環境を整えなければならない。学生の質に関して同校は、決して妥協することなく入念な合格審査を行なうと同時に、英語、ビジネス、および各国のトップ・ビジネススクールでの教育方法や諸事情に精通した教員を集めることで、学生と学習環境双方の質の向上に努めてきた。

　これまで日本のMBAプログラムは、国際大学や早稲田など、一部のプログラムを除

いてほとんどが日本語のみで開講され、外国人学生にとってほぼ入学不可能に近い制度であった。近年、一橋以外にも英語によるフルタイム・プログラムの開講が相次いでいるが、同校の最も大きな魅力は、伝統と実力の双方に引きつけられて集まってくる優秀な学生や、トップ・レベルの教員といった構成員、つまり「人材」にあるといえよう。

カリキュラム

　必修科目が多いのが特徴である。文部科学省は、修士号以上の学位授与のための必要最低取得単位数を34単位と定めており、多くの国内MBAプログラムはその基準に従って、必要取得単位数を30〜40単位としている。しかし、一橋では必修科目が60単位以上あるので、プログラム1年目の履修スケジュールはほぼ必修科目で埋まり、科目選択の余地はほとんどない。

　授業方法は、講義、ディスカッション、ケース・スタディに加え、コンサルティング業界（A.T.カーニー、マッキンゼー、アクセンチュア）などで現役で活躍する客員教授による特別講座を設けている。2年目は、1年目に学んだ知識や理論を実践を通して捉え直す期間となる。各自の関心に応じてインターンシップ、起業企画コンペティションへの参加、交換留学、フィールド・スタディ、シャドウイング、もしくは卒論の執筆など、さまざまな選択肢の中から選び、自由にカリキュラムを組むことができる。なお、インターンシップに関しても、少人数制であることから、学校が企業と提携してインターン先をあらかじめ確保することが可能なため、海外のビジネススクールのように、1年目の秋早々からインターン先確保のために東奔西走する必要はない。

2003年1年次学年暦
(2年次は同様の学年暦に基づきながら、各学生の関心に応じ、実習を主体としたプログラムが行なわれる)

1学期	4月第2週〜6月第4週（期末試験1週間を含む）	必修科目
2学期	9月第1週〜11月第3週（期末試験1週間を含む）	選択科目および必修科目
3学期	12月第1週〜3月第1週（期末試験1週間を含む）	選択科目および必修科目

専攻である国際経営戦略の開設科目は次のとおり。

コア科目
競争戦略(Competitive Strategy)、組織行動論(Organizational Behavior)、企業財務(Corporate Finance)、ナレッジ・マネジメント(Knowledge Management)、マーケティング(Marketing)、データ分析(Data Analysis)、成功を勝ち取るためのビジネス・スキル：ライティング(Business Skills for Success：Writing for Success)、会計および事業査定(Accounting＆Business Valuation)、問題解決スキル(Problem Solving Skills)、企業統治(Corporate Governance)、方法論(Methodology)、組織能力(Organizational Capability)、企業再編(Corporate Restructuring)、アントレプレナーシップ(Entrepreneurship)、グローバル・シチズンシップ(Global Citizenship)、成功を勝ち取るためのビジネス・スキル：インタビュー(Business Skills for Success：Interviewing for Success)

選択科目
リーダーシップ(Leadership)、プレゼンテーション・スキル(Presentation Skills)、データベース・マーケティング(Database Marketing)、サービス管理(Service Management)、グローバルな経営者(Global Manager)、起業ファイナンスとプライベート・エクイティ(Entrepreneurial Finance and Private Equity)など18科目

交換留学制度

主な交換留学先は次のとおり。

ロンドン経営大学院、UCLAアンダーソン経営大学院、バージニア大学ダーデン経営大学院、クレアモント大学ピーター・ドラッカー経営大学院、ハワイ大学マノア校、カリフォルニア大学バークレー校ハース経営大学院、バブソン大学

就職動向

正式なキャリア・マネジメント・センターは存在しないものの、少人数制の特徴を活かして、各学生の要請に対して、教授やスタッフがケース・バイ・ケースで就職活動を援助している。サマー・インターン先も、学校側があらかじめ企業と提携しており、学校の用意したリストから選ぶ限り、個人で活動する必要性はない。企業側から申し出があれば、企業が学校へ赴き企業説明会を行なう。就職活動に大きな時間を割かなくてすむ工夫がされており、学生は勉学に集中することができる。

今後

　国際経営戦略コースの抱える課題のほとんどは、設立後間もないことに起因する。これは国内MBAプログラムの多くが抱える課題と共通している。具体的には、公式の卒業生ネットワークが組織されていないこと、就職実績に関するデータが存在しないこと、優れたプログラムであることを証明するための各種データが不足していることなどが挙げられる。こうした課題は、学生の立場からすると、雇用市場で学校の「ブランド力」に頼ることはほぼ無意味であることを意味しており、したがって、自分自身のキャリアの中で一橋MBAをどのように位置付けるのか、より厳密なキャリア・プランを立てる必要があることになる。

‥‥日本人在校生および卒業生のコメント‥‥

■プロジェクトについて

　大半の科目がチーム・プロジェクトを伴います。Session中、1回のみの科目（OB）もあれば、2セッションにわたる科目のほぼすべてがチーム・プロジェクト（Entrepreneurship）といった場合もあり、その回数やボリュームはさまざまです。実質、初年度にしか授業がない（つまり1年目は非常に過密スケジュール）当校は、他の2年制の学校とは異なり、自主的な課外活動をする時間的余裕はありません。したがって、プロジェクトは互いに学びあう機会であると同時に、クラス内のNetworkingの場そのものです。こう書くと少し寂しい気もしますが、厳しい状況下での人間の言動は人間の本質を見せるものでもあります。だからこそ、より深く相手を知り、卒業後も続くと確信できるような信頼関係を築くことができたのだと思います。リラックスした交流は金曜夜のDrinking Partyで行なわれます。文字通り「Play hard, study hard」な学生生活です。

■お気に入りの教授

　Corporate Governanceの清水教授は、発言をすると「Do you really think so?」「What's your numbers?」と、徹底的に論理性を追求されます。そうした厳しさの中にもどこか教授の人柄が伺えます。また、Strategyの竹内教授（Dean）は、学生のDiscussionの導き方が圧巻で、緊張しながらも毎回の授業が楽しみでした。どちらも学生の人気が高い授業です。

■地域社会への参加

　Globalcitizenshipという授業では、Homelessの方々へ食事を提供するボランティア活動をお手伝いしたり、自閉症児を御殿場に連れていって乗馬体験をさせたり（Animal Therapyの効果があるそうです）します。今後ビジネス・リーダーとなる人物は、社会貢献についても積極的に関与すべきだというICSの考えに基づくものです。私がICSへ入学したいと思った理由の1つは、この考え方に共感したからです。

■インターンシップ、就職活動

　卒業生の話と私の体験を総合すると、ICSのAdvantageは、学生数が少ないのでPlacement担当ディレクターやFacultyへ接触しやすく、親身に相談にのってくれること、企業との強いコネクションをもつ教授も

おり、自分が興味のある会社がその範疇にあれば、よいきっかけを与えてくれるという点です。逆にDisadvantageといえるのは、まだ歴史が浅いので、ICSのAlumniネットワークが小さく、認知度も低いこと（知っている企業は高く評価してくれるが、知らない企業も多い）、Facultyも少ないので、彼らの企業とのネットワークも自ずと限りがあることでしょうか。ただし、「XX校でMBA取得した」というだけでは何のアピールにもならない現状を考えれば、入学前に得た知識や経験と、ICSで得たものでこれからの自分に何ができるか、という点をしっかり主張できれば、インターンシップも、卒業後の就職先も、自分の納得する結果が得られるのではないかと思います。

（2004年3月卒業　女性　通信業（前職）　私費）

* * *

■「We are building ICS !!」
　一橋ICSは創立されて4年目の新しいビジネススクールである。歴史が浅いということは一般的にネガティブに捉えられるが、クラスメイト、facultyそして一橋ICSに関わるすべての人たちは、それはアドバンテージだと考えている。過去や実績にとらわれず、自分達がもつ理想のビジネススクールに向けて、全員が一丸となってICSを創りあげようというダイナミズムを毎日実感することができるのだ。そういう気持ちを表した言葉が、冒頭の「We are building ICS !!」であり、これは我々class of 2003のモットーになっている。このモットーから生まれた活動として、Dean's LunchとTGIF（金曜日のクラス後のお疲れ様パーティー）がある。
　Dean's Lunchは、文字通りDeanと一緒にランチを食べるというものである。大きなビジネススクールでは到底無理なことかもしれないが、一橋ICSはクラス・サイズが50人前後のため、全員がDeanとランチを食べることができる。毎回、5〜6人一組でDeanとランチを食べ、学業、就職、私生活など、どんなことでも相談し、そして提言することができる。こういったインフォーマルな会話を通じ、Deanが一橋ICSをよくするために必要と感じたことは、すぐに実行に移される。またDeanに限らず、各facultyも個別の相談に快く応じてくれる。日本人のfacultyであれば日本語で質問することもできるので、授業以外でも非常に得るものが多い。
　金曜日のクラス後に、学校内でビール片手に1週間の疲れを癒そうというパーティーがTGIFだ。10月の授業開始後1ヶ月程で、クラスの何人かから「全員気軽に集まれるように、大学内でパーティーができないか？」という提案があり、クラスのSocial Representativeである私がDeanに相談することになった。学校内でのパーティー、特にアルコールありのパーティーは難しいだろう思ったのだが、予想に反しDeanはその趣旨を理解し、副Deanと事務担当者を部屋に呼び、その場で私を含めた4人で会議が始まった。結果、TGIFパーティー開催が認められたわけである。私がDeanの部屋に相談に訪れてから決定まで、たった15分しか経過していなかった。まさにダイナミズムを感じた瞬間であった。生徒が毎日、寝る間を惜しみ学習に集中していることを瞬時に考慮した結果である。パーティーでは学生、faculty、事務担当者の分け隔てなく、それぞれがビールを片手に会話を楽しんでいる。
　その会話の中から、一橋ICSをより良く変えていく何かが生まれるのであろう。

（2005年卒業　男性　製造業　私費）

* * *

　「Best of Two Worlds, Out-of-box Mentality」を理念に、21世紀のCaptains of Innovation として世界に通用するビジネス・リーダーの育成を目指して設立された一橋大学大学院国際企業戦略研究科国際経営戦略コース（MBAプログラム）は、フルタイム制ですべての授業が英語で行なわれます。本コースの主な特長は、著名な教授陣、多様な授業内容とグループ・ワーク、外国人を交えた少人数制による中身の濃い議論、都心にあるロケーションと一橋のネットワークを最大限に活かした多彩なゲスト・スピーカーなどが挙げられます。
　在学中は平均睡眠時間が4時間程度とかなりハードでしたが、非常に刺激的で充実した毎日でした。2年目に交換留学したクレアモント大学大学院ピーター・ドラッカー・マネジメント・スクールでは、P．F．ドラッカー

教授から直接師事を受けることができ、一生の思い出に残る経験をすることができました。

　卒業後は、大学院（教授陣）からのサポートを得て、外資系の医療器機販売会社に就職しました。本コースでは、2年目のインターンシップが充実しており、教授陣も非常に協力的ですので、日本語が話せる学生であれば、卒業後の就職を心配する必要はないと思います。

　キャリアは自ら築くものであり、そのことは、MBAを取得した後も何ら変わりはありません。したがって、MBAを取得したからといって自分の人生が大きく変わるわけでも、新しいキャリアが人から与えられるわけでもありませんので、どこに行っても通用する自分の力を身につけ、組織（会社）から必要とされる人間になることが最も重要であり、MBAはそうした自分の力を身につける場であると考えています。

　実際現在の職場では、MBA取得者としてチャンスを与えられると同時に、人並み以上に優れた成果を上げるよう求められます。自分が最も痛感しているのは、成果を上げるためには知識だけでなく正しい行動が伴う必要があり、MBAがあったとしても、現場のバトル・フィールドで他のメンバーと一緒になって戦うことを忘れてはいけないということです。

　最後に、本MBAコースはまだ新しいコースではありますが、自分の力を高め、世界に通用するビジネス・リーダーになりたいと願う人には申し分のない環境が揃っていますので、自信をもっておすすめします。

（2002年卒業　男性　医療機器販売　私費）

国際大学大学院
国際経営学研究科

国際大学
INTERNATIONAL
UNIVERSITY OF JAPAN

MBAプログラム

http://www.iuj.ac.jp/gsim

設立年／1988年

基本情報

◆学生に関するデータ

卒業生数＿614名
在学生総数＿118名
　（1年次：52名／2年次：66名）
留学生の割合＿61%
平均年齢＿28.7歳
入学時の平均実務年数＿5年

◆主な出身企業

北海道電力、ボッシュオートモーティブシステム、全日本空輸、インドネシア政府など

◆履修期間

入学時期＿9月
履修期間＿2年

◆授業料

1年次＿220万円（入学金30万円を含む）
2年次＿約190万円

◆奨学金

国際大学タイプS奨学金（授業料半額免除：入学時、および1年次終了時点の成績優秀者を対象として1年間）
日本育英会第一種奨学金（無利子月額8万5,000円）
日本育英会奨学金きぼう21プラン（月額5〜13万円）
銀行提携教育ローン

◆専攻

ファイナンス、マーケティング、マネジメント、インフォメーション・テクノロジー、ゼネラル・マネジメント

✉ 問い合わせ先

eメールアドレス　admgsim@iuj.ac.jp
電話番号　025-779-1500　ファックス番号　025-779-4443

👥 出願期間と募集者数

出願期間　**国内志願者と海外志願者で出願期間が異なる。国内志願者の出願ラウンドは11〜5月にかけて4回、海外志願者は2回設定されている**
募集者数　**75名**（1年制のE-ビジネス・マネジメント・コースを含む）

出願、就職関連情報

◆出願資格

学士以上、または同等以上の学力があると判断された者。実務経験を有することが望ましいが、必須条件ではない

◆合格率と入学率

出願者の合格率＿47％
合格者の入学率＿62％
合格者平均GMATスコア＿PBT：557
合格者平均TOEFLスコア＿PBT：587
CBT：240

◆選考方法

提出書類の審査、面接を経て受験者の総合的評価を行ない、合否を判断する総合審査方式（AO式）

◆出願書類

1. 入学願書
2. エッセー　2編
3. 推薦書　2通
4. 成績証明書
5. 学位取得証明書
6. GMATスコア・レポート
7. TOEFLスコア・レポート
8. 大学等学術機関発行の研究歴証明書

◆修了要件

48単位の取得

◆主な就職先

ABB、ゴールドマン・サックス証券会社、J.P.モルガン証券、ダイナボット、ブラクストン株式会社、ドイツ銀行など

◆就職支援ネットワーク

卒業生ネットワーク（ホームページ）
　　http：//www.iuj.ac.jp/web/iuj_section.
　　cfm?section=05

卒業生のための就職支援
　　http：//www.iuj.ac.jp/web/iuj_section.
　　cfm?category=0506

school information

〒949-7277　　新潟県南魚沼郡大和町大字穴地新田777番地
　　　　　　国際大学 国際経営学研究科事務室 入試担当

特色

　ダートマス大学タック経営大学院の協力を得て、1988年に設立された日本初の英語によるMBAプログラムであり、国内MBAの中では最も海外での知名度が高い（ビジネスウィーク・オンラインではアジア圏の有力校として2000〜2003年に至るまで継続して紹介されている）。設立から20年近い間、日本国内で本格的な英語のMBAカリキュラムを学ぶことができるフルタイム・プログラムは同校のみであった。また、国際社会に貢献することに意欲的な留学生を世界各国から引きつけてきたのも、MBAの定番科目を網羅する系統だったカリキュラム（ベースはタックのプログラム）や、米国の著名大学で学位を取得している優秀な教授陣もさることながら、世界基準で通用する教育を日本というロケーションで、しかも全寮制のキャンパスで住居の心配をせずに学ぶことができるということが大きな魅力となってのことと思われる。

　全体の6割以上という留学生比率は、全世界のMBAプログラムの中でもヨーロッパに次ぐ高さであり、この多様性が魅力となってさらに多くの応募者を国内外から引き寄せている。「国際大学」は、その名のとおり、国際性においては世界中のどのビジネススクールとも対等に渡り合うことができる。

　国際大学MBAのもう1つの大きな魅力は、MBAコースのほかにもEビジネス・マネジメントプログラムと国際関係学研究科（Graduate School of International Relations）といった、高い評価を受けている大学院プログラムを抱えていることである。学生はこれら2つのプログラムの科目も履修することが許されており、インターン先や就職先を探す際に、国際機関や、IT系企業との強いコネクションの助けを借りることができる。

カリキュラム

　世界に通用するMBAとしての指導基準（英語指導、経営学の系統的コア・カリキュラム）を満たしながら、国際的に問題になっている経営課題を日本・アジア的な視点で捉え直すことを目標としており、ファイナンス、マネジメント、マーケティング、ITの全分野で充実した指導を受けることができる。英語でMBAのコア科目を系統立てて学ぶことのできる国内フルタイム・プログラムは2000年前後から増えつつあるが、最も指導経験が長いのはやはり同校である。授業はアメリカのビジネススクールをモデルにしており、ケース・スタディを中心に講義、クラス・ディスカッション、グループ・プロ

ジェクトなどが行なわれている。

　1年次は経営学の基礎を身につける目的で、21単位のコア科目をファイナンス、ITおよびオペレーションズ・マネジメント、マネジメント、マーケティング、会計・税制、国際ビジネス法の分野で履修する。1年次の必修コースである、IMP（Introduction to Management Practice）では、多彩な背景をもつクラスメイト同士でチームを組み、IUJが地元産業から請け負っている実際の経営課題の解決に臨む。グローバル化するマーケットへの対応に関する依頼が多いが、それら国際的な経営課題を文字どおり「日本・アジア的視点」から捉え直すことが要求される。入学時にTOEFLのスコアが600点以下の学生は、1年次中に英語のコースを2単位受講しなければならない。

　2年次は、特定分野の専攻を選んで、ファイナンス、マーケティング、マネジメント、もしくはITのうち、任意の一分野で12単位以上を取得するか、分野を選ばずに複数分野から履修する「ゼネラルMBA」を選ぶことができる。なお、所定の単位数を獲得すれば、2分野での学位取得も可能である。また、すべての学生は通年のゼミコースを受講し、その成果として最後に研究レポートを提出しなければならない。

　2年間のプログラム・スケジュールは次のとおり。

1年次 TOEFL600点未満の学生は入学前に8週間の集中英語教育を受ける	2年次
基礎必修科目（21単位） 「Introduction to Management Practice」（IMP：2単位） 英語、もしくは日本語（2単位、英語が免除されている生徒は代わりに選択科目を履修することができる）	研究レポート（3単位） 専攻別選択必修科目（専攻を決定する場合は任意の1つまたは2つのコースから各12単位以上、決定しない場合は自由に履修できる）
夏期	選択必修科目（10単位以上）
インターンシップもしくはワシントンDCのサマー・プログラム（国際関係研究科の授業の一環）	学生によっては秋、もしくは冬学期に提携校との海外交換留学

開設科目

　2年次には、専攻を1つ選ぶことができる。ただし、専攻分野の認定を受けるには、任意の分野で12以上の単位を取得する必要がある。もう1つの分野で同じく12以上の単位数を取得すれば二重専攻も可能。なお、分野を選ばずに複数分野から履修する場合は「General MBA」専攻となる。

　開設科目は次のとおり。

コア科目	
ファイナンス関連科目 （**Finance Courses**）	企業財務（Corporate Finance）、マクロ経済と政策（Macroeconomics and Policy）、マネジェリアル・エコノミクス（Managerial Economics）
ITおよびオペレーションズ・マネジメント関連科目 （**IT and Operations Management Courses**）	応用ビジネス統計（Computer Based Statistics）、ビジネス数量モデル（Mathematical Modeling）
マネジメント関連科目 （**Management Courses**）	ビジネス・コミュニケーションズ（Business Communications）、組織行動論（Organizational Behavior）
マーケティング関連科目 （**Marketing Courses**）	マーケティング・マネジメント（Marketing Management
会計・税務関連科目 （**Accounting and Taxation Courses**）	財務会計学（Financial／Accounting）、管理会計学（Managerial Accounting）
国際ビジネス法関連科目 （**International Business Law Course**）	国際ビジネス法（International Business Law）
選択科目	
ファイナンス関連科目 （**Finance Courses**）	経済予測（Business Forecasting）など10科目
ITおよびオペレーションズ・マネジメント関連科目 （**IT and Operations Management Courses**）	データベースデザインと経営戦略 （Database Design and Management Strategies）など6科目
マネジメント関連科目 （**Management Courses**）	ジェネラル・マネジメント（General Management）など4科目
マーケティング関連科目 （**Marketing Courses**）	ブランド・マネジメント（Brand Management）など8科目
会計・税務関連科目 （**Accounting and Taxation Courses**）	上級財務会計学（Advanced Financial accounting）など3科目
国際ビジネス法関連科目 （**International Business Law Course**）	中国における投資と法（Law and Investment in China）、日本における投資と法（Law and Investment in Japan）
演習その他	
経営実践論入門コース（**IMP:Introduction to Management Practice**）、国際マネジメント上級セミナー （**International Management Advanced Seminar**）	

交換留学制度

2年次の秋または冬学期に、海外提携校での交換留学により10単位を取得することができる。

アメリカ
ダートマス大学、ミシガン大学、ニューヨーク大学、ヴァダービルト大学、ノース・カロライナ大学チャペルヒル校、ロチェスター大学、南カリフォルニア大学、バージニア大学など

ヨーロッパ
リヨン経営大学(フランス)、エラスムス大学(オランダ)、ボッコーニ大学(イタリア)、ESADE(スペイン)、マンチェスター大学(イギリス)など

アジア
CEIBS(中国)、香港中文大学(香港)、ガジャマダ大学(インドネシア)、シンガポール国立大学(シンガポール)、国立政治大学(台湾)、チュラロンコン大学(タイ)など

就職動向

同校の就職部CC&S(キャリア・カウンセリング&サービス)は、欧米のビジネススクール並みのサービスを提供している。同オフィスは就職関連の情報を集めた図書館やビデオ・コレクション、オンライン・システムなどを完備し、学生1人ひとりに対する就職カウンセリングなども行なっている。

毎年1～2月には、通称「キャリア・ウィーク」を開催し、多くの企業人事担当者が採用活動のためにキャンパスを訪れる。ここ数年の就職傾向としては、私費の卒業生の半数近くが金融業界、16パーセントがITコンサルティングを含むコンサルティング業界に就職した。そのほかにも世界銀行など、国際機関に就職する卒業生も少なくない。

キャリア・カウンセリング・アンド・サービス (CC&S)
URL http://www.iuj.ac.jp/career/

インターンシップの主な採用先

主なインターンシップ先は次のとおり。

全日空、ブルームバーグ、シティバンク／シティグループ、クレディ・スイス・ファースト・ボストン証券会社、フォード・モータース、富士ゼロックス、ゴールドマン・サックス証券会社、リーマン・ブラザーズ証券会社、松下電子工業

今後

90年代後半以降、国内で英語でのフルタイムMBAの開講が相次いでいる。現時点では、知名度やサービス内容の充実ぶりと、学生の数と質および卒業生の就職実績などを総合すると、国際大学に勝るプログラムはないが、今後そのほかのプログラムが独自の個性を打ち出してくる中で、どう差別化していくのかが注目される。

備考

◆選考方法

国内居住者は出願の際、提出書類の審査に加え、入学試験（面接、英語小論文、Institutional TOEFL）が義務付けられている。海外居住者は、入学試験が免除される。

‥‥日本人在校生および卒業生のコメント‥‥

■国際大学MBAのAdvantage

国際大学は、その名のとおり、海外からの留学生が大半を占めます。そのため、日本にありながら講義はもちろんすべて英語、生活の大半も英語を使った生活を送る環境を提供しています。ただし、国際大学の「国際」性は、世界中にあるどの大学とも異なるユニークなものです。さまざまな国からの留学生がおり、数字のうえでも日本人留学生は決してマジョリティではありませんが、日々の学生生活の中でリーダーシップをとる役割を自ずと与えられること。海外からの留学生のほとんどは、あえて日本を選択してやってきているほど親日であること。つまり、国際大学は、日本人学生に、日々のMBAの各講義にとどまらず、世界の縮図のような環境で日本人がリーダーシップをとる練習をするための理想的な環境を提供しています。このような経験を2年間じっくりできる環境は、大学に限らず、国際大学以外には存在しないのではないでしょうか。

もう1点、私が国際大学を選択して正解だったと実感しているのは、Marketingを担当しているProfessor

Philip H. Sidelの2つの講義「New Product Development」と「Brand Management」に参加できたことにあります。両講義とも、豊富なケース・スタディとグループ・ワークから成り立っており、受講中はかなりのワークとディスカッションが要求されます。卒業直前は、両講義をそのボリュームをこなしたことによる達成感から、国際大学を選択してよかったと感じておりました。その後、実際にベンチャー企業の企画主任として、会社の各々のプロジェクトのサポート、新規プロジェクトの立ち上げと運営、会社全体の企業戦略の立案に携わって気づいたことは、教授の両講義は、その題名に関する内容が主体とはなっていますが、実は、ビジネスのさまざまな場面において、どのようにその時点で最良の戦略を導き出せるかという訓練が主のテーマであったのだということです。教授の講義を受講することなしには、現在の私のパフォーマンスはあり得ず、その点で、私にとって国際大学を選択したことは、ベストであったと実感している次第です。

（2003年卒業クラス　男性　電力会社 人事コンサルティング部門　社費）

＊　　　＊　　　＊

　国際大学のカリキュラムには、ほぼ全科目にグループ・ワークが取り入れられています。特筆すべきは、必修科目として1年次に行なう、IMPという地場企業と提携して行なうコンサルティング・プロジェクトです。ここ国際大学には多様な文化、価値観、文化、思考方法をもつ学生が集まってきています。IMPはそれぞれの学生の前提条件や思考プロセスを考えつつ、課題の解決や推進を目指すことを実行できる絶好の機会だと思います。

　生活面では学生寮がキャンパスに隣接しており、いつでも図書館やPCルームなどを利用できます。また、ほとんどの学生が学生寮に住んでいるので、グループ・ミーティングでも時間を問わずディスカッションできるというのは寮生活の強みです。日常生活でも学生同士の結びつきが非常に強く、私自身は日ごろあまり日本語を話す機会がないため、日本語の能力が落ちるのではと、時々本気で心配になります（笑）。キャンパスで苦労したことは、やはり英語の聞き取りです。実際、多種多様な英語の聞き取りには今でも四苦八苦しています。けれども、特に議論の場では、論理が通っているときは比較的スムーズに物事が運ぶので、前提条件を明示する明確な論理やプロセスを経て結論に至る、リーダーシップをとって議論をリードする、などといったことに気をつけるようにしています。

　国際大学の課外活動には、実にさまざまなものがあります。たとえば、国際大学にあるUMEX（ユメックス）という地域の国際交流団体では、地域の日本人ボランティアの方々が定期的に開催する文化の相互理解促進のためのイベントなどのお手伝いをしています。忙しい勉強の合間を縫って、コンサルティング・クラブなどでの活動、オープン・デー（文化祭）、ジャパニーズ・ナイト（日本文化に関する文化祭）などにも積極的に参加しています。夏休みには、福岡に住む知人と会計の関教授の紹介で、トーマツコンサルティング福岡で1ヶ月にわたりインターンをさせていただきました。卒業後は経営コンサルティング業界を志望しており、トーマツでの経験は、コンサルティング企業の実情を知るうえで非常に有意義なものでした。

　MBA取得を考えている方に対しては、単なる一過性の知識としてではなく、一生涯の財産にするという姿勢でぜひMBAを目指していただきたいと思います。戦略の加瀬教授がおっしゃっていましたが、MBAで学ぶべきものは知識ではなく思考プロセスであり、それは時代を問わず通用するものだからです。国際大学はその点で非常に貴重な 経験を提供してくれると思います。　　　　（2004年卒業　男性　電機業界　私費）

 立命館アジア太平洋大学
経営大学院
MBAプログラム

http://www.apu.ac.jp/graduate/english/course/mba/top.html

設立年／2003年

基本情報

◆学生に関するデータ
卒業生数__n.a.(卒業生はまだいない)
在学生総数__27名
留学生の割合__100%
　(ほとんどがアジア系諸国出身者)
平均年齢__27.5歳
入学時の平均実務年数__3年

◆主な出身企業
出身国の金融機関、監査法人、商社など

◆履修期間
入学時期__4月と9月
履修期間__1年または2年

◆授業料
1年次__360万円
2年次__360万円

◆奨学金
GSM 4〜1奨学金プログラム(入学時、および1年次終了時点の成績優秀者を対象として、在学期間中の授業料の20〜100%免除)
日本育英会第一種奨学金
　(無利子月額8万5,000円)
日本育英会奨学金きぼう21プラン
　(月額5〜13万円)
銀行提携教育ローンなど

◆専攻
経営管理

 問い合わせ先

eメールアドレス　apugrad@apu.ac.jp
電話番号　0977-78-1134　ファックス番号　0977-78-1135

👫 出願期間と募集者数

出願期間　**春セメスター(4月)入学者:1、9、11月末日**
　　　　　秋セメスター(9月)入学者:1、3、5、6、9、11月末日
募集者数　**合計40名**

出願、就職関連情報

◆出願資格
以下のいずれかの条件を満たすこと
1. 大学を卒業した者
2. 大学を卒業した者と同等以上の学力があると認められる者
3. 3年以上の実務経験もしくは同等の経験があると認められる者

◆合格率と入学率
出願者の合格率＿43%
合格者の入学率＿70%
GMAT要求スコア＿500以上
合格者平均GMATスコア＿570
TOEFL要求スコア＿PBT：500
合格者平均TOEFLスコア＿PBT：580

◆選考方法
書類選考と大学職員による面接結果（英語）により合否を判断する総合審査方式

◆出願書類
すべて英文のものを提出のこと
1. 出願申込書
   a. 研究計画書
   b. 推薦状3通
   c. 出願理由についてのエッセー
2. 卒業（見込）証明書
3. 成績証明書
4. 雇用証明書
5. TOEFLもしくはIELTSスコア
6. GMATスコア

◆修了要件
最低48単位の履修（必修科目10単位を含む）と、ファイナル・レポート（4単位：演習で提出する3つの研究レポートのまとめ）または修士論文（6単位）の提出

◆主な就職先
2003年開講なので、卒業生はまだいない

◆就職支援ネットワーク
卒業生ネットワーク（ホームページ）
　将来的には設置を予定

卒業生のための就職支援
　APUの支援組である諮問委員会が中心となって、就職支援活動を継続する予定

school information

〒874-8577　大分県別府市十文字原1-1
大学院研究科 立命館アジア太平洋大学

特色

　2003年度に開講した立命館アジア太平洋大学経営大学院は、アジア・ビジネスに特化した国際的なフルタイムMBAプログラムとなることを目指して、北九州の大分県を立地として選んだ。また、プログラムの基礎作りに深く関わる初代研究科長として迎えた、米国で40年以上MBA教育に携わってきたロナルド・パッテン氏は、コネチカット大学経営大学院の学長を14年、シカゴにあるデポール大学ケルスタッド経営大学院の学長を10年、AACSB（米国ビジネススクールの国際認証機関）幹部を5年勤めた経歴をもつ。

　同科ではビジネスの共通ツールとしての欧米経営学の基礎知識をもったうえで、アジア圏のビジネスにおける3つの課題（経営革新、産業創出／商品開発、技術と革新）に重点を置き、それぞれの課題について従来の枠組みを超えた攻略法を創造する力をもった人材を育成しようとしている。そのため、同科では3年以上の実務経験を有し、英語でクラスに貢献する能力をもった学生を中心に選抜している。

　その結果、2003年度、第1期生27名の全員が留学生となった。そのほとんどはアジア諸国出身者だが、これは立命館大学自体が古くよりこれらの国々の留学生を受け入れてきており、彼らの出身国ではすでに知名度があることを反映するものと思われる。また、独立したMOTコースはないものの、技術経営分野の専門家を教官として招いており、近年ニーズの高まっているこの分野を集中的に学ぶこともできる。

　教授陣には現役の外資系企業の日本支部長（日本リーバイストラウス、ドイツ証券、日本アンハイザー・ブッシュ・インターナショナルなど）、日系企業社長（大和総研、改善コンサルタンツ、味の素、日本長期信用銀行など）やJETROディレクターなどが名を列ねており、米国トップ・スクールのMBAやLLM（Master Of Law、法学修士）ホルダーも少なくない。ビジネススクールにとって理想的な背景（実業界での実績と優れた学歴）をもつ教授ばかりである。設立後間もないため、現時点で公正に評価することは難しいが、国際的プログラムに必要とされる機構はほぼ整っており、今後の発展が期待される。

カリキュラム

　経営学全般の基礎知識が不足している学生は、プログラム開始直前の2週間に基礎強化コースを受講することができる。そのほかの受講生は、1年次にビジネス・アドミニス

トレーション、ファイナンス、会計、マーケティングの必修科目を履修し、その後の学習に備えた基礎知識を身につける。その後、「ファイナンス」「インターナショナル・ビジネスとマーケティング」「技術開発と技術マネジメント」の3つから所属分野を選び、さらに「ゼネラル・マネジメント分野」で開講されている選択科目を合わせて履修することで、1つの分野に特化した経営者を目指すことも、あるいは専攻は選ばずに全分野から満遍なく科目を選び、より総合的な知識をもった経営者を目指すこともできる。なお、選択科目による専門化は、主に1年次後期から2年次後期にかけて行なわれる。

また、受講生はプログラム開始後間もなく、所属分野に合わせてゼミでの研究テーマを選び、教官の指導の下、地域産業の現場でフィールド・ワークを行ないながら研究を進める。企業経営の実際を観察し、その研究結果をそれぞれインディペンデント・ケース・レポートⅠ～Ⅲとしてまとめあげるものである。こうした研究と分析を通して、受講生はより多面的で深い知識を得ることができる。ゼミの受講は、所定単位数の取得とともに修了要件の1つであるが、これら3つのケース・レポートを最終的にまとめて、修士論文の代わりとすることもできる。

さまざまな種類のフィールド・ワークからも分かるように、APUは地元産業から多数の研究プロジェクトを依頼されており、受講生はゼミなどを通して実際にこうしたプロジェクトに参加し、解決案を企業に提示することが求められている。こうした産官学の3連携カリキュラムもAPUの大きな魅力の1つである。

2年プログラム開講スケジュールは次のとおり（4月入学の場合。9月入学の場合は秋セメスターのスタートとなる）。

1年次	2年次
Pre-entry Foundation Program*1 （入学準備期間基礎強化コース） Introduction to Business Studies, Introduction to Mathematics for Business, Computer Skills	前期　4～7月 選択科目
前期　4～7月 必修科目、選択科目、ゼミ（Independent Case Report I, Independent Field Study）	後期　10～1月 ゼミ（Independent Case Report II・III）、Final Reportまたは修士論文
後期　10～1月 必修科目、選択科目	

*1　春セメスター入学と秋セメスター入学があり、MBAとしてのカリキュラムの受講開始は秋からになるため、春セメスター入学者はその間、9月からのMBAカリキュラムに備えた予備プログラムである「基礎開発コース」を受講することになる。学費は在学年数が2年を超過しない限り、どちらのセメスターに入学しても同一である

開設科目

　専攻名は経営管理研究科だが、ファイナンス、インターナショナル・ビジネス、テクノロジー・マネジメント、ゼネラル・マネジメント、いずれかの所属分野を選択することができる。開設科目は次のとおり。

コア科目

数量分析と統計学（Quantitative Analysis and Statistics）、ファイナンス（Finance）、会計学（Accounting）、マーケティング（Marketing）、管理経済学（Managerial Economics）、テクノロジーとオペレーション・マネジメント（Technology and Operations Management）、リーダーシップと組織行動（Leadership and Organizational Behavior）、戦略的マネジメント（Strategic Management）

選択科目

ファイナンス（Finance）：企業財務（Corporate Finance）など7科目
国際ビジネスとマーケティング（International Business and Marketing）：
国際マネジメント（International Management）など5科目
技術革新とテクノロジー・マネジメント（Innovation and Technology Management）：
生産マネジメント（Producion Management）など5科目
ゼネラル・マネジメント（General Business Administration）：
国際政治経済（International Political Economy）など4科目

演習その他

インディペンデント・ケース・レポート I〜III（Independent Case Report I〜III）
ファイナル・レポート（Final Report）または修士論文（Master's Thesis）
インディペンデント・フィールド・スタディ（Independent Field Study）

交換留学制度

　今のところ大学院独自の交換留学提携は行なっていない。学部では33大学（アメリカン大学、デポール大学、ハワイ大学、ピッツバーグ大学、南カリフォルニア大学、ワシントン大学など）と交換留学提携をしているため、これらの大学に対して交渉を行なうと同時に、大学院独自の提携先も新規開拓しようとしている。

就職動向

　まだ卒業生がいない。

インターンシップの主な採用先

　大学院独自の提携先はまだないが、学部が30以上の大企業と提携しており、これらの企業に大学院生枠を設けるよう働きかけていくと同時に、新規開拓も行なう予定。

就職支援

　MBA専用の就職支援システムは存在しないが、学部生対象のキャリア・オフィスで今後大学院卒業生の支援も行なっていく予定。なお、学部生に対しては、個々の学生を対象としたキャリア・カウンセリング、企業トップによる講演会、インターン先の提供などを行なっている。

　就職支援サイトURL

http://www1.apu.ac.jp/apu_jp/home.nsf

課題

　設備や広報宣伝体制などは、アメリカのビジネススクールをモデルとしていることから充実しているが、始動間もないプログラムのため、高い能力をもつ学生の獲得や就職活動の支援など、今後のプラス評価につながる成果を残すことが重要と考えられる。立命館大学は元来、アジア圏内の留学生を多く受け入れており、国際交流に熱心かつ良質の教育を行なう大学として名が通っている。日本の大学にとって最も高いハードルの1つが、多数の優秀な留学生を受け入れる環境作りであるだけに、この点は同校にとって大きな強みとなっていく可能性が高い。

早稲田大学大学院
アジア太平洋研究科

MBAプログラム

http://www.wiaps.waseda.ac.jp

設立年／1988年

基本情報

◆学生に関するデータ

卒業生数__n.a.
在学生総数__n.a.
留学生の割合__n.a.
平均年齢__n.a.
入学時の平均実務年数__n.a.

◆主な出身企業

n.a.

◆履修期間

入学時期__4月と9月
履修期間__12ヶ月、および24ヶ月

◆授業料

1年次__201万6,000円
　（入学金26万円を含む）
2年次__175万円

◆奨学金

アジア太平洋研究科奨学金
　（年額50万円：14名）

日本育英会第一種奨学金
　（無利子月額8万5,000円）

日本育英会奨学金きぼう21プラン
　（月額5〜13万円）

＊上記以外にも各種奨学金あり

◆専攻

ストラテジック・マネジメント専修、アントレプレヌール専修

 問い合わせ先

eメールアドレス　gsaps@list.waseda.ac.jp
電話番号　03-5286-3877　ファックス番号　03-5272-4533

出願期間と募集者数

出願期間　4月入学：9月上旬　　　　　9月入学：4月上〜中旬
募集者数　2年制コース：年間135名、1年制コース：30名

出願、就職関連情報

◆出願資格
学士号保持者、もしくは同等以上の学力があると判断された者

◆合格率と入学率
出願者の合格率__n.a.
合格者の入学率__n.a.
合格者平均TOEFLスコア__PBT：566
合格者平均TOEICスコア__693

◆選考方法
第1次選考：書類選考
第2次選考：エッセー・面接
　　　　　　（1次選考合格者のみ）

◆出願書類
1. 入学願書
2. 成績証明書
3. 志願者評価書1通
4. 卒業（見込み）証明書
5. 健康診断書
6. エッセー パート1
7. エッセー パート2（国外志願者のみ）
8. 研究計画書（1年制コース志願者のみ）
9. 所属機関からの派遣承諾書
10. GMATスコア・レポート
11. TOEFL、IELTS、もしくはTOEICスコア・レポート

◆修了要件
所要の授業科目について50単位以上の取得、および修論の提出

◆主な就職先
ソニー、マクドナルド、PWCコンサルティング、デロイト・トーマツ・コンサルティング、GEエジソン生命保険、ヤフー、フジタ、東京総研、メリルリンチ日本証券など

◆就職支援ネットワーク
卒業生ネットワーク（ホームページ）__n.a.
卒業生のための就職支援__n.a.

school information

〒169-0051　東京都新宿区西早稲田1-21-1早大西早稲田ビル7F
早稲田大学大学院アジア太平洋研究科
アドミッションズ・オフィス

C11

国内のMBAプログラム

特色

　早稲田大学大学院アジア太平洋研究科（1998年4月開設）の国際経営学専攻は、2003年に文部科学省の認定を受け、経営専門大学院として、早稲田大学ビジネススクール（WBS）と名を改め、従来から提供していたMBA（経営管理）プログラムを2つの専修に分けた。1つは経営戦略の立案／実行能力の育成に重点を置いたストラテジック・マネジメント専修であり、他方は社内起業家に対する総合的サポート能力の育成に重点を置いたアントレプレヌールシップ・マネジメント専修である。

　どちらの専修も、通常の履修期間は2年間のところを、5年以上の実務経験をもつ社会人に関しては、1年間での修了を可能にした。さらに、MBAに加えテクノロジー分野でのマネジャー育成を目指すMOT（Management Of Technology：技術経営）プログラムを開設し、テクノロジーと起業という関連した2分野を強化することで、独自性を打ち出している。

　起業を志す学生に対しては、学内にさまざまな援助団体が設けられている。たとえば、1998年にはWBSの教授が中心となって大学連携型ベンチャー・キャピタルを設置し（ウェル・インベストメント）、起業を考える卒業生や在学生に対して戦略上のアドバイスや資金の提供を始めた。2001年には、移転した早稲田実業学校の跡地にインキュベーション・センターを設立し、早稲田大学および在野の研究チームと選抜されたベンチャー企業に対し、無料で研究室やオフィスを提供している。

　2003年には、埼玉の本庄キャンパスにも同様の施設が開設された。WBSは起業のノウハウを教える講義科目の提供にとどまらず、学生が実際に起業し、事業を軌道にのせるまでの徹底したサポートを行なっている。

　WBSのもう1つの大きな特徴は、授業の多くが日英2カ国語で開講されている点だ（出願時点で日本語もしくは英語による履修を選び、完全にどちらかの言語に終始して履修することが可能）。アントレプレナー分野に重点を置いたプログラムの独自性、日英2カ国語のプログラム、そして生活や資金面でも細やかな援助を提供することで、留学生にも参加しやすい学習環境を築いている点が注目され、将来性の高いプログラムとして、海外のビジネス・スクール・ランキングや特集記事にも取り上げられた（『ビジネスウィーク』『フィナンシャル・タイムズ』『アジア・インク』『アジアウィーク』など）。

カリキュラム

WBSのカリキュラムの特徴は、まずその柔軟な履修システムにある。WBSはMBAプログラム内に、ストラテジック・マネジメント専修、アントレプレヌールシップ・マネジメント専修の2つのコースを開講しているほか、MOTプログラムも設けている。WBSではこれら3つのコース／プログラムにまたがって90以上の講義科目から選択して受講することができる。また、同プログラムはアジア太平洋研究科国際関係学専攻の科目の受講も許可しているが、これらを含めると、履修科目の選択肢は合計200科目にのぼる。

同校は「トライアングル・メソッド」と称する産学共同を重視した指導方法を実施しており、教員／学生／学外諸団体（企業、官公庁、地方自治体、国際機関、研究機関など）の3要素が密接に連携したプログラムを提供している。

WBSの学生は入学して1ヶ月あまりの間に、個人の研究テーマに基づき「プロジェクト研究」を選択することになる。これはいわゆる「ゼミ」にあたり、受講生は指導教官の指導の下、アジア太平洋研究科の受託研究プロジェクトへの参加、インターンシップ、フィールド・ワーク、留学などを通じて、大学で学んだ知識を実践の場で確認したり、異なる視点から考察したりしながら、自らの研究テーマに関する理解を深めていく。プロジェクト研究を通じて学生と学外の諸団体や海外スクールとの間に築かれる強力なネットワークは、学生の就職活動にあたっても大きな役割を果たしている。

2年間のプログラムスケジュールのモデルは次のとおり（4月入学の場合。9月入学の場合は秋学期スタートとなる）。

1年次	2年次
春学期　4〜7月(15週間) 基礎科目	春学期 発展科目、プロジェクト研究／修論、交換留学／インターンシップ／フィールド・ワーク　就職活動
夏学期　8月(2〜3週間) 発展科目、プロジェクト研究／修論	夏学期 交換留学／インターンシップ／フィールド・ワーク、プロジェクト研究／修論、就職活動
秋学期　9〜2月(15週間) 発展科目、プロジェクト研究／修論	秋学期　修士論文提出、就職活動
冬学期　2〜3月(2〜3週間) 発展科目、プロジェクト研究／修論、就職活動	冬学期　論文審査、口述試験、就職活動

開設科目

次の表は国際経営学専攻の講義科目である。学生はこのほかにもMOTプログラム、国際関係学専攻、さらには学部を含む他プログラムの開講科目から選択して履修することもできる。

必修科目
マネジメント・ゲームなど4科目

選択科目
経営と技術など8科目

選択科目
戦略・競争：M&A戦略など8科目 組織・人事：経営と組織戦略など4科目 金融・情報：金融システム論など11科目 ベンチャー：ベンチャー企業論など6科目 マーケティング：マーケティング戦略など10科目 会計・ファイナンス：戦略管理会計など8科目 テクノロジー・マネジメント：国際技術移転マネジメントなど7科目 オペレーションズ・マネジメント：生産経営システム設計など9科目 インフォメーション・テクノロジー：IT戦略マネジメントなど7科目

演習
ストラテジック・マネジメント専修：経営と組織など9科目 アントレプレヌールシップ・マネジメント専修：電子商取引の研究など12科目

特別講座
ベンチャー企業の創出特論など6科目

交換留学制度

主な交換留学先は次のとおり。

アメリカ	南カリフォルニア大学マーシャル経営大学院、ブランダイス大学国際経済・金融大学院
フランス	INSEAD、リヨン経営大学院
中国	清華大学経済管理大学院、中欧国際工商学院
韓国	高麗大学校経営管理大学院、延世大学校経営研究センター・経営管理大学院
オーストラリア	モナシュ大学経営・経済大学院
ペルー	ペルー経営大学院

就職動向

卒業生の就職先はコンサルティング、金融、メーカーのマーケティング職など多種多様であるが、他校と比べると起業率の高さが目を引く。また、海外でも注目されており、アジア圏からの留学生も多いことから、卒業生のアジア全域における活躍も期待される。

インターンシップの主な採用先

日本貿易振興会（JETRO）、国際協力事業団（JICA）、CITIBANK、三菱総合研究所、財団法人地球環境戦略研究機関など。

就職支援

就職支援に特化した組織はないが、実社会密着型（トライアングル・メソッド）プログラムの利点を活かし、プログラムそのものを通じて学内外の企業、諸機関とのネットワーク作りをする機会を豊富に提供している。2年次にプログラムの一環としてインターンシップを選ぶこともできる。

そのほか、キャンパスで年に数回のジョブフェアを開催。また、世界中のビジネス・

スクール共同のオンラインMBAキャリア・サポート・システム、グローバル・ワークプレイス・システムに加盟している（www.global-workplace.com/gwp/index.asp）。

課題

　授業システムや使用言語、留学生に対するサポート、または積極的な広報活動など、多くの点でグローバル・スタンダード化を果たしつつあるWBSだが、設立間もないため、これから充実していく必要のあるシステムもある。1つは卒業生ネットワーク、もう1つは就職支援システムである。

　前者の卒業生ネットワークは、国際的なビジネススクールでは必要不可欠とされている。しばしば言及されることだが、ビジネススクールで得た人脈はそれ自体が大きな財産であり、卒業生ネットワークはこの人脈を基盤に、生涯を通じて世界規模の人的ネットワークを拡大していくためには欠かすことのできないシステムである。世界中から学生を集めようとしている同校にとっては、ことさら重要なインフラである。

　一方、後者の就職支援に関しても、インターン先やプロジェクトで関わった企業のみならず、より幅広い就職活動を展開したい学生のためにも、情報の集結・公開の場としてのキャリア・センターの開設が待たれる。

備考

◆選考方法

　提出書類の審査、面接を経て受験者の総合的評価を行ない合否を判断する。また、同一プログラムに関して、履修言語を日本語もしくは英語から選択することができる。

◆出願書類

　国内の志願者は出身大学の指導教員、企業・研究所の上司、またはそれに相当する者が作成したものを1通。国外志願者は別々の評価者から1通ずつ、合計2通の志願者評価書が必要。

　派遣承諾書は、所属機関から派遣される場合のみ必要。

　GMATスコア・レポートは国外志願者で、主な履修言語として英語を希望する者が対象。

神戸大学大学院
経営学研究科

http://www.kobe-mba.net/

設立年／1989年

基本情報

◆学生に関するデータ
卒業生数__341名
在学生総数__133名
　（1年次65名／2年次68名）
留学生の割合__0%
平均年齢__35歳
入学時の平均実務年数__12.2年

◆主な出身企業
武田薬品、田辺製薬、松下電器、三菱電機、日立製作所、シャープ、三菱重工、川崎重工など

◆履修期間と履修形態
入学時期__4月
履修期間__18ヶ月*1
履修形態__平日夜間と土曜終日

*1 制度上は2年だが、18ヶ月での卒業が一般的

◆授業料
1年次__80万2,800円
　（入学金28万2,000円を含む）
2年次__52万800円（推定）

◆奨学金
日本育英会第一種奨学金
　（無利子月額8万5,000円）
日本育英会奨学金きぼう21プラン
　（月額　～13万円）

◆専攻
現代経営学

問い合わせ先

eメールアドレス　bpost@rose.rokkodai.kobe-u.ac.jp
電話番号　078-881-1212　ファックス番号　078-803-6977

出願期間と募集者数

出願期間　**12月初旬**　　　募集者数　**54名**　（平成15年度入学生）

出願、就職関連情報

◆出願資格

学士以上、または同等以上の学力があると判断された者で、民間企業、政府機関、自治体などに在職し、出願時において1年以上の実務経験をもつ者。入学希望者は、合格の時点で上司からの承認を得る必要あり

◆合格率と入学率

出願者の合格率__34%

合格者の入学率__95%

◆選考方法

第1次選考__書類審査、筆記試験[*1]

第2次選考__口答試験

＊1 筆記試験は英語と小論文（日本語500字程度）

◆出願書類

1. 入学願書および履歴書（所定用紙）
2. 研究計画書（所定用紙）
3. 成績証明書
4. 卒業証明書
5. 健康診断書（所定用紙）
6. 写真
7. 在学証明書
8. 住所票

◆修了要件

32単位以上の取得と修士論文、またはそれに相当する研究報告書の提出および審査の通過

◆主な就職先

現在勤めている会社でのキャリア構築を予定している人を対象としているので、派遣元に戻る卒業生がほとんどである

◆就職支援ネットワーク

卒業生ネットワーク（ホームページ）

　http：//www.mbacafe.org/

卒業生のための就職支援

　http：//www.mbacafe.org/

school information

〒657-8501　神戸市灘区六甲台2-1
神戸大学経営学部・経営学研究科教務掛

特色

　神戸大学経営学研究科は、国立大学の中では最も早くに社会人向けMBAプログラム
をスタートさせた（1989年）。「プロジェクト方式」に基づいた独自の指導方法や優れ
た教授陣も人気が高く、合格率は3割強と、国内MBAでは慶應に次ぐ難関校でもある。
在校生のレベルは学歴、職歴ともに高く、近年では会社員のみならず、医師や弁護士の
学生も増えている。異業種の優秀なプロフェッショナルとともに学び、ネットワーク
を築くことができるのは大きな魅力だ。一橋と同じく、国立の高等商業学校として設
立された歴史があり、安定した実力（50人を超す充実した教授陣、最先端の経営学分野
研究、国際的名声）に裏付けられている点も頼もしい。スタンフォード、ハーバード、MIT
をはじめ、海外のビジネススクールで教育を受けたり、研究をしてきた教授も多い。

　同校は夜間週末型のMBAプログラムを提供しており、基本的に企業派遣生を対象と
している。この特性を活かして、同校では授業用に作成された「ケース」ではなく、大
学に対して実際に産業界から要請のあった課題について、学生と教員が共同で解決策
を探る「プロジェクト方式」と呼ばれる授業形態をとっており、分析能力と実践能力を
同時に強化する工夫をしている。

　このように、ビジネスの現状を反映したプログラムを提供するため、同校MBAプロ
グラムで開講されている授業はすべて独自に開発されたものであり、従来の研究型大
学院の授業をそのまま夜間プログラムにあてはめたものは1つもない。また、ここで作
成されたプロジェクトをもとに、学生の勤務先企業が成功を収めた例も多くある。

　神戸大学MBAの特徴は、プロジェクト方式という授業形態を中心に据えることによ
って学生の成長を促し、学生独自の視点を通して、日本産業界を学生の出身企業やプ
ロジェクト先企業といった内部から改善していこうとする点にある。また、卒業生同
士の結びつきが強く、神戸大学の卒業生ネットワーク主催のウェブ・ページである
「MBAカフェ」は、他の国内主要MBAへのリンクを網羅しており、進学を検討する者に
はうってつけの情報源である。また、慶應や一橋など、他の国内主要MBAプログラム
の卒業生とも活発に交流している。

カリキュラム

受講生は同じプログラムを1年半もしくは2年間をかけて受講することができる。修了要件は32単位の修得と、修士論文またはそれに相当する研究成果の報告と審査合格である。32単位の構成は、必修授業の「プロジェクト研究」と「プロジェクト演習（ゼミ）」が10単位と、11科目22単位の講義科目である。授業が行なわれる曜日は、必修のプロジェクト研究・演習が土曜日、そのほかの講義科目は平日夜間と土曜日の集中講義の両方で、修了に必要な単位の9割を土曜日の授業で取得することができる。しかし、1年半でプログラムを修了するためには、一部平日夜間の講義科目も受講する必要がある。

次の履修方法のいずれかを選択する場合は、2年間で学位を取得することになる。2年間のプログラム・スケジュールは次のとおり。

・すべての授業を土曜日のみで履修する場合
・2年次の9月と秋学期に、海外の提携先大学院で短期留学をする場合

1年次	2年次
【前期】 **共通応用研究** 経営管理応用研究、経営戦略応用研究、国際経営応用研究、財務会計応用研究、管理会計応用研究、マーケティング応用研究、ファイナンス応用研究、市場システム応用研究、統計的方法応用研究	**【前期】** プロジェクト演習（1年半コースはここまで）
【後期】 **分野別応用研究** キャリア開発応用研究、顧客価値創造応用研究、ビジネス・システム応用研究、ベンチャー・ビジネス応用研究、市場創造応用研究、テクノロジー・マネジメント応用研究、国際ロジスティックス応用研究 **プロジェクト研究**	**【後期】**（留学予定者、週末クラスのみの学生） **海外留学** **応用研究**

開設科目

現代の産業社会が解決を求めている問題は、分野横断的専門知識や能力を必要とするものと捉えていることから、専門分野別の専攻（例：マネジメント・システム専攻、会計システム専攻、市場科学専攻）ではなく、そうした専門分野を横断した現代経営学専攻を設けている。

開設科目は次のとおり。

選択科目
経営管理応用研究、マーケティング応用研究、ファイナンス応用研究、キャリア開発応用研究、顧客価値創造応用研究など約20科目
演習その他
ミニ・プロジェクト
プロジェクト研究
組織開発、経営政策、事業創造戦略、ビジネス・システム革新の4分野

交換留学制度

主な交換留学先は次のとおり。

アメリカ	UCLA、ワシントン大学、テキサス大学オースティン校
イギリス	マンチェスター・ビジネススクール、クランフィールド大学
その他	メルボルン大学（オーストラリア）、パリ高等商業学校（ESCP）（フランス）、コブレンツ経営管理大学（ドイツ）、ウィーン経済大学（オーストリア）、ヨーテボリ商科大学（スウェーデン）、チュラロンコン大学（タイ）

就職動向

神戸大学経営学研究科では、EMBAなど、多くの欧米のパートタイム・プログラムと同様、入学希望者に対して、入学に先立ち上司からの承認を得るよう求めている。基本的には企業派遣生を対象としており、学生や、単なる転職やキャリア・アップを目的にやってくる学生に偏らないよう配慮しているのだ。また、授業参加や貢献自体、学生の勤務先からの情報やネットワークに頼っているところが大きいので、MBA取得後、あるいは在籍中の転職は表立っては認めていない。

卒業後は、現職でよりすばらしい活躍をしてもらいたいというのがプログラムの主旨であるため、転職支援のシステムもあえて設けてはいない。むしろ、現職復帰後に、より充実したキャリアを送れるよう、キャリア・デベロップメントの研究や教育を行なっている教官によって、キャリア開発応用研究や経営管理応用研究などの科目が提供されている。

もちろん、転職者がいないわけではない。キャリアの節目に入学した学生が卒業後に外資系企業やシンクタンクに転職するケースは見受けられる。

今後

　母体である神戸大学自体、経営学の研究・教育機関として国内で高い評価を得ているが、MBAプログラムもレベルの高い卒業生を輩出し続けている。国内でも英語によるフルタイムのアメリカ式ビジネススクールが増加しつつある現在、それらのスクールが留学生を受け入れることで国際化を図っているのに対して、同校は海外提携校との連携を強めることで、国際的な視野をもつプロフェッショナルの育成を促進しようとしており、パートタイムのプログラムにもかかわらず、効率の良い国際化を実行している。このように、設立時から独自の問題意識と教育方針をもち続けている良質なパートタイム・プログラムではあるが、今後、他のフルタイム・プログラムの増加にどう対処していくのかが注目される。

マギルMBAジャパン

http://www.mcgillmbajapan.com

設立年／1998年

基本情報

◆学生に関するデータ
卒業生数＿約150名
在学生総数＿80名
　（1年次40名／2年次40名）
留学生の割合＿54%
平均年齢＿32歳
入学時の平均実務年数＿9年

◆主な出身企業
三井物産、モルガン・スタンレー、マイクロソフト、小松製作所、東京三菱銀行など

◆履修期間と履修形態
入学時期＿6月
履修期間＿2年
履修形態＿毎月第3および第4土・日曜日
　（9:00〜17:00）

◆授業料
1年次＿240万円（入学金20万円を含む）
2年次＿240万円

◆奨学金
入学審査の課程で優秀と認められた者に対しては、大学独自の奨学金が支給される。そのほか、上智大学の卒業生である成績優秀者にのみ、上智大学卒業生奨学金が支給される。いずれの奨学金を希望する場合にも、応募時に希望する奨学金の名称、学業成績、その他指定事項を明記した手紙を同封する必要がある

◆専攻
マギルMBAジャパンは国際経営学もしくはファイナンス
（モントレオール留学オプションの専攻については本文を参照）

 問い合わせ先

eメールアドレス　office@mcgillmbajapan.com
電話番号　03-5215-1383　ファックス番号　03-5215-1383

 出願期間と募集者数

出願期間　**2月1日必着（ローリング・アドミッションズ方式[*1]）**
募集者数　**34名程度**

*1 願書の締切日前でも出願書類がすべてそろった時点で審査および合否通知を行なうシステム

出願、就職関連情報

◆出願資格

大卒もしくは同等の能力をもち、学部での成績が平均3.0／4.0（B）以上、TOEFLで最低250（CBT）、GMATでは同570以上を取得した者

◆合格率と入学率

出願者の合格率＿n.a.
合格者の入学率＿n.a.

◆選考方法

書類審査

◆出願書類 (すべて英語)

1. 所定用紙による出願申込書一式
   a.願書、b.個人経歴書、c.推薦状
2. 大学以後のすべての教育機関から発行された成績証明書。各校2通ずつ。発行機関より直接マギルへ郵送のこと
3. 指導教授もしくは上司からの推薦状2通（所定用紙）
4. 履歴書
5. GMATスコア
6. TOEFLスコア

◆修了要件

60単位の取得

◆主な就職先

全体の一割程度が転職。転職先は、AT&T、ブルームバーグ・ニュース、ゴールドマン・サックス、ノバルティス・ファーマなど

◆就職支援ネットワーク

卒業生のみアクセス可能なウェブページがある。また、来日中のマギル本校卒業生も含めたネットワーキングイベントを、カナダ大使館で毎年開催

school information

〒102-8544　千代田区紀尾井町7-1
上智大学四ッ谷キャンパス 11号館 327号室
〈願書その他の書類提出先〉
McGill MBA Japan Faculty of Management
1001 Sherbrooke St. West, Suite 300
Montreal, Quebec, Canada 3A 1G5
eメールアドレス＿mbajapan@mcgill.ca

※カナダ・キャンパスの写真

707

特色

　マギル大学は、国際色豊かなカナダのケベック州の大都市、モントリオールに1821年に創設された歴史ある名門総合大学で、経営学以外にも多くの分野で高い評価を受けている。同学のMBAプログラムは『フィナンシャル・タイムズ』の「世界ベスト100ビジネススクール・ランキング」で4年連続37位、2002年度には「世界的に活躍する卒業生の数」部門で第10位を獲得した。

　「マギルMBAジャパン・プログラム」は、同プログラムの日本支部である、上智大学四谷キャンパスの一画で開講されている。マギルMBAジャパンも、マギル大学が従来高い評価を受けてきた国際経営学を中心としたプログラムを提供しており、授業内容もカナダ本校と変わらない。授業は週末にのみ行なわれ、基本的には日本国内ですべての単位を取得できるが、希望者は1年目のコア科目のみ日本で履修し、2年目の選択科目からはカナダ本校で履修することも可能である。

　同校の特色は、在職しながら国際色豊かなクラスメイトと英語で欧米のビジネススクール教育を享受できる点にある。日本語で開講されているパートタイムMBAや、英語で開講されているフルタイムMBAはほかにも日本国内にあるが、仕事を中断せずに通学できる、英語での質の高いパートタイムMBAプログラムを提供しているのは同校のみである。類似した試みにテンプル大学のEMBAがあるが、こちらは職務経験、年令ともマギルMBAジャパンよりも上の層を対象にしている。

　互いに仕事をしながら通学している在校生同士のチームワークは堅く、卒業後もその交流は続いている。有力な就職情報などがやり取りされることも多く、プログラムへの参加によって得られる人間関係自体が大きな財産となっている。

カリキュラム

　受講生は、4期からなる2年間のプログラムをすべて日本で受講するMBAジャパン、もしくは1年目にコア科目を日本で履修したあと、2年目をカナダのマギル本校で履修するMBAジャパン・カナダ・オプションを選択することができる。内容は、国際経営学が中心となっている。1年目のコア科目のうち、1科目（6単位）は個人プロジェクトである。2年目は国際経営学分野の選択科目の中から任意の科目を選んで所定の単位数を履修し、個人研究論文を作成する。MBAジャパンの受講生は国際経営学、カナダ・オ

プションの受講生は情報システム、国際マネジメント、アントレプレナー・スタディ（Entrepreneurial Studies）、ファイナンス、開発マネジメント（Management for Development）、マーケティング、オペレーションズ・マネジメント、戦略的マネジメント、ゼネラル・マネジメントのいずれかの専攻分野でMBA（経営学修士号）を取得することができる。

　2年間のプログラム・スケジュールは次のとおり。

1年次　必修科目（MBAJapan、MBAJapan with Study in Canada Option共通） 以下から30単位選択
財務会計学（Financial Accounting）、組織行動論（Organizational Behaviour）、経営統計学（Management Statistics）、経営経済学（Managerial Economics）、ファイナンス（Finance）、情報システム論（Information Systems）、人的資源マネジメントとリサーチ（Human Resource Management, Research）、技術開発とエンジニアリング（Development and Engineering）、マーケティング（Marketing）、オペレーション・マネジメント（Operations Management）、管理会計（ Managerial Accounting）、組織戦略（Organizational Strategy）、国際環境論（International Environment）

2年次

ファイナンス専攻

国際ファイナンス（International Finance）、実践企業財務（Applied Corporate Finance）、投資とポートフォリオ・マネジメント（Investments and Portfolio Management）、ファイナンス特講（Special Topics in Finance）、デリバティブとリスク・マネジメント（Derivatives and Risk Management）

国際経営学専攻

文化横断的マネジメント（Cross-Cultural Management）、経営交渉術（Managerial Negotiations）、国際ファイナンス（International Finance）、実践企業財務（Applied Corporate Finance）、マーケティング・リサーチ（Marketing Research）、ハイテク・マーケティング（HighTech Marketing）、国際マーケティング・マネジメント（International Marketing Management）、中小企業マネジメント（Managing the Small Enterprise）、持続可能な発展（Sustainable Development）、グローバリゼーション・マネジメント（Managing Globalization）、リーダーシップ（Leadership）、権力とその影響（Power and Influence）、個人研究論文（Research Paper）

MBAJapan with Study in Canada Optionの学生

本国MBAプログラムで情報システム、国際ビジネス、アントレプレナーシップ、ファイナンス、開発諸国経済におけるマネジメント、マーケティング、オペレーション・マネジメント、戦略的マネジメント、ゼネラル・マネジメントの9専攻で提供されている科目の中から30単位を選択

国内のMBAプログラム

開設科目

開設科目は次のとおり。

コア科目（選択）	財務会計学など14科目
選択科目	ファイナンス専攻：国際ファイナンスなど5科目 国際経営学専攻：文化横断的マネジメントなど14科目
演習その他	個人プロジェクト、個人研究論文

交換留学制度

「モントリオール・オプション Montreal Option」という受講形態を選ぶと、2年次はモントリオールにあるマギル本校で受講することができる。

就職動向

パートタイムのプログラムのため、在学中もしくは卒業後に転職する学生は全体の1割程度だが、その多くが在学生や卒業生間のネットワークを利用して、在日外資系企業へと就職している。同校での確固たる国際ビジネス教育と英語力育成を物語るものといえよう。

今後

国内のMBAプログラムは、国際的に通用する人材の育成を目指して英語での講義に移行しつつある。このような流れの中、これまで最も多かった日本語でのパートタイムMBAの今後の方針が問われているが、同校は英語によるMBAプログラムとしては、都内で唯一社会人が離職せずに通学できるものである。

教授をはじめとする関係者の国際性や、本国カナダと変わらないレベルの指導などの点から見ても、すでに他のパートタイム・プログラムとは一線を画している。同校は、これからも独自の路線を継続していく意向である。

NBS
Nihon University
Graduate School of Business

日本大学大学院
グローバルビジネス研究科

http://www.gsb.nihon-u.ac.jp/

設立年／1999年

基本情報

◆学生に関するデータ
卒業生数__n.a.
在学生総数__n.a.
留学生の割合__23%
平均年齢__33～35歳
入学時の平均実務年数__n.a.

◆主な出身企業
n.a.

◆履修期間と履修形態
入学時期__4月と9月
履修期間__2年
履修形態__夜間を中心とした昼夜開講制

◆授業料
1年次__99万円（入学金26万円を含む）
2年次__73万円（推定）

◆奨学金
日本育英会第一種奨学金
　（無利子月額8万5,000円）
日本育英会奨学金きぼう21プラン
　（月額5～13万円）

◆専攻
エグゼクティブ・マネジャー・コース、中小企業経営コース、ベンチャー・ビジネス・コース、ヘルス＆ソーシャル・ケア・コース、テクノロジー・マネジメント・コース

 問い合わせ先

eメールアドレス　master@adm.nihon-u.ac.jp
電話番号　03-5275-8277　ファックス番号　03-5275-8327

出願期間と募集者数

出願期間　5月中～下旬（9月入学生）
募集者数　50名（年間）

出願、就職関連情報

◆出願資格

学士以上、または同等以上の学力があると判断された者で、3年以上の実務経験を有する者

◆合格率と入学率

出願者の合格率＿n.a.
合格者の入学率＿n.a.

◆選考方法

試験項目は次のとおり

1. 英語
   （英和辞典持込可。ただし、専門用語辞典などは除く）
2. 小論文
3. 口頭試問

◆出願書類

1〜6までは必須。7から10は該当者のみ

1. 入学志願票（所定用紙）
2. 成績証明書
3. 卒業証明書
4. 研究計画書（所定用紙）
5. 履歴書（所定用紙）
6. 健康診断書（所定用紙）
7. 外国人登録済証明書
8. 戸籍等記載事項証明書
9. TOEIC、TOEFL、IELTの検定証明書（写）の任意提出
10. GMATの検定証明書（写）の任意提出

◆修了要件

最低30単位の履修、および修士論文もしくはビジネス・プランの作成

◆主な就職先

日本興業銀行（旧）、日本ビジネスホテル予約サービス、全日本空輸、東横イン、遼寧大学、遼寧省瀋陽市地方税務局、遼寧省計画委員会、日本総合研究所、プロローグ（起業）、ステップ・サポート（起業）、インターナショナル・クリエイティブ・サービス（起業）、紅花、リコー、日本政策投資銀行など

◆就職支援ネットワーク

卒業生ネットワーク（ホームページ）＿n.a.
卒業生のための就職支援＿n.a.

school information

〒102-8275　東京都千代田区九段南四丁目8-24
日本大学大学院 グローバルビジネス研究科

※キャンパス内の風景

713

特色

　日本大学大学院グローバルビジネス研究科は、実務経験3年以上の社会人のみを受け入れている、昼夜開講制のMBAプログラムである。学生の平均年令も33〜36歳とやや高めで、「徹底した実学志向」を追求している。起業家の育成に特に力を入れており、5分野ある専攻も、主に中小やベンチャー企業主、もしくは起業を志す学生を対象としている。事実、学生の多くは中小やベンチャー企業の社長であり、そのほかの受講生も、近い将来の起業を考えていることから、学生同士の情報交換やネットワーク作りが盛んに行なわれている。ネーム・バリューやブランドとしてのMBA取得より、実際に起業や中小企業の運営を行なう中で生じたビジネス上の課題に対して、具体的で早急な解決案を求めている学生が多い。学生同士の交流の中から新たなビジネス・チャンスが生まれることも多い。

　さらに、受講生の起業に対してより充実した支援を行なうために、フランスのHEC総合大学院と学術提携を結び、教員、学生の交換や共同研究、学術資料・文献の交換などを行なっている。こうして収集された研究成果はNUBIC（日本大学国際産業技術・ビジネス育成センター）と呼ばれる日本大学独自のTLO[*1]が扱っており、文字通りビジネス・アイディアの宝庫となっている。

　2年間のプログラム・スケジュールは次のとおり。

1年次	2年次
必修／選択必修科目	専門科目
専門科目	選択科目
選択科目	特別研究
特別研究	

---

*1　Technology Licensing Organization（技術移転機関）の略。大学研究者の研究成果を発掘・評価し、特許化および企業への技術移転を行う法人。いわば大学の「特許部」である

カリキュラム

　日本大学大学院グローバルビジネス研究科では、専攻分野を横断した受講生同士の交流を推奨しており、その交流を通して新しいビジネスのアイディアを開発することを目指している。受講生は1年次を通して、専攻を横断した必修科目「グローバル・オペレーション」を履修する。この授業では異なる専攻出身の学生同士がチームを組み、共通の関心に基づいて自らテーマを選択し、主題に関する理解を深める。その後、互いに協力し合いながらテーマに基づいたビジネス・プロジェクトを1つ完成させる。これにより、ビジネス課題を解決する行程を、複数分野を横断した専門家同士が一緒に疑似体験することができる。1年次はこのほかに8単位の選択必修科目を履修する。

　2年次では、自ら選択した専攻の必修科目を6単位、コース関連領域および全コース共通領域の科目群から、合わせて12単位を選択履修する。このほか、興味のある課題について特別研究を行ない、修士論文またはビジネス・プランとしてまとめることが義務付けられている。

　同校ではまた、海外で成功しているベンチャー・ビジネスの経営手法などを調査・研究するために定期的に海外研修を開催している。これまでに開催した2回の海外研修ではアメリカ、シリコン・バレーのIT／バイオ系のベンチャー企業や、周辺の大学研究機関などを見学、調査し、日本国内でのビジネスの可能性を探ることに役立ててきた。国内についても、成長著しいベンチャー企業の社長に起業の動機、設立／経営方法、課題などについて講義を依頼し、「日本ベンチャー・ビジネス・フォーラム」を開催するなど、起業に関してあらゆる方面の実例から学ぶ努力を重ねている。

開設科目

コア科目（選択）

　専攻共通：マーケティング、企業戦略、組織行動、戦略的情報技術、アカウンティング、ファイナンス

分野別科目

　エグゼクティブ・マネジャー・コース：人的資源マネジメント論など6科目

　中小企業経営コース：中小企業経営論など6科目

　ベンチャー・ビジネス・コース：ベンチャーキャピタル論など6科目

ヘルス＆ソーシャル・ケア・コース：アメニティ論など5科目

テクノロジー・マネジメント・コース：知識社会の経営戦略など5科目

選択科目

コース共通領域、もしくはコース関連領域から6科目12単位以上を選択履修

【共通領域】

グローバル・ビジネス・マネジメントI/IIなど19科目

【コース関連領域】

エグゼクティブ・マネジャー・コース：ディシジョンメーキング論など10科目

中小企業経営コース：中小企業金融論など5科目

ベンチャー・ビジネス・コース：ベンチャー経営論など8科目

ヘルス＆ソーシャル・ケア・コース：介護福祉論など13科目

テクノロジー・マネジメント・コース：プロダクト・ポートフォリオ・マネジメント

など13科目

就職動向

中小企業向けのコンサルティング会社や女性医療職専門の転職サイトなど、提供しているノウハウに直結した分野での起業が目立つ。

今後

さまざまな分野や国籍の社会人が集まることから、起業のためのネットワークの場として活用されている。また、医学部のある日本大学らしく、医療ビジネス関係の科目が多いことも特色となっているが、提供している科目数が受け入れ人数に対して膨大であり、プログラム自体の方向性がやや掴みにくい。昨今、パートタイム、フルタイムを含め、有力な他校プログラムが多数新設、改編される中、そうした他校プログラムと今後どう差別化していくのかが注目される。

Master TGS

多摩大学大学院
経営情報学研究科

http://www.tama.ac.jp

設立年／1993年

基本情報

◆学生に関するデータ
卒業生数＿156名
在学生総数＿94名
留学生の割合＿2%
平均年齢＿40歳
入学時の平均実務年数＿n.a.

◆主な出身企業
中央・地方公務員、製造業、金融、商社、
自営業（会計事務所、弁理士事務所）、コン
サルタントなど

◆履修期間と履修形態
入学時期＿4月と9月
履修期間＿基本は2年（延長は最長3年まで）
履修形態＿平日の夜間（演習）と土曜終日
　　　　　（講義）

◆授業料
1年次＿130万円
　（入学金30万円を含む）
2年次＿100万円

◆奨学金
日本育英会第一種奨学金
　（無利子月額8万5,000円）
日本育英会奨学金きぼう21プラン
　（月額5〜13万円）

◆専攻
経営戦略コース、統合リスク・マネジメント・
コース、ロジスティクス経営コース

 問い合わせ先

eメールアドレス　tgs@tama.ac.jp
電話番号　042-337-7117　ファックス番号　042-337-7100

👫 出願期間と募集者数

出願期間　1月中〜下旬（4月入学生）　　　8月中〜下旬（9月入学生）
募集者数　40名（4月入学生）　　　　　　20名（9月入学生）

出願、就職関連情報

◆出願資格

学士以上、または同等以上の学力があると判断された者で、民間企業・官公庁などに在職し、入学時現在で3年以上の実務経験を有する社会人を優先

◆合格率と入学率

出願者の合格率＿n.a.
合格者の入学率＿n.a.

◆選考方法

第1次選考（書類審査）
第2次選考（口述試験）
＊第1次選考の合格者のみが口述試験の対象

◆出願書類

1. 入学志願票および受験票・写真票
2. 出身大学、大学院の成績証明書および卒業証明書
3. 健康診断書
4. 研究計画書
5. 小論文
6. 研究業績など

◆修了要件

2年以上在学し、演習4単位以上を含む30単位以上を取得し、必要な研究実習に参加し、さらに修士論文の審査および最終試験に合格すること（演習4単位以上を含む34単位以上の取得を条件に、修士論文審査をそれに代わる「特定の課題についての研究の成果」の審査とすることも可能）

◆主な就職先

基本的には、現在勤めている会社でのキャリア形成を考えている人に合わせたプログラムとなっているので、派遣元に戻る卒業生が多い

◆就職支援ネットワーク

卒業生ネットワーク（ホームページ）
　http://www.tgs-tamago.jp/

卒業生のための就職支援
　http://www.tgs-tamago.jp/

school information

〒206-0022　東京都多摩市聖ヶ丘4-1-1
　　　　　　多摩大学大学院事務室

特色

　1993年に設立された、日本初の社会人大学院で、夜間と週末の通学のみで学位を取得することができる。職業経験が豊かで、専門意識の高い社会人を対象としている。2004年度からは経営戦略コース、統合リスク・マネジメント・コース、ロジスティクス経営コースの3つに分けて開講した。経営戦略コースでは必修科目を設けていないため、各人が自由にカリキュラムを組み、あらゆる組織に通用する経営スキルを身につけることができる。統合リスク・マネジメント・コースとロジスティクス経営コースは、ビジネス界で需要の高い専門能力を磨くものである。

　同校の最大の魅力はおそらく、その講師陣であろう。学長の中谷巌氏をはじめ、元野村総研取締役の青山浩一郎氏、ソフィアバンク代表の田坂広志氏など、研究者としても企業人としても超一流のキャリアを築いてきた著名人の指導を、学生対教員比率が3対1という少人数クラスでじっくり受けることができるのは大きな魅力だ。実務上の具体的な課題の解決に向けて、優れた指導者と意欲的なクラスメイトとともに、オーダー・メイドの学習計画を全うすることができる。

　また、同期の学生間、そしてOB同士の結びつきも強く、卒業後も頻繁に交流し、在学生へのアドバイスなども積極的に行なっている。

カリキュラム

　必修科目のない経営戦略コースでは、在校生が履修ガイダンスを行なっており、それを参考に自分にあった履修計画を組むことができる。一方、統合リスク・マネジメント・コースとロジスティクス経営コースでは、専門に関する必修科目を設け、それぞれ最高リスク管理責任者、最高ロジスティクス責任者の育成を目指している。

　授業はすべて平日夜間および土曜終日に行なわれる。平日の授業は主に演習が中心となり、品川、目黒などの都心にある同校施設で19：30〜20：00（教員、科目によっては21：30まで）、土曜日の授業はそのほかの授業が多摩キャンパスで9：00〜17：50まで、さまざまな指導法を用いて開講されている。

　4月開始の15週間、および9月開始の15週間からなる2期制を採択しており、すべての科目は1学期間で完結する。また、修了要件の一環として、各学生は春期、夏期の休暇中に研究実習を行ない、レポートを作成することが義務付けられている。

開設科目（2003年11月現在）

【選択科目】

経営戦略コース：企業人のための経済学など37科目

統合リスク・マネジメント・コース：統合リスクマネジメントなど7科目

ロジスティクス経営コース：ロジスティクス経営戦略など13科目

【演習】

キャピタル・マーケット論演習など23科目

就職動向

在職中、もしくは企業派遣の学生を対象としているので、基本的に転職者はいない。

今後

　キャリアを中断することなく、現職に即したビジネス・スキルを身につけることができるのは、国内MBAプログラムの大きな強みだ。同校も、対象を在職の社会人に絞ることで、こうした強みを活かしている。

　しかし、2003年施行の改正学校法による専門職大学院の開設に伴い、他のフルタイム・プログラムが増加する中、青学GSIMなどのように、パートタイムMBAをフルタイム・プログラムへと改編するところも出ている。他校も含め、今後の選択が注目される。

　国内MBAプログラムの大きな流れとしてさらに挙げられるのは、海外主要ビジネス・スクールとの学術提携や交換留学提携を通して、より国際的に通用するビジネス・パーソンを育成しようとする動きである。同校の教員およびカリキュラムは高い評価を受けてはいるものの、英語による講義や交換留学、海外研修などは実施していないため、今後国内プログラムの「国際化」という大きな流れにどう対応していくのかが注目される。

テンプル大学ジャパン エグゼクティブMBA

http://www.tuj.ac.jp/newsite/main/emba

設立年／1996年

基本情報

◆学生に関するデータ
卒業生数＿約130名
在学生総数＿約60名
外国人留学生の割合＿約50％
平均年齢＿37歳
入学時の平均実務年数＿8年

◆主な出身企業
アメリカン・エクスプレス・インターナショナル、
アップル・コンピュータ、アプライドバイオシス
テムズ・ジャパン、ブルームバーグ、第一製薬、
富士通・シーメンスコンピュータ、日本IBMなど

◆履修期間と履修形態
入学時期＿5月
履修期間＿2年間(授業回数：80回)
履修形態＿毎週土曜日(9:00〜18:00)

◆授業料
1年次＿210万円
2年次＿210万円

◆奨学金
フルブライト奨学金など
奨学金ホームページ
　http：//www.tuj.ac.jp/newsite/main/
　emba/mba_resource_aid.html

◆専攻
経営学

問い合わせ先

eメールアドレス　business@tuj.ac.jp
電話番号　03-5441-9871　ファックス番号　03-5441-9822

出願期間と募集者数

出願期間　4月1日締切
募集者数　30名

出願、就職関連情報

◆出願資格

TOEFL(PBT)のスコアが最低575点以上で、学士もしくは同等の経験を有し、実務経験のある者

◆合格率と入学率

出願者の合格率＿83%
合格者の入学率＿100%
合格者平均GMATスコア＿550
合格者平均TOEFLスコア＿CBT:250

◆選考方法

書類審査および面接

◆出願書類

1. 所定の入学願書
2. 履歴書
3. 出願趣意書
4. GMATスコア
5. TOEFLスコア(英語を母国語としない出願者対象、北米大学卒業者を除く)
6. 所属したすべての大学から正式に発行された卒業証明書と成績証明書(英文、和文)をそれぞれ2通
7. 推薦状2通以上

◆修了要件

2年間で16科目の修了

◆主な就職先

プログラム修了直後に転職する学生は多くない

◆就職支援ネットワーク

卒業生ネットワーク(ホームページ)
　在校生、卒業生のみが閲覧できるサイトがある。年に数回、在校生と卒業生の交流会を開催している

卒業生のための就職支援
　在校生、卒業生のみが閲覧できるサイトがある

school information
〒106-0047　東京都港区南麻布2-8-12
テンプル大学ジャパン Executive MBA Program

特色

　アメリカのペンシルベニア州にある私立テンプル大学の日本校、テンプル大学ジャパンで開講されているEMBAプログラムである。一般的に、EMBAには週末の授業を中心としたウィークエンド型と、複数の短期集中の合宿を中心とした、モジュール型が存在するが、テンプル大学ジャパンのEMBAは前者にあたり、土曜終日の授業を2年間で80回受講することによりMBAが取得できる。マネジャーは全社的視点から会社の経営を把握することが求められるが、同校はその能力をさらに高めることを目的としており、そのためのカリキュラムは、職種横断的な経営学の科目から構成され、すべてが必修である。

　ペンシルベニア本校のフォックス経営大学院EMBAプログラムは、英『フィナンシャル・タイムズ』でも世界第44位にランク付けされており、日本校のEMBAでも本校と同じ内容を英語で提供している。受講生には大手外資系企業の日本支社重役なども多く、同期入学生全員が2年間にわたって同じカリキュラムの下で同時に学んでいく「コーホート制」の中で、経営経験豊富でさまざまな産業界出身の同期入学者たちと強い絆を築くことができる。日本国内で英語によるEMBAプログラムを開講しているのはテンプル大学のみのため、他のプログラムでは出会いにくい層のプロフェッショナルたちと親睦を深めることができる。

カリキュラム

　入学の前提条件として、各々の専門分野で豊富なマネジメント経験を積んでいることがある。そのため、産業や業種別の主題に焦点を当てた授業よりも、産業横断的な分析手法やマネジメント手法を扱う授業が多い。2年間のスケジュールは次のとおり（授業は各期5回ずつ）。

1年次	2年次
夏学期(5〜7月) 経営のための統計分析 （Statistical Analysis for Management） 企業を取り巻く経済環境 （Economic Environment of the Enterprise）	**夏学期(5〜7月)** 情報技術経営 （Management Information Technology） 企業における管理業務 （Managing Operations in the Enterprise）
冬学期(9〜12月) 財務報告と分析 （Financial Information Reporting and Analysis） 人材活用と管理 （Leading and Managing Teams and Individuals） 法と企業倫理 （Law and Ethics in the Enterprise）	**冬学期(9〜12月)** 戦略的コスト分析 （Strategic Cost Analysis for Enterprise Management） マーケティング運用 （Managing Marketing in the Enterprise） 企業財務経営 （Enterprise Financial Management）
春学期(1〜4月) 現代企業戦略 （Contemporary Corporate Strategy） 人材開発戦略 （Managing and Developing Human Capital in the Enterprise） 企業と金融市場 （Financing the Enterprise）	**春学期（1〜4月）** 国際ビジネス戦略8 （Managing the Enterprise from a Global Perspective） 特講 （Special Topics） 戦略形成と実施 （Enterprise Strategy Formulation and Implementation）

開設科目

　クラス全員が所定のスケジュールで同じ授業を履修する、「コーホート制（同期入学者制）」を取るため、すてが必修科目となる。

交換留学制度

　交換留学制度としてはないが、毎年3月に在校生と卒業生両方を対象とした海外研修旅行を実施している。2003年度の見学先はプラハとブダペスト。今後の訪問先としては南米や東南アジアを検討している。

就職動向

参加者は実務経験の長い企業重役がほとんどなので、転職者は稀である。

今後

　都内唯一の、米系大学主催の英語EMBAとして設立時から独自性を保っている。今後もこれまで通りの方針で運営を続ける見通しだが、2003年10月14日付けで、ウィリアム・スウィントン氏がテンプル大学ジャパンMBAプログラム総括責任者に就任した。同氏の指導のもと、同校では企業内教育プログラムにおけるビジネス・マネジメント関連コースの拡張を図っていく方針である。

‥‥‥日本人在校生および卒業生のコメント‥‥‥

　同大学院のEMBAプログラムは、財務会計、マーケティング、経営戦略等、16コースから構成され、コーホート（Cohort）と呼ばれるクラス編成が採用されており、授業の聴講および少人数のクラスでの徹底した議論を行なうシステムとなっています。私が尊敬するロン・シングルトン教授の財務会計のコースを例に挙げると、まず膨大な量のリーディング・アサイメントをベースにクラスの講義で理論を学び、ケース・スタディおよびそのディスカッションにより、自分たちの経験を理論化し、最後に3〜4人のグループごとに実際の企業を取り上げ、財務分析、課題の洗い出し、財務戦略を立てグループとしての提言をまとめ、クラス全員で徹底した討議が行なわれます。各コースともに、繰り返し、こうしたケース・スタディやケース・メソッドによる実践的な経営教育が行なわれます。

　キャンパスで苦労した点は、こうしたクラスの進行はフィラデルフィア本校からの教授により、ネイティブの学生を対象としたスピードで行なわれるため、ネイティブでない私がリーディング・アサイメントやレポーティングをそのスピードにあわせて行なっていくには大変な努力が必要だったことです。私の場合、クラス開始の1〜2週間前に教授より提示されるSyllabusに沿ってリーディング・アサイメント、プロジェクトへの準備を常に前倒しに実施して克服しました。これには、以前から行なっていたTime誌の速読、特に、時々挑戦した同誌のCover to Cover読破の経験が大変役立ちました。

　こうしたビジネスのあらゆる分野をカバーしているEMBAでの問題解決能力、戦略、決断能力の強化の中で、世界各国からの級友から幅広い角度からのインプットがなされ、こうした経験は、現在の私の国際機関での業務における海外とのコミュニケーションや交渉に大変役立っています。

　最後に、これからEMBA入学を目指す方へのアドバイスです。TOEFLやGMATの最新結果の提出が必須ですが、日ごろからTOEICなども含め訓練し、GMATについては読解、数学、論証、エッセーなど、コンピューター上での時間との戦いに慣れておくことをおすすめします。

（2002年卒業　男性　国際研究機関勤務、ジェネラルマネジャー　私費）

＊　　　　＊　　　　＊

　テンプル大学EMBAの教授陣は全員外国人。企業勤務経験、特にグローバル経験が高い人が多く、テンプル大学以外の米国内外で活躍する教授も含まれる。1科目終了時に学生が教授と授業内容を評価し、それが翌年クラスのカリキュラム編成に反映される。クラスメイトは各領域で活躍する中堅レベル中心の24名（うち外国人6名、平均36歳位）。多忙の中、時間を捻出して、各々の目標を目指してグローバル・ビジネス・マネジメント・スキルの向上に意欲を燃やす、刺激的な仲間達である。私は幸い学費が会社負担となったが、学生の大半は自己負担のようだ。

授業は、日常の不確実性の高いビジネスの場での問題解決の糸口となるコンセプトや考え方を理解し、その場の状況を適切に判断して対応する力をつけることが主軸である。他国企業のケース・スタディや具体事例の分析をもとに、プレゼンテーションやインタラクティブなディスカッションなど、教科書の理論の応用に重点が置かれている。その中で、異なるバックグラウンドをもつクラスメイトの経験に基づく率直な発言が、生の教材となる。仕事ですぐに役立つアプローチを発見し、脳裏に深く刻まれる。宿題・課題に3～4人のグループでケース・スタディや特定テーマの調査、分析に取り組む機会も多い。平日は、クラスメイトとの電子メールによる情報交換はもちろんのこと、仕事後に時間を工面して集まって進める。先生方も教材の配布、個別の質問や宿題の提出など、コミュニケーションはメールやインターネット中心で行なうため、仕事で残業が続いたり出張中の場合でも、マイペースに取り組むことができる。

学校に通い始めて以来、公私ともにタイム・マネジメントが毎日の最大の課題となったが、東京で仕事や生活環境を変えずに海外大学とほぼ同等のマネジメント教育を受けられる点はメリットであり、正しい選択だったと確信している。教授陣やクラスメイトとの出会いも宝である。仕事でも、早速学んだ知識が自分の尺度基準、そして自信となり、さまざまな視点やアプローチの広がりを与えてくれている。上司からも「考える幅が広がったんじゃないか」と、言われ、評価されているようだ。卒業後は、特に、日本企業の良さや強みを活かしてグローバルな事業展開戦略を考える中で、学んだ知識を発展させて貢献につなげたい。同時に、幅広い業務経験を蓄積し、いずれはグローバル・ビジネス・コンサルタントとして活躍できれば、というのが長期的な目標である。　　　　（2004年卒業予定　女性　エレクトロニクス・メーカー　経営企画部／主任　社費）

＊　　　＊　　　＊

私の仕事は元々アプリケーション・エンジニアといわれるサポート系の技術の仕事なので、会社のビジネス、客先のトラブルなどによって仕事の忙しさが変わります。MBAを始めた当初、会社のビジネスが低調だったこともあって、勉強をするゆとりもあり助かりましたが、2年目に入ったところで米国の本社が事業の4分の3を売却してしまい、日本のオフィスでもその影響を受けて人員整理が行なわれ、社員数が一桁になってからはかなり仕事が忙しくなり、勉強をする時間を取るのが難しくなりました。

私はもともとの技術の仕事に加え、まったく経験のないマーケティングの仕事も見ることになりました。すべてが初めてのことで忙しかったのは確かですが、責任範囲も大きくなり、また学校で習ったことがそのまま会社で使えるという恵まれた環境となり、学校での勉強がかなり身についたと感じています。

結局、その年の年末に本社が日本からの撤退を決定し、私は職探しを始めることになりました。MBAで習ったことをベースに、自分の能力などの分析、業界の分析などを行ない、特定の会社に絞ってからはさらにその会社の分析を行ないました。面接にはその資料を持って行ったりもしました。どこの会社も私の技術的なバックグラウンドを買ってくれたため、MBAが直接就職に影響したとはいえませんが、自分の将来を決めるときの客観的な判断をする下地となったという意味でMBAから得たものは大きかったと思います。最終的に3社からオファーを貰い、2社を断って就職活動を続けていたのですが、これらの2社からは報酬を上げて二度目のオファーを貰いました。結局、前の会社が買収した別部門に就職することになり、今では自分を解雇した人たちとまた一緒に仕事をしています。

MBAを始める前、2年間というのはとてつもなく長い期間に思えます。現状の生活を捨て、多額の授業料を払って2年間を勉強に費やすのは、かなりの勇気が要ります。仕事が忙しくて無理かもしれない、休みの日も遊びに行かずに勉強しなければいけない、英語の授業についていけないかもしれない……。でも、その2年間には、それだけの価値があります。卒業した後の自分は、2年前のように仕事の帰りに酒を飲んで会社の文句を言っていた自分とは違い、会社の状況を分析し、どうやったら会社を正しい方向に導けるのか、それを社長に論理的に説明できる自分になっています。　　　　（男性　IT業界　テクニカル・マーケティング／SE　私費）

筑波大学大学院 ビジネス科学研究科

http://www.gssm.otsuka.tsukuba.ac.jp

設立年／1989年

基本情報

◆学生に関するデータ
卒業生数＿＿
在学生総数＿＿93名
　　（1年次：40名／2年次：53名）
留学生の割合＿＿0%
平均年齢＿＿36.1歳
入学時の平均実務年数＿＿n.a.

◆主な出身業界
情報・通信関係、金融・保険関係、建設・製造関係、官庁・公共団体、流通・販売関係、教育・研究関係など

◆履修期間と履修形態
入学時期＿＿4月
履修期間＿＿標準履修期間は2年間、上限は4年*1

履修形態＿＿火～金曜（18：20～21：00）
　　　　　　土曜（11：45～21：00）
＊1 修了要件を満たした時点で卒業できる

◆授業料
1年次＿＿80万2,800円
　（入学金28万2,000円を含む）
2年次＿＿52万800円

◆奨学金
くわしくは、筑波大学東京地区教務課まで

◆専攻
ビジネス・マネジメント・コース、プロジェクト・マネジメント・コース

✉ 問い合わせ先

eメールアドレス　kyomuka@sec.tsukuba.ac.jp
電話番号　03-3942-6816/6817　ファックス番号　n.a.

 出願期間と募集者数

出願期間　10月初旬　　　　　　募集者数　30名

出願、就職関連情報

◆出願資格
学士以上、または同等以上の学力があると
判断された者

◆合格率と入学率
出願者の合格率＿22％
合格者の入学率＿95％

◆選考方法
ビジネス・マネジメント・コース
　　入学者の選抜は、研究計画書（30点）、
　　小論文（20点）、口述試験（50点）
プロジェクト・マネジメント・コース
　　プロジェクト実施計画書（30点）、グルー
　　プ・ディスカッション（20点）、プレゼンテー
　　ション・口述試験（50点）

◆出願書類
1. 入学願書
2. 職歴調書
3. 受験票、写真票、机上受験票
4. 卒業証明書／成績証明書
5. 研究計画書（ビジネス・マネジメント・コ
　 ース受験者のみ）
6. プロジェクト実施計画書（プロジェクト・
　 マネジメント・コース受験者のみ）

◆修了要件
必修科目、選択必修科目を含め合計で30単
位以上の取得が必須。加えて、BMコースで
は修士論文、PMコースではプロジェクト報告
書を提出

◆主な就職先
全体の1割程度が転職する。転職先は他企
業の取締役、起業など。その他1割程度が
大学の教員となっており、このケースでは会
社でのキャリアと両立している者もいる

◆就職支援ネットワーク
卒業生ネットワーク（ホームページ）＿n.a.
卒業生のための就職支援＿n.a.

school information

〒112-0012　東京都文京区大塚3-29-1
　　　　　　 筑波大学学校教育事務教務課

特色

　筑波大学は、茨木キャンパスでフルタイムのMBAプログラムも開講しているが、ここで取り上げる「経営システム科学専攻」は都内で開講されている。入学審査は厳しく（2003年度入学者の合格率は22パーセント）、学生は専門のビジネス分野について相当の経験と実績を備えて入学する（2002年度入学生の実務経験年数は最低で5年）。

　ビジネスの最前線で活躍するこれらの学生がもち込むリアル・タイムのビジネス課題は、文系／理系などといった、特定の学問分野の枠を越えた知識や思考を要する。したがって同校では、多様な要素が絡む今日的経営課題をシステマティックに扱うことのできる、「文理融合的研究マインドをもつ専門職業人」の育成を目指している。このため学生はアドミニストレーション理論（経営学）、クウォンティテイティブ・アナリシス（数理科学）、ネットワーク＆インフォメーション技術（計算機科学領域）の3分野から、自らの研究テーマに沿った授業をバランス良く受講して体系的な知識を身につけ、各自の研究課題については、複数の異なる専門分野の教員から、連係した指導を受ける。また、教員も学生の研究指導を核としつつ分野横断的な研究を行なっている。

　同学は高い研究能力を兼ね備えた職業人の育成を目標とすることから、修士論文の指導にも力を入れており、厳しい審査を行なうことでも知られている。学生は研究の基礎となる知識を身につけるため、平日の夜間と土曜日の終日に行なわれる授業に出席し、通常の課題をこなしながら、最終的に修士論文を提出するまでに5回のプレゼンテーションを行なわなければならない。これらの厳密な審査過程は学生の問題把握・解決・表現能力の系統的育成に大きく貢献している。結果として生み出される論文の質は高く、その多くが国内外の学会誌に掲載され高い評価を受けている。このような「研究志向」が、夜間のプログラムにも関わらず、修了後の「転職・起業指向」と結びついている。厳しいプログラムではあるが、それゆえに、修了後は確かな実力と自信が得られるはずである。

カリキュラム

　学生の目指すキャリアによって2通りのコースを用意している。企業の管理および調査・研究員の育成に焦点を当てたビジネス（BM）マネジメント・コースと、新技術・知識体系を創出するプロジェクト・マネジャーの育成に焦点を当てたプロジェクト・マ

ネジメント（PM）コースである。BMコースではケース・スタディやプレゼンテーションなどを多用し、企業経営者を講師として招くトップ・レクチャーや、GSSMの教授と実務家が共同で授業を進行するジョイント・プログラムなどを設けている。これまでのトップ・レクチャーでは金子尚志（日本電気前代表取締役社長）、柳井正（ファーストリテイリング前代表取締役社長）、倉重英樹（PWCコンサルティング前代表取締役会長兼社長）などを非常勤講師として迎えている。

PMコースでは、プロジェクト・マネジメント研究という独特の指導方法を用いた授業を行なっている。この授業では、まず企業もしくは学生が立案したプロジェクト・マネジメント研究企画をもとに、専任教師が問題解決型のプロジェクトを企画し、学生と複数の教員が共同で1つのプロジェクトを運営する。1年次のプログラム・スケジュールは次のとおり（2年次も同じ）。

1学期	4月第2週～6月第4週（期末試験1週間を含む）
2学期	9月第1週～11月第3週（期末試験1週間を含む）
3学期	12月第1週～3月第1週（期末試験1週間を含む）

開設科目

【コア科目】（自己の専門以外の分野に関する基礎的な知識を修得するための準備科目）
　AT（アドミニストレーション理論）分野：経営学基礎、経済学基礎、会計基礎
　QA（クゥオンティティブ・アナリシス）分野：ビジネス数理1・2、確立と統計基礎
　NI（ネットワーク＆インフォメーション技術）分野：計算機科学基礎I、II、プログラ
　　　　　　　　　　　　　　　　　　　　　　　　　　　ミング基礎
　共通分野：ビジネス・ゲーム
【選択科目】
　AT分野：経営戦略など21科目
　QA分野：ビジネス・モデリングなど25科目
　NI分野：計算機プログラミング1・2など14科目
【演習】
　ビジネス創造実習、経営システム科学特別研究など5科目

就職動向

　修了後2、3年以内に専門性を活かした転職が、当該年度の卒業生中1割程度あり、中には取締役になった卒業生や、起業した卒業生もいる。また、これとは別の約1割は大学の教員となっており、会社社長と助教授を兼ねている卒業生もいる。

就職支援

　公式の転職支援システムは存在しないが、同級生のネットワークが活用されている。

今後

　カリキュラムの内容も充実しており、卒業生に対する評価も高いプログラムだが、広報活動は控えめである。研究成果に対する高い評価や、活躍中のOBなどについて言及したり、プログラムについての予備知識がない人にも理解しやすいかたちで実績を公開するなど、もう少し広報活動に力を入れてもよいように思われる。

　また、パートタイムとはいえ、多くのMBAプログラムが国際的に通用する人材を育成することの重要性を認めており、海外研修や交換留学制度を設けてこの側面を強化しようとしている。同校は交換留学制度、海外研修制度ともにまだ設けておらず、この点も今後は検討すべき課題かもしれない。

産能大学大学院
MBAコース

http://mba.gs.sanno.ac.jp

設立年／2004年

基本情報

◆学生に関するデータ
卒業生数__n.a.
在学生総数__n.a.
留学生の割合__0%
平均年齢__n.a.
入学時の平均実務年数__n.a.

◆主な出身企業__n.a.

◆履修期間と履修形態
入学時期__5月
履修期間__標準2年(最短で1年)
履修形態__平日夜間(19:00〜21:30)
　　　　　　土曜終日(9:30〜18:15)

◆授業料
1年次__年間合計86万5,000円
　(入金26万5,000円を含む)
2年次__年間合計60万円

◆奨学金
日本育英会第一種奨学金
　(無利子月額8万5,000円)
日本育英会奨学金きぼう21プラン
　(月額5〜13万円)

◆専攻
コース分けなし

 問い合わせ先

eメールアドレス　MBA@hj.sanno.ac.jp
電話番号　03-5758-5107　ファックス番号　03-5758-5501

出願期間と募集者数

出願期間　第1期：2003年10月下旬〜11月上旬、第2期：2004年1月中旬
　　　　　〜下旬、第3期：2004年3月末〜4月中旬
募集者数　50名

出願、就職関連情報

◆出願資格
企業・官公庁などにおいて正規従業員として3年以上の実務経験があり、入学後も継続して勤務の意思のある者（入学年4月1日現在で年数を満たせば可）。また、学士以上、もしくは同等の資格を有する者

◆合格率と入学率
出願者の合格率＿n.a.
合格者の入学率＿n.a.

◆選考方法
書類選考、面接試験、および筆記試験*1

＊1 90分間の小論文。企業等経由出願で、企業が学費を負担する出願者は免除

◆出願書類
【個人出願】
1. 出願書類提出票
2. 入学志願票
3. 経歴書
4. 志望動機書
5. 卒業証明書または卒業見込み証明書
【企業等経由出願（出願者本人が学費を負担）】
1.～5.のほかに推薦書
【企業等経由出願（派遣元企業等が学費を負担）】
1.～5.のほかに費用負担確認書と推薦書

◆修了要件
必修・選択科目およびワークショップを含め、合計30単位以上を取得していること

◆主な就職先
コース修了後も所属組織で継続してキャリア構築する者を対象としているので、基本的に転職者はなし

◆就職支援ネットワーク
特別な支援はない

school information

〒158-8630　東京都世田谷区等々力6-39-15
産能大学大学院　社会人MBA準備室

735

特色

　産能大学大学院MBAコースの前身、産能大学大学院経営情報研究科は、1992年にマネジメント・コンサルティング機関である産業能率研究所を基盤とした教育機関の一環として設立された。産業能率研究所は日本初のマネジメント・コンサルティング機関であり、1925年の設立以来、研修・コンサルティング機関として、また経営や人的資源管理の研究機関として企業や行政体にサービスを提供し、高い評価を受けてきた。産能大学大学院MBAコースでは、これまでの大学院経営情報学研究科のカリキュラムを大幅に改編し、2004年に代官山の新キャンパスで開講する。

　同校は、現代のビジネス課題に敏感なプログラムを提供するために、いくつかのユニークな取り組みをしている。まず、MBA1年目のコア科目は、学問や職業分野を総合した現実の経営諸課題を解決するためのツールを提供するものだが、MBAコース以外の受講生にも、同校の社会人向けプログラムで所定クラスを終了するという条件つきで提供することで、異業種出身者の学生同士が情報交換を通して多くを学ぶことができる環境作りを目指している。さらに同校では、ワークショップを通して、産能研究所コンサルティング／研究機関が請け負っているコンサルティング・プロジェクトや、受講生の所属する企業や組織で実際に起きている経営課題を取り上げることで、ビジネスの現場さながらの緊張感あふれる問題解決の場を用意している。また、代官山という立地を活かし、流行の発信地である同地を主題としたマーケティングの授業や、特別講義も提供する予定である。

　プログラム対象者は企業や組織に勤める社会人のみのため、企業派遣学生を積極的に受け入れる方針である。同校は、現代のビジネス世界と同校のプログラムを連動させる数々の方針を通じて、産学共同という、研究所設立以来の理念を継続・強化していくことを目指している。

　コンサルティング機関としての積み重ねをベースとしていること、そして社会人のみを対象とした実践重視のプログラムであることが、産能大学大学院MBAプログラムの大きな特色である。

カリキュラム

　受講生は、1年間あるいは2年間プログラムのいずれかを選択することができる。1学年は3学期間で構成されているが、業務多忙が予想される4月と12月、そして8月は、社会人に配慮して授業スケジュールからはずしている。また、社会人がより受講しやすいよう、すべての科目は150分の授業9回で完結するスケジュールとなっている。

　同プログラムでは、コア・カリキュラムの一部（A群、ケース・メソッド）を一般社会人向け学習プログラムの最終段階に位置付けている。1年間の履修でのMBA取得希望者は、MBAプログラム受講開始以前に、この一般社会人向けプログラムで、これらの単位を取得していることが前提条件となっている。

　時間割りは月～金曜日が夜間7時から9時半まで、土曜日が終日となっており、修士論文を作成せずにコース・ワークのみで学位が取得できる点も、社会人向けプログラムならではの配慮といえる。2年間のプログラム・スケジュールは次のとおり。

通例2年でのMBA取得	最短1年でのMBA取得
コア・カリキュラム： コア科目—ビジネス・スキル、経営管理の基本フレームワーク・ショップ（ケース・メソッド） 専門カリキュラム： 専門科目 特別講義 ワークショップ	コア・カリキュラム—コア公開科目の事前受講 （最大 7科目） 専門カリキュラム： 専門科目 特別講義 ワークショップ

＊専攻のコース分けは行なっていない

開設科目

【コア科目】

必修（ケース・メソッド中心）

財務・会計、マーケティング、経営戦略、人材マネジメント、ITマネジメント

【選択】（ビジネス・スキルの修得が目的）

エクセレント・リーダーシップ、クリティカル・シンキング意志決定分析、戦略構築方法、システム方法論

【選択科目】

人材戦略論など10科目

【演習その他】(以下のカテゴリーより1分野選択)
人材・組織マネジメント、戦略、事業計画、マーケティング、商品開発、財務・会計
【特別講義】(経営者やコンサルタントなどの実務家を招き、各種テーマについて講義を実施。各2単位)
特別講義I〜V

就職動向

　基本的に、在職中の社会人を対象としており、企業や行政組織派遣生を積極的に受け入れていく方針であるため、転職支援制度や、インターンシップ制度などは設けていない。現職での経営課題解決やキャリア・アップを図る人物を対象としており、修了後はほとんどが所属企業に戻る予定になっている。

今後

　社会人のみを対象とし、実際の経営課題を積極的に授業に取り込んだカリキュラムで産学共同という理念を強く打ち出すことで、産能研究所の特色を引き継ぐことに成功している。今後同校で注目されるのは、国際化をめぐる方針である。同校は英語の授業が1つもなく、海外研修制度や交換留学制度も用意されていない。プログラムが今後、どのような人材の輩出を目指すかに関わってくるが、他校パートタイム・プログラムの多くが国際化を目指す中、同校の今後の選択が注目される。

備考

　出願者は、個人が直接出願する「個人出願」と、勤務先企業などを通して出願する「企業等経由出願」があり、「企業等経由出願」はさらに出願者本人が学費を支払う場合と、派遣元が学費を負担する場合に分かれる。出願の分類によって提出書類や受験科目が異なるため、注意が必要。

遠隔学習プログラム

【遠隔学習プログラム】

インディアナ大学 ケリー経営大学院

ハーバード・エクステンション・スクール

テンプル大学 フォックス経営大学院

本章では、オンライン学習における留意点を説明する。また、学位の取得が可能な3つのプログラムを紹介する。

To endure what is unendurable is true endurance.
— Japanese Proverb

イントロダクション

　オンライン・プログラムの受講のみで、あるいは長期間キャンパスに通うことなく、MBAを取得できる遠隔学習プログラムが最近急激に増加した。理由として挙げられるのが、エレクトロニクス技術の進歩と、ビジネススクールが永遠のテーマとしている「新たな収入源」の開拓である。遠隔学習プログラムは米国、カナダ、英国などで特に人気があり、日本でも始まりつつある。ただ、多くのプログラムは学位を提供しておらず、これは転職を目的とする学生にとっては明らかに不利となる。

　プログラムの一部には「無責任」ともいえるような作られ方で、質が高いとはいえないものもある。完全な認可を受けていないプログラムには参加しないほうがよい。米国では米国教育省、または高等教育認定協議会(Council for Higher Education Accreditation)が承認を行なっている。米国以外でも、遠隔学習プログラムがその国の政府によって認可され、学位の授与が認められていることを確認する必要がある。

　MBAの遠隔学習プログラムを検討する際に考慮すべき項目は次のとおり。

・**認定されたプログラムであること**
・**就職状況**
・**通学の必要性**
・**学生のバックグラウンド**(年齢、経歴、出身地など)
・**指導教官の経験**

　企業の採用担当者は、遠隔学習プログラムに対し、学位を取得できる通学プログラムと同程度の評価を与えることはない。そこには、現実のグローバル経済の縮図となる、多様な学生のグループでの実際の交流に代わるものが存在しないからだ。

　遠隔学習で取得できるMBAのブランドとしての価値を考えてみよう。ほとんどの人にとってMBA取得がもつ価値とは、キャリアの向上に必要なビジネス分野の資格を手にすることである。また、社費で留学する学生にとっては、組織の中でより重要な仕事を担当するために必用なスキルを身につけることである。遠隔学習で取得した学位がもつブランド価値が、雇用する側にとって、特に日本でどのような価値をもつかを考えてみよう。ほとんどの場合、その答

えは「それほどでもない」ということになる。

遠隔学習は、コンピュータ・サイエンスといった専門的分野について学びたいと考えている人や、特定の分野の知識を深めたい人で、そのためにはしっかりとしたカリキュラムと課題が必要だと考えている人に有効だろう。ビジネススクール入学前の学生が会計学、統計学、経済学などを受講したいと考えている場合も役に立つ。また、企業内で行なわれる特定分野のトレーニング・プログラムの補足や代替として、あるいはCPA取得の準備として会計の基本を学ぶのにも適当である。

キャリア向上の戦略的手段として考えると、遠隔学習には限界がある。受講の目的がキャリアのためというよりも純粋に知識を深めることにあり、かつキャンパスへの通学が不可能な人は遠隔学習を検討してもよいだろう。しかし、転職を考えているなら、学位を取得できるプログラムに絞って選択すべきである。

ここでは、遠隔学習プログラムで学位、MBAまたはその他の修士号を提供しているインディアナ大学、ハーバード・エクステンション・スクール、テンプル大学の3校を紹介する。

インディアナ大学 ケリー経営大学院
(Kelley School of Business, Indiana University)

インディアナ大学ケリー経営大学院は、MBAを含む学位を授与するケリー・ダイレクト(Kelly Direct)を1999年に立ち上げた。現在、多くの学生が参加している。

ケリー・ダイレクト・オンラインMBAプログラム(The Kelly Direct Online MBA)は、48単元で修了となるパートタイム・プログラムである。毎年1週間の通学期間で幕をあける。同プログラムでは、参加する学生が夏期休暇を取るなどということはない。21ヶ月で修了することも、3年間かけて学習することも可能である。

ケリーの通常の通学制MBAプログラムの社費学生で、2年間の通学が不可能な場合、2年目にケリー・ダイレクトを利用してオンラインで学習することができる。ケリー・ダイレクト・オンラインMBAプログラムの教授陣は通常、通学制MBAプログラムと同じである。

オンラインMBAが提供する科目は次のような分野である。

- ビジネス・プランニングとプロジェクト管理（Business Planning and Project Management）
- 意思決定サポート・システム（Decision Support Systems）
- 戦略的能力の開発（Developing Strategic Capabilities）
- e-コマース（Electronic Commerce）
- 経営者のための情報技術（Information Technology for Managers）
- 統合的総括コース（Integrative Capstone Course）
- ビジネスにおける法と倫理（Law and Ethics in Business）
- 意思決定のための会計情報管理（Managing Accounting Information for Decision-Making）
- チーム中心型組織におけるマネジメント（Managing in a Team-Based Organization）
- 経営者のためのミクロ経済学（Microeconomics for Managers）
- オペレーションズ・マネジメント（Operations Management）
- 組織開発と変革（Organizational Development and Change）
- サービス・マネジメント戦略（Service Management Strategies）
- 戦略的マーケティング・マネジメント（Strategic Marketing Management）
- グローバル経済の中の米国（The United States in a Global Economy）

　オンラインMBAプログラムに加えて、ケリー・ダイレクトではファイナンス、戦略的マネジメント、およびグローバル・サプライ・チェーン・マネジメントの理学修士号（MS：Master of Science）プログラムを提供している。

　ファイナンス分野のケリー・オンライン理学修士プログラムは、30単位のプログラムで18〜24ヶ月で修了することができる。

【必修科目】
- 財務評価総括（Finance Valuation Overview：通学）
- 数量的システムおよび意思決定サポートシステム（Quantitative and Decision Support Systems）
- 意思決定のための会計情報の管理（Managing Accounting Information for Decision Making）
- 情報技術（Information Technology）
- 管理会計（Managerial Accounting）

・経営者のための経済学(Economics for Managers)
・財務管理(Financial Management)
・資産評価および証券評価(Asset Pricing and Security Valuation)
・評価と資本投資(Valuation and Capital Investments)

【選択科目】
・財務戦略と企業再編(Financial Strategy and Corporate Restructuring)
・フィナンシャル・リスク・マネジメント(Financial Risk Management)
・国際財務管理(International Financial Management)

ハーバード・エクステンション・スクール
(Harvard University Extension School)

　ハーバード・エクステンション・スクールでは、IT分野の教養学(Liberal Arts)修士号(ALM in IT)の学位を取得することもできる。プログラミング経験が豊富な人や、数学に強い人が対象となる。また、知識と経験は限られるがIT分野に関心のある人を対象に、応用科学修了証書(CAS:Certificate in Applied Science)も発行している。

　遠隔学習プログラムの科目をオンラインで受講し、リベラル・アーツ修士号(ALM:Master of Liberal Arts)の学位取得のための単位とすることもできる。

　ハーバードの遠隔学習プログラムで、オンライン受講が可能な科目のほとんどがIT関連のものである。コースの一部は次のとおり。

・データ・ネットワーキング・プロトコールおよびネットワーク・アーキテクチャにおける高度な課題(Advanced Topics in Data Networking Protocols／Network Architectures)
・アルゴリズムとデータ構造(Algorithms and Data Structures)
・ウェブおよびインターネットのためのアルゴリズム(Algorithms for the Web and the Internet)
・通信プロトコルとインターネット・アーキテクチャ(Communication Protocols and Internet Architectures)

- コンピュータ・ネットワークとネットワーク・プログラミング(Computer Networks and Network Programming)
- データ構造(Data Structures)
- デザインパターンとJava(Design Patterns and Java)
- 分散コンピューティングとエンタープライズ・コンピューティング(Distributed and Enterprise Computing)
- ウェブサイト開発の基礎(Fundamentals of Website Development)
- インターネットと社会:インターネット・マーケティング戦略の管理における技術と政治 (Internet and Society:Technologies and Politics of Control Internet Marketing Strategies)
- コンピュータ・グラフィックス入門(Introduction to Computer Graphics)
- Javaによるコンピュータ・サイエンス入門I(Introduction to Computer Science Using Java I)
- Javaによるコンピュータ・サイエンス入門II(Introduction to Computer Science Using Java II)
- コンピュータおよびインターネット入門(Introduction to Computers and the Internet)
- 超LSIデザイン入門(Introduction to VLSI Design)
- 分散コンピューティングのためのJava(Java for Distributed Computing)
- オペレーティング・システム(Operating Systems)
- ソフトウェア・アーキテクチャとソフトウェア・エンジニアリング(Software Architecture and Engineering)
- 計算理論(Theory of Computation)
- UNIXシステム・プログラミング(UNIX Systems Programming)

　現在、ハーバードでは環境マネジメント、数学、統計学、生物学のオンラインコースが開講されている。開講しているコース名は次のとおり。

- 環境マネジメントI(Environmental Management I)
- 持続可能な発展(Sustainable Development)
- 環境倫理と土地管理(Environmental Ethics and Land Management)
- 環境マネジメントII(Environmental Management II)
- 環境マネジメント戦略(Strategies for Environmental Management)

・意思決定、ゲーム理論、および交渉術（Decisions, Games, and Negotiation）
・形而上学入門（Introduction to Metaphysics）
・統計学入門（Introduction to Statistics）
・ゲノミクスとコンピュータを利用した生命工学（Genomics and Computational Biology）
・神経生物学（Neurobiology）

テンプル大学 フォックス経営大学院
(The Fox School of Management, Temple University)

　テンプル大学では、フォックス経営大学院を通してオンラインMBAのプログラムを提供している。コア科目のすべて、経営上級科目、および総括科目はオンラインで提供され、MBA学位取得に必要な科目を履修することができる。

　学位を授与する上記のプログラムに加え、テンプル大学では遠隔学習の科目を複数の異なる分野で開講している。含まれる分野は経営、経済、ジャーナリズム、パブリック・リレーションズ、広告などである。

経営管理（Business Administration）

会計基礎（Fundamentals of Accounting）
財務諸表の概念および分析（Concepts and Analysis of Financial Statements）
経営方針（Business Policy）
グローバリゼーション（Globalization）
人材および組織管理（Managing People and Organizations）
リスク・マネジメント（Managing Risk）
事業の財務管理（Financial Management of Business）
財務分析と財務計画（Financial Analysis and Planning）
成長・衰退（Growth Decline）
産業における競争的分析（Industrial Competitive Analysis）
ハイ・パフォーマンス組織の構築（Building High Performance Organizations）
マネジメントと組織行動（Management and Organizational Behavior）
オペレーションズ・マネジメント（Operations Management）
総合的品質管理（Total Quality Management）
マーケティングにおける経営決定戦略（Managerial Decision Strategies in Marketing）
流通機構と販売理論（Marketing Systems and Theories）
マーケティング・コミュニケーションズ（Marketing Communications）
統計分析（Statistical Analysis）

C12

遠隔学習プログラム

コンピュータおよび情報科学（**Computer and Information Sciences**）

共同システム（Collaborative Systems）
データベースおよび情報システムの諸概念（Concepts in Database and Information Systems）
データ管理システムおよびCASE ツールを使用した情報システム開発（IS Development Using DBMS & Case Tools）
経営情報システム（Management Information Systems）
情報システムの手段 — ビデオ会議（Methods in Information Systems — Videoconference）
情報システムのプロジェクト（Projects In Information Systems）
ユーザ・インターフェース・デザイン（User Interface Design）

経済学（**Economics**）

計量経済学I（Econometrics I）
計量経済学II（Econometrics II）
経済分析（Economic Analysis）
マクロ経済分析（Macroeconomic Analysis）
マクロ経済理論I（Macroeconomic Theory I）
マクロ経済理論II（Macroeconomic Theory II）
ミクロ経済分析（Microeconomic Analysis）
ミクロ経済理論I（Microeconomic Theory I）
ミクロ経済理論II（Microeconomic Theory II）
エコノミストのための数学 I（Math for Economists I）
ミクロ経済理論の原理（Principles of Microeconomic Theory）

放送、電気通信、マスメディア（**Broadcasting, Telecommunications, and Mass Media**）

メディア・ビジネスの創造（Creating a Media Business）
グローバル・テレコミュニケーション（Global Telecommunications）
マスメディアと通信・中級課題 I（Intermediate Topics MM&C I）
サイバーメディア・ワークショップ（Cybermedia Workshop）
組織の通信システム（Organizational Communication Systems）

ジャーナリズム、パブリック・リレーションズ、広告（**Journalism, Public Relations, and Advertising**）

通信史 — ビデオ会議（Communication History — Videoconference）
政治集会の報道範囲（Network Coverage of Political Conventions）
電子情報収集（Electronic Information Gathering）
経営科学と業務管理（Management Science/Operations Management）

Part 4

MBA取得を検討する際の、
そのほかの観点

Chapter 13　　日本企業におけるMBA留学派遣の戦略

Chapter13

日本企業におけるMBA留学派遣の戦略

ビジネススクールへ出願する日本人の数は
年を追うごとに増加してきたが、
企業派遣の学生が占める割合は徐々に減少している。

その一方で、一度仕事から離れて
MBA取得を目指そうとする
私費学生の割合は増加している。

企業と社員の双方にとってメリットとなる
企業派遣制度とするにはどうしたらよいのか。

ここでは、主に人事部のマネジャーを対象に、
MBA留学派遣制度を最大限に活用するための
戦略について解説する。

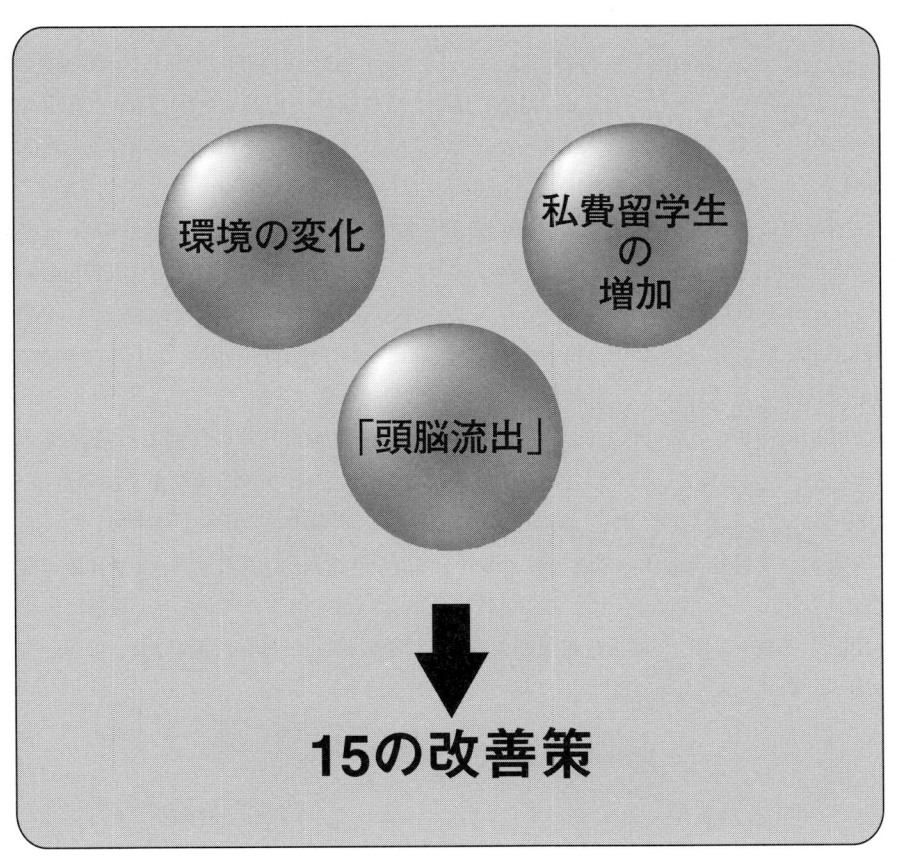

The more I read, the more I meditate, and the more knowledge I acquire,
the more certain I am that I know nothing.
― Voltaire, Philosophical Dictionary, 1764

環境の変化

　GMAC（Graduate Management Admission Council）によると、2002年のGMATの年間受験者数は過去最高を記録したそうだ。なかでも、米国以外の受験者数が2000年の7万954人から、2002年の10万8,604人へと53パーセント増加している。2002年の日本における受験数は明らかにされていないが、同様に増加したであろうと推測できる。2001〜2002年度の日本の受験者数は7,378人であった。これに対し、1996〜1997年度から1999〜2000年度までの4年間の年平均受験者数は4,454人となっていた。

　この結果の一部は、テスト実施団体のETS（The Educational Testing Service Network）が、1997年にそれまでのペーパー・テストからコンピュータ適応型テスト（CAT：Computer-Adaptive Test）へと切り替えたため、以前より頻繁に受験できるようになったこと、そして同時に、2002年に各受験者のGMAT受験回数に制限を設けたことも反映している。これらの変更が与えた影響について、詳細は明らかにされていない。

　2003年2月までの統計によると、GMATの総受験者数は2002年の同期までと比較して18.45パーセント減少している。2003年の最初の2ヶ月における米国以外の受験者数は、2001年と2002年の同期と比較して減少しているものの、2000年との比較では増加している。この傾向は世界経済全体の減速とMBA取得を目指す外国人留学生に対するビザ発給の厳格化を反映したものである。ビザ発給の厳格化により、日本以外の国からの志願者に影響が出た。その中には、卒業後に米国内で就労ビザを取得しようとする傾向の強い国々が含まれている。

私費学生の増加

　ビジネススクールへ出願する日本人の全体数は年を追って増加してきたが、企業派遣の学生の占める割合は徐々に減少している。日本の企業が予算の関係からMBA留学派遣制度の選抜枠を削減する中、私費でMBA取得を目指す学生数はますます増えつつある。早期退職制度を含むリストラ策により、一度仕事から離れてMBA取得を目指そうとする日本人の出現である。これとは別に、早期退職制度などのオプションが示される以前から、私費でMBA取得を目指そうとする人たちもいた。雇用の確保全般に不安を感じたり、MBA留学派遣制度の選抜に通らなかったなどの理由からである。

　このような傾向の中、日本企業の人事部のマネジャーはいくつかの大きな課題に直面している。日本の企業は、業績の回復を目指してコスト削減策を実施しているが、その中の1つにビジネススクールへの会社派遣留学枠の削減が含まれている場合がある。リストラ策の一環として、人員削減を目的とした早期退職制度を実施した企業では、その意図に反して社内の最も優秀な人材の一部が退職する結果となった。

　留学派遣制度を利用してMBAを取得できる可能性があるということは、企業側が募集活動をするうえで、すばらしいアピールポイントとなる。国際的なマネジャーとして成功する資質を秘めた人材を引きつけることになるからだ。MBA留学派遣制度の廃止は、最も優秀な若い人材の一部が退職し、個人で留学する状況を招く。

　一方、企業はMBA留学に選抜された社員が帰国後に退職し、他の企業に転職してしまう事態に落胆もしている。ほとんどの場合、転職先は日本に進出している国際的な企業だが、留学を終え帰国してから数年後に転職する場合や、ときには卒業直後のこともある。

「頭脳流出」

　日本企業からMBAホルダーが流失していくのは深刻な「頭脳流出」であり、グローバル化時代の会社にとっては見過ごせない問題である。MBA留学を目指す日本人の数、また社費留学と私費留学の割合などを正確に予想することはできないだろうが、MBAがグローバルなリーダーおよびマネジャーとなるためのキャリア形成上の重要なパスポートであり続けることに変わりはない。また、グローバル化の波を抑えることもできなければ、グローバル化により生まれる厳しい競争の下で、プロとして働く人材に求められる資質が変わることもないのである。

MBA留学派遣制度の改善策

　ここでは、人事部のマネジャーを対象にMBA留学派遣制度を最大限に活用するための15の戦略を示したい。この戦略は日本企業がすでに採用しているものと、「頭脳流出」に歯止めをかけるための提案から構成されている。

1. MBA取得を公式の契約とすること

　1990年代前半、野村証券（現野村ホールディングス）から社費で留学したMBAホルダーが、フランス留学から帰国した2年後に退職するという事件があった。1989年入社のこの男性に対し、会社側はMBA取得にかかった留学費用の一部返還を求めて訴訟を起こした。そして2003年、東京地方裁判所はこの男性に留学にかかった費用3,900万円のうち、約25パーセントに相当する1,000万円の返還を命令した。

　同社の方針は、社費による留学を終了後5年以内に会社を辞めた従業員は留学にかかっ

た費用を会社に返還する必要があるというものであった。元従業員の男性の主張は、MBA取得のための留学は会社の指示に従ったものであり、退職を認めないのは労働基準法に違反するというものであった。判決の中で多見谷寿郎裁判官は、留学は広い意味で会社の業務に関連するが、転職が容易になるなどMBA取得による利益のほとんどはこの従業員のものとなっており、会社側が費用を負担する必要はないとした。

　この判決が、従業員が退職した場合のMBA取得費用返還の先例になるとしても、企業側は、日本の伝統的ビジネス慣習で「当然遵守するもの」とされている口約束をあてにせず、MBA留学派遣関連の事項を契約とするべきである。裁判で争うのは費用や時間がかかり、両者にとって何の利益にもならない。社員のMBA取得における企業の負担と従業員の義務を明確な文書による契約書というかたちにすることで、後に起こり得る争いの可能性を最小限にすることができる。このような契約書には、次のような条項を含めるとよいかもしれない。

・**MBA留学派遣社員が、大学が主催する就職活動に参加することを禁止する**
・**MBA留学派遣社員が、明確なかたちで事前の合意を会社から得ることなしにサマー・インターンシップに参加することを禁止する**
・**会社の投資を、返済スケジュールが一定期間保留される貸付けとし、当該社員がMBA取得後の定められた年数を引き続き会社に留まり勤務する場合「貸付金の返済が免除される」とする条項を設ける**
・**MBAプログラムと夏期休暇中の学業の進捗状況についての定期的報告を義務付ける**

2. MBAホルダー向けの「MBA専門職トラック」を創設すること

　日本の企業がMBA留学派遣の候補者を早い時期に決定したがらない理由の1つに、候補者として決まった社員が、仕事よりも留学に心を奪われてしまうのではないかという懸念がある。企業の一部には、留学対象者を人事部のいわゆる「かたちだけの仕事」に取り組ませ、留学試験や出願書類の準備に1日すべてを使えるようにするところもある。しかし、ビジネススクールにはこれを好ましくないと捉えているところもある。それよりは、企業プロジェクトを担当するチームを構成し、留学派遣候補者がビジネススクールの入学審査において評価される、リーダーシップ・スキルを養う場とするほうがより意義のある方法だといえる。

　企業がMBA留学派遣制度に投資する金額は相当な額にのぼる。留学中は、全額ではな

い場合もあるが給与（機会費用）のほとんどを支給し、これと併せて学費や生活費も支給する。この費用を正当化し、同時に相応の「投資回収率」をMBAホルダーが会社に留まる間に確保するためには、人事部のマネジャーは留学派遣社員を対象とした「MBA専門職トラック」のような人事制度を作り出すことを考慮するとよいだろう。確かに、これは「エリート」のためのものであり、すでに企業内に存在する専門職と一般事務職間の区別とそれほど異なるものではないが、取り組む価値はある。

　総合職の中に「MBA専門職トラック」を創設することで、企業はよりシステマティックに高い潜在力をもった将来のリーダーたるべき幹部候補生を見つけて選抜し、投資するようにする。それは、彼らを会社に留まらせることにつながるからだ。「MBA専門職トラック」を作り出し、留学派遣制度に選抜された社員にオン・ザ・ジョブ・トレーニングを行なうことにより、ビジネススクールへのアピール度の高い出願者とすることができる。同時に、他の社員と異なる規定を適用することができる。たとえば、給与やボーナスを成果主義とする度合いを増やして、国際的コンサルティング会社や投資銀行などの慣習に合わせることなどが考えられる。

3. MBA留学派遣制度のサイクルをビジネススクールの出願サイクルと一致させること

　トップ校入学のための競争は、全体的に激化している。出願数は定員をはるかに上回り、世界中の出願者が定員めがけて集中し、留学生間の競争はかつてないほどの厳しさを見せている。シカゴ大学経営大学院（GSB）をはじめ、世界中から学生を集めようとするMBAプログラム側の意識も高まりつつある。

　日本の企業の一部には、ビジネススクール入学の1年前の時期にあたる前年の夏か秋に最終的に留学派遣の候補者を決定するところがある。1年という期間を出願準備の期間として適当と考えるのはこれまでも同様であったのかもしれない。しかし、1年という期間は苛烈な争いが繰り広げられる現在のビジネススクールの出願環境においては時代遅れである。ビジネススクールは、出願の締め切りやインタビューのスケジュールを早め、その結果、競争は一層激化しているのだ。日本人の出願者がいかに優秀で国際経験が豊かでも、テスト対策を万全にし、出願書類を用意し、インタビューのためのコミュニケーション能力を養うには、多くの時間とエネルギーが必要となる。企業は留学派遣制度の選考サイクルを、現実的なMBA出願準備サイクルに合わせるべきなのだ。本書で述べてきたように、理想的な準備期間は2年である。

4. MBA留学派遣制度の選考基準をビジネススクールが 求める条件に合わせること

　留学派遣候補の選考にあたり、日本企業は量ではなく質に重きを置き、必要なスキルを備えていると評価できる社員を派遣候補者とすべきである。ビジネススクールに合格するだけではなく、将来会社の経営陣として重要な立場にたつために必要なスキルという観点から評価を行なうべきである。そのようなスキルに含まれるのは、国際舞台で通用するコミュニケーション能力や交渉力、国際的チームワーク力、イニシアチブと思考上のリーダーシップ、戦略的ビジョンと意欲などである。

　多くの社員をまず派遣候補として仮選抜し、ビジネススクールへの出願を認めている企業もある。特定のビジネススクールに合格者すれば、正式な留学派遣候補者となり、費用の支給をするという仕組みだ。このような方針を採用しているある企業では、ある年、少なくとも60名が選抜されて出願したが、中にはスキルに乏しいと思わざるをえない者も含まれていた。一方、企業の中には留学派遣制度の選考を厳しくし、最も優れた者を選び、その進捗状況をモニターしているところもある。このような賢明な方法を採用することは長期的に会社の利益となる。

5. 海外留学派遣制度の選抜試験を多面的なものとする こと

　留学してMBA取得を目指す場合に重要なのが、英語を話す能力である。企業は選考にあたり、社内の担当者による日本語での選考面接に加え、ネイティブ・スピーカーやプロフェッショナルによる英語でのインタビュー・テストを実施すべきである。TOEFLやGMATでは測定されない英語を話す能力を、インタビューで調べることが望ましい。また、英文でのエッセーを提出させ、候補者のもつビジョンが中身のあるものか、目的がはっきりしているかなどを判断する材料とするのもよいだろう。

6. ランキングの限界を知ること

どのビジネススクールを留学派遣の対象校とするかの決定に際し、さまざまなランキング・サービスを参考にし、企業の人事上のニーズに合う多くのビジネススクールを対象校とするべきである。MBAを単に「血統書」や名誉の1つと受け取るのではなく、MBAホルダーが会社にもたらす価値にこそ目を向けるべきである。ビジネススクールを20〜30年前の名声だけではなく、現在の評価と妥当性によって判断しなければならない。トップ校はプログラムの質の向上に絶えず努力を続け、競争力を維持している。企業が常に努力をしながら着実に競争力を保ち、「最先端」を生み出そうとしてきたのと同じある。かつては日本において「ブランドとしての価値」がほとんどなかったビジネススクールの一部が、今日ではレベルの高いマネジメント教育を実践する一流校となっているのだ。

7. 留学派遣候補者たちの出願プロセスを合理的なものとすること

MBA留学の派遣候補となった社員が複数名いる場合、候補者の全員が同じプログラムに出願して競争しあうことがないよう、出願先を調整する必要がある。その方法の1つが、プロ・スポーツで採用されている「ラウンド・ドラフト制」である。つまり、留学派遣候補者が最初に選べる出願校の数を制限し、そのうちのいくつかをその候補者のみに限定するという方法である。かつての日本興業銀行は、社員の出願プロセスを合理化するという点で非常に優れていた。その結果、社員同士がそろって同じプログラムに出願し、内輪で競争を激化させることは起こらなかったのである。

8. 海外のMBAプログラムの学生をインターンシップで自社に積極的に受け入れること

ビジネススクールの学生は常にサマー・インターンとして働く先を探している。日本人だけでなく、外国人の多くも日本で職務経験を積みたいと考えている。日系企業の中には、かなりの費用をかけ、米国の海外事業部門にMBAホルダーを採用しようとしているところもある。

こういった雇用方針の代わりに費用を効率的に使う方法がある。サマー・インターンシップを設けて、インターン期間中にMBA学生の能力を見きわめ、同時に、学生から自社にとって有益な貢献をしてもらうのである。一方、職場では海外からのインターンがいることで国際性が生まれてくる。日本人の社員にとっては「逃げ場のない」職場環境で「実用的な」英語のコミュニケーション・スキルを鍛える機会となるのだ。

　これまでは一部の企業では外国人インターンを受け入れることをためらってきた。企業が彼ら海外からのインターン学生の日本語力に不安を抱き、どのような仕事を与えるべきかに自信がなかったからである。

　その一方で、SONYのように、ビジネススクールの学生がサマーインターン中に行なった研究から有益な情報を得てきた企業もある。海外からのインターンとMBAを目指す日本人社員を組ませたチームを編成し、さまざまなプロジェクトを与えることもできる。将来有望なMBAの学生の能力をチェックし、ビジネススクールとの関係も構築し、また会社の印象を上げることもできる効率的な方法である。加えて留学派遣を予定している自社社員にとっては、合格の可能性を高める貴重な経験ともなるのである。

9. MBAプログラムの学生チームとフィールド・プロジェクトの契約を結ぶこと

　ビジネススクールのほとんどが、チームによるフィールド・スタディをカリキュラムに取り入れている。中にはプロジェクトを海外で行なう場合もある。ビジネススクールの教授が、自らのもつ企業とのネットワークやコンサルティング業務の中で、このようなプロジェクトのきっかけを作る場合もある。副学長が対海外プロモーションの担当者なら、プロジェクトを外国の企業とともに進める場合もあるだろう。MBAプログラムにとって、このプロジェクトはカリキュラムの重要な構成要素であり、学生にとっては授業で習ったビジネスの原則を実際に応用する機会となる。一方、企業にとっては、わずかな費用でプロのコンサルティングを受ける機会となるのだ。

　たとえば、「タック・グローバル・コンサルタンシー・プロジェクト（Tuck Global Consultancy Project）」の現在の固定料金はわずか1万8,500ドルである。これに加え必要となるのが、旅費とその他関連諸経費である。それぞれのコンサルティング・チームは、2年生6名から構成され、タックの指導教官がプロジェクトの期間中監督する。チームのメンバーは、コンサルティングのスキルをもとに「リクルートされた」学生たちである。チームにはその地

域のビジネス慣習や文化に精通したメンバーが1人含まれる。この「タック・グローバル・コンサルタンシー・プロジェクト」は、これまでに26カ国で25の組織に対する56のプロジェクトを完了している。典型的なプロジェクトは4ヶ月に及び、そのうち3週間は集中して行なう海外での現地任務に費やされる。クライアントに対する総括のプレゼンテーションなどもある。

　タックの学生チームをフィールド・プロジェクト任務に招くことで、企業はコンサルティング・チームによる外部からの客観的意見を耳にすることになる。自社のMBA留学候補者にとっての貴重な経験とするためにも、社員を連絡担当に任命し、社内でのコンサルティング・チームとのミーティングやコンタクトを円滑にできるようにするとよい。そうすることでプロジェクトは、タックの学生チーム、企業、そして自社の未来のMBAホルダーのいずれにとっても意義深いものとなる。

10. MBA留学派遣制度で選抜された社員に、海外任務やサマー・スクールへの参加機会を与えること

　MBA留学に選抜された対象者に海外での任務を与え、国際的なビジネス経験を実際に積み、同時に英語のコミュニケーション能力を伸ばす機会とする企業がある。こうした企業では社員に対して米国、イギリス、シンガポールなどの英語をビジネス言語としている地域の子会社勤務を命じている。そのほかにも、ハーバードなどで行なわれているビジネス関連のサマー・スクールへの参加機会を与える企業もある。「MBA専門職トラック」を作り、留学派遣候補者との間にMBA留学に関する公式の契約を結ぶことで、社員のMBA取得のための投資を社内のキャリア開発制度に組み込んだ新たなフレームワークが生み出されるのだ。

11. コミュニティ・サービスへの参加を奨励すること

　日本企業の多くは、社員が勤務以外にコミュニティ・サービスに参加することに力を入れている。このような活動に参加するための「休暇制度」を設け、月の1日をコミュニティへの奉仕活動に使うことを許可している企業がある。「サバティカル」として長期にわたり地域のボランティアに参加することや、自己啓発活動を行なうことを認めている企業も、わずかではあるが存在する。留学派遣候補者へは、課外活動への参加をすすめるべきである。地域への貢献とビジネススクールへの出願者としてのアピール度向上という2つの利点につながる。仕事

を休んでこのような活動に参加することや、コミュニティでの奉仕活動のために適当な時間に仕事を切り上げることを会社が許可すれば、同僚を置き去りにしているといった気持ちになることもないだろう。

12. 留学中の社員の報告制度をより厳密にし、留学期間中の報告をもとに卒業後のキャリア・オプションを検討すること

企業派遣の留学生の一部には、MBA取得のための留学に際し、自分が会社の本流から外れたと感じる者がいるようである。会社側は社員の留学期間中に定期的にコンタクトを取ることでこのような不安を和らげることができる。それでなくとも厳しいプログラムに、不必要な報告の負担まで増やそうというのではない。社員と会社の間にしっかりとした相互のやり取りを継続しておくという考えに基づくものである。通常、日本人留学生は夏期休暇や長期にわたる休みの時期に帰国する。このような帰国は、彼らが自らの経験と進歩について会社に報告する機会となる。この際に、帰国後のキャリア・オプションについての話し合いをもつとよい。

13. MBAホルダーに留学中に学んだことを存分に発揮できる任務を与えること

企業留学派遣の学生としてMBAプログラムを修了した社員は、学んだ内容とその経験が自らにもたらした変化に胸を高鳴らせるものだ。MBAホルダーたちは、MBAプログラムで身につけた最新のスキルを駆使し、斬新なアイディアで会社に貢献したいとの思いに溢れている。帰国後しばらくして会社を辞める場合でも、金銭的な理由だけでそうするのはまれである。仕事における満足感をもたらすものは給与やボーナスだけではない。

ほとんどのMBAホルダーが会社を去る理由は、自分たちの力が十分に発揮できていないと感じるからである。MBAホルダーたちは、ビジネスのマネジメントに応用できるさまざまな知識を学んだと考えている。これは、専攻分野によらず共通した認識である。彼らが目指しているのは、外国からのお客様が出席するミーティングに「通訳」としてかり出される以上の仕事であり、任される仕事ではより大きな責任を担い、信頼されることなのだ。

MBAホルダーは社内の会議で発言することを許さない、硬直化した年功序列制度にフラ

C13

日本企業におけるMBA留学派遣の戦略

ストレーションを感じているのかもしれない。もしくは、自らの提案が会社の官僚主義の中で日の目を見なかったことがフラストレーションの原因かもしれない。企業の人事部マネジャーは積極的な役割を果たし、会社のニーズを把握し、MBAホルダーである彼または彼女たちが留学して身につけた能力を活かせるポジションを与えるべくサポートをするべきである。

14. 卒業を控えたビジネススクールへの留学派遣社員に対し、会社のニーズを分析したレポートを提出させること

MBAホルダーは、選ばれたエリート集団である。留学を終えて帰国したMBAホルダーは、新たな視点から会社を見るものである。留学派遣の選抜候補者に、MBA取得が会社にもたらす貢献を課題としてエッセーを書かせることがしばしばある。これと同じように、ビジネススクールに留学派遣をしている社員に、毎年、会社の業績向上につながる施策についての予備調査報告書を提出させるといいだろう。

報告書の中には当然、その後の検討段階まで進まないものもあるだろうが、中には確実に運営部門での検討に値するものがあるはずだ。卒業したてのMBAホルダーを、1つのアイディアに関する「新規」プロジェクト・チームへ参加させることも可能だ。そして、実行が可能だとなれば、引き続きプロジェクトの実施に参加させよう。

15. MBAホルダーに海外の関連会社での勤務や本社における重要なプランニングの任務を与えること

留学中の社員がプログラムを終え帰国する前に、今後のキャリアにおける可能性についてできる範囲で明らかにし、そのオプションについてオープンな話し合いをもつようにしよう。日本人のMBAホルダーは卒業後に海外の任務につく機会があれば歓迎するだろう。マネジメントに関する決断に自由裁量が与えられる環境下で、MBAプログラムで学んだ国際的なスキルを応用できるチャンスだからである。また、本社で勤務をするのであれば、重要なプランニングの任務を与え、戦略を立案する機会を与えたり、変革を実行する力と経験を有する最高幹部のアシスタントを務めさせたりすることを検討してみるとよい。

おわりに

　MBA留学や転職を考えている日本人に対して15年以上にわたってアドバイスするなかで、光栄にも数々の優秀なプロフェッショナルに出会ってきた。彼らはビジネススクールを卒業し、企業のマネジャーや、日本社会におけるリーダーとなっている。多くの人達とはその後も連絡が続いており、海外での学習の経験や昇進などについて話を聞く機会もある。

　筆者にとって、クライアントがそれぞれの夢を実現するための手助けをして貢献することは、ほかのどんな経験よりも充実感を得られるものである。東京には長い間住んでいるが、ここは筆者にとっての故郷である。東京に住む中で、日本経済の激しい浮き沈みを目の当たりにしてきたが、1つだけ変わらないものがある。それは、日本人のもつ力である。個人的には、これこそが一番大切で価値のある日本の資産だと思っている。日本の技術的進歩、革新、発見は、どれをとっても勤勉な日本人の機知、堅い決意、そしてねばり強さをなくしては成し得なかったものである。

　筆者を訪ねてくる日本人は、ときとして何をすべきか、あるいはいかにして目標を達成すべきかが定かではない。そんな彼らにキャリア計画を明確にする手助けとして、自分が幸せだと感じられる仕事を選択せよとアドバイスしている。毎日、大部分の時間を仕事やその準備、通勤に費やすことになるのだ。楽しい仕事でなければ、たとえそれが有名な企業で高給をもって処遇されるにしても満足はできないだろう。これは、単純であたり前のアドバイスである。しかし、あまりに多くの人達が自身の目標について十分に深く考えることなく人生を送るのである。

　キャリアにおける大志が何であれ、MBAプログラムでの学習は人生の中で「急行電車から降りる」貴重な期間となる。つまり、キャリアでの次のステップはもとより、その後の人生自体にも備えることになるのだ。向上心をさらに高める機会を利用するべきである。夢をもって、それに向かって頑張ってみよう。

株式会社インターフェイス
代表取締役
ウォーレン J.デバリエ

[著者・訳者紹介]
株式会社インターフェイス

MBA、LLM、MA、MS、Ph.Dなど欧米の一流大学院への留学を目指す日本人に対して、出願準備のコンサルティングを行なう大学院専門の留学準備校。提供するサービスは、TOEFL、GMATなどの試験対策から、出願カウンセリング、インタビュー対策指導、そして入学前トレーニングまで留学準備の全般にわたる。英語による効果的なコミュニケーション能力、および交渉力の涵養を特に重視していることから、コンサルタントを全員、英語を母国語とする経験豊富なプロフェッショナルに限定している。今回は、トップ・ビジネススクールでのMBA取得を目指す日本人出願者のニーズに応えるガイドブックを作るために、メンバーが団結して取り組んだ。

[メイン著者紹介]
ウォーレン J. デバリエ(Warren J. Devalier)

株式会社インターフェイス代表取締役、創業者。30年以上におよぶビジネス経験は、エッソ石油株式会社チリ総責任者(サンティアゴ)、ゼネラル石油株式会社常務取締役(現東燃ゼネラル、東京)、チェイス・マンハッタン投資銀行常務兼財務担当重役(ニューヨーク)などを含む。東京在住はゼネラル石油時代を含めて19年間。趣味は20世紀ヨーロッパ絵画の収集やフィットネス・トレーニング、ジョギングなど。ニューヨーク、サンフランシスコ、河口湖、サンティアゴではフルマラソンに参加し完走している。米国ルイジアナ州ニューオリンズ出身。ジョンズ・ホプキンス大学大学院 修士(国際関係論)。

日本人のためのMBAベストスクールガイド

2004年4月20日　初版第1刷発行

著者　株式会社インターフェイス
訳者　株式会社インターフェイス
発行人　速水浩二
発行所　株式会社 翔泳社(http://www.seshop.com)
装丁・本文デザイン　結城亨(SelfScript)
DTP組版　株式会社ムックハウスJr.
印刷・製本　日経印刷株式会社

ISBN4-7981-0226-1　Printed in Japan